어니스트 **헤밍웨이**

어니스트 헤밍웨이
그의 인생과 작품세계

蘇洙萬 著

도서출판 동인

차례

■서문 • 9

I. 헤밍웨이의 인생과 작품세계: 작품분석 비법(1) • 17

1. 헤밍웨이의 인생여정과 그 작품화 — 19
2. 헤밍웨이의 문학자산과 연구현황 — 43
3. 미국문학사에서 헤밍웨이의 위상 — 54
4. 유전과 집안내력의 작품화 — 57
5. 작품탄생에 영향을 미친 헤밍웨이의 정서와 세계관 — 65
6. 헤밍웨이 여성들과 작품탄생 — 70
   1) 해들리 • 71
   2) 폴린 • 75
   3) 마사 • 78
   4) 메어리 • 83

5) 애그니스 · 86
6) 아드리아나 · 88
7) 제인 · 90
8) 더프 · 92

II. 헤밍웨이의 여행지역과 작품탄생: 작품분석 비법(2) · 95

1. 미국 미시간주 북부 — 98
   1) 미시간주 북부 · 98
   2) 고교시절 · 100
   3) 기자시절 · 104
   4) 「미시간 북쪽에서」와 「두 개의 심장을 가진 큰 강」 · 111
2. 프랑스 파리 — 114
   1) 파리의 문학자산 · 114
   2) 파리진출과 본격적인 창작활동 · 116
   3) ≪셰익스피어 앤 컴퍼니≫ 서점과 문예가들과의 교유 · 119
   4) 세잔 화법 도입과 빙산이론문체 개발 · 124
   5) 전위파 작가 거트루드 스타인과의 만남 · 125
   6) 시인 에즈라 파운드와의 만남 · 129
   7) 『태양은 또다시 떠오른다』 · 132
   8) 『움직이는 축제일』 · 141
   9) 『봄의 계류』 · 146
   10) 『에덴동산』 · 149
3. 미국 플로리다주 키웨스트 — 155
   1) 키웨스트: 70%의 작품생산지 · 155
   2) 『가진 자와 못 가진 자』 · 157
4. 스페인 — 159
   1) 스페인전쟁과 헤밍웨이 · 160
   2) 산 페르민 축제 · 166
   3) 라 컨슐러 · 171

4) 『누구를 위하여 종은 울리나』 · 172
   5) 『제5열』 · 175
   6) 『스페인의 대지』 · 176
   7) 『오후의 죽음』 · 177
   8) 『위험한 여름』 · 177
   9) 8편의 스페인 단편과 스페인에 대한 애정 · 179
 5. 쿠바 아바나 ― 181
   1) 라 핑카 비히아 · 181
   2) 『노인과 바다』 · 185
   3) 『멕시코만류의 섬들』 · 199
 6. 이탈리아 ― 206
   1) 『무기여 잘 있거라』 · 207
   2) 『강을 건너 숲속으로』 · 215
 7. 아프리카 ― 219
   1) 두 번의 아프리카 사파리여행 · 219
   2) 『아프리카의 푸른 언덕』 · 222
   3) 「킬리만자로의 눈」 · 225
   4) 「프랜시스 매코머의 짧고 행복한 생애」 · 232
   5) 『여명의 진실』 · 234
 8. 스위스 ― 238
 9. 중국, 독일, 터키 ― 241
 10. 미국 아이다호주 케첨/선밸리 ― 243
 11. 단편의 무대 ― 247
   1) 미국 미시간주 북부·헤밍웨이의 고향 · 248
   2) 프랑스 파리·지중해연안·스위스·오스트리아 · 253
   3) 스페인 · 263
   4) 이탈리아 · 269
   5) 아프리카 · 284
   6) 그리스-터키 전쟁 · 284

III. 현대회화기법 도입: 헤밍웨이 소설의 본령 • 287

1. 세잔 화법 도입과 빙산이론문체 탄생 — 289
2. 빙산이론의 정의와 기법의 완성 — 322
3. 여백과 침묵의 언어예술 — 327
4. 전진과 후진운동 양대 서술패턴의 생명공학기법 — 332
5. 단편의 명수, 헤밍웨이 — 359
6. 간결과 율동의 미학 — 375
7. 헤밍웨이 소설의 시간, 음악기법, 산문시 — 398
8. 헤밍웨이 소설에 나타난 상징의 문제 — 420
9. 헤밍웨이의 문체와 주제의 상관관계 — 453
10. 스타인의 소설기법형성에 미친 피카소와 세잔 화법의 영향 — 457

IV. 빙산이론의 적용과 일탈: 작품성패의 기준 • 485

1. 미시간 시절의 소설특징(극사실주의기법):「미시간 북쪽에서」 — 488
2. 본령의 일탈과 실패(사회참여):『누구를 위하여 종은 울리나』,『강을 건너 숲속으로』,『가진 자와 못 가진 자』 — 497
3. 본령에의 복귀와 우화의 시학(노벨문학상):『노인과 바다』 — 520

V. 마무리 • 553

부록
- 헤밍웨이 연보 • 573
- 인용문헌 • 586
- 찾아보기 • 595

서문

　태양은 작열하고 녹음방초 무성한 7월! 멕시코만류의 상큼한 바다냄새 가득한 남국 쿠바 아바나의 해안가 코히마르, 그곳 헤밍웨이 흉상이 금방이라도 살아 움직일 듯하다. 그리고 필라호를 다시 푸른 바다에 띄워 힘차게 질주할 것만 같다. 미국 플로리다주 남단 키웨스트, 헤밍웨이의 탄생일에 맞춰 '헤밍웨이의 날 축제'가 열리고 이 축제의 하이라이트 '헤밍웨이 닮은꼴 콘테스트'에 수많은 사람들이 챔피언의 자리에 도전한다. 헤밍웨이 흉상이 세워진 스페인의 팜플로나, 열정의 산 페르민 축제가 열리면서 평생에 걸쳐 투우축제에 열광했던 헤밍웨이를 생각한다. 미국 아이다호주 헤밍웨이의 영원한 안식처 케첨/선밸리 그리고 탄생지 오크 파크, 헤밍웨이 기념행사들이 다양하게 열리고 대작가에 대한 경의를 새롭게 한다. 미국 어느 도시, 헤밍웨이연구 국제학술대회가 진지하고도 성대하게 열린다. 세계 여러 나라에서 헤밍웨이 학회가 열린다. 매스컴에서도 헤밍웨이를 말한다. 모두 7월에 열리는 풍성한 행사들이다. 헤밍웨이는 7월에 이 세상에 왔다. 그리고 아름다운 작품들을 풍성하게 남기고 7월에 홀연히 우리 곁을 떠나갔다. 7월에 떠난 열정의 헤밍웨이! 그는 분명히 7월의 태양과 열정을 닮았다. 이래저래 헤밍웨이와 7월은 불가분의 관계이다. 그래서 저자는 7월을 헤밍웨이의 달로 생각한다. 이 글을 쓰고 있는 시점도 7월이다. 어김없이 금년 7월도 헤밍웨이 소식이 활발하게 들려온다. 세월은 흘러 그의 탄생 한 세기가 넘었고 그가 이 세상을 떠난 지 반세기를 향해간다. 그러나 대문호 어니스트 헤밍웨이와 관련된 연구와 행사는 해마다 끊임없이 뜨겁고 다양하다.

헤밍웨이에 대한 연구를 그 동안 해오면서 그의 문학세계를 정확히 밝혀내는 저서를 내야 된다는 절실한 필요성이 오래 전부터 있었다. 그 필요성이란 이렇다. 첫째로 작가 헤밍웨이는 접근방법에 따라 그 작품세계의 내용이 마치 다른 세상처럼 사뭇 달라진다. 그런데 이런 그의 작품세계를 분석하는 데는 '접근비법'이 있다. 효과적이고 알기 쉬운 접근비법을 제시할 필요가 있다는 생각을 해오고 있었다. 기실 가장 중요한 필요성이었다. 둘째로 대학에서 대학원생들과 학부학생들을 지도하면서 헤밍웨이와 관련된 자료를 알기 쉽게 제공할 책이 절실히 필요했다. 아울러 『노인과 바다』(The Old Man and the Sea)의 주인공 산티아고(Santiago)가 역경에서 보여주는 인간불패정신의 끈질기고도 강인한 삶의 정신과 태도를 비롯하여 전반적으로 헤밍웨이 주인공들의 어려움을 이겨내는 인생철학을 청년학생들에게 꼭 심어주고 싶었다. 필요성이 가중된 셈이다. 셋째로 종종 국내의 여러 대학의 헤밍웨이 연구자들에게서 자료요청을 받는다. 손쉽게 보낼 자료가 있었으면 좋겠다는 생각을 늘 해오고 있었다. 이상이 헤밍웨이 연구 저서를 내기로 결심하게 된 주요 동기 및 이유이자 아울러 필요성이다.

이 저서의 목표는 헤밍웨이를 잘 모르는 일반 독자에서 헤밍웨이 전문가에 이르기까지 모두에게 헤밍웨이를 옳고 바르게 소개하는 데 있다. 헤밍웨이를 정확히 알기 위해서는 다음 세 가지 사항을 주목해야 한다. 저자는 이를 <주목사항 3>라고 이름 붙이겠다. 그리고 이는 아주 기초적이고 최소한의 주목사항임을 밝혀둔다.

첫째로 헤밍웨이의 인생이 곧 그의 작품세계이다. 헤밍웨이의 작품세계를 검토해 보면 그는 타 작가와는 비교가 안 될 정도로 그의 인생이 곧 작품이고 작품이 곧 그의 삶의 궤적과 굴곡의 표현이다. 그래서 그의 작품세계에 대한 분석은 그의 인생여정의 전기적 방향에서 검토하지 않으면 안 된다. 그의 작품은 그의 인생을 쓴 것이다.

둘째로 헤밍웨이는 현대회화기법을 소설에 접목시켜 20세기 소설의 서술예술발전에 불멸의 업적을 남겼다. 20세기 초 문예의 거장들이 프랑스 파리에서 문학과 예술의 발전을 모색하고 있었을 때 헤밍웨이는 후기인상주의의 대표화가 폴 세잔(Paul Cézanne)의 회화기법을 비롯하여 인상주의화가 마네, 모네, 피사로, 그리고 큐비즘화가 파블로 피카소(Pablo Picasso) 등 현대회화기법을 소설에 도입하여 소위 빙산이론(Iceberg Theory)이라는 특유의 문체원리를 개발했다. 그리하여 영미문학사에서 쉽게 찾기 어려운 주옥 같은 명작들을 탄생시켰다. 20세기 서술예술의 근본을 뒤흔든 독특하고 창의적인 대목이다. 헤밍웨이에게 노벨문학상과 퓰리처상을 동시에 안겨주었던 그의 불후의 걸작『노인과 바다』도 이 빙산이론에 의하여 산문서사시 수준에 도달한 명작 중의 명작이다. 그의 노벨문학상 수상은『노인과 바다』를 비롯하여 그의 전체 소설이 인정을 받은 결과였지만 특히 공적이 인정되었던 부분은『노인과 바다』에서 대표적으로 볼 수 있는 그의 서술예술(narrative art) 때문이었다. 문체가 그의 문학의 강점 또는 경쟁력이자 주제인 셈이다. 20세기에 그가 이룬 공적, 주목해야 될 부분이다.

셋째로 헤밍웨이 소설에서는 모든 인간사와 우주의 문제가 다루어지고 있는데 이 주제들이 문체에 숨어 있다. 헤밍웨이가 다루는 주제를 간추려 보면 전쟁, 투우, 아프리카 사파리여행, 죽음, 신, 종교관, 스토이시즘, 어려움에 처한 인간의 처지와 이를 우아하게 극복하는 과정, 니힐리즘, 개안과정 또는 입문과정, 다다이즘, 허무사상, 우주관, 사회참여, 용기존중, 남성다움, 인간 불패정신, 폭력, 우주의 신비, 우주적인 사랑, 남녀 간의 사랑, 자연으로부터의 치유와 위로, 예술의 고귀성, 인생의 의미, 인간의 나약함과 가련함, 인간의 외로움 등등이다. 평범하고 인간세계에 존재하는 친숙한 주제들이다. 그런데 전쟁, 투우, 사냥 등을 제외한 나머지 주제들은 문체에 숨어 있다. 주인공의 득도와 관련된 숭고한 주제마저도 일절 직접적인 설명이 없다. 주의를 기울이지 않은 독자는 포착하기 어렵다는 뜻이다. 소위 조가비와 수박의 겉 핥기로는 그 속살의 맛과 영양을 느끼거나 섭취할 수 없듯이 그의 문체의 외면만을 보고 지나간 독자는 내면의 의미파악실패라는 함정에 빠지게 된다. 저자는 이를 '수박겉핥기와 조가비의 함정'이라 부르겠다. 헤밍웨이가 표현하는 기법이 그렇게 되어 있다. 기법이 이렇다 보니 주인공과 헤밍웨이가 보여주는 인생태도의 외면과 내면이 너무나도 다르다. 인간불패정신, 도전정신, 흥분과 자극, 용기 등등이 강조되어 표현된 것 같은데 실상은 의미중심이 그곳에만 있지 않다. 강한 것 같은데 내면에는 슬픈 영혼이 숨어 있다. 인생이 무엇인지에 대한 내면의 성찰과 사색이 있다. 남몰래 허무감에 몸서리치는 시간에 휩싸이기도 한다. 강인한 행동주의로 개인전쟁을 치르는가 하면 나약하기 그지없는 인간의 처지를 신에게 의지하며 경외감을 갖는 모습을 보이기도 한다. 도시의 흥분된 분위기에 취하기도 하지만 대자연의 품을 찾아가 그간의 나태함을 후회하기도 한다. 산에서 활동하는가하면 바다를 질주하기도 한다. 양극단을 오고가는 폭이 크다. 그의 소설세계는 실로 인간사의 파노라마를 보는 것 같다. 사람에 따라, 보는 시각에 따라, 그리고 보는 각도에 따라 의미가 달라지는 '만화경'의 성격이 그의 소설에 숨어 있다. 그리고 사색과 참회의 시간을 많이 겪은 주인공이 승리하는 모습을 부각시키는 것을 보면 헤밍웨이의 가치관과 인생관의 정체에 대하여 용기 존중이니 마초 이미지니 등의 외면적 모습만 가지고 결론을 내서는 안 된다는 생각을 굳히게 된다.

그가 찾아갔던 곳을 보면 미시간 북부 별장을 시작으로 이탈리아 포살타, 스키오, 밀라노, 코르티나, 베니스, 트레비소, 라팔로, 제노바, 프랑스 파리, 르 아브르, 지중해연안, 르 그로 뒤 르와, 셔보그, 리용, 마르세유, 스페인 마드리드, 말라가, 아랑후에즈, 팜플로나, 베케트, 이래티강, 에브로강, 스위스 챔비, 로잔, 오스트리아 쉬룬쯔, 아프리카 킬리만자로산, 세렌게티평원, 몸바사, 콩고, 터키 콘스탄티노플, 독일 루르 밸리, 중국 중경, 홍콩, 랭군, 키웨스트, 쿠바 아바나, 비미니섬, 뉴욕, 케첨/선밸리 등등 그 이름들을 셀 수조차도 없이 많은 지역이다. 세계 '방방곡곡'이라고 말해야 옳다. 세계적 이슈가 되는 곳이면, 전쟁이 일어난 곳이면, 세계의 명소인 곳이면, 그가 가보고 싶은 곳이면 모두 찾아갔다. 만일 그가 작가가 아니었다면, 기자신분이 아니었다면, 맺고 끊는 절도가 없었다면 그는 좋게 말해 세계여행가, 아니면 끝없는 낭객이요 나그네에 머물렀을 것이라는 느낌이 있다. 그러나 그는 뛰어난 프로였다. 그의 발길이 닿는 곳은 거의가 작품세계로 다시 태어난다. 간혹 어쩌다 방문했던 곳을 작품으로 써내지 못한 경우 이를 마음속 깊이 내내 후회하는 것을 보면 그의 프로정신과 창작에 대한 집념을 확인하게 된다. 그리고 이런 폭넓은 그의 발길이 그의 소설세계를 '세계화'로 만들었다. 세계 구석구석의 문화가 그의 작품 속에서 다시 살아나는 것을 보면 '세계문화지도'를 보는 듯하다. 그의 예리한 눈으로 여행지의 문화는 재가공되어 작품으로 탄생된다. 거친 자료들을 단숨에 아름답고 압축된 문장으로 깔끔하게 다듬어 펼쳐내는 기술을 보면 실로 감탄이 절로 나온다. 헤밍웨이를 "언어의 사냥꾼"이라고 부르는 것에 대하여 충분히 공감할 수 있다.

그리고 그의 작품 속에 나타나는 인간을 구원하는 자연의 힘, 우주의 신비, 신의 절대성 등등을 마주하고 있으면 우리 인간들, 우주의 절대성 앞에 몸을 낮추어야 된다는 생각을 갖게 만든다. 이런 심오하고도 풍성한 그의 소설세계는 주의를 기울이지 않으면 포착할 수 없도록 되어 있다. 포착이 어려운 이유는 역시 헤밍웨이의 응축, 압축, 생략, 여백의 언어, 불표현의 표현, 침묵의 표현기법 등등 그의 표현방식 때문이다. 조가비를 열어야 그 맛을 알 수 있게 되어 있다. 외면만을 보고 간과해서는 안 된다. 소위 헤밍웨이식 표현기법, 주목해야 될 독특한 사항이다. 이상의 주목사항 3을 볼 수 있는 안목이 생기면 이제 헤밍웨이의 소설세계에 진입할 수 있는 기초적이고 최소한의 지식이 생긴 것으로 봐야 한다.

그래서 이 책은 위 주목사항 3을 염두에 두고 논지를 전개시켰다. 먼저 헤밍웨이가 남긴 장편과 단편들 중 반드시 읽어야 할 작품들을 전기적 방향에서 분석하여 그의 인생이 곧 작품의 내용이 되는 실상을 제시했다. 저자가 창안한 작품분석의 비법을 제시하고 그 비법을 토대로 장편 14편과 단편들 중 중요한 작품이라고 판단한 49편 모두를 다루었다. 이들 작품의 내용과 탄생배경 등을 분석했으므로 일반 독자의 경우 이 책으로 헤밍웨이의 소설세계를 알아내는 것이 가능할 것이다. 헤밍웨이 인생여정과 작품과의 상관관계, 문학자산과 연구현황, 미국문학사에서의 위상, 유전과 집안내력의 작품화, 그의 정서와 세계관, 여성들 등등을 사전에 검토 분석하고 체류지역과 작품탄생의 관계 문제를 다루었다. 이 부분은 헤밍웨이 입문서 역할을 할 것이다. 다음으로 이 책은 헤밍웨이 소설의 본령을 드러내는 데 집중하였다. 현대회화기법도입으로 인해 그의 소설이 내포하고 있는 숨은 실상을 파헤쳐 그의 소설을 정확히 파악하기 위함이다. 세잔 화법 도입과 빙산이론문체 탄생을 필두로 그의 문체가 보이고 있는 여백과 침묵의 언어예술, 전진과 후진 운동 양대 서술패턴, 단편의 우수성, 간결과 율동의 미학, 문체에 나타난 시간, 음악기법, 산문시, 상징, 문체와 기법의 상관관계, 그리고 거트루드 스타인 소설에 미친 피카소와 세잔 화법의 영향 등을 심층적으로 깊게 다루었다.

이 부분은 전문서 역할을 할 것이다. 그 다음으로 헤밍웨이 소설의 성공과 실패의 기준을 제시하고 성공작과 실패작을 분석했다. 분석의 궤적은 초기 소설에서 시작하여 말기에 이르기까지를 역사적인 관점에서 다루었다. 헤밍웨이 소설의 발전사 역할을 할 것으로 믿는다. 마지막으로 마무리 부분에서는 21세기에서 헤밍웨이의 평가와 업적의 정리, 작품의 주인공과 헤밍웨이의 상관관계, 그의 리얼리즘, 자살의 정체 등 일반 독자들이 궁금해 할 사항들을 정리하였다. 위의 주목사항 세 번째 문제는 이 책 전체 요소요소에서 기초사항으로 다루어져있다. 그리고 첨언이 있다. 문학에 대한 나의 입장과 헤밍웨이와 그 주인공들의 불패정신 및 도전정신을 요약했다. 전자의 문학에 대한 입장은 오늘날 문학이 겪고 있는 현주소의 변호이고 후자의 인간불패정신과 도전정신은 오늘날 일부 나약한 젊은이들에게 보내는 권면의 압축이다.

　　탈고한 뒤 살펴보니 아쉬운 점이 많이 보인다. 독자 여러분의 지도 편달이 있을 경우 부족한 점을 발전의 기회로 삼고자 한다. 이 책이 나오기까지 많은 분들의 도움이 있었다. 그 중에서 특히 미국 보스턴 소재 존 F. 케네디 도서관(The John F. Kennedy Library)의 로리 오스틴님(Ms. Laurie Austin), 미국 헤밍웨이재단 부이사장(Vice President, The Ernest Hemingway Foundation) J. 제럴드 케네디 교수님(Prof. J. Gerald Kennedy), 타머스 지아마르코 교수(Prof. Thomas Giammarco), 사랑하는 나의 가족들, 그리고 한국헤밍웨이연구소 제자들과 다른 여러 제자들이 이 책을 내는 데 적지 않은 도움을 주었다. 이 지면을 통해 진심으로 감사함을 전한다. 그리고 결코 쉽지 않은 학문의 길을 여기까지 걸어오면서 그 동안 많은 분들의 가르침과 격려가 있었지만 특히 마음속 깊이 간직하고 있는 분들, 지도해주신 전호종 교수님, 이창배 교수님, 김정매 교수님, 故 장왕록 교수님, 이가형 교수님, 김병철 교수님, 그리고 미국 하버드(Harvard)대학 영문학과 로버트 카일리 교수님(Prof. Robert

Kiely)과 삭번 버코비치 교수님(Prof. Sacvan Bercovitch)께 대해서는 감사함을 아니 밝힐 수 없다. 마음속 깊이 진심으로 감사드린다. 또한 이 책이 나오기까지 ≪한국헤밍웨이 학회≫ 회원들의 적극적인 지원이 있었다. 모든 분들께 감사드린다.

끝으로 이 책을 흔쾌히 출판해주신 도서출판 동인 이성모 사장님에게 심심한 감사의 말씀을 드린다. 그리고 송순희 편집장을 비롯한 편집부원 여러분의 노고에 대하여 사의를 표한다.

2006년 7월 31일
우석대학교
소수만

I.
헤밍웨이의 인생과 작품세계
작품분석 비법(1)

1. 헤밍웨이의 인생여정과 그 작품화

첫째, 작가 헤밍웨이의 평가에서 영미문학사의 불후의 걸작『노인과 바다』로 1953년에 퓰리처상을 수상하고 뒤이어 1954년에 그의 전체 소설의 문학성을 인정받아 노벨문학상(Nobel Prize)을 수상한 작가, 20세기를 움직였던 가장 영향력 있는 인물 100인 중에 문학 분야에서 유일하게 선정된 소설가, 마네, 모네, 피사로의 인상주의와 세잔의 후기인상주 그리고 피카소의 큐비즘 등 현대회화기법(現代繪畫技法)을 문학에 도입, 독특한 빙산이론문체를 개발하여 20세기 소설의 서술기법 향상에 크게 공헌했던 문장가이자 전위언어예술의 챔피언, 인생을 가공하여 작품을 만들고 작품은 곧 세상을 조망하는 창문인 소설을 썼던 20세기 최고의 리얼리스트, 경험과 행동의 원자재를 정수시켜 작품으로 예술화시키는 뛰어난 예술가 헤밍웨이!

둘째, 인간 헤밍웨이의 평가에서 세계를 무대로 평생 여행하며 한 시대를 휘몰아치듯 살다 간 불꽃 같은 영혼과 에너지의 소유자, 권투, 스페인의 투우, 멕시코만류에서의 고기잡이, 아프리카 사파리여행을 즐긴 탐험의 사나이이자 만능스포츠맨, 용기를 최고의 덕목으로 치는 인간불패정신의 철학자, '고난 속에서의 우아함'(Grace under Pressure)의 철학을 지향했던 사나이, 4명의 지적인 아내와 4명의 미모의 여성에게 사랑을 심고 간 카리스마 넘친 로맨티스트, 활동성과 실용성을 중시하는 실용주의자, 왕성한 행동가이지만 지독한 지식탐구자이고 신중함과 인간미를 겸비한 헤밍웨이!

그리고 셋째, 헤밍웨이 문학의 태생과 성격을 말한다면 그의 문학은 곧 그의 인생기록인 작가 헤밍웨이!

이상은 20세기의 걸출한 작가 어니스트 밀러 헤밍웨이(Ernest Miller

Hemingway)(1899년 7월 21일-1961년 7월 2일, 62세)에 대해 논저(論著)를 시작해야 할 때 먼저 제기되어야 할 화두들이라고 판단한 저자의 진단이다.

헤밍웨이의 삶을 간결하게 요약하여 정의한다면 도전과 모험에서 빚어지는 흥분과 자극의 인생(Life of Excitement)이었고 아울러 20세기 소설발전을 주도하는 수준 높은 걸작들을 다작하면서 창의적이고 생산적인 인생이었다고 규정할 수 있다. 헤밍웨이는 고등학교 시절부터 다양한 활동을 겸하면서도 창작에서 눈부신 가능성의 싹을 보였지만, 특히 고교를 졸업한 이후부터 1961년 7월 2일 오전 7시 30분 아이다호주(Idaho) 케첨(Ketchum)의 자택에서 생을 마감한 그 순간까지 그의 인생 내내 도전과 모험의 인생이벤트를 찾아 나섰고 그 결과는 늘 작품생산으로 이어지는 삶을 살았다. 그리고 그 과정은 일관되게 죽을 때까지 지속적이었다. 그의 삶은 한판 숨 가쁘게 휘몰아치는 인생이었다. 도전과 모험의 열정적인 삶이었다. 헤밍웨이를 부정적으로 비평하는 사람들은 그를 "허세부리는 사람" 또는 "무모한 사람"이라고까지 혹평한다. 다른 사람들에게는 도저히 불가능할 것 같은 인생길을 과감하고 용기 있게 개척해 들어갔기 때문에 얻어진 비판이라고 볼 수 있다. 그러나 헤밍웨이가 작가의 길을 개척하면서 그 혹평대로 참으로 허세와 무모의 인생길을 걸었다면 그는 오늘의 위상에 결코 도달하지 못했을 것이다. 일생 동안 한결같이 도전과 모험 그리고 흥분과 자극적인 삶을 지속한다는 것은 실로 어려운 일이다. 그렇지만 헤밍웨이는 작가가 가야 할 길과 정확한 목표를 정했고 그 목표를 향해 용기 있게 행동한 작가였다. 한시도 작가로서의 구상과 행동을 멈추지 않았다. 도전적인 정신세계의 소유자였고 탐험적인 작가였다. 전쟁, 투우, 권투, 사파리사냥 등 죽음과 맞닥뜨려야 하는 상황에도 그는 물러서지 않았고 과감하게 뛰어들었다.

그리고 헤밍웨이의 도전과 모험 그리고 생과 사의 갈림길의 극한 체험들은 거의 모두 그의 작품에 반영되었으며 그의 작가인생 성공에 긍정적인 기여를 했다. 또한 반대로 도전과 모험의 인생방식이 결과적으로 자신의 신체에는 많은 부상과 병들을 남겼다. 그리고 비교적 짧은 인생으로 삶을 마감하는 결과를 초래했다. 도전과 모험 그리고 흥분과 자극은 신체활동의 많은 에너지 소모를 전제로 한다. 헤밍웨이는 이 신체활동에서 얻은 자료들을 정신적인 사고의 틀에 투입시켜 작품을 생산했다. 그래서 그는 내부적으로는 글을 쓰기 위해 늘 깊은 사고를 하고 내면의 성찰을 위해 흥분과 자극의 외부활동만큼이나 자신을 채찍질했다. 작가로서의 사고(思考)와 인류문화의 지적탐구를 게을리 하지 않았다. 특히 작가로서의 표현의 문제가 중요함을 일찍이 깨닫고 문체개발에 회화기법을 도입하는 등 다른 작가의 추종을 불허하는 독특한 문체와 기법을 개발하면서 20세기 소설의 서술기법발전이라는 아주 소중한 업적을 일구어냈다. 이런 문체 및 기법 개발의 업적을 바탕으로 헤밍웨이는 주옥 같은 걸작들을 만들어냈고 성공했다. 헤밍웨이의 노년의 쇠퇴, 죽음, 그를 비방하는 험담꾼들도 그의 성공과 명성을 막아내지는 못했다. 이렇게 살았던 그는 결국 20세기 작가 중 매우 성공한 작가로 부상하게 되었다. 그의 성공은 여러 면에서 뒷받침되고 있다. 일 예로 ≪인터내셔널 후즈후≫(International Who's Who)의 평가를 들 수 있다. 세계 최고의 권위를 자랑하는 영국의 인명록 ≪인터내셔널 후즈후≫는 1999년 5월, 20세기를 움직인 최고의 인물 100인을 정치, 경제, 문학, 미술, 과학, 영화, 스포츠 등의 부문에서 엄선하여 선정해 발표했다. 헤밍웨이는 문학부문(소설)에 선정되었고 미술에서는 파리에서 헤밍웨이와 예술활동을 함께 했었던 피카소가 나란히 선정되었다.

그렇다면 헤밍웨이의 도전과 모험의 인생은 구체적으로 어떻게 진행되었으며 작품생산과 어떻게 연관을 맺고 있는가? 작가로서뿐만이 아니라 하나의 인간으로서도 독특했던 헤밍웨이의 도전과 모험의 인생여정은 그의 작품세계를 이해하기 위해서는 꼭 살펴보아야 한다. 왜냐하면 헤밍웨이의 경우 그의 인생이 곧 작품세계이고 작품세계가 곧 인생이 되는 특이한 구조를 가지고 있기 때문이다. 타 작가에서도 인생체험이 작품에 반영되기는 하지만 헤밍웨이의 경우는 타 작가와는 비교할 수 없을 정도로 그 정도가 심하다. 그러므로 헤밍웨이의 인생여정을 살펴보는 것은 작가 헤밍웨이를 이해하는 데 필수사항이다. 헤밍웨이가 일생 동안 도전과 모험의 여정에서 흥분과 자극으로 설렘 또는 긴장을 유발시켰던 사항들을 추출해 정리해 보면 다음 세 가지 길로 분류할 수 있다. 첫째는 작품의 배경이 되는 세계여행, 둘째는 신문 및 잡지사와의 만남과 기사취재활동, 그리고 셋째는 치열한 삶의 생사현장몰입 등이다. 이 문제를 간추리기로 하는데 본 장의 설정목적대로 헤밍웨이의 활동 자체를 먼저 살펴보기로 한다. 그리고 그 활동과 작품이 연결되는 부분은 후반부에서 밝히기로 한다. 왜 선(先) 활동분석, 후(後) 작품연결의 방식인가? 이유는 헤밍웨이의 경우 활동이 없으면 작품은 없다. 활동이 있어야 작품이 나오는 구도이다. 따라서 헤밍웨이 작품세계를 이해하려면 먼저 그의 활동을 알아야 하기 때문이다. 그의 활동분석이 매우 중요하다는 뜻이다. 그리고 앞으로 이 책에서 다루게 될 모든 그의 작품세계를 파악하기 위해서는 본 장에서 서술되는 압축된 헤밍웨이의 인생여정이 매우 중요한 기초지식이 됨을 유의해야 한다.

첫째, 작품의 배경이 되는 헤밍웨이의 세계여행의 여정이다. 헤밍웨이는 필생의 과업인 작품을 쓰기 위해 현장을 적극적으로 찾아 나서는 여행을 죽을 때까지 계속했다. 그는 세계여행을 통해서 작품에 활용될 수 있는 귀중하고도 절실한 자료를 얻어내는 데 성공했다. 국내에서 또는 유럽에서, 때로는 혼자서, 때로는 아내를 동반하고, 그리고 때로는 친구와 함께 헤밍웨이는 여행을 참으로 많이 했다. 헤밍웨이의 여행은 어린 시절, 가족이 소유하고 있었던 여름피서지 미시간주 북부의 윈디미어 별장으로의 여행부터 시작된다. 이 여행은 헤밍웨이가 성년이 되어 가정을 떠날 때까지 매년 여름 계속되었다. 이 여행을 시작으로 헤밍웨이는 파리, 이탈리아, 스페인, 스위스, 남미, 터키, 독일, 중국, 아프리카 등등 세계 곳곳을 누볐다. 그리고 방문했던 세계 곳곳에서 전쟁, 폭력, 사랑, 삶과 죽음을 목격하면서 인생의 폭과 깊이를 확장해 갔다. 아울러 자연의 아름다움에 파묻혀 감성을 키워갔다. 또 20세기의 전위예술을 선도하는 세계적인 소설가, 시인, 화가, 음악가 등을 만났다. 그들과 함께 문예의 주제에 대해 담론하고 토론하면서 창작기법을 고안해 나갔다. 헤밍웨이는 여행하면서 현장체험과 경험을 축적해 나갔다. 그는 기자, 군인, 작가의 신분으로서 인생 내내 세계를 열심히 여행했다. 그에게는 인생이 곧 여행이었다. 그리고 여행은 곧 작품구상이었다. 여행 중 만난 사람, 장소, 그 지방의 문화 등등이 헤밍웨이의 인생에 큰 영향을 미쳤다. 이 만남의 인연들이 곧바로 그의 작품의 기초가 되었다는 뜻이다.

1918년 5월 23일[1]) 배편 시카고(Chicago)호를 타고 프랑스 항구도시 보르도(Bordeaux)로 항해여행을 시작하여 1960년 10월 8일 스페인 마드리드에서 비행기로 뉴욕(New York)으로 영구 귀국하는 여행까지 헤밍웨이는 약 43년 동안 44회를 배로 또는 비행기로 미국과 외국을 오고 갔다. 미국 내에서도 그는 뉴욕, 플로리다주(Florida) 키웨스트(Key West), 아이다호주의 케첨/선밸리(Ketchum/Sun Valley) 등으로 여행을 계속했다. 저자가 계산한 바에 의하면 헤밍웨이의 44회 출입국과 이에 따르는 해외여행 및 외국체류일자들의 총합은 정확히 14년 5개월 20일이었다. 헤밍웨이의 작가생활 45년의 약 1/3에 해당하는 긴 기간이다. 키웨스트와 쿠바의 수도 아바나(Havana)에서 생활하면서도 그는 개인어선 필라(*The Pilar*)호를 타고 바다여행을 계속했다. 이런 까닭으로 그의 작품발전의 흐름도 그의 여행과 일치하고 있다. 그가 실행했던 세계여행의 간략한 일지를 간추리면 다음과 같다.

---

1) 이하 본문에 표기된 또는 표기되지 않은 헤밍웨이 연보의 모든 연월일과 그 전기적 사실들은 부록 "헤밍웨이 연보" 참조.

헤밍웨이는 그의 나이 19세 되던 1918년에, 1917년에 입사했던 캔자스 시티 스타사를 퇴사하고 친구 테드 브럼백(Ted Brumback)과 함께 미군적십자부대에 소속되어 이탈리아로의 여행길에 오른다. 최초의 해외여행길이다. 헤밍웨이는 뉴욕에서 배편 시카고호를 타고 프랑스 보르도를 거쳐 이탈리아에 도착했다. 최초로 유럽에 도착한 순간이었다. 그는 곧바로 제1차 세계대전 유럽전선에 참전하기 위하여 야전병원 4소대(Ambulance Section 4)에 소속되어 이탈리아 북부지역 스키오(Schio)에 배속되었다. 즉각 헤밍웨이는 앰뷸런스차량 운전사로 활동하기 시작했다. 그리고 최전선에서 전쟁의 실전 경험을 했다. 최초의 전쟁경험이며 생과 사를 넘나드는 절박한 전투 현장이었다. 헤밍웨이는 이탈리아군 최전선으로 진출했다. 전투지는 이탈리아의 북쪽 피아브강(Piave River)이 흐르는 유역이며 예술과 낭만의 도시 베니스(Venice)의 북동쪽에 위치한 포살타(Fossalta) 전선이었다. 참전 2주 남짓 후에 박격포탄과 기관총 피습에 의하여 다리에 부상을 입은 헤밍웨이는 동료 군인 중상자 1명을 업고 돌아오던 중 중기 피습으로 다리에 227개의 파편이 박히는 중상을 입었다. '전상자 헤밍웨이'는 1918년 7월 8일 이후부터 이해 내내 밀라노(Milan) 미군적십자병원에 입원하였다. 이때 그는 자신의 담당 간호사 애그니스 반 크라우스키(Agnes von Kurowsky)와 사랑에 빠졌다. 그 후 애그니스는 밀라노에서 트레비소(Treviso)로 전출하였다. 헤밍웨이는 트레비소로 애그니스를 한 번 방문했는데 이 방문이 그들의 마지막 만남이었다.

포살타전투에서 부상당한 헤밍웨이는 20세가 되던 1919년 1월 4일에 의병제대하고 쥐세페 베르디(*Giuseppe Verdi*)호를 타고 이탈리아 제노바(Genoa)를 출발하여 뉴욕에 도착했다. 유럽의 문화와 전쟁이라는 경험을 하고 귀국했다. 흥분과 자극으로 채워질 작가인생의 서막을 열었다고 말할 수 있다. 헤밍웨이는 뉴욕에서 오크 파크(Oak Park)로 귀가했다. 그 후 미시간 북부의 별장에 갔다가 다시 오크 파크로 돌아왔다. 7개월 동안 오크 파크에서 휴식을 취했다. 전쟁을 경험한 후 7개월의 오크 파크 생활이 그의 작품세계에 미칠 영향이 클 것임을 예고한다.

22세가 되던 1921년에 헤밍웨이는 8년 연상인 엘리자베스 해들리 리처드슨(Elizabeth Hadley Richardson)과 미시간 북부의 아름다운 건물 호튼 베이(Horton Bay)에서 결혼했다. 그 후 헤밍웨이는 토론토 스타 신문사에 취업을 한 뒤 유럽특파원으로 해들리와 함께 레오폴디나(*Leopoldina*)호를 타고 뉴욕을 출발하여 파리에 도착했다. 헤밍웨이의 흥분과 자극의 작가인생 2막이 펼쳐지기 시작했다고 볼 수 있다. 이때부터 헤밍웨이가 움직였던 동선을 보면 그는 파리를 본거지 삼아 스위스로 스키여행을 가기도 하고 유럽 각국에서 열리는 각종회의에 참석한다. 예를 들어 이탈리아의 제노바에서 열리는 제노바경제회의(Genoa Economic Conference) 및 스위스 로잔(Lausanne)에서 열리는 평화회의(Peace Conference, Lausanne Conference) 등에 그는 빠짐없이 참석했다. 작품구상을 위하여 이탈리아 코르티나 담페조(Cortina d'Ampezzo)를 비롯하여 여러 나라로 휴가를 가기도 했다. 또 전쟁기사취재를 위하여 전투현장에 과감하게 뛰어들기도 했다.

그 뒤 헤밍웨이는 자신의 작품출판과 관련하여 미국을 오고 가며 플로리다주 최남단 키웨스트에 거처를 마련했다. 키웨스트의 생활을 청산한 뒤에는 쿠바 아바나 교외에 별장 겸 집필실 라 핑카 비히아(La Finca Vigía)를 장만하여 그곳으로 이사했다. 귀국 후에도 헤밍웨이는 두 번의 아프리카 사파리여행과 여러 번의 스페인여행 등을 포함하여 쉴 새 없이 세계여행을 계속했다. 그리고 60세 되던 1959년에 케첨에 주택을 구입하고 완전 귀국하여 인생여행의 여장을 풀었다. 그러나 그 후에도 헤밍웨이는 여행의 열정이 식지 않아 콘스티튜션(*Constitution*)호를 타고 다시 스페인으로 떠나 투우순회축제를 구경하고 말라가 근처 미국인 부호 친구 빌 데이비스의 별장 라 컨슐러(La Consula)에서 자신의 60세 생일 파티를 열기도 했다. 헤밍웨이는 죽기

1년 전 61세 되던 1960년에도 뉴욕에서 파리를 거쳐 스페인으로 또다시 여행을 했다. 라 컨슐러에서 그는 신경쇠약증세와 엉뚱한 행동을 보일 정도로 그의 건강상태는 아주 좋지 않았다. 1960년 10월 8일 귀국한 헤밍웨이는 더 이상 외국에 나가지 못했다.

이렇듯 유별난 세계여행의 감행은 그의 과감한 행동주의에서 온다. 몸을 돌보지 않는 그의 활동성은 생생한 인생경험을 풍부하게 얻어냈고 이는 작품으로 연결되어 명작을 얻을 수 있었지만 반대로 그는 많은 병에 시달려야 했다. 헤밍웨이는 과감한 행동과 지나친 모험심으로 전쟁으로 인한 부상, 자동차사고로 인한 부상, 그리고 운동으로 인한 부상 등으로 다섯 번이나 뇌진탕(a concussion of the brain)을 입는다. 그는 몸이 아주 어려운 상태로 진입했을 때도 치료를 위해 생활방식을 변경하지 않았다. 이런 성격과 생활방식 때문에 그는 온갖 종류의 병을 모두 앓았다. 그가 평생 앓았던 병들을 종합하면 이렇다. 다섯 번의 뇌진탕, 두 번의 전기충격요법, 우울증, 황달, 다리에 227개의 파편 박힘, 맹장염수술, 말라리아감염, 내출혈, 발 인대파열, 치질, 치통, 1도 화상, 2도 화상, 근육파열, 신장병, 열상, 이질 2회, 대장탈수증, 혈액중독, 간장병, 물체가 두 개로 보이는 복시(double vision) 현상, 성불구장애, 폐렴각혈, 고혈압, 이명 현상, 단독, 피부감염, 피부암, 두개골 깨짐, 괄약근마비, 두 개의 척추디스크파열, 간장과 오른쪽 신장 및 비장 파열, 오른쪽 어깨 탈구, 얼굴·가슴에 발진, 신염 2회, 간염 2회, 빈혈증, 오른쪽 발이 부풀어 40일간 침대신세, 고콜레스테롤, 동맥경화증, 금주, 금욕, 발뒤꿈치 인대파열, 피부발진, 알콜중독, 당뇨병, 눈병, 헤모크로마토시스병 의심, 정신쇠약, 기억상실, 심각한 우울증 등등이다. 실로 인간에게 붙을 수 있는 병들이 총망라 되어 있다시피 하다.

위와 같은 병들에 시달리면서도 헤밍웨이는 이에 아랑곳하지 않고 창작에만 몰두했다. 이런 '몰두'를 설명할 수 있는 것은 그의 집념의 창작정신이다. 헤밍웨이가 앓고 있었던 그렇게 많은 병들이 작가 헤밍웨이의 인생길을 막지는 못했다. 헤밍웨이는 병 때문에 활력이 넘치는 작가인생을 포기하거나 주저하지 않았다. 그는 더욱 활발한 활동으로 병을 이겨내고 나아갔다. 그는 죽기 1년 전인 61세 되던 1960년까지도 병든 몸을 이겨내면서 ≪라이프≫지에『위험한 여름』을 시리즈로 연재하는 등 작가로서의 의연한 모습을 잃지 않았다. 그는 이때 매우 심각한 우울증에 시달렸지만 작가의 길에서 결코 이탈하지 않았다. 치열한 작가정신이 그렇게 만든 것이다. 목숨이 경각에 달려있는 상황에서도 물러서지 않고 위험을 무릅쓰고 오로지 전진하는 그를 무엇으로 설명할 수 있는가? 흥분과 자극 그리고 치열한 삶과 집념의 작가정신 외에는 설명할 길이 없다. 그의 문학은 곧 그의 인생이고 그의 인생을 늘 새롭게 만들어가야 작품이 나온다고 전제할 때 목숨을 건 이런 치열한 삶과 작가정신은 반드시 필요한 것이라고 말할 수 있다.

    헤밍웨이의 해외여행 14년 5개월은 그에게 몇 가지 중대한 변화를 불러왔다. 먼저 헤밍웨이는 이 경험을 살려 세계적인 무대를 그의 작품배경으로 삼았다. 이로 인해 그는 세계적으로 알려진 유명작가의 반열에 단숨에 진입했다. 그의 작품세계가 미국에 국한되지 않고 이탈리아, 스페인, 파리, 쿠바, 아프리카 등 세계적인 배경을 갖고 있는 이유는 이 14년 5개월의 해외여행 및 체류가 있었기 때문이다. 다음으로 해외체류에 힘입어 헤밍웨이는 미국시절에 가지고 있었던 극사실주의적인 서술기법의 한계를 뛰어넘어 빙산이론문체라는 독특한 문체와 기법을 만들어 낼 수 있었다. 이는 유럽의 체류가 가져다 준 문화적 영향의 결과였다. 이 빙산이론문체는 20세기의 독보적인 서술기법예술이며 21세기에도 그 생명력이 지속될 수 있는 경제적이고 아름다운 문체이고 기법이다.『노인과 바다』에 사용된 문체도 이 빙산이론문체였으며 이 작품은 결국 헤밍웨이를 불후의 작가반열에 올려놓게 되는 결정적인 역할을 했다. 이 문체는 헤밍웨이가 파리에 체류하는 동안 문학 작가들만의 영역을 뛰어넘어 화가와 음악가 등 당대 최고의 다양한 분야의 거장들과 교유하는 동안 깨달은 기법이다. 이 빙산이론문체는 세잔 화법의 도입이 결정적인 계기가 되었다. 그리고 이러한 착상이 가능한 분위기가 당시 파리에 있었다.2) 다음으로 헤밍웨이의 해외여행은 그의 문학세계 및 작품생산에 있어 외연과 깊이를 확장하고 심오하게 하는 데 결정적인 영향을 미쳤다. 헤밍웨이는 20대 초반 젊은 나이에 꿈과 낭만을 안고 파리생활에 뛰어들었다. 이 시기에 헤밍웨이는 파리생활을 중심으로 유럽무대에서 여러 사람들과 접촉하고 다양한 경험과 체험을 하면서 그의 행동의 외연을 넓히고 사고의 깊이를 더해 갔다. 이렇게 넓힌 유럽무대를 배경으로 그는 작품을 창작했다. 첫 번째 작품이『태양은 또다시 떠오른다』이다. 그는 이 작품으로 단번에 세계적인 대작가가 되었다. 이 작품은 그 미려한 문체와 내용에 있어 명실 공히 명작이다. 이 작품은 영미문학사에서 1920년대 "길 잃은 세대," 즉 로스트 제너레이션(the Lost Generation)의 대표작이 되었다.

둘째, 신문·잡지사와의 만남과 기사취재활동의 문제를 간추린다. 헤밍웨이는 신문사에 직업을 얻고 기사취재와 보도를 위해 뉴스현장을 늘 긴장, 흥분, 그리고 자극적인 심리상태로 찾아 나섰다. 그리고 헤밍웨이는 이 직업 전선을 자신의 첫째의 인생목표인 창작에 아주 잘 활용했다. 신문, ≪캔자스 시티 스타≫, ≪토론토 데일리 스타≫, ≪북아메리카 신문연합≫과 잡지 ≪협동나라≫, ≪콜리어스≫, ≪에스콰이어≫, ≪라이프≫ 등은 헤밍웨이의 창작에 불가분의 관련을 맺고 있다.3) 헤밍웨이가 사회에 나와 신문 및 잡지사와

---

2) 자세한 내용은 파리시절에서 더 설명하기로 한다.
3) 이들 신문 및 잡지와 헤밍웨이와의 만남의 순서, 근무기간, 그리고 발표한 글의 숫자는 다음과 같다:
   1. ≪캔자스 시티 스타≫(*The Kansas City Star*)(신문, 1917년 10월-1918년 4월, 약 7개월 근무, 기고기사 12편)
   2. ≪토론토 데일리 스타≫(*The Toronto Daily Star*)(신문, 1920년 1월-1923년 12월, 4년 근무, 기고기사 202편)

인연을 맺는 인생길을 걸었던 것은 이미 그의 고교시절부터 출발된 경력의 연장선이라고 볼 수 있다. 이들 신문 및 잡지사 중에서 헤밍웨이의 글쓰기 훈련과 관련하여 중요한 신문사는 캔자스 시티 스타와 토론토 데일리 스타였다. 두 신문사는 특히 헤밍웨이의 초기문체형성에 중요한 영향을 미쳤다. 좀더 심층적으로 다루어져야 한다.4)

≪협동나라≫지는 미국 중서부농민을 위한 소비조합 기관지 잡지이다. 헤밍웨이는 이 잡지에 1920년 12월부터 글을 기고하고 편집활동을 시작했다. 헤밍웨이는 이 잡지사의 설립자가 농민사기사건으로 고소되어 이 잡지가 폐간될 때까지인 1921년 10월까지 기고와 편집일을 계속했다. 다음으로 ≪콜리어스≫지는 출판업자 피터 F. 콜리어(Peter F. Collier)에 의해서 1887년에 시작된 미국 잡지이다. ≪콜리어스≫지는 1차 세계대전 이전 10년 동안 사회문제에 있어서 강력한 영향력을 갖고 있었다. 이 잡지에 기고된 사뮤엘 아담스(Samuel Adams)의 시리즈 기사는 결국 1906년에 연방 식의약법령(Federal Food and Drug Act)을 입법하게 만들기도 했다. 이 잡지의 인기와 영향력을 가늠하는 구체적인 예이다. 헤밍웨이는 이 막강한 잡지에 1944년에 무려 6편의 기사를 기고했다. 6편 모두 제2차 세계대전 동안 연합군(Allied Armies)이 프랑스를 거쳐 독일로 진군한 것에 관한 기사이다.5) ≪에스콰이어≫지는

---

3. ≪협동나라≫(*Cooperative Commonwealth*)(잡지, 1920년 12월-1921년 10월)
4. ≪북아메리카 신문연합≫(NANA, North American Newspaper Alliance)(신문, 1937-1938, 급보기사 30편)
5. ≪콜리어스≫(*Collier's*)(잡지, 1944년, 기고기사 6편)
6. ≪에스콰이어≫(*Esquire*)(잡지, 창간호에 "Marlin off the Morro: A Cuban Letter" 게재, 「킬리만자로의 눈」 포함 단편 6편 게재, 1930년대에 기고기사 26편)
7. ≪라이프≫(*Life*)(잡지, 1954년 『노인과 바다』, 1960년 『위험한 여름』 시리즈로 게재, 1964년 『움직이는 축제일』 일부 게재) 등.
4) 두 신문사의 영향은 별도의 장(II-1-3 "기자시절")에서 미시간 북부 시절의 문체형성과 결부시켜 설명하기로 한다.
5) Oliver, 62 참조.

1933년 아놀드 깅리치(Arnold Gingrich)가 초대 편집장인 잡지이다. 헤밍웨이는 이 잡지에 명작 단편 「킬리만자로의 눈」을 비롯하여 6개의 단편과 1930년대에 26편의 기사를 실었다. 창간호는 1933년 8월에 나왔다. 헤밍웨이는 이 창간호에 "Marlin off the Morro: A Cuban Letter"를 게재했다.6) ≪라이프≫지는 1883년 주간지로 출발하여 1932년에 월간지로 전환했다가 1936년에 주간지 ≪타임≫(Time)에 합병된 잡지이다. 헤밍웨이는 이 잡지에 1954년『노인과 바다』, 1960년『위험한 여름』을 시리즈로 게재했었다.7) ≪북아메리카 신문연합≫은 60개가 넘는 신문 및 통신사의 회원을 가진 연합체이다. 헤밍웨이는 이 연합신문에 스페인전쟁의 상황을 전하는 전황급보기사 30편을 1937-1938년 동안에 전송했다.8) 헤밍웨이는 신문·잡지의 기사 취재활동으로 기사 365편을 남겼다. 모두 신문·잡지의 기사 취재여행의 결과이다.

    셋째, 치열한 삶의 생사 현장 몰입의 문제를 간추린다. 헤밍웨이는 타고난 성품상 열정, 용기, 호기심, 모험심으로 가득 차 있었다. 그는 이런 용기와 진취적인 정신으로 치열한 삶의 생사현장을 지속적으로 찾고 체험했다. 그리고 이를 작품에 정확히 반영했다. 이 문제는 마초(macho) 헤밍웨이라는 문제로 접근해 가면 설명이 가능하다. 마초의 기본개념은 용기, 사나이다움, 그리고 모험심이 그 핵심특질이다. 전쟁에 참여한다든가, 스페인에서 벌어지는 오전시간의 산 페르민 축제(Fiesta San Fermín)와 오후의 투우(bullfight) 현장을 찾는다든가, 권투를 즐긴다든가, 자신의 어선인 필라호를 개조하여 독일 잠수함에 대적하는 활약이라든가, 그리고 아프리카 세렌게티평원에서 맹수사냥에 나서는 활동 등은 모두 이에 해당한다. 마초의 주인공 헤밍웨이의 이미지를 뚜렷이 부각시킨 대표적인 활동들이다.

---

6) *Ibid.*, 87-88 참조.
7) *Ibid.*, 196 참조.
8) *Ibid.*, 232 참조.

먼저 헤밍웨이의 전쟁참여와 작품의 상관관계이다. 헤밍웨이는 평생 다섯 개의 전쟁에 직접 참전하거나 종군기자로 참여했다. 그의 전쟁참여를 요약하면 다음과 같다: 1) 이탈리아전투: 1차 세계대전에서 이탈리아전투(1918-1919) 참전. 2) 프랑스전투: 2차 세계대전 당시 연합군의 노르망디 상륙작전 취재(≪콜리어스≫지), 프랑스서북지방 노르망디(Normandy) 해안상륙 D-Day를 보기 위해 특파원수송선 드로시아 L. 딕스(Drothea L. Dix)에 승선, 영국공군(RAF) 본부방문, 영국공군폭격임무 비행기에 탑승하여 독일군 로켓을 요격하기 위해 2회에 걸쳐 출격, 조지 패튼장군(Gen. George Patton) 사단에 배속, 제4보병사단으로 전출, 찰스 벅 랜햄 대령(Charles Buck Lanham)이 지휘하는 22연대에 입대한 뒤 1944년 나머지 기간 동안 이 부대에 잔류, 램뷸레(Rambouillet) 근처 사령부에서 포로 심문을 도우며 복무. 3) 그리스-터키 전쟁: ≪토론토 데일리 스타≫지 특파원으로서 그리스군의 터키 콘스탄티노플 철수 취재. 4) 스페인내전: ≪북아메리카 신문연합≫에 제공할 스페인내전 취재(1937-1938). 5) 중일전쟁: *Picture Magazine* 특파원으로서 중일전쟁 취재 [광둥(Canton) 전선, 장개석군대, 기타 전선 취재] 등이다. 헤밍웨이는 이 다섯 개의 전쟁을 최전선에서 그 실상을 생생하게 체험하고 목격했다. 전쟁참여는 헤밍웨이 인생여정의 흥분과 자극이라는 삶의 형태에서 가장 극한적인 형태가 된다. 헤밍웨이는 이 다섯 개의 전쟁 체험과 목격의 실상을 그의 작품에 반영하거나 기사형태로 신문에 기고했다. 작품과 관련하여 이 다섯 개의 전쟁 중에서 전쟁의 체험과 실상이 소설에 반영되어 나타난 대표적인 경우는 1차 세계대전의 이탈리아전투체험이 배경이 된『무기여 잘 있거라』, 스페인내전의 참전체험이 배경이 된『누구를 위하여 종은 울리나』와『제5열』(*The Fifth Column*) 등이다. 또한 다섯 개의 전쟁참여는 헤밍웨이의 인생과 단편 생산에 심대한 영향을 미쳤다.

전쟁이 헤밍웨이 문학세계에서 차지하는 무게와 의미는 전쟁과 인연을 맺고자 하는 그의 의지와 연결된다. 그가 참여했던 다섯 개의 전쟁 중 첫 번째와 두 번째 전쟁의 경우를 예로 들어 본다. 첫째로 1차 세계대전 당시인 1917년, 헤밍웨이는 군대에 입대하기엔 연령이 미달된 시점인 고교졸업 직전 자원하여 병역을 지원했다. 그러나 좌안 시력문제로 군입대가 허락되지 않았다. 그는 이때 연령 미달문제를 돌파하기 위해 나이를 속이기까지 했다. 그의 출생연도가 1898년생으로 기록된 것은 군입대를 위한 그의 고심의 흔적이다. 이렇게 나이를 속이기까지 하면서 노력했어도 정식입대가 막히자 군입대의 한 방법으로 헤밍웨이는 미군적십자부대에 지원했다. 세계대전이 치열하게 전개되는 이탈리아전선에서 앰뷸런스차량 운전병으로 참전하기 위해서이다. 드디어 나이의 미달과 시력문제를 극복하고 적십자 운전병의 자격으로 군입대에 '성공'했다. 전쟁터에 진입하기 위한 그의 의지가 실로 컸음을 알 수 있는 대목이다. 그리고 이 전쟁체험은 평생 그의 인생과 작품세계에 큰 영향을 미친다. 1차 세계대전 체험의 산물이 『무기여 잘 있거라』이다. 그리고 『태양은 또다시 떠오른다』의 제이크 반즈(Jake Barnes)의 경우도 그의 부상이 1차 세계대전에서 연유한 것이므로 이 작품 또한 1차 세계대전을 또 다른 배경으로 삼고 있다고 말할 수 있다. 그리고 기타 여러 단편에서 이 전쟁체험이 반영되어 있다. 헤밍웨이가 참전한 두 번째 전쟁은 그리스-터키 전쟁 (Greece-Turkish War)(1919-1922)이다. 이 전쟁을 상대로 헤밍웨이가 활동하고 생각했던 것을 보면 그가 전쟁을 창작에 얼마나 중요한 재료로 간주하는지를 간파할 수 있다. 헤밍웨이는 그리스-터키 전쟁 종군기자로 콘스탄티노플에 머물면서 전황을 취재했고 그리스-터키 전쟁 직후 잠시 동안의 취재에서 ≪토론토 스타≫지에 무려 14편의 기사를 기고했다. 그리고 헤밍웨이는 그리스-터키 전쟁과 관련한 로잔회의에 대해 ≪토론토 스타≫지에 특집기사를 썼을 뿐만 아니라 "존 해들리"(John Hadley)라는 익명으로 인터내셔널 뉴스 서비스사의 프랭크 메이슨(Frank Mason)과 허스트 유니버셜 뉴스 서비스사

(Hearst Universal News Service)의 찰스 버텔리(Charles Bertelli) 등 케이블 뉴스에도 송고했다.9) 그리스-터키 전쟁에 대해 그의 활동이 활발했음을 알 수 있다. "John Hadley"라는 필명은 헤밍웨이의 첫 번째 아내 "Elizabeth *Hadley* Richardson Hemingway"와 장남 존의 "*John* Hadley Nicanor Hemingway"(이탤릭체 저자)의 이름에서 각각 추출되어 조합된 것이거나 장남의 이름을 차용한 것으로 보인다. 이렇게 익명을 사용하여 기사를 송고한 것은 토론토 스타사 외의 통신사들과 맺은 비밀계약 때문이었다. 결국 토론토 스타사를 비롯한 여러 통신사에 많은 기사를 제공한 그의 활동을 보면 그가 그만큼 이 전쟁에 대해 깊은 관심을 가졌고 기사화할 것이 많았다는 것을 뜻한다. 이때의 체험은 단편「스머나의 부두에서」로 나타났다. 그러나 헤밍웨이는 이 체험을 장편으로 써보고 싶었던 듯하다. 왜? 그는「킬리만자로의 눈」의 제1플래시백에서 이 체험을 토대로 한 작품을 쓰지 못했음을 깊이 후회하고 있다. 이 전쟁에 대한 헤밍웨이의 깊은 시각이 있었고 이는 장편감이 되었다는 것을 알 수 있다. 그런데도 의지를 갖고 참여했던 귀중한 전쟁체험을 장편으로 작품화하지 못하자 깊은 아쉬움을 나타낸 것으로 판단된다. 1차 세계대전에 참여하기 위한 그의 강렬한 의지와 장편발표, 그리스-터키 전쟁에서의 그의 활발한 취재활동, 그리고 그리스-터키 전쟁체험을 장편으로 써내지 못한 것에 대한 후회 등을 보면 그가 전쟁에 참여하고 싶은 의지가 얼마나 강한가와 이런 전쟁체험을 창작에 얼마나 적극적으로 활용하고 있으며 또 그 활용의사가 얼마나 강한가를 알 수 있다. 헤밍웨이 문학세계에서 차지하는 전쟁의 무게가 만만치 않다.

다음은 권투(boxing)와 헤밍웨이의 관계이다. 헤밍웨이는 아버지로부터 권투기술향상에 대한 압력을 받을 정도로 어린 시절부터 권투라는 스포츠와 인연이 깊다. 헤밍웨이는 1913년, 당시 나이 14세 때 시카고의 권투연습장에

---

9) Meyers, 104.

서 권투에 열정을 바쳤다. 1926년에는 상금이 걸린 권투경기에 참가했고 곧이어 상당한 실력의 권투선수 수준에 이르렀다. 그는 권투와 관련된 활동을 지속해 갔다. 1928년 10월에 헤밍웨이는 뉴욕에서 벌어지는 프로권투시합을 관람하면서 연구하기도 하고 1935년에는 ≪에스콰이어≫지에 기고하기 위해 뉴욕에서 벌어진 조 루이스(Joe Louis) 대 맥스 배어(Max Baer)의 헤비급 선수권 권투경기를 취재하기도 했다. 1938년 6월 22일에는 조 루이스 대 맥스 쉬멜링(Max Schmeling)의 권투시합경기로 인해 뉴욕을 방문하기도 했다. 이와 같은 권투와 관련된 그의 관심과 활동은 그의 작품세계에 반영되었다. 헤밍웨이는『태양은 또다시 떠오른다』에서 복싱챔피언으로 로버트 콘(Robert Cohn)을 등장시켰다. 그리고 단편「권투선수」에서 귀가 하나밖에 없고 얼굴이 망가진 현상 권투선수 애드 프랜시스(Ad Francis),「살인자」에서 전직 권투선수인 오울 앤드레슨(Ole Andreson),「5만 달러」에서 웰터급권투선수 잭 브레난(Jack Brennan) 등이 등장하는 것도 모두 권투에 대한 헤밍웨이의 지식에서 기인된 것으로 판단된다.

다음은 독일잠수함에 대적하기 위하여 자신의 어선 필라호의 개조문제를 살펴본다. 필라호는 헤밍웨이가 직접 주문하여 소유했던 개인어선이다. 필라호의 탄생과 필라호와 함께 한 활동을 간추리면 이렇다. 헤밍웨이는 1934년 4월 4일에 브루클린(Brooklyn)에 있는 휠러 조선소(Wheeler Shipyard)에 어선을 주문했다. 1개월 남짓 후, 헤밍웨이는 7,500달러를 지불하고 새 어선을 마이애미(Miami)에서 인수했다. 이름은 "The Pilar"라고 지었다. 그리고 이 배를 타고 키웨스트로 처녀 항해했다. 1934년 5월 11일이다. 최초의 필라호와 헤밍웨이의 활동이었다. 이후 헤밍웨이는 필라호를 타고 다양한 활동을 했다. 처음은 관광과 고기잡이로 이용되었다. 1934년 7월 8월에는 아바나로 항해를 했다. 1936년 4월 24일에도 헤밍웨이는 필라호를 타고 아바나를 본거지 삼아 한 달 동안 낚시여행을 했다. 그는 필라호를 타고 키웨스트와 아바나를 포함하여 멕시코만류 일대를 종횡무진 활동했다. 그런데 헤밍웨이는 필라호를 어선에 국한하지 않고 좀더 가치 있고 유익하게 사용할 구상을 했다. 2차 세계대전기간인 1942년 5월 중순 헤밍웨이는 미국대사와 쿠바수상에게 대적첩보활동안(counterintelligence scheme)을 제안했고 그 안(案)의 동의를 얻어내는 데 성공했다. 헤밍웨이가 제안한 안은 필라호를 큐-보트 (Q-Boat)[10]로 개조하여 독일잠수함을 격침시키는 데 사용하자는 것이었다. 제안에 대한 동의를 얻어낸 헤밍웨이는 필라에 전동장치 등을 부착시켜 큐-보트로 개조했다. 이후 필라호를 타고 독일잠수함에 대한 순찰을 시작했다. 1942년 6월 12일이다. 헤밍웨이의 이런 활동을 옆에서 보고 있던 세 번째 아내 마사 겔혼(Martha Gellhorn)은 주변 정세를 종합하여 카리브해의 생활에 미친 독일잠수함의 영향에 대하여 ≪콜리어스≫지에 기사로 보도하기도 했다. 1943년, 헤밍웨이는 여름을 보내기 위해 아바나에 도착한 두 아들, 패트릭(Patrick)과 그레고리(Gregory)와 함께 독일잠수함 순찰을 하기도 했다. 멕시코만에서의 필라호의 활동은 그의『노인과 바다』등의 작품탄생으로 이어졌다. 그리고 그의 인생의 절반에 해당하는 긴 기간 동안 필라호가 떠 있는 멕시코만을 그의 삶의 터전으로 삼았다. 필라호와 멕시코만이 헤밍웨이의 인생과 작품세계에 미치는 영향이 심대했다고 말할 수 있다.[11]

　　다음으로 아프리카 사파리여행과 스페인의 산 페르민 축제의 투우 (bullfight)를 살펴본다. 헤밍웨이는 두 번의 아프리카 사파리여행을 단행했다. 그리고 이 경험을 바탕으로 많은 작품을 썼다. 또 헤밍웨이는 스페인에서 열리는 산 페르민 투우축제에 열정적으로 참가했다. 두 경우, 헤밍웨이를 이해하는 데 간과해서는 결코 안 되는 중요한 문제들이다. 특히 투우와 산 페르민 축제는 헤밍웨이의 젊은 시절부터 시작하여 평생 동안 그가 몰입했던 큰

---

10) Q-Boat: 1차 세계대전 당시 독일잠수함을 격침하기 위해 상선으로 가장한 영국함정.
11) II-5 "쿠바 아바나" 참조.

관심사항이었고 그의 작품세계에 지대한 영향을 미쳤다. 이 문제들은 별도의 장에서 설명하기로 한다.12)

헤밍웨이는 여행을 통해서 새로움을 추구했다. 아울러 그는 여행을 통해서 작품의 자료를 얻었다. 그는 그가 살았던 삶을 예술적으로 재가공하여 작품으로 내 놓았다. 그래서 헤밍웨이가 쓴 작품들은 그의 여행인생을 쓴 것이라고 말할 수 있다. 이런 연유로 조셉 데팔코(Joseph DeFalco)가 헤밍웨이의 작품을 분석하면서 <여행기법>(Journey Artifice)이라는 측면으로 추적해 들어갔던 것은 타당한 접근법이었다고 말할 수 있다. 헤밍웨이는 자신이 머물렀던 장소와 지역의 풍경, 만났던 사람들, 겪었던 사건들, 그리고 품었던 속내 생각과 사상 등을 작품으로 재탄생시켜 예술화했다. 인생과정에서 직접 경험한 내용들이 작품으로 귀결되었다고 말할 수 있다. 그의 인생이 곧 그의 작품인 셈이다. 이런 배경으로 그의 문학은 강한 리얼리즘의 문학이 된다. 그리고 추상적인 세계에 머무르지 않고 우리들의 실제생활과 보통 사람들의 삶에 집착하다 보니 때로는 사회참여의 문학으로 나타나기도 했다.『가진 자와 못 가진 자』,『누구를 위하여 종은 울리나』, 그리고『강을 건너 숲속으로』와 같은 작품들이 사회참여문학의 대표적인 경우들이다. 이 작품을 쓰는 시기 그의 관심사항이 사회참여로 기울어져 있었다고 말할 수 있다.

그는 용기와 강렬한 활동이 필요한 대상을 찾아 성취하고 즐기는 인생구도를 만들어 냈다. 투우, 권투, 아프리카 사파리여행, 스키, 전쟁참여, 바다에 도전 등등은 그의 흥분과 자극의 인생방식과 도전적인 인생철학에서 비롯되어진 것이다. 결국 여행이 그의 인생의 주요 테마가 되고 이것이 곧 작품의 배경이 되는 특이한 구조를 만들어낸다. 인생이라는 여행을 통하여 먼저 삶을 체험하고 다음에 그 체험을 바탕으로 작품을 쓰는 구도이다. 체험의

---

12) 1) II-7-1 "두 번의 아프리카 사파리여행" 참조.
   2) II-4-2 "산 페르민 축제" 참조.

영역도 인간으로서 극기가 가능한 최후의 경계지점까지 확장시켰다. 그리하여 생과 삶의 절박한 순간과 생존에 있어서 진실의 순간을 생생하게 창출해낸다. 헤밍웨이가 어린 시절부터 여름마다 찾았던 미시간 북부 지역(northern Michigan), 호튼 베이(Horton Bay, 호튼만), 두 개의 심장을 가진 강(Two Hearted River), 세니(Seney) 마을, 그리고 헤밍웨이 가족의 별장이 있었던 월룬호 등의 지역은 단편「미시간 북쪽에서」와「두 개의 심장을 가진 큰 강」 등 초기작품의 배경이 되었다.

    1921년 ≪토론토 스타≫지의 유럽 특파원이 되어 파리에서 생활했던 체험과 경험은『태양은 또다시 떠오른다』의 배경이 되었다. 1차 세계대전 당시 이탈리아전선에 참여했던 경험은『무기여 잘 있거라』의 배경이 되었다. 아프리카 사파리여행의 경험은『아프리카의 푸른 언덕』,「킬리만자로의 눈」,「프랜시스 매코머의 짧고 행복한 생애」, 그리고『여명의 진실』로 나타났다. 1938년 스페인내전을 취재했던 경험은『누구를 위하여 종은 울리나』로 나타났다.『노인과 바다』는 그가 살았던 쿠바생활과 키웨스트의 멕시코만류가 무대 및 배경이다. 1944년 ≪콜리어스≫지의 특파원이 되어 2차 세계대전을 취재했던 경험, 1차 세계대전의 이탈리아전선 참전의 기억, 그리고 1948년 북이탈리아 사냥여행과 그 당시 만난 미모의 여성 아드리아나 이반이츠(Adriana Ivancich)와의 추억은『강을 건너 숲속으로』로 소설화되었다. 이 밖에도 멕시코만의 생활이 기반이 된『멕시코만류의 섬들』, 파리, 지중해해안, 그리고 스페인이 무대로 등장하는『에덴동산』, 파리생활의 기록인『움직이는 축제일』, 그리고 1959년 여름 스페인의 투우시즌 여행과 그 기록이『위험한 여름』이다. 움직일 수 없이 그의 여행 또는 인생이 곧 작품이다.

    헤밍웨이가 만난 실재 인물이 작중인물로 나타난 경우를 간추려 보면 그의 인생이 곧 작품이라는 생각을 더욱 굳히게 된다. 헤밍웨이는 그의 인생길에서 만난 인물들을 가공하여 작품의 소재로 삼았다. 그의 인생여정에서 만난 인물이 작품에 등장하는 대표적인 경우를 몇 가지 간추리면 다음과 같다.

헤밍웨이는 세계대전의 이탈리아전선에서 부상을 입고 밀라노 병원에 입원했을 때 만났던 간호사 애그니스 반 크라우스키를 『무기여 잘 있거라』에서 캐서린 바클리로 등장시켜 감성적인 영감을 주는 아름다운 여성으로 묘사했다. 헤밍웨이는 『무기여 잘 있거라』에서 캐서린을 이렇게 그렸다. "그녀는 키가 꽤 컸다. 그녀는 내가 보기에는 간호원 유니폼 같은 옷을 입고 있었다. 머리는 금발이고 황갈색의 피부에 회색빛 눈을 가지고 있었다. 생각하건대 그녀는 매우 아름다웠다."(Miss Barkley[Agnes] was quite tall. She wore what seemed to me to be a nurse's uniform, was blonde and had a tawny skin and gray eyes. I thought she was very beautiful.)[13]라고 묘사하고 있다. 이 모습은 애그니스의 실제 모습이다. 1925년 봄과 여름에 만나 그녀에게 매혹되었던 메어리 더프 튜와이스덴(Mary Duff Twysden)은 『태양은 또다시 떠오른다』의 탄생에 영향을 미쳤고 이 작품에서 브렛 애쉴리(Brett Ashley)로 여주인공이 되었다. 제인 메이슨(Jane Mason)은 「프랜시스 매코머의 짧고 행복한 생애」에서 여주인공으로 등장하고 첫 번째 아내 해들리 리처드슨은 『움직이는 축제일』에 그려져 있다. 단편 「아버지와 아들」에서 헤밍웨이는 자신의 아버지를 등장시킨다. 이 작품에서 주인공 니콜라스 애덤스(Nicolas Adams)는 메추라기 사냥을 하면서 사냥기법과 관련하여 자신의 아버지 생각을 한다. 작품에서 닉이 생각한 그의 아버지 부분을 보면 이렇다.

그가 그의 아버지를 생각할 때는 언제나 맨 먼저 생각나는 것은 아버지의 눈이었다. 커다란 체격, 빠른 동작들, 넓은 어깨, 굽은 매부리코, 약한 턱을 덮은 수염, 이러한 것들은 생각나지 않고 생각나는 것은 언제나 그의 눈이었다. 아버지의 두 눈은 이마 속에서 눈썹의 편대에 의해 보호되고 있었다.; 무슨 꽤

---

13) Hemingway, *A Farewell to Arms*, 18. *참고: 이하 이 책에서 인용 및 참고한 인용문헌 페이지는 p.를 생략하고 숫자로만 표시함.

값진 기구를 보호하기 위하여 고안된 특별한 보호장치처럼 눈은 깊숙이 박혀 보호되어 있었다. 그의 두 눈은 보통 사람들보다 더 멀리 그리고 더 빨리 보았는데 그런 눈은 그의 아버지가 받은 타고난 위대한 선물이었다. 그의 아버지는 문자 그대로 큰 뿔이 있는 숫양이나 혹은 독수리처럼 시력이 좋았다.

When he first thought about him it was always the eyes. The big frame, the quick movements, the wide shoulders, the hooked, hawk nose, the beard that covered the weak chin, you never thought about — it was always the eyes. They were protected in his head by the formation of the brows; set deep as though a special protection had been devised for some very valuable instrument. They saw much farther and much quicker than the human eye sees and they were the great gift his father had. His father saw as a big-horn ram or as an eagle sees, literally.14)

명백한 헤밍웨이의 아버지, 클레어런스 에드먼즈 헤밍웨이(Clarence Edmonds Hemingway)에 대한 묘사이다. 또 자신의 절친한 군인친구, 칭크 도어먼-스미스 소장(Major General Chink Dorman-Smith)을 「스페인전쟁」("The Spanish War")에서 영국의 직업군인으로 등장시킨다. 그리고 파리생활에서 만나 자신의 문체형성에 큰 영향을 미쳤던 거트루드 스타인(Gertrude Stein)을 헤밍웨이는 『움직이는 축제일』 2장에서 이렇게 묘사하고 있다. "미스 스타인은 몸은 매우 뚱뚱한 편이나 키는 크지 않았고 농촌 여자처럼 몸집이 건장했다. 그녀는 아름다운 눈을 가졌고 프리울라노(Friulano)처럼 보이기도 하는 강한 독일-유태계의 얼굴을 가졌다. 또한 그녀는 그녀의 옷맵시, 표정을 잘 나타내는 얼굴모습, 그리고 아마도 대학시절에 깎았을 법한, 똑같은 모양을 하고 있는 사랑스럽고 숱이 많고 생기가 나는 이주자 같은 머리결의 모습으로 내게 북부 이탈리아의 농촌여자를 생각나게 했다."(Miss Stein was very

---

14) Hemingway, "Fathers and Sons," *The First Forty-Nine Stories*, 405-406.

big but not tall and was heavily built like a peasant woman. She had beautiful eyes and a strong German-Jewish face that also could have been Friulano and she reminded me of a northern Italian peasant woman with her clothes, her mobile face and her lovely, thick, alive immigrant hair which she wore put up in the same way she had probably worn it in college.)[15])라고 스타인을 데생(dessin)하여 작품에 등장시켰다.

    헤밍웨이는 1948년 12월 초 북이탈리아 방문 당시 만났던 이탈리아의 미모의 여성 아드리아나 이반이츠를 『강을 건너 숲속으로』의 여주인공 레나타(Renata)로 등장시켰다. 그리고 레나타를 "그녀는 창백하다 못해 거의 올리브색의 아름다운 피부를 지녔으며 그녀의 옆면 얼굴윤곽은 당신의, 혹은 그 어느 누구라도 보는 이의 심장이 멎어 버릴 것 같은 아름다운 모습이었으며 생동감 넘치는 검은 머리채는 그녀의 어깨위로 치렁치렁 늘어뜨려져 있었다."(She had pale, almost olive colored skin, a profile that could break your, or any one else's heart, and her dark hair, of an alive texture, hung down over her shoulders.)[16])라고 묘사하고 있다. 레나타의 실제의 모습 그대로이다. 이 외에도 왈가닥 운동선수인 그의 둘째 여동생 서니(Sunny)는 세편의 단편에 등장한다. 「사병의 고향」에서 소프트볼 선수인 헬렌(Helen)으로, 「아버지와 아들」에서 도로시(Dorothy)로, 「마지막 좋은 고장」("The Last Good Country")에서 수렵 관리인으로부터 닉이 달아나도록 돕는 리들리스트(Littlest)로 등장한다. 또 스페인의 작곡가이며 피아니스트인 듀란(Gustavo Duran)은 『누구를 위하여 종은 울리나』에서 "여단을 지휘하는 아주 훌륭한 장군"(a damned good general commanding a brigade)으로 등장하고 세 번째 아내 마사 겔혼은 『제5열』에 등장하는데, 마사는 "그녀는 매우 아름답고 매우 친절했으며, 매우 매

---

15) Hemingway, *A Moveable Feast*, 14.
16) Hemingway, *Across the River and Into the Trees*, 64.

력적이며 다소 순진하기도 했다. 그리고 꽤 용감했다."(She's very beautiful, very friendly, and very charming and rather innocent-and quite brave.)17)라고 그려져 있다. 모두 실재 인물이 작품으로 등장하는 경우이다. 그의 삶이 곧 작품이라고 결론지을 수 있다.

　젊었을 때 헤밍웨이가 즐겼던 여행을 분석해 보면 소위 주제여행의 모습이 보인다. 전쟁참여, 산 페르민 축제 관광여행, 아프리카 사파리여행, 신문 및 잡지의 기사 취재여행, 스키여행, 그리고 낚시여행 등이다. 그런데 이들 여행에서 두드러지게 부각되는 한 가지 공통점이 보인다. 그것은 주로 생과 죽음이 맞닿는 현장을 찾아가는 일이다. 그래서 흥분과 자극의 여행길이 된다. 그리고 이런 흥분된 경험과 체험은 다음 단계로 그의 작가의식과 철학세계의 정제과정을 거쳐 작품으로 나타난다. 전쟁소설『무기여 잘 있거라』와『누구를 위하여 종은 울리나』가 대표적인 예들이다.『오후의 죽음』은 투우축제를 관광한 경험으로 쓰여진 논픽션이다. 생사를 건 낚시가 주요사건인『노인과 바다』는 낚시여행의 결정판이다. 그의 작품탄생을 보면 생과 사의 긴박한 체험이 먼저 선행되어야 한다. 스키여행이 작품의 보조배경으로만 쓰이고 본격적인 작품으로 연결되지 못한 것은 이런 점에서 이해가 된다. 말년에 스페인의 말라가와 이탈리아의 베니스의 관광여행 등은 젊었을 때와는 전혀 다른 별도의 여행이다. 예를 들어 말년의 베니스 여행은 젊은 날을 회상하는 추억여행이라고 성격을 규정할 수 있다. 그래서 베니스 여행을 배경으로 탄생된『강을 건너 숲속으로』는 그 실재의 여행답게 작품은 주인공의 회상이 골격을 이루고 있다. 인생의 뒤돌아보기와 사랑이 있을 뿐 긴박감이 넘치는 흥분이 없다. 그의 여행주제의 차원에서 조명하면 전체적으로 그의 모든 작품들이 이해될 수 있다.

　한 인간으로서 헤밍웨이의 도전과 모험 그리고 흥분과 자극의 인생태도

---

17) Hemingway, *The Fifth Column and four unpublished stories of the Spanish Civil War*, 44.

는 치열한 삶과 작가정신으로 귀결되었다. 그는 어떤 일에 착수하면 몰두한다. 그의 인생이 집중적이 된 것도, 그의 작가정신이 치열한 것도 그의 인생태도인 흥분과 자극의 인생철학 때문이었다. 그는 불가능할 것 같은 삶을 과감하게 살아나갔다. 그가 노정했던 치열한 삶과 작가정신의 본질을 꿰뚫어 보면 동시대 작가들을 비롯하여 영미문학사 전체를 통해서도 참으로 특이하다. 결국 인간과 작가 헤밍웨이를 동시에 풀어내는 키워드(key word)는 <도전과 모험의 치열한 작가정신과 흥분과 자극의 여행인생> 그리고 <이런 그의 인생의 내용은 모두 작품으로 예술화>, 이 두 마디로 정리할 수 있다.

2. 헤밍웨이의 문학자산과 연구현황

헤밍웨이는 62세의 생애 중 고교시절부터 글을 쓰기 시작하여 일생 동안 약 45년 간(1915-1960) 창작활동을 했다고 말할 수 있다. 헤밍웨이가 남긴 문학자산에서 최초의 제1권 출간 책은 『3편의 단편과 10편의 시』(Three Stories & Ten Poems)이다. 마지막인 제21권 책은 『여명의 진실』이다. 과연 그가 남긴 문학자산은 얼마나 되는가? 그리고 헤밍웨이 사후 그에 대한 세계의 연구 상황은 어떠한가? 그 답은 다음과 같다.

먼저 그가 남긴 문학자산이다. 헤밍웨이의 장편소설로는 『노인과 바다』를 비롯하여 10편이 발표되었고, 장편 논픽션(nonfiction)으로는 『움직이는 축제일』을 비롯하여 4편이 발표되었다. 이 중에서 5편은 사후 출판으로 발표되었다. 단편으로는 20세기 단편소설의 백미라고 일컬어지는 「살인자」("The Killers")를 비롯하여 발표된 단편 104편, 미발표 단편 5편 단편합계 109편을 썼다. 시(詩)는 「몽파르나스」("Montparnasse")를 비롯하여 88편을 썼다. 극은 『제5열』(The Fifth Column) 1편을 발표했다. 신문 ≪캔자스 시티 스타≫, ≪토론토 데일리 스타≫, ≪토론토 스타 위클리≫(The Toronto Star Weekly), ≪북아메리카 신문연합≫, 그리고 잡지 ≪콜리어스≫, ≪에스콰이어≫ 등에 기고한 기사로는 「미군병사와 장군」("The G.I. and the General")을 비롯하여 신문·잡지 기고기사 365편을 남겼다. 아울러 서간집으로 『어니스트 헤밍웨이: 1917-1961년 간추린 서한집』(Ernest Hemingway: Selected Letters 1917-1961)을 남겼다. 이런 문학적 결실물로 인하여 헤밍웨이는 1953년에 퓰리처상 수상에 이어 1954년에는 노벨문학상을 수상하였고 1930-1940년대에는 거의 매일 뉴스미디어의 중심에 서 있었다. 그의 대중적 이미지는 수려한 용모에 활동적이며 지적이고 카리스마가 넘치는 이미지로 압축되었다. 헤밍웨이가 활동하던 당시 그의 활동은 마치 할리우드(Hollywood)의 스타처럼 기자들의 취재대상이 되었다. 사회적으로 매우 인기가 있었다.

다음으로 헤밍웨이에 대한 연구동향이다. 1979년에서 1999년까지 20년 동안 비평계에서 우수하게 인정된 것만을 선정해도 칼로스 베이커(Carlos Baker)의 『어니스트 헤밍웨이: 인생이야기』(*Ernest Hemingway: A Life Story*)를 비롯하여 전기 40권 이상, 그리고 릴리언 로스(Lillian Ross)의 『헤밍웨이의 초상화: 저명인사 인물소개』(*Portrait of Hemingway: The Celebrated Profile*)를 비롯하여 연구서 100권 이상이 출판되었다. 학술지 및 문학잡지의 연구논문 수백 편 이상, 헤밍웨이 작품들 또는 인간 헤밍웨이와 관련된 영화, 연극, TV극, 그리고 라디오극 등이 59편이 상연되었다. 또 헤밍웨이에 대한 기사가 1500개 이상 게재되기도 했다. 그리고 헤밍웨이를 연구하는 학회, 서적, 대중적 행사 등이 매우 활발하게 이루어지고 있는데 그 상황은 이렇다.

먼저 어니스트 헤밍웨이 재단(The Ernest Hemingway Foundation), 헤밍웨이가 1961년 사망하고 난 후 미망인이며 네 번째 아내인 메어리(Mary)가 1965년 어니스트 헤밍웨이 재단을 설립했다. 재단 설립의 주요 목적은 헤밍웨이가 남긴 모든 창작물을 보존 관리하고 또한 그와 관련된 모든 형태의 연구를 장려하고 지원하기 위한 것이었다.

다음으로 어니스트 헤밍웨이 학회(The Ernest Hemingway Society), 1980년 12월 28일에 코네티컷주(Connecticut) 트리니티 대학(Trinity College)의 폴 스미스 교수(Prof. Paul Smith)가 결성했다. 창립학회가 열렸던 장소는 보스턴 항구 쌈슨섬(Thompson Island)이다. 헤밍웨이 연구 학자들이 대거 모여 어니스트 헤밍웨이 학회를 결성했다. 장소 쌈슨섬은 헤밍웨이의 원고, 언행록 및 사진 등이 가장 많이 보관되어 있는 존 F. 케네디 도서관(The John F.

Kennedy Library)의 부근이다. 상징적인 장소이다. 메어리가 죽은 뒤 헤밍웨이의 아들 패트릭과 존은 헤밍웨이 재단의 자산, 직무, 기능 등을 헤밍웨이 학회가 맡도록 양도조치를 취했다. 헤밍웨이 학회는 1998년 현재 21개국에 500명 이상의 회원이 있다. 연구논문과 뉴스레터 등을 전 세계적으로 배포하고 있다. 헤밍웨이 학회는 1987년에 재단이 되었다. 그 후 헤밍웨이 학회는 매 2년마다 열리는 헤밍웨이 국제학술회의를 지원하고 매년 미국에서 열리는 여러 헤밍웨이 학술회의를 지원한다. 헤밍웨이 국제학술회의가 열렸던 곳은 스페인의 마드리드(1984), 이탈리아의 리그나노(Lignano)(1986), 오스트리아의 쉬룬쯔(Schruns)(1988), 미국의 보스턴(1990), 스페인의 팜플로나(1992), 프랑스의 파리(1994), 미국의 아이다호주의 케첨/선밸리(1996), 프랑스의 러 세인트 마리스 더 라 메르(Les Saintes-Maries-de-la Mer)(1998), 비미니(Bimini)(2000)[18] 등이다. 이 지역들 모두 헤밍웨이가 생전에 깊은 인연을 맺었던 장소들이다. 또한 헤밍웨이 학회는 중국의 계림(Guilin, 桂林)에서 열리는 헤밍웨이 학회를 지원하기도 했고 쿠바의 핑카 비히아 헤밍웨이 박물관이 주최한 학술회의를 여러 번 지원하기도 했다. 헤밍웨이 학회는 이 외에도 두 개의 발간물을 지원하는데 학자들의 논문, 평론, 비평집인 ≪헤밍웨이 리뷰≫(*The Hemingway Review*)와 학회, 특별행사, 대중문화 속의 헤밍웨이 행사 등의 소식을 전하는 ≪헤밍웨이 뉴스레터≫(*The Hemingway Newsletter*)를 지원한다. 헤밍웨이 관련의 중심축은 헤밍웨이 재단, 헤밍웨이 학회, 존 F. 케네디 도서관이 삼각 축이라고 말할 수 있다. 이 삼각 축은 네 번째 아내 메어리가 구축해 놓은 것이다.

현재 헤밍웨이 학회가 활발히 움직이고 있는 나라와 지역은 오크 파크, 플로리다주, 아이다호주, 아칸소주(Arkansas), 매사추세츠주(Massachusetts), 일리노이주(Illinois), 스페인, 이탈리아, 프랑스, 쿠바, 중국, 일본, 한국 등이

---

18) 이상 괄호 안의 숫자: 헤밍웨이국제학술회의 개최연도.

다. 이들 국가와 지역에서는 매년 60개 이상의 논문발표회가 열리고 있다. 그리고 1984년 이후부터는 미국에서 매 2년마다 국제학술대회가 열린다. 또한 오크 파크와 키웨스트에서 헤밍웨이 페스티벌이 열리기도 한다. 현재 헤밍웨이 학회 회원들의 헤밍웨이에 대한 연구들이 수십 건씩 전 세계 회원들의 컴퓨터에 매일매일 이메일로 교환되고 있다. 실로 연구가 활발하다고 말할 수 있다. 헤밍웨이 학회는 매년 가장 좋은 소설을 선정하여 7,500달러의 헤밍웨이 재단/펜 상(Hemingway Foundation /PEN Award)을 시상하기도 한다. 헤밍웨이와 관련된 산업도 발달되어 있다. 헤밍웨이 의상산업, 헤밍웨이 사냥도구산업, 헤밍웨이 낚시도구산업, 헤밍웨이 주택디자인산업, 그리고 헤밍웨이 벽지산업 등의 산업이 모두 어니스트 헤밍웨이라는 이름으로 발전되어 가고 있다. 이런 활발한 상황들은 헤밍웨이 문학이 생명력을 가지고 그 연구가 지속되고 있으며 앞으로도 더욱 활발하게 계속될 것임을 예고한다. 헤밍웨이가 남긴 문학자산이 21세기에 던지는 메시지가 의미심장하고 그가 남긴 문체와 기법 등이 또한 우리시대에 적합한 표현방법이기 때문에 나타난 당연한 현상이라고 볼 수 있다.

다음은 헤밍웨이가 발표한 작품들 중 그의 연구를 위해서 읽어야 할 주요 소설, 논픽션, 단편, 희곡, 기사, 시, 서신 등의 목록 및 모음집이다.

장편소설(Novels): 10권
『봄의 계류』(The Torrents of Spring)(Scribner's, 1926)
『태양은 또다시 떠오른다』(The Sun Also Rises)(Scribner's, 1926)
『무기여 잘 있거라』(A Farewell to Arms)(Scribner's, 1929)
『가진 자와 못 가진 자』(To Have and Have Not)(Scribner's, 1937)
『누구를 위하여 종은 울리나』(For Whom the Bell Tolls)(Scribner's, 1940)
『강을 건너 숲속으로』(Across the River and Into the Trees)(Scribner's, 1950)

『노인과 바다』(*The Old Man and the Sea*)(Scribner's, 1952)
『멕시코만류의 섬들』(*Islands in the Stream*)(Scribner's, 1970)
『에덴동산』(*The Garden of Eden*)(Scribner's, 1986)
『여명의 진실』(*True at First Light*)(Scribner's, 1999)

논픽션(Nonfictions): 4권
『오후의 죽음』(*Death in the Afternoon*)(Scribner's, 1932)
『아프리카의 푸른 언덕』(*Green Hills of Africa*)(Scribner's, 1935)
『움직이는 축제일』(*A Moveable Feast*)(Scribner's, 1964)
『위험한 여름』(*The Dangerous Summer*)(Scribner's, 1985)

109단편 중 주요단편: 49권
The First Forty-Nine Stories(Jonathan Cape, 1964):

『우리들의 시대에』(*In Our Time*)(최초출간: Boni & Liveright, 1925):
　1.「인디언 캠프」("Indian Camp")(1924)
　2.「의사와 그의 아내」("The Doctor and the Doctor's Wife")(1924)
　3.「어떤 일의 끝」("The End of Something")(1925)
　4.「사흘간의 폭풍」("The Three-Day Blow")(1925)
　5.「권투선수」("The Battler")(1925)
　6.「매우 짧은 이야기」("A Very Short Story")(1924)
　7.「사병의 고향」("Soldier's Home")(1925)
　8.「혁명가」("The Revolutionist")(1925)
　9.「엘리엇 부부」("Mr. and Mrs. Elliot")(1924)
　10.「비에 젖은 고양이」("Cat in the Rain")(1925)

11. 「계절에 뒤늦은」("Out of Season")(1923)

12. 「끝없는 눈」("Cross-Country Snow")(1925)

13. 「나의 부친」("My Old Man")(1923)

14. 「두 개의 심장을 가진 큰 강: I부」("Big Two-Hearted River: Part I")(1925)

15. 「두 개의 심장을 가진 큰 강: II부」("Big Two-Hearted River: Part II")(1925)

『여자 없는 세계』(*Men Without Women*)(최초출간: Scribner's, 1927):

16. 「패배를 모르는 사나이」("The Undefeated")(1925)

17. 「이국에서」("In Another Country")(1927)

18. 「흰 코끼리 같은 산」("Hills Like White Elephants")(1927)

19. 「살인자」("The Killers")(1927)

20. 「이탈리아 기행」("Che Ti Dice La Patria?")(1927)

21. 「5만 달러」("Fifty Grand")(1927)

22. 「단순한 심문」("A Simple Inquiry")(1927)

23. 「열 명의 인디언」("Ten Indians")(1927)

24. 「딸을 위한 카나리아」("A Canary for One")(1927)

25. 「알프스의 목가」("An Alpine Idyll")(1927)

26. 「앞지르기 경주」("A Pursuit Race")(1927)

27. 「오늘은 금요일」("To-day Is Friday")(1926)

28. 「싱거운 이야기」("Banal Story")(1926)

29. 「이제 몸을 누이고」("Now I Lay Me")(1927)

『승자에게는 아무것도 주지 마라』

(*Winner Take Nothing*)(최초출간: Scribner's, 1933):

30. 「폭풍 후」("After the Storm")(1932)

31. 「정결하고 조명이 잘된 장소」("A Clean, Well-Lighted Place")(1933)

32. 「이 세상의 광명」("The Light of the World")(1933)

33. 「신이여 신사 제현에게 즐거운 휴식을 주소서」("God Rest You Merry, Gentlemen")(1933)

34. 「바다의 변화」("The Sea Change")(1931)

35. 「당신은 그럴 수 없어」("A Way You'll Never Be")(1933)

36. 「여왕의 모친」("The Mother of a Queen")(1933)

37. 「한 독자의 편지」("One Reader Writes")(1933)

38. 「스위스 찬가」("Homage to Switzerland")(1933)

39. 「하루 동안의 고통스런 기다림」("A Day's Wait")(1933)

40. 「시체의 박물관」("A Natural History of the Dead")(1932)

41. 「와이오밍의 포도주」("Wine of Wyoming")(1930)

42. 「도박사와 수녀와 라디오」("The Gambler, the Nun, and the Radio")(1933)

43. 「아버지와 아들」("Fathers and Sons")(1933)

기타 단편들:

44. 「프랜시스 매코머의 짧고 행복한 생애」("The Short Happy Life of Francis Macomber")(1936)

45. 「세계의 서울」("The Capital of the World")(1936)

46. 「킬리만자로의 눈」("The Snows of Kilimanjaro")(1936)

47. 「다리 위의 노인」("Old Man at the Bridge")(1938)

48. 「미시간 북쪽에서」("Up in Michigan")(1923)[19]

49. 「스머너의 부두에서」("On the Quai at Smyrna")(1930)

사후 출간 작품들: 5권

『움직이는 축제일』(*A Moveable Feast*): 17번째 작품으로 출간(Charles Scribner's Sons, 1964)

『멕시코만류의 섬들』(*Islands in the Stream*): 18번째 작품으로 출간(Charles Scribner's Sons, 1970)

『위험한 여름』(*The Dangerous Summer*): 19번째 작품으로 출간(Charles Scribner's Sons, 1985)

『에덴동산』(*The Garden of Eden*): 20번째 작품으로 출간(Charles Scribner's Sons, 1986)

『여명의 진실』(*True at First Light*): 21번째 작품으로 헤밍웨이 탄생 100주년을 기념하여 출간(Scribner, 1999)

희곡(Play): 1권

『제5열』(*The Fifth Column*)(Charles Scribner's Sons, 1940)

기사(Articles): 365편

  기사 모음집(Collections of Articles):

  『헤밍웨이: 젊은 시절』(*Hemingway: The Wild Years*)(Dell, 1962)

  『헤밍웨이 기사 모음집』(*By-Line: Ernest Hemingway*)(신문기사 76편의 모음집)(William White 편집)(Charles Scribner's Sons, 1967)

  『어니스트 헤밍웨이: 수습기자』(*Ernest Hemingway: Cub Reporter*)(University

---

19) "Up in Michigan," "Out of Season," 그리고 "My Old Man"은 원래 『3편의 단편과 10편의 시』(*Three Stories & Ten Poems*)(Contact Publishing Co.)(1923)로 출간되었음.

of Pittsburgh Press, 1970)

『어니스트 헤밍웨이의 토론토스타 기사 모음집』(*Ernest Hemingway: Dateline Toronto*)(*Toronto Star*지에 실렸던 172편의 기사 모음집)(William White 편집)(Charles Scribner's Sons, 1985)

『오크 파크 고교시절 헤밍웨이 글 모음집』(*Hemingway at Oak Park High: The High School Writings of Ernest Hemingway, 1916-1917*)(Cynthia Maziarka & Donald Vogel, Jr. 편집)(Oak Park and River Forest High School, 1993)

『헤밍웨이: 토론토 시절』(*Hemingway: The Toronto Years*)(Doubleday Canada, 1994)

서간집(Letters): 1권

『어니스트 헤밍웨이: 1917-1961년 간추린 서한집』(*Ernest Hemingway: Selected Letters 1917-1961*) 칼로스 베이커(편)(Charles Scribner's Sons, 1981)

시(Poems): 88편

시 모음집(Collections of Poems)

『3편의 단편과 10편의 시』(*Three Stories & Ten Poems*)(Contact Publishing Co., 1923)

『88편의 헤밍웨이 시집』(*Ernest Hemingway: 88 Poems*)(Harcourt Brace Jovanovich, Inc., 1979)

『어니스트 헤밍웨이 시전집』(*Ernest Hemingway: Complete Poems*)(Nicholas Gerogiannis 편집)(University of Nebraska Press, 1979)

단편모음집(Collections of Short Stories)

단편소설 모음집(Collections of Short Stories):

『3편의 단편과 10편의 시』(*Three Stories & Ten Poems*)(Contact Publishing Co., 1923)

『우리들의 시대에』(*in our time*)(파리판)(Three Mountains Press, 1924)

『우리들의 시대에』(*In Our Time*)(미국판)(Boni & Liveright, 1925)

『여자 없는 세계』(*Men Without Women*)(Charles Scribner's Sons, 1927)

『승자에게는 아무것도 주지 마라』(*Winner Take Nothing*)(Charles Scribner's Sons, 1933)

『최초의 49단편들』(*The First Forty-Nine Stories*)(Jonathan Cape, 1964)

『제5열과 최초의 49단편들』(*The Fifth Column and the First Forty-Nine Stories*)(Charles Scribner's Sons, 1938)

『제5열과 스페인전쟁에 관한 4편의 소설들』(*The Fifth Column and Four Stories of the Spanish Civil War*)(Charles Scribner's Sons, 1969)

『어니스트 헤밍웨이 단편전집』(*The Complete Short Stories of Ernest Hemingway*)(라 핑카 비히아 판)(Scribner's/Macmillan, 1987년 12월 2일)

기타출판물

1. 헤밍웨이의 1954년 노벨상 연설문(Nobel Prize Speech)이 ≪마크 트웨인 저널≫(*The Mark Twain Journal*)지에 게재(1962년 여름호)
2. *The Wild Years*(*The Toronto Star*에 기고했던 73편의 기사 모음집)(Gene Z. Hanrahan 편집)(Dell Publsihing Co., 1962년 12월)
3. 『움직이는 축제일』의 구절들이 ≪라이프≫지에 게재(1964년 4월 10일)
4. *Ernest Hemingway: A Comprehensive Bibliography*(Audre Hanneman 편집)(Princeton University Press, 1967)

5. *The Fifth Column and Four Stories of the Spanish Civil War*(Charles Scribner's Sons, 1969년 8월 13일)

6. *Ernest Hemingway: Cub Reporter*(≪캔자스 시티 스타≫지에 실렸던 기사 모음집)(Matthew J. Bruccoli 편집)(University of Pittsburgh, 1970년 5월 4일)

7. 『멕시코만류의 섬들』의 "비미니"("Bimini") 섹션이 ≪에스콰이어≫지에 게재(1970년 10월호)

8. *Ernest Hemingway's Apprenticeship*(헤밍웨이의 고교시절에 쓰여졌던 글들의 모음집)(Matthew J. Bruccoli 편집)(Microcard Editions, 1971년 7월 2일)

9. "African Journal"(『에덴동산』에서의 발췌물)이 ≪스포츠 일러스트레이티드≫(*Sports Illustrated*)지에 3회에 걸쳐 게재(1971년 12월 20일호, 1972년 1월 3일, 10일호)

10. 『닉 아담스 스토리』(*The Nick Adams Stories*)(Philip Young 편집)(Charles Scribner's Sons, 1972년 4월 17일)

11. *The Enduring Hemingway*(모음집)(Chrarles Scribner, Jr. 편집)(Charles Scribner's Sons, 1974)

12. *Supplement to Ernest Hemingway: A Comprehensive Bibliography*(Audre Hanneman 편집)(Princeton University Press, 1975)

13. *Papa: A Personal Memoir*(3남 Gregory Hancock Hemingway의 회상록)(1976)

14. *Ernest Hemingway on Writing*(Larry W. Phillips의 발췌와 편집)(Charles Scribner's Sons, 1984)

3. 미국문학사에서 헤밍웨이의 위상

헤밍웨이가 미국문학에서 차지하는 비중은 그가 1953년 퓰리처상을 수상했다는 것으로 정리할 수 있고, 그의 세계문학사에서의 위상은 1954년 노벨문학상을 수상했으며, 영국의 권위 있는 국제인명사전 ≪인터내셔널 후즈 후≫가 선정한 20세기 100년 동안에 세계에서 가장 영향력 있는 인물들로 문학에서 유일하게 헤밍웨이가 선정되었다는 것으로 정리할 수 있겠다. 그러면 미국문학의 씨줄과 날줄의 교직에서 헤밍웨이 문학은 어떤 위상에 있는가? 이 문제는 미국문학에서 헤밍웨이 문학의 색깔과 특성을 객관적으로 관찰할 수 있는 근거를 제공한다는 의미에서 필요하다. 미국문학은 앵글로색슨족(Anglo-Saxon)이 신대륙으로 이민 온 1620년부터 시작된다. 17세기부터이다. 17세기 미국문학은 영국문학의 영향에서 벗어나지 못했던 식민지 시대이다. 영국문학과 미국문학이 불가분의 관계를 가질 수밖에 없는 17세기에 영국에서는 소위 중세라는 시기여서 종교가 위세를 떨치는 시대였다. 따라서 문학도 종교문학이 강세를 이루었다. 종교적인 색채가 강한 대표적인 작가가 시인 존 밀턴(John Milton)이었고 그의 대표작이 『실낙원』(Paradise Lost)이다. 그래서 미국문학도 이 시기에 종교문학이 강세를 띤다. 미국문학에서는 조나단 에드워즈(Jonathan Edwards)가 종교적 색채 계열의 문학을 이끌었다. 그의 문학은 주로 인간 영혼의 내적인 문제, 신(神)의 문제, 그리고 자아의 문제 등을 주제로 다루고 있다. 에드워즈의 대표작이라고 말할 수 있는 『분노한 신의 수중에 든 죄수들』(Sinners in the Hands of an Angry God)은 그의 문학주제를 정확히 대변하는 작품이다.

이후 에드워즈 계열은 에드거 앨런 포(Edgar Allan Poe), 너새니얼 호손(Nathaniel Hawthorne), 허먼 멜빌(Herman Melville), 유진 오닐(Eugene O'Neill), T.S. 엘리엇(T.S. Eliot), 윌리엄 포크너(William Faulkner) 등으로 이어지면서 인간 영혼의 문제, 죄의 문제 또는 비극적인 주제가 반복되어 나타나는 경향을 보인다. 19세기 미국 낭만주의 작가 워싱턴 어빙(Washington Irving), 윌리엄 큘린 브라이언트(William Cullen Bryant), 초절주의 작가들인 랠프 왈도 에머슨(Ralph Waldo Emerson)과 헨리 데이비드 소로(Henry David Thoreau), 헨리 와즈워스 롱펠로우(Henry Wadsworth Longfellow), 제임스 러셀 로웰(James Russel Lowell), 올리버 웬델 홈즈(Oliver Wendell Holmes), 에밀리 디킨슨(Emily Dickinson), 헨리 제임스(Henry James), 에디스 와튼(Edith Wharton), 윌러 캐서(Willa Cather) 등도 이 계열에 포함된다고 정리할 수 있다.

에드워즈 계열의 대극 점에 서 있는 작가는 벤저민 프랭클린(Benjamin Franklin)이다. 프랭클린은 에드워즈와는 달리 인간의 외적인 문제, 실용성의 문제, 행동의 문제, 과학의 문제를 주요 테마로 삼는다.『일기』(*Diary*),『자서전』(*The Autobiography*),『비밀일기』(*Secret Diary*), 그리고『부의 길』(*The Way to Wealth*) 등은 그의 실용주의와 행동주의의 실체를 잘 보여주는 작품들이다.

이후 벤저민 프랭클린 계열은 제임스 페니모어 쿠퍼(James Fenimore Cooper), 마크 트웨인(Mark Twain, 본명 Samuel Langhorne Clemens), 윌리엄 딘 호웰즈(William Dean Howells), 시어도어 드라이저(Theodore Dreiser)로 이어지면서 외부 또는 행동의 문제를 문학의 주제로 삼는 실용주의 또는 현실주의 문학 작가들의 그룹을 이룬다. 월트 휘트먼(Walt Whitman), 프랭크 노리스(Frank Norris), 스티븐 크레인(Stephen Crane), 잭 런던(Jack London), 셔우드 앤더슨(Sherwood Anderson) 등도 이 계열에 포함된다고 볼 수 있다.

이상에서 본 바와 같이 식민지 시대의 두 작가, 조나단 에드워즈와 벤저민 프랭클린은 이후 미국문학의 조상이 되었고 미국문학의 내(內)와 외(外)

의 문제 또는 정신과 행동이라는 양대 흐름의 씨앗을 심는 역할을 하였다. 요약하면 미국문학사는 조나단 에드워즈 계열과 벤저민 프랭클린 계열이 교직을 이루며 발전의 사이클(cycle)을 그리는데, 에드워즈 계열은 신(神)의 개념, 내부, 자아, 죄, 그리고 인간 영혼의 문제가 주요 문학테마가 되고 이는 포, 호손, 멜빌, 오닐, 엘리엇, 포크너 등으로 이어지고, 프랭클린 계열은 외부의 문제, 실용성의 문제, 또는 행동주의가 주요 문학테마가 되는데 쿠퍼, 마크 트웨인, 호웰즈, 드라이저 등으로 이어지면서 발전되고 있다.

위 양대 계열에서 헤밍웨이는 어느 쪽에 포함되는가? 일반적인 문학사관에서는 헤밍웨이는 바로 이 후자 계열의 흐름에서 20세기 최후의 주자이며 이 계열의 문학을 완성시킨 작가라고 결론짓고 있다.[20] 그러나 저자는 다른 견해를 갖고 있다. 헤밍웨이 문학은 그 내용을 분석해 보면 이 양대 계열을 동시에 넘나드는 특성을 지니고 있다는 것이 저자의 판단이다. 특이하다고 말할 수 있다. 헤밍웨이 문학세계의 폭이 그만큼 넓다는 뜻인데 이 문제는 별도의 설명이 필요하다.[21]

---

20) 현대 미국문학은 유대인문예부흥(Jew Renaissance)과 포스트모더니즘(Postmodernism)의 양대 흐름으로 발전하고 있다. 전자의 대표적 작가로는 Saul Bellow와 Bernard Malamud가 있고 후자의 대표적 작가로는 Thomas Pynchon, John Barth, 그리고 Kurt Vonnegut가 있다.
21) 헤밍웨이 문학이 양대 계열에 속하는 이유와 그 실상은 III-4 "전진과 후진운동 양대 서술패턴의 생명공학기법"의 끝부분에서 다루기로 한다.

4. 유전과 집안내력의 작품화

헤밍웨이는 1899년 7월 21일 미국 일리노이주 오크 파크에서 6남매(2남 4녀) 중 장남으로 태어났다.22) "Ernest"라는 이름은 외조부의 이름에서 따왔다. 헤밍웨이는 2세 때(1901) 아버지로부터 낚싯대를, 어머니로부터는 첼로를 선물로 받았다. 또 1909년 10세 생일에는 조부로부터 생일선물로 엽총을 받았다. 조부와 부모의 이런 상징성 있는 행동과 그들이 가진 소질은 어린 헤밍웨이에게 영향을 미쳐 헤밍웨이의 인생과 문학세계에 반영되었다. 헤밍웨이의 가정에서 그에게 가장 많은 영향을 미쳤던 인물들을 선정해 보면 어머니 그레이스 홀, 아버지 클레어런스 에드먼즈, 조부 앤슨 타일러, 외조부 어니스트 홀 등을 들 수 있다. 그리고 헤밍웨이의 일생과 그의 작품들을 분석해 보면 그는 집안의 유전과 내력을 충실히 살다간 작가였다고 판단된다. 헤밍웨이는 집안내력의 '유전을 살았고' 그가 살았던 삶은 곧바로 작품으로 귀결되었다. 유전 → 헤밍웨이의 삶 → 작품이 되는 구조를 갖고 있다. 조부, 외조부, 부, 모의 성품과 기질은 고스란히 헤밍웨이에게서 재현되었다. 그리고 헤밍웨이가 보였던 작가와 예술가적 기질은 그의 아들과 손녀들에게서 다시 나타나고 있다. 헤밍웨이 집안의 유전과 내력에서 나온 대표적인 가치관과 행동을 간추리면 용기중시와 무인기질(군인활동, 조부와 외조부), 권투, 투우, 스키, 낚시, 사냥 등의 스포츠특기(부), 음악, 미술, 예술, 문학에서의 소질과 천재성(모), 자살(부) 등을 들 수 있다. 이것들은 모두 헤밍웨이에게서 재현되고 있다. 이 문제를 간추린다.

---

22) 부록 헤밍웨이 연보 참조.

첫째, 어머니 그레이스 홀(Grace Hall)이 장남 헤밍웨이에게 미친 영향은 무엇이었는가? 그레이스는 음악과 미술에 뛰어난 재능이 있었다. 그녀는 처음에는 음악에 열정을 쏟았었다. 그러나 음악활동을 하기에 신체상에 이상이 왔고 음악을 더 이상 할 수 없게 되자 다음에는 미술에 열정을 쏟았다. 그리고 그녀는 자녀들의 성공문제에 대해 야심적인 여성이었다. 그녀는 모든 자녀들이 성공하기를 바랐고 자녀들에게 그들의 인생목표를 확실히 하도록 요구했으며 그들 모두가 성공하도록 격려했다. 특히 장남이었던 헤밍웨이에 대한 그레이스의 기대는 매우 컸다. 따라서 엄격한 교육이 행해졌다. 그리고 어머니의 음악과 미술취미는 헤밍웨이에게 그대로 전수되었다. 헤밍웨이 역시 선천적으로 음악과 미술에 재능과 취미가 있었고 두각을 나타냈다. 일생 동안 문학, 음악, 미술에 관심을 두었던 헤밍웨이는 어머니의 기질과 예술적 재능을 물려받았다고 말할 수 있다. 아울러 성공에 대한 야망을 키웠던 것은 어머니의 야심이 크게 영향을 미친 것이라고 볼 수 있다. 헤밍웨이가 그림을 수집하기 좋아하고 그의 글이 마치 그림을 보는 듯한 작풍을 보이는 것은 집안의 이런 내력에 기인한다. 인상주의, 후기인상주의, 큐비즘, 표현주의 등의 회화기법을 자신의 작품으로 도입하여 자신의 글쓰기 기법인 빙산이론문체를 창조했던 것도 거슬러 올라가면 이런 집안의 내력에 근거하고 있다. 에즈라 파운드의 이미지기법과 산문의 운문화를 추구했던 헤밍웨이의 글쓰기도 어머니에게서 물려받은 음악성의 기질에 그 깊은 뿌리를 두고 있다고 볼 수 있다. 그의 문학인생을 성공으로 이르게 했던 『노인과 바다』도 운율과 이미지가 기초가 된 산문의 운문화 작품이다. 『무기여 잘 있거라』의 1장을 바흐(Johann Sebastian Bach)의 음악기법을 사용하여 형태는 산문화, 내용은 운문화를 시도했던 것도 그에게 내재되었던 유전의 발로이며 어머니의 영향에로 연결된다고 볼 수 있다.

그래서 어머니의 이런 기질에 힘입어 헤밍웨이는 다른 작가와는 다르게 문학에 현대회화기법을 접목시켜 독특한 빙산이론문체를 개발하고 이 문체를 바탕으로 「살인자」와 같은 주옥 같은 단편들과 『노인과 바다』 같은 대서사시의 소설을 쓸 수 있었다. 그가 음악성이 넘치는 시를 88편이나 쓴 것도 음악적 감각에 의한 것이다. 또 헤밍웨이는 이런 선천적인 유전에 힘입어 그의 산문문체에 음악적 리듬을 접목시켜 간결과 율동의 문체를 창조했으며, 작품기법 전체를 <전진운동>과 <후진운동>의 서술기법으로 구조화하였고, 『누구를 위하여 종은 울리나』에서 볼 수 있는 용의주도한 대위법적인 구조를 창출하는 등의 예술가적 안목을 가질 수 있었다. 헤밍웨이의 이런 안목은 앞에서 언급한 대로 그 근본을 추적하면 어머니의 음악에 대한 혜안이 헤밍웨이에 전해진 것이었기에 가능했다고 판단된다. 선천적 예술적 재능을 겸비한 어머니 그레이스 홀! 유연함과 자녀들의 성공을 갈망하는 야심에서 오는 교육적인 엄격함과 단호함! 이는 그대로 헤밍웨이에 물려지고 영향을 미쳐 어니스트 헤밍웨이의 일생을 좌우하는 기초가 되었다고 볼 수 있다. 그리고 어머니의 천재성도 헤밍웨이에게 유전되었다. 헤밍웨이의 천재성은 그가 3세 때 생물학 라틴어학명 250개를 암기하는 예에서 간파할 수 있다.

둘째, 아버지 클레어런스 에드먼즈(Clarence Edmonds)의 영향을 분석한다. 의사였던 아버지 클레어런스의 세계는 어머니 그레이스 홀과는 다른 세계였다. 오크 파크 서부의 시원하게 트인 시골평야와 미시간의 황야가 클레어런스의 주요 활동무대였다. 실외의 넓은 초원, 산, 강 등이 클레어런스가 즐겨 찾는 삶의 터였다. 자연에 대한 동경이다. 한편 클레어런스는 실용성과 실질적인 것의 가치를 중시했다. 실용주의자이다. 그리고 클레어런스는 열정적인 성격의 소유자였다. 클레어런스의 이런 내면세계는 육체적인 행동으로 연결되었다. 그래서 클레어런스는 격렬한 스포츠를 즐겼고 이에 또한 재능이 있었다. 이런 취향 때문에 클레어런스는 1890년에서 1893년까지 오벌린 대학(Oberlin College)을 다니며 축구팀에서 많은 활약을 했다. 그리고 클레어런스는 사냥, 낚시, 권투 등을 즐겼다. 의사의 직업을 가지고 있었으면서도 명백한 야외활동가였다.

그는 자신의 야외스포츠 기질이 자식에게 이어지기를 원했다. 클레어런스는 아들 어니스트에게 독서보다는 권투기술이나 사냥기술을 더 향상시키도록 주문했다. 아버지의 외모까지도 빼닮은 어니스트 헤밍웨이는 열정적인 성격은 물론 아버지 클레어런스의 사냥과 낚시 등의 야외활동 취미와 축구와 권투 등의 운동기술을 유전적으로 물려받았다. 헤밍웨이가 고교시절부터 학교대표축구선수가 되고 권투, 투우, 낚시, 사파리여행, 스키 등 다양한 스포츠를 즐기면서 전 세계를 무대로 활동적인 인생을 산 것은 아버지의 기질을 물려받았기 때문인 것으로 판단된다. 헤밍웨이도 고교시절에 권투를 열심히 즐겼으며 권투연습 도중 눈 부상을 입기도 했다. 헤밍웨이도 사냥을 매우 즐겼다. 그가 즐겼던 사냥취미는 두 번의 아프리카 사파리여행으로 절정을 이루었다. 아버지가 즐겼던 낚시 취미도 헤밍웨이에게 그대로 이어져 그의 인생과 작품세계에 큰 영향을 미쳤다.

아버지 클레어런스의 성격과 활동성은 용기 있고 강인한 이미지를 만들어냈고 이는 어니스트 헤밍웨이의 남자다움의 마초 이미지로 나타났다. 아버지의 성격은 생과 사의 선택에서조차 적용되어 자살로 이어졌으며 어니스트 헤밍웨이도 자살로 생을 마감했다. 아버지의 성격과 행동기질은 어니스트 헤밍웨이에게 실로 큰 영향을 미쳤다고 볼 수 있겠다. 특히 헤밍웨이의 아버지가 심중에 지니고 있었던 자연에 대한 동경은 헤밍웨이에게 말없이 전해졌고 이 가치관은 헤밍웨이의 인생과 작품세계를 결정짓는 중요한 힘으로 작용했다.

셋째, 친조부와 외조부의 영향을 살펴본다. 어니스트 헤밍웨이의 코드(code)를 중시한 용기와 마초 이미지의 남성다움은 어느 작가에게서도 보기 드문 덕목이다. 헤밍웨이는 문인이면서도 무인기질을 동시에 지니고 있었다고 말할 수 있다. 이 무인기질 덕목은 헤밍웨이의 전쟁참여로 나타났고 이 전쟁참여의 체험은 전쟁소설로 나타났다. 그런데 이런 무인기질은 친조부와 외조부로부터 내려왔다. 물론 아버지도 같은 무인기질을 갖고 있긴 하지만 무인기질의 더 깊은 원천은 조부들이다. 친조부 앤슨 타일러(Anson Tyler)와 외조부 어니스트 홀(Ernest Hall)은 남북 전쟁(The Civil War: 1861-1865)에 참전했었다. 어니스트 헤밍웨이는 이 조부들의 전쟁참여와 그들의 군대경력을 매우 자랑스럽게 생각했다. 어니스트 헤밍웨이가 치열하게 참여했던 1차 세계대전의 이탈리아 포살타전투의 무용체험은 이미 조부들로부터 내려온 내력임을 알 수 있다.『누구를 위하여 종은 울리나』의 주인공 로버트 조단의 경우, 헤밍웨이 자신이 직접 스페인전쟁에 참여했던 경험이 이 인물창조에 영향을 미친 것이지만 더 거슬러 올라가면 친조부 앤슨 타일러의 남북전쟁에서의 무용담이 이 주인공 창출의 근본의 또 한 축을 이루고 있다. 외조부 어니스트 홀은 남북전쟁 당시에 아이오와 제1자원지원 기마대(The First Iowa Volunteer Cavalry)에 자원입대했다. 3년 간의 군복무를 약속했다. 그런데 어니스트 홀은 왼쪽 대퇴부에 총상을 입었다. 1862년 4월 미주리주 워렌스버그(Warrensburg) 전투에서이다. 탄환파편은 빼지 못했고 그의 다리에 박힌 상태로 남았다. 어니스트 홀은 군복무가 불가능하게 되었고 하는 수 없이 전역하게 되었다. 외손자 어니스트 헤밍웨이가 1차 세계대전에 자원입대로 참전하여 최전방 북이탈리아 포살타전투에서 치열하게 싸우다 파편이 다리에 박힌 부상을 입고 전역한 모습과 너무도 닮았다. 신기하고 놀라운 일치이다.

　　헤밍웨이가 자신의 출생연도인 1899년생을 1898년생이라고 한 살을 올려가면서까지 군입대를 원했던 것도 가정환경의 내력을 알면 쉽게 이해가 된다. 그의 조부들의 전통을 따른 헤밍웨이는 이탈리아, 터키, 스페인, 중국, 그리고 프랑스 등에서 벌어진 전투에 참전하거나 종군기자로 활약하는, 작가로서는 보기 드문 모습을 보였다. 헤밍웨이가 죽음을 무릅쓰고 자발적으로 다섯 개의 전쟁에 열정적으로 참여했던 인생행로는 조부와 외조부에게서 받은 유전의 결과라고 말할 수 있다. 남북전쟁에 참여하여 용맹을 떨쳤던 조부와 외조부의 영향으로 가정의 분위기는 소위 군대 안 간 남자는 사람도 아니라는 그런 분위기였다. 헤밍웨이는 이러한 집안의 분위기와 내력을 온몸으로 흡수한 상태였다. 그런 영향으로 위험이 도사리고 있는 전쟁에 아무런 거리낌없이 참전했다. 이탈리아전선과 스페인내전을 포함하여 헤밍웨이와 전쟁의 인연은 친조부와 외조부의 영향이 컸고 전쟁참여는 헤밍웨이에게 많은 창작의 자료를 제공했다.

헤밍웨이의 자살도 집안의 내력이었다. 부모와 손녀에 이르기까지 모두 5명이 자살했고 1명이 자살의심으로 추정된다. 헤밍웨이 집안의 자살내력은 이렇다. 헤밍웨이의 아버지 클레어런스(1928, 57세), 어니스트 헤밍웨이 본인(1961, 62세), 누이동생 어슐러(Ursular)(1966, 64세), 그의 유일한 남동생 라이체스터(Leicester)(1982, 67세), 그리고 손녀 마고(Margaux)(1996, 41세)가 자살했다. 자살이 많았다. 큰누나 마셀린(Marcelline)(1963, 65세)의 경우, 의사들은 자연사라고 보고했지만 자살로 의심받고 있다. 여기에 헤밍웨이의 할아버지도 자살을 시도했던 경력이 있었다. 집안의 내력을 헤밍웨이는 비켜가지 못했으며 그 연장선상에서 아울러 자살 역시 피해가지 못했다.23)

헤밍웨이는 이 가계의 유전과 내력을 다시 자손들에게 물려주고 갔다.

---

23) 1) 헤밍웨이의 첫 번째 아내 해들리의 아버지도 자살했고(1903) 『강을 건너 숲속으로』의 여주인공 레나타의 원형인, 사랑했던 이탈리아 여자친구 아드리아나 이반이츠도 이탈리아의 카팔비오(Capalbio)에 소재한 그녀의 농장에서 나무에 목을 매 자살했다(1983년 4월). 헤밍웨이의 또 다른 여자친구인 제인 메이슨(Jane Mason)의 경우도 자살과 관련하여 미심쩍은 점이 있다. 제인은 쿠바 아바나 서쪽 해마니타스(Jaimanitas)의 자신의 2층집 발코니에서 뛰어내려 등골뼈가 부러지는 사고를 당했는데 이것이 자살미수가 아닌지 의심되기도 한다. 헤밍웨이 주변에 자살이 너무 많았다는 점이 두드러진다.

2) 헤밍웨이의 자살의 의미는 일반 자살과는 다른 각도에서 조명할 필요가 있다. 이 문제는 V. 마무리 장에서 검토하기로 한다.

헤밍웨이가 보였던 작가적 재능, 예술성, 용기, 이혼경력, 자살 등을 헤밍웨이의 손녀까지를 포함하여 종합적으로 검토해 보면 이 점이 확연히 드러난다. 헤밍웨이의 장남 존(John)은 OSS(Office of Strategic Services)의 중위였다. 그리고 독일군 포로가 되기도 했다. 아버지 어니스트 헤밍웨이처럼 군대와 인연을 맺었었다. 존은 저서로 *Misadventures of a Fly Fisherman: My Life With and Without Papa*(1986)를 남겼다. 그리고 존은 퍽(Puck)과 결혼하여 3녀를 두었다. 장녀 조안(Joan)은 작가가 되었다. 차녀 마고(Margot, Margaux)는 유명 패션모델이었는데 1996년 7월 1일 자살했다. 3녀 마리엘(Mariel)은 여배우였다. 이들의 아버지인 존은 자신은 인생의 전반부는 유명한 아버지의 아들로 살았고 인생의 후반부는 유명한 세 딸의 아버지로 살았다고 여러 번 말한 바 있다.24) 헤밍웨이 차남 패트릭(Patrick)은 두 번 결혼했다. 직업은 작가이다. 저서로 아버지의 원고를 다듬어『여명의 진실』을 출간했다. 3남 그레고리(Gregory)는 저서로 *Papa: A Personal Memoir*를 남겼다. 그는 성전환을 했다. 그리고 세 번 결혼했다. 그는 마이애미 키비스케인(Key Bisquane) 섬에서 나체로, 검은 하이힐에, 목걸이 차림으로 돌아다니다 경찰에 체포되어 심문대기 중 마이애미 교도소에서 사망했다. 헤밍웨이 아들 3형제 중 가장 비운의 운명을 살다 갔다. 헤밍웨이의 어머니는 헤밍웨이의 어린 시절 그를 여장으로 양육하려다 실패한 전력이 있다. 그레고리의 여성으로의 성전환과 집안의 내력이 전혀 무관하게 느껴지지 않는다. 결론적으로 조상들로부터 내려온 유전과 가정 분위기는 무의식적이든 의식적이든 헤밍웨이의 철학과 행동규범에 스며들었고 이는 헤밍웨이의 인생과 작품으로 재현되었다고 말할 수 있다.

---

24) Oliver, 145 참조.

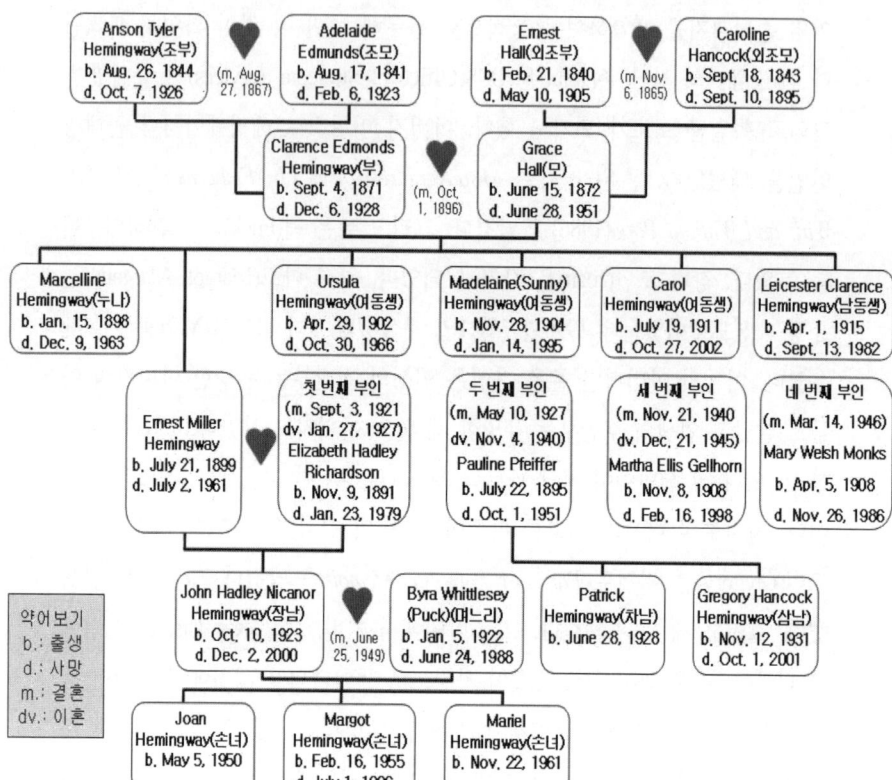

[그림 1] 헤밍웨이 가계도. 조부와 부에서 비롯된 무인기질, 용기, 활동성, 스포츠의 유전성은 헤밍웨이로 이어지고 모에서 비롯되는 예술적 재능은 헤밍웨이를 거쳐 자식(차남 패트릭) 및 손녀들(작가, 패션모델, 배우)로 흘러내리고 있다. 전반적으로 검토할 때 문무 균형이 잡힌 집안이라고 평가할 수 있다.

5. 작품탄생에 영향을 미친 헤밍웨이의 정서와 세계관

[그림 2] 윈디미어 헤밍웨이가족별장. 미시간 북부 월룬호 부근에 있었다. 이곳의 아름다운 자연생활은 헤밍웨이에게 많은 영향을 미쳤고 이는 그의 인생철학과 작품세계에 고스란히 반영되어 나타났다. (Ernest Hemingway Collection; photo courtesy of the John F. Kennedy Library, Boston, Mass., USA *이하 그림들 "Boston, Mass., USA" 생략)

헤밍웨이는 어린 시절부터 형성되었던 정서에서 굳어진 일관된 세계관이 있었다. 그가 견지하는 세계관은 인생의 가치는 '진실의 순간'(a moment of truth)을 탐험하는 것이며 문명의 세계 속에는 때때로 속임수가 숨겨져 있고 이런 세상에서 현대의 인간은 가혹한 현실에 과감하게 맞서 싸우다 실패와 좌절을 겪는 비극적 존재라는 것이다. 이런 그의 세계관은 그의 작품들에서 주인공들을 통해서 표현되고 있다. 『태양은 또다시 떠오른다』의 주인공 제이크 반즈(Jake Barns)가 그렇고, 『무기여 잘 있거라』의 주인공 프레더릭 헨리(Frederic Henry)가 그렇다. 또한 『누구를 위하여 종은 울리나』의 주인공 로버트 조단이 이를 보여주고 있고, 『노인과 바다』의 주인공 산티아고가 이를 입증하고 있다. 그의 걸작들의 주인공들은 하나같이 이런 좌절과 비극의 주인공들이다. 더 심하게는 헤밍웨이는 세상의 문명 자체를 통째로 하나의 속임수로 보기도 했다. 문명에 대한 회의가 때때로 극단적인 지점까지 가기도 했다. 그래서 헤밍웨이는 그의 인생 내내 진실의 순간 포착을 위해 모든 정열을 소비했다. 그의 인생이 흥분과 자극의 연속이었고 전쟁, 투우, 아프리카 사파리여행 등 위험한 장면에 몰입하는 행적을 보인 것도 이런 그의 철학에 기인한다. 그런데 인생의 현실에서 좌절을 겪은 인간이 필연적으로 안게 될 가슴속의 상처를 치유할 유일한 방편 또는 세계는 자연이라고 헤밍웨이는 믿었다. 그래서 헤밍웨이 작품세계의 시작부터 끝까지 일관되게 흐르고 있는 하나의 안식처 또는 탈출구는 자연에 대한 동경이다. 예리하게 살펴야 포착할 수 있는 숨어 있는 사실이다.

그렇다면 대도시의 문명을 하나의 속임수로 보며 혼란스럽고 지친 세파에서의 탈출구를 자연으로 설정한 헤밍웨이의 정서와 세계관은 어디에서 태동한 것인가? 그의 아버지가 지니고 있었던 자연에 대한 동경심의 영향과 어린 시절에 미시간 북부 별장생활에서 얻어진 가치관이 결합한 산물이라고 볼 수 있다. 헤밍웨이가(家)의 별장을 둘러싼 자연환경은 매우 아름다웠다. 이곳은 미시간호를 중심으로 주변에 야외의 넓은 초원, 바다와 같은 호수, 산과 숲속, 그리고 강 등이 어우러지고 자연이 잘 보존된 아름다운 곳이었다. 자연의 절대성을 인식하게 되는 자연관이 형성될 수 있는 곳이다. 어머니 그레이스는 이 별장 근처에 스튜디오를 지어 예술활동을 했다. 어머니는 아름다운 선율의 음악과 미술에 몰두했다. 예술과 자연이 만나는 생활이었던 셈이다. 또 아버지는 이런 자연 속에서 사냥과 낚시를 즐겼다. 아버지는 대자연과 호흡하는 생활을 즐겼다. 이곳의 이런 자연환경과 가정 분위기 속에서 헤밍웨이는 대자연의 가치를 자연스럽게 받아들였고 알게 모르게 자연친화적인 꿈을 키워갔다. 특히 아버지가 보여주었던 자연에서의 생활방식은 어린 헤밍웨이에게 많은 영향을 미쳤다. 그는 이곳 강과 호수 등에서 아버지처럼 낚시를 즐겼다. 그리고 자연을 벗삼아 낭만을 즐겼다. 이 자연환경은 꿈을 키워 가는 유년시절의 헤밍웨이에게 절대적인 영향을 미쳤다. 야외의 아름다운 자연에 대한 동경은 헤밍웨이 정서의 핵심을 이루면서 자연은 인간이 세상사에서 필연적으로 입게 될 상처에 대한 치료의 구원처라는 생각이 헤밍웨이의 의식에 자리잡게 된다. 이후 헤밍웨이는 자연에 대한 동경을 일생 동안 가슴속에 품고 간다. 자연의 생명력, 자연에 대한 아련한 향수, 어머니의 품과 같은 자연의 포근함, 상처받은 인간을 치유하는 자연의 힘, 그리고 자연이 주는 원초적 매력 등은 미시간 북부가 던진 핵심키워드와 화두들로서 헤밍웨이의 정서, 자연관, 세계관, 더 나아가 인생관 형성에 매우 큰 영향을 미쳤던 것으로 판단된다. 그의 자연에 대한 동경(이하 '자연동경')의 정서와 세계관은 이렇게 태동되었다. 그리고 이 정서와 세계관은 헤밍웨이의 초기부터 말년의 걸작들에 이르기까지 광범위하게 작품의 밑바닥에 숨어 있는 인프라가 되었다. 그가 찾아가고 체류했던 지역들인 스페인, 스위스, 키웨스트, 쿠바, 아프리카 등의 지역선택, 그곳에서의 활동, 작품탄생의 배경, 그리고 작품의 내용에 미시간 북부 자연의 힘이 크게 작용되었던 것으로 보여진다.

　　미시간 북부 시절의 경험과 추억들이 영향을 미쳐 탄생된 작품이 단편 「미시간 북쪽에서」와 「두 개의 심장을 가진 큰 강 I, II」이다. 「두 개의 심장을 가진 큰 강 I, II」에서는 앞에서 말한 헤밍웨이의 세계관과 자연관대로 세상에서 상처받은 주인공이 자연을 찾아 정서적으로, 그리고 심리적으로 치료를 받는 모습이 나타난다. 헤밍웨이의 세계관 및 자연관을 살필 수 있는 점에서 매우 상징적인 작품이다. 이 작품에서 보여주는 정서는 이후 그의 작품세계와 인생길에서 지속적으로 그 궤적을 유지하고 있다. 『무기여 잘 있거라』에서 전쟁에 지친 주인공에게 휴가를 높은 산으로 가라고 권하는 장면은 분명히 자연에 대한 동경이다. 스페인의 지형적 영향으로 자연과 원시성이 잘 보존된 것에 매료되어 스페인을 평생 18회나 방문하여 자연과 투우축제를 관광하고, 이래티강에서 낚시도 하고, 그리고 이 방문과 체험에 기초하여 스페인과 관련된 여러 작품을 썼던 것도 같은 궤적에서 설명될 수 있다. 미시간 북부의 강과 호수에 대한 사랑과 낚시경험은 멕시코만류라는 대양의 사랑으로 발전했다고 말할 수 있다. 작은 규모의 자연에서 대양으로 발전한 자연의 연장선이다. 핑카 비히아와 키웨스트의 생활터전도 멕시코만류라는 아름다운 대자연의 품이며 이는 어렸을 적부터 그의 속내에 자리잡은 자연 동경 정서에 기반을 둔 거주지의 선택이라고 볼 수 있겠다. 이런 모든 결과의 출발점에 미시간 북부가 있음을 간과해서는 안 된다. 또 헤밍웨이는 아프리카의 대자연과 원시성을 찾아 2회나 아프리카를 찾아갔다. 아프리카 사파리여행이다. 이를 배경으로 헤밍웨이의 여러 아프리카 작품들이 탄생되었다. 아프리카 최고봉 킬리만자로산 앞에서 창작활동을 게을리 했던 과거를 크게 뉘우치고 마음의 정화를 한 후 죽어 가는 해리(Harry)와 비겁함을 털어내고 용기를 획득하여 잠시 동안이나마 행복했던 매코머의 득도가 가능했던 곳도 대자연이었다. 굴절된 두 주인공의 정신세계를 바로잡고 치료한 것은 대자연이었다. 헤밍웨이는 이런 대자연의 아프리카를 매우 동경했고 사랑했다. 작품『아프리카의 푸른 언덕』이나『여명의 진실』을 보면 그런 생각을 굳히게 된다. 헤밍웨이는 아프리카를 문명의 유럽대륙과 대조적으로 생각했던 듯하다. 문명세계에는 거짓과 악이 존재하고 원초의 대자연의 세계에는 정화기능과 선이 존재한다고 본 듯하다. 자연동경의 차원을 넘어 원시주의 세계로의 진입이 느껴지는 측면이 감지된다. 자연에서 그는 죄와 악의 정화가 가능하다고 본 듯하다. 칼로스 베이커가 헤밍웨이의 소설을 분석하면서 "산 대(對) 평원"(The Mountain vs. The Plain)으로 대립구도를 설정하면서 전자는 선의 개념으로 후자는 악의 개념으로 정립했던 분석은 이 점을 설명하는 데 꽤 적절한 뒷받침이 된다. 헤밍웨이는 세련됨보다는 원초의 순수함을 선호한 셈이다. 원초의 순수함은 자연에서 나온다. 지구상에서 원초의 순수함의 본령은 아프리카라는 생각이 헤밍웨이를 지배하고 있었다고 볼 수 있다.

이러한 원초개념은 그의 문학주제의 실용주의 선택으로 나타난다. 즉 주제의 선택에서 특이한 개념을 찾지 않고 한 인간의 입문과정을 그리거나 인간이 살아나가는 데 꼭 필요한 주제들을 선택하는 등 삶의 방법론을 다룬다. 그리고 이 원초개념은 그의 모든 일상생활을 지배하고 있었고 매우 사소한 실용주의 노선의 생활모습으로 나타난다. 화려함보다는 실용적인 생활방식을 선호한다. 쿠바 아바나의 핑카 비히아에서의 생활모습이 이를 잘 보여준다. 이 집에서의 생활모습을 보면 결코 화려함은 없다. 모든 것이 실용성에 기초하여 이루어진다. 그리고 파리시절의 생활에서 무도장까지 구비한 스콧 피츠제럴드(Scott Fitzgerald)의 고급아파트에 비해 온수도 나오지 않는 싸구려 아파트(flat) 생활을 선택한 모습도 이런 헤밍웨이의 뿌리 깊은 원시주의에서 비롯된 실용주의 철학에 기인한다.

헤밍웨이의 정서와 세계관을 정리해 보면, 문명은 때로 속임수일 수 있고, 인간이 가야할 구도지는 순수의 자연이며, 그의 생활철학은 자연에 가까운 실용주의라고 말할 수 있다. 이는 헤밍웨이가 어린 시절부터 죽을 때까지 일관되게 견지한 철학이었다. 그런데 이런 정서와 세계관을 갖게 된 배경에는 유년시절부터 찾기 시작하여 청년시절까지 자주 찾았던 미시간 북부의 자연이라는 원천 및 뿌리가 있다. 미시간 북부의 아름다운 자연이 헤밍웨이의 정서와 인생관에 미친 영향은 실로 간과할 수 없는 큰 문제로 보여진다. 그리고 헤밍웨이의 이런 정서와 세계관은 그의 작품세계 전반에 영향을 미치고 있음을 유념해야 한다는 것이 본 장의 결론이다.

6. 헤밍웨이 여성들과 작품탄생

　　헤밍웨이는 여성편력이 복잡하지 않았고 비교적 단순했다. 이혼과 재혼을 분명하게 처리했고 불분명한 여성관계의 흔적이 별로 없다. 그의 여성편력과 관련하여 살펴야 할 여성은 모두 8명이 리스트에 오를 수 있다. 4명의 아내와 4명의 연인 또는 절친한 여자친구들이다. 8명의 여성들은 지적인 여성들이었고 대체적으로 미인들이었다. 아내로서는 첫 번째 아내 해들리, 두 번째 아내 폴린, 세 번째 아내 마사, 네 번째 아내 메어리이다. 연인 및 절친한 여자친구로는 애그니스, 아드리아나, 제인, 더프를 들 수 있다. 이들은 인간 또는 작가로서의 헤밍웨이에게 많은 영향을 미친 여성들이다. 특히 주목되는 것은 폴린과 마사의 경우이다. 그의 세 번째 아내 마사의 경우, 그녀는 남편 헤밍웨이에게 실로 헌신적이지 못했다. 작가로서 그리고 저널리스트로서 마사는 헤밍웨이와 경쟁하는 사이였다. 이런 아내를 보면서 헤밍웨이의 마음이 어떠했겠는가! 두 번째 아내 폴린의 경우, 그녀는 헤밍웨이가 세계적인 대작가가 되는데 결정적인 내조를 한 헌신적이고 착한 아내였다. 폴린과 함께 살았던 12년의 키웨스트의 생활이 가장 행복했고 이 기간에 헤밍웨이는 많은 작품을 왕성하게 발표했다. 헤밍웨이의 이혼 결심을 눈치챈 폴린은 헤밍웨이의 마음을 돌리려고 많은 애를 썼다. 그런 아내의 호소를 뿌리치고 마사와 함께 쿠바의 핑카 비히아로 떠난 헤밍웨이는 마사로부터 톡톡히 대가를 치른 셈이다. 잘못 선택한 업보라고 말할 수 있다. 이 8명의 여성들은 헤밍웨이의 작품탄생에 영향을 미치기도 하고 작품세계로 들어와 재탄생되기도 하는 등 헤밍웨이의 작가인생에 많은 영향을 미쳤다. 이 문제를 분석한다.

[그림 3] 첫 번째 아내 해들리. 해들리는 헤밍웨이보다 8년 연상이었으며 파리시절을 함께 했고 장남 존을 낳았다. (Copyright holder unknown; photo courtesy of the John F. Kennedy Library)

1) 해들리

엘리자베스 해들리 리처드슨(Elizabeth Hadley Richardson)(1891-1979)은 헤밍웨이의 첫 번째 아내이다. 먼저 헤밍웨이와 해들리의 시작과 끝을 요약하면 1921년 9월 3일 호튼 베이에서 결혼하여 1927년 1월 27일 파리에서 이혼했으며 결혼생활기간은 5년 4개월 25일이었고 장남 존(John Hadley Nicanor Hemingway)25)을 낳은 것으로 요약된다. 해들리는 1891년 11월 9일 세인트루이스(St. Louis)에서 태어났고 1979년 1월 23일 플로리다 레이크랜드(Lakeland)에서 사망했다. 해들리는 세인트루이스에서 메어리대학(Mary Institute)을 졸업하고 브리인 마우어 대학(Bryn Mawr College)을 1년 동안 다

---

25) 1923년 10월 10일 출생, 장남 존의 이름은 어렸을 때는 범비(Bumby), 청년 때는 잭(Jack)이었다.

녔다. 어머니 때문에 그녀는 대학 1년을 마치고 중퇴했다.

해들리가 헤밍웨이를 처음 만난 것은 미시간주 호튼만 출신 캐티 스미스(Katy Smith)가 주최한 한 파티석상에서였다. 해들리는 헤밍웨이보다 8년 연상의 여성이었다. 해들리는 가정환경상 불행한 어린 시절을 보냈으며 헤밍웨이와 만나는 당시도 그런 분위기는 달라지지 않고 있었다. 해들리에게는 어떤 돌파구가 마련되어야만 했고 결혼적령기를 지난 29세의 나이도 해들리에게는 부담스런 부분이었다. 이런 상황에서 헤밍웨이와 해들리는 파티에서 만난 후부터 사귀게 되었으며 해들리는 8년 연하의 22세 문학청년 헤밍웨이와 결혼하기에 이른다.

헤밍웨이에 대한 해들리의 존재를 검토하려면 밀라노의 간호사 애그니스에게 실연당한 헤밍웨이의 정서상태와 연관지어 생각해야 한다. 애그니스는 해들리와 같이 헤밍웨이보다 연상이었고 상냥한 성격, 아름다운 용모, 그리고 매혹적인 면으로 해들리와 유사한 점이 있었다. 애그니스와 헤어진 후 마음 둘 곳 없었던 헤밍웨이는 8년 연상 해들리에 대해 결혼 초기 많은 의지를 했음이 분명하다. 해들리는 붉은 빛이 도는 금빛 머리카락을 가졌고 키가 큰 아주 아름다운 여자였다. 재주가 많고 매력적이며 친절한 해들리에 대해 헤밍웨이는 내가 결혼하려 했었던 바로 그런 여자라고 말할 정도로 헤밍웨이는 해들리에게 매혹되었다. 해들리는 삼촌 아서(Arthur)의 죽음으로 인해 8천 달러의 유산을 상속받았으며 이 돈으로 헤밍웨이가 파리에서 창작활동을 하는 데 보탬을 주기도 했다. 신혼 초부터 좋았던 부부관계는 파리시절의 생활에까지 이어갔었다.

그러나 헤밍웨이와 해들리의 사랑도 한계상황에 도달하면서 헤밍웨이는 부부생활에 어려움을 겪는다. 헤밍웨이 부부에게는 1924년 경제적 빈곤이 닥쳤고 8년 연상의 해들리는 이제는 몸이 불어 매력을 잃은 상황에 이르렀다. 헤밍웨이의 활동에 따라 적응할 수도 없는 상황에 이르렀다. 그리고 해들리는 조용한 삶을 원했다. 해들리는 헤밍웨이의 정력적인 활동에 보조를 맞추기란 여간 어려운 일이 아니라는 점을 깨달았다. 그래서 해들리는 헤밍웨이에게 어머니다움으로 적응하려 시도했다. 그녀는 아내의 역할보다는 어머니로서의 역할에 더 비중을 두기 시작했다. 해들리는 헤밍웨이에게 "잘 먹고, 잘 자고, 잘 지내고, 하는 일이 잘 되도록 유념하세요."라고 쓴 다음 그 편지에 "사랑하는 어머니가"라고 서명하기도 했다. 그러나 진취적인 헤밍웨이, 늘 새로움을 향해 행동하는 헤밍웨이는 해들리의 인생관을 도저히 받아들일 수가 없었다. 이들 부부에게 사랑의 임계점이 와 버렸다. 더구나 결혼 초이지만 헤밍웨이에게 해들리는 평생 씻지 못할 중대한 실수를 저지르기까지 했다. 헤밍웨이 작품원고가 모두 들어 있는 가방을 분실해 버렸다. 당시 그리스-터키 전쟁(1919-1922)이 종료되고 전후처리를 위해 스위스 로잔에서 평화회의가 열렸다. 이 전쟁을 취재했던 헤밍웨이는 역시 이 회의를 취재하기 위해서 로잔에 갔었다. <로잔평화회의>를 취재하고 있는 남편 헤밍웨이를 만나기 위해 여행을 나선 해들리는 리용 기차역에서 그 동안 헤밍웨이가 심혈을 기울여 썼던 모든 작품원고들을 분실하는 우를 범하고 만다. 소위 <헤밍웨이슈트케이스>(Hemingway's Suitcase) 분실사건이다. 이 사건은 1921년 12월 2일 일어났다. 그 동안 헤밍웨이가 썼던 모든 단편원고와 한 권의 장편소설 시작부분이 들어 있는 중요한 자료를 분실한 것이었다. 이 사건은 두고 두고 평생 동안 헤밍웨이의 뇌리에서 떠나지 않은 사건이 되었다. 이 사건 이후 헤밍웨이는 그가 창작활동을 하는 동안 내내 원고분실 공포증에 걸려 있었다. 해들리가 헤밍웨이에게 심리적으로 미친 아주 나쁜 결과였다. 해들리와의 결혼생활이 한계점에 이른 상황에 나타난 여성이 두 명이 있었다. 바로 메어리 더프 튜와이스덴과 폴린 파이퍼였다. 더프는 아름다운 몸매를 가지고 있었고 회색 눈동자와 짧은 금발 머리의 여성이었다. 더프는 『태양은 또다시 떠오른다』의 브렛 애쉴리의 원형이다. 그런데 이들 두 명의 여성 중 헤밍웨이와 해들리의 이혼에 결정적인 영향을 미쳤던 사람은 바로 폴린이었다.

　헤밍웨이는 폴린과 깊게 사귀게 되었고 그는 폴린과의 재혼을 위해 해들리와의 이혼을 결심했다. 해들리는 헤밍웨이와 폴린이 100일 동안 떨어져 있는 기간을 갖는 조건으로 이혼에 동의했다. 이 조건에 의해 폴린은 파리를 떠나 아칸소주의 피가트(Piggott)에 있는 그녀의 집으로 갔다. 100일이 못되어서 해들리는 헤밍웨이와 폴린과의 100일 별거형을 풀어준다. 헤밍웨이는 이혼서류를 제출하고 폴린은 뉴욕에서 뉴 암스테르담(New Amsterdam)호를 타고 프랑스로 다시 돌아온다. 해들리는 이혼법정에서 헤밍웨이의 처자유기 사유 법적인정과 아들 범비의 양육권을 얻어내며 헤밍웨이와 이혼했다.

　헤밍웨이와 해들리의 이혼이 완료된 후 우리는 해들리에 대한 헤밍웨이의 너그러운 마음을 읽을 수 있는 것들을 몇 가지 들추어 볼 수 있다. 먼저 이혼조건의 주요한 내용을 보면, 헤밍웨이는 처자유기사유 법적인 인정, 범비의 양육권 양도, 첫 번째 성공작『태양은 또다시 떠오른다』의 인세양도 등을 해들리에게 허용했다. 시기적으로 검토해 보면 헤밍웨이가 해들리와 이혼한 과정은 1926년 3월 말에서 4월 초순에 해들리의 인지(헤밍웨이와 폴린의 관계인지)부터 시작하여 1927년 1월 27일 종지부를 찍었다.『태양은 또다시 떠오른다』는 1925년 7월 중순에 집필을 시작하여 9월 중순에 초고를 완성했고 1926년 10월 22일 출간되었다. 이 기간은 헤밍웨이가 이혼수속이 한참 진행된 때이고 헤밍웨이는 경제적으로 매우 궁핍한 때였다. 그리고 이 작품은 성공을 거둔 작품이었다. 그럼에도 불구하고 헤밍웨이는 해들리에게 기꺼이 이 소설의 인세를 양도했다. 아예 헤밍웨이는 이 소설 첫 페이지 앞장에 "This book is for Hadley and for John Hadley Nicanor"(이 책을 해들리와 존 해들리 니카노에게 헌정함)라고 명기했다. 이 작품탄생에 내조가 컸던 아내 해들리에게 모든 권한을 양도한 셈이다. 더 나아가 헤밍웨이는 이혼한 다음 1929년 9월 16일에 해들리의 선물용으로 고야(Goya)의 석판화 3점을 구입하기도 한다. 해들리에 대한 헤밍웨이의 마음을 들여다 볼 수 있는 행동이다. 해들리와의 이혼을 처리하는 과정과 그 후에 해들리에 대한 헤밍웨이의 행동을 보면 그는 실로 사나이답고 대범하며 가슴이 따뜻한 남자임을 확신시킨다. 이혼 후 헤밍웨이는 폴린과 재혼했고 해들리는 폴 스캇 마우러(Paul Scott Mowrer)와 1933년 7월 3일 재혼했다.

해들리는 작품 속에 등장한다. 헤밍웨이는 해들리를 『움직이는 축제일』스케치 1 '상 미셸 광장의 좋은 카페'에서 이렇게 묘사했다. "그녀는 부드럽고 모델처럼 아름다운 얼굴을 가졌고 그녀의 눈과 미소는 (여행을 가기로) 결정했을 때 그 결정이 마치 값진 선물이나 되는 양 밝고 즐거운 빛을 띠었다." (She had a gently modeled face and her eyes and her smile lighted up at decisions as though they were rich presents.)26)라고 헤밍웨이는 첫 번째 아내 해들리를 그리고 있다. 이 작품의 마지막 스케치 20에서도 해들리가 등장한다.

2) 폴린

폴린 파이퍼(Pauline Pfeiffer)(1895-1951)는 헤밍웨이의 두 번째 아내이다. 헤밍웨이와 폴린의 시작과 끝을 압축하면 1927년 5월 10일 결혼하여 1940년 11월 4일 이혼했으며 결혼생활기간은 13년 5개월 25일이었고 아들 둘, 즉 패트릭(Patrick)과 그레고리(Gregory)를 낳은 것으로 요약된다. 폴린은 아이오와 주(Iowa) 파커스버그(Parkersburg)에서 1895년 7월 22일 태어났고 1951년 10월 1일 56세로 일찍 사망했다. 폴린은 미주리대학(University of Missouri)을 졸업했다. 폴린은 헤밍웨이보다 4년 연상의 여성이다. 폴린은 ≪보그≫(*Vogue*)지 27) 파리담당(Paris edition) 기자였다. 헤밍웨이는 더프와의 연애사건 이후 1926년 2월부터 폴린과 사귀기 시작했다. 폴린은 매력적이라기보다 흥미 유

---

26) Hemingway, *A Moveable Feast*, 7.

[그림 4] 헤밍웨이와 폴린, 파리시절. 헤밍웨이는 헌신적인 폴린의 내조에 힘입어 세계적인 작가로서 굳건한 토대를 마련했다. (Copyright holder unknown; photo courtesy of the John F. Kennedy Library)

발형의 여성이었다. 조그만 체구에 도톰한 입술과 검은색 단발머리 차림의 여성이었다. 기쁨을 띤 얼굴과 침착한 눈동자를 가지고 있었다. 그녀의 말에는 단호함과 결의가 담겨져 있었다. 그런 폴린을 헤밍웨이는 좋아했고 폴린 또한 헤밍웨이에 빠져들었다. 그리고 그들은 결혼했었다.

폴린은 헤밍웨이의 작가인생에 어떤 영향을 주었는가? 헤밍웨이에 대한 폴린의 영향은 주로 재정적인 측면에서 두드러진다. 폴린은 아칸소주 피가트의 부유한 집안의 딸이었다. 경제적으로 많은 지원이 있었다고 볼 수 있

---

27) *The Garden of Eden*에서 "new French"로 언급되기도 하는 *Vogue*는 1892년에 창간한 미국 주간(weekly) 잡지 프랑스판이다. *Vogue*는 1916년에 영국판을 설립했으며 1936년에는 20세기 초 인기잡지 *Vanity Fair*와 합병했다. *Vanity Fair*는 *The Torrents of Spring*에서 Diana Scripps에 의해서 구독되는 잡지 중의 하나로 언급된다.(Oliver, 343, 341 참조).

다. 특히 폴린의 삼촌 거스타부스(Gustavus Adolphus Pfeiffer)(1872-1953)(일명 Gus)는 헤밍웨이 작가인생에 재정적 후원자로서 중요한 역할을 했다.

헤밍웨이와 폴린은 1928년 유럽에서 귀국하여 미국 내에 거처를 장만했는데 1931년 미국 국토의 맨 끝인 플로리다주 키웨스트에 집을 마련했다. 폴린과 헤밍웨이가 마련한 키웨스트의 이 집은 현재 헤밍웨이 하우스(박물관)로 개장하여 공개되고 있다. 헤밍웨이 하우스는 키웨스트 화이트헤드가(街) (Whitehead Street) 907번지에 자리잡은 스페인풍의 2층집이다. 이 집에서 헤밍웨이는 폴린과 그녀와의 사이에서 태어난 두 아들 차남 패트릭과 3남 그레고리와 함께 살았다. 이 집은 폴린의 아버지가 사주었다고 되어 있으나 사실은 폴린의 삼촌 거스(Gus)가 8천 달러에 구입하여 선물한 것이다. 거스 삼촌은 작은 체구이고 향수에 젖은 듯한 남자이면서 재력가였다. 딸린 처자가 없었던 그 대부호는 조카와 조카딸들을 매우 사랑했고 지원을 아끼지 않았다. 그는 특히 영리하고 귀여운 폴린에게 아낌없는 배려를 했다. 그는 폴린이 헤밍웨이를 남편으로 맞이한 것에 대해 특히 좋아했다. 거스는 헤밍웨이 부부에게 자동차 선물, 키웨스트에 주택 마련, 그리고 아프리카 사파리여행 경비 등을 지원하며 헤밍웨이가 조기에 세계적인 작가가 될 수 있도록 재정적인 후원을 아끼지 않았다. 헤밍웨이 또한 그를 좋아했기 때문에 거스는 기쁜 마음으로 헤밍웨이를 도와 주었다. 헤밍웨이는 이 보답으로 키웨스트 하우스에서 집필하여 발표한『무기여 잘 있거라』를 거스 처삼촌에게 헌정했다. 이 소설 첫 페이지 앞장에 쓰여 있는 "To G.A.P."(Gustavus Adolphus Pfeiffer)는 이 처삼촌 거스를 뜻한다. 또 이 집에서 헤밍웨이는 1936년 스페인내전에 참가한 경험을 토대로『제5열』과『누구를 위하여 종은 울리나』를 발표했다. 헤밍웨이는 1928년부터 1939까지 이 집에서 거주했고 생애 작품의 70%를 발표했다. 사회참여소설인『가진 자와 못 가진 자』와 명작 단편「킬리만자로의 눈」등도 모두 이 집에서 탄생되었다. 폴린과 함께 살았던 키웨스트의 생활은 헤밍웨이의 작가인생에서 가장 왕성한 시기였다. 헤밍웨이의 창작생활에 폴린의 내조가 컸음을 알리는 대목이다. 그리고 1차 아프리카 사파리여행을 동행했던 폴린은 『아프리카의 푸른 언덕』의 탄생에 직접적인 영향을 미쳤다.

    폴린과 함께 행복한 키웨스트의 10여 년이 지나고 폴린과의 사랑도 마사의 출현으로 종말을 고한다. 폴린은 헤밍웨이와 마사와의 연애를 알았을 때 해들리와 마찬가지로 인내심을 갖고 참으면서 남편을 붙잡는 일과 결혼생활을 유지하는 일에 필사적으로 매달렸다. 폴린은 헤밍웨이를 놓치지 않기 위해 헤밍웨이가 좋아하는 모든 것들을 집안에 구비해 놓고 헤밍웨이가 돌아오기를 간절히 기다렸지만 앞만 보고 달리는 헤밍웨이는 뒤돌아보지 않고 그의 길을 갔다. 그리고 헤밍웨이는 끝내 돌아오지 않았다. 1928년에서 1939년까지 폴린과 함께 했던 키웨스트의 생활은 헤밍웨이가 마사와 함께 쿠바의 핑카 비히아로 거처를 옮기면서 끝이 났다. 헤밍웨이가 마사와 결혼하기 위해 폴린과 헤어졌을 때도 헤밍웨이는 해들리에게 그랬던 것처럼 폴린을 극진하게 대해 주었다. 그리고 헤밍웨이는 월 생활비 500달러씩을 폴린에게 지불했다.

3) 마사

    마사 엘리스 겔혼(Martha Ellis Gellhorn)(1908-1998)은 헤밍웨이의 세 번째 아내이다. 헤밍웨이와 마사의 시작과 끝은 1940년 11월 21일 결혼하여 1945년 12월 21일 이혼했으며 둘 사이에 자녀는 없다. 결혼생활기간은 5년 1개월 1일이었다. 마사는 두 가지 면을 동시에 가지고 있었다. 헤밍웨이의 아내들 중 가장 지적인 여자이지만 남편에게 가장 내조가 부족했던 아내라고 평가할 수 있다. 그래서 마사와 살았던 이 기간이 헤밍웨이의 네 번의 결혼생활 중 가장 불행했던 시기이다. 헤밍웨이를 홀로 남겨두고 종군기자로 활약하기도 했던 마사에게 헤밍웨이는 몹시 불만이었으며 아내에게 질투심을

[그림 5] 헤밍웨이와 마사의 단란했던 한때, 1940년 아이다호주. 그러나 헤밍웨이는 내조가 부족했던 마사와 함께 살았던 시절이 가장 불행했다. (Copyright holder unknown; photo courtesy of the John F. Kennedy Library)

느끼기도 했다. 헤밍웨이의 이런 불편한 심리는 결국 폭음으로 이어졌고 그 결과는 헤밍웨이의 건강악화로 나타났다.

마사는 세인트루이스(St. Louis)에서 태어났으며 "마티"(Marty)라는 애칭으로 불리어졌다. 그녀는 세인트루이스에서 존버로우스학교(John Burroughs School)를 졸업하고 브리인 마우어 대학에서 3년 간 수학했다. 이 학교는 헤밍웨이의 첫 번째 아내 해들리가 1년 간 다녔던 학교이다. 마사는 젊고 매력적인데다 잘 빠진 몸매의 여성으로 유행에 따라 옷을 입는 패션 감각이 뛰어난 여성이었다. 마사의 직업은 저널리스트였다. 그녀는 저널리스트로서 맨 먼저 ≪뉴 리퍼블릭≫(New Republic)지에서 일했고 다음에는 ≪허스트 타임

유니온≫(Hearst Times Union)지로 직장을 옮겼으며, 그 후에는 파리로 가서 ≪보그≫지 기자로 일했다. 그리고 그 다음에는 ≪세인트루이스 포스트 디스패치≫(St. Louis Post-Dispatch)지의 프리랜서 기자생활도 했다. 직장을 여러 번 옮겼다. 그러나 그녀는 단지 기자로서 만족하지 않았다. 그녀는 작품도 집필했다. 그녀가 쓴 책,『내 자신과 다른 사람과 함께 한 여행들』(Travels With Myself and Another)(1978)에서 'Another'는 헤밍웨이이다. 이 작품 속에서 "Another"는 "U.C."(Unwilling Companion)로 지칭된다. 그녀는 자신이 헤밍웨이를 만나기 이전부터 작가였다고 자부하고 있었고, 그녀가 산 90평생 중 45년 간을 작가생활을 했노라고 회고하기도 했다. 헤밍웨이와 비슷한 인생행로를 걷는 여성임을 짐작할 수 있다. 그리고 글 쓰는 일에 자부심이 강한 여자였다. 그녀가 쓴 작품의 수는 모두 13권이나 된다.[28] 이런 화려한 경력 때문에 그녀가 죽었을 때 한 사망기사는 그녀를 20세기의 위대한 전쟁기사 특파원 중의 한사람이라고 정리했다.

마사와 헤밍웨이의 첫 만남은 1936년 12월 하순 키웨스트에 소재한 슬로피조바(Sloppy Joe's Bar)에서였다. 이때부터 둘의 교제는 시작되었다. 자신도 창작에 몰두해 있었던 마사는 헤밍웨이가 작가라는 사실에 매혹되었다. 헤밍웨이와 마사 둘 다 특파원 신분으로 활동하는 때가 있어서 직업적으로 같이 만나 일하는 경우가 많았다. 1937년 스페인내전 때 헤밍웨이는 스페인 전쟁에 대한 기사취재를 위해 스페인의 마드리드에 있는 호텔 플로리다(Hotel Florida)에 투숙했다. 이때 다른 기자들과 함께 마사도 같이 체류했다. 그 뒤 파리에서 함께 한 시간도 있었다. 또다시 여러 기자들과 함께 헤밍웨이와 마사는 스페인의 호텔 플로리다에서 같이 취재활동을 벌이면서 서로를

---

28) 다음 목록은 마사 작품의 일부다: *What Mad Pursuit*(1934), *The Trouble I've Seen*(1936), *A Stricken Field*(1940), *The Heart of Another*(1941), *Two by Two*(1958), *The Face of War*(1950), *Point of No Return*(1995) 등.

익혀갔다. 그리고 헤밍웨이와 마사는 파리에서 함께 체류하는 긴 기간을 갖는다. 드디어 헤밍웨이와 마사는 아바나에서 정식으로 합류했다. 마사는 아바나 교외 농가, 핑카 비히아를 임차하고 헤밍웨이는 그곳으로 이사하여 함께 체류하기에 이른다. 이어 헤밍웨이의 두 번째 아내 폴린은 여름캠프에 아이들을 맡겨두고 친구들과 유럽여행길을 떠난다. 헤밍웨이와 마사는 미국 서부로 자동차여행길을 떠난다. 이제 헤밍웨이와 폴린은 서로 되돌리기 어려운 인생행로가 돼버렸다. 헤밍웨이와 마사는 아이다호주 선밸리여관(The Sun Valley Lodge)에 체재하면서 3개월이 넘는 긴 기간을 함께 보낸다. 그 뒤 헤밍웨이는 폴린과 함께 살았던 키웨스트 집의 세간을 모두 아바나의 핑카 비히아로 옮기고 이사를 해버린다. 1939년 12월이다. 이후 마사는 취재 여행길에서 아바나로 돌아오고 폴린은 이혼을 신청한다. 그러는 동안 헤밍웨이와 마사는 또다시 세인트루이스와 선밸리 등지로 여행을 떠나고 그런 과정에서 폴린과의 이혼은 완료된다. 1940년 11월 4일이다. 헤밍웨이와 마사는 이렇게 약 4년 간의 교제 끝에 폴린과의 이혼이 완료되자 서둘러서 와이오밍주(Wyoming) 체닌(Cheyenne)에서 결혼했다. 1940년 11월 21일이다.

앞서 말한 대로 마사와의 결혼은 헤밍웨이의 네 번의 결혼 중 가장 불행한 결혼기간이었는데 그 이유는 마사의 야망 때문이었다. 저널리스트로서 마사의 억척스런 직업정신은 대단했다. 헤밍웨이가 노르망디(Normandy) 해안에 D-Day 상륙을 보기 위해 1944년 6월 6일 특파원수송선 도로시아 L. 딕스(*Dorothea L. Dix*)에 승선했을 때 그녀도 그날 오마하 해안(Omaha Beach)으로 가는 병원선에 다른 사람들은 물론이거니와 헤밍웨이까지도 모르게 몰래 승선했다가 관리장교들에게 발각되어 영국으로 후송되기도 했다. 그 후 마사는 또다시 허락도 받지 않고 불법으로 유럽전선에서 헤밍웨이의 영역이라고 볼 수 있는 이탈리아전선으로 달려가기도 한다. 마사는 여러 재판을 취재하기도 했다. 1966-1967년에는 베트남에 가기도 했고 1989년에는 파나마

(Panama)에 가기도 했다. 마사는 당시 사회의 이슈가 되는 사건이면 어디에든 나타나서 취재활동을 했다. 마사는 목적을 달성하기 위해 때로는 불법도 서슴지 않았고 때로는 위험도 마다하지 않았다. 이렇게 마사는 직업상으로 남편 헤밍웨이와의 경쟁관계를 팽팽히 유지하면서 작가 및 저널리스트로서 헤밍웨이와 각을 세워 대립구도를 형성했다.

마사의 이런 승부근성은 집안의 내력에서 비롯된 점이 있다. 마사는 의사인 아버지 조지 겔혼(George Gellhorn)과 어머니 에드나(Edna)의 딸로서 유복하게 자랐다. 아버지 조지 겔혼은 세인트루이스에서 유명한 부인과의사였다. 이런 집안의 딸로서 마사는 가문에 대한 자부심도 강했다. 헤밍웨이와 헤어지고 1953년 ≪타임≫지 편집자 탐 매튜스(Tom Matthews)와 재혼했으나 또다시 1960년대 초에 이혼하고 만다. 자존심이 강했고 남자에게 헌신적이지 못했던 마사는 더 이상 남자와의 결혼생활을 지속하지 못했다. 그러나 건강관리를 비롯하여 자기관리에 철저해 그녀는 90세까지 살았다. 헌신적이고 순종적인 여성을 최고의 여성으로 생각하는 헤밍웨이에게 마사는 결코 헤밍웨이가 좋아할 수 있는 여성은 아니었지만 헤밍웨이 작품 산실의 하나인 핑카 비히아를 장만하도록 계기를 마련했던 사람은 바로 마사였다.

그리고 헤밍웨이와 스페인전쟁을 함께 취재했던 마사는 헤밍웨이의 『누구를 위하여 종은 울리나』의 탄생에 적지 않은 영향을 미쳤다. 이 작품이 탄생되는 시기 헤밍웨이와 마사는 함께 많은 시간을 보냈고 결혼하는 시기였다. 이 작품은 스페인전쟁을 다루고 있다. 헤밍웨이는 마사와 함께 스페인전쟁을 취재했다. 이 작품이 출판된 것은 1940년 10월 21일이다. 직전 1940년 9월 1일 헤밍웨이는 마사와 함께 선밸리로 여행을 가서 그곳 선밸리여관 206호에서 함께 머물렀다. 이곳은 헤밍웨이가 사실상 이 작품을 탈고한 장소이다. 그리고 헤밍웨이와 마사는 1940년 11월 21일 결혼했다. 기자 겸 작가였던 마사는 이 작품의 집필과정에서 적지 않은 영향을 미친 것으로 판단된다.

[그림 6] 헤밍웨이와 메어리, 1949년 베니스. 젊은 시절 활동했던 베니스에 50세가 되어 아내와 함께 다시 찾았고 그 결과는 『강을 건너 숲속으로』로 나타났다. (Copyright holder unknown; photo courtesy of the John F. Kennedy Library)

4) 메어리

메어리 웰쉬 몽크스(Mary Welsh Monks)(1908-1986)는 헤밍웨이의 네 번째이자 마지막 아내이다. 헤밍웨이와 메어리의 시작과 끝은 1946년 3월 14일 결혼하여 헤밍웨이가 사망한 1961년 7월 2일까지이며, 둘 사이에 자녀는 없다. 그들이 함께 살았던 결혼생활기간은 15년 3개월 18일이었다. 메어리는

1908년 4월 5일 미네소타주(Minnesota) 워커(Walker)에서 태어났다. 그리고 1986년 11월 26일 뉴욕에서 죽었다. 메어리의 아버지 탐 웰시(Tom Welsh)는 미네소타주의 벌목꾼이며 또한 미시시피강에서 당일치기 손님들을 실어 오르내리는 뱃사공 일도 했다. 메어리의 어머니, 아델라인(Adeline)은 크리스천 사이언스 신봉자(Christian Scientist)였다.[29]

메어리는 외동딸이었다. 그녀는 노스웨스턴대학(Northwestern University)에서 3년 간 저널리즘을 전공했다. 그녀는 결혼을 하기 위해 학교를 중퇴했으나 그 결혼은 2년 후 이혼으로 끝이 났다. 메어리는 폴 스콧 마우러가 편집국장으로 있는 ≪시카고 데일리 뉴스≫(The Chicago Daily News)지에 직장을 얻었는데 마우러는 헤밍웨이의 첫 번째 아내였던 해들리와 1933년 결혼한 사람이다. 묘한 인연들이다. 저널리스트로서 메어리의 생애는 계속된다. 1937년 그녀는 ≪데일리 메일≫(Daily Mail)지에 취직했다. 그리고 1938년 ≪데일리 메일≫지의 기자 노엘 몽크스(Noel Monks)와 결혼했다. 1940년에는 ≪타임≫지의 기자가 되어 런던특파원이 되었다. 런던생활 동안 그녀는 작가 어윈 쇼어(Irwin Shaw), 윌리엄 사로얀(William Saroyan), 그리고 ≪라이프≫지 사진기자 로버트 카파(Robert Capa)를 친구로 두었다. 메어리와 몽크스와의 결혼은 1944년 5월 중순 쇼어의 주선으로 메어리와 헤밍웨이가 런던의 한 음식점에서 처음 만났을 때 끝이 났다.[30] 이 헤밍웨이와의 첫 만남으로 메어리와 몽크스의 관계는 끝나고 헤밍웨이와 메어리의 공동의 생애가 시작된다. 헤밍웨이와 메어리의 첫 만남 때 헤밍웨이는 마사와의 결혼생활이 원만하지 못할 때였다. 첫 데이트 이후 헤밍웨이는 파리의 여행자클럽

---

29) Oliver, 147. cf. 크리스천 사이언스교는 미국의 메어리 베이커 에디(Mary Baker Eddy)가 조직한(1866) 신흥종교로서 신앙의 힘으로 병을 고치는 정신요법을 특색으로 하는 종교다. 공식명칭은 "The Church of Christ, Scientist"이고 그 신봉자를 "Christian Scientist"라고 한다.
30) Ibid., 148 참조.

(Traveller's Club), 카페 드 라 페(Café de la Paix), 그리고 리츠 호텔(Ritz Hotel)의 바를 드나들며 자유를 만끽하는 기간이 있었는데 이때 메어리도 헤밍웨이와 함께 리츠 호텔에 같이 체류하는 시간을 갖기도 했다. 그 뒤 메어리는 아바나를 방문하기도 하고, 헤밍웨이는 메어리를 공항으로 드라이브를 시켜주다 차 사고를 당해 그의 늑골이 네 개나 부러지고 메어리는 얼굴이 찢어지는 사고를 당하기도 한다. 그만큼 함께 하는 시간이 많아졌고 그들의 애정이 깊은 단계에 진입했음을 알리는 대목이다. 헤밍웨이의 애정을 확인한 메어리는 이후 시카고로 날라가서 이혼을 완료하고 아바나로 돌아왔고 역시 헤밍웨이는 마사와의 이혼을 완료한다. 마침내 메어리와 헤밍웨이는 쿠바 아바나에서 1946년 3월 14일 결혼했다.

헤밍웨이와 메어리의 결혼은 순탄하게 진행되었다. 결혼 후 메어리는 임신을 했다. 그러나 메어리는 와이오밍주 캐스퍼(Casper)에서 합병증이 발생하여 위급상황에 직면했고 의사는 치료를 포기했으나 헤밍웨이가 직접 정백정맥주사(IV tube)를 투입하여 그녀의 목숨을 살려내기도 했다. 그 뒤 아이다호주 케첨에 새로운 보금자리를 물색한다. 마침내 헤밍웨이와 메어리는 케첨에 새집을 구입하여 영구한 안식처의 보금자리를 마련했다. 결혼생활 동안 헤밍웨이와 메어리는 스위스, 프랑스, 이탈리아, 쿠바, 아프리카, 스페인 등지로 여행하면서 글쓰기, 스키, 낚시, 사람 만나기 등을 즐겼다. 그리고 헤밍웨이가 젊은 시절에 경험했던 지역과 역사를 메어리에게 전하면서 말년을 행복하게 지내려고 이들 부부는 많은 노력을 했다.

헤밍웨이의 작가인생에 메어리는 어떤 의미를 갖는가? 메어리는 헤밍웨이의 말년을 책임진 매우 소중한 아내였다. 생애의 건강하고 활기찬 세월을 상당히 보내버린 뒤의 헤밍웨이를 만난 메어리는 헤밍웨이의 어두운 문제를 처리하는 헌신적인 아내였다. 메어리는 헤밍웨이가 죽기까지 결혼생활기간인 15년 3개월 18일 동안을 헤밍웨이의 재정문제의 매니저였다. 그리고 메어리는 헤밍웨이의 음주벽과 우울증에서 오는 발작을 조절하느라 많은 애를 썼다. 특히 1950년대 후반 이후 헤밍웨이의 육체와 정신건강이 급격히 악화되어갔을 때 메어리는 그를 보살피느라 아주 많은 노력을 했다. 메어리는 1961년 4월 21일 자살을 시도한 헤밍웨이를 중지시켰고 이틀 뒤인 4월 23일 헤밍웨이의 2차 자살시도를 막아냈지만 3차 시도인 1961년 7월 2일의 헤밍웨이의 자살은 결국 막아내지 못했다. 메어리는 생전에 함께 살았던 남편 헤밍웨이에 대한 그녀의 전기 *How It Was*를 1986년 출판했다. 글을 쓸 줄 아는 메어리임을 증명한 셈이다. 이런 능력으로 그녀는 결혼생활 동안 헤밍웨이의 창작활동을 돕는 데도 세심한 배려를 아끼지 않았다. 그녀는 헤밍웨이의 창작활동을 돕기 위해 핑카 비히아 뒤편에 흰탑건물, 'The White Tower'를 세우고 그 꼭대기 내부에 공간을 만들어 헤밍웨이가 그곳에서 작품을 쓸 수 있도록 배려하기도 했다. 이곳 방에서 밖을 내다보면 약 13km 떨어진 곳에[31] 아바나가 건너다보이고 또 건너편의 멕시코만이 넓게 펼쳐진다. 마사가 마련한 핑카 비히아에서 메어리는 헤밍웨이의 작품 착상을 돕기 위한 세심한 배려를 잊지 않았다. 헤밍웨이 사후 메어리는 헤밍웨이 재단을 설립하여 헤밍웨이가 남긴 모든 창작물과 자료 등 대문호의 문학을 보존, 지원, 전승하는 기틀을 다져 놓았다. 오늘날 활발한 헤밍웨이 연구는 메어리가 구축한 이런 기틀에 기인한다. 헤밍웨이에 대한 메어리의 의미는 여기에 있다. 그리고 메어리는 『여명의 진실』에서 여주인공이라고 볼 수 있는 실명 메어리 어니스트(Mary Ernest)로 등장한다.

5) 애그니스

애그니스 반 크라우스키(Agnes von Kurowsky)(1892-1984)는 1차 세계대

---

31) *Ibid.*, 99 참조.

[그림 7] 애그니스 반 크라우스키, 1918년. 헤밍웨이가 밀라노 병원에 입원기간 중 사랑했던 애그니스는 헤밍웨이의 담당간호사였고 소설 『무기여 잘 있거라』의 여주인공 캐서린 바클리의 실재 인물이다. (Copyright holder unknown; photo courtesy of the John F. Kennedy Library)

전기간에 북이탈리아 밀라노 미군적십자병원의 간호원이었다. 그때 헤밍웨이는 미군적십자부대의 자원봉사 앰뷸런스 운전사였다. 야전병원 4소대에 소속되어 북이탈리아 스키오에 배치된 헤밍웨이는 자진하여 군인들에게 배급하기 위해 초콜릿과 담배를 싣고 피아브 강가 베니스 북동쪽 포살타 근처 이탈리아군 전선으로 진출했다. 교전 중 박격포탄의 낙하와 기관총 피습에 의하여 헤밍웨이는 다리에 큰 부상을 입었다. 부상을 입은 헤밍웨이는 다른 중상자 1명을 업고 돌아오던 중 중기 피습으로 다리에 227개의 파편이 박히는 중상을 입게 된 것이다. 이후 헤밍웨이는 치료와 회복을 위해 밀라노 적십자병원에 입원하게 되고 입원기간 중 그의 담당간호사가 애그니스였다. 헤밍웨이는 1918년 대부분을 밀라노 적십자병원에서 보내게 되었고 1918년 여름부터 애그니스와 사랑에 빠졌다. 그러나 헤밍웨이와 애그니스의 사랑은 성공하지 못했다. 애그니스는 작전지역인 포살타 부근 트레비소로 전출하게 되었고 헤밍웨이는 1918년 12월 9일 트레비소로 애그니스를 방문하게 되는데 이것이 그들 만남의 마지막이었다. 1919년 1월 4일 고향 오크 파크로 돌아온 헤밍웨이는 1919년 3월 애그니스로부터 절교편지를 받는다. 이것이 헤밍웨이와 애그니스 간의 사랑역사의 전부이다. 애그니스는 전쟁이 끝나고도 적십자에 남아 봉사했다. 루마니아에서도 근무했고 그 후 1920년대에는 아이티(Haiti)에서도 근무했다. 또 2차 세계대전 당시에는 뉴욕의 적십자에서 근무했다. 헤밍웨이와 애그니스와의 연애기간은 비록 짧았지만 이 사랑의 여운은 헤밍웨이 가슴에 깊고도 길게 남아서 첫 번째 아내 해들리와의 결혼을 성사시키는 과정에 영향을 미쳤다. 그리고 이 사랑의 인연으로 전쟁과 연정 소설 『무기여 잘 있거라』에서 애그니스는 여주인공 캐서린 바클리로 소설 속의 여주인공이 되었다.[32]

6) 아드리아나

아드리아나 이반이츠(Adriana Ivancich)(1930-1983)는 헤밍웨이보다 31세나 젊은 이탈리아의 여자친구였다. 헤밍웨이의 여성 중 꽤 아름다운 여자였다. 헤밍웨이는 북이탈리아에서 사냥여행을 하던 중 1948년 아드리아나를 만났다. 그녀는 당시 18세였다. 그리고 헤밍웨이는 49세였다. 북이탈리아에서의 사냥, 49세의 남자, 그리고 18세의 아름다운 이탈리아 여성, 이 구도는 『강을 건너 숲속으로』에서 작품으로 재현된다. 이 작품에서 남자주인공 리처드 캔트웰(Richard Cantwell)은 퇴역을 앞둔 미국 육군대령이고 여자주인공 레나타(Renata)는 이탈리아의 젊은 여자백작이다. 소설에서 레나타는 캔트웰에게 인생의 마지막 사랑의 대상이다. 캔트웰은 레나타를 사랑한다. 소설 속

---

32) II-6-1 "『무기여 잘 있거라』" 참조.

[그림 8] 라 핑카 비히아로 헤밍웨이를 찾아온 아드리아나 이반이츠. 아드리아나는 『강을 건너 숲속으로』에서 여주인공 레나타로 등장한다. (Copyright holder unknown, Ernest Hemingway Collection; photo courtesy of the John F. Kennedy Library)

의 백작여자에 걸맞게 실재 인물 아드리아나의 집안은 명문가정이었다. 아드리아나의 조상은 1800년에 베니스 산마르코광장(Piazzo San Marco) 동쪽에 있는 궁전에 가정의 터를 내렸다. 성(姓)으로 유추해 볼 때 러시아에서 이주해 온 집안으로 여겨진다. 헤밍웨이가 아드리아나를 만났을 때 아드리아나 가족은 아직도 그 궁전을 소유하고 있었다. 확실히 아드리아나는 레나타의 원형이요 실재 인물인 것으로 판단된다.

아드리아나는 헤밍웨이가 인생을 마칠 때까지 헤밍웨이와 메어리, 두 사람의 친구로 지냈다. 1948년 12월 초에 헤밍웨이를 만난 아드리아나는 그 뒤 헤밍웨이와 메어리가 코르티나(Cortina)에서 스키여행과 휴가를 보내고 있을 때 그곳으로 헤밍웨이 부부를 방문했다. 아드리아나는 그녀의 어머니와 함께 아바나에 있는 핑카 비히아를 방문하기도 했다. 그리고 아드리아나는 헤밍웨이 작품 『강을 건너 숲속으로』와 『노인과 바다』의 초판 표지삽화를 그렸던 장본인이다. 또한 그녀는 헤밍웨이의 두 개의 우화, "The Good Lion"과 "The Faithful Bull"의 삽화도 그렸다.33) 아드리아나와 헤밍웨이 사이를 평생 이어갔던 인간관계를 가늠해 볼 수 있는 부분이고 아드리아나의 예술적 재능을 짐작하게 하는 단서이기도 하다. 아드리아나는 회고록 *La Torre Bianca*(1980)을 썼다. 미모와 재능을 겸비했던 그녀는 53세에 이탈리아 카팔비오(Capalbio)에 있는 그녀의 농장에서 나무에 목매달아 자살함으로써 스스로 생을 마감했다. 한 사망기사는 그녀를 "귀족적인 베네치아의 사교계명사"라고 요약했다.34)

7) 제인

제인 메이슨(Jane Mason)(1909-1981)은 헤밍웨이의 애증이 얽힌 여성이다. 헤밍웨이는 1931년 9월 프랑스에서 뉴욕으로 귀국하면서 일드프랑스(*Ile de France*)호 배편을 이용했다. 그 배에서 헤밍웨이는 미모의 제인을 만난다. 당시 22세인 제인은 헤밍웨이 여성들 중 가장 아름다운 여성이라고 말할 수 있다. 지극히도 아름다운 제인에게 헤밍웨이는 즉시 매혹되었다. 그러나 제인은 그랜트 메이슨(G. Grant Mason)의 아내였다. 남편 메이슨은 쿠바 판암 항공(Pan American Airways)의 사장이었다. 그리고 그는 아바나 서쪽에 해마니타스(Jaimanitas)라는 부동산을 소유하고 있는 재력가였다.35)

헤밍웨이와 제인의 만남과 교제 역사의 내용 및 개요를 정리하면 이렇다. 처음 만남에서 곧바로 친구 사이로 사귀어진 제인은 헤밍웨이와 폴린을 가끔 찾아오곤 했는데 주로 키웨스트로 방문하였다. 헤밍웨이가 아바나로 낚시여행을 가서 그곳 호텔 암보스 문도스(Hotel Ambos Mundos)에 두 달간

---

33) 두 작품 모두 ≪홀리데이≫(*Holiday*)지 1951년 3월호에 게재됨.
34) Oliver, 176 참조.
35) *Ibid.*, 214.

[그림 9] 필라호 위의 헤밍웨이와 제인(왼쪽 뒤 여자), 1934년 여름 아바나. 제인은 「프랜시스 매코머의 짧고 행복한 생애」에서 여주인공 마거트로 등장한다. 필라호는 고기잡이와 독일군에 대한 대적첩보활동 등 헤밍웨이의 활발한 멕시코만류 생활을 가능하게 해주었으며 그 활동의 결과는 『노인과 바다』와 『멕시코만류의 섬들』 등 작품들의 탄생으로 나타났다. (Ernest Hemingway Collection; photo courtesy of the John F. Kennedy Library)

체류하며 청새치 낚시를 하고 있을 때 제인이 그곳으로 방문하기도 했다. 잠시 뉴욕을 방문한 제인은 다시 아바나로 헤밍웨이를 만나러 돌아오기도 한다. 헤밍웨이와 이렇게 가까워져 간 제인은 헤밍웨이의 아들 범비, 패트릭, 그리고 그녀의 양자 아들 안토니(Antony)를 자동차에 태우고 운전하던 중 40피트 제방에서 굴러 떨어지는 사고를 당하기도 한다. 자동차사고를 당하고 난 몇 일 뒤 제인은 우울증으로 해마니타스의 그녀의 집 2층 발코니에서 뛰어내린 사건으로 등골뼈가 부러지는 큰 사고를 당하기도 한다.36) 이 사고로 뉴욕의 한 병원에서 5개월 동안 입원하고 등에 부목신세를 1년 간 지게 된 다. 헤밍웨이와 제인 간의 만남의 재개와 중단을 반복하는 단속적인 관계는 1936년 4월 비통하게 끝을 내린다. 제인의 사생활에 대해 알게 된 헤밍웨이 로서는 더 이상 제인에 대한 관계지속을 용납하기 어려웠다. 제인은 ≪에스 콰이어≫지의 편집장 아놀드 깅그리치(Arnold Gingrich)를 포함하여 4명의 남편을 두었다.37) 깅그리치는 ≪코로넷≫(*Coronet*)지와 ≪에스콰이어≫지의 초대 편집장이다. 깅그리치와 헤밍웨이의 관계는 아주 밀접한 사이이다. 이런 인간관계와 제인에 대한 이미지를 바탕으로 헤밍웨이는 그녀를 「프랜시스 매코머의 짧고 행복한 생애」에서 아주 부정적인 여성인물로 그려낸다. 헤밍웨이를 거쳐 간 여성들 대부분이 좋은 이미지로 작품화되는데 반해 헤밍웨이 여성 중 가장 아름다웠던 제인은 가장 순수하지 못한 여주인공으로 가장 혹독하게 작품에 그려져 있다. 매코머 부인(Mrs. Macomber), 즉 마거트(Margot) 는 제인처럼 아름다운 외모를 갖추었지만 겁쟁이인 남편을 무시하고 다른 남자와 놀아나는 "음탕한 여성"(bitch type woman)의 전형으로 묘사되어 있다.

8) 더프

마지막으로 메어리 더프 튜와이스덴(Mary Duff Twysden)(1893-1938)에 대해 고찰한다. 더프는 『태양은 또다시 떠오른다』의 여주인공 브렛 애쉴리의 원형이다. 헤밍웨이가 더프를 만나고 그녀에게 매혹되었을 때가 1925년 봄과 여름이었으며 이로 인해 헤밍웨이와 해들리의 결혼생활은 위태롭게 되기까지 했다. 『태양은 또다시 떠오른다』의 출간이 1926년 10월 22일이니까 이 작품의 배경과 여주인공 애쉴리와 더프의 일치성은 시기적으로 근거를

---

36) 일설에는 키웨스트의 헤밍웨이 집 2층에서 뛰어내렸거나 떨어진 것으로 전해지기도 한다 (Oliver, 214 참조).
37) Oliver, 214.

갖는다. 더프는 1893년생으로 헤밍웨이의 여성들인, 애그니스, 해들리, 그리고 폴린처럼 헤밍웨이보다 연상이었다. 헤밍웨이보다 여섯 살이 많았다. 그래서 작품에서도 애쉴리는 또래들보다 나이가 많은 34세의 여성으로 나온다. 남주인공 제이크의 연상의 연인이다. 더프는 파리에서 수학했으며 버킹엄 궁전(Búckingham Pálace)에 소개될 정도의 여성이다. 지적이고 미인이며 기품이 있는 여성이라는 뜻이다. 그녀는 1927년에 서열 10위의 준 남작이며 영국 해군의 중령인 그녀의 두 번째 남편 로저 튜와이스덴경(Sir Roger Twysden)과 결혼했는데 그는 주정쟁이였다. 이듬해 그들은 아들 안토니(Anthony)를 낳았고 안토니는 친가에서 성장했다. 헤밍웨이가 그녀를 만났을 때 그녀는 알콜중독으로 재활기관에 수용되어 있는 그녀의 사촌 팻 구스리(Pat Guthrie)를 사모하고 있었다.38)

그러나 더프는 아름다운 여성이었다. 그녀는 "경주용 요트 선체의 굴곡과 같은 아름다운 몸매를 가지고 있었고"(was built with curves like the hull of a racing yacht) 회색 눈동자(gray eyes)와 짧은 금발 머리(short blond hair)의 여성이었다.39) 그녀는 아주 뛰어난 절세미인은 아니었지만 그녀의 몸매는 특별한 매력을 느끼게 하는 그런 여자였다. 그녀는 호소하는 듯한 눈망울과 생기 있는 용모의 소유자였다. 그리고 자기 자신을 드러내지 않는 데에서는 고상함이 풍겨져 나오는 그런 여자였다. 헤밍웨이는 그녀를 세련되고, 재치 있고, 섹시하며, 겁이 없는 흥미로운 여성이라 생각했다. 그녀는 구스리, 로브(Harold Loeb), 헤밍웨이를 매혹시켜 그들을 지배하는 일과 그녀의 환심을 사려 그들이 서로 경쟁하게 만드는 일을 즐겼다.40) 이런 경쟁 유발 구도는 작품 『태양은 또다시 떠오른다』에 그대로 반영되어 있다.

---

38) Meyers, 155.
39) *Ibid.*, 156.
40) *Ibid.*

실재의 파리생활에서 더프를 중심으로 일단의 젊은이들은 술집을 드나들기도 하고 스페인으로 달려가서 산 페르민 투우축제 등에 참가하면서 문학을 논하고 청춘의 낭만을 즐겼는데, 이는 『태양은 또다시 떠오른다』의 내용과 흡사한 생활이었다. 특히 다음 구절은 작품에서 애쉴리가 한 행위와 너무나도 닮았다. "지금 당장 지미의 술집으로 오세요.-정말 문제가 생겼어요. -그리고 아무 말 하시지 말고 바로 파르나스로 전화해주세요. 위급함. 더프가."(Please come at once to Jimmie's bar-real trouble-just rang Parnass and find no word from you. SOS Duff).41) 헤밍웨이의 작품구성에 직접적인 영향을 미친 여성임을 알 수 있다. 더프는 1928년에 세 번째 결혼을 했으나 10년 뒤 미국의 산타페(Sánta Fé)에서 폐결핵으로 죽었다.

이상 헤밍웨이의 여성을 살펴본 결과 여덟 명의 여성들은 그의 작품탄생에 영향을 미쳤거나 작품에서 여주인공으로 등장했다. 헤밍웨이의 여성들이 그의 창작활동에 적지 않은 비중을 차지하고 있음을 뜻한다. 아울러 그의 인생과 작품세계가 너무나도 밀접하게 연결되어 있음을 뜻한다. 다음으로 헤밍웨이와 이 여성들의 만나고 헤어짐은 사랑의 존속유무였다. 헤밍웨이는 여자를 사랑할 때 생명력이 있었다. 따라서 세상을 상대로 활력 있게 일을 진행할 수 있었다. 그러나 사랑하는 감정이 소멸될 때 헤밍웨이는 활력을 잃었다. 헤밍웨이는 사랑하는 마음이 사라질 때 마음을 감추지 않았다. 아내의 경우는 깨끗하게 표현하고 이혼했다. 여자친구인 경우에도 속내를 표현하고 단념했다. 그리고 창작에만 전념했다. 그래서일까! 헤밍웨이는 사랑과 일의 관계를 결부시켰다. 그의 사랑관을 음미해 보면 여성에 대한 그의 행동을 이해할 수 있다. 그는 "사랑"에 대하여 "사랑하는 사람은 기꺼이 일하고, 희생하고, 봉사하기를 원한다."로 요약했다.

---

41) Harold Loeb, *The Way It Was*. 250. Meyers, 156 재인용.

II.
헤밍웨이의 여행지역과 작품탄생
작품분석 비법(2)

헤밍웨이의 작품들은 어떤 과정을 겪어서 탄생되는가? 탄생의 배경과 생산구조를 말한다. 그리고 이들 작품은 어떤 세계를 그려내고 있는가? 작품이 담고 있는 내용과 세계를 말한다. 작품탄생의 배경과 생산구조, 그리고 그의 작품세계의 원리를 포착한다는 것은 헤밍웨이 연구의 핵심영역을 접근하는 문제가 된다. 이 책은 이 문제를 풀어내는 비법을 설명해 오고 있다. 헤밍웨이 문학을 풀어내는 심층기반사항이자 핵심사항은 그의 인생여정과 그 작품화, 유전과 집안내력, 그가 평생 동안 견지한 정서와 세계관, 그리고 그의 여성들 등이다. 이 문제는 앞에서 이미 분석을 마쳤다. 여기에 첨가하여 검토할 사항이 있다. 헤밍웨이의 여행지역과 작품탄생의 관계이다. 여행지역들을 분석하면 헤밍웨이의 여러 가지 여행주제가 나타난다. 헤밍웨이의 여행주제를 아는 것은 평생에 걸쳐 몰입했던 그 많은 시간의 내용을 아는 일이고 여행의 내용을 분석하면 그의 작품내용이 자연스럽게 드러난다. 여기에 첨가하여 헤밍웨이가 여행지와 체류지에서 경험 및 체험한 내용을 검토하면 그의 작품탄생의 배경과 더 나아가 그의 문학세계까지도 거의 밝혀진다.

헤밍웨이는 앞서 말한 대로 일생 동안 약 45년 간 창작활동을 했다. 45년 간의 글쓰기는 고교시절부터 시작하여 거의 삶을 마칠 때까지의 기간이다. 그런데 헤밍웨이의 작품탄생을 살펴보려면 반드시 고교시절 이전의 어린 시절을 포함하여야 한다. 왜냐하면 그의 작품세계를 들여다보면 그가 체류했던 지역과 그곳에서 만난 인연을 작품화하면서 어린 시절에 형성된 정서와 가치관이 작품내용에 영향을 미친 흔적이 역력하기 때문이다. 그래서 탄생에서 사망까지 평생 동안의 검토가 필요하다. 헤밍웨이가 체류지역에서 인연을 맺고 작품이 생산되는 주요한 지역 구도를 간추리면 미국 미시간 북부, 프랑스 파리, 미국 플로리다주 남단 키웨스트, 스페인, 쿠바 아바나, 이탈리아, 그리고 아프리카 등이 중심이 된다. 이 문제를 분석한다.

1. 미국 미시간주 북부

1) 미시간주 북부

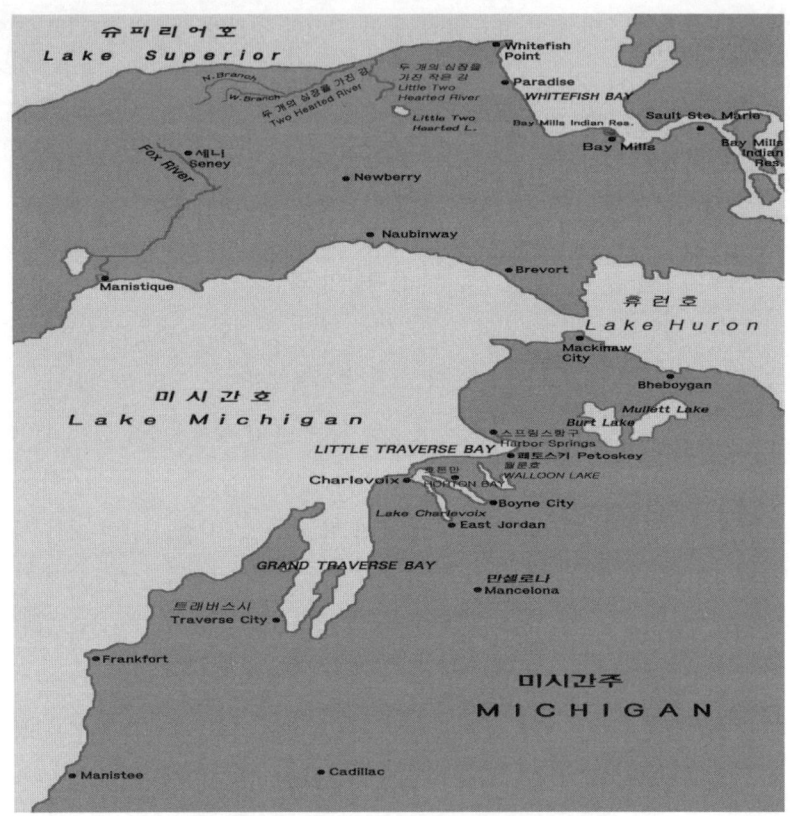

[그림 10] 미시간주 북부의 아름다운 정경 지도. 이 지역은 「미시간 북쪽에서」와 「두 개의 심장을 가진 큰 강」을 비롯한 여러 헤밍웨이 작품의 배경이 되었다. 월룬호, 호튼만, 스프링스항, 두 개의 심장을 가진 강, 두 개의 심장을 가진 작은 강 등의 실지의 이름들이 존재한다. (지도; Meyers, 14 참조)

실지의 미시간주 북부(이하 미시간 북부)의 지도를 보면 미시간호(Lake Michigan)를 중심으로 그 오른쪽으로 월룬호(Walloon Lake), 스프링스항(Harbor Springs), 페토스키(Petoskey), 호튼만(Horton Bay), 보인시(Boyne City), 만셀로나(Mancelona) 등이 있고 북쪽으로 두 개의 심장을 가진 강(Two Hearted River)과 두 개의 심장을 가진 작은 강(Little Two Hearted River), 그리고 폭스강(Fox River) 부근 세니(Seney) 마을 등이 있다. 모두 헤밍웨이 작품에서 재탄생되는 실지의 이름들이다.

미시간 북부의 시절에 중심이 되는 곳은 헤밍웨이 가족피서지 윈디미어 별장(Windemere Cottage)이다. 미시간 북부에 소재한 헤밍웨이가(家)의 윈디미어 가족별장은 1899년에 헤밍웨이의 아버지 클레어런스와 어머니 그레이스가 지은 것이다. 별장이름, "Windemere"는 "Lake Windermere"에서 "r"을 생략시켜 따왔다. 윈디미어 별장은 아름다운 자연이 어우러진 월룬호 부근에 있다. 앞서 말한 대로 이 별장은 헤밍웨이의 어린 시절의 정서형성에 큰 영향을 미쳤다. 오크 파크에서 1899년 7월 21일 태어난 헤밍웨이는 태어나서 두 달이 채 안 되어 부모의 품에 안겨 9월에 이 별장에 갔다. 그리고 헤밍웨이가 18세가 되기까지 매년 여름의 일정 시간들을 이 별장에서 보냈다. 이후 1918년 5월에 미군적십자부대요원으로 북이탈리아전선에 투입될 때까지 매년 이곳을 찾았으며 이후에도 헤밍웨이는 시간이 허락되면 이곳을 찾았다. 1918년 5월 이탈리아전선으로 파견되었다가 부상을 입고 조기 제대하여 귀국한 뒤 1919년 5-12월에도 이 미시간 별장에서 체류했다. 그리고 1920년 1-4월 간의 ≪토론토 스타≫지 프리랜서로서의 직분을 마치고 고향으로 돌아온 1920년에도 헤밍웨이는 이 미시간 북부의 별장에서 여름을 보냈다. 작가 헤밍웨이의 일생에서 소위 미시간 북부 시절이다. 시기적으로는 출생부터 첫 번째 아내 해들리와 결혼하여 ≪토론토 스타≫지의 유럽특파원 자격으로 파리로 출발한 1921년 12월 8일 이전까지가 포함된다.

헤밍웨이의 작가인생에서 미시간 북부 시절의 핵심을 간추리면 이렇다. 윈디미어 별장을 중심으로 한 원시의 자연 속에서 어린 시절과 청년시절을 보내면서 헤밍웨이는 1913년에 오크 파크 앤 리버 포리스트 고등학교에 입학하여 1917년 6월에 이 학교를 졸업한다. 이어서 캔자스로 진출하여 ≪캔자스 시티 스타≫지 기자생활을 한다. 그리고 1918년 4월 30일 캔자스 시티 스타사를 퇴사했다. 약 7개월 간 근무했다. 이 미시간 북부를 배경으로 초기단편 「미시간 북쪽에서」와 「두 개의 심장을 가진 큰 강」이 탄생되었다. 그래서 헤밍웨이의 인생과 전체 작품세계를 제대로 파악하기 위해서는 그의 작가인생의 서막에 해당한다고 말할 수 있는 그의 고교시절, 신문사시절, 단편 「미시간 북쪽에서」와 「두 개의 심장을 가진 큰 강」은 미시간 북부 시절에 반드시 둘러보고 가야 한다.[1)]

2) 고교시절

헤밍웨이는 출생지 오크 파크에서 1913년 9월에 누나 마셀린과 함께 오크 파크 앤 리버 포리스트 고등학교(Oak Park and River Forest High School)에 입학하여 1917년 6월에 졸업했다. <1913년 9월-1917년 6월>이 그의 공식 고교시절이다. 고교시절에 헤밍웨이가 활동한 내용을 살펴보면 매우 다양했다. 그 내용을 구체적으로 열거해 보면 교내 오케스트라 단원, 한나클럽(Hanna Club)과 소년고교클럽(Boy's High School Club) 회원, 1, 2, 4학년 때 교내 체육회(Athletic Association) 회원, 축구팀 대표선수, 4년 때 육상부의 매니저, 수영부원, 수영부 주장, 3년 동안 소년라이플총클럽(Boy's Rifle Club) 회원, 고교 마지막 학년인 1917년에는 고교 상급학년 연극반인 보 브럼멜(*Beau Brummel*) 회원, 그리고 교내 신문사 기자로서 학교신문 ≪트래피즈≫

---

1) 미시간 북부가 헤밍웨이에 미친 가장 결정적인 사항은 미시간 북부의 자연이었다. 이 문제는 I-5 "작품탄생에 영향을 미친 헤밍웨이의 정서와 세계관" 참조.

(*The Trapeze*)와 고교 문예계간지 ≪태뷸러≫(*Tabula*)에 많은 글을 기고하는 활동을 했다. 실로 다양한 활동이다. 이런 다양한 활동에도 불구하고 그의 성적은 전 학년을 통하여 우수했으며 특히 영어와 글쓰기가 뛰어났다. 생물학 시간에는 메뚜기의 해부에 관한 6페이지짜리 페이퍼를 너무 잘 작성하여 우수한 평을 받았다. 헤밍웨이가 3세 때 생물학의 라틴어학명을 250개 이상 암기했다는 사실과 관련이 있는 대목이다. 천재성이 감지된다. 헤밍웨이는 1917년 6월에 고등학교를 졸업하면서 영어, 역사, 법학 등에 뛰어난 성적(A)으로 졸업하면서 졸업식 때 졸업생답사까지 맡아 낭독했다. 학교축구대표선수, 연극반 활동, 글쓰기 등의 다양한 활동을 소화하고서도 우수한 교과성적으로 졸업했다. 전반적으로 검토해 볼 때 고교시절의 헤밍웨이는 두뇌가 명석하고 왕성한 활동력을 발휘했음이 인정된다.

작가 헤밍웨이의 측면에서 고교시절에 주목해야 할 사항은 ≪트래피즈≫와 ≪태뷸러≫에서의 활동이다. 헤밍웨이는 고교 3학년 때인 1915년부터 ≪트래피즈≫에 글을 쓰기 시작했고 1916년에는 ≪트래피즈≫와 ≪태뷸러≫에 글을 기고하기 시작한다. 1916년 1월 20일 ≪트래피즈≫에 첫 기사 "Concert a Success"를 기고했다. 그리고 ≪태뷸러≫에 첫 단편소설 「혼령의 심판」("Judgement of Manitou")(1916년 2월호)을 기고하기 시작하여 "A Matter of Color"(단편)(1916년 4월호)와 "Sepi Jingan"(단편)(1916년 11월호)을 연달아 기고했다. 1917년에는 기사 18편과 시 3편을 ≪트래피즈≫에 기고했다. 또 이해에 기사 "Class Prophecy"를 ≪태뷸러≫에 기고했다. 헤밍웨이가 고교시절인 1915년부터 1917년 6월까지 2년 반 동안에 기고한 글의 수는 기사 19편, 단편 3편, 시 3편 등 모두 25편이나 된다. 이는 저자가 조사한 정식 통계에 잡힌 숫자이다. 다른 조사에 의하면 1916년 1월부터 1917년 3월까지 ≪트래피즈≫에 헤밍웨이의 글이 등장한 횟수는 30여 편이 넘는다고도 하고[2] 1916년 11월

---

2) Fenton, 27.

부터 1917년 3월 사이에 ≪트래피즈≫에 기고한 글은 주(週)에 평균 1편 이상을 게재했다고도 전해진다.3) 보통 고교생으로서는 생각할 수 없는 비범하고도 특이한 경우라고 볼 수 있다. 이미 고교시절에 작가의 길로 접어들었다고 말할 수 있겠다.

고교시절에 헤밍웨이의 글쓰기에 가장 많은 영향을 미친 사람은 세 사람을 들 수 있다. 링 라드너(Ring Lardner), 패니 빅스(Fannie Biggs), 그리고 마거릿 딕슨(Margaret Dixon)이다. 링 라드너는 ≪트래피즈≫에 기고와 관련해서 헤밍웨이가 모델로 삼은 작가였고 빅스와 딕슨은 헤밍웨이에게 개성 있는 문장수업을 지도한 교사들이었다.

라드너는 미국의 작가로서 풍자가이며 단편소설작가이다. 야구이야기 모음집인 *You Know Me Al*(1916)로 잘 알려진 작가이다. 헤밍웨이는 라드너의 문체를 ≪트래피즈≫에 게재한 다섯 개의 기사에서 모방했다. 이런 인연으로 헤밍웨이는 그의 단편 「5만 달러」("Fifty Grand")에 라드너를 기자로 등장시켜 작품인물화하고 있다. 이제 작가인생의 출발단계인 고등학교 학생이 교내를 벗어나 14년 연상의 유명 단편작가이고 풍자가이며 칼럼니스트를 모델로 삼는 것부터가 대작가의 탄생을 예고하고 있다고 볼 수 있다. 겔만(Gehlmann)이 말한 "어니는 링 라드너처럼 글을 쓰고 있다."(Ernie was writing like Ring Lardner.)4)라는 언급은 이 시기에 헤밍웨이가 라드너 문체를 모델로 하고 있음을 정리한 것이다.

그러면 라드너 문체의 핵심은 무엇인가? 그의 문체의 핵심을 가장 잘 요약 정리한 비평가가 해리 레빈(Harry Levin)이다. 레빈은 라드너를 "복화술사"(ventriloquist)라고 말하고 일상어(vernacular)의 사용을 그의 문체의 특징으로 든다. 헤밍웨이가 라드너의 글 중 최초로 영향을 받은 기사가 「뉴스를

---

3) Baker, *Ernest Hemingway: A Life Story*, 27.
4) Fenton, 30.

따라서」("In the wake of the News")이다. 헤밍웨이는 이미 이 시기부터 라드너에게서 일상어 사용에 대한 모방의 단계를 뛰어넘어서 헤밍웨이식의 "창조적 방법"(the imaginative way)까지 생성해 내고 있다고 펜턴(Fenton)은 지적했다.5) 라드너에게서 배운 기술은 "다양한 수준의 유모어, 저속한 희극 및 풍자문에 대한 유익한 실험뿐만 아니라 관용적인 산문의 몇 가지 기술에 대한 가치 있는 훈련을 여는 것"(an invaluable opening exercise in some of the technicalities of idiomatic prose, as well as a profitable experience in various levels of humor, burlesque, and satire)이었다고 펜턴은 지적했다.6) 라드너의 자서전을 써 줄 때 헤밍웨이는 "To Ring Lardner from his early imitator and always admirer, Ernest Hemingway"7)라고 써넣음으로써 자신이 라드너의 모방자이고 동시에 존경심을 가지고 있음을 표현하고 있다. 헤밍웨이는 라드너의 작품에 대해서 존경할 점이 참 많다고까지 말하고 있다. 이 시기의 라드너와 헤밍웨이의 문체를 검토해 볼 때 헤밍웨이가 라드너에게서 영향을 받은 것은 분명하고 그 영향으로 헤밍웨이 문체에는 회화체가 빈도 높게 사용되고, 경쾌하고 활력이 넘치는 생생한 문체로 변화되어 갔다고 요약할 수 있다. 긍정적인 변화이고 발전이라고 평가할 수 있다.

헤밍웨이의 창작을 가까이서 실질적으로 직접 지도한 교사는 딕슨과 빅스였다. 딕슨의 지도는 간단명료한 문장을 체질화하는 데 기여했다. 아울러 문장에 리듬을 부여하는 지도도 병행했다. 한편 빅스의 지도이념을 요약하면 전체 윤곽을 단락에 담고 중요한 것만 골라 세부까지 묘사하라는 것이었다. 그래서 기사는 되도록 줄일 것과 하나의 사건은 하나의 문장에 담도록 지도했다. 좀더 구체적으로 묘사의 방법에 있어서 하나의 사상(idea)은 하나

---

5) *Ibid.*, 29.
6) *Ibid.*, 31.
7) *Ibid.*, 재인용.

의 문장(sentence)에 담을 것을 당부하였다. 소위 "one idea one sentence" 기법이다. 그리고 리드미컬한 문체를 주문했다. 헤밍웨이가 후일 ≪캔자스 시티 스타≫지에서의 성공을 빅스에 돌리고 있는 것을 보면 헤밍웨이에 대한 빅스의 영향, 더 나아가 두 여교사의 영향이 매우 컸음을 알 수 있다. 고교시절 전반을 요약해 볼 때, 헤밍웨이는 이미 작가의 소질을 작품발표의 실적으로 들어내 증명했고, 앞으로 그의 인생길이 실로 활동적이고 다양하며 힘차게 전개될 것이고, 더 나아가 20세기 세계적인 대작가가 출현하게 될 것임을 일찌감치 예단케 한다.

3) 기자시절

본 난에서는 신문사 및 잡지사 중 미시간 시절에 헤밍웨이가 관계한 두 개의 신문, ≪캔자스 시티 스타≫와 ≪토론토 데일리 스타≫에 한정하여 검토한다. ≪캔자스 시티 스타≫지는 헤밍웨이의 문체형성에 많은 영향을 미쳤다. 그 영향으로 헤밍웨이의 문체는 소위 저널리즘적인 글쓰기의 골격이 형성된다. 그리고 ≪토론토 데일리 스타≫지의 유럽특파원으로서 유럽에서의 활동은 헤밍웨이의 창작세계의 내용과 방향을 형성하는 데 많은 영향을 미쳤다. 따라서 이 두 개의 신문사의 영향문제는 반드시 살펴보고 넘어가야 할 필요가 있다.

먼저 ≪캔자스 시티 스타≫지의 경우, 헤밍웨이는 1917년 6월에 고교를 졸업하고 그해 10월에 캔자스로 이사하여 캔자스 시티 스타사에 견습기자로 취직한다. 이 신문사 입사에는 숙부 타일러(Tyler)의 도움을 받았다. ≪캔자스 시티 스타≫지는 1880년 9월 18일 창간되었으며 창간 당시의 이름은 ≪캔자스 시티 이브닝 스타≫(*The Kansas City Evening Star*)지였다. 몇 년 뒤 "*Evening*"은 떨어져 나갔다. 이 신문사는 넬슨(William Rockhill Nelson)과 모르스(Samuel Morss)에 의해 설립되었고 넬슨은 1915년 그가 죽을 때까지 편집일을 계속하였다. 이 캔자스 시티 스타 신문사에 1917년 10월에 입사했던 헤밍웨이는 19세가 되던 1918년 4월 30일 퇴사한다. 이 신문사의 재임기간은 7개월이 채 안 된다. 그런데 헤밍웨이는 이 신문에 단지 12편의 글을 기고했을 뿐이며 그 어느 글도 필명(byline)을 적지 못했다. 외면상으로 보면 캔자스 시티 스타사에서 헤밍웨이는 별 의미 없는 시간을 보낸 것처럼 보인다. 그러나 캔자스 시티 스타사에서의 재임기간은 헤밍웨이에게 앞으로 그의 작가인생에 필수적인 중요한 문장작성 기술을 제공해 준 시기였다. 이 신문사에는 문체작성요령 지침서인 ≪캔자스 시티 스타 스타일북≫(*The Kansas City Star Stylebook*)(이하 ≪스타일북≫)이 있었다. ≪캔자스 시티 스타≫지의 철자·약자·구두점 등의 인쇄 규칙과 그리고 문체작성요령을 담은 편람이었다. 이 편람은 헤밍웨이의 글쓰기에 중요한 영향을 미쳤다.

헤밍웨이에 대한 ≪스타일북≫의 영향을 검토하기 위해서는 이 문체작성규칙과 부주필 웰링턴(C.G. Wellington), 그리고 연상의 동료기자 모이즈(Lionel Galhoun Moise)의 영향을 함께 다루어야 한다. 110개의 문체작성규칙이 수록되어 있는 ≪스타일북≫은 어떤 내용인가? 중요한 규칙 몇 가지를 보자. 규칙 1은 이렇다.

> Use short sentences. Use short first paragraphs. Use vigorous English, not forgetting to strive for smoothness. Be positive, not negative.[8]

> 짧은 문장을 사용하라. 서두의 첫 단락은 짧게 하라. 활기 있는 영어를 사용하라. 유창한 문장 다듬기를 잊지 마라. 적극적이어라, 소극적이어서는 안 된다.

규칙 3은 신선한 문체의 개발을 요구하고 있다.

---

8) Baker, *Ernest Hemingway: A Life Story*, 34.

Never use old slang. Such words as *stunt, cut out, get his goat, come across, sit up and take notice, put one over*, have no place after their use becomes common. Slang to be enjoyable must be fresh.9)

낡은 속어를 쓰지 말라. stunt, cut out, get his goat, come across, sit up and take notice, put one over 같은 언어는 그것들의 사용이 흔하게 되면 다시는 사용해서는 안 된다. 속어는 즐거움을 주려면 신선한 것이어야 한다.

이어서 규칙 21은 이렇다.

Avoid the use of adjectives, especially such extravagant ones as *splendid, gorgeous, grand, beautiful, magnificent*, etc.10)

형용사, 특히 splendid, gorgeous, grand, beautiful, magnificent 등의 과대한 형용사의 사용을 피할 것.

≪스타일북≫에 규정된 110개의 규칙 중 1, 3, 21만 종합해도 아름다운 글에서 요구되는 간결성, 단순성, 신선함, 유려함, 활력이 규정된 셈이다. 헤밍웨이는 이 규칙들을 최선의 것으로 간주하며 철저히 지키고 따랐다. 후일에 완성된 헤밍웨이 문체가 여기서 시작되고 있음을 직감할 수 있다. 헤밍웨이는 1940년 한 인터뷰에서 이 규칙들은 최고의 법칙이었으며, 글을 쓰면서 이 규칙들을 잊지 않고 철저히 지켰다고 회상했다.11) 이 규칙들을 헤밍웨이가 체질화할 수 있도록 엄격한 훈련을 시킨 자가 웰링턴이다. 웰링턴에게는 "정확성과 읽음직함이 두 개의 신(神)이었다."(Accuracy and readability were his twin gods).12) 헤밍웨이는 웰링턴에게서 이 두 개의 축을 기본으로 삼고

---

9) Fenton, 36.
10) *Ibid.*, 37.
11) *Ibid.*

세밀한 문체훈련을 받는다. 이 두 축을 골격으로 하여 형용사를 극도로 억제하는 서술기법과 신선한 언어의 사용 등을 포함, 규칙에 나타난 문장작성훈련을 엄격히 받았다. 이 점과 관련하여 헤밍웨이는 웰링턴은 매우 엄격한 규율가였으며 그런 웰링턴 밑에서 훈련을 받았다는 것이 큰 행운이었음을 피력한 바 있다.13)

웰링턴과 마찬가지로 모이즈 역시 위와 같은 문장기법을 헤밍웨이에게 요구했다. 주관적인 정서를 담은 것이 아닌 순수하게 객관적인 글을 추구하면서 세인트 시몽(Saint-Simon), 마크 트웨인, 조셉 콘래드(Joseph Conrad), 루드야드 키플링(Rudyard Kipling), 그리고 시어도어 드라이저 등의 글을 모델로 제시했다.14) "순수하게 객관적인 글이야말로 이야기 전개의 유일하고도 진정한 형태입니다."("Pure objective writing," Moise often said. "is the only true form of storytelling.")15)라는 모이즈의 구절에 모이즈가 헤밍웨이에게 어떤 성격의 문장기법을 요구했는지가 명확하게 압축되어 있다. 모이즈는 헤밍웨이의 작품을 읽고 평해 줌으로서 헤밍웨이에게 영향을 주었는데 모이즈가 강조한 것은 순수한 문장, 객관적인 문장, 그리고 날카롭고 직선적인 문장 등이었다.

결론적으로 헤밍웨이는 7개월의 《캔자스 시티 스타》지 기자생활에서 문체작성기법에 관해 무엇을 배웠는가? 《스타일북》에 근거를 두고서 웰링턴과 모이즈로부터 사물표현의 정곡을 포착하면서 힘이 넘치는 간결문체를 습득했다. 차만 나할(Chaman Nahal)이 헤밍웨이가 《캔자스 시티 스타》지에서 배운 언어는 "단축된 힘찬 문체"(clipped, sinewy style)16)라고 규정한 것

---

12) *Ibid.*, 34.
13) *Ibid.*, 36.
14) *Ibid.*, 42.
15) *Ibid.*
16) Nahal, 192.

도 이와 같은 맥락을 정확히 포착한 압축된 표현이다. 더 나아가 ≪캔자스 시티 스타≫지 기자시절에 헤밍웨이는 ≪스타일북≫에 의거하여 '저널리즘'에서 사용되는 글 쓰는 요령을 습득했다. 소위 간결하고 군더더기가 없이 꼭 필요한 핵심만을 전달하는 저널리즘문체, 이런 기법을 이 시기에 헤밍웨이는 습득했다. 그의 걸작들에 적용된 문체의 한 축인 간결성 및 압축성의 문체가 이 시기에 그 근원을 두고 있음을 알 수 있다. ≪캔자스 시티 스타≫지와 헤밍웨이의 인연, 그 인연은 '작가 헤밍웨이'가 되어 가는 길목에서 고교시절보다 한 차원 높은 기초과정이었다고 말할 수 있다. 헤밍웨이의 문체를 다듬어가는 과정에서 긍정적인 과정이었다. 그래서 ≪캔자스 시티 스타≫지가 헤밍웨이의 뇌리에 긍정적으로 깊게 박혀 있음도 분명하다. ≪캔자스 시티 스타≫지에 대한 헤밍웨이의 생각은 여러 곳에서 파악되지만 「사병의 고향」("Soldier's Home")에서 표현된 예는 ≪캔자스 시티 스타≫지를 헤밍웨이가 어떻게 생각하고 있는가를 단적으로 보여준다. 헤밍웨이는 ≪캔자스 시티 스타≫지를 단편 「사병의 고향」에서 해롤드 크레브스(Harold Krebs)의 부모에 의해서 구독되고 있는 신문으로 묘사하고 있다. 작품에서 이렇게 표현되고 있다. "해롤드, 제발 신문을 구기지 말거라. 신문이 구겨지면 너의 아버지가 애독하는 ≪스타≫를 읽을 수 없단다."("Harold, please don't muss up the paper. Your father can't read his *Star* if it's been mussed.")[17]라는 표현으로 ≪캔자스 시티 스타≫지는 헤밍웨이 작품에 나타난다. 크레브스의 어머니가 크레브스에게 한 이 말에서 구겨지지 않도록 요청한 신문 ≪스타≫는 바로 ≪캔자스 시티 스타≫지였다. 이 구절을 포함하여 「사병의 고향」에서 그려지고 있는 ≪캔자스 시티 스타≫지에 대한 생각은 헤밍웨이의 애정이 담겨있는 신문으로 표현되고 있다. ≪캔자스 시티 스타≫지에 대한 헤밍웨이의 속내정서를 가늠할 수 있는 단서이다.

---

17) Hemingway, "Soldier's Home," *The First Forty-Nine Stories*, 126.

다음은 ≪토론토 데일리 스타≫지의 경우이다. ≪토론토 데일리 스타≫(The Toronto Daily Star)지는 1892년 창간된 신문으로서 1971년 11월 6일부터는 ≪토론토 스타≫(The Toronto Star)지로 개명되었다. ≪토론토 데일리 스타≫는 토요일마다 발행하는 자매지 성격의 주말증보지인 ≪토론토 스타 위클리≫(The Toronto Star Weekly)지를 창간했다. 헤밍웨이는 이 신문사에 입사했고 1920년 1월 8일 토론토로 이사했다. 토론토 데일리 스타사에서 헤밍웨이의 신분은 1920년 1월부터 4월까지는 프리랜서였고 그 후는 유럽특파원이었다. 헤밍웨이는 ≪토론토 데일리 스타≫지의 유럽특파원(특집기사작가)의 신분으로 아내 해들리와 함께 레오폴디나호를 타고 뉴욕을 출발한 후 파리에 도착하여 활동을 시작한다. 토론토 데일리 스타사는 헤밍웨이에게 여행할 수 있는 자유와 그가 흥미 있는 사건을 기사화할 수 있는 자유를 아울러 부여했다. 이런 조건을 가지고 헤밍웨이는 유럽에서 의욕적인 활동을 전개했다. 그는 ≪토론토 데일리 스타≫지에 보도할 기사를 위해 제노바경제회의를 취재하기도 하고, 그리스-터키 전쟁 취재를 위해 터키의 콘스탄티노플[Constantinople, 현 이스탄불(Istanbul)][18]을 방문하기도 하고, 스위스 로잔에서 열리는 평화회의를 취재하기 위해 로잔으로 출발하는 등 토론토 데일리 스타사의 유럽특집기사작가로 활발한 활동을 벌였다. 이러한 이국방문의 색다른 업무활동은 헤밍웨이의 인생에 즐거움과 흥미를 유발시켰다. 이 외에도 헤밍웨이는 개인적으로 1922년에 두 차례 스위스의 챔비(Chamby)로의 여행과 포살타를 비롯한 북이탈리아의 여러 지방을 여행했다. 이어서 로잔 근처에서의 스키여행도 즐겼다. 헤밍웨이는 유럽생활 첫 1년 동안 약 16,000km 이상의 기차여행을 했다.

이듬해인 1923년에도 활동은 계속되었다. 지중해 해안의 이탈리아 작은 항구도시 라팔로(Rapallo)와 북이탈리아 여행, 코르티나에서의 스키여행, 프

---

18) 1930년에 Istanbul로 개명. 현재 터키의 수도: 앙카라(Ankara).

랑스와 벨기에의 점령문제 취재를 위한 독일의 루르지방(Ruhr Valley) 방문, 아랑후에즈(Aranjuez)와 팜플로나 등을 비롯한 스페인 여행을 소화해 냈다. 실로 왕성한 활동이었다.

헤밍웨이는 위와 같은 유럽에서의 활동으로 능력을 인정받아 토론토 데일리 스타사의 풀타임근무 기자가 된다. 그는 프랑스를 떠나 캐나다 퀘벡(Quebec)[또는 몬트리올(Montreal)]에 도착하여 배스허스트가(Bathhurst Street)에 아파트를 임차계약하고 미국과 캐나다에서 활동을 이어갔다. 캐나다를 방문하기 위해 뉴욕에 도착한 전 영국총리 조지(Lloyd George)를 취재하기 위해 헤밍웨이는 뉴욕으로 달려갔다. 북미대륙에서 이후 1923년 12월까지 토론토 데일리 스타사의 기자로 활동한 헤밍웨이는 중대 결심을 내린다. 토론토 데일리 스타 신문사의 사직이다. 위에서 본 바와 같이 기사취재, 취미, 관광이 곁들여진 헤밍웨이의 유럽여행의 밑바닥에는 새롭고 신선한 경험과 체험, 새로운 나라의 문화체험, 격렬한 스포츠와 투우 등이 제공하는 생사결판의 박진감, 사냥과 낚시를 할 만한 새로운 장소 물색 등이 깔려 있었다. 헤밍웨이의 열정이 행동으로 발산되는 계기였고 시절이었다. 그리고 유럽은 그의 열정이 발산될 수 있는 좋은 장소였다. 헤밍웨이가 겪은 이런 과정과 각종 체험들은 그대로 그의 작품으로 정제되어 나올 수 있는 메커니즘을 헤밍웨이는 또한 가지고 있었다. 새로운 비전과 각오가 헤밍웨이의 마음속에는 싹트고 있었다. 그의 마음은 평범한 삶의 수단으로서의 활동이 아니라 정식 작가의 길을 택하기로 결론이 난 상태가 되었다.

이제 파리로 가서 본격적으로 문학작품을 쓰기 위해 토론토 데일리 스타사를 1923년 12월 말에 사직한다. 헤밍웨이가 토론토 데일리 스타사에 재직했던 기간은 1920년 1월부터 1923년 12월 말까지였다. 4년 간이었다. 공식적으로 사직은 1923년 12월 말이지만 그의 글은 ≪토론토 스타 위클리≫지에 1924년 1월 19일 "The Freiburg Fedora"를 마지막으로 게재하고 끝을 맺었다.

헤밍웨이가 이 기간에 ≪토론토 데일리 스타≫지와 ≪토론토 스타 위클리≫지에 기고한 글은 총 몇 편이나 되는가? 헤밍웨이는 ≪토론토 데일리 스타≫지에 이 기간에 1920년 1월 27일 첫 글 "New Ether to Credit of Toronto Surgeon"과 ≪토론토 스타 위클리≫지에 1920년 2월 7일 기고한 첫 글 "Truth-telling Ether a Secret"를 시작으로 4년 동안에 총 202편의 글을 게재했다. 마지막 글은 앞에서 밝힌 1924년 1월 19일 ≪토론토 스타 위클리≫지에 기고한 "The Freiburg Fedora"였다. 대부분은 유럽특파원으로서의 글이었다. 이 많은 기사 숫자가 던지는 의미는 유럽에서의 왕성한 활동량과 인생폭의 확대 그리고 풍성한 양의 글쓰기와 지식의 풍요로움이다. 그는 ≪토론토 스타≫를 통해 유럽을 비롯한 전 세계를 상대로 글을 쓸 수 있는 작가로서의 토대 및 발판을 마련한 셈이다. 이 신문사를 사직한 헤밍웨이는 1924년 1월 10일 기차로 토론토를 떠나 뉴욕으로 갔다. 헤밍웨이는 배편 안토니아(*Antonia*)호를 타고 뉴욕을 떠나 다시 파리의 문학계로 진출하기 위해 프랑스의 셔보그(Cherbourg)에 도착했다.

4) 「미시간 북쪽에서」와 「두 개의 심장을 가진 큰 강」

앞서 말했던 대로 미시간 북부에서 생활했던 내용들은 헤밍웨이의 단편 「미시간 북쪽에서」("Up In Michigan")와 「두 개의 심장을 가진 큰 강」("Big Two-Hearted River I, II")에서 작품으로 표현되었다. 헤밍웨이는 이탈리아전선에서 입은 큰 부상 때문에 1919년 1월 4일 제대하여 귀국길에 올라 1월 21일 뉴욕에 도착했다. 고향 오크 파크로 돌아온 뒤 헤밍웨이는 이탈리아에 있는 애그니스로부터 앞서 밝힌 대로 절교편지를 받는다. 헤밍웨이의 마음에 어떤 영향을 미쳤을 것인가는 짐작할 수 있다. 헤밍웨이는 그해 5월에 미시간 북부 별장에 들어갔다가 12월에 오크 파크로 돌아왔다. 전쟁부상, 절교편지, 아름다운 자연환경 등은 헤밍웨이에게 본격적인 창작활동을 시작하는 기회가 될 수 있는 여건이었다. 헤밍웨이는 1919년 5월부터 12월까지 윈디미어 별장에 머무는 동안 여러 편의 단편소설들을 썼다. 그러나 그 어느 것도 그의 살아생전에 출판되지 못했다. 1920년 여름에도 헤밍웨이는 미시간 북부 별장에서 생활하면서 월룬호와 호튼만의 자연 속에서 보냈다. 그리고 앞서 밝힌 대로 이듬해인 1921년 9월 3일 아름다운 호튼 베이(건물명)에서 첫 번째 아내 해들리와 결혼했다. 월룬호, 호튼만, 그 위쪽 반도에 '두 개의 심장을 가진 강'(Two Hearted River), '두 개의 심장을 가진 작은 강'(Little Two Hearted River), 폭스강(Fox River) 옆 세니(Seney) 마을 등의 정경들을 마음속에 익힌 헤밍웨이는 이 미시간 북부의 자연환경을 배경으로 작품들을 탄생시켰다.

「미시간 북쪽에서」는 미시간 북부의 아래쪽인 호튼만을 무대로 한 작품이다. 그리고「두 개의 심장을 가진 큰 강」은 미시간 북부의 위쪽인 세니 마을을 무대로 한 작품이다. 미시간 북부에 존재하는 실지의 지역이 작품의 배경이 되고 실지의 강 이름 '두 개의 심장을 가진 강'이 작품의 타이틀로 채택된 셈이다. 이 작품이 다루고 있는 시기는 1920년 여름이다. 유럽전선에서 제대하고 별장에 들어간 1919년 5월 이후, 헤밍웨이가 미시간 북부 호반가에서 보낸 경험이 단편「미시간 북쪽에서」와「두 개의 심장을 가진 큰 강」에서 작품으로 표현되었다.「두 개의 심장을 가진 큰 강」은 I와 II부로 구성된 작품인데 줄거리는 주인공 닉이 미시간 북부 위 반도에 있는 세니 마을에서 기차를 내려 송어낚시와 캠프여행을 하는 하루 밤의 생활기록이다.「미시간 북쪽에서」는 유혹과 강간이 주제인 소설이다. "Date-rape," 즉 데이트 여성과의 강제적 성폭행을 다루고 있다. 두 작품의 집필시기와 집필장소를 보면「미시간 북쪽에서」는 1921년 여름에 월룬호에서 썼고「두 개의 심장을 가진 큰 강」은 1925년, 즉 파리시절에 파리에서 썼다. 집필시기를 밝히는 이유는 작품기법과 문체상의 변화 때문이다. 1921년과 1925년 이 두 작품연대 사이에는 헤밍웨이의 문체발전상 큰 간극이 존재한다. 실패한 문체와 성공한 문체의 간극이다.19) 그 사이에는 파리시절의 문체수업과 헤밍웨이 문체의 완성이라는 사실이 존재한다.

미시간 북부 시절의 결론이다. 미시간 북부 시절이 헤밍웨이에게 미친 영향은 첫째로 자연에 대한 동경이 헤밍웨이의 마음과 사상에 깊게 뿌리내렸고20), 둘째로 고교시절에 글쓰기에 대한 기초를 다졌으며, 셋째로 신문사의 글쓰기 훈련을 통하여 간결한 저널리즘적인 문체를 습득했으며(캔자스시티 스타 신문사) 유럽문화에 대한 풍부한 체험의 기회를 제공받았고(토론토 스타 신문사), 넷째로 미시간 시절의 기억과 추억은 그의 초기단편 「미시간 북쪽에서」와 「두 개의 심장을 가진 큰 강」의 탄생으로 나타났다고 정리할 수 있다.

---

19) IV-1 "미시간 시절의 소설특징(극사실주의기법)" 참조.
20) I-5 "작품탄생에 영향을 미친 헤밍웨이의 정서와 세계관" 참조.

2. 프랑스 파리

1) 파리의 문학자산

　헤밍웨이의 작가인생에 파리(Paris)의 역할과 의미는 무엇인가? 그리고 그의 작품세계에 파리는 어떻게 활용되고 있는가? 이 화두는 헤밍웨이의 작가인생에서 결국 파리의 문학적 자산을 밝히는 문제가 된다. 파리를 빼고는 작가 헤밍웨이를 논하는 자체가 불가능하다. 왜냐하면 그는 파리시절을 통해서 작가로서의 모습을 완벽하게 갖추었고 성공했기 때문이다. 파리의 기반은 그의 문학세계에 너무나도 튼튼한 인프라가 되어 있다. 또 파리시절의 낭만과 행복의 여운은 동심원을 그리며 퍼져나가면서 광범위하게 그의 작품세계에 향기와 맛을 더한다. 실로 파리는 헤밍웨이에게 축복의 도시였다. 헤밍웨이는 젊은 시절 파리에서 산다는 것은 행운이고 파리는 움직이는 축제 그 자체로 생각했다. 파리에 대한 헤밍웨이의 애착을 알 수 있는 대목이다.
　파리시절에 작가 헤밍웨이에게 일어난 변화는 매우 컸다. 그 내용을 간추리면 헤밍웨이 고유의 문체인 빙산이론문체가 개발되고, 『태양은 또다시 떠오른다』로서 세계적인 작가로서의 인정을 받았으며, 파리를 베이스캠프로 한 활발한 유럽여행, 예를 들어 스페인에서 열리는 산 페르민 축제에 자주 참가하는 등 유럽 여러 나라에 대한 여행과 그곳 생활의 경험으로 향후 작품생산 자료와 역량이 축적되었으며, 그리고 문학과 예술의 거장들과의 직접 교유를 통해 문예에 대한 전위적인 안목을 획득함으로써 그의 작가인생에 큰 획을 긋는 중요한 전환점을 마련했다. 가정적으로는 첫 번째 아내 해들리와의 사이에 장남이 출생되었고 해들리와의 이혼, 이어서 그의 작가인생을 크게 도와준 폴린과의 재혼 등 인생에 중대한 변화가 있었다. 그리고 그 변화와 전환 후에 그는 성공한 국제적 작가로 우뚝 서게 된다. 모두 파리가 가져온 결과이다. 헤밍웨이가 파리에서 성취한 구체적인 문학자산은 다음과 같다.

① 단편「두 개의 심장을 가진 큰 강」에서 빙산이론문체를 실험하고 성공했던 장소가 파리이다. 이 단편의 배경은 미시간 북부의 반도가 배경이지만 헤밍웨이는 이 작품에서 파리시절에 개발한 빙산이론문체와 생략이론기법(Theory of Omission)을 실험하여 성공했다. 그리고 이 문체를 『태양은 또다시 떠오른다』에 적용하여 또다시 성공시켜 세계적인 작가의 반열에 올랐다. 파리에서 얻어진 결과이다.
② 장편소설 『태양은 또다시 떠오른다』의 1/3의 배경이 파리이다. 이 작품은 1920년대 젊은이들의 파리의 생활상을 그린 작품이다. 젊은 작가 및 예술가들이 1차 세계대전 후 미국생활에 부적응하여 파리로 모여들어 젊음, 낭만, 그리고 자유를 만끽한 파리생활상이 그 내용이다. 국외탈출자들의 "길 잃은 세대"(the Lost Generation)를 그린 작품이라고 말할 수 있는데 사실상 헤밍웨이의 파리시절 생활기록이다.
③ 장편소설『에덴동산』이 시작되기 3주 전에 주인공 데이비드 본(David Bourne)과 캐서린 본(Catherine Bourne)의 결혼장소가 파리이다.
④ 단편「엘리엇 부부」에서 엘리엇 부부가 아이를 하나 갖기 위해 시도하는 장소 중의 하나가 파리이다.
⑤ 헤밍웨이의 다른 장편과 단편에서 여러 인물들이 기억하는 장소가 파리이다.
⑥ 논픽션『움직이는 축제일』은 헤밍웨이의 파리생활에 대한 회고록이다. 이 작품에서 헤밍웨이는 파리를 축제의 도시로 보았고 그곳에서 젊은 시절 작가생활을 했다는 것을 큰 축복으로 생각했다.

⑦ 장편『봄의 계류』출간의 계기를 마련한 장소가 파리이다. 이 작품의 배경은 미시간 북부이지만 사실은 파리시절에 사귄 문인들의 문체에 대한 풍자이다.

⑧ 헤밍웨이는 매년 7월 6-14일에 열리는 스페인의 산 페르민 축제를 평생 9회나 관광했다. 이 투우축제 관광은 헤밍웨이의 작품세계를 풍부하게 만들었는데 이 축제에 대한 관광의 계기를 제공한 장소가 바로 파리였다.

⑨ 종합적으로 볼 때 파리시절에 헤밍웨이는 왕성한 창작활동을 했다. 각종 잡지에 게재된 단편과 기사류를 제외하고 단행본으로 발표된 것만 6권이고 장편 1권의 집필을 시작하여 그 초고를 완성했던 곳이 파리였다.[21]

2) 파리진출과 본격적인 창작활동

헤밍웨이의 공식적인 파리기간(Paris years)은 <1921년 12월 20일-1928년 3월 17일>이다. 헤밍웨이의 프랑스와의 인연은 1918년부터 시작된다. 1918년 5월 23일 선편 시카고호를 타고 뉴욕에서 프랑스 남서부의 항구도시 보르도에 도착한 때부터 프랑스와 인연을 맺었다. 이때의 목적은 이탈리아에서 벌어지고 있는 1차 세계대전에 참전하기 위한 것이었다. 프랑스와의 최초의 인연이었다. 헤밍웨이의 두 번째 프랑스와의 인연은 기자로서 파리에서 시작된다. 헤밍웨이는 토론토 데일리 스타사의 유럽특파원으로 활동하기 위해 1921년 12월 8일 선편 레오폴디나호를 타고 뉴욕을 출발하여 12월 20일 프랑스에 도착, 호텔 제이컵(Hotel Jacob)에 투숙했다. 아내 해들리와 함께였다.

---

[21] 그 목록내용은 다음과 같다: 발표 6권; 1)『3편의 단편과 10편의 시』, 2)『우리들의 시대에』(*in our time*)(파리판), 3)『우리들의 시대에』(*In Our Time*)(미국판), 4)『봄의 계류』, 5)『태양은 또다시 떠오른다』, 6)『여자 없는 세계』, 장편초고완성 1권;『무기여 잘 있거라』.

헤밍웨이의 세 번째 파리와의 인연은 1924년 1월 29일부터 시작된다. 토론토 데일리 스타사의 유럽특파원으로 파리에서 생활하다가 첫 아이의 출산 문제로 1923년 9월에 토론토로 돌아왔다가 그해 12월 하순에 토론토 데일리 스타사에 사표를 제출하고 1924년 1월 29일(또는 30일) 해들리와 함께 다시 파리에 귀환했다. 작가로서의 헤밍웨이의 파리시절은 이 세 번째 파리 도착일부터 본격적으로 시작된다고 말할 수 있다. 그래서 헤밍웨이의 작가수업과 관련한 본격적인 파리시절은 1924년 1월 29일부터 다음 체류지인 키웨스트로 가기 위해 선편 오리타(*Orita*)호를 탄 1928년 3월 17일까지라고 말할 수 있다. <1924년 1월-1928년 3월>이 창작활동상의 헤밍웨이의 파리시절이다.

헤밍웨이는 파리에서 거주지를 모두 네 번 옮겼다. 1) Cardinal Lemoine가(街) 79번지의 아파트(1922년 1월 9일 임차계약) 2) Nortredame-des-Champs가의 113번지[1924년 초 파리 센강(Seine River) 좌안(Left Bank)(이하 "레프트 뱅크") 근처 온수시설도 없는 싸구려 아파트(flat) 임차계약] 3) Froidevaux가 69번지의 제럴드 머피(Gerald Murphy)의 아파트이자 작업장(studio)(해들리와 이혼기간 동안 대기장소, 1926년 늦가을-1927년 봄) 4) 폴린과 함께 살았던 Ferou가 6번지(1927년 9월 24일) 등이다. 헤밍웨이의 거주지들을 들여다보면 당시 파리 센강 레프트 뱅크를 중심으로 한 작가들의 문학 활동 지역과 밀접한 지역임을 알 수 있다.

헤밍웨이는 이미 두 번째로 파리에 가면서 셔우드 앤더슨(Sherwood Anderson)의 소개장을 지참했다. 소개장은 거트루드 스타인, 실비어 비치(Sylvia Beach), 루이스 갈란티어(Lewis Galantier), 그리고 에즈라 파운드(Ezra Pound)에게 헤밍웨이를 소개하는 앤더슨의 친서였다. 소개장 수신의 대상자들은 모두 당시 파리의 거물들이었다. 앤더슨과 헤밍웨이는 어떤 관계이며 앤더슨의 소개장의 내용은 어떠한 것이었는가? 앤더슨은 미국의 소설가로서 특히 단편소설에 능통한 작가이다. *Macpherson's Son*(1916; rev. 1921),

Winesburg, Ohio(1919), *Many Marriages*(1923), 그리고 *Dark Laughter*(1925)가 앤더슨의 대표작이다. 헤밍웨이의 고교시절부터 앤더슨의 단편은 헤밍웨이에게 큰 영향을 미쳤다. 헤밍웨이는 앤더슨의 *Winesburg, Ohio*의 스토리와 구성 그리고 이 소설에 사용된 문체를 좋아하여 그의 초기소설에 짧고 잘라버린 듯한 문장인 소위 "터프가이 문체"(tough guy style)를 즐겨 사용했다. 특히 닉 아담스 소설(*Nick Adams Story*)에 이 문체를 자주 사용했다. 그래서 몇몇 비평가들은 헤밍웨이의 「나의 부친」("My Old Man")과 앤더슨의 「나는 이유를 알고 싶어요.」("I Want to Know Why") 사이의 유사성을 지적하기도 한다. 두 소설은 내용적으로도 소년과 그들의 아버지들 그리고 경마에 대한 이야기를 다루고 있다. 그리고 두 소설 모두 그들의 아버지에 대한 어린 소년들의 태도를 낭만화하는 경향도 비슷하다.22) 앤더슨은 소개장에서 헤밍웨이의 글 쓰는 재능에 대한 찬사로 가득 채웠고 헤밍웨이와 그의 아내 해들리에 대해 "알고 지내면 몹시 유쾌한 사람들"(delightful people to know)23)이라고 썼다. 앤더슨은 이미 헤밍웨이의 작가로서의 재능에 대해 일찍감치 간파했던 작가였다고 말할 수 있다. 헤밍웨이보다 22년 선배였던 앤더슨은 헤밍웨이를 예리하게 관찰했고 "현재 일어나고 있는 가치 있는 모든 것에 본능적으로 접촉하는...비상한 재능을 가진 젊은이"(young fellow of extraordinary talent...who was instinctively in touch with everything worth-while going on)24)로 헤밍웨이를 소개했다. 헤밍웨이의 젊은 시절에 본 관찰과 소감이었지만 헤밍웨이의 일생을 보면 이는 정확한 예언이었다.

본격적인 헤밍웨이의 파리기간은 앞서 말한 대로 세 번째의 파리시절기간인데 이 기간에 헤밍웨이는 매우 중요한 변화를 겪는다. 이 기간에 헤밍웨

---

22) Oliver, 9 참조.
23) *Ibid.*, 9.
24) *Ibid.*

이는 그의 작가인생에서 직장에 신분이 얽매인 기자가 아닌 자유로운 몸으로 파리를 근거지로 삼고 유럽의 전 지역으로 활동반경을 넓히면서 본격적으로 작가생활을 시작한다. 직무에서 오는 부담 없이 전적으로 작품에 전념할 수 있게 되었다. 세계적인 대문호 헤밍웨이로 다듬어질 수 있는 여건이 마련되었다고 볼 수 있다. 헤밍웨이는 당시 대가들과의 교유와 유럽문화접촉이라는 두 가지 활동에 전념한다. 그래서 대가들과 토론하고 여행하고 그리고 그 내용을 토대로 창작하는 활동을 왕성하게 펼쳐갔다. 그 과정에서 젊음과 낭만을 즐기면서 상상력을 풍부하게 키워갔다. 그리고 여행을 통해 흥분과 자극적인 삶을 전개시켰다. 그는 프랑스, 이탈이라, 오스트리아, 스위스 등을 여행했다. 스페인의 산 페르민 축제를 관광하기도 하고, 스위스와 오스트리아 등지로 스키여행을 비롯한 휴가여행도 다니고, 스페인의 이래티강으로 낚시여행도 다녔다. 스위스의 그스타아드(Gstaad), 오스트리아 쉬룬쯔, 스페인의 마드리드, 팜플로나, 버게트(Burguete), 발렌시아(Valencia) 등지를 헤밍웨이는 즐겨 찾았다. 유럽에서의 이런 활발한 여행 활동은 삶이 곧 작품인 그에게 창작의 자료를 풍부하게 축적하는 결과를 낳았다. 작가로서의 안목과 사고가 깊어지는 중요한 변화였다.

3) ≪셰익스피어 앤 컴퍼니≫ 서점과 문예가들과의 교유

헤밍웨이는 파리시절에 문예가들과의 교유를 지속하면서 작가로서 많은 발전을 이룬다. 1920년대 파리에는 작가, 화가, 음악가 등 수많은 문예가들이 모여들어 있었다. 미국에서는 거트루드 스타인과 에즈라 파운드 등 실험적인 작가들 외에 여러 작가들이 파리에 있었다. 파리의 유명한 서점 ≪셰익스피어 앤 컴퍼니≫(Shakespeare and Company)는 헤밍웨이를 포함한 이들 문예가들이 자주 만났던 중요한 장소 중의 하나였다.

[그림 11] ≪셰익스피어 앤 컴퍼니≫ 서점, 부셰리가 37번지(현재 위치). 헤밍웨이는 파리시절에 이 서점에서 많은 책을 빌려보며 문학적 꿈을 실현시켜 나갔다. 스타인, 헤밍웨이, 조이스, 피카소, 피츠제럴드 등 당시 문예의 거장들이 자주 모이는 살롱역할을 하기도 했던 유서 깊은 서점이다. (Photo by Soo-man Soh)

당시 이 서점의 위치는 파리의 로데온(l'Odéon)가(街) 12번지였다. 그때 이 서점의 운영자는 미국인 여자 실비어 비치(Sylvia Beach)(1887-1962)였다. 이 서점은 1919년 11월 19일 문을 열었고 1941년 문을 닫았다. 2차 세계대전 당시 독일군이 이 서점에 들이닥쳐 모든 책을 몰수하겠다는 위협 때문에 강제로 문을 닫았다. 실비어 비치는 독일군에 의해 7개월 간의 억류기간을 보내고 전쟁 내내 상 미셸(Saint-Michel)가(街) 93번지에 있는 미국인 학생 호스텔에서 숨어 지냈다. ≪셰익스피어 앤 컴퍼니≫는 비치에 의해서 다시 열지 못했다. 그 후 이 서점은 1964년 조지 휘트만(George Whitman)에 의해서 동일한 이름으로 파리의 부셰리(Bucherie)가(街) 37번지에 문을 열어 현재에 이르고 있다. 이 서점의 위치에 대한 역사를 말한다면 최초 개점 당시는 듀퓨

트렝(Dupuytren)가(街) 8번지였으며 그 후 로데온(l'Odéon)가 12번지로 이전했다가 현재는 부셰리(Busherie)가 37번지에 위치해 있다고 정리할 수 있다.

비치가 운영하던 당시 ≪셰익스피어 앤 컴퍼니≫는 전후 1920년대와 1930년대에 걸쳐 파리 센강 레프트 뱅크에서 활동했던 미국과 영국의 작가 및 국외탈출자들에게는 천국과 같은 장소였다. 그들은 이 서점에서 책을 구입하기도 하고 빌리기도 하면서 창작활동에 큰 도움을 받았다. 헤밍웨이와 그의 아내 해들리도 이 서점에서 수십 권의 책을 빌려 읽곤 했다. 이 서점은 당시 가난한 작가들에게 많은 지원을 했다. 이는 당시 이 서점의 공헌이었다. 이 서점의 공헌 중에 두드러진 것은 제임스 조이스(James Joyce)의 작품 『율리시스』(*Ulysses*)의 출판이었다. 『율리시스』는 성적인 내용이 포함되어 있다는 이유로 여러 출판사에서 출간을 거절했다. 그러자 비치가 ≪셰익스피어 앤 컴퍼니≫판으로 이 작품을 1922년 출간했다. 당시로서는 이들 문예가들의 숙원과제가 해결된 셈이었다. 비치는 당시의 이 서점을 중심으로 펼쳐졌던 문예활동을 작품 『셰익스피어 앤 컴퍼니』(*Shakespeare and Company*)(1959)에 담았는데 이 작품의 끝부분에 헤밍웨이와 관련된 부분이 묘사되어 있다. 헤밍웨이도 『움직이는 축제일』에서 "비치양은 예쁜 다리를 가졌고 그녀는 친절하며 명랑하고 흥미 있어 하며 조크와 가십을 좋아한다. 지금까지 내가 만난 그 어느 누구보다도 내게 기분 좋은 여자이다."라고 그리고 있다. ≪셰익스피어 앤 컴퍼니≫와 헤밍웨이와의 관계를 가늠해 볼 수 있는 단서들이다.

그런데 왜 젊은 작가들은 파리로 진출했는가? 그것은 미국의 예술 작품에 대한 검열을 비롯하여 예술활동에 대한 제한 때문이었다. 일 예로 미국에서 있었던 조이스의 작품 『율리시스』의 소각 사건을 들 수 있다. 파리에서 1922년 어렵게 출판된 이 작품이 미국의 뉴욕 우체국 당국에 의해서 소각 처분되었다. 그리고 이 소설은 1933년이 되어서야 공식적으로 허용되었다. 미국의 이런 엄격한 분위기는 예술가들에게는 창작에 대한 큰 제약으로 작용했다. 미국에는 예술적 자유가 없었던 것이다. 특히 기존의 틀을 깨고 실험적인 창작활동을 해야 하는 전위파 예술가들에게는 더더욱 그랬다. 따라서 문예가들은 자유를 찾아 유럽으로 향했고 집결지는 파리였다. 파리에는 자유가 있었다. 파리를 중심으로 그들은 유럽 전역을 넘나들면서 자유와 창작정신을 살려 나갔다.

센강 레프트 뱅크에서 활동했던 전위파 문예가들은 20세기 문예의 향후 진로와 발전방향에 대한 모색과 활발한 담론을 펼쳤다. 특히 그들 사이에서는 예술매체 사이의 형식매체도입의 방법론이 화두가 되었다. 그들의 생각은 모든 예술은 목표는 동일하지만 표현방법만이 다를 뿐이라는 전제였다. 예술에는 여러 장르가 있다. 장르마다 표현방법이 다르다. 그러나 추구하는 목표는 같다. 즉 각 장르의 예술은 표현방법은 다르지만 결국은 같은 예술이고 그 예술의 궁극적 목표는 하나라는 신념이었으며 그들은 이 신념을 공통인식으로 정착시켰다. 이런 믿음이 파리에 모인 대부분의 문예가들의 공통된 견해였다. 그래서 자연히 당시 문예가들은 예술의 주제보다는 표현방법에 매달리는 분위기였다. 구태의연한 표현형식을 던지고 새로운 실험이 부각되는 전위예술의 분위기가 파리를 사로잡고 있었다. 이런 분위기 때문에 미술에서도 표현기법의 획기적인 변화를 모색하고 있었다. 파블로 피카소의 표현기법은 충격적인 전위적 기법이었다. 문학에서도 회화와 음악과 같은 표현기법을 도입하여 문학기법화하려는 노력이 있었다. 거트루드 스타인, 제임스 조이스, 그리고 에즈라 파운드 등은 이런 분위기를 선도하고 있었다. 모두 당대의 거물들이었다. 이들에게는 회화의 화법이 소설에 도입될 수 있다는 확고한 믿음이 있었고 이를 실험하였다. 이들 중 화법의 문학화는 스타인이 주도하고 있었다. 이상이 1920년대 초 파리 문예가들의 분위기이다.

위와 같은 파리의 분위기 속에서 헤밍웨이도 예외가 아니었다. 헤밍웨이는 이들 다양한 문예가들과 교유하면서 그의 소설 창작에 큰 변화를 이끌어내려 많은 고심을 했다. 그는 소설 창작의 기법 및 문체개발에 몰두했다. 당시의 분위기에 영향을 받아 문학의 주제는 그의 관심 밖이었다. 헤밍웨이의 작품세계를 연구하는 데 주제와 문체로 양분하여 볼 때 주제보다는 표현기법 즉 문체에 비중이 두어지는 것도 당시 파리의 상황에 기인한다. 즉 헤밍웨이 작품의 고유영역이 문체에 있는 것도 당시의 분위기의 소산이라고 말할 수 있다. 그러나 주제설정보다 표현기법은 매우 어려운 문제였다. 결코 쉬운 일이 아니었다. 그래서 헤밍웨이는 글쓰기의 방법론에 깊은 연구와 심혈을 기울였다. 헤밍웨이는 오전에는 글을 쓰고 오후에는 운동하고 저녁에는 이들 거장들과 술잔을 나누며 문학의 담론을 진지하게 펼쳐나갔다. 그리고 회화기법을 소설에 도입하는 테마를 연구하면서 배고픈 상태에서 거의 매일 루브르(Louvre) 박물관에 가서 현대회화들을 연구했다. 당시의 이런 상황을 헤밍웨이는『움직이는 축제일』에서 밝히고 있다. 표현기법문제를 해결하기 위해 헤밍웨이는 치열한 작가정신을 파리에서 발휘했다. 그는 마침내 세잔의 화법을 소설에 도입하는 것을 중심으로 그의 독특한 빙산이론문체를 개발하는 데 성공했다.

    파리시절 이전까지 헤밍웨이가 터득한 문장수업은 정확성, 간결성, 압축성 등의 기사체의 기법이었다고 말할 수 있다. 극사실주의 문체였다. 이때까지의 문체로 쓰여진 작품이 앞서 말한 대로 단편「미시간 북쪽에서」이다. 파리시절을 겪고 난 헤밍웨이는 이제 극사실주의 한계를 벗어나게 된다. 파리시절 이후 그의 소설에는 빙산이론이 주축이 되고 현대회화기법의 소설화, 산문의 운문화, 이미지기법(image), 단순과 리듬(simple and rhythm), 단축(contraction), 생략(omission), 억제서법(understatement), 침묵기법(silence) 등의 고유문체가 나타난다. 이 고유문체 개발에 결정적인 영향을 주었던 작가는 세잔, 스타인, 그리고 파운드였다.25) 이들의 영향에 대해 분석한다.

4) 세잔 화법 도입과 빙산이론문체 개발

헤밍웨이는 파리시절에 세잔(Paul Cézanne)(1839-1906) 화법을 문체에 도입하여 소위 빙산이론문체(Iceberg Theory Style)를 개발했다. 헤밍웨이를 이해하는 데 실로 아주 중요한 대목이다. 헤밍웨이는 파리시절을 거치면서 현대회화세계에 대한 개안이 이루어졌다. 마네(Édouard Manet), 모네(Claude Monet), 피사로(Camille Pissarro) 등의 인상주의(Impressionism) 회화와 세잔을 중심으로 한 후기인상주의(Post-Impressionism) 회화의 화법에 특히 매력을 느꼈다. 그리고 그 회화기법을 작품에 도입하여 화법의 소설화를 시도했다. 헤밍웨이가 화법을 그의 소설에 도입하게 된 구체적 발단은 스타인의 작업을 돕는 것에서 시작되었다. 스타인은 프랑스 작가 구스타프 플로베르(Gustave Flaubert)의 작품「세 사람」("Trois")을 영어로 번역하였고 그 후 이 작품에 영향을 받아『세 여자』(Three Lives)를 집필했다. 플로베르는 자연주의 작가이면서 프랑스 문학에서 근대회화기법을 소설에 도입한 실험작가였다. 플로베르의「세 사람」이나 스타인의『세 여자』나 모두 회화기법의 소설화를 실험한 전위적인 작품들이다. 헤밍웨이는 스타인의 번역을 도왔고『세 여자』의 기법과 문체는 헤밍웨이에게 영향을 미쳤다. 결국 헤밍웨이의 회화기법의 소설화라는 큰 문제는 플로베르 → 스타인 → 헤밍웨이로 이어지는 계보를 갖는 셈이다. 그런데 헤밍웨이는 현대회화 중 특히 세잔의 그림에 주

---

25) 헤밍웨이가 자신의 문학상의 조상들이라고 말하는 작가들을 포함, 그에게 영향을 미쳤던 문예가들은 다음과 같다: 폴 세잔, 파블로 피카소, 셔우드 앤더슨, 스타인, 앨리스 B. 토클라스(Alice B. Toklas), 에즈라 파운드, 구스타프 플로베르, 마네, 모네, 피사로, 바흐, 루드야드 키플링, 틴토레토(Tintoretto), 히에로니무스 바스크(Hieronymus Bosch), 피터 브뤼겔(Pieter Brueghel), 패티니에르(Patinier), 고야(Goya), 지오토(Giotto), 반 고흐(Van Gogh), 고갱(Gauguin), 제임스 조이스(James Joyce), 존 도스 패소스(John Dos Passos), 커밍스(e. e. cummings), 스콧 피츠제럴드, 에디스 워튼(Edith Wharton), 포드 매독스 포드(Ford Maddox Ford), 캐서린 앤 포터(Katherine Anne Porter), 앙리 마티스(Henri Matisse), 카뮈(Albert Camus) 등.

목했다. 세잔 그림에 나타나는 선이 굵고, 생략, 변형, 그리고 특정 물체의 강조가 두드러진 화법의 연구에 몰두했다. 그리고 이를 그의 소설에 도입하는 진지한 노력을 기울였다. 세잔 그림의 화법에서 무엇인가를 본 것이다. 이는 헤밍웨이만이 갖는 독특한 관점이고 파악능력이었다.

그러면 세잔의 화법은 무슨 내용이, 어떤 모습으로, 어떤 과정을 거치면서 헤밍웨이에게 도입되었는가? 세잔 화법이 헤밍웨이의 문체에 미친 영향은 매우 중요하고 체계적인 분석이 반드시 필요하다. 왜? 이 문제는 헤밍웨이 문학의 본령 중의 본령에 해당하는 중요한 문제이기 때문이다. 그리고 앞서 말한 스타인의 화법 도입 문제도 헤밍웨이를 이해하는 데 반드시 필요하다. 별도의 설명이 필요하다.26)

5) 전위파 작가 거트루드 스타인과의 만남

파리시절에 헤밍웨이는 20세기 전위파 작가 거트루드 스타인(Gertrude Stein)(1874-1946)을 만나 문체개발에 있어서 많은 발전을 이룬다. 헤밍웨이의 문체형성에 있어서 셔우드 앤더슨이 헤밍웨이에게 극사실주의의 문체에 영향을 미쳤고, 파운드가 산문의 운문화 문체에 영향을 미쳤다면 스타인은 현대회화기법의 문체화를 비롯하여 20세기 전위문학의 실험성에 영향을 미친 것으로 정리할 수 있다. 스타인의 실험성은 표현기법에 집중되어 있다. 그 결과 스타인은 주로 헤밍웨이의 표현기법에 많은 영향을 미쳤다.

스타인은 파리의 20세기 전위작가군(avant-garde writers)의 리더였다. 그녀는 전 생애를 거쳐 표현에 있어 실험적인 작품으로 일관한 실험작가였다. 파리의 플뢰루(Fleurus)가(街) 27번지에 소재하는 그녀의 아파트는 20세기 양차 세계대전 사이에 전위적인 작가 및 예술가들이 모여든 살롱이었다. 그녀

---

26) 이 문제들은 별도의 장들, III-1 "세잔 화법 도입과 빙산이론문체 탄생"과 III-10 "스타인의 소설기법형성에 미친 피카소와 세잔 화법의 영향"에서 다루기로 한다.

[그림 12] 거트루드 스타인의 집, 파리 플뢰루가 27번지. 이웃집 플뢰루가 35번지에 살았던 헤밍웨이를 비롯하여 당시 파리에 체재하고 있었던 여러 문예가들이 자주 들러 20세기 문예의 발전방향에 대해 활발한 담론을 펼쳤던 곳이다. (Photo by Soo-man Soh)

의 집이 당시 문예가들의 집결지가 된 것은 그녀가 인간적으로도 파리에 체재하는 국외도피자 문예가들의 중심적인 위치에 있었다는 것을 의미한다. 그리하여 그녀는 인간적인 면과 창작적인 면에서 동시에 헤밍웨이를 포함하여 많은 작가들에게 가장 영향력 있는 작가였다. 그녀의 작가생활은 42년 동안이며 이 기간에 그녀는 소설, 시, 그리고 극본 등을 포함하여 총 534편이나 되는 실험적인 작품을 창작해 냈다.27) 모두 표현기법과 문체의 실험이었다.

---

27) 스타인의 대표작은 『세 여자』(*Three Lives*)(1909), 『말랑말랑한 단추들』(*Tender Buttons*)(1914), 『미국인의 형성』(*The Making of Americans*)(1925), 『앨리스 B. 토클라스의 자서전』(*The Autobiography of Alice B. Toklas*)(1933), 『내가 본 전쟁들』(*Wars I Have Seen*)(1945) 그리고 오페라 『삼막극의 네 성인들』(*Four Saints in Three Acts*)(1934)과 『우리 모두의 어머니』(*The Mother of Us All*)(1947) 등이다.

[그림 13] 스타인과 범비 헤밍웨이, 1924년 파리 룩셈부르크 공원. 스타인은 범비가 1924년 3월 16일 유아영세를 받을 때 범비의 대모를 섰다. (Copyright holder unknown; photo courtesy of the John F. Kennedy Library)

    문학적으로 스타인의 헤밍웨이에 대한 영향을 포함하여 그들의 긴밀했던 관계는 여러 곳에서 발견된다. 그 중 주요한 몇 가지만 간추린다. 첫째로 헤밍웨이의 최초의 걸작인 『태양은 또다시 떠오른다』의 책머리 제사(題辭)(epigraph)로서, 스타인이 전달한 구절 "여러분들은 모두 길 잃은 세대예요."("You are all a lost generation.")의 채택을 들 수 있다. 이 제사는 헤밍웨이가 그 의미를 곰곰이 곱씹어 본 후 그 압축된 의미를 평가하고 결단을 내려 최초의 장편에 채택한 구절이다. 스타인의 의사가 작품에 반영된 것으로 해석할 수 있다. 둘째로 특정인에게 호의적인 문구가 별로 없이 사실전달에 충실한 그의 논픽션 소설 『움직이는 축제일』의 스케치 2의 타이틀 '미스 스타인의 가르침'(Miss Stein Instructs)에서 헤밍웨이는 스타인에 대해 "그녀는 늘 이야기를 했다. 처음에는 사람과 장소에 대한 것이었다."("She talked all the time and at first it was about people and places.")[28]라고 묘사하고 있다. 헤밍웨이와 스타인이 창작에 관해 늘 많은 대화를 나누었음을 짐작케 한다. 셋째로 스타인은 그녀의 동거 여성 토클라스(Alice B. Toklas)와 함께 헤밍웨이의 장남 범비(Bumby)가 1924년 3월 16일 파리에서 세례를 받았을 때 대모(godmothers)를 섰다. 넷째로 스타인은 헤밍웨이의 단편 「미시간 북쪽에서」에 대해 지도하고 도움을 주었다. 스타인은 이 작품을 꼼꼼히 읽고 난 후 그림으로 친다면 전시회 "벽에 걸 수 없는"(*inaccrochable*) 작품이라는 판정을 내렸다. 이 문제는 소설 창작의 기법과 관련된 내용이다. 스타인의 이런 판정은 이 작품에 사용된 극사실주의 서술기법 또는 사진적인 사실주의기법 때문이다. 압축되지 못하고 지나치게 자세한 묘사 때문에 많은 의미를 함축하여 전달하지 못한 점을 스타인은 지적했다. 특히 이 작품의 남자 주인공 짐(Jim)이 술에 취한 채 여자 주인공 리즈(Liz)를 유혹하여 강간한 부분의 묘사가 특히 그렇다는 것을 스타인은 지적했다. 그리고 이를 개선하기 위하여 보다 집중적인 묘사기법을 권고했다. 집중론(concentration)이다. 이 지적과 권고를 헤밍웨이는 수용했고 그 결과 헤밍웨이는 발전의 궤도로 진입했다. 스타인의 권고를 받아들인 헤밍웨이는 새로운 문체를 「두 개의 심장을 가진 큰 강」에서 실험했다. 이 작품에 사용된 문체는 파리시절에 세잔 화법을 도

---

28) Hemingway, *A Moveable Feast*, 14.

입하여 개발한 빙산이론에 의한 생략이론의 문체이다. 결과는 성공이었다. 그래서 「두 개의 심장을 가진 큰 강」은 헤밍웨이 단편 중에서 성공작으로 평가된다. 이 작품에서 헤밍웨이가 실험한 화법의 소설기법화는 고유한 그의 브랜드가 되었고 이 문체를 적용시킨 작품은 거의 성공을 거두었다. 그는 이 문체와 기법으로『태양은 또다시 떠오른다』,『무기여 잘 있거라』,「살인자」, 그리고『노인과 바다』와 같은 주옥 같은 작품들을 생산할 수 있었다.

스타인과 헤밍웨이의 관계에서 더 중요한 사실이 있다. 스타인은 헤밍웨이에게 작품의 기법 또는 문체 등 표현기법부분에 상당히 많은 영향을 미쳤다. 표현기법의 영향 중 문체의 시간개입기법과 간결 및 율동의 측면 등은 간과할 수 없는 그녀의 영향이다. 이 문제들은 매우 중요하여 별도의 설명이 필요하다.[29]

6) 시인 에즈라 파운드와의 만남

헤밍웨이는 파리시절에 또 한 사람의 실험작가 에즈라 파운드(Ezra Pound)(1885-1972)와 만나 평생 우정을 지속하면서 작품기법 측면에서 많은 영향을 받았다. 파운드는 미국태생의 시인이자 문학평론가이다. 파운드의 필생의 문제 중 하나는 언어의 실험이었다. 그는 20세기 영미시에 심대한 영향을 미친 인물이다. 그는『휴우 셀윈 모벌리』(Hugh Selwyn Mauberley)와『시편』(The Cantos)으로 잘 알려져 있다. 파운드는 미국을 떠나 런던(1908-1920)과 파리(1920-1924)에서 살기도 했다. 파운드는 이탈리아에서 친파시즘 방송을 한 혐의로 체포되었다. 그는 2차 세계대전 당시 1941-1943년 동안 로마에서 수백 번의 방송을 했는데 그 내용이 미국의 전쟁정책을 비난하는 것이었다.

---
[29] 이 문제들은 별도의 장들, III-6 "간결과 율동의 미학"과 III-7 "헤밍웨이 소설의 시간, 음악기법, 산문시"에서 분석하기로 한다.

[그림 14] 파리시절 헤밍웨이의 집, 플뢰루가 35번지. 헤밍웨이는 이 집에 살면서 이웃집 플뢰루가 27번지에 살았던 거트루드 스타인을 비롯하여 에즈라 파운드, 제임스 조이스, 피카소 등 당시 파리의 거물급 문예가들과 자주 만나 사교를 하면서 문예적 교유를 지속했다. (Photo by Soo-man Soh)

이 때문에 그는 전쟁이 끝난 1945년에 미군에 의해 체포되었고 포로수용소에 6개월 간 수용된 뒤 미국으로 이송되어 반역죄로 재판을 받았다. 재판결과 "정신이상으로 재판 부적당"으로 선고되었고 이후 12년 동안(1946-1958)을 워싱턴 D.C.에 있는 성 엘리자베스 병원(St. Elizabeth's Hospital)에 강제로 입원되어야만 했다.30)

파운드와 헤밍웨이는 절친한 친구 사이로 지냈다. 헤밍웨이와 파운드의 교유는 헤밍웨이가 파리에 도착한 1922년부터 시작되었다. 그들은 파리에서 많은 시간을 함께 했다. 그리고 파운드가 이탈리아 라팔로 이사한 후에도 헤밍웨이는 파운드를 방문하는 등 시간을 함께 했다. 헤밍웨이는 파운드가 정신이상죄로 재판을 받고 있는 동안 그를 변호하기 위해 많은 노력을 했다.

---

30) Oliver, 269.

그리고 그 후 헤밍웨이는 파운드가 성 엘리자베스 병원에 입원되어 있는 동안 그의 석방을 위해 물심양면으로 심혈을 기울였다. 병원에 강제로 입원되어 있는 파운드의 석방을 위해 탄원서에 서명하기도 하고 파운드 석방기금으로 두 차례에 걸쳐 1,000달러와 1,500달러를 송금하기도 했다.31)

헤밍웨이는 파운드에 대한 관심을 작품의 여러 곳에서 표현하고 있다. 『움직이는 축제일』의 스케치 12의 타이틀을 "에즈라 파운드와 그의 벨 에스프리"(Ezra Pound and His Bel Esprit)로 붙였다. "Bel Esprit"은 파운드가 고안한 T.S. 엘리엇을 위한 프로그램이다. 이 프로그램은 파리에 체류하고 있었던 당시의 미국과 영국의 작가 및 화가들에게 그들의 수입 일부를 기부하도록 하여 기금을 조성해 런던의 은행에 근무하고 있는 엘리엇에게 충분한 돈을 생계비로 제공함으로써 엘리엇이 은행근무를 그만두고 시작에 전념하도록 하기 위해 만들어졌다. 헤밍웨이의 설명에 의하면 이 프로그램은 1922년에 출간된 『황무지』(The Waste Land)가 성공을 거두어 엘리엇이 돈을 많이 벌고 또 엘리엇이 편집한 정기간행물 크라이테리언(The Criterion)으로 수입이 늘어나면서 끝이 났다.32) 『움직이는 축제일』 스케치 12의 숨은 의도는 파운드의 선행을 말하려는 것이다. 그리고 헤밍웨이는 파운드의 또 다른 선행을 같은 책의 스케치 16 "악마의 사자"(An Agent of Evil)에서도 표현하고 있다. 이렇듯 헤밍웨이와 파운드의 관계는 대단히 각별하고 서로 호의적이었다. 헤밍웨이의 회고에 의하면 스타인까지도 파운드가 그녀의 의자 다리를 부러뜨렸다고 파운드에게 화를 낸 적이 있다. 헤밍웨이를 제외한 당시 파리에 있었던 작가들이 모두 파운드에게 좋지 않은 감정표현을 했다는 뜻이다. 또 헤밍웨이도 1920년대 함께 했던 친구, 문학상의 스승, 동료들, 즉 포오드 매독스 포오드(Ford Madox Ford), 스타인, 앨리스 토클라스(Alice B. Toklas),

---
31) Ibid. 392-393.
32) Ibid. 270 참조

젤다 피츠제럴드(Zelda Fitzgerald), 그리고 그의 가장 절친한 친구 중의 한사람이었던 스콧 피츠제럴드에게까지도 증오감을 피력한 적이 있다. 그러나 파운드는 『움직이는 축제일』에 언급된 인물 중에서 헤밍웨이가 증오감을 갖지 않은 유일한 그의 친구였다. 이들 인간관계를 검토해 보면 파리시절에 유일하게 처음부터 끝까지 좋은 관계를 유지했던 사람이 헤밍웨이와 파운드 사이라는 것을 알 수 있다. 이런 까닭일까? 파운드는 헤밍웨이의 작품 『멕시코만류의 섬들』에도 등장한다. 이 작품에서 파운드는 토마스 허드슨(Thomas Hudson), 어린 탐(Tom), 그리고 그들의 친구 로저 데이비스(Roger Davis)가 탐의 소년시절에 파리에서 함께 살면서 알고 지내던 예술가와 작가들 중 한 사람으로 언급된다.

이상과 같은 친밀한 인간관계를 바탕으로 파운드는 헤밍웨이에게 창작기법상으로 많은 영향을 미쳤다. 창작면에서는 헤밍웨이는 파운드를 스승(mentor)으로 여겼다. 헤밍웨이에 대한 파운드의 지도의 핵심은 두 가지이다. 하나는 불필요한 형용사나 군더더기 말을 제거하여 단순하고 단단한 글을 만들라는 것이다. 다른 하나는 소박한 언어를 반복시켜 이미지문장을 만들라는 것, 그리하여 글 줄기를 이어가는 밸런스를 살려내어 산문을 운문처럼 만드는 기술을 습득하라는 것이다. 결국 요약하면 헤밍웨이는 그의 문체에 단순성과 리듬을 내재시키는 기술을 습득하는 데 파운드로부터 영향을 받았다. 이 문제를 살펴보는 것은 헤밍웨이의 문체가 아름답게 다듬어지는 과정을 파악하는 것으로서 중요하다. 좀더 설명이 필요하다.[33]

7) 『태양은 또다시 떠오른다』

『태양은 또다시 떠오른다』(*The Sun Also Rises*)의 시대배경은 1925년, 좀

---

[33] 이 문제는 별도의 장, III-6 "간결과 율동의 미학"에서 더 분석하기로 한다.

더 넓게는 1차 세계대전 후 1920년대이다. 작품의 주요 무대는 프랑스의 파리와 스페인의 팜플로나(Pamplona)이다. 이 작품은 헤밍웨이가 살았던 1920년대 파리의 생활상, 더 구체적으로 1차 세계대전 후 미국의 생활에 적응할 수 없어 파리로 탈출했던 국외탈출자(expatriates)들의 실지의 활동과 실재의 생활상을 그린 것이다. 국외탈출자들의 파리 센강 레프트 뱅크에서의 활동 모습과 스페인의 산 페르민 투우축제 관광에 대한 사실적인 기록이기도 하다. 무대와 등장인물 등이 실재의 상황이다. 등장인물들의 성향과 활동이 이를 증거하고 있다.

[그림 15] 1920년대 파리 로스트 제너레이션의 주역들(Hemingway, Harold Loeb, Lady Duff Twysden; Hadley, Don Stewart, Pat Guthrie), 1925년 여름 스페인 여행에서. 위 인물 중에서 더프는 『태양은 또다시 떠오른다』의 여주인공 브렛 애쉴리로 등장하면서 영원히 살아 있는 여성이 되었다. (Copyright holder unknown; photo courtesy of the John F. Kennedy Library)

등장인물들은 전후 미국의 분위기에 적응할 수 없어 파리로 온 일단의 국외탈출자들의 행태를 그대로 보여주고 있다. 그들은 더 많은 자유를 찾아 1차 세계대전 후 유럽으로 왔고 파리에 집결했다. 소위 "로스트 제너레이션" (the Lost Generation), 즉 길 잃은 세대들이다. "길 잃은 세대"의 용어는 거트루드 스타인이 1차 세계대전 후 1920년대 초에 파리에서 활동하고 있었던 헤밍웨이를 중심으로 한 일단의 미국작가들을 지칭했던 말이다. 이 용어의 유래는 이렇다. 파리생활의 기록이라 볼 수 있는 작품『움직이는 축제일』에 의하면 스타인은 이 용어를 파리의 한 자동차 수리소의 주인에게서 들었다. 스타인은 자신의 낡은 자동차 T 모델 포드(Model T Ford)의 점화장치에 고장이 생겨 이를 고치기 위해 한 자동차 수리소에 맡겼었다. 그런데 이 작업을 맡았던 젊은 자동차 수리공은 작업을 형편없이 해놓았고 스타인의 항의가 있었다. 수리공은 주인으로부터 심한 질책을 받는다. 주인은 그 직원에게 질책하면서 "You are all a *génération perdue.*"(당신들은 모두 길 잃은 세대군요.)라고 말했다. 이 말은 듣고 돌아온 스타인은 이 용어를 헤밍웨이에게 전하면서 이렇게 말한다. "그 말은 바로 당신들에게 해당합니다. 그 말은 바로 당신네들 모두에게 해당합니다....전쟁에 참전했던 당신들 젊은 사람 모두 말입니다...당신들은 길 잃은 세대입니다....당신들은 어떤 일에도 존경심이 없어요. 술은 죽도록 마시면서 말입니다...."(That's what you are. That's what you all are...All of you young people who served in the war. You are a lost generation.... You have no respect for anything. You drink yourselves to death....).34) 헤밍웨이는 이 말의 뜻을 곰곰이 생각했고 인정했다. 그리고 작품『태양은 또다시 떠오른다』의 제1제사로 "You are all a lost generation"을 채택했다. 자동차 수리소 사장에게서 출발하여 스타인을 거쳐 헤밍웨이의 문장으로 재탄생된 것이다. 이 문장은 이제 헤밍웨이의 언어가 된 것이다.

---

34) Hemingway, *A Moveable Feast*, 29.

이를 자신의 언어로 채택했다는 것은 당시 그들이 처한 시대를 이 문장이 정확히 압축하여 대변하고 있다고 헤밍웨이가 인정했다는 뜻이다. 헤밍웨이의 이런 인정은 『움직이는 축제일』의 스케치 3에서 "길 잃은 세대"(Une Génération Perdue)를 다시 다룸으로서 뒷받침되고 있다.

당시 "길 잃은 세대"에 속한 작가와 젊은이들을 말한다면 주역 6인방으로 헤밍웨이, 로브(Harold Loeb), 더프(Lady Duff Twysden), 해들리, 스튜어트(Don Stewart), 그리고 구스리(Pat Guthrie)를 들 수 있다. 더 넓게는 크레인(Hart Crane), 커밍스(e. e. cummings), 피츠제럴드, 패소스(John Dos Passos), 그리고 맥클라이쉬(Archibald MacLeish) 등도 "길 잃은 세대"에 속한다고 볼 수 있다. 앞에서 스타인이 지칭했던 작가들 대부분은 1차 세계대전에 참전했었고 그들은 최소한 정신적인 외상을 입었다. 그들 중에는 육체적으로 전상을 입은 사람도 있었다. 그들은 1차 세계대전이 끝나고 미국에 돌아왔을 때 '정서적 불모지'인 미국 사회에 적응하지 못했다. 그들은 미국 사회에서 정신적 고립을 느꼈다. 예술활동이나 작가생활의 정신적 터전을 "잃어버린"(lost) 상태였다고 말할 수 있다. 당시 미국의 분위기를 잘 대변해 주는 사건이 앞서 말한 제임스 조이스의 『율리시스』 소각 사건이다.

『태양은 또다시 떠오른다』의 주요 등장인물은 남자주인공 제이크 반즈(Jake Barnes), 여자주인공이자 "길 잃은 세대" 중 한 명인 브렛 애쉴리(Lady Brett Ashley), 제이크의 34세의 유대인 친구이고 젊은 작가이자 복싱챔피언 로버트 콘, 브렛의 약혼자 마이클 캠벨(Michael Campbell)(일명 Mike), 제이크의 친구 빌 고튼(Bill Gorton), 그리고 스페인의 투우사 페드로 로메로(Pedro Romero) 등이다. 남자주인공 제이크는 이 소설의 내레이터(화자)이다. 그는 미국인 신문기자이다. 그는 캔자스 출신이고 이 소설의 시대배경인 1925년경 파리에 살고 있다. 파리의 센강 레프트 뱅크에 있는 그의 '싸구려 아파트'(flat)는 파리에서 가장 좋은 카페레스토랑(Cafe-restaurant)의 하나인 클로 세리 데 릴라(Closerie des Lilas)와 가깝다. 제이크는 전쟁으로 인하여 신체적 및 정신적으로 상처를 입었다. 그리고 전상으로 성불구자가 되었다. 그는 더 이상 의미가 없는 세상을 극복하기 위해 파리에 온 국외탈출자이다. 제이크가 헤밍웨이임을 쉽게 간파할 수 있다. 전후 청년들의 전상자는 또 있다. 1부 4장에 소개되는 미피포폴로 백작(Count Mippipopolous)이다. 그는 부유한 그리스인이다. 그는 아비씨니아(Abyssinia) 전투에서 22/21세 때 두 개의 화살에 의한 전상을 입었다. 그래서 그는 제이크와 동료의식을 갖고 있다.

여주인공 브렛 애쉴리는 현재 나이 34세이고 영국여자이다. 그녀는 1차 세계대전 때 『무기여 잘 있거라』의 여주인공 캐서린처럼 V.A.D.(Volunteer Aid Detachment, Assistant Nurse)출신이다. 그녀는 전쟁미망인인 셈이다. 진정으로 사랑했던 첫사랑 남자가 이질로 죽은 후 그녀는 영국 해군소속 애쉴리 경(Lord Ashley)과 재혼했었다. 그러니까 애쉴리 경은 그녀의 두 번째 남편이 되는 셈이다. 브렛은 전쟁 이후 지금까지 그와 결혼생활을 해온 상태이다. 그러나 애쉴리 경은 그녀에게 잘 대해주지 않았다. 그래서 그녀는 파리에서 애쉴리 경과 이혼을 기다리면서 다른 사람, 즉 마이클 캠벨과 재혼하기 위해 준비 중에 있다. 그녀는 마이크와 함께 인생의 안정을 찾기를 희망하고 있다. 그녀의 외모를 말한다면 남주인공 제이크의 생각으로 압축할 수 있는데 제이크의 눈에 비친 브렛은 뛰어난 미인이다. 제이크는 "브렛은 기가 막힐 정도로 아름다웠다."(Brett was damned good-looking.)[35]라고 말한다. 그러나 파리에서 그녀의 행실을 간추리면 약혼자 마이크, 제이크, 콘, 그리고 로메로로 대상을 옮겨가며 사랑을 나눈다. 정숙한 여자라고는 볼 수 없다.

이 작품의 줄거리와 내용은 다음과 같다. 제이크 반즈는 1차 세계대전이 끝난 직후 파리에 와서 로버트 콘을 알게 된다. 제이크는 콘이야말로 당시 파리라는 장소와 1920년대라는 시대의 분위기를 대표하는 전형적인 인물이

---

35) Hemingway, *The Sun Also Rises*, 22.

라고 생각한다. 콘은 뉴욕의 부유한 유대인 가정의 아들이고 한때 프린스턴 대학(Princeton University)의 미들급 복싱 챔피언이었다. 그는 자신이 한때 복싱 챔피언이었다는 사실을 다른 사람들이 꼭 기억해 주기를 바라는 사람이다. 대학을 졸업하고 그는 결혼을 했다. 그러나 그의 아내와 원만하지 못했으며 결국 그의 아내는 한 "세밀화가"(miniature-painter)와 눈이 맞아 도망가 버렸다. 결혼생활 5년에 아이는 3명이나 두었다. 그는 아버지가 준 5만 달러의 대부분을 날려 버렸다. 현재는 그의 어머니가 그에게 월 3백 달러의 용돈을 보내주는 처지이다. 그는 캘리포니아에서 몇몇 작가들을 만난 다음 자신도 작품을 쓰기로 결심했다. 콘은 프랜시스 클라인(Frances Clyne)을 만나게 되고 클라인은 콘의 애인이 된다. 제이크가 파리에 와서 콘을 알게 되었을 때 제이크와 콘 둘 다 별로 행복한 생활을 하지 못했던 때였고 콘은 자신의 첫 소설을 쓰고 있었다. 콘은 작품도 쓰고 복싱도 하고 제이크와 테니스도 쳤다. 제이크의 테니스 친구인 셈이다. 그러면서도 콘은 그의 친구들과 아무렇게나 섞이지 않으려고 늘 조심한다. 콘에게는 브래독스(Braddocks)라는 문학친구가 있다.

    제이크 반즈는 앞서 말한 대로 미국인 저널리스트이고 이탈리아전선에 참전한 경력이 있으며 이 참전으로 전상을 입어 성불구자가 된 상태에 있다. 이 때문에 그가 사랑하는 전쟁미망인 브렛 애쉴리와 사랑할 수도 결혼할 수도 없는 비극을 안고 있다. 그는 자신의 괴로움을 이기기 위해 친구들의 어려움을 자주 들어주고 술을 많이 마신다. 파리생활이 싫증나면 바스크(Basque)로 낚시여행도 가고 스페인의 팜플로나로 투우축제 구경을 가기도 한다. 어느 날 밤 외로움을 느낀 제이크는 창녀 조오젯(Georgette)에게 카페 나폴리텡(Café Napolitain)에서 술이나 한잔하자고 요청한다. 그들은 센강 레프트 뱅크에서 저녁식사를 했고 그곳에서 콘과 클라인이 포함된 일단의 친구들을 만난다. 후에 브렛 애쉴리가 이들 젊은 그룹에 끼어든다. 콘은 브렛 애쉴리에게 곧 매혹되고 콘의 애인 프랜시스 클라인은 질투를 한다. 브렛은 콘의 댄스요청을 거절한다. 몽마르트르(Montmartre)에서 제이크와 데이트 약속이 있다는 이유였다. 제이크는 조오젯에게 주도록 카페주인에게 50프랑을 남겨놓고 브렛과 함께 택시를 타고 몽수리공원(Parc Montsouris)으로 갔다. 그들은 택시 안에서 대화를 나누었지만 제이크의 전상부분은 언급하지 않았다. 결국 브렛은 카페 셀렉트(Café Select)로 데려다 달라고 요청했다.

다음 날 콘은 브렛과 무슨 일을 했느냐고 제이크를 몰아붙였다. 얼마 후 또 다른 국외탈출자 하아비 스토운(Harvey Stone)과 카페 셀렉트에서 술을 한잔 한 제이크는 콘과 클라인을 만났다. 클라인은 콘이 자신을 버렸다고 콘을 심하게 비난하고 있었다. 제이크는 당황하였다. 한편 콘은 브렛과 함께 산 세바스천(San Sebastian)으로 여행을 갔다. 이러는 와중에, 즉 파리에 있는 기존 젊은 남녀가 술 마시고 여행가고 인생을 즐기는 구도에, 외부에서 젊은 새 인물들이 가세하는 형국이 된다. 그날 제이크는 옛친구 빌 고튼으로부터 전보를 하나 받았다. 고튼이 프랑스에 도착했다는 내용이었다. 제이크와 빌 고튼은 스페인으로 송어낚시와 투우축제 구경을 갈 계획을 세웠었다. 투우축제는 스페인의 팜플로나에서 열린다. 그리고 브렛이 결혼하기로 되어 있는 영국인 약혼자 마이클 캠벨(마이크)도 또한 파리에 도착했었다. 마이크와 브렛은 팜플로나에서 제이크와 고튼을 만나기로 했다. 그들은 축제기간 동안에 모두 팜플로나의 몬토야 호텔(Montoya Hotel)에서 만나기로 되어 있다. 그들은 산 페르민 축제를 보기 위해 몬토야 호텔에서 만났다. 호텔주인은 제이크의 오래된 친구이고 호텔주인은 제이크를 투우열성팬(*aficionado*)으로 인식하고 있다. 호텔 투숙 다음 날 아침 고튼과 제이크는 버스로 버게트로 갔다. 그들은 버게트에서 영국인 윌슨 해리스(Wilson-Harris)와 기분 좋게 낚시를 즐겼다.

팜플로나로 돌아온 그들은 산 페르민 축제를 보기 위해 준비를 갖추었다. 첫날 그들은 우리에 갇혀 있다가 야수처럼 돌진해 들어오는 소를 보기 위해 몰려들었다. 많은 술이 돌았고 마이크는 말이 많아졌다. 콘에 대한 심사도 내비쳤다. 일요일 정오 축제는 폭발했다. 축제는 7일 동안 계속되었다. 댄스, 퍼레이드, 종교행렬, 투우, 그리고 음주가 일주일간을 흥분과 광란으로 몰아넣었다. 한편 몬토야 호텔에는 함께 머문 스페인의 투우사 페드로 로메로가 있었다. 그는 20세의 젊은이로서 미남자였다. 그는 투우에서 잘 해냈고 브렛은 그와 사랑에 빠졌다. 그들은 호텔에서 만났고 로메로도 곧 그녀에게 관심을 갖는다. 약혼자 마이크, 제이크, 콘, 그리고 로메로로 사랑의 대상을 옮겨가는 브렛의 문란한 행실은 이 시대의 분위기와 무관치 않다.

 그들이 즐기는 분위기에는 투우축제 외에도 음주 행각이 있었다. 이 술집에서 저 술집으로 음주와 댄스를 즐기며 돌아다녔다. 예를 들어 파리 몽마르트르는 당대 최고의 작가, 댄서, 가수, 코미디언들이 젊음과 열정의 분위기를 만들어갔던 거리이고 그곳에는 유명한 바(bar), 젤리스(Zelli's)가 있었는데, 『태양은 또다시 떠오른다』에서 제이크, 브렛, 그리고 미피포폴로 백작 등이 이곳을 찾아 사람들이 들끓어 소란스럽고 담배연기 자욱한 분위기 속에서 귀전을 때리는 음악에 맞춰 춤을 추는 장면이 나온다. 이런 과정에서 젊은 남녀 간의 사랑이 있었다. 카페 수이조(Café Suizo)에서 제이크는 콘에게 브렛이 투우사의 방에 갔었다고 알려주었다. 콘은 홧김에 마이크와 제이크를 한방 먹이고 그들을 때려 눕혔다. 싸움이 끝나고 콘은 울면서 사과했다. 콘은 브렛이 자신과 함께 산 세바스천으로 일주일간의 여행을 갔다 온 뒤 다시 만났을 때 어떻게 생전 처음 본 사람처럼 대하는지를 이해할 수 없었다. 그는 다음 날 아침 팜플로나를 떠나기로 했다. 다음 날 아침 제이크는, 콘이 싸움 뒤 로메로의 방에 갔었고 브렛과 로메로가 그곳에 함께 있는 장면을 목격했다는 사실을 알았다. 콘은 로메로를 아주 심하게 두들겨 패주었다. 그러나 그날 부풀은 얼굴과 두들겨 맞은 몸에도 불구하고 로메로는 투우를 훌륭하게 해냈다. 투우가 있었던 그날 밤 브렛은 로메로와 함께 팜플로나를 떠났다. 제이크는 심하게 취했다.

축제는 끝나고 그들은 흩어졌다. 빌 고튼은 파리로 돌아오고 마이크는 상 장 드 류(Saint Jean de Luz)로 돌아왔다. 제이크는 산 세바스천에 머물고 있었고 브렛으로부터 전보를 받았는데 내용은 마드리드 몬태나(Montana) 호텔로 와 달라는 것이었다. 제이크는 급행열차를 잡아타고 마드리드로 가서 다음 날 그녀를 만났다. 브렛은 혼자였다. 그녀는 로메로를 멀리 보내버렸다. 그리고 그녀는 다시 마이크에게로 돌아갈 것이라고 말했는데 이유는 영국인이 자신의 기질에 맞는다는 것이었다. 저녁식사 후 제이크와 브렛은 택시를 타고 마드리드의 경치를 구경했다. 제이크는 곰곰이 생각했다. 이 소란스런 분위기에서 택시를 타고 브렛과 함께 하는 이 방법은 바(bar)와 카페에서 함께 했던 방법과 더불어 몇 가지 안 되는 방법 중의 하나라고. 그러면서 제이크와 브렛은 알았다. 이 택시 드라이브가 그들이 지금 살고 있는 전쟁으로 상처받은 세상처럼 그리고 그들이 속해 있는 표류하는 세대처럼 목적도 없고 목표도 상실한 그것이라고. 이상이 이 작품의 줄거리이다. 마치 이 작품의 제1제사처럼 그들은 모두 그렇게 "길 잃은 세대"의 형상을 하고 있었다.

이 작품은 헤밍웨이의 실재 사실과 어떤 연관을 갖는가? 주인공 제이크 반즈는 헤밍웨이 자신이다. 여주인공 브렛 애쉴리도 실재의 헤밍웨이 여성이 등장했다. 애그니스가 『무기여 잘 있거라』에서 캐서린 바클리로 작중인물이 되듯이 브렛 애쉴리도 사실은 헤밍웨이의 여자친구였던 메어리 더프 튜와이스덴(Mary Duff Twysden)이 작품으로 등장한 경우이다. 헤밍웨이와 친했던 실재의 스페인의 투우사 카예타노 오도네즈(Cayetano Ordóñez)는 페드로 로메로로 작품에 등장했다. 이 소설에 등장하는 도시이름과 작중인물들이 함께 몰려다니는 행사도 모두 실재의 사실에 기초하고 있다. 1부의 파리의 배경설정이 그렇고, 7월에 열리는 스페인의 팜플로나에서 열리는 산 페르민 투우축제 관광, 7월의 첫 주에 스페인의 이래티강으로의 낚시여행, 스페인의 도시산 세바스천, 리츠(Ritz), 수도 마드리드(Madrid)의 등장 등 거의 모든 것들이 헤밍웨이가 직접 체험한 실재 사실에 기반을 두고 있다. 앞서 말한 대로 이 소설의 제사로 쓰인 "You are all a lost generation."라는 문장도 거트루드 스타인이 자동차 수리공에게서 실제로 들었던 말이다. 작품에 등장하는 모든 사실과 기록들이 헤밍웨이의 실재 인생을 반영하고 있음을 알 수 있다.

끝으로 헤밍웨이 작품세계에서 이 작품의 의미는 무엇인가? 그것은 최초로 빙산이론이 적용된 작품이라는 데에 있다. 헤밍웨이는 파리 시절에 「두 개의 심장을 가진 큰 강」에서 세잔 화법을 비롯한 현대회화기법을 소설에 도입하는 실험을 했다. 이 실험으로 빙산이론을 완성한 뒤 이를 『태양은 또다시 떠오른다』에 적용시켜 성공시켰다.36) 이 작품으로 헤밍웨이는 세계적인 작가로 인정받은 작가가 되었다. 이 작품은 영원히 생명력이 있는 그의 걸작이라고 볼 수 있는데 2005년도에 ≪타임≫지가 선정한 "현대 100대 영어소설"에 이 작품이 포함된 사실이 이를 입증하고 있다. 이 작품의 집필과 출간연대는 파리시절인 1925년 7월 중순에 집필을 시작하여 9월 중순에 초고를 완성했고 1926년 10월 22일 출간되었다.37)

8) 『움직이는 축제일』

『움직이는 축제일』(A Moveable Feast)은 논픽션으로서 1920년대 헤밍웨이의 파리시절 약 7년(1921년 12월-1928년 3월) 중 1921-1926년까지의 파리생활에 대한 회고록이다. 헤밍웨이가 파리생활에서 겪었던 추억과 에피소드들을 20개의 스케치로 분류하여 이 작품에 담았다. 1920년대의 파리생활을

---

36) IV "빙산이론의 적용과 일탈: 작품성패의 기준" 참조
37) The Sun Also Rises의 영화가 있다. Tyrone Power(Jakes Barnes), Ava Gardner(Lady Brett Ashley) 주연, (129분), 1957년 8월 개봉. TV극 1편이 있다(Oliver, 318 참조).

마치 하나의 그림처럼 생생하게 그려놓았다.

이 작품의 출간까지의 과정은 이렇다. 1957년 가을에 집필하여 1960년 봄에 탈고했다. 여기까지는 헤밍웨이의 작업이었다. 이후 헤밍웨이 사후 이 원고를 바탕으로 네 번째 아내 메어리와 헤밍웨이의 문학친구 홉츠너(A. E. Hotchner)의 편집으로 1964년에 출간되었다. 헤밍웨이의 17권째 작품으로 최초의 사후 출간 작품이다. 1964년 4월 10일에 ≪라이프≫지에 일부가 게재되었으며 1964년 5월 5일 스크리브너사(Scribner's)에서 완본으로 출간되었다.

헤밍웨이는 어떻게 30년이 넘는 과거를 회상하며 이 작품을 썼는가? 1928년 3월 두 번째 아내 폴린과 함께 파리를 떠나 미국 플로리다주 키웨스트로 향하면서 헤밍웨이는 두 개의 트렁크를 파리의 리츠 호텔 지하실에 놓고 왔다. 이 트렁크에는 헤밍웨이가 파리시절초기에 썼던 노트들과 몇몇 신문 클리핑들(clippings)이 들어있었다. 이 트렁크들은 1956년 11월 찰스 리츠(Charles Ritz)에 의해 발견되었고 헤밍웨이는 이 자료들을 토대로 작품을 쓰게 되었다. 이 작품의 타이틀은 홉츠너의 제안으로 메어리와 홉츠너에 의해 정해졌는데 작품명 "*A Moveable Feast*"는 1950년에 헤밍웨이가 한 친구에게 보낸 시어체 글에서 따왔다. 그 글은 이렇다: "If you are lucky enough to have lived/ in Paris as a young man, then wherever you/ go for the rest of your life, it stays with/ you, for Paris is a moveable feast."—Ernest Hemingway/ *to a friend*, 1950(만일 당신이 운이 좋아 젊은 시절에 파리에 살았던 일이 있었다면 당신이 나머지 인생을 보내기 위하여 어디를 가든 파리는 당신과 함께 머무를 것이다. 왜냐하면 파리는 움직이는 축제일이니까.—어니스트 헤밍웨이가 한 친구에게, 1950년). 이 유명한 구절에서 작품명 *A Moveable Feast*가 인용되었고 앞의 구절 전문은 이 작품의 제사로 채택되었다. 이 글에서 *to a friend*는 바로 홉츠너이다. 그리고 "movable"과 "moveable"에서 "e"의 삽입여부를 놓고 출판사 스크리브너사와 문제가 되었을 때 메어리가 헤밍웨이는

때때로 "e" 삽입을 즐겨 사용한다는 논리로 맞서 통과시켜 "moveable"이 되었다.38)

20개의 구체적인 스케치의 내용은 다음과 같다.39) 스케치 1 "생 미셸 광장의 기분 좋은 카페"(A Good Café on the Place St.-Michel)는 파리생활에서 타이틀대로 생 미셸(St.-Michel)의 기분 좋은 카페(A Good Café) 이야기이다. 이 카페에서의 추억은 전반적으로 기분 좋고 따뜻하고 친절한 카페로 기억되어 있다. 이 카페에서 헤밍웨이는 밀크커피(café au lait) 한잔을 주문하고 의자에 앉아 단편소설을 써나갔던 기억들을 그려내고 있다. 그리고 첫 번째 아내 해들리와 함께 스위스로 여행갈 계획을 생각하는 모습이 그려져 있다. 스케치 2 "미스 스타인의 가르침"(Miss Stein Instructs)은 거트루드 스타인에게서 받았던 문학수업이야기이다. 스위스에서 단기간의 스키여행을 마치고 1922년 초 파리로 귀환하는 이야기, 그와 해들리가 카디널 레모인(Cardinal Lemoine)가(街) 74번지 센강 레프트 뱅크 아파트 4층에 살았던 이야기, 라틴 구(Latin Quarter)의 지붕들이 잘 보이는 한 호텔의 꼭대기층 방에서 작품을 썼던 이야기, 플뢰루가(街) 27번지에 살고 있는 거트루드 스타인의 아파트 작업실을 가기 위해 룩셈부르크 공원(the Luxembourg Gardens)을 가로질러 갔던 나날들을 회상하고 있다. 헤밍웨이는 스타인의 아파트에 살고 있는 스타인의 레즈비언 여자친구 앨리스 B. 토클라스(Alice B. Toklas)를 직접 이름을 거명하지 않고 그녀의 '친구'(friend) 혹은 '동료'(companion)라고만 언급하고 있다. 스케치 3 "길 잃은 세대"(Une Génération Perdue)는 "길 잃은 세대"에 관한 내용이다. 스타인이 자동차 수리소 주인에게서 들었던 "당신들은 모두 길 잃은 세대군요."(You are all une génération perdue.)라는 말을 헤밍웨이

---

38) Oliver, 227 참조.
39) 헤밍웨이는 20개의 스케치를 묘사하면서 번호를 붙이지 않았다. 편의상 각각의 스케치에 순서대로 번호를 붙이기로 한다.

에게 전달했고 헤밍웨이가 『태양은 또다시 떠오른다』의 제사로 채택했던 "You are all a lost generation."의 "길 잃은 세대"(the Lost Generation)에 대해 스타인과 토론했던 일들을 회상하고 있다.40)

스케치 4 "셰익스피어 앤 컴퍼니"(Shakespeare and Company)는 ≪셰익스피어 앤 컴퍼니≫ 서점에 대한 기록이다. 로데온(l'Odéon)가(街) 12번지에 있었던 이 서점에서 실비어 비치(Sylvia Beach)를 만나 우정을 쌓아갔던 이야기이다. 스케치 5 "센강의 사람들"(People of the Seine)은 센 강변의 경치와 사람들의 모습이 그려져 있다. 스케치 6 "덧없는 봄"(A False Spring)은 덧없이 가버린 봄 이야기로 파리의 봄날 이른 아침 그와 해들리가 함께 느꼈던 행복에 대한 기록부터 시작한다. 작품도 쓰고 경마에서 돈을 따기도 하지만 파리의 봄날에 느꼈던 행복은 지속되지 않았음을 회상하고 있다.

스케치 7 "취미의 종말"(The End of an Avocation)은 취미로 했던 경마에 대한 집착의 끝에 대한 서술과 경마 대신 자전거 경주의 즐거움에 대한 기록이다. 스케치 8 "배고픔은 좋은 수련이었다."(Hunger Was Good Discipline)는 배고픔은 훌륭한 가르침이 된다는 내용과 1922년에 리용역(Gare de Lyon)에서 해들리가 분실한 헤밍웨이슈트케이스 분실사건이 기록되어 있다. 이 가방에는 헤밍웨이가 썼던 모든 원고가 들어있었다. 해들리는 ≪토론토 데일리 스타≫지에 게재할 기사취재를 위해 스위스 로잔평화회의를 취재하던 헤밍웨이를 만나기 위해 길을 나섰다가 이런 역사적인 오류를 범하고 말았다.41) 스케치 9 "포드 매독스 포드와 악마의 제자"(Ford Madox Ford and the Devil's Disciple)는 헤밍웨이가 노트르 담 데 샹(Notre-Dame-des Champs)가(街) 113번지 아파트에 살고 있을 때의 이야기이다. 파리에서 가장 좋은 카페 중 하나인 클로즈리 데 릴라(Closerrie des Lilas)에서 헤밍웨이와 포드 매독스

---

40) II-2-7 "『태양은 또다시 떠오른다』" 참조.
41) I-6-1 "해들리" 참조.

포드(Ford Madox Ford)가 술잔을 나누며 주고받는 대화가 주된 내용이다.

스케치 10 "새로운 학교의 탄생"(*Birth of a New School*)은 헤밍웨이가 1920년대에 작품을 쓰기 위해 필요했던 필기구와 장소들이 기록되어 있다. 뒤표지가 푸른 학교노트들, 두 개의 연필과 연필깎기(포켓 나이프를 사용하면 연필이 낭비된다), 글을 쓸 수 있는 카페와 방해받지 않고 글을 쓸 수 있는 행운 등이 그려져 있다. 그리고 이름도 알려져 있지 않은 한 무명작가가 "야, 헴"(Hi, Hem)(Hem: 헤밍웨이의 별명)이라고 부르면서 글 쓰는 것에 방해를 받아 시작된 불쾌하고 화가 난 상황이 함께 서술되어 있다. 스케치 11 "파생과 함께 돔에서"(*With Pascin at the Dôme*)는 카페 뒤 돔(Café du Dôme)에서 프랑스 화가 파생(Jules Pascin)과 그의 여자 모델들 중 두 모델과의 대화 등이 기록되어 있다. 스케치 12 "에즈라 파운드와 그의 벨 에스프리"(*Ezra Pound and His Bel Esprit*)는 파운드와 그가 구상했던 벨 에스프리(Bel Esprit) 프로젝트에 대한 기록이다. 이 스케치에는 파운드가 얼마나 좋은 친구인지, 그가 항상 남을 위해 얼마나 좋은 일을 하는지 등이 회고되어 있다. "Bel Esprit"은 T.S. 엘리엇을 돕는 계획이다. 파운드는 모든 작가와 화가들이 그들의 작품에서 번 돈의 일정 퍼센트를 기부해서 자금을 조성하여 엘리엇이 런던의 은행일을 그만두고 시작(詩作)에 전념할 수 있게 하자는 안을 제안했었고 이일을 성사시켰는데 이것이 "Bel Esprit"이었다.[42]

스케치 13 "정말 이상한 종말"(*A Strange Enough Ending*)은 정말 '이상한' 결별을 다루고 있는데 이상한 결별이란 거트루드 스타인과의 우정의 종말에 관한 내용이다. 스케치 14 "죽음과 맞선 흔적을 가진 남자"(*The Man Who Was Marked for Death*)는 1926년 31세의 나이에 폐결핵(tuberculosis)으로 죽은 어니스트 왈쉬(Ernest Walsh)에 대한 내용이다. 스케치 15 "릴라의 이반 쉽맨"(*Evan Shipman at the Lilas*)은 이반 터게너프(Ivan Turgenev), 니콜레이

---

42) II-2-6 "시인 에즈라 파운드와의 만남" 참조.

고골(Nikolay Gogol), 레오 톨스토이(Leo Tolstoi), 앤톤 체호프(Anton Chekov), 그리고 캐서린 맨스필드(Katherine Mansfield) 등의 단편소설과 독서문제 등이 다루어지고 있다.

스케치 16 "악마의 대리인"(*An Agent of Evil*)은 파운드의 친구이고 시인이며 아편 중독자인 랠프 치이버(Ralph Cheever)에 대한 파운드의 또 다른 선행과 파운드가 이탈리아로 떠나면서 헤밍웨이에게 치이버의 일을 부탁한 일로 어려움을 겪은 일을 기록해 놓았다. 스케치 17 "스콧 피츠제럴드"(*F. Scott Fitzgerald*), 스케치 18 "매들은 나누어주지 않는다."(*Hawks Do Not Share*), 스케치 19 "측정의 문제"(*A Matter of Measurement*) 등은 스콧 피츠제럴드와 그의 아내 젤다 피츠제럴드(Zelda Fitzgerald)에 대한 회상이다. 스케치 18에서 "매들"(Hawks)은 스콧 피츠제럴드의 아내 젤다를 가리킨다. 헤밍웨이의 눈에 비친 젤다는 스콧과 함께 음주가 심하고 엷은 입술과 미국 최남부지방의 매너와 악센트를 지녔으며 매의 눈을 가진 인상이었다. 마지막 스케치 20 "파리는 영원하다."(*There Is Never Any End to Paris*)는 헤밍웨이와 아내 해들리 그리고 두 살 난 아들 범비와 함께 1925-1926년 겨울을 즐겼던 내용이다. 오스트리아 쉬룬쯔의 평화스러운 정경의 묘사를 주축으로 파리시절초기에 너무나 가난했고 동시에 너무나 행복했던 기억의 묘사로 끝을 맺고 있다.

9)『봄의 계류』

헤밍웨이는 공개적으로는 부인한 바 있지만『봄의 계류』(*The Torrents of Spring*)는 분명히 유머러스한 '풍자작품'이다. 풍자의 대상은 파리시절 당시의 몇몇 소설가들의 '문체'이다. 그 소설가들은 거트루드 스타인, 멘켄(H. L. Mencken), 제임스 조이스, 로렌스(D.H. Lawrence), 존 도스 패소스(John Dos Passos), 그리고 특히 셔우드 앤더슨과 그의 소설 *Dark Laughter*(1925)이다.[43] 헤밍웨이가 이들을 패러디하기로 결심한 배경에는 원인이 있었다고 판단된다. 헤밍웨이의 자신감일 듯싶다. 헤밍웨이는 당시 세잔 화법을 도입하여 빙산이론문체라는 자신의 고유한 문체를 개발한 상태였다. 그리고 이 문체와 기법으로 아주 중요한 걸작을 기획했으며 이 작품을 1925년 7월 중순에 집필하여 9월 중순에 초고를 완성한 상태였다. 바로 작품 『태양은 또다시 떠오른다』였다. 『봄의 계류』보다 이미 약 4개월 앞서서 집필이 시작되어 진행 중에 있었고 『태양은 또다시 떠오른다』의 성공에 대한 확신이 선 상태였다고 판단된다. 당시 파리에 체류하는 작가들의 분위기는 이미 밝힌 대로 표현기법문제에 골몰하고 있었던 시대였고 다른 작가들과의 문체개발경쟁에서 확신이 섰던 헤밍웨이의 심중을 읽을 수 있는 대목이다. 풍자는 다음과 같은 배경과 인물구도에 실려 이루어진다.

『봄의 계류』의 배경설정은 시기적으로는 1차 세계대전 후인 1924년과 1925년이고 지역적으로는 미시간 북부이다. 두 사람의 주요 인물이 등장한다. 스크립스 오닐(Scripps O'neil)과 요기 존슨(Yogi Johnson)이다. 그들은 미시간 북부의 페토스키(Petoskey)의 펌프공장(pump-factory)에서 일한다. 펌프공장은 일종의 엔진(engine)공장이다. 페토스키는 미시간 북부의 리틀트래버스만(Little Traverse Bay)에 존재하는 실지의 읍이다. 페토스키는 그곳에서 남서쪽으로 약 3.2-4.8km 거리에[44] 있는 헤밍웨이 가족 소유의 윈디미어 별장 때문에 헤밍웨이에게 익숙하다. 그래서 헤밍웨이는 페토스키를 단편 「열 명의 인디언」("Ten Indians")의 배경으로도 사용하고 있다. 이 작품에서 닉(Nick)은 페토스키의 불빛과 리틀 트래버스만을 가로질러 먼 곳에 스프링스항의 불빛을 바라보고 있는 것으로 그려져 있다. 지역배경을 암시하는 설정이다. 스크립스의 출신지 만셀로나(Mancelona) 역시 미시간 북부의 실지 지명이다. 그리고 또 하나의 배경으로 식당이 등장한다. 입구 전면 간판에

---

43) Oliver, 329 참조.
44) Ibid., 263, 353 참조.

"The Best by Test"라고 쓰여 있는 간이식당 "Brown's Beanery"이다. 이 식당에 두 명의 여자 웨이트리스가 있다. 나이가 위인 다이아나(Diana)와 나이가 아래인 맨디(Mandy)이다. 스크립스는 페토스키에 온지 얼마 되지 않아 다이아나와 결혼한다. 그러나 맨디가 스크립스에게 융숭한 대접을 하고 스크립스는 곧 맨디와 사랑에 빠진다. 한편 요기는 전쟁을 겪은 재향군인이다. 그는 간이식당에 온 인디언 여자와 곧 사랑에 빠진다. 스토리는 이런 기조로 전개되는데 플래시백 수법을 사용한다. 소설은 4부로 나누어진다. Part 1("Red and Black Laughter")과 Part 2("The Struggle for Life")는 스크립스와 관련된 부분이다. Part 3("Men in War and the Death of Society")과 Part 4("The Passing of a Great Race and the Making and Marring of Americans")는 요기와 관련된 부분이다. 그리고 "Making and Marring of Americans"는 거트루드 스타인의 작품『미국인의 형성』(The Making of Americans)을 풍자한 것이다. 이 작품은 플롯(plot), 대화(dialogue), 행동(action)이 없는 소설이다.45)

    이 소설의 지역배경설정은 미시간 북부이다. 그러나 이 작품은 움직일 수 없는 파리체류의 결과물이다. 파리의 현장을 멀리 미시간 북부로 옮겨놓은 구도와 내용을 패러디에 담아 전달하는 기법은 이 작품이 다루고 있는 내용상 매우 적절하다고 판단된다. 파리라는 작품현장을 미시간 북부로 변경하여 설정하고 또 풍자를 행함에 있어 유머러스한 이야기를 통함으로써 풍자의 특성상 자칫하면 심각해질 수 있는 내용, 즉 당시 파리에 체류하는 작가들의 풍자를 부드럽게 하려는 용의주도한 의도가 엿보인다. 구성 및 설정의 절묘함이 있다. 결국 이 작품도 헤밍웨이의 인생여행과 경험 그리고 그에서 빚어지는 작품의 산출이라는 기본틀에서 벗어나지 않았다. 『봄의 계류』는 1925년 11월 하순에 집필하여 1926년 5월 28일 헤밍웨이의 네 번째 책으로 스크리브너사에서 출판되었다. 파리시절에 이 소설이 출간된 이후 5개월

---

45) *Ibid.*, 329-330 참조.

후인 1926년 10월 22일 『태양은 또다시 떠오른다』가 출간되었음으로 『봄의 계류』는 파리시절의 최초의 소설로 자리매김이 된다.

10) 『에덴동산』

혹자는 『에덴동산』(The Garden of Eden)이 전혀 헤밍웨이 소설답지 않고 마치 이 작품의 편집자인 탐 젠크스(Tom Jenks)의 소설같이 느껴진다고까지 혹평한다. 또 어떤 비평가는 이 작품은 헤밍웨이의 걸작 중의 하나라고 평가한다. 이 작품은 1946년 1월에 집필하기 시작하여 이후 15년 간의 집필기간을 가진 작품이다. 집필연도를 밝히는 것은 이 작품의 내용분석 때문이다. 1946년은 헤밍웨이가 파리, 스페인, 지중해, 아프리카에 대한 여행과 경험을 이미 마친 해이다. 그리고 1946년부터 1961년 죽을 때까지 이 작품에 손질을 가했음으로 헤밍웨이가 경험한 1953-1954년의 아프리카 경험을 포함하여 모든 지역과 지식이 총 동원될 수 있는 여지를 구조적으로 이 작품은 갖고 있다. 그래서 이 작품의 주요배경은 파리, 프랑스 남쪽 지중해 해안, 그리고 스페인이다. 작품 속에서 주인공 데이비드 본(David Bourne)이 쓰는 소설의 무대로 아프리카가 등장한다. 데이비드가 어린 시절 아버지와 함께 동아프리카에서 즐겼던 코끼리 사냥에 대한 경험을 토대로 작품을 쓰고 있다. 「아프리카 이야기」("African story")이다. 『에덴동산』에는 이렇듯 다양한 지역이 등장하지만 이 작품의 내용으로 보아 파리체류의 결과물로 간주하는 것이 타당하다. 이 작품에 설정된 연도를 분석하면 더욱 그렇다. 스토리는 3월에서 9월 하순까지 7개월 간에 걸쳐 진행되고 그 연도는 1923년으로 추정된다. 이 때는 헤밍웨이의 파리시절의 초기에 해당하는 기간이다. 이 작품에서 파리는 줄거리가 시작되기 3주 전에 남녀 주인공들이 결혼했던 장소로 설정된다.

이 작품은 기존의 헤밍웨이 작품과는 전혀 다르다. 전쟁, 폭력, 죽음, 개인의 패배 등의 주제가 전혀 없다. 대신에 에로티시즘이 배경으로 설정되면서 추억, 사랑, 낭만, 그리고 작가의 고뇌가 있다. 모든 것이 낭만적인데 유독 작가의 고뇌가 두드러진 모습은 헤밍웨이가 평생 안고 있었던 작가로서의 고뇌를 상징하는 듯하다. 주요 등장인물은 데이비드 본, 캐서린 본(Catherine Bourne), 그리고 마리타(Marita)이다. 줄거리는 데이비드 본과 캐서린 본이 파리에서 결혼한 3주 뒤부터 시작된다. 이 작품은 모두 4부 30장으로 되어 있다.46)

제1부(1-3장)는 프랑스 남쪽 지중해 해안의 르 그로 뒤 르와(Le Grau du Roi)가 무대로 설정된 섹션이다. 르 그로 뒤 르와는 1927년 5월 11일 헤밍웨이와 두 번째 아내 폴린이 신혼여행을 갔던 실지의 장소이다. 르 그로 뒤 르와는 지중해 해안에 위치한 조그마한 프랑스의 마을이다. 작품에서 르 그로 뒤 르와는 "유쾌하고 친절한 마을"(It was a cheerful and friendly town.)로 압축되어 묘사된다. 그리고 작품의 타이틀이 암시하는 대로 '에덴동산'이 펼쳐진다. 20대 중반(24세)의 젊은 데이비드는 21세의 젊고 아리따운 캐서린과 함께 프랑스 남쪽 지중해 해안으로 신혼여행을 왔다. 그들은 지중해 해안 운하 하구, 아름답고 푸르고 상쾌한 바닷가, 방파제가 뻗어 있는 신비롭고 목가적인 르 그로 뒤 르와에서 먹고 마시고, 사랑을 나누고, 누드로 수영하고, 또 먹고, 마시고, 사랑을 나누면서 신혼여행을 보낸다. 육체와 영혼이 무한대의 낭만과 자유의 절정을 만끽한다. 에로티시즘과 지중해의 뜨거운 열기 속에서 사랑, 낭만, 젊음을 만끽하는 것이 그들의 주요 일과이다. 이런 즐거움을 만끽하는데 처음에는 데이비드와 캐서린 사이에 아무런 문제가 발생하지 않는다.

그런데 캐서린이 그녀의 머리를 소년처럼 자르기로 결심하면서 이 목가적인 에덴동산에 검은 그림자가 찾아온다. 그녀는 남녀양성을 지닌 복합성격병(multiple-personality disorder)을 가진 여자가 된다. 캐서린의 이런 증세는

---

46) *Ibid.*, 113-115 참조.

앞으로 그들의 결혼생활에 심각한 문제가 대두됨을 예고한다. 이런 증세가 나타난 때는 그들이 결혼한 지 3주가 지난 시점이다. 그들은 이 작품의 줄거리가 시작되기 3주 전에 파리에서 결혼했으므로 그들의 사랑이야기가 시작되고 얼마 되지 않아 '에덴동산'은 사라지고 고통의 그림자가 찾아온 셈이다. 인생의 즐거움은 찰나였던 셈이다. 그런데 작가인 데이비드는 이미 책을 2권이나 출판한 기성작가이다. 첫 번째 책은 성공작이었고 두 번째 책은 최근에 출간했다. 작가의 길을 운명적으로 받아들이고 그 길을 갈 뿐이다. 정신세계가 풍부하고 지적인 비범한 남성이자 작가이다. 반면에 캐서린은 평범한 여자로서 남자에 의지하고 사랑 받고 싶어하는 그런 여자이다. 돈은 많으나 정신세계가 빈곤한 여자이다. 데이비드의 작품세계에 대해서는 흥미도 없고 관심을 가지려 하지도 않는다. 캐서린은 오직 부족한 정신세계를 외면의 치장을 통해 메워 갈 뿐이다. 그녀는 머리모양과 옷치장에 전념한다.

　게다가 캐서린은 사랑나누기를 지나칠 정도로 즐긴다. 오직 말초신경적인 쾌락만이 그녀가 즐기는 인생이다. 그리고 남성은 물론 여성에서도 사랑을 느끼는 남녀 양성애자이다. 병적인 심리상황을 안고 있는 것이다. 이런 까닭에 사랑을 나눌 때도 여성역할과 남성역할을 번갈아 하기를 원한다. 캐서린의 대상여성은 마리타이다. 캐서린은 외모적으로 남성과 여성 치장을 번갈아 한다. 남자머리모양을 하고, 사랑나누기에서 남자역할을 하고, 이름까지도 남자가 되고자하는 여자, 캐서린이다. 그래서 캐서린은 자신을 "피터"(Peter)라고 부르기도 하고 데이비드를 캐서린이라고 부르기도 한다. 이런 캐서린을 보고 데이비드는 놀라기도 하고, 공허하기도 하고, 점점 마음속에서 멀어진다. 점점 관계가 순탄치 않게 된다. 현재 그들의 인생에서 함께 공동으로 즐거움과 쾌락을 누릴 수 있는 공통영역은 오직 사랑나누기뿐이다. 하지만 데이비드의 경우 아름다운 장소에서 멋진 신혼여행을 즐기는 구도로 인하여 에로티시즘이 한 축인 것은 분명하나 다른 한 축은 책을 2권이나 낸

기성작가로서 작품을 쓰는 일이다. 작가이자 지성인의 고뇌가 있다. 데이비드의 입장에서 볼 때 캐서린은 에로티시즘과 사랑나누기의 대상은 되지만 창작활동에는 전혀 이방인적인 존재로 비칠 뿐이다. 정신세계가 풍부하고 비범한 남자와 그 반대인 여자가 부부로서의 조화와 일치를 이루기는 매우 힘든 구조가 돼 버렸다. 원래 데이비드는 캐서린의 남녀복합성격병이 아니었어도 캐서린과 무한대의 낭만만을 즐기기에는 근본적으로 불가한 남성이었다. 이제 그들은 사사건건 대립한다. 데이비드의 작품에 대한 서평기사 오려낸 것을 놓고 데이비드와 캐서린의 입장차가 매우 크다. 데이비드는 그에게는 매우 중요한 문제에서 아내는 완전히 다른 세계에 있음을 발견한다.

제2부(4-8장)는 스페인 섹션이다. 데이비드와 캐서린은 검정 색의 부가티 차를 몰고 스페인으로 드라이브를 한다. 여자에서 남자로, 남자에서 여자로의 성역할 전환에서 캐서린은 자제력을 잃는다. 그녀는 스페인의 수도 마드리드로 가는 도중 비아리츠(Biarritz)에 들러 머리를 남자처럼 자른다. 마드리드로 가는 이 여행도중 그들은 최초로 부부싸움을 한다. 캐서린은 다시 작품평이 실린 신문기사 클리핑에 대해 질투를 하며 논쟁을 걸어온다. 캐서린의 자제하지 못한 남녀복합성격병과 남성머리변장 등의 행동은 데이비드를 놀라움, 불행, 좌절, 그리고 절망감의 절정으로 몰고 간다.

제3부(9-24장)는 지중해 해안 라 나풀(La Napoule) 섹션이다. 라 나풀은 칸(Cannes)에서 남서쪽으로 약 4km 떨어진 곳에 위치한 작은 도시이다.[47] 그리고 칸은 니스(Nice)에서 남서쪽으로 약 34km 떨어진 곳에 위치한 지중해 해안의 프랑스의 한 작은 도시이다.[48] 데이비드와 캐서린은 스페인에서 프랑스 라 나풀로 돌아온다. 여기서 그들은 운명의 마리타를 만난다. 마리타의 싱싱함, 소년 같은 머리모양, 검게 그을린 피부색, 어부 같은 셔츠, 반바지,

---

47) *Ibid.*, 192 참조.
48) *Ibid.*, 44 참조.

에스파드리유(espadrille)의 복장 때문에 캐서린은 금방 마리타에게 매료되고 사랑에 빠진다. 아울러 데이비드도 마리타에게 매료되고 사랑에 빠진다. 마리타는 그녀의 레즈비언 친구 니나(Nina)를 떠나보내고 이들 부부에게 가담한다. 마리타도 데이비드에게 매료되고 사랑에 빠진다. 그녀는 데이비드가 캐서린의 양성교(bisexuality)의 함정에 걸려들었다는 것도 눈치챈다.

이제 데이비드, 캐서린, 마리타는 사랑의 삼각관계를 이룬다. 그러나 캐서린의 남자머리 취미와 남녀복합성격은 변함이 없다. 그녀는 데이비드에게도 자신의 머리처럼 자르기를 요구하기도 한다. 그러나 데이비드는 아랑곳하지 않고 작품을 쓴다. 캐서린이 요청한 설화수기(Narrative), 즉 자신들의 결혼이야기와 마리타를 포함한 삼각관계에 대한 글을 써보기도 한다. 그러나 이 글은 쓰면 쓸수록 힘들어진다. 그래서 그가 처한 혼란에서 탈출하기 위해 아프리카 이야기에 관한 작품을 쓴다. 작품의 타이틀은 앞서 말한 「아프리카 이야기」이다. 그러나 그의 작품은 순조로운 진행이 어렵다. 캐서린이 데이비드가 쓴 두 소설과 특히 현재 쓰고 있는 작품 「아프리카 이야기」에 대하여 질투를 하기 때문이다. 그녀의 질투는 「아프리카 이야기」가 캐서린 자신과 자신들의 결혼에 대한 줄거리가 아니라는 이유 때문이다. 캐서린은 데이비드와 마리타가 매우 가깝다는 것도 깨닫는다. 그리고 세 사람의 관계에서 캐서린 자신이 이상한 위치에 있다는 것도 알아차렸다.

제4부(25-30장)는 결말 섹션이다. 캐서린의 성격장애가 최악으로 악화되었을 때 마침내 캐서린은 문제의 신문기사 클리핑과 데이비드가 지금까지 썼던 작품들을 불태워버린다. 단, 그녀가 주장했던 데이비드와 그녀의 결혼관계, 그리고 마리타를 포함한 삼각관계에 대한 글, 즉 설화수기는 태우지 않았다. 불태워 버린 행동에 대해 사과의 편지를 남기고 다시 돌아올 것이라는 말을 하면서 캐서린은 목가적인 에덴동산의 생활에서 떠난다. 데이비드는 아프리카 이야기를 기억으로 복구하여 다시 쓰려 노력한다. 캐서린이 떠나고 데

이비드는 작가로서의 가능성을 회복한다. 이상이 이 작품의 줄거리이다.

결론적으로 『에덴동산』도 헤밍웨이의 인생이 곧 작품세계라는 큰 틀을 벗어나지 않았다. 『에덴동산』의 배경과 그 내용 역시 헤밍웨이의 인생길에 실재의 여행을 통해 익숙했던 사실과 자료들이 등장하고 있다. 제1부의 배경인 프랑스 남쪽 지중해 해안의 르 그로 뒤 르와는 앞서 말한 대로 헤밍웨이가 폴린과 함께 실제로 신혼여행을 갔던 실지의 장소이다. 제2부의 배경인 스페인과 제3부의 배경인 지중해도 헤밍웨이의 발길이 닿았던 장소들이다. 이 실재의 자료들에 헤밍웨이의 문학적 상상력을 가미하여 나온 작품이 바로 『에덴동산』이다. 『에덴동산』은 1986년 5월 헤밍웨이의 20번째 책으로 출간되었다. 이 작품은 원래 헤밍웨이의 원고로는 200,000단어 48장의 방대한 분량이었는데 70,000단어 30장으로 압축 편집되어 출간되었다.[49] 출판사 스크리브너사에서 '탐 젠크스'에 의해서 편집이 이루어졌다. 서두에서 밝힌 바 있는 이 소설이 헤밍웨이의 소설답지 않고 탐 젠크스의 소설 같다는 비판이 나오게 된 배경이 여기에 있다.

---

49) *Ibid.*, 113 참조.

3. 미국 플로리다주 키웨스트

1) 키웨스트: 70%의 작품생산지

　1928년 12월 6일, 헤밍웨이에게 비보가 날아들었다. 아버지 클레어런스가 권총으로 자살했다는 소식을 전보로 받았다. 당시 아버지의 나이는 57세, 헤밍웨이 나이는 29, 의사였던 아버지가 그 나이에 자살을 했다. 헤밍웨이의 충격이 컸을 법하다. 헤밍웨이는 그 당시『태양은 또다시 떠오른다』로 이미 세계적으로 주목받는 인기 작가가 되어 있었다. 그리고 미국으로 귀국하여 키웨스트에 거처를 마련해 작가로서의 꿈을 펼쳐가기 위해 동분서주한 시기였다. 첫 번째 아내 해들리와 파리에서 1927년 1월 27일 이혼하고 역시 파리에서 두 번째 아내 폴린과 1927년 5월 10일 재혼한 상태였다. 작가로서 대성하기 위한 의지와 열정이 최고조에 이르렀던 시기였다. 헤밍웨이는 뉴욕에서 해들리와 장남 범비를 만난 다음, 범비를 데리고 키웨스트로 기차를 타고 가는 도중 뉴저지주 트렌톤(Trenton, N.J.)에서 오크 파크로부터 온 아버지의 사망소식 전보를 받았다.

　이때 헤밍웨이는 어떤 행동을 취했는가? 그는 돈 100달러를 기차 포터의 손에 쥐어주고 범비가 계속 키웨스트로 여행하도록 조치한 후 시카고로 되돌아갔다. 헤밍웨이는 당일로 부친의 장례식을 치르고 이튿날인 12월 7일 키웨스트에 도착했다. 부친의 사망과 관련하여 고향집에서의 어떤 머뭇거림도 없었다. 문화적 차이가 있긴 하나 인류 보편적 가치와 정서로 접근할 때 냉정함이 보이는 측면이 있다. 헤밍웨이의 이런 행동은 창작에 대한 집념과 열정 외에 어떤 것으로도 설명할 방법이 없다. 그리고 그 집념을 불태울 정착지로서 그는 키웨스트를 선택했다. 키웨스트는 이렇게 선택된 그의 소설의 생산지였다.

키웨스트에는 헤밍웨이가 그의 두 번째 아내 폴린과 1928년부터 시작하여 1939년까지 거주했다(1928-1939). 그의 거주지는 1) Simonton Street, 2) South Street 1100번지, 3) Whitehead Street 907번지(1931-1939)였다. 세 번 거주지를 옮긴 셈이다. Whitehead Street 907번지 집은 현재 헤밍웨이의 기호에 맞춰 스페인풍의 2층집으로 단장되어 있다. 이 집에서 8블록 떨어진 곳에 슬로피조바(Sloppy Joe's Bar)가 있다. 헤밍웨이는 저녁이면 이 술집에 자주 들렀다. 그리고 세 번째 아내가 될 마사 겔혼을 1936년에 이 술집에서 만났다. 이 바는 헤밍웨이가 글쓰기의 긴장에서 해방될 수 있는 공간이기도 했다. 헤밍웨이는 저녁이면 이 바에서 사람들을 만나고 작품의 착상을 가다듬기도 했다. 그의 키웨스트 창작생활에 도움을 주었던 장소였다. 헤밍웨이와의 이런 인연으로 인해 이 바는 현재 매년 헤밍웨이 축제를 후원하고 있다.

키웨스트에서 헤밍웨이는 집념과 열정으로 그의 평생작품의 70%를 써내려갔다. 『무기여 잘 있거라』, 『오후의 죽음』, 「정결하고 조명이 잘된 장소」, 「스위스 찬가」, 「의사여 우리에게 처방약을 주소서」("Give Us a Prescription, Doctor"), 「신이여 신사 제현에게 즐거운 휴식을 주소서」("God Rest You Merry"), 『승자에게는 아무것도 주지 마라』(단편 14편 묶음집), 『아프리카의 푸른 언덕』, 「킬리만자로의 눈」, 「프랜시스 매코머의 짧고 행복한 생애」, 『가진 자와 못 가진 자』, 스페인전쟁의 경험을 살린 희곡 『제5열』, 『스페인의 대지』(The Spanish Earth), 「다리 위의 노인」, 『누구를 위하여 좋은 울리나』, 『제5열과 최초의 49단편들』(The Fifth Column and the First 49 Stories) 등이 키웨스트생활기간에 출판된 대표적인 작품들이다. 이 외에도 헤밍웨이는 기타 여러 단편들을 키웨스트에서 써냈다.[50]

---

50) 기타 단편: "Marlin Off the Morro"(1933), "One Trip Across"(1934), "The Tradesman's

체류지역과 작품생산이라는 주제와 관련하여 위 작품들을 분석하려면 이 기간에 헤밍웨이의 활동을 살펴보아야 한다. 이 기간에 헤밍웨이는 2가지의 큰 활동을 했다. 1933-1934의 아프리카 세렌게티평원 사파리여행과 1937-1938년의 스페인전쟁 참전이다. 따라서『가진 자와 못 가진 자』와 같은 키웨스트의 풍경과 생활에서 비롯된 작품들 외에도 아프리카와 스페인이 배경이 된 작품들이 키웨스트에서 구상되고 쓰여졌다.

2)『가진 자와 못 가진 자』

『가진 자와 못 가진 자』(To Have and Have Not)는 대표적인 키웨스트 작품이다. 이 작품에는 1929년 미국의 경제 대공황이 먼 시대적 배경으로 깔려 있다. 당시 키웨스트의 사람들은 경제공황의 여파로 경제적으로 아주 어려운 시련을 맞고 있었다. 이 작품에서 가진 자(The Haves)는 부유한 관광객들, 예를 들어 대학교수들과 정부관료들을 말한다. 못 가진 자(The Haves Nots)는 키웨스트의 가난한 사람들이다. 작품은 못 가진 자들 중 한사람인 43세의 해리 모건(Harry Morgan)과 그의 아내 매리(Marie)를 내세워 전개된다. 해리 모건은 이 작품의 주인공이다. 추운 겨울철 부유한 관광객들은 따뜻한 키웨스트로 관광을 와서 돈을 소비하는데 키웨스트의 못 가진 자들의 참상에는 어떤 관심도 기울이지 않는다는 내용이 줄거리이다.

이 작품은 1937년에 발표되었지만 1934-1935년을 시대상황으로 설정하고 1936년에 쓰여졌다. 이 작품은 앞에서 말한 사회의 불공평한 실상을 고발하는 소설이다. 이 작품이 빈부격차를 주제로 한 사회고발의 성격을 갖다 보

Return"(1936), "On the Blue Water: A Gulf Stream Letter"(『노인과 바다』의 기본구상작품)(1936), "The Denunciation"(1938), "The Butterfly and the Tank"(1938), "Night Before Battle"(1939), "On the American Dead in Spain"(1939), "Nobody Ever Dies"(1939), "Under the Ridge"(1939) 등.

니 출판 이듬해에 판매금지를 당하기도 했다. 1937년 10월 15일 이 작품을 발표했으나 이듬해인 1938년 5월 14일 디트로이트(Detroit)에서 판매금지를 당했다. 또 사회고발의 주제를 가지고 사회문제에 적극 개입하고 그 결과 어떤 생각을 호소하다 보니 자연히 헤밍웨이의 소설 발전사에서 기법적으로 빙산이론의 틀이 깨지는 결과를 초래했다. 단순, 압축, 응축의 키워드가 이 작품에서는 사라져 버렸다. 따라서 헤밍웨이의 빙산이론문체가 탈구되면서 고유영역에서 이탈되고 작품은 실패작의 딱지를 달고 말았다. 이 작품도 실재의 사실에 기초한 작품이라고 말할 수 있다.[51]

---

51) *To Have and Have Not*의 영화(film)가 있다. Humphrey Bogart(Harry Morgan), Walter Brennan(Eddie) 주연, 100분, 1994년 10월 개봉. 이 외에 라디오극 1편, TV극 1편이 있다(Oliver, 327 참조).

4. 스페인

헤밍웨이의 작품세계에 미친 스페인의 영향은 매우 크다. 스페인의 영향은 헤밍웨이가 스페인을 방문하고 체류하면서 체험했던 문화적 영향의 결과이다. 헤밍웨이의 최초의 스페인 방문은 1923년 5월에 시작된다. 그리고 1960년 10월 8일 비행기로 마드리드에서 뉴욕으로 귀국하는 것으로 마감이

[그림 16] 스페인 지도. 프랑스 국경에 가까운 팜플로나, 지중해에 접한 말라가, 수도 마드리드 등은 헤밍웨이 작품탄생의 중요한 지역들이다. (지도; Meyers, 304 참조)

된다. 헤밍웨이는 1923년(24세)에서 1960년(61세)까지 생애 37년 간 지속적으로 스페인에 대해 애정과 관심을 가졌고 열정을 쏟아 부었다. 헤밍웨이가 스페인에 들어간 것은 평생 동안 모두 18회였다. 외국의 한나라를 이렇게 깊은 관심과 애정을 가지고 여러 번 방문한다는 것은 이례적인 일이다. 어떤 목적과 애정이 없이는 절대로 불가능한 일이다.

왜 헤밍웨이는 스페인에 갔는가? 압축된 답이다. 스페인에 파시즘을 막아야 되는 전쟁(스페인내전), 산 페르민 축제(투우)와 같은 정열적인 문화, 그리고 어머니의 품속 같은 원시의 자연이 있었다. 그래서 헤밍웨이는 스페인에 갔다. 스페인과의 인연은 너무나도 단단하고 끈질기어 목숨을 걸고 전쟁에 참전했고 평생 동안 투우에 몰입했다. 그리고 헤밍웨이의 이런 열정적인 활동은 그대로 작품으로 나타났다. 헤밍웨이와 스페인의 인연 그리고 스페인과 관련된 그의 작품에 대한 분석이 필요하다.

1) 스페인전쟁과 헤밍웨이

스페인내전(Spanish Civil War)(1936년 7월 18일-1939년 3월 27일)의 원인은 이렇다. 스페인에서 치러진 1936년 2월 16일의 선거에서 자유주의자, 사회주의자, 그리고 공산주의자들로 구성된 인민전선(Popular Front)이 승리했다. 선거에서 승리한 그들은 스페인 국민들에게 새로운 좌파개혁을 약속했다. 그러나 프랑코(Generalissimo Francisco Franco)가 스페인령 모로코(Morocco)에서 이 개혁에 반발하면서 1936년 7월 18일 내전이 벌어졌다. 반란이었다. 우익세력들도 반란에 가담했다.

당시 스페인은 우익과 좌익이 복잡한 정파로 나뉘어 극도의 혼란상을 보이고 있었다. 그 전부터 복잡한 양상으로 유혈폭동과 같은 폭력행위가 발생하는 등 스페인 사회가 어지러운 혼란상을 보이면서 각 정파 간에 알력이 있었지만 일단 전쟁이 발발하자 정국은 국가주의자진영(Nationalist Camp)[반란진영(Rebel Camp)] 대(對) 공화파진영(Republican Camp)의 대결장으로 양분되어 전쟁이 진행되었다. 국가주의자진영에는 서서히 스페인의 로마가톨릭교회, 군부세력, 토지자본가, 기업가, 우익 팔랑헤(Palange)가 가담하여 결집했다. 이 국가주의자진영은 프랑코가 이끌었다. 이에 대항하여 도시노동자, 농업노동자, 그리고 중산층이 결속했다. 공화파진영이다. 공화파들은 호전적인 무정부주의자들이었다. 헤밍웨이는 공화파에 섰다.

    이들 세력 간의 전쟁은 2차 세계대전을 앞두고 국제적인 대리전 양상의 성격을 띠고 있었다. 전황은 수도 마드리드 사수 문제로 압축되었다. 공화파 정부가 프랑코진영과 대결하면서 효과적인 마드리드 사수에 심혈을 기울이고 있을 때 국제여단(International Brigades)이 충성파(Loyalist)에 가세했다. 충성파는 친공화파 반프랑코파의 노선에 서 있었다. 국제여단진영인 프랑스, 멕시코, 그리고 소련정부가 공화파에 장비와 물자를 지원했다. 그러나 전쟁의 판세에 결정적 영향을 미친 국제개입이 또 나타났다. 이탈리아 파시즘의 창시자인 무솔리니와 나치스 독일이 비행기, 탱크, 병사들을 프랑코에게 지원했다. 이탈리아는 5만 명, 독일은 1만 명의 병력을 지원했다. 이들의 전쟁물자 지원은 2차 세계대전을 위한 신무기 테스트의 성격이 짙었다. 나치스 독일은 피레네산 근처의 인구 약 6만 명의 작은 도시 게르니카를 맹폭격하여 처참하게도 거의 초토화 상태로 뭉개버렸고 이는 결국 피카소의 대작 『게르니카』가 탄생되는 계기가 된다. 당시 파리에서 활동하고 있었던 피카소는 고국 게르니카에서 벌어지고 있는 죄악상과 참혹상의 소식을 접하고 분노했다. 피카소는 당장 붓을 잡아 데생을 시작했다. 피카소는 죽음, 절망, 그리고 인간세계의 한계선을 넘어버린 전율의 지옥 같은 공포 속에서 육체와 영혼이 송두리째 파괴되면서 처절하게 울부짖으며 쓰러져 가는 인간과 역시 서글프게 울부짖으며 쓰러진 소와 말 등 동물들이 복잡하게 뒤엉킨 형태의 작품을 그려 나치스와 파시스트의 용서받지 못할 만행을 전 세계에 신랄하고도 통렬하게 고발했다.

전쟁은 결국 국내세력에 외국세력이 양대 진영에 각각 합세한 양상으로 발전했다. 프랑코가 이끄는 국가주의자진영에 파시스트가 합세하고 이에 대결하여 공화파에 국제여단이 합세하여 치르는 양상으로 압축되었다. 당시 영국, 프랑스, 독일, 이탈리아, 소련을 포함한 27개국이 불간섭조약을 1936년 8월 조인했다(독일, 이탈리아, 소련은 조약이탈). 미국도 그 대열에 섰다. 이런 국제정세에서 미국과 영국 등 여러 나라에서 온 자원자들은 공화파의 편에서 싸웠다. 그러나 공화파의 마지막 거점인 북부 빌바오(Bilbao)가 1937년 6월 함락되고 바르셀로나(Barcelona)가 1939년 1월 파시스트의 수중에 떨어졌다. 카탈로니아(Catalonia)를 잃어버린 공화파는 패색이 짙었고 프랑스와 영국이 프랑코 정부를 인정하기 시작했다. 발렌시아(Valencia)가 함락되고 결국 프랑코가 1939년 3월 27일 마드리드에 입성함으로써 3년 간의 전쟁은 종료된다. 1936년 7월 18일 시작된 전쟁은 1939년 3월 27일에 끝이 났다. 헤밍웨이의 의지와 노력과는 다르게 전쟁은 공화파의 패배, 파시즘의 승리로 끝나버렸다.[52]

헤밍웨이는 왜 스페인전쟁에 개입하게 되었는가? 헤밍웨이가 스페인내전에 개입했다는 말은 구체적으로 이 전쟁에서 공화파 사람들을 도왔다는 말이다. 더 구체적으로 말하면 스페인의 공화파 사람들이 파시즘을 물리치도록 정신적, 육체적, 물질적으로 그들을 적극 도왔다. 공화파 사람들은 주로 도시와 농촌의 노동자와 중산층 사람들이었다. 왜 헤밍웨이는 목숨을 걸고 그들을 도왔을까? 그것은 크게는 국제정세를 읽어내는 헤밍웨이의 안목, 작게는 스페인과 스페인 사람들에 대한 애정 때문이었다. 전자의 안목은 헤밍웨이의 판단으로 스페인전쟁은 전 세계가 곧 맞닥뜨려야 할 파시즘과의 대결의 전초전이라고 보았고 세계는 파시즘을 막아야 된다는 정치적 신념에서

---

52) Oliver, 309-310 참조.

비롯되었다. 후자의 스페인에 대한 애정은 파시즘으로부터 스페인을 지켜내야 된다는 동기와 의지가 매우 강한 데서 비롯되었다. 헤밍웨이는 스페인 땅과 사람 그리고 그 문화에 대한 강한 애착이 있었고 이 애착이 그가 스페인 전쟁에 목숨을 걸고 참전하게 된 동기였다고 말할 수 있다.

그러면 헤밍웨이는 왜 스페인 사람들과 문화를 사랑하고 스페인 땅에 대한 애정을 가지게 되었는가? 그것은 스페인이 간직하고 있는 원시의 자연과 정열의 문화 때문이었다. 헤밍웨이가 최초로 스페인을 방문한 것은 앞서 말한 대로 1923년 5월 하순이었다. 그때 그는 아랑후에즈에서 그의 생애 최초로 투우를 구경했다. 깊은 감동을 받았던 헤밍웨이는 6월 중순에 파리로 돌아왔다가 7월 6일 팜플로나를 방문하여 생애 최초로 산 페르민 투우축제를 정식으로 관람했다. 스페인에는 헤밍웨이의 취향에 딱 맞는 문화가 있다는 것을 그는 알아차렸다. 그가 좋아하는 열정이 숨 쉬는 나라가 바로 스페인이라는 것도 파악했다. 그리고 스페인은 헤밍웨이가 좋아하는 원시적인 자연이 보존된 나라라는 것도 알았다. 원래 스페인이라는 나라의 지세가 자연이 보존될 수밖에 없는 고원지대가 많은 나라였다. 지형이 험준하고 산악지대가 많다. 남부 평야지대를 빼면 국토의 표고가 매우 높은 고원지대이다. 자연히 교통소통이 원활할 수 없는 지세였다. 따라서 개발보다는 천혜의 자연보존이 쉬운 특성을 지닌 나라가 스페인이다. 여기에 스페인의 국민성이 열정적이어서 산 페르민 투우축제 같은 행사가 국민축제 겸 스포츠로서 자리잡았다. 헤밍웨이가 좋아하는 축제였다. 아랑후에즈 투우축제 관광 이후 헤밍웨이는 산 페르민 축제에 매료되었고 이 축제는 그에게 평생의 관심거리였다. 투우와 같은 문화관광과 천연의 자연을 매개로 스페인에 대한 애정이 헤밍웨이에게 생겼다. 스페인의 자연을 좋아하는 헤밍웨이의 심리는 그가 미시간 북부의 자연환경에서 받은 자연동경의 영향이다. 헤밍웨이의 자연에 대한 취향과 동경은 이 고원국가이자 산악국가인 스페인에 대한 동경으로 연결되었다. 그리고 스페인이라는 나라뿐만 아니라 스페인 사람들을 좋아하는 단계로 발전했다고 말할 수 있다.

그러면 스페인전쟁에서 헤밍웨이의 활동은 구체적으로 무엇이었는가? 헤밍웨이는 공화파를 돕기 위해 여러 가지 적극적인 행동을 취했다. 모금운동, 연설, 선전영화제작, 그리고 작품 창작을 통해서 공화파를 돕는 데 심혈을 기울였다. 헤밍웨이는 스페인전쟁전황급보를 ≪북아메리카 신문연합≫에 게재하기 위해 스페인으로 들어갔다. 헤밍웨이는 전쟁기간에 저널리스트로서 취재를 위해 세 번 스페인에 입국하였다. 제1회 1937년 2-5월, 제2회 1937년 9-12월, 제3회 1938년 3-5월이었다. 그리고 1938년 11월 3일, 그는 전우들에게 안부를 전하기 위해 잠시 스페인에 들리기도 했다. 스페인전쟁과 관련하여 4회 스페인을 방문한 셈이다. 헤밍웨이는 스페인으로부터 급보 제1신 "Passport for Franklin"을 포함하여 무려 30개의 전황급보기사를 ≪북아메리카 신문연합≫에 보내 스페인전쟁에 대한 정보를 전 세계 지식인 사회에 알렸다. 헤밍웨이는 스페인 종군기이며 선전영화인『스페인의 대지』의 대본을 만들기도 했다. 그리고 이 영화의 홍보와 기금마련을 위해 영화제작자 에반스(Joris Evens)와 함께 뉴욕에서 할리우드로 날라갔다. 그리고 뉴욕에서 개최된 ≪미국작가연맹≫(American Writter's Congress)에서 전 세계는 파시즘에 맞서 싸워야 한다는 반파시즘연설을 정열적으로 하기도 했다. 연설제목 "파시즘은 거짓말(사기)이다."("Fascism Is a Lie")에서 유추할 수 있듯이 파시즘의 허구성을 맹렬히 통박하였다. 연설문은 ≪뉴 매시즈≫(New Masses)에 게재되었다. 헤밍웨이는 무솔리니와 히틀러를 인간적으로 아주 싫어했다. 따라서 스페인에 파시스트정권이 들어서는 것을 막기 위해 헤밍웨이가 기울인 노력은 실로 진지했다.

헤밍웨이는 스페인전쟁에서 공화파를 도왔던 활동 때문에 공산주의자로 의심받아 여러 번 조사를 받는 수모를 당했다. 그때마다 자신은 자유를 신봉하는 사람임을 분명히 밝혔다. 헤밍웨이는 이미 일찍이 자신은 독재와 공산주의를 싫어하고 자유를 신봉한다고 밝힌 작가였다. 그러나 스페인의 공화파진영의 구성원의 색깔 때문에 공산주의자로 의심을 받았던 것으로 판단된다. 스페인내전에 참여하여 한참 활동하는 기간인 1937년 10월 15일 『가진 자와 못 가진 자』를 발표했으나 이 작품이 이듬해인 1938년 5월 14일 디트로이트(Detroit)에서 판매금지 처분되는 것을 보면 그가 스페인전쟁의 활동으로 힘든 시절을 보낸 것으로 여겨진다. 그럼에도 불구하고 헤밍웨이는 꿋꿋하게 스페인의 공화파지원을 계속했다. 그리고 대중매체에 스페인에 대한 원조가 필요함을 호소했다. 좌익계 잡지 ≪켄≫(Ken)지[53]에 루스벨트(Roosevelt) 대통령을 향하여 파시즘과 싸우고 있는 스페인에 자유세계의 원조가 절실히 필요함을 역설했다. 그러나 루스벨트는 당시 국제정세관계 때문이든 아니면 개인의 신념이든 간에 불간섭정책노선을 고수했다. 헤밍웨이의 요구에 응하지 않았다. 루스벨트 대통령의 이런 태도와 행동에 대해 헤밍웨이는 크게 실망했다. 그리고 이런 루스벨트에 대해 심한 불신감과 혐오의 감정까지 품게 된다. 그 결과 헤밍웨이는 루스벨트를 공개적으로 심하게 비난하기에 이른다. 마음이 다급해진 헤밍웨이는 할 수 없이 전 세계를 향하여 경고했다. 자유세계가 파시즘을 여기서 좌절시키지 않고 그대로 방치할 경우 앞으로 1년 이내에 세계전쟁이 일어날 것임을 단언하듯 예언했다. 이는 독일의 히틀러가 체코슬로바키아(Czechoslovakia)를 점령하고 이탈리아가 알바니아(Albania)를 침공하면서 2차 세계대전이 벌어짐으로써 그의 예언이 적중되었다. 독일은 폴란드(Poland)를 침공하고 프랑스와 영국은 전쟁을 선언했다. 이어서 소련은 핀란드를 침공한다. 헤밍웨이의 예언대로 본격적인 세계전쟁이 벌어진

---

[53] Ken지는 David Smart에 의해서 1937년에 창간된 좌익계 잡지이다. 헤밍웨이는 이 잡지에 단편 「다리 위의 노인」("Old Man at the Bridge")을 게재했다. 그리고 1937-1938년 사이에 12개의 기사를 기고했다(Oliver, 184 참조).

것이다.

　헤밍웨이의 예언, 스페인전쟁이 세계전쟁의 전초전이고 세계대전발발을 피하려면 파시즘을 제압해야 한다는 그의 주장은 세계정세를 정확히 꿰뚫은 안목에서 비롯되었다고 판단된다. 헤밍웨이의 국제적 안목과 상황판단능력을 볼 수 있는 대목이다. 헤밍웨이는 파시즘에서 스페인을 구하고 싶은 강렬한 의지를 가지고 있었고 그가 신봉하는 신념은 어떤 난관이 있어도 끝까지 지속하는 행동주의를 스페인전쟁을 통해서 보여주었다. 그리고 이런 과정을 거치면서 스페인의 문화와 사람들을 사랑하고 이를 배경으로 헤밍웨이는 스페인과 관련된 작품을 썼다.『누구를 위하여 종은 울리나』,『제5열』, 그리고 『스페인의 대지』 등은 스페인전쟁을 바탕으로 쓰여진 작품들이다.

2) 산 페르민 축제

　스페인에서 벌어지는 산 페르민 축제(Fiesta San Fermín)(매년 7월 6-14일)는 헤밍웨이에게 대단한 이벤트였다. 이 투우축제의 기원은 1591년 이전인 나바라(Navarra) 왕국시대로 거슬러 올라간다. 원래 이 축제는 나바르성(Navarre Province)의 수호성인 성 페르민(Saint Fermín)에게 경의를 표하기 위한 종교적인 행사였다. 나바르는 프랑스 남서부에서 스페인 북부에 걸쳐 있던 옛 왕국이었고 팜플로나(Pamplona)는 이 나바르의 수도였다. 팜플로나의 수호성자이자 3세기 말 최초의 주교였던 복음전도자 페르민은 종교적 신념 때문에 참수형을 당했었다. 이런 성 페르민을 기리기 위해 축제의 참가자들은 빨간 목도리를 두르고 페르민의 순교에 경의를 표했다. 그들은 교회에서 교회로 퍼레이드를 벌였다. 성축일 행사였다. 이 축제의 기원도시는 물론 팜플로나이다. 원래 성축일은 10월 10일이었다. 역사의 흐름에 따라 날씨관계로 날짜는 7월로 옮겨지고 경건하고 근엄했던 이 축제는 변하여 오늘의 형태로 자리잡았다.

[그림 17] 스페인 팜플로나 아마추어 투우축제에 참가했던 헤밍웨이(소와 맞붙은 중앙 오른쪽 검은 스웨터와 흰색 바지를 입은 사나이), 1925년 여름. 헤밍웨이는 1923년 스페인 아랑후에즈에서 생애 최초로 투우를 관광한 이후 평생 투우의 매력에 빠졌고 투우는 그의 작품주제가 되었다. (Copyright holder unknown; photo courtesy of the John F. Kennedy Library)

    오늘날 산 페르민 축제의 핵심 이벤트는 투우이다. 따라서 이 산 페르민 축제를 투우축제라고 불러도 무방할 정도이다. 산 페르민 축제의 내용을 보면 먹고, 마시고, 춤추고, 오전에는 인간과 소가 함께 달리는 소몰이행사가 있고, 오후에는 투우장에서 투우가 벌어진다. '오후'에 투우장에서는 인간과 소의 생사대결의 드라마가 벌어진다. 이 드라마에 '진실의 순간'이 있다. 그리고 '죽음'이 있다. '오후의 죽음'이다. 자연히 흥분이 있다. 그리고 축제의 특성상 술과 댄스가 있다. 이 축제의 분위기이다. 1주일 동안 낮과 밤에 술이 있고 댄스가 있고 시끌벅적한 소리가 가득한 이 축제는 7월의 스페인 국민 정서를 대변하는 이벤트였다. 분위기가 이렇다 보니 세계 각국에서 젊은이들이 모여든다. 그리고 수많은 관광객들이 가세하여 사람들의 시끌벅적함은 더욱 열기를 더한다. 특히 투우축제일 오전에 소와 인간이 함께 달리는 행사는 미국인들과 기타 외국인들을 끌어들였다. 이 정열의 스페인 정서와 축제는 헤밍웨이가 매우 좋아하는 분위기였고 이벤트였다. 헤밍웨이의 취향과 인생관에 딱 맞아떨어지는 매력 있는 국제행사였다. 그래서 헤밍웨이는 평생 동안 스페인의 투우축제에 몰입하게 되었다.

앞서 말한 대로 헤밍웨이는 스페인을 평생 동안 모두 18회 방문했다. 이 중 9회는 산 페르민 축제 관광이었다. 주로 젊은 시절에 이 관광이 집중적으로 이루어졌다. 헤밍웨이가 그 아내들, 폴린의 가족들, 그리고 친구들과 함께 이 축제를 찾은 9회의 년도는 1923년(24세), 1924년(25세), 1925년(26세), 1926년(27세), 1927년(28세), 1929년(30세), 1931년(32세), 1953년(54세), 1959년(60세)의 축제였다. 24세에 시작하여 60세까지 이 축제에 대한 관심이 거의 평생에 걸쳐 지속된 셈이다. 이 축제에서 헤밍웨이는 인간과 소가 펼쳐내는 생과 사의 진지한 드라마를 주의 깊게 관찰했다. 헤밍웨이는 투우사에게도 깊은 관심을 가졌고 많은 애정을 보였다. 투우사의 용기에 매료된 탓이다. 용맹한 군인의 활동무대가 전장이라면 투우사의 활동무대인 투우장이야말로 생과 사의 순간을 목격할 수 있는, 전쟁 다음으로 유일한 장소라고 헤밍웨이는 여겼다. 실제로 헤밍웨이는 논픽션 『오후의 죽음』에서 이렇게 말한다. "전쟁이 끝나버린 지금 생과 사, 그것도 횡사를 목도할 수 있는 유일한 장소는 투우장이다. 그래서 나는 그것을 연구할 수 있는 곳인 스페인에 몹시도 가고 싶었다."(The only place where you could see life and death, i.e., violent death now that the wars were over, was in the ring and I wanted very much to go to Spain where I could study it.).54) 헤밍웨이가 왜 투우에 대해 매력을 가졌는가를 단적으로 알려주는 구절이다. 그리고 여러 투우사들 중 헤밍웨이와 친했던 투우사는 카예타노 오도네즈이고, 카예타노는 『태양은 또다시 떠오른다』에서 페드로 로메로로 작품에 등장했다는 사실은 앞서 밝힌바 있다.

---

54) Hemingway, *Death in the Afternoon*, 10.

헤밍웨이는 카예타노의 아들 안토니오에 대해서도 깊은 관심을 가졌는데 안토니오는 『위험한 여름』에서 주인공으로 등장한다. "소와 함께 싸우는 안토니오를 바라보고 있으면 전성기 때 그의 아버지가 가졌던 모든 것을 그가 가지고 있음을 나는 보았다."(Watching Antonio with the bull I saw that he had everything his father had in his great days.)[55]라는 구절에서 헤밍웨이는 아들 안토니오가 그의 아버지 카예타노의 투우에 대한 열정, 재능, 기술, 그리고 명성을 이어받고 있음을 명확하게 표현하고 있다. 이 말은 헤밍웨이가 안토니오의 투우현장을 지속적으로 동행하면서 면밀하게 연구한 뒤에 나온 결론이다. 한 유명 투우사 가문에 대한 연구라고 평가할만한 대목이다.

이 투우축제의 절정은 소와 인간 사이에 생과 사의 대결이 펼쳐지고 흥분과 전율이 최고조에 이르는 자극적인 '진실의 순간'이다. 헤밍웨이는 이 분위기와 순간들을 즐겼다. 그리고 창작으로 이어갔다. 투우가 시작되면 빨간 천 카포테(Capote)로, 나중엔 에스파다 검과 막대에 감은 빨간 천 물레타(muleta)로 소와 맞서는 주역 투우사 마타도르(matador), 여섯 개의 작살을 꽂는 2명의 보조 투우사 반데릴레로(banderilleros), 투우시초에 창으로 소를 찔러 소를 성나게 만드는 2명의 기마투우사 피카도르(picador), 그리고 조수인 페네오(peneo)들이 24시간 동안 캄캄한 방에 갇혀 있다 나온 성난 소와 벌이는 생과 사의 절박한 진실의 순간이 펼쳐지는 투우장은 헤밍웨이의 젊은 날들을 몰입시켰던 인생의 배움터였다. 그 배움터가 당시 팜플로나에 있었다. 그리고 헤밍웨이는 그가 몰입해 즐겼던 이 투우축제를 『태양은 또다시 떠오른다』 등의 문학으로 다시 승화시켜 예술화시켰다. 팜플로나는 프랑스의 산악국경선에서 남쪽으로 약 38km 정도 밖에 떨어져 있지 않은 스페인 북부의 도시이다.[56] 따라서 파리에서 살았던 헤밍웨이와 그의 친구들은 쉽게 팜플로

---

55) Hemingway, *The Dangerous Summer*, 50.
56) Oliver, 256 참조.

나에 접근할 수 있었다. 『태양은 또다시 떠오른다』의 제2부에서 주인공 제이크 반즈와 그의 친구들, 즉 브렛 애쉴리, 로버트 콘, 빌 고튼, 그리고 마이크 캠벨이 찾아갔던 축제가 바로 이 축제이다. 작품에서 이 축제에 대한 언급은 이렇다. "축제는 7일 동안 밤낮으로 계속되었다. 댄스도 계속되었다. 술 마시기도 계속되었다. 시끌벅적함도 계속되었다."(It[The fiesta] kept up day and night for seven days. The dancing kept up, the drinking kept up, the noise went on.).57) 이 축제의 분위기를 알 수 있는 단적인 표현의 하나이다. 팜플로나는 헤밍웨이에게 매력 있는 도시가 되었다. 헤밍웨이는 팜플로나로의 여행에 대한 심경을 "팜플로나에서는 정말 유쾌했다."(Pamplona was lighthearted enough.)58)라고 압축했다. 이렇게 헤밍웨이가 즐겨 찾았던 팜플로나는 작품 『태양은 또다시 떠오른다』에 이어 『위험한 여름』에 등장하는 투우순회축제 도시 중의 하나가 되기도 한다. 『위험한 여름』의 제9장의 시작부분에서 헤밍웨이는 이렇게 말한다. "팜플로나는 아내를 데리고 갈 곳은 못된다." (Pamplona is no place to bring your wife.).59) 이 말은 밤샌 음주와 흥분된 파티 행사가 아내를 동반한 사람에게는 자유스럽지 않다는 의미로 해석된다. 실제로 헤밍웨이와 투우사 안토니오 오도네즈는 그들의 아내들을 다른 곳에 두고 5일 밤낮 동안 팜플로나의 이 축제를 즐겼다. 헤밍웨이는 팜플로나의 이 축제를 비롯하여 스페인의 여러 지방의 투우축제를 젊음의 낭만을 즐기는 이벤트로 여겼지만 그는 여기에서 그치지 않았다. 그는 스페인의 투우축제에서 얻었던 투우에 대한 그의 모든 지식을 불멸의 문학작품으로 집대성하여 기록해 두었는데 그 기록이 『오후의 죽음』과 『위험한 여름』에 담겨있다. 이 작품들은 산 페르민 축제 관광여행의 주요 산물이라고 말할 수 있다. 그 외에도 헤밍웨이는 앞에서 본 바와 같이 『태양은 또다시 떠오른다』에서 팜플로

---

57) Hemingway, *The Sun Also Rises*, 154.
58) Hemingway, *The Dangerous Summer*, 142.
59) *Ibid.*, 135.

나의 산 페르민 축제를 보조적으로 사용하고 있다. 이 축제가 헤밍웨이의 작품탄생에 적지 않은 영향을 미쳤음을 뜻한다.

축제역사는 이어지고 현재도 팜플로나의 축제에는 100만 명의 관광객이 몰려든다. 팜플로나 숙박시설의 한계를 넘는 인파이다. 그래서 팜플로나는 유럽에서 거리숙박이 허용되는 유일한 도시이다. 잔인하게 죽이는 소를 생각하면 축제치고는 곤란한 면이 있음에도 세계의 젊은이들은 이 축제에 열광하고 있다. 현재 동물애호가들의 반대에 부딪쳐 스페인의 투우축제는 많은 논란을 야기하고 있다. 그 결과 2004년 4월부터 바르셀로나에서는 투우가 금지되었다. 그러나 팜플로나는 헤밍웨이에 의해 세계에 소개되었고 오늘날 7월의 산 페르민 축제가 시작되면 전 세계의 젊은이들이 몰려드는 국제적인 도시가 되었다. 결국 스페인의 작은 도시 팜플로나에는 문화행사 산 페르민 축제가 있었고, 이 축제를 보기 위해 헤밍웨이를 비롯한 미국인들과 당시 젊은 예술인들의 방문 때문에, 이 도시는 유명해졌으며 작품 속에서 영원히 살아있는 불멸의 도시가 되었다. 현재 팜플로나에 세워져 있는 헤밍웨이 흉상 기념비는 산 페르민 축제를 세계에 소개한 헤밍웨이의 공헌을 압축하여 설명해준다고 볼 수 있다.

3) 라 컨슐러

라 컨슐러(La Consula)는 헤밍웨이의 미국인 부호친구 빌 데이비스(Bill Davis)와 그의 아내 애니(Annie)가 소유한 별장의 이름이다. 라 컨슐러는 스페인의 말라가(Málaga)가 내려다보이는 언덕에 자리잡고 있다. 아름다운 곳이다. 이곳은 헤밍웨이가 평생 동안 맺어왔던 스페인과의 인연을 마무리한 곳이다. 헤밍웨이는 60세 되던 1959년 여름을 스페인에서 투우순회축제를 관광하며 보냈다. 그리고 라 컨슐러에서 그의 60회 생일 파티를 열었다. 이 생일 파티는 애니의 30회 생일 파티와 겸했는데 많은 손님들을 초대했다. 헤밍웨이는 자신의 생일 파티에 아이다호주 케첨의 그의 주치의(主治醫) 조지 세이비어스(George Saviers)와 그의 아내 패트(Pat), 그리고 찰스 벅 랜햄 (Charles Buck Lanham), 런던주재 스페인 대사 미구엘 프리모 드 리베라 (Miguel Primo de Rivera), 투우사 안토니오 오도네즈, 문학친구 홉츠너 등을 비롯하여 10여명 이상을 초청했다. 자신의 주치의까지 초청한 것은 당시 그의 불편한 몸에 대한 대비를 고려함이었을 것으로 여겨진다. 비록 몸이 많이 불편한 상태였지만 집념과 열정으로 그는 스페인의 문화와 연결된 집필을 말년까지 모색했고 라 컨슐러에서의 체류와 행사는 모두 그의 집필계획의 일환이었다. 라 컨슐러에서의 그의 60회 생일 파티는 이국 땅 스페인에 대한 헤밍웨이의 정서를 알 수 있는 또 하나의 행사였다.

헤밍웨이는 이듬해인 1960년에도 다시 스페인을 방문했다. 1960년은 연초부터 헤밍웨이가 고혈압, 불면증, 심각한 우울증으로 많은 고생을 한 해이다. 그러나 마음속에 그리던 스페인을 그는 다시 찾아갔다. 1960년 8월 4일 뉴욕-마드리드 행 비행기를 이용, 컨슐러에 도착했다. 우울증은 신경쇠약증세로 악화되고 엉뚱한 행동이 나타났다. 통제 불가능한 화를 내는 편집증세까지 보이기 시작했다. 마침내 헤밍웨이는 마드리드-뉴욕행 비행기를 탔다. 앞서 말한 대로 1960년 10월 8일이었다. 이것이 그가 스페인과 젊은 시절부터 맺은 인연을 접는 영원한 작별이었다. 헤밍웨이의 스페인 여행은 아랑후에즈와 팜플로나에서 시작되었고 마지막 작별의 땅은 라 컨슐러였다. 그러나 이 작별은 육체적인 작별이었다. 그가 남긴 스페인과 관련된 작품들은 영원히 남아 오늘도 빛나고 있다. 아래에서 작품들을 소개한다.

4)『누구를 위하여 종은 울리나』

『누구를 위하여 종은 울리나』(*For Whom the Bell Tolls*)에 대한 비평계의 평가는 헤밍웨이의 작품 중에서 실패작으로 간주하고 있다. 그러나 헤밍웨이의 생각은 정반대였다. 헤밍웨이는 자신의 작품 중『누구를 위하여 종은 울리나』를 제일 좋은 작품으로 간주했다. 스페인에 대한 헤밍웨이의 애정의 표현이라고 판단되는 대목이다. 이 작품은 헤밍웨이가 스페인전쟁에 열중하고 있었던 1937년 5월 마지막 토요일부터 다음 주 화요일까지, 날짜로 치면 4일이지만 시간으로 계산하면 72시간(3일) 동안 전개되는 내용이다. 주인공은 로버트 조단(Robert Jordan)이다. 여자 주인공은 마리아(Maria)이다. 조단은 미국 몬태나 대학의 스페인어 강사이다. 휴가를 얻어 스페인전쟁에서 공화파(Republic)의 편에서 싸운다. 주인공은 스페인전쟁에서 충성파(Loyalists)를 돕기 위해 자원하여 참전했다. 그러나 그는 공산주의자는 아니다. 그는 반파시스트자이다. 그는 성공하지는 못했지만 스페인과 관련된 책도 한 권 출판했다. 실재의 전쟁에서 국제여단이 충성파를 지원한 현실과 같은 상황이 작품으로 재연되고 있다. 실재의 전쟁에서 충성파들은 프랑코 장군이 이끄는 국가주의자진영(반란진영)에 대항하여 싸웠다. 조단의 임무도 프랑코 장군의 반란군에 대항하여 싸우는 일이다. 마리아는 부모를 파시스트들에게 잃고 자신도 성폭행을 당한 파시스트의 희생자이다. 그녀는 우익 팔랑헤당원들(Falangists)이 자신의 집에 쳐들어와 그녀의 어머니와 작은 도시의 시장인 아버지를 죽이고 자신은 윤간을 당하는 피해를 입은 후 필라(Pilar)의 도움으로 상처를 치유해 가고 있다. 그들은 마리아의 친구들에게도 성폭행의 만행을 저질렀다. 그녀는 붙잡혀 열차로 소개되는 과정에서 파블로(Pablo)의 게릴라부대(guerilla band)가 그 열차를 폭파했을 때 구조되어 게릴라단과 함께 동굴로 들어왔다. 들어온 지 3개월이 되었다. 조단과 마리아 외의 등장인물은 이 집단의 공동리더인 파블로와 필라, 소련군 장군 골즈(Golz), 게릴라 두목 엘 소도(El Sordo), 충실한 공화파이며 길안내자인 안젤모(Anselmo), 집시 파파엘(Fafael), 페르난도(Fernando), 안드레즈(Andres), 프리미티보(Primitivo), 조퀸(Joaquin), 파코(Paco), 구스타보(Gustavo), 이그나시오(Ignacio), 아구스틴

(Agustin), 베렌도(Berrendo), 안드레 마사트(Andre Massart), 고메즈(Gomez), 모라(Mora), 미란다(Miranda), 듀번(Duvan), 카코브(Karkov), 캐쉬킨(Kashkin), 참모장교, 그리고 저격병 등이다.

이 작품의 초점은 다리폭파이다. 그리고 이 다리폭파의 임무가 주인공 조단에게 부여되었다. 조단에게 임무를 부여한 사람은 충성파의 사령관 중의 한사람인 골즈 장군이다. 골즈는 충성파의 편에서 싸우고 있는 러시아의 공산주의자이다. 소련이 국제여단의 일원으로서 공화파를 지원했던 실재와 같은 맥락이다. 다리는 세고비아(Segovia) 남동쪽 구아다라마 산맥(Guadarrama Mountains)에 있는 이름이 알려져 있지 않은 강에 놓여있는 다리이다. 다리를 폭파해야 하는 이유는 프랑코 반군에 대한 충성파의 공격을 돕고 충성파의 공격 후에 파시스트들의 예상되는 반격을 지연시키기 위한 것이다. 조단은 구아다라마 산맥의 동굴에서 임시로 거처하고 있는 소규모 게릴라단에 소속된다. 이 게릴라단은 그 동안 파블로와 그의 아내인 필라가 이끌고 있었다. 그들은 이미 3개월 전에 앞서 말한 마리아를 구조시킨 열차 하나를 폭파시킨 경력이 있으며 열차 폭파 후 산악지대로 피신하여 현재까지 3개월 동안 산 속 동굴에서 숨어 지내고 있었다.

조단은 마리아를 만난다. 그리고 조단과 마리아는 사랑하는 사이가 된다. 필라는 마리아가 조단과 함께 있는 것이 마음의 상처를 치유하는 것이라고 믿는다. 이제 조단은 다리폭파 임무와 마리아와의 사랑이라는 두 가지 일이 생긴 셈이다. 조단은 파블로가 이끌었던 게릴라대원들과 함께 정확한 시간에 다리를 가까스로 폭파한다. 그러나 다리폭파 후 도망치면서 심각한 부상을 입고 죽음을 기다리게 된다. 조단은 가지고 있던 기관총으로 파시스트들의 반격을 지연시키면서 동료들과 마리아까지도 피신할 수 있도록 시간을 벌어준다. 그는 적병들과 결사항전하면서 아군 동료들의 안전한 피신을 위하여 마지막까지 최선을 다한다. 그리고 그들을 떠나보내고 난 뒤 죽음을 맞이한다. 영웅적인 죽음이다.

작품에 설계된 모든 것들이 스페인전쟁에서 헤밍웨이가 직접 체험한 내용들이 주를 이루고 있어 스페인전쟁의 결과물로 간주되는 소설이다. 스페인전쟁과 헤밍웨이의 참전의 산물이 곧 『누구를 위하여 종은 울리나』이다. 그리고 이 소설은 전쟁소설이라고 볼 수 있는데 이국 땅의 전쟁에 참여했던 헤밍웨이는 전쟁을 어떻게 생각하고 있는가? 이는 이 작품의 주인공 조단의 생각을 점검함으로써 가능하다. 조단의 생각은 곧 헤밍웨이의 전쟁에 대한 입장을 대변하는 것이라고 볼 수 있기 때문이다.『무기여 잘 있거라』에서 프레더릭 헨리는 단독강화를 선언하고 전쟁을 혐오했다. 스페인전쟁에 자원입대한 조단 역시 전쟁을 혐오한다. 헤밍웨이는 1차 세계대전의 이탈리아 전쟁을 겪고 난 뒤 전쟁혐오에 대한 생각을 가지게 되었다. 헤밍웨이 작품세계에 전쟁과 관련된 부분들이 두드러진다고 해서 그가 전쟁광은 아니라는 뜻이다.

『누구를 위하여 종은 울리나』는 헤밍웨이의 네 번째 소설이다. 장편소설로서 1940년에 출판되고 1941년에 The Limited Editions Club의 금메달상(Gold Medal Award)을 수상한 작품이다.[60]

5)『제5열』

타이틀인『제5열』(The Fifth Column)이 지칭하는 것은 스페인내전에서 적군들에게 비밀리에 동정심을 발휘하며 아군에 반역적이고 파괴적인 행동을 하는 사람들을 가리키는 말이다. 이 연극은 두 사람의 충성파 이야기가 주를 이루고 있다. 두 사람은 맥스(Max)와 그의 동료 필립 롤링스(Philip Rawlings)이다. 두 사람은 적군에 대해 방첩활동을 한다. 그들은 5열들을 잡

---

[60] *For Whom the Bell Tolls*의 영화가 있다. Gary Cooper(Robert Jordan), Ingrid Bergman (Maria) 주연, 170분, 1943년 7월 개봉. 그리고 라디오 각색물 2편, TV극 1편이 있다 (Oliver, 106 참조).

는 임무를 수행하는데 5열의 숫자가 300여명에 이른다. 맥스는 독일인이고 정찰장교이며 주로 5열들을 잡는 임무를 띠고 있다. 롤링스는 미국인이고 이 연극에서 주인공이며 맥스를 도와주는 임무를 띠고 있다. 롤링스는 이 전쟁에 대해서 환멸을 느낀다. 그 환멸은 정부를 배반하고 프랑코 장군의 파시스트를 지원하기 위해 5열에 가담한 많은 스페인 민간인들을 보면서 느끼고 다른 한편으로는 충성파 지휘관들의 잘못된 리더십 때문에 전쟁이 잘못 흐르고 있는 데서 느낀다. 다른 의미 있는 등장인물은 로버트 프레스톤(Robert Preston)과 도로시 브리지스(Dorothy Bridges)이다. 그들은 미국인 작가이고 마드리드의 플로리다 호텔에 머물고 있다. 이 호텔은 때때로 파시스트들의 총격을 받는다.

플로리다 호텔은 스페인전쟁 당시 헤밍웨이가 다른 기자 및 작가와 함께 머물렀던 바로 그 호텔이다. 스페인전쟁참여의 경험이 그대로 작품으로 전환된 것임을 알 수 있다. 『제5열』은 3막극의 희곡이다. 이 작품은 스페인 내전기간인 1937년 10월 15일 집필을 시작하여 정확히 1년 후인 1938년 10월 14일 출판된 작품이다.

6) 『스페인의 대지』

『스페인의 대지』(The Spanish Earth)(1938년 6월 15일)는 작품과 영화가 동시에 있다. 작품으로는 스페인 종군기 및 기록영화인『스페인의 대지』에서 헤밍웨이가 역할을 한 사운드 트랙 내레이션을 뽑아내 책으로 만든 것이다. 영화는 미국인 및 전 세계인들에게 스페인에게서 일어나는 전황을 생생하게 전달하기 위해 영상으로 제작한 것이다. 이 영화제작에서 헤밍웨이는 육성녹음으로 해설을 맡았다. 네덜란드 영화감독 에반스(Joris Evens)가 만든 이 영화는 54분짜리 스페인전쟁기록영화이다. 1937년 7월 5일 최초로 상영되었다.

7) 『오후의 죽음』

논픽션 『오후의 죽음』(Death in the Afternoon)은 스페인의 투우를 다룬 비스페인어로 된 투우서 중에 가장 훌륭한 책으로 인정받고 있다. 이 작품에서 다루고 있는 주제는 스페인의 투우와 수도 마드리드이지만 그 외에도 복잡한 스페인의 문화가 소개되고 있다. 그리고 헤밍웨이의 철학과 관점을 들여다 볼 수 있는 부분도 많은데 폭력적인 죽음과 작품관에 대한 부분이 특히 그렇다. 그의 도덕관은 더욱 흥미롭다. 헤밍웨이는 이 작품의 제1장에서 도덕의 정의를 이렇게 내렸다. "나는 단지 도덕적인 것은 사후(事後)에 기분이 좋은 것이고 비도덕적인 것은 사후에 기분이 나쁜 것으로 알고 있다."(I know only that what is moral is what you feel good after and what is immoral is what you feel bad after.).[61] 이 도덕관은 도덕 일반론으로 해석해선 곤란하다. 이 도덕관은 투우와 관련된 도덕관으로 해석해야 한다. 투우에서 인간이 소를 이겨 죽이면 기분이 좋아 도덕적이고 인간이 지면 기분이 나빠 비도덕적이 된다는 뜻을 암시한다.

『오후의 죽음』은 1932년에 출판되었다. 이때는 세계적으로 전쟁이 없는 시기로, 헤밍웨이는 전쟁 다음으로 긴박감이 넘치는 죽음의 현장을 볼 수 있는 곳이 스페인의 투우장이라 생각했다. 총 20장으로 구성된 이 작품에는 헤밍웨이의 스페인 사람과 문화에 대한 사랑, 예술로서의 투우, 투우 전문용어, 스페인의 기후, 수도 마드리드와 프라도(Prado) 박물관, 스페인에서의 사랑, 그의 작품관, 죽음관, 도덕관 등에 대한 헤밍웨이의 생각이 잘 나타나 있다.

8) 『위험한 여름』

논픽션 『위험한 여름』(The Dangerous Summer)의 내용은 스페인 최고의

---

61) Hemingway, Death in the Afternoon, 11.

두 명의 투우사 안토니오 오도네즈(Antonio Ordóñez)와 루이스 미규엘 도민 귄(Luis Miguel Dominguín)의 격렬하고도 경쟁적 투우 장면을 포함하여 1959년 여름에 있었던 스페인의 투우시즌에 대한 기록이다. 헤밍웨이는 『위험한 여름』의 집필을 위해 1959년 여름에 스페인의 투우시즌을 관찰하면서 여러 번 라 컨슐러에 들러 신세를 졌다. 60회 생일 파티를 이국 땅 스페인에서 열었던 것은 작품 『위험한 여름』을 위해 투우시즌을 놓치지 않기 위한 것으로 판단된다. 헤밍웨이는 1959년 8월 14일 체류지 말라가에서 열린 투우경기를 포함하여 그해 스페인의 여름을 뜨겁게 달구었던 투우를 예리한 눈으로 관찰했다. 그리고 이를 작품에 담았다. 그 작품이 바로 『위험한 여름』이다. 『위험한 여름』은 헤밍웨이가 1959년에 집필을 완료했을 때 초고가 무려 120,000 단어나 되는 방대한 분량이었다. 헤밍웨이의 초고 120,000단어가 홀츠너에 의해 65,000단어로 단축되고 다시 출판사 스크리브너사의 편집자 마이클 피츠(Michael Pietsch)에 의해 최종적으로 45,000단어로 단축되었다.62) 홀츠너는 헤밍웨이가 죽기까지 13년 간 친구로 지냈고 1959년의 스페인 투우순회 축제에 헤밍웨이와 함께 여행했다. 그리고 그는 1960년 6월 21일 쿠바 아바나의 핑카 비히아에 도착하여 ≪라이프≫지에 게재할 『위험한 여름』의 군더더기를 쳐내는 데 도움을 주었다. 주목할 점은 헤밍웨이가 완성한 이 작품의 초고가 120,000단어나 되는 매우 방대한 분량이었다는 사실이다. 이는 그가 스페인의 투우에 대한 세밀한 기록을 위해 얼마나 강렬한 열정을 쏟았는가를 알리는 단서이다. 더욱이 이미 투우서 『오후의 죽음』이 나온 상황이라는 점을 감안하면 더욱 그렇다. 『위험한 여름』은 1959년에 집필을 시작하여 이듬해에 ≪라이프≫지에 세 개의 시리즈로 게재되었다. 이후 책의 형태로서는 1985년에 사후 출판 작품으로서 스크리브너사에서 헤밍웨이의 19번째 작품으로 출판되었다.

---

62) Oliver, 70.

9) 8편의 스페인 단편과 스페인에 대한 애정

지금까지 살펴본 바와 같이 헤밍웨이의 스페인에 대한 관심과 애정은 각별했다. 그의 스페인에 대한 몰입과 애정은 더 많은 작품과 글로 표현되기도 하고 그의 생활문화에 고스란히 묻어난다. 위에 소개된 작품들 외에도 헤밍웨이는 스페인전쟁과 관련하여 8편의 단편소설들을 썼다.63) 그리고 헤밍웨이는 앞서 말한 대로 30개의 전쟁급보기사를 썼다. 스페인에 대한 그의 관심과 애정을 볼 수 있는 부분이다. 그의 스페인에 대한 애정의 표현은『노인과 바다』에 18개의 스페인 단어가 도입되었다든가 키웨스트의 그의 2층집이 스페인풍으로 꾸며져 있는 모습에서도 여실히 드러난다. 이 집에는 실내는 아프리카와 쿠바 등에서 사들인 진기한 가구들과 함께 스페인의 향수가 묻어나는 물건들이 장식되어 있다.

헤밍웨이는 스페인의 투우축제 관광을 통해 인생은 지루하지 않았고 박진감 넘치는 삶이 되었다. 그리고 행복했다. 헤밍웨이 연구에서 투우를 비롯하여 스페인의 문화를 결코 제외해서는 안 되는 이유이다. 그리고 스페인의 자연은 미시간 북부에서 익힌 자연을 사랑하는 헤밍웨이에게 정신적 고향과 같은 역할을 했다. 스페인의 자연과 문화에 매력을 갖는 헤밍웨이의 모습은 여러 곳에서 볼 수 있는데 작품『에덴동산』의 제4부 26장에 나오는 구절도 그 중의 하나이다. 주인공이자 작가인 데이비드가 그 동안 썼던 아프리카에 관한 소설과 신문에 난 서평 오려 낸 것을 모두 불태워 버린 여주인공 캐서린은 데이비드에게 "(아프리카) 대신 스페인에 관해서 글을 쓰면 근사할 것 같아요. 당신은 스페인은 아프리카와 거의 똑같다고 말했었지요. 그리고 스페인에는 문명화된 언어라는 유리한 점이 있잖아요."라고 말한다. 이 말에는

---

63) 8편의 목록은 이렇다: "The Chauffeurs of Madrid," "Old Man at the Bridge," "The Denunciation," "The Butterfly and the Tank," "Night Before Battle," "Landscape With Figures," "Nobody Ever Dies," "Under the Ridge."

스페인의 자연과 문화가 주는 매력을 아프리카의 그것들과 동일선상에서 보고 있는 헤밍웨이의 의식이 숨겨져 있다. 그리고 이 말은 헤밍웨이 작품세계에서 지역과 문화에 따라 작품이 탄생되는 흐름을 잘 요약한다. 헤밍웨이의 아프리카의 자연에 대한 동경이 아프리카와 관련된 작품들을 탄생시켰듯이 그의 스페인에 대한 관심과 애정은 스페인과 관련된 작품들을 탄생시켰다. 스페인에 대한 풍성한 작품생산은 이런 관심과 애정에서 나온 자연스런 결과물이라고 볼 수 있다. 『노인과 바다』에 나타난 많은 스페인과 관련된 용어구사도, 애지중지했던 개인어선의 이름을 스페인에서 유래된 "*Pilar*"라고 정했던 것도, 『누구를 위하여 좋은 울리나』의 등장인물에 또 "Pilar"라고 이름을 붙인 것도, 그리고 스페인풍의 장식으로 치장한 핑카 비히아의 생활환경도 모두 스페인에 대한 애정과 관련된 사항이다. 스페인 땅은 헤밍웨이의 의식 속에 어머니의 품속 또는 고향 같은 곳, 그런 곳이었던 듯하다. 『스페인의 대지』라는 작품 타이틀을 보면 그런 생각을 더욱 굳히게 된다. 그리고 앞서 말한 대로 『누구를 위하여 좋은 울리나』를 최고의 작품으로 간주하는 헤밍웨이의 생각에 다다르면 그는 스페인 땅과 관련하여 생산된 작품에는 애정을 넘어 자부심까지 느끼고 있는 듯하다.

5. 쿠바 아바나

1) 라 핑카 비히아

 라 핑카 비히아(La Finca Vigía, 농장 망루, 전망 좋은 집)(체류기간 1939-1960)는 원래는 쿠바의 수도 아바나 교외에 위치한 농가였다. 'Finca'는 농장이란 뜻이고 'Vigía'는 망루라는 뜻이다. 따라서 'Finca Vigía'는 '농장 망루'라는 의미이다. 1939년에 헤밍웨이의 세 번째 아내가 될 마사 겔혼이 이 농가를 임차하면서부터 헤밍웨이는 핑카 비히아와 인연을 맺었다. 마사와 결혼 후 헤밍웨이는 키웨스트에서 이곳으로 완전히 이사했고 부부는 임차했던 집을 1940년 12월 28일에 12,500달러를 주고 매입했다. 핑카 비히아는 개조되어 서재, 침실, 거실이 딸린 본채가 있고 그 옆에 1947년에 메어리에 의해서 지어진 3층 탑건물의 별실 집필실이 있다. 멕시코만류의 바다가 보이는 3층 집필실은 헤밍웨이가 작품을 쓰기에 아주 좋은 곳이었다. 바다가 보이는 이곳에서 헤밍웨이는 작품구상을 했고 그것을 원고지에 옮겼다. 헤밍웨이는 1959년에 케첨에 새집을 마련하여 미국으로 돌아갈 때까지 이 집에서 창작활동을 했다. 케첨에 새집을 마련한 뒤에도 1960년에 홋츠너와 함께 ≪라이프≫지에 게재할 『위험한 여름』의 군더더기를 쳐내는 일을 이 집에서 해냈다. 1939년부터 그가 죽기 직전인 1960년까지 이 집에서 작품을 쓰고 활동을 한 셈이다. 이혼하고 새로운 아내를 맞이하면 거처를 옮기는 헤밍웨이였지만 마사와 이혼하고 네 번째 아내 메어리와 재혼하고서도 그는 이 집을 고수했다. 그만큼 헤밍웨이가 이 집을 사랑했다는 증거이다. 1961년 헤밍웨이 사망 이후 핑카 비히아는 헤밍웨이 박물관이 되었고 현재 쿠바정부의 소유로

[그림 18] 라 핑카 비히아 전경, 쿠바 아바나 교외. 헤밍웨이는 이곳에서 불후의 걸작『노인과 바다』를 썼다.『누구를 위하여 종은 울리나』도 이 집에서 발표했다. (Ernest Hemingway Collection; photo courtesy of the John F. Kennedy Library)

되어 있으며 9,000여 권이 넘는 책, 잡지, 팜플렛, 집기 등이 보관되어 있다. 현재 핑카 비히아는 해풍에 시달려 집을 보수해야 함에도 불구하고 미국정부와 쿠바정부의 관계 때문에 손을 쓰지 못하는 안타까운 상황에 처해 있다.

핑카 비히아에서 헤밍웨이는 생애 최대 걸작을 썼다.『노인과 바다』이다. 단편소설을 제외한 대표적인 작품의 집필과 출간 내역은 다음과 같다. 1)『제5열』출간, 2)『누구를 위하여 종은 울리나』출간, 3)『에덴동산』집필 시작, 4)『멕시코만류의 섬들』집필 시작, 5)『강을 건너 숲속으로』집필 시작, 6)『강을 건너 숲속으로』출간, 7)『멕시코만류의 섬들』완성, 8)『노인과 바다』출간, 9)『움직이는 축제일』과『에덴동산』집필 계속, 10)『위험한 여름』집필 시작, 11)『위험한 여름』이 ≪라이프≫지에 시리즈로 게재됨, 12)『킬리만자로의 눈과 기타 단편들』(The Snows of Kilimanjaro and Other Stories) 출간 등이다. 앞의 주요작품 출간과 집필 내역에서 볼 수 있듯이 핑카 비히아 시절의 창작활동은 키웨스트 시절에 비하면 덜 풍성하고 활발하지 못했다. 이유는 건강악화였다. 이 시기에 헤밍웨이는 마사와의 불행한 결혼과 이로 인한 과음으로 몸이 많이 나빠졌다. 그리고 각종 병들이 발생하였다. 자동차사고로 1944년 5월 4일 뇌진탕사고를 당하고 이어 8월 5일 랜햄 22연대에서 지프차사고로 또다시 뇌진탕을 당한다. 이때 헤밍웨이에게 사물이 두 개로 보이는 복시현상이 발생했다. 1950년 7월에도 뇌진탕, 1954년에도 또다시 뇌진탕을 당했다. 헤밍웨이는 평생 다섯 번의 뇌진탕을 당했다. 그런데 1918년 7월 8일 이탈리아전선에서 당한 최초의 뇌진탕 이후 네 번의 뇌진탕이 모두 핑카 비히아 시절에 집중되어 있다. 그 외에 폐렴, 단독, 발마비, 메어리의 임신과 합병증, 신장감염, 화상, 이질, 괄약근 마비, 두 개의 척추디스크 파열, 간장과 오른쪽 신장 및 비장 파열, 오른쪽 팔과 어깨 탈구, 발진, 신염, 간염, 빈혈증, 고혈압, 고콜레스테롤, 동맥경화증, 피부발진, 당뇨병, 헤모크로마토시스 의심, 기억상실, 심각한 우울증 등이 이 시절에 찾아들었다. 이렇듯 핑카 비히아 시절은 건강이 심하게 나빠진 시기였다. 그 결과 모험과 도전 그리고 흥분과 자극의 삶 뒤에 나타나는 작품생산이라는 기본구조가 깨져버렸다. 작가로서의 기능을 하기에 심각하고 중대한 차질과 변화가 신체에 생긴 셈이다. 그러나 헤밍웨이는 치열한 작가정신으로 이를 극복하기 위해 많은 노력을 했다. 그 치열한 노력의 결과로 헤밍웨이는 『노인과 바다』와 『누구를 위하여 종은 울리나』를 비롯한 대작들을 쓸 수가 있었다.

핑카 비히아의 생활은 멕시코만류지역을 작품의 배경으로 삼는 시기였다. 위의 핑카 비히아 시절의 작품들 중에서 멕시코만류를 배경으로 한 작품들은 『노인과 바다』와 『멕시코만류의 섬들』이다. 헤밍웨이는 아바나에서 23년 간(1938-1961) 함께 지낸 어부가 있었다. 그레고리오 퓨엔테스(Gregorio Fuentes)였다[64]. 퓨엔테스는 멕시코만류를 활동공간으로 하여 헤밍웨이의 어선 필라호에서 일등항해사로서 일하며 헤밍웨이를 최선을 다하여 보좌했다. 그리고 헤밍웨이는 이런 퓨엔테스에 관해서 단편 「크고 푸른 강」("The Great Blue River")에 담았다. 멕시코만류를 배경으로 한 또 하나의 작품이라고 볼 수 있다.

핑카 비히아 시기는 명예와 경제적으로 문학적 결실을 거둔 기간이기도 하다. 이 시기에 『노인과 바다』로 퓰리처상을 수상했고 노벨문학상을 수상했다. 그리고 앞에서 밝힌 대로 『누구를 위하여 종은 울리나』에 대한 금메달을 Limited Editions Club으로부터 수상하기도 했다. 또 Saturday Review of Literature가 실시한 독자여론조사에서 헤밍웨이가 미국의 일류소설가로 선정되는 영광도 안게 되었다. 3막극 『제5열』이 리 스트라버그(Lee Straberg) 감독으로 뉴욕에서 공연되었는데 이후 87회의 공연기록을 세웠다. 파라마운트(Paramount) 영화사로부터 『누구를 위하여 종은 울리나』의 영화저작권료로 십만 달러의 제안이 들어오고, 「살인자」의 영화제작권을 유니버설 스튜디오사(Universal Studio)에 판매하기도 했으며, 「프랜시스 매코머의 짧고 행복한 생애」의 영화제작권을 파라마운트사에 판매했다. 또 단편소설 「나의 부친」을 20세기 폭스사(Twentieth Century Fox)에 45,000달러에 판매했다. 「사파리」

---

64) Gregorio Fuentes: 1897년 7월 11일-2002년 1월 13일(일요일)(향년 104세), 쿠바 코히마르에서 사망.

("Safari")가 헤밍웨이를 책표지로 하여 ≪룩≫(*Look*)지에 게재되기도 하고, 「한 미국인의 소설작가」("An American Storyteller")가 헤밍웨이를 책표지로 한 ≪타임≫지에 게재되기도 했다.

핑카 비히아 시절 후반기는 헤밍웨이의 문체가 원숙한 경지로 발전하는 시기였다. 키웨스트에서 썼던 『가진 자와 못 가진 자』, 핑카 비히아의 초기 시절에 집필을 종료했던 『누구를 위하여 종은 울리나』, 핑카 비히아 시절의 중간기간에 발표한 『강을 건너 숲속으로』 등에 적용되었던 문체는 그의 빙산이론문체가 탈구되어 문체의 고유영역을 벗어나 버렸다. 그러나 헤밍웨이는 1952년에 발표한 『노인과 바다』에서 빙산이론문체를 다시 적용시켜 고유영역으로 복귀함은 물론이고 여기에 시적인 문체를 가미함으로써 그의 최후의 원숙한 문체를 선보인다. 본령에의 복귀를 넘어서 더 발전된 단계에 진입했다고 말할 수 있다.

2) 『노인과 바다』

『노인과 바다』(*The Old Man and the Sea*)는 헤밍웨이의 작품세계에서 어떤 의미를 주는가? 『노인과 바다』는 헤밍웨이를 영미문학사에서 불후의 유명작가 반열에 올려놓았다. 이 걸작으로 헤밍웨이는 1953년에 퓰리처상을 받았고 1954년에는 『노인과 바다』를 중심으로 한 그의 전 소설을 인정받아 노벨상을 수상했다. 노벨상 수상의 이유는 "현대서술예술의 강력하고 원숙한 문체 창조"(powerful, style-making mastery of the art of modern narration)였다. 이 작품에 사용된 문체가 범상치 않음을 암시한다.

『노인과 바다』의 탄생의 역사를 추적한다. 이 작품의 기본구상은 1936년에 시작되었다. 「푸른 물결 위에서: 멕시코만 편지」가 ≪에스콰이어≫지 (1936년 4월호)에 게재되었는데 이 작품에 향후 헤밍웨이가 『노인과 바다』에

[그림 19] 노벨문학상을 전달받는 헤밍웨이(왼쪽), 오른쪽은 스웨덴 공사, 1954년 12월, 라 핑카 비히아. 노벨상수상 이유는 "현대서술예술의 강력하고 원숙한 문체 창조"(powerful, style-making mastery of the art of modern narration)였다. (Copyright holder unknown; photo courtesy of the John F. Kennedy Library)

서 사용할 기본구상이 담겨 있었다. 「푸른 물결 위에서: 멕시코만 편지」의 줄거리는 쿠바의 늙은 어부가 거대한 청새치를 잡기는 했지만 상어들의 습격을 만나 그 살을 전부 뜯기고 실신 상태로 돌아온다는 내용이다. 『노인과 바다』의 줄거리와 같은 구성이다. 『노인과 바다』에 대한 본격적인 집필은 1950년 늦게 시작하여 1952년 3월까지 진행되었으며, 1952년 9월 1일 ≪라이프≫지에 게재되었다. 이어 1주일 뒤인 1952년 9월 8일 스크리브너사에서 헤밍웨이의 16번째 책으로『노인과 바다』는 출간되었다. 이상이『노인과 바다』가 출판되기까지의 간략한 역사이다. 작품구상과 탄생의 기간이 결코 단기간이 아니며 적어도 16년이 걸렸다.

작품의 배경 및 환경은 이렇다.『노인과 바다』는 헤밍웨이의 체류지 쿠바와 멕시코만류를 배경으로 탄생되었다. 더 구체적으로『노인과 바다』는 헤밍웨이가 살았던 쿠바의 핑카 비히아에서 아바나 동쪽으로 약 11km 떨어진[65] 바닷가 마을 코히마르(또는 고히마르)(Cojímar)가 작품의 환경이다. 1928년부터 접하기 시작하여 이 작품이 출판된 1952년까지 적어도 24년 간이나 낯익은 장소이다. 그리고 헤밍웨이가 이 작품을 구상할 수 있는 생활을 가능하게 해주었던 사람은 앞서 말한 그레고리오 퓨엔테스였다. 헤밍웨이와 퓨엔테스가 처음 만난 때는 1928년이다. 이후 헤밍웨이는 퓨엔테스를 1938년부터 1961년까지 월 250달러에 그의 개인어선 필라호의 선장으로 고용했다. 헤밍웨이는 인생의 절반에 해당하는 긴 세월동안 퓨엔테스와 함께 한 셈이다. 헤밍웨이와 퓨엔테스의 관계는 퓨엔테스가 헤밍웨이에게 음식을 요리해 주기도 하고 진실하고 충실한 친구의 역할을 했다는 것으로 정리할 수 있다. 헤밍웨이는 퓨엔테스에게 우리는 형제라고 말하곤 했다. 퓨엔테스에 대한 헤밍웨이의 정서를 압축한 표현이다. 헤밍웨이는 미국 케첨으로 돌아갈 때까지 퓨엔테스와 따뜻한 인연을 지속하다 아바나를 떠나면서 그와 작별하였다. 퓨엔테스는 그의 생을 마감할 때까지 떠나보낸 헤밍웨이를 가슴속 깊이 생각하면서 미국 쪽을 바라보며 평생 그리워했다고 전해진다. 퓨엔테스는 핑카 비히아를 헤밍웨이로부터 상속받았으나 그는 이 저택을 쿠바정부에 헌납하여 헤밍웨이 박물관이 되도록 했다. 어선 필라호도 퓨엔테스에게 물려주었으나 이 배를 운행하려고 하면 헤밍웨이에 대한 생각과 추억으로 너

---

[65] Oliver, 62 참조.

무 괴롭고 고통스러워 한 번도 배를 띄우지 않았다고 전해진다. 퓨엔테스는 이 배도 정부에 헌납했고 필라호는 지금 핑카 비히아에 전시되어 있다.

『노인과 바다』에 나오는 조각배와 청새치는 헤밍웨이의 핑카 비히아의 생활과 관련이 있는가? 있다. 먼저 낚싯배의 문제이다. 헤밍웨이가 소유한 실재 필라호의 길이는 38피트, 작품 속에서 주인공 산티아고(Santiago) 노인의 배는 16피트이다. 필라호는 『노인과 바다』에서 노인이 사용하는 조각배의 원형으로 판단된다. 다음으로 『노인과 바다』에서 잡아 올린 청새치(marlin)의 원형의 문제이다. 노인이 잡은 청새치는 길이 18피트, 무게는 1,500파운드이다. 연구자들의 조사에 의하면 헤밍웨이는 필라호로 1,000파운드에 육박하는 청새치를 잡은 적이 있고, 이것이 『노인과 바다』의 중심이미지라는 주장이 있다. 작품에서 산티아고 노인이 "천 파운드 이상 나가는 고기도 많이 보았고 평생에 그런 고기를 두 마리나 잡아도 보았지만 혼자서 잡은 것은 아니었다."라고 말하는 것은 실재 사실을 시사하는 의미 있는 구절이다. 1936년에 헤밍웨이가 비미니섬(Bimini)에서, 잡힌 청새치가 상어들에게 살점들을 물어뜯기는 장면을 목격했는데 이것이 『노인과 바다』의 중심이미지라는 주장도 있다.66) 또 필라호로 125파운드의 고기를 잡은 경험이 있는데 이것이 모델이라는 주장도 있다.

그러나 퓨엔테스의 주장이 가장 설득력이 있다. 퓨엔테스는 『노인과 바다』가 집필되는 시점에 헤밍웨이 곁을 가장 충실하게 지킨 증인이다. 퓨엔테스의 증언에 따르면 헤밍웨이가 『노인과 바다』의 아이디어를 얻을 때 그는 헤밍웨이와 함께 있었고 다음과 같은 일이 있었다. 헤밍웨이와 퓨엔테스는 필라호를 타고 쿠바의 북쪽 해안을 항해하고 있었다. 그들은 그때 작은 보트로 고기잡이를 하고 있던 한 노인을 만난다. 그 노인은 힘들게 거대한 고기를 잡고 있었는데 상어가 노인을 둘러싸고 있었다. 그 노인은 격렬한 사투를

---

66) Burwell, 61.

벌이고 있었다. 헤밍웨이와 퓨엔테스는 정지하여 그를 도와주겠다고 제안했다. 그러나 그 노인은 헤밍웨이와 퓨엔테스에게 멀리 떨어지도록 소리쳤다. 그런 일이 있고 난 얼마 후 그 노인은 죽었다. 이 소식을 들은 헤밍웨이는 마음 속 깊이 매우 슬퍼했다. 퓨엔테스는 자신이 알기로는 이 사건이 헤밍웨이가 『노인과 바다』를 쓰게 된 이유라고 주장한다. 퓨엔테스의 증언은 계속된다. 퓨엔테스는 1953년에 필라호에서 라디오로 헤밍웨이가 『노인과 바다』로 퓰리처상을 수상했다는 소식을 함께 들었다. 그러나 퓰리처상 수상이라는 성공은 고기잡이에서 성공한 것에 비하면 작은 것이라고 말한다. 그만큼 고기와의 사투에서 승리한 후 큰 기쁨과 감동을 받았다는 뜻일 것이다. 헤밍웨이는 페루 해안에서 멀리 떨어진 바다에서 1,542파운드의 고기를 잡았는데 그때 퓨엔테스는 헤밍웨이와 단 둘이 함께 있었고 그 고기를 잡는 데 3시간이나 걸렸었다며 눈빛을 반짝이며 감동적으로 회상했다. 작품에 등장하는 청새치의 원형에 대해서는 퓨엔테스의 증언이 설득력이 있어 보인다.

작품의 주인공 산티아고는 실재 생활에서 누가 원형인가? 산티아고의 실재 인물은 쿠바의 노어부인 마누엘 울리바리 몬테스판(Manuel Ulibarri Montespan)이고 그의 체험담이 이 작품의 실재 사실이 된다는 주장이 있다. 퓨엔테스가 원형이라는 주장도 있다. 그리고 앞서 퓨엔테스의 증언에 나오는 쿠바 북쪽 해안의 고기잡이 노인일 것이라는 주장도 있다. 이상을 종합해 보면 주인공 산티아고는 헤밍웨이의 철학과 쿠바에 실재하는 어부들의 혼합체로 나타난 인물이라고 판단된다. 헤밍웨이가 정성을 다해 탄생시킨 이상적인 주인공이다. 몬테스판, 퓨엔테스, 쿠바 북쪽 해안가 바다에서 고기를 잡고 상어와 사투했던 노인의 모습 등 쿠바 어부들의 이미지에 헤밍웨이의 이상적 인물관 등이 복합적으로 합성된 인물이 산티아고라고 판단된다. 이 작품은 약 27,000단어 정도 밖에 안 되는 중편소설임에도 불구하고 헤밍웨이는 이 작품을 80번이나 다시 썼고 400번 이상을 고쳐 썼다. 이 사실을 감안하면 이상적인 인물 산티아고라는 주인공 창조에 대한 헤밍웨이의 노력을 가히 짐작할 수 있다. 상어와의 싸움에서 헤밍웨이와 퓨엔테스의 도움도 물리치고 혼자서 불굴의 정신을 발휘했던 쿠바 북쪽 해안의 노어부의 모습은 헤밍웨이를 감동시킨 것으로 여겨진다. 이 감동은 헤밍웨이가 평생 동안 간직해 온 이상적 남성상이기도 한 마초 이미지와 '고난 속에서의 우아함'(Grace under Pressure)의 원형인간을 찾은 것에서 비롯된 것일 수도 있다. 이 감동이 헤밍웨이로 하여금 『노인과 바다』를 집필하게 만들었다고 판단된다. 헤밍웨이와 퓨엔테스의 도움을 물리친 쿠바 북쪽 해안가 노어부의 불굴의 정신 장면은 산티아고가 작품의 끝부분에서 소년 마놀린(Manolin)의 도움을 물리친 장면과 너무도 닮았다. 이 점에서 조명하면 산티아고는 몬테스판과 쿠바의 노어부를 합성하여 원형으로 하고 외면묘사는 퓨엔테스의 모습을 많이 가미한 것으로 추정되기도 한다. 바다와 같이 푸르고 명랑하며 패배를 모르는 눈, 야위고 목덜미에 난 깊은 주름살, 뺨에 난 갈색 반점, 두 손에 난 깊은 상처자국 등의 노인 모습이 퓨엔테스의 외면 모습 그대로이다.

다음은 이 작품의 줄거리이다. 『노인과 바다』의 줄거리는 주인공 산티아고, 소년 마놀린, 85일 되던 날 잡힌 18피 길이에 무게 1,500파운드인 청새치, 이 고기를 공격하면서 노인과 사투를 벌이는 상어들이 만들어 가는 이야기이다. 줄거리는 1950년 9월 12일 화요일에 시작되어 9월 16일 토요일 아침에 끝난다. 작품이 진행되는 기간이 5일이다. 이 시작과 끝은 이 작품에 등장하는 신문과 야구기사 등을 종합 분석하여 내린 해롤드 헐리(C. Harold Hurley)의 결론[67]인데 가장 설득력을 지닌다.

산티아고는 쿠바의 늙은 어부이고 84일간이나 고기 한 마리 잡지 못했다. 처음 40일간은 소년 마놀린과 함께 했다. 그러나 고기를 한 마리도 잡지 못하자 소년의 부모는 산티아고가 스페인어로 '살라오'(Salao), 즉 최악의 불

---

67) Oliver, 247 참조.

운에 걸려들었다고 다른 배로 옮기도록 종용했고 소년은 이를 따랐다. 지금 마놀린의 나이는 10세이다. 산티아고는 소년이 5세일 때부터 그에게 고기 잡는 법을 가르쳤다. 다른 배로 옮겨갔지만 소년은 먹을 것과 미끼를 구해오는 등 노인을 지극 정성으로 보살핀다. 노인도 소년을 사랑한다. 바다에 나가 사투를 벌이는 동안 소년이 있으면 좋겠다고 여러 번이나 혼자 독백하기도 한다. 이런 소년이 있으나 노인의 지금 처지는 외롭기 그지없다. 몇 년 전 마누라도 죽고, 소년도 다른 배로 떠나고, 돌보아줄 자식도 없다. 많은 어부들이 그를 놀려대지만 그는 조금도 화를 내지 않는다. 노인은 오직 자신의 손으로 고기를 잡아서 먹고살아야 하는데 고기가 잡히지 않은지 84일이나 된 것이다. 예전에는 87일 동안까지 고기 한 마리 잡지 못하다가 이후 3주 동안 매일 큰 고기를 잡은 기록도 갖고 있다. 노인은 가진 것이 없다. 그가 가진 것이라고는 고기 잡는 기술, 소년, 야구, 밤이면 아프리카 해변가에서 뛰노는 사자에 대한 꿈 등뿐이다. 집에 먹을 것도 없지만 궁색한 모습은 보이지 않는다. 산티아고는 현실의 어려움 등은 생각하지 않고 뉴욕 양키즈(New York Yankees)와 메이저리그 야구선수 조 디마지오(Joe DiMaggio)(1914-1999) 등에 대한 생각을 비롯하여 미국 야구의 전적을 늘 생각하면서 즐거운 생각을 가지려 애쓴다. 이제는 죽은 아내에 대한 꿈은 꾸지 않고 아프리카 해변의 사자에 대한 꿈을 꾼다. 생업을 위해 매일 아침 멕시코만류에 노를 저어 나가지만 저녁에는 빈손으로 귀가한다. 이런 노인을 보고 소년은 마음 아파하고 동정하고 있다. 소년은 음식을 사거나 훔쳐서라도 노인에게 제공하려 늘 노력한다. 낚시에 쓰도록 신선한 미끼도 구해온다. 노인은 이날도 멕시코만류로 고기잡이를 하러 나갔으나 저녁시간에 빈손으로 귀가한다. 소년은 노인을 테라스로 안내하고 노인은 그곳에서 소년이 사준 맥주 한잔을 하고 오두막집으로 가서 잠을 잔다. 고기 한 마리 잡지 못한 84일째, 즉 1950년 9월 12일 화요일의 마무리 일과이다.

1950년 9월 13일 수요일 이른 새벽, 고기 못 잡은 날의 기록이 85일째 되는 날이다. 산티아고는 조각배를 타고 동이 트기 전 이른 새벽에 먼 바다로 나간다. 정오 때 고기(청새치)가 미끼를 물었다. 고기가 서북쪽으로 배를 끌고 갔다. 육지가 보이지 않는 위치이다. 육지가 약 19km 떨어진 곳이다.[68] 망망대해 위험한 상황이 발생해도 다른 사람들의 도움을 받을 수 없는 거리이다. 노인은 조각배에 의지해 혼자 싸워야 한다. 노인은 아직 고기의 모습을 보지 못했다. 고기는 다시 동북쪽으로 배를 끌고 가서 멕시코만류를 탄다. 산티아고는 왼손에 쥐가 나고 낚싯줄에 의한 어깨상처로 고생한다. 고기는 수요일 밤새도록 방향을 바꾸지 않았다. 밤새 조류가 동쪽으로 배를 실어 갔다. 수요일 정오부터 밤새도록 노인과 고기의 사투가 지속되었다.

　　1950년 9월 14일 목요일 새벽, 고기는 서북쪽으로 배를 끌고 갔다. 아침이 되자 고기는 북쪽으로 방향을 틀었다. 노인은 오전 중반까지도 아직 고기의 모습을 보지 못했다. 얼마 후 고기가 뛰어오르고 16피트 길이 배보다 더 큰 고기를 보았다. 정오가 되자 햇볕과 몸의 움직임 덕분에 왼손의 쥐가 완전히 풀렸다. 오후에 다시 밧줄이 올라왔다. 해는 노인의 왼팔 어깨 등 뒤에 있었다. 이는 고기가 동북방향으로 가고 있다는 것을 의미한다. 머리 위로 플로리다주 마이애미로 가는 비행기 소리가 들렸다. 해질 녘이 지나고 어둠이 찾아왔다. 노인이 2시간 정도 휴식하고 난 뒤 그때 고기가 요동을 쳤다. 목요일 밤을 그렇게 고기와 싸우며 지냈다.

　　1950년 9월 15일 금요일 새벽, 고기가 요동을 쳤다. 고기가 동쪽으로 방향을 틀었다. 이제 고기가 지쳐서 멕시코만의 조류를 따라 흘러가고 있었다. 금요일의 해가 떴다. 바다에 나온 지 세 번째 태양이다. 고기가 회전을 시작했다. 세 번째 회전 때 고기가 보였다. 한 번 돌 때마다 가까이 당겨서 작살을 들이박아 마침내 고기를 잡았다. 금요일 정오가 과히 넘지 않은 시점이

---

68) *Ibid.*, 247 참조.

다. 물을 조금 마시고 고기를 잡아 배의 이물에서 고물까지 동여매었다. 고기가 배보다 2피트나 더 컸다. 아바나 항구에서 이렇게 큰 고기는 처음 잡았다. 길이 18피트에 무게 1,500파운드의 아주 큰놈이었다.

집으로 가기 위해 남서쪽으로 향했다. 1시간 후 1차 상어공격, 흉포한 상어 청상아리(mako shark)의 공격이 있었다. 지금부터 상어 떼와의 싸움이 시작되는데 노인의 반격무기는 작살, 칼, 노 두 개, 노에 칼을 동여맨 무기, 갈고릿대, 짧은 몽둥이, 키의 손잡이 등이 전부이다. 무기라고 하기엔 형편없는 것들이다. 청상아리를 작살로 반격했다. 청상아리가 작살을 가지고 가버렸다. 고기의 살점이 뜯기고 피가 흘렀다. 다음은 코가 삽처럼 생긴 귀상어 두 마리가 고기를 공격했다. 노인은 노에 동여맨 칼로 골통을 찔렀다. 칼이 떨어졌다. 상어 1마리는 바다 속 깊숙이 들어가 버리고 다른 한 마리 상어는 죽였다. 금요일 해가 지기 전에 갈라노 상어 2마리가 또 공격해 왔다. 노인은 몽둥이로 반격했다. 금요일 자정께 또 상어 떼가 공격했다. 노인은 키손잡이로 두들겨 반격했다. 몽둥이를 빼앗겼지만 키손잡이로 끝까지 반격했다. 부러진 키손잡이로 상어를 내리 찔렀다. 마지막 상어가 물었던 것을 놓고 나뒹굴었다. 상어는 청새치의 고기살점이 없어지면서 물러갔다. 그런데 밤중에 고기의 잔해를 또다시 상어 떼가 공격했다. 노인은 반격을 포기했다. 상어한테 패배한 산티아고는 앙상한 뼈만 남은 고기 잔해를 달고 집으로 향했다. 깜깜한 밤 항구의 불빛은 모두 꺼져 있었다. 노인은 배를 뭍에 올렸다. 밤의 어둠 속에서 고기 잔해가 어렴풋이 보였다. 어구를 메고 언덕을 오르다 어구의 무게 때문에 넘어졌다. 노인은 오두막집에 도착하여 침대에 드러눕고 말았다. 그는 담요를 끌어 당겨 어깨와 등과 다리를 덮고 두 팔을 쭉 벌려 손바닥을 위로 펴고 얼굴을 신문지에 묻은 채 엎드려 잠이 들었다. 금요일 자정이 넘고 토요일이 시작되는 밤이었다.

1950년 9월 16일 토요일 아침, 소년이 달려오고 동네 어부들은 고기의 크기에 놀랐다. 소년은 커피를 갖고 노인집을 방문했고 노인은 잠이 깼다. 소년은 노인을 위해 먹을 것, 신문, 손에 바를 약을 사오는 등 동분서주하면서 노인이 안쓰러워 울고 있었다. 노인은 토요일 오후 내내 잠을 자고 소년은 노인의 침대 곁을 지켰다. 노인은 사자 꿈을 꾸었다. 이상이 『노인과 바다』의 줄거리요 플롯이다.

노인은 고기와 상어를 상대로 얼마나 싸웠는가? 고기가 미끼를 물었던 시간은 수요일 정오 12시이다. 이 고기를 완전히 잡은 시간은 금요일 정오 12시경이다. 고기를 잡기 위하여 사투했던 시간이 48시간이나 걸렸다. 잡은 고기를 배에 동여매고 집으로 돌아오면서 상어와 사투했던 시간은 돌아오기 시작한 지 한 시간 후부터 금요일 자정이 넘은 시간까지로 약 12시간이다. 모두 60시간 동안 노인은 처절한 사투를 전개했다. 노인은 혼자 이런 곳에 와서는 안 된다고 독백한다. 그러나 왼손의 쥐, 배고픔, 외로움을 이겨내면서 노인은 끝까지 싸웠다. 상어와 싸우면서 노인은 "아이"(Ay)를 두 번씩이나 소리친다. 예수의 손이 십자가에 못박힐 때 냈던 그 소리이다. 『누구를 위하여 종은 울리나』에서 주인공 로버트 조단은 72시간 싸웠다. 조단은 자신이 최선을 다한 72시간은 72년에 맞먹는다고 생각하고 행동했다. 『노인과 바다』의 작품전개는 5일, 즉 120시간이고 산티아고의 고기와의 사투시간은 60시간이다. 산티아고는 이 5일 동안에 그의 인생 60년 또는 120년과 맞먹는 삶을 살았다고 볼 수 있다.

위와 같은 구도에 이 작품에는 헤밍웨이의 사상, 철학, 신념, 좋아했던 것들, 마음속에 품었던 것들 등을 포함하여 인생사 여러 가지 깊은 숙고와 고민의 흔적들이 곳곳에서 표현되고 있다. "그러나 인간은 패배하도록 만들어지지 않았다...인간은 파괴될 수는 있어도 패배할 수는 없다."(But man is not made for defeat....A man can be destroyed but not defeated.).[69] "나는 인간이 할 수 있는 데까지 그리고 인간이 참을 수 있는 데까지의 한계를 그놈에

---

69) Hemingway, *The Old Man and the Sea*, 93.

게 보여 주고 말겠다."(I will show him what a man can do and what a man endures.).70) 이 문장들은 헤밍웨이의 인간불패정신의 표현이다. 그러나 이런 극한의 싸움은 우아함을 잃지 않고 진행된다. 온갖 악조건 속에서 120시간을 사투했던 노인은 우아함을 잃은 적이 없다. 헤밍웨이의 고난 속에서의 우아함의 철학, "Grace Under Pressure"가 나타난 대표적인 경우이다.

노인의 겸손함도 담았다. "노인은 본시부터 마음씨가 단순한 사람이어서 일단 겸손하게 양보하고 나면 이런저런 지나간 일을 생각해 보는 법이 없었다. 이번에는 자기가 양보했다는 것을 알았고 그렇다고 해서 그것이 부끄러운 일이 아니고 또 그의 참된 자부심이 손상되는 것도 아니라는 것을 알았다."(He was too simple to wonder when he had attained humility. But he knew he had attained it and he knew it was not disgraceful and it carried no less of true pride.).71) 어렵고 외로울 때 인간의 도움과 그리움이 절절히 표현되기도 한다. 소년이 필요함을 여러 번이나 표현하고 있다. "소년이 있었으면 좋으련만."(I wish I had the boy. I wish the boy was here. I wish the boy were here.).72) 인간에게 자신감, 희망, 신념, 사랑이 필요함도 담았다. "노인은 햇볕에 그을린 자신만만하고 다정한 눈초리로 기특하다는 듯이 소년을 바라보았다."(The old man looked at him with his sunburned, confident loving eyes.).73) "그의 희망과 신념은 결코 사라진 것은 아니었다."(His hope and his confidence had never gone.).74) "나는 오늘 자신감에 차 있다."(I feel confident today.).75) "고기야, 네놈이 나를 죽이는구나...어서 와서 나를 죽여라. 누가 누구를 죽이

---

70) *Ibid.*, 37.
71) *Ibid.*, 9.
72) *Ibid.*, "I wish I had the boy."(38, 40, 44), "I wish the boy was here."(42), "I wish the boy were here."(49)
73) *Ibid.*, 8.
74) *Ibid.*, 9.
75) *Ibid.*, 21.

든 나는 상관하지 않는다."(You are killing me, fish...Come on and kill me. I do not care who kills who.).76) 마지막 구절은 만물을 사랑하는 범애정신의 표현이다.

헤밍웨이가 좋아했던 스포츠도 언급된다. 야구팀을 언급하면서 산티아고는 힘이 있는 모습과 신념을 보인다. 이 작품에 등장하는 야구와 관련된 어휘는 양키즈(Yankees), 디트로이트 타이거즈(Tigers of Detroit), 클레버랜드 인디언즈(Indians of Cleveland), 신시내티 레즈(Reds of Cincinanati), 시카고 화이트 삭스(White Sox of Chicago), 브룩클린(Brooklyn), 필라델피아(Philadelphia), 딕 시슬러(Dick Sisler), 존 맥그로(John J. McGraw), 디마지오(DiMaggio), 루큐(Luque), 마이크 곤랄레즈(Mike Gonzalez) 등이다. 모두 야구팀, 야구선수, 그리고 야구매니저의 이름이다. 이 야구에 대한 생각은 소년, 아프리카, 사자의 이미지와 함께 이 작품의 시작부터 끝까지 힘의 상징으로 지속되고 있다. 평생 동안 사랑했고 핑카 비히아에서도 기르기도 하는 고양이도 등장한다. "고양이 한 마리가 멀리 길 저쪽으로 제 일을 보러 지나갔고 노인은 그것을 지켜보고 있었다."(A cat passed on the far side going about its business and the old man watched it.).77)

헤밍웨이가 열정을 바쳐 사랑했고 여행했던 스페인의 흔적도 이 작품에 담았다. 스페인어가 18개나 사용되었다.78) 물론 이런 스페인어 사용은 쿠바인들이 스페인어를 사용한다는 점도 영향을 미쳤을 것이다. 노인의 이름인

---

76) *Ibid.*, 82.
77) *Ibid.*, 109.
78) 『노인과 바다』에 사용된 주요 스페인어들: Salao = the worst form of unlucky, bodega = grocery shop, Que va? = What of it?, la mar = the sea, el mar, Agua mala = bad water, Catalan cordel, brisa = breeze, calambre = cramp, Gran Ligas = Big Leagues, tigres = tigers, juegos = game, Un espuela de hueso = a spur of bone, bone spur, Santiago El Campeon = Santiago the champion, dorado = dolphin, Dentuso = 상어의 일종, Galano = 상어의 일종 등.

"Santiago"는 "Saint. James"(성 제임스)라는 뜻의 스페인어이다. 성 제임스는 스페인의 수호성인이다. 그는 예수의 제자가 되기 전에는 어부였다. 그 어부 직업이 이 작품에 그대로 도입되어 있다.

젊은 시절에 찾았던 아프리카의 사파리여행의 흔적도 담았다. 자신을 20년 넘게 보필했던 퓨엔테스의 모습도 산티아고의 외면묘사를 통해 곁들였다. 비록 어부이지만 자부심을 표현하여 직업귀천을 떠나 최선을 다하는 것이 인간의 정도임도 표현하고 있다. 또 필라호를 통해서 얻은 바다의 지식을 이 작품은 담고 있다. 새의 모습을 보고 고기 떼를 알아내는 것은 대표적인 경우이다. 노인은 열두 시간 이상 진행한 상어와의 사투에서 인간이 가질 수 있는 최고의 강인함도 보이지만 "Ay"를 두 번씩이나 표현하는 데서 알 수 있듯이 인간의 연약함도 내비친다. 지친 몸을 이끌고 초라한 오두막의 침대에 몸을 눕히고 자는 모습과 이런 노인이 안쓰러워 울고 다니는 소년의 모습에서 노인에 대한 연민의 정이 솟아나기도 한다.

『태양은 또다시 떠오른다』에서 제이크는 세상이 어떻게 되든 상관하지 않는다고 말한다. 자신이 알고 싶은 것은 세상을 어떻게 사는가의 방법이라고 말한다. 아직 젊은 시절의 인생관이다. 『강을 건너 숲속으로』에서 캔트웰 대령은 닥쳐오는 죽음 앞에서도 위엄을 유지하려 애를 쓴다. 성장한 모습이다. 그러나 산티아고는 더 원숙한 모습을 보인다. 인간불패정신의 대명제는 헤밍웨이 주제 중의 하나이다. 『노인과 바다』에서 산티아고를 통해서 표현된, 인간은 파괴될 수는 있어도 패배할 수는 없다는 간결한 표현은 헤밍웨이가 간직하고 살아왔던 이런 주제의 완결판이다. 산티아고는 인간불패정신의 강인함이 있으나 가련하기도 하고 안쓰럽기도 하고 성자의 모습도 간직한 우리 마음에 영원히 남을 이상적인 인간상을 보여주고 있다. 이런 것들이 이 작품에 속살이 붙게 했고 이 작품이 영원할 수 있게 만든 원천이다.

이 작품은 빙산이론에 의한 문체에 에즈라 파운드의 시어체가 가미된

27,000단어로 된 아름다운 산문시적인 작품이다. 그리고 현대회화기법의 문체화를 통해서 탄생된 빙산이론기법에 의한 문체로 이루어져 있다. 이런 원리에 의한 문체는 속도감, 심도감, 문장의 다층적 의미함축의 특징을 지닌다. 여기에 에즈라 파운드의 이미지기법 문체가 이 작품에 도입되어 있어 문체가 산문시의 모습을 띠고 있다. 노벨상의 주요 원인이었던 "현대서술예술의 강력하고 원숙한 문체 창조"는 바로 이런 문체를 지칭하고 있는 것이다. 이 작품에서는 대화체 문장을 제외한 많은 장면묘사들이 시적이고 아름답다. 그의 철학과 인생관의 표현이 이 작품의 속살이라면 아름다운 문체는 이 작품의 피부이다. 파리시절을 거치면서 다듬어진 표현법에 멕시코만류에서 익힌 익숙한 바다와 고기잡이 기술 그리고 원숙한 인생철학과 작가의 경륜을 담은 작품이 바로 『노인과 바다』라고 볼 수 있다. 미시간 북부에서 뿌리내린 자연동경, 파리시절의 문체확립, 이국 땅 스페인에 대한 애정, 아프리카 원시의 자연, 그의 인생관 등등 그의 전 인생이 사실에 근거하여 압축되어 담긴 작품이 바로 『노인과 바다』이다. 이 작품을 그의 평생에 걸친 걸작으로 치는 이유가 바로 여기에 있다.

이미 앞에서 밝힌 대로 『노인과 바다』는 헤밍웨이가 살았던 집, 핑카 비히아에 인접한 멕시코만과 아바나 동쪽에 있는 바닷가 마을 코히마르가 작품의 환경이다. 그래서 『노인과 바다』는 헤밍웨이의 체류지 핑카 비히아와 그의 활동무대였던 멕시코만류의 산물이라고 말할 수 있다. 결국 『노인과 바다』도 헤밍웨이의 체류지역과 작품탄생이라는 대명제를 벗어나지 않은 작품이다.[79]

---

[79] 『노인과 바다』의 영화는 두 개 본이 있다. 첫 번째는 스펜서 트레이시(Spencer Tracy, 노인역) 주연 영화(1958년 10월 개봉, 89분)가 있고 두 번째는 앤소니 퀸(Anthony Quin, 산티아고역) 주연 영화(1990년 3월 25일, 100분, NBC TV 첫 방영)가 있다(Oliver, 247-248 참조).

3) 『멕시코만류의 섬들』

『멕시코만류의 섬들』(Islands in the Stream)은 헤밍웨이가 핑카 비히아에 체류하면서 멕시코만류, 쿠바섬, 그리고 그 주변섬들을 중심으로 자신의 필라호를 타고 활동했던 내용들을 담고 있다. 제 I부 「비미니」(Bimini)(15장), 제 II부 「쿠바」(Cuba)(1장), 제 III부 「바다에서」(At Sea)(21장)로 구성되어 있다. 제 I부 「비미니」는 15개의 장으로 되어 있으며 약 200페이지 분량이다. 1934년-1935년 초여름 6-7주를 기록하고 있다. 제 II부 「쿠바」는 한 개의 장으로 되어 있으며 125페이지 분량이다. 1944년 2월 아바나의 2-3일의 기록이다. 제 III부 「바다에서」는 21개의 장으로 되어 있으며 135페이지 분량이다. 1944년 5월 2-3일간의 기록이다. 주인공은 토마스 허드슨(Thomas Hudson)이다. 그런데 비록 주인공은 동일인이라도 시간의 배경에서 볼 수 있듯이 각부는 연결이 매끄럽게 이어지지 못한다. 결국 이 작품은 멕시코만의 바하마군도 비미니섬, 쿠바섬, 그리고 쿠바의 북동쪽 해안의 카마구웨이 군도 (Camagüey archipelago)와 그 주변의 바다가 무대이고, 1934년-1935년의 초여름 6-7주와 1944년의 2월과 5월이 이 소설의 시간적 배경이다.

주인공 토마스 허드슨은 미국인이다. 그는 성공한 화가이고 유럽과 미국에서 그의 그림으로 존경을 받는다. 할아버지로부터 받은 유산으로 그는 부유하다. 할아버지가 물려준 몬태나주의 대목장에서 나온 수입의 절반으로도 그는 여유 있게 그림을 그릴 수 있고 그가 원하는 곳에서 살수가 있다. 그는 비미니의 육지경치와 바다경치를 성공적으로 그려서 뉴욕의 미술상에게 전시와 판매를 하도록 보낸다. 이 그림 판매 대금도 그를 부유하게 한다. 그는 몸무게가 192파운드이고 피부는 적당히 태운 모습으로 나온다. 그는 두 번 결혼했다. 첫 번째 아내에게서 장남 탐(Tom)을 얻었다. 탐은 1934-1935년의 비미니 섹션에서 16세 또는 17세로 등장한다. 그러나 탐은 2차 세계대전에서 중위 조종사로 활약하다 피격되어 낙하산을 타고 독일로 낙하하다 죽었다. 제2부의 시작부분에서 처리되었다. 그는 첫 번째 아내를 종종 악마라고 생각하지만 여전히 사랑한다. 그녀는 배우이다. 그녀는 제2부 끝부분에 나온다. 1933년 재혼한 두 번째 아내에서는 차남 데이비드(David)와 삼남 앤드류(Andrew)를 얻었다. 그런데 차남과 삼남이 프랑스 비아리츠(Biarritz) 근처에서 자동차 사고로 죽었다. 이 사고는 제1부의 끝부분에서 처리되었다. 비미니 섹션의 말미에서 허드슨은 프랑스로 떠나기 위해 선편 일드프랑스호를 탄다. 소설에서 허드슨은 그와 그의 선원들이 수색했던 독일잠수함의 선원에 의해서 치명상을 입는다. 제2부 쿠바 섹션에서 허드슨이 독일잠수함을 추적하는 임무와 관련하여 아바나 주재 미국 대사관으로부터 추가지시를 기다리는 장면이 전개되기도 한다. 제3부에서도 독일잠수함 수색문제는 계속된다. 주인공 허드슨은 성공한 화가이고 좋은 아버지이지만 아들의 죽음으로 고통을 받고 외롭다. 그는 그 외로움을 고양이와 독일잠수함 수색활동으로 달랜다. 그는 산티아고와 같이 고난 속의 우아함을 지켜내려는 헤밍웨이 주인공의 모습을 간직하려 노력하는 인물이다. 요약하면 이 작품은 비미니 섬, 쿠바, 카마구웨이 군도와 그 주변 멕시코만류를 배경으로 펼쳐진 화가 토마스 허드슨과 그의 8명의 선원들의 활동 그리고 그의 가족들의 관계에 대한 소설이다.

    이 작품줄거리는 헤밍웨이의 실재 및 실제 사실과 어떻게 연결이 되는가? 헤밍웨이는 쿠바 아바나에 소재한 자택, 핑카 비히아에 거주하면서 멕시코만의 비미니섬, 쿠바, 그리고 그 주변 섬들과 바다, 즉 멕시코만에서 많은 활동을 했다. 이 활동에는 어선 필라호를 중심으로 헤밍웨이의 아들들과 함께 한 정찰활동 등도 물론 포함된다. 따라서 이 지역에 대해 많은 지식을 갖고 있다. 2006년 1월 13일 바하마 군도 비미니섬의 중심가 앨리스 타운에 있는 헤밍웨이 박물관과 컴플릿 앵글러 여관의 화재로 헤밍웨이와 관련된 각종 사진과 기념품 등 그의 소장품들이 소실되었다는 보도에서도 알 수 있듯이 헤밍웨이는 비미니섬과 깊은 인연을 맺었다. 헤밍웨이는 이 섬의 컴플릿 앵글러 여관을 애용하면서 바다낚시를 즐기고 짬짬이 틈을 내 바다와 관련된 시와 소설 집필에 몰두했었다. 비미니섬과 그 주변에 대해 헤밍웨이가 얼마나 깊은 식견이 있는가를 알리는 단적인 증거 사실이다. 이렇듯 이 작품은 많은 부분이 실재 사실에 기초하여 전개되고 있다. 실재 사실과 작품의 일치를 몇 가지만 더 간추려 본다.

헤밍웨이는 1935년 4월 7일 송어낚시를 위해 비미니섬으로 가는 도중 배에 태운 상어에 권총을 발사하다가 실수로 그의 양다리에 .22구경 권총으로 총상을 입는 사고를 당했다. 제1부 비미니 섹션에서 주인공 허드슨이 .256라이플총으로 상어를 쏘려 시도하는 장면은 이 사실에 기초한 것으로 추정된다. 1944년 헤밍웨이는 독일군 폭격을 위해 영국공군의 비행기에 탑승하여 독일군 요격을 위해 출격했던 경험이 있다. 또 장남 잭은 독일군의 포로가 되었다가 풀려나기도 했다. 앞에서 밝힌 대로 헤밍웨이는 1942년에 자신의 필라호를 Q-보트로 개조하여 독일잠수함을 격침시키는 데 사용하자고 미국대사와 쿠바수상에게 제안했었다. 대적첩보활동안이었다. 제안은 받아들여졌고 헤밍웨이는 Q-보트로 개조된 필라호를 타고 독일잠수함 순찰을 시작했었던 사실이 있다. 헤밍웨이는 스페인전쟁에서 파시즘과 나치즘에 대항하여 싸우기도 했다. 이 실재의 사실들은 작품에서 허드슨이 어선을 이용하여 쿠바 북동쪽 먼 해안에서 독일잠수함을 수색하는 장면의 배경이 된 것으로 판단된다. 제2부 쿠바 섹션에서 허드슨이 독일잠수함을 추적하는 임무와 관련하여 아바나 주재 미국대사관으로부터 추가 지시를 기다리는 장면과 제3부에서 독일잠수함 수색문제 등이 헤밍웨이의 실재의 사실에 기초하고 있다고 판단된다.

앞서 밝힌 대로 비미니 섹션의 말미에서 허드슨은 프랑스로 떠나기 위해 일드프랑스호 선편을 타는데 실제로 헤밍웨이는 1938년 3월 15일 일드프랑스호를 타고 뉴욕에서 프랑스로 항해한 것을 비롯하여 생전에 이 선편을 7회나 이용했다. 이 작품의 몬태나주 대목장의 배경설정도 실제로 헤밍웨이가 1930년대에 자주 찾았던 쿡 시(Cooke City) 근처 노드퀴스트(Nordquist) 목장방문의 경험과 그 지식이 이 작품에 반영된 것이 아닌가 추정된다. 또 제2부 쿠바섹션에서 첫 페이지부터 25페이지 분량의 고양이에 대한 글이 나온다. 허드슨이 얻어온 열한 마리의 고양이 각각에 대해 묘사하고 개성을 부여한 글이다. 이 고양이들은 허드슨의 사랑을 받는다. 앞서 말한 대로 허드슨은 비록 성공한 부유한 화가이지만 세 아들의 죽음으로 인해 외로운 사람이다. 그는 아들 잃은 슬픔을 잊기 위해 술을 많이 마시고 일을 많이 한다. 그리고 그는 고양이들을 통하여 외로움을 달랜다. 허드슨은 고양이에게 그의 아들에 관해서 얘기하지만 친구들에게서처럼 동정이나 감정은 전달받지 못한다. 주인공과 고양이의 이런 관계는 헤밍웨이가 핑카 비히아에서 사랑으로 기른 50여 마리의 고양이를 연상시킨다. 앞서 밝힌 대로 실제로 헤밍웨이는 생전에 고양이를 무척 좋아했고 사랑했었다. 결국『멕시코만류의 섬들』도 헤밍웨이의 체류지 핑카 비히아와 주변 지역 그리고 헤밍웨이가 겪었던 실재 사실에 기초하여 탄생된 작품이라고 말할 수 있다.

『멕시코만류의 섬들』은 1948년 봄에 집필에 들어가 1950년 12월 24일 '헤밍웨이에 의해서' 완성되었다. 그리고 헤밍웨이 사후 1970년 10월 6일 헤밍웨이의 18번째 책으로 스크리브너출판사에서 사후 작품으로 출간되었다. 헤밍웨이의 장편 중에서 이 소설이 차지하는 위상은 장편소설 열편 중 여덟 번째로 출간된 작품이고 장편 중에서 가장 긴 분량의 소설이다. 이 소설의 출판자는 헤밍웨이의 네 번째 아내 메어리이다. 작품의 목차 앞에 붙은 '노트'(NOTE)에서 메어리는 자신과 찰스 스크리브너 2세(Charles Scribner, Jr.)가 원래의 원고에서 일정 부분을 잘라내기는 했지만 아무것도 보태지는 않았다

[그림 20] 헤밍웨이의 5세 때 낚시하는 모습, 1904년 여름. 헤밍웨이는 평생 동안 낚시를 즐겼다. 미시간 북부의 작은 강에서 시작된 낚시여행은 멕시코만류로 발전했으며 작품 『노인과 바다』는 이런 낚시여행의 결정판이다. (Copyright holder unknown; photo courtesy of the John F. Kennedy Library)

고 말하고 있다. 그래서 이 작품은 모두 헤밍웨이의 것이라고 밝히고 있다. 이 작품은 비평계에서 큰 갈채를 받지는 못했지만 24주 동안이나 ≪뉴욕타임스≫(The New York Times)의 베스트셀러 목록에 오른 작품이다. 결코 간과해서는 안 되는 작품이라는 뜻이다.[80]

헤밍웨이는 멕시코만을 매우 사랑했고 이 바다와 인생을 함께 했다. 헤밍웨이와 멕시코만은 불가분의 관계라고 말할 수 있다. 키웨스트나 핑카 비히아 거주를 불문하고 멕시코만 자체만을 가지고 말한다면, 헤밍웨이가 멕시코만을 접한 때는 1928년 3월 17일이고 멕시코만을 완전히 떠난 때는 1960년 6월 하순-7월이다. 헤밍웨이 인생 중 절반에 해당하는 기간을 멕시코만에서 살았다. 인생을 멕시코만에 건 셈이다. 왜 그랬을까? 그곳에는 바다가 있었고 필라호를 띄울 수가 있었기 때문이다.

헤밍웨이의 인생길에 멕시코만, 어선 필라호, 그리고 작품생산, 이 문제

---

[80] *Islands in the Stream*의 영화가 있다. George C. Scott(Thomas Hudson), David Hemmings (Eddy) 주연, 105분, 1977년 3월 개봉(Oliver, 175 참조).

는 한 발작 물러서서 조명해 보면 그의 여행주제 중 낚시여행의 차원에서 길이 보인다. 헤밍웨이는 2세 때 아버지로부터 낚싯대를 선물로 받았다. 5세 때는 직접 강에서 낚시를 했다. 그가 즐겼던 것은 송어낚시였다. 어린 시절은 미시간 북부가 장소였다. 성인이 되어 헤밍웨이는 여러 지역으로 낚시여행을 다녔다. 1924년 7월 13일 스페인의 이래티강(Irati River)에서 낚시를 즐기는 등 낚시는 그의 취미가 되었다. 이 낚시 취미는 마침내 멕시코만에 필라호를 띄우는 단계로 발전한 것이다. 낚시는 멕시코만의 환경이 보태져서 큰 대작을 낳았다. 앞서 말한 『노인과 바다』이다. 「두 개의 심장을 가진 큰 강」에서 출발하여 『노인과 바다』의 본격적인 낚시로 발전한 것이다. 이 낚시 취미는 멕시코만에서 또 다른 새로운 작품들을 탄생시켰는데, 『멕시코만류의 섬들』, 「푸른 물결 위에서: 멕시코만류 서신」("On the Blue Water: A Gulf Stream Letter"), 그리고 「크고 푸른 강」 등이 그런 작품이다. 『노인과 바다』와 『멕시코만류의 섬들』의 경우, 두 작품 모두 멕시코만이 무대이지만 『노인과 바다』는 고기잡이가, 『멕시코만류의 섬들』은 필라호의 활동이 주가 되는 작품이다. 헤밍웨이가 바다(sea), 배(boat), 고기잡이(fishing) 등의 주제를 걸고 최후의 걸작을 쓰기까지 그는 이들 주제에 관한 모든 사연을 사전에 갖고 있었다.

헤밍웨이는 핑카 비히아에 정착하기 전 1932-1939년까지 7년 동안 틈틈이 아바나의 암보스 문도스 호텔(Hotel Ambos Mundos)에서 멕시코만류의 바다냄새를 맡으며 글을 썼다. 1898년 미국이 쿠바를 점령한 이듬해에 태어난 헤밍웨이는 유달리 쿠바를 사랑했다. 이런 그의 쿠바 사랑은 헛되지 않아서 오늘날에도 아바나에는 그의 흔적이 적지 않다. 다이커리(daiquiri) 칵테일을 즐기려 찾았던 그의 단골식당 엘 플로리디따(El Floridita, Restaurant Bar)[81])의

---

81) Floridita Bar는 『멕시코만류의 섬들』의 「쿠바」(Cuba) 섹션 서두에서 주인공 Thomas Hudson이 "double frozen daiquiris"를 마시는 장면을 시작으로 이 작품의 일부 배경이 되고 있다. 실재의 헤밍웨이 인생과 그의 작품이 불가분의 관계에 있다는 뜻이다(Oliver, 103 참조).

그의 단골자리에 앉혀진 좌상, 그리고 노벨상 기념동상, 스펜서 트레이시(Spencer Tracy) 주연 『노인과 바다』의 영화촬영지이자 작품의 배경인 코히마르82)에 세워진 그의 흉상, 암보스 문도스 호텔에 보관되어 있는 그의 타자기와 안경 등, 그리고 관광명소 핑카 비히아는 그의 쿠바 사랑과 작품탄생의 배경에 대한 영원한 진술이다.

---

82) 『노인과 바다』에서 "코히마르"(Cojímar)라는 명칭은 언급되지 않는다. 그러나 코히마르는 산티아고의 고향마을로 여겨진다. 코히마르는 쿠바 아바나 동쪽 약 11km 떨어진 곳에 있으며 『가진 자와 못 가진 자』에서 언급된다(Oliver, 62 참조).

6. 이탈리아

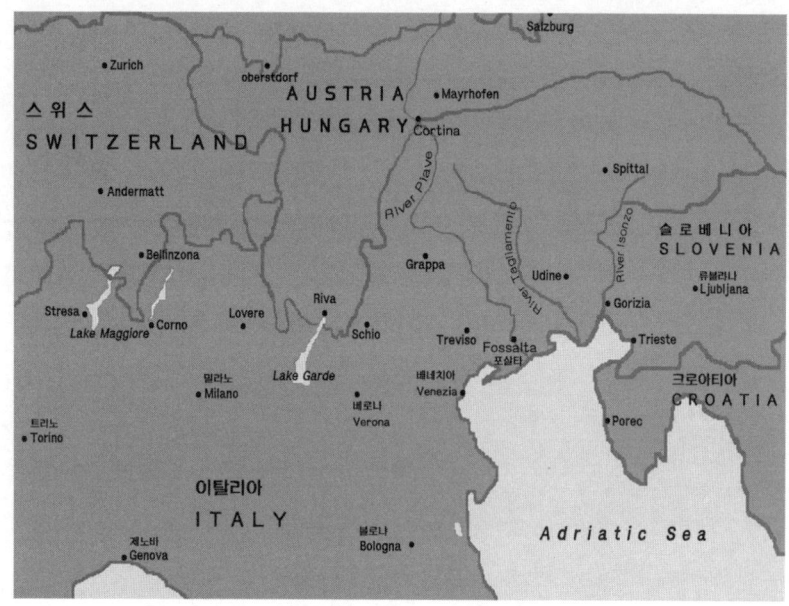

[그림 21] 북이탈리아 지도. 헤밍웨이의 이탈리아전선 참전과 『무기여 잘 있거라』의 배경 지역이다. 피아브강, 태글리어멘토강, 이손조강, 포살타, 베니스, 고리지아, 트레비소, 스키오, 우디네, 마지오르호수, 트리에스테, 트레비소, 밀라노 등은 헤밍웨이 소설에 등장한 무대들이다. 이 지역은 『강을 건너 숲속으로』의 배경이기도 하다. (지도; Meyers, 28 참조)

헤밍웨이와 이탈리아의 인연은 1차 세계대전의 이탈리아 포살타(Fossalta)전투 참전과 베니스를 비롯한 북이탈리아 관광이 주축을 이룬다.[83]

---

83) 헤밍웨이의 이탈리아 방문을 시기별로 간추리면 다음과 같다.
   1. 1918년 6월 4일-1919년 1월 4일: 1차 세계대전 참전과 베니스 북동쪽 포살타전투 부상으로 밀라노 미군적십자병원 입원, 1919년 1월 4일 귀국.

즉, 헤밍웨이와 이탈리아의 인연은 1차 세계대전 당시 이탈리아 포살타전투에 참전하여 인연을 맺고, 이어서 이탈리아에 거주하고 있었던 에즈라 파운드 방문, 미모의 여성 아드리아나와의 인연, 스키여행 및 관광여행 등으로 요약할 수 있다. 시기는 젊은 시절에 맺은 인연의 추억을 노년에 다시 방문하는 형태이다. 그래서 이탈리아를 배경으로 한 그의 작품들도 이탈리아 여행의 궤적을 그대로 그리고 있다. 이런 이탈리아 체험을 바탕으로 헤밍웨이는 『무기여 잘 있거라』와 『강을 건너 숲속으로』와 같은 작품들을 탄생시켰다.

1) 『무기여 잘 있거라』

『무기여 잘 있거라』(A Farewell to Arms)의 큰 테마는 전쟁과 사랑이다. 그리고 이 소설은 1차 세계대전 당시 이탈리아전선에서 헤밍웨이가 경험한 실재 체험이 약간의 변형을 거쳐 작품으로 구성된 것이다. 따라서 이 소설은 작품과 실재 헤밍웨이의 전투 활동을 아울러 분석할 때 완벽한 감상을 할 수 있다. 이 작품이 다루고 있는 시기는 1915년 늦여름에 시작되어 이탈리아 동북쪽 전선의 전투와 함께 열기를 고조시키다 여주인공 캐서린 바클리

---

2. 1922년 6월: 포살타 근처를 비롯한 북이탈리아의 여러 곳을 관광, 6월 18일 파리귀환.
3. 1923년 2월 7일: 이탈리아 라팔로로 파운드 방문, 이어서 이탈리아 코르티나 관광, 코르티나에서 6편의 스케치 완성(1923년 3월 10일)[이 6편의 작품들은 The Little Review(봄)에 게재됐으며 『우리들의 시대에』(in our time)에 나오는 첫 6편의 스케치임].
4. 1948년 9월 7일: 메어리와 함께 이탈리아 방문.
5. 1948년 9월 20일: 제노바 방문, 이어서 포살타를 비롯한 북이탈리아 지방 방문, 북이탈리아 지방에서 사냥을 하던 당시 아드리아나 이반이츠를 만나 인연이 시작됨(1948년 12월초). 스키시즌을 맞이하여 메어리와 함께 스키리조트 코르티나 담페조(Cortina d'Ampezzo)에 체류(1948년 12월 15일-1949년 3월 중순), 단독 눈병 감염되어(1949년 3월) 파두아(Padua) 소재 병원에 입원, 제노바를 떠남(1949년 4월 30일).
6. 1949년 12월 24일: 문인친구 홀츠너와 함께 남프랑스와 이탈리아 관광여행.
7. 1950년 2월 초순: 메어리와 함께 코르티나로 스키여행, 아드리아나 이반이츠가 그곳으로 헤밍웨이를 방문.

(Catherine Barkley)의 사산 및 죽음과 함께 1918년 3월에 끝난다. 이 작품에서 프레더릭 헨리(Frederic Henry)는 주인공이자 내레이터이다. 그는 20대 초반의 미국인이고 이탈리아전선의 앰뷸런스부대에 자원하여 투입된 중위이다. 프레더릭의 소속부대의 주둔지는 고리지아(Gorizia) 남쪽 조그만 소도시 근처이다. 이탈리아군과 오스트리아-헝가리 연합군과의 전쟁이 예정된 지역이다. 캐서린은 영국여자이고 이탈리아군을 지원하기 위해 이곳에 주둔하고 있는 영국군 의료부대에 근무를 자원한 보조간호사이다. 그녀는 프랑스의 솜(Somme) 전투에서 약혼자를 잃었다. 그녀의 근무지는 처음은 이곳 야전병원이었다. 전쟁이 격화되자 그녀는 밀라노에 있는 미군적십자병원으로 전보되었다. 남녀 주인공은 이렇게 설정되었다. 여기에 이탈리아의 치열한 전선과 밀라노의 병원 그리고 두 주인공들의 도피처로 스위스가 이 소설의 배경무대로 도입되면서 전쟁과 사랑 이야기는 진행된다. 스토리는 주인공 프레더릭의 서술로 진행된다.

이 소설은 5부 41장으로 구성되어 있다. 주요사건만을 간추리면 이렇다. 제1부에서는 프레더릭이 소속된 미군앰뷸런스부대와 영국군 야전병원이 주둔하고 있는 이탈리아 동북쪽 지역의 비교적 평화스러운 배경을 소개하는 것부터 작품이 시작된다. 첫 단락은 실로 전쟁소설이 이렇게 아름답게 시작될까 싶을 정도로 시적인 구절로 시작된다. 강을 건너서 저쪽 산까지 쭉 뻗은 들판과 그 앞으로 환히 내다보이는 어떤 시골마을의 정경, 자갈들이 깔려 있는 강바닥, 집 옆 도로에 계속되는 부대행렬, 그리고 미풍을 받고 떨어지는 낙엽들이 군인들이 행군하고 지나간 도로 위에 나뒹구는 모습 등이 서술되어 있다. 그러나 1장은 겨울이 되자 장마가 지고 비와 함께 콜레라가 찾아왔으며 콜레라로 군인 7천명이 죽은 것으로 끝을 맺는다. 2장의 시간은 1916년으로 넘어간다. 이탈리아군에 많은 승전보가 있었고 프레더릭은 캐서린을 만난다. 휴가를 다녀온 프레더릭에게 친구 리날디(Rinaldi) 중위가 그 동안의 소식들을 전한다. 그리고 영국군 야전병원이 설립되고 캐서린 바클리라는 간호원이 부임해 왔음을 알린다. 리날디 중위는 프레더릭을 그녀에게 소개한다. 이제 두 연인의 역사가 시작된다. 캐서린은 프레더릭에게 프랑스의 솜 전선에서 전사한 그녀의 약혼자에 대한 사연을 전한다. 그러나 이 소설의 중요한 전환이 될 사건이 9장에서 시작된다. 프레더릭이 다른 세 명의 앰뷸런스 운전병과 함께 이손조(Isonzo)강가 북쪽 피아브(Piave) 마을 근처의 전선에서 중상을 입는다. 참호에서 식사를 하다 오스트리아군으로부터 날아온 박격포탄의 유산탄이 그의 다리에 박히는 아주 심한 전상을 입었다. 프레더릭은 야전병원에 입원했다. 친구 리날디와 군속신부가 병문안을 와서 위로한다. 1-2일 후 프레더릭은 밀라노의 미군병원으로 후송된다.

    제2부는 프레더릭이 밀라노 병원에 도착하는 것부터 시작된다. 탄환제거 수술이 이루어졌으나 회복은 늦어 4-5개월을 밀라노 병원에 있어야 한다. 그러는 동안 밀라노 병원으로 전출된 캐서린과 프레더릭의 사랑은 무르익어 간다. 그들의 사랑은 뜨거워져 캐서린은 스케줄을 조정하면서까지 프레더릭과 함께 있곤 한다. 부상에서 회복된 프레더릭은 캐서린이 일하고 있는 사이 혼자인 시간에 우선 휠체어에 몸을 의지해 기동하고 목다리에 의지하여 활동을 해가고 있었다. 그러다가 캐서린이 비번인 날 두 연인은 마음에 든 레스토랑에도 가고 밀라노 교외에 구경거리를 찾아 놀러 다니기도 한다. 그러는 사이 캐서린은 임신한다. 그들은 프레더릭이 전선으로 복귀하기 전에 마지오르호(Maggiore)로 요양휴가를 떠날 것을 계획하기도 한다. 그러나 프레더릭은 황달에 걸린다. 수간호사는 프레더릭이 부대복귀를 피하기 위해 고의적으로 병에 걸린 것이라고 질책을 한다. 캐서린은 휴가를 취소한다. 프레더릭은 부대복귀를 앞두고 기차역 건너편 싸구려 호텔에서 캐서린과 함께 밀라노 병원입원기간의 마지막 저녁을 보낸 뒤 전선행 기차를 탄다.

    제3부에서는 프레더릭의 전쟁복귀가 그려진다. 1부에서 중상을 입고 야

전병원에 입원했을 때 전쟁을 혐오하는 신부가 찾아와서 프레더릭으로 하여금 전쟁의 실체에 눈뜨게 하려고 노력했으나 실현되지 못했다. 이제 프레더릭은 전쟁의 실체가 무엇인지를 파악한다. 전쟁이 가져온 혼란과 그 혼란에서의 탈출 그리고 결국은 부대이탈과 단독강화 그리고 개인평화추구 등이 3부의 핵심주제가 된다. 이 주제들은 이손조 강가에서 벌어진 카포레토(Caporetto) 퇴각에서 태글리어멘토(Tagliamento)강으로 뛰어드는 부대이탈행동으로 이어지는 과정에 접목시켜 그려지고 있다. 프레더릭은 밀라노 병원에서 퇴원하여 부대에 복귀했는데 그때는 이탈리아 동북쪽 산악지대에서 이탈리아군과 오스트리아군 사이에 큰 교전이 있던 때였다. 이 전투는 이손조 강가를 따라 일어났던 많은 전투 중 하나이며 열두 번째이자 사실상 마지막 전투였다. 1917년 늦은 10월 이탈리아군의 카포레토 퇴각이 있고 프레더릭과 다른 앰뷸런스 운전병들은 퇴각대열에 참여한다. 프레더릭은 다른 운전병들과 차 3대를 안내하면서 퇴각한다. 퇴각 중 비는 내리고 길은 험했다. 간선도로를 피하고 샛길로도 갔다. 그러나 차가 진흙탕에 갇히고 만다. 동료 운전병 1명은 총을 맞고 다른 1명은 실종된다. 온갖 어려움을 이겨내고 프레더릭은 태글리어멘토강에 도달한다. 거기서 군경찰관들(이하 헌병)과 맞닥뜨린다. 헌병들은 태글리어멘토강의 목재다리에서 퇴각하는 이탈리아군의 대열 중에서 자기 소속부대를 이탈한 소령 이상 계급의 장교를 속속 처형하고 있었다. 또 이탈리아군의 제복을 입은 독일의 선동자를 즉결로 처리하고 있었다. 퇴각대열의 군인들은 빗속에 서 있다가 한 번에 하나씩 호출을 받아 심문을 받고 총살을 당했다. 그들은 야전연대의 대령을 심문하고 있었다. 바로 그때 세 명의 장교가 프레더릭 대열 사이로 끼어들어 왔다. 운명을 직감한 프레더릭은 순간 태글리어멘토강을 향해 뛰었고 강물 가장자리에서 고꾸라지며 그대로 강물로 떨어지고 말았다. 날라오는 총알을 간신히 피하고 마침 강물에 있었던 목재에 의지하여 강물피신에 성공한다. 그는 트리에스테-

밀라노(Trieste-Milan) 기차노선을 달리는 화물열차에 올라타고 다음 날 아침 밀라노에 도착했다. 태글리어멘토강으로 뛰어들고 밀라노로 도망쳤던 부대 이탈행위는 프레더릭의 전쟁과의 영원한 이별을 상징하는 행동이었다. "단독강화"(a separate peace) 행동이었다. 그는 이제 전쟁에서 흔히 동원되는 영광, 명예, 용기, 신성함 등의 추상적인 용어에 불쾌한 느낌을 받는 단계에 진입했다. 전쟁은 그에게 혐오의 대상이 되었다.

    제4부의 시작부분에서 프레더릭은 밀라노의 미군병원으로 간다. 캐서린을 만나기 위해서이다. 그러나 캐서린은 그녀의 친구 헬렌 퍼거슨(Helen Ferguson)과 함께 휴가 차 스트레사(Stresa)에 가 있다는 소식을 접한다. 프레더릭은 그곳으로 갔고 그곳의 철도역 근처 조그만 호텔에서 그들을 만났다. 프레더릭은 캐서린과 함께 스위스로 탈출할 계획을 세운다. 호텔 바텐더 에밀리오(Emilio)가 어느 날 밤늦게 그들을 깨운다. 이탈리아 경찰이 내일 아침에 프레더릭을 체포하러 온다는 정보를 그들에게 준다. 에밀리오는 그들에게 보트 한 척을 빌려주고 그들은 마지오르호 북쪽 스트레사에서 약 34km를[84] 밤새도록 노를 저어 다음 날 아침 안전한 스위스로 들어가 브리싸고(Brissago)에 도착한다. 스위스 경찰에 체포되었으나 프레더릭은 자신은 노를 젓는 스포츠맨이고 스위스에 동계스포츠를 즐기려 왔다고 속였다. 스위스에서 보트는 몰수당했으나 체류는 허용되었다. 그들은 몽트뢰(Montreux)로 갔고 거기서 마을 뒷산 중턱의 송림에 둘러싸인 갈색 목조 가옥을 임차하여 살고 있었다.

    마지막 제5부에서 프레더릭과 캐서린은 겨울스키와 하이킹을 즐긴다. 또는 기차를 타고 눈의 경치를 관광하기도 한다. 목가적인 산의 휴양지에도 가고 마을에 들어와 음식점에도 들르고 캐서린의 머리를 단장하기도 한다. 3월이 되자 그들은 로잔으로 갔다. 로잔은 비교적 큰 도시이며 그곳엔 큰 병

---

84) Oliver, 91 참조.

원이 있었다. 캐서린의 해산을 대비한 것이다. 캐서린은 출산을 위해 입원했다. 그러나 출산과정에 출혈 등 큰 어려움이 있었고 제왕절개를 했으나 사산했으며 산모 캐서린도 죽고 만다. 소설의 끝부분에서 프레더릭은 캐서린이 누워 있는 방으로 들어갔으나 이제 아무 소용도 없었다. 그것은 마치 조상(statue)을 보고 마지막 인사를 하는 것과 조금도 다름이 없었다. 프레더릭은 잠시 후 밖으로 나와 병원을 등지고 비를 맞아가며 호텔로 돌아왔다고 작품은 끝을 맺고 있다.

이 작품은 헤밍웨이의 실재 이탈리아 경험과 얼마만큼 관계가 있는가? 첫째, 이 작품의 플롯의 시기가 1차 세계대전이다. 그리고 배경은 이탈리아 북쪽과 스위스이다. 앞에서 밝힌 대로 헤밍웨이는 1차 세계대전에 참전했고 그 지역은 이탈리아 북쪽 피아브 강가 포살타전투지였다. 작품의 플롯과 배경이 실지의 지역과 일치한다. 단, 작품에서는 피아브강과 포살타 대신 지도상으로 피아브강 오른쪽에 위치한 지역 고리지아와 우디네(Udine) 그리고 이손조강과 태글리어멘토강을 선정했다. 태글리어멘토강을 중심으로 왼쪽으로는 피아브강이, 그리고 오른쪽으로는 이손조강이 아드리아해(Adriatic Sea)로 흐른다. 그 외 스키오, 스트레사, 트리에스테(Trieste), 그라파(Grappa), 트레비소, 밀라노 등도 모두 북이탈리아에 존재하는 실지의 지명들이다.

둘째, 캐서린과 실재 인물 애그니스(Agnes)의 관련성은 어떠한가? 둘 다 간호사라는 직업은 동일하다. 그러나 캐서린은 영국여자이지만 애그니스는 미국여자이다. 근무지와 전출지에 있어서도 소설속의 캐서린은 처음은 포살타 근처 영국군 야전병원에서 근무하다가 밀라노로 전출되지만 실재 인물 애그니스는 밀라노 미군적십자병원에서 근무하다 트레비소로 전출된다. 애그니스는 밀라노 병원에서 근무할 때 헤밍웨이의 담당간호사였고 5개월이 채 안 되는 기간 동안 헤밍웨이와 같이 지냈다. 이때 헤밍웨이는 애그니스에게 실제로 사랑에 빠졌었다. 캐서린이 실재 인물 애그니스라는 것은 의심의 여지가 없다. 단, 헤밍웨이와 애그니스의 사랑은 성공하지 못했고 헤밍웨이는 미국으로, 애그니스는 전쟁이 끝난 뒤에도 적십자병원에서 계속 근무했으며 그 뒤 루마니아와 아이티(Haiti)를 거쳐 2차 세계대전 동안에는 뉴욕의 적십자병원에서 근무하는 인생행로를 걷는다. 그러나 소설 속의 프레더릭과 캐서린의 사랑은 뜨거웠다. 스위스로 탈출하여 캐서린은 스위스 로잔의 병원에서 아이를 낳다 죽는다. 1892년에 태어나 1984년까지 92세를 살았던 애그니스가 1929년에 발표된 이 작품을 어떤 심정으로 바라보았을까? 흥미로운 대목이다.

셋째, 프레더릭의 실재 인물은 헤밍웨이인가? 프레더릭은 헤밍웨이 자신이라고 말할 수 있다. 그 이유는? 헤밍웨이는 1차 세계대전 당시 북이탈리아 포살타전투에 참여했다가 1918년 7월 8일 박격포와 기관총에 의해 뇌진탕과 227개의 파편이 다리에 박히는 전상을 입는다. 이후 헤밍웨이는 밀라노 미군적십자병원에 입원했고 1918년 내내 밀라노 병원에 있었다. 헤밍웨이는 입원 중에 애그니스와 사랑에 빠졌다. 그리고 밀라노 체류기간인 1918년 10월에 황달에 걸렸다. 이후 헤밍웨이는 1919년 1월 4일 의병제대하여 오크 파크로 돌아왔다. 프레더릭도 전투 중 다리에 심한 부상을 입고 야전병원을 거쳐 밀라노로 이송되어 입원한다. 입원 중 캐서린과 사랑에 빠진다. 그리고 황달에 걸렸다. 실재와 소설 속의 두 인물이 놀랍도록 너무나도 흡사하다.[85]

이 작품에서 그의 리얼리즘 문체와 관련하여 주목되는 사항이 있다. 『무기여 잘 있거라』는 1차 세계대전을 다룬 작품이라는 것은 앞에서 밝힌 대로이다. 그런데 과연 헤밍웨이는 이탈리아전선에 얼마나 참전했는가? 1918년 6월 4일 이탈리아에 도착하여 포살타전투 지역으로 진출한 일자는 1918년 6월 22일이었다. 그리고 1918년 7월 8일 심각한 전상을 입고 후송되었다. 이탈리

---

85) 작가는 작품이 시작되기 전의 페이지에 "None of the characters in this book is a living person, nor are the units of military organizations mentioned actual units or organizations. E.H."라고 기록해 놓았다. 이 소설이 등장인물이나 부대명 등에서 실재 사실에 바탕을 두지 않았다는 뜻이다. 이는 군보안상의 문제를 염두에 둔 것으로 추측된다.

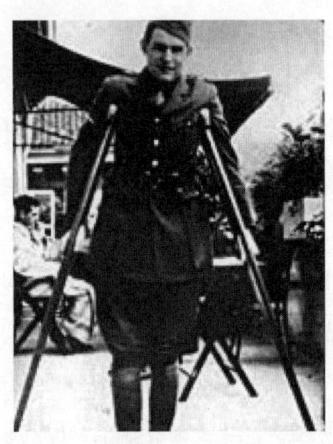

[그림 22] 밀라노 병원 입원 당시의 헤밍웨이, 1918년 가을(9월). 헤밍웨이는 북이탈리아의 포살타전투에 참전했다가 뇌진탕과 다리에 227개의 파편이 박히는 심한 전상을 입고 밀라노 미군적십자병원에 입원했었다. (Copyright holder unknown; photo courtesy of the John F. Kennedy Library)

아 전선의 실재 전투경험기간이 1개월도 못된다. 그런데도 이 작품에 그려진 사실묘사는 실로 놀라울 정도로 정확하다. 일 예로 이 작품의 3부에 그려진 카포레토 퇴각 모습은 너무도 사실적이어서 이 전쟁에 참여했던 이탈리아 군인들이 후에 이 부분을 읽고 헤밍웨이가 그때 그곳에 있었구나 하고 생각할 정도였다. 사실은 이 퇴각에 헤밍웨이는 참전하지 않았었다. 그가 이렇게 정확한 묘사를 할 수 있는 것은 작품에 등장할 사람, 지역, 사건 등을 면밀히 연구하고 확인한 후에 집필에 들어가기 때문이다. 실재 체험이 있은 후에 작품이 나오는 구도이다. 그의 리얼리즘이 호소력을 갖는 이유는 이런 배경에서 비롯된다. 『누구를 위하여 종은 울리나』의 산 속의 게릴라 활동장면이 너무나도 사실적이어서 러시아 빨치산 교재로 사용했다는 일화는 그래서 수긍이 간다. 『무기여 잘 있거라』의 4부 일부와 5부에서 배경으로 사용되고 있는 스위스의 도입도 1922년 1월 9일 스위스 챔비(Chamby)로 2주간 스키여행을 다녀온 체험에서 기인한다. 캐서린이 출산하기 위해 간 로잔은 헤밍웨이가

≪토론토 데일리 스타≫지에 게재할 그리스-터키 전쟁의 전후처리 평화회의를 취재하기 위해 방문했던 추억이 있는 도시이다. 5부에서 캐서린과 스키를 즐기는 장면도 헤밍웨이가 해들리와 함께 스위스로 스키여행을 다녀온 기억의 산물이다. 그리고 스위스의 문화와 자연도 헤밍웨이가 직접 체험한 후에 도입된 배경이다.[86]

2) 『강을 건너 숲속으로』

『강을 건너 숲속으로』(Across the River and Into the Trees)의 주인공은 리처드 캔트웰(Richard Cantwell) 대령이고 이 작품의 핵심주제 및 내용은 죽음이 임박한 캔트웰이 어떻게 하든 위엄을 잃지 않으면서 죽음과 싸우는 이야기이다. 이 주제는 오리사냥여행이라는 틀을 도입하여 전달하고 있다. 이 틀에다 죽음과 사랑을 기억과 생각의 회상기법을 채택하여 전개시키고 있다. 이 회상기법은 헤밍웨이가 그의 작품의 여러 곳에서 사용하고 있는 기법인데 이 작품은 2/3가 회상기법으로 처리되고 있다. 앞의 주제를 전달하는 이 소설의 구성과 묘사기법을 간추리면 다음과 같다.

이 소설은 총 45장으로 구성되어 있다. 1장과 마지막 여섯 개의 장은 현재 시간으로 서술되고 있다. 1장은 어느 일요일 이른 아침이다. 소설은 일요일 해가 뜨기 2시간 전에 시작된다. 마지막 6장은 같은 날 일요일 저녁이다. 2장에서 39장까지는 캔트웰의 기억과 생각으로 처리되고 있다. 회상기법이다. 이 회상기법 때문에 이 작품에서 중요한 장소인 베니스도, 사랑하는 여자인 레나타도 직접 독자에게 나타나지 않고 캔트웰의 회상을 통해서 나타

---

[86] A Farewell to Arms의 영화가 있다. 첫 번째 영화: Gary Cooper(Frederic Henry), Helen Hayes(Catherine Barkley) 주연, 78분, 1932년 12월 개봉. 두 번째 영화: Rock Hudson (Frederic Henry), Jennifer Jones(Catherine Barkley) 주연, 150분, 1958년 1월 개봉. 그리고 연극(play) 1편, 라디오 각색물 5편, TV극 1편이 있다(Oliver, 91-92 참조).

난다. 태글리어멘토강 어귀의 오리사냥으로부터 시작한 이야기는 그날 저녁 트리에스테에 돌아가는 것으로 끝나고 있다. 이는 외면상의 구성과 배경이다. 이 작품에 숨겨져 있는 진짜의 배경은 캔트웰의 마음이다. 그는 그의 몸 안에서 벌어지고 있는 파국을 초월하려 무진 애를 쓴다. 비록 죽음이 닥쳐오더라도 과거 군인으로서의 위엄과 인간으로서의 존엄을 지키려 모든 노력을 기울인다. 헤밍웨이의 철학, 고통 속에서의 우아함이 적용된 케이스이다.

캔트웰은 현재 50세의 미합중국 육군보병대령이다. 그는 준장까지 올랐었으나 2차 세계대전 당시 한 전투에서 패전하여 강등되었다. 그는 소설이 진행되는 1948년 현재 북이탈리아 지방 트리에스테에 주둔하고 있고 퇴역을 앞두고 있다. 현재의 그의 건강상태는 심장 발작으로 생명을 위협받고 있다. 죽음이 임박한 상태이다. 과거 여자 기자와 결혼한 경력이 있으나 현재는 독신이다. 캔트웰은 21세의 젊은 이탈리아인 친구 알바리토(Barone Alvarito)의 소개로 레나타(Renata)를 알게 된다. 레나타는 18세의 젊은 처녀이다. 그녀의 신분은 이탈리아의 여자 백작이다. "Renata"는 "재생"의 의미를 갖고 있다. 캔트웰의 지나간 청춘을 회상케 하고 그의 젊음을 재생시켜내는 역할을 하는 인물로 설정되었음을 간파할 수 있다. 캔트웰은 그 동안 세 번의 심장발작이 있었다. 그는 알바리토와 함께 베니스 동쪽에 있는 태글리어멘토강 어귀에서 앞서 말한 대로 오리사냥을 시작하려 하고 있다. 오리사냥, 술, 그리고 레나타와의 사랑, 이것이 그의 행동의 전부이다. 캔트웰은 같은 날 일요일 저녁 트리에스테로 돌아오는 길에 심장발작으로 결국 죽는다. 남북전쟁 당시 토마스 J. 잭슨 장군이 눈을 감으면서 남긴 유명한 말을 인용하여, "아니, 아니, 우리는 강을 건너서 숲속 그늘 아래서 휴식해야지"라는 말을 건넨다. <강을 건너 숲속에서 휴식>, 이 주제는 바로 죽음인 것이다. 이 소설의 타이틀은 여기에서 나왔다.

이 소설은 헤밍웨이의 실재 이탈리아 체험과 얼마나 관련이 있는가? 헤밍웨이는 앞에서 보았듯이 1948년에 북이탈리아 지방을 관광하면서 사냥도 하였고 그곳에서 아드리아나도 만났다. 그리고 이 작품의 배경이 되고 있는 베니스는 헤밍웨이의 1차 세계대전 참전지 피아브강 유역 포살타 근처에 있는 도시이다. 포살타는 바로 베니스 북동쪽에 있고 포살타 동쪽에는 태글리어멘토강이 아드리아해로 흐르고 있다. 태글리어멘토강은 『무기여 잘 있거라』에서도 채택된 실지의 강 이름이다. 깊은 연관이 있음을 알 수 있다. 이 외에도 헤밍웨이와 베니스의 인연에는 1954년 메어리와 함께 아프리카 여행 당시 비행기추락사고와 다른 비행기의 화재 발생으로 인해 화상을 입어 몸바사에서 베니스로 후송되어 그곳에서 상처를 회복했던 일이 있다. 트리에스테도 『무기여 잘 있거라』서도 등장했던 실지의 도시 이름이다. 캔트웰이 (오리)사냥을 하는 것도 헤밍웨이의 '사냥'과 일치한다. 2차 세계대전 당시 특파원으로서의 헤밍웨이의 경험과 역할도 『강을 건너 숲속으로』의 소재를 제공해 줬다고 볼 수 있다. 모든 사실들이 헤밍웨이가 직접 체험했던 사실에 기초하고 있다. 이런 배경에서 검토해 볼 때 이 작품의 남주인공 캔트웰은 헤밍웨이 자신이 모델이라고 볼 수 있다.

그리고 여주인공 레나타의 실재 인물은 아드리아나 이반이츠(Adriana Ivancich)라는 것은 앞에서 밝힌바 있다.[87] 헤밍웨이가 아드리아나를 처음 만난 것은 1948년에 북이탈리아 지방에서 사냥하던 때였다. 당시 아드리아나의 실제 나이가 18세였다. 작품의 레나타와 정확히 일치하는 나이이다. 작품에서 레나타가 백작이듯이 아드리아나 역시 명문가정 출신이다. 앞에서 밝혔듯이 아드리아나와 베니스의 관계는 그녀의 조상 때부터 실재의 역사를 가지고 있었고 아주 밀접하다. 레나타 = 아드리아나라고 보면 된다.

이 작품은 1949년에 4월에 집필을 시작하여 1950년 ≪코스모폴리탄≫ (Cosmopolitan)지에 시리즈로 게재되었다. 1950년 9월 2일 스크리브너사에서

---

[87] I-6-6 "아드리아나" 참조.

헤밍웨이의 여섯 번째 소설이며 15번째 책으로 발간되었다. 이 소설에 대한 비평계의 평가는 『가진 자와 못 가진 자』와 함께 또 하나의 실패작으로 분류하고 있다. 실패의 이유는 헤밍웨이 고유문체의 탈구이다.

7. 아프리카

1) 두 번의 아프리카 사파리여행

헤밍웨이가 아프리카와 인연을 맺게 되는 매개 이벤트는 사파리여행(safari)이었다. 헤밍웨이의 아프리카 사파리여행은 일생 동안 2차례에 걸쳐 이루어졌다. 제1차는 1933년 12월 20일-1934년 2월 28일이고 제2차는 1953년 9월 1일-1954년 1월 21일이었다.

[그림 23] 아프리카 사파리여행 당시 헤밍웨이 모습(중앙), 1934년. 헤밍웨이는 두 번 아프리카 사파리여행을 단행했다. 그 결과 헤밍웨이는 『아프리카의 푸른 언덕』, 『여명의 진실』, 「킬리만자로의 눈」, 그리고 「프랜시스 매코머의 짧고 행복한 생애」 등 아프리카를 배경으로 한 작품을 여러 권 발표했다. (Copyright holder unknown; photo courtesy of the John F. Kennedy Library)

먼저 1차 사파리여행, 헤밍웨이는 두 번째 아내 폴린과 사냥친구 찰스 톰슨(Charles Thompson)을 동반하고 제너럴 메칭거(General Metzinger)호를 탔다. 그리고 프랑스 마르세유(Marseilles)를 출발하여 아프리카 케냐의 몸바사(Mombasa)에 도착했다. 이어 헤밍웨이는 나이로비(Nairobi)의 뉴 스탠리 호텔(New Stanley Hotel)에 도착하여 여장을 풀었다. 다음으로 사냥안내인 필립 퍼시벌(Philip Percival)과 함께 탄자니아[88] 세렌게티평원(Serengeti Plains)에서 1933년 12월 20일부터 약 두 달간 사파리여행을 단행했다. 첫 번째 아프리카 사파리여행은 1933년 10월에 목수술을 한 후 아직 상처도 완전히 회복하지 못한 시기에 시작되었다. 수렵 도중 아메바성 이질에 걸려 나이로비(Nairobi)로 후송되어 입원하기도 했다. 그러나 헤밍웨이는 포기하지 않았다. 그는 중단하지 않고 1934년 1월 22일 다시 사파리여행을 계속했다. 1차 사파리여행은 1934년 2월 28일에 폴린과 함께 파리를 향해 출발하면서 끝나게 된다. 장남 범비와 차남 패트릭의 자동차사고, 목수술, 대장탈수증, 이질, 오른쪽 집게손가락 상처로 인한 혈액중독 등이 1933-1934년에 그가 겪은 굵직한 사건과 병들이다. 그런데도 그는 사파리여행을 단행했고 20편의 단편을 출간했으며 장편『아프리카의 푸른 언덕』의 집필을 시작했다.

다음으로 두 번째 사파리여행, 네 번째 아내 메어리와 함께 더노타 캐슬(Dunnottar Castle)호를 타고 역시 마르세유를 떠나 몸바사로 가서 사파리여행을 결행했다. 헤밍웨이는 2차 사파리여행 당시 1954년 초 동아프리카에 있는 아름다운 호수들과 산들을 구경하기 위해 경비행기 한 대를 전세로 빌렸다. 그런데 두 번의 비행기사고를 당한다. 비행기 추락사고와 비행기 화재사고이다. 이 사고들 때문에 두 번씩이나 사망기사가 보도되었다. 헤밍웨이와 메어리가 벨기에령 콩고(Congo)로 비행기를 타고 간 뒤 우간다(Uganda)에 있

---

[88] 탄자니아의 당시 국명은 탕가니카(Tanganyika)였다. 탕가니카는 1964년 잔지바(Zanzibar)와 합병하여 탄자니아가 되었다.

는 머치슨 폭포(Murchison Falls)로 비행하던 중 비행기가 전신줄을 들이받아 추락사고를 일으킨 것이다. 그리고 다시 다른 귀환 대체 비행기를 타고 오던 중 비행기 화재사고를 당한 것이다. 이런 우여곡절의 제2차 사파리여행을 마치고 헤밍웨이는 베니스로 돌아왔다. 이즈음에 헤밍웨이는 1953년 10월에 자동차사고로 튕겨 나면서 어깨가 빠지고 얼굴에 상처가 나는 부상을 입었다. 1953년 8월에는 두 번째 이질이 발생했다. 앞서 말한 두 번의 비행기사고로 다섯 번째의 뇌신탕을 당했다. 두개골이 깨지고, 내출혈, 괄약근 마비, 두 개의 척추디스크 파열, 간장과 오른쪽 신장 및 비장 파열, 오른쪽 팔과 어깨 탈구, 1도 화상을 입었다. 헤밍웨이는 찰스 스크리브너사와 아프리카 사파리여행을 마치고 이에 대한 일련의 기사를 쓰기로 합의한 바 있다. 그러나 몸이 도저히 글을 쓸 수 있는 상황이 아닌 상태가 되어 버렸다. 그렇지만 이런 와중에도 1954년에 그와 관련된 글이 3편이나 발표되었다.

    헤밍웨이의 아프리카의 경험을 바탕으로 나온 작품들은『아프리카 푸른 언덕』,「킬리만자로의 눈」,「프랜시스 매코머의 짧고 행복한 생애」, 그리고 그의 사후에 출간된『여명의 진실』등이다.『여명의 진실』은 그의 사후에 책의 형태로 출간된 다섯 권의 책 중에 마지막 작품이다. 사후 작품『움직이는 축제일』,『멕시코만류의 섬들』,『위험한 여름』, 그리고『에덴동산』에 뒤이어 나온 작품이다. 그 외에도 헤밍웨이는『노인과 바다』에서 산티아고 노인의 회상 속에 나타난 아프리카의 해변과 사자의 등장 등과 같이 사파리여행에서 얻은 체험과 지식을 작품에 보조적으로 사용하고 있다. 아프리카 대륙이 헤밍웨이의 문학세계에서 차지하는 비중이 크다고 말할 수 있다. 그리고 그가 아프리카 사파리여행을 통해서 보여준 행동주의에서 두드러진 것은 집념의 창작정신과 용기였다.

    앞서 보았듯이 두 번의 아프리카 사파리여행 당시 헤밍웨이의 건강 상황은 매우 좋지 않았다. 이런 극히 어려운 상황에서도 헤밍웨이는 왜 인간과 맹수가 맞닥뜨려야 하는 위험한 상황에 기꺼이 뛰어 드는가? 그것은 아프리카 현장에 생과 사의 극한 상황이 존재하기 때문이다. 이런 극한 상황의 체험은 그의 도전과 모험 그리고 흥분과 자극의 취향에 맞는 것이었다. 그리고 이런 체험은 그의 작품에 용해되어 그의 작품세계를 풍부하게 만들었다. 헤밍웨이가 아프리카를 찾게 된 심리적 배경이 또 하나 있다. 유소년시절 고향 미시간 북부에서 자연에 대한 동경의 씨앗이 심어졌고 그 동경이 결국 세계 최고의 대자연 아프리카를 찾게 하였다고 볼 수 있다. 헤밍웨이가 아프리카의 자연을 사랑했던 것은 그가 미시간 북부에서 체득한 자연에 대한 사랑과 동경에 뿌리를 둔 것이다. 그리고 스페인의 땅 및 사람들과의 인연을 맺은 후 많은 작품을 남겼듯이 두 번의 아프리카 사파리여행으로 헤밍웨이는 아프리카를 배경으로 한 아름다운 작품들을 탄생시켰다. 아프리카와 관련된 작품의 지역배경은 사파리여행의 지역과 일치한다. 탄자니아의 세렝게티평원, 케냐와의 국경지역에 위치한 킬리만자로산, 탄자니아 북부의 도시 아루샤(Arusha), 그리고 나이로비 등의 실지의 명칭과 흑인테러집단 마우마우단(Mau Mau) 등과 같은 실재의 명칭들이 등장하여 주된 배경이 된다. 그래서 헤밍웨이가 쓴 다음 아프리카 작품들도 모두 실재 사실에 기초하여 이루어진 작품들이라고 정리할 수 있다.

2) 『아프리카의 푸른 언덕』

『아프리카의 푸른 언덕』(Green Hills of Africa)은 논픽션으로서 1차 아프리카 사파리여행의 사실기록이다. 스페인에서 투우에 심취하여 『오후의 죽음』을 논픽션으로 썼듯이 아프리카에서 수렵에 심취하여 『아프리카의 푸른 언덕』을 썼다. 스페인의 자연과 스페인의 사람들을 사랑했듯이 헤밍웨이는 아프리카의 자연과 그 자연에 순응하며 순수성을 잃지 않고 자연과 조화를

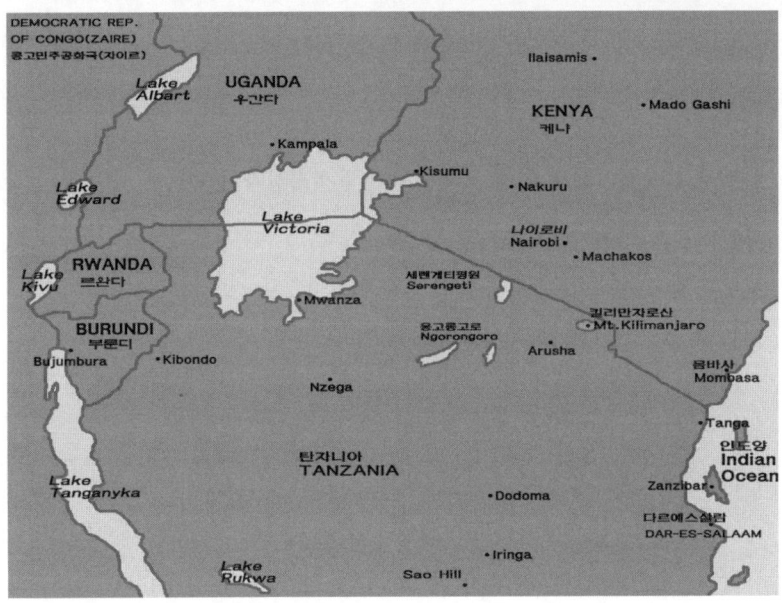

[그림 24] 아프리카지도(동아프리카). 몸바사, 아루샤, 킬리만자로산, 세렌게티평원, 나이로비 등은 헤밍웨이 소설의 무대들이다. (지도; Meyers, 260 참조)

이루며 살아가는 아프리카 사람들을 사랑했다. 헤밍웨이는 순수성을 사랑했다. 그래서 작품에서 순수성을 유지하고 살아가는 마사이족에 대한 그의 찬사는 순수성을 잃은 개릭(Garrick)에 대한 증오와 크게 대비된다.

  헤밍웨이는 머리말에서 한 고장의 생긴 모양과 한 달 동안의 행동 양식을 진실되게 표현하기만 하면 상상적 작품과 겨룰 수 있는가를 알기 위해서 절대적으로 진실된 책을 쓰려고 기도했다고 밝히고 있다. 이 작품의 성격을 규정한 구절이다. 여기서 한 고장이란 동아프리카의 탄자니아이다. 한 달 동안의 행동이란 얼룩영양 수놈, 크고 아름답고 나사모양의 뿔이 달린 영양 같은 큰 사냥감을 사냥하는 행동이다. 이 작품의 구성은 모두 4부로서 1부 추적과 대화(Part I Pursuit and Conversation), 2부 추적의 회상(Pursuit Remembered),

3부 추적과 실패(Pursuit and Failure), 그리고 4부 행복한 추적(Pursuit as Happiness)이다. 결국 이 작품은 아프리카 사파리여행에서 겪은 헤밍웨이의 체험과 수렵에 대한 그의 생각을 밝힌 수렵전문서라고 볼 수 있다. 그러나 제1부에서 수렵이야기 외에 헤밍웨이의 문학사상과 관련하여 주목할 만한 내용이 담겨있다.

1부에는 얼룩영양사냥으로 작품을 시작하지만 화자인 헤밍웨이와 오스트리아인 칸디스키(Kandisky)와의 대화로 채워진다. 문학, 미국인, 미국작가 등에 대한 질문을 했던 칸디스키에 답변하는 과정에서 헤밍웨이는 마크 트웨인의 평가와 관련하여 매우 중요한 언급을 한다. 헤밍웨이는 "모든 근대 미국문학은 『헉클베리 핀』이라는 마크 트웨인의 작품에서 연유한 것입니다....이 작품이 지금까지 우리가 가졌던 가장 위대한 작품입니다. 모든 미국 문학은 거기서 나왔어요. 그 이전에는 그런 작품은 없었습니다. 그리고 그 이후에도 아직 그런 좋은 작품은 없습니다."(All modern American literature comes from one book by Mark Twain called *Huckleberry Finn*.... But it's the best book we've had. All American writing comes from that. There was nothing before. There has been nothing as good since.)[89]라고 진단한다. 그리고 훌륭한 작가가 달성할 수 있는 "4차원과 5차원"(a fourth and fifth dimension)의 가능성 문제도 언급한다.[90] 4차원과 5차원에 대해서 정의를 내리진 않았지만 이런 글의 수준에 도달하기 위해서는 여러 가지 요인이 필요한데 우선적으로 재능과 수련이 필요하다고 전제하고, 재능으로는 루드야드 키플링이 가졌던 것 같은 재능이 필요하고, 수련으로는 구스타프 플로베르가 가졌던 수련이 필요함을 강조했다. 다음으로 필요한 것은 관념, 절대적인 양심, 지식, 공정성이라고 말한다. 그런데 무엇보다도 중요한 것은 살아남아야 한다고 강조

---

89) Hemingway, *Green Hills of Africa*, 22.
90) *Ibid.*, 26-27.

한다. 이 외에도 헤밍웨이는 칸딘스키와의 대화에서 그의 문학사상을 간파할 수 있는 여러 가지 언급을 하고 있다. 작가를 해치는 것으로 정치, 여자, 술, 돈, 야심 등을 꼽기도 한다. 그리고 헨리 제임스와 스티븐 크레인 등을 비롯하여 여러 작가와 작품들에 대한 그의 생각이 진솔하게 드러나 있다. 그래서 이 작품의 1부는 헤밍웨이의 문학사상을 알아볼 수 있는 매우 중요한 부분으로 간주된다.

이 작품은 1차 아프리카 사파리여행을 마치고 그 경험을 바탕으로 1934년 5월에 집필에 들어갔으며 1935년 스크리브너사 잡지에 시리즈로 게재되었다. 그리고 1935년 10월 25일 헤밍웨이의 열 번째 책으로 스크리브너사에서 출간되었다.

3) 「킬리만자로의 눈」

단편 「킬리만자로의 눈」("The Snows of Kilimanjaro")의 주인공은 해리(Harry)이다. 그는 작가이다. 해리는 그의 아내 헬렌(Helen)과 함께 동아프리카에서 사파리사냥 중이었다. 그런데 그는 오른쪽 다리에 난 상처에 옥도정기로 살균, 소독하는 것을 잊어서 퍼지기 시작한 회저(gangrene)로 지금 죽음을 맞이하고 있다. 그는 한 순간의 실수로 죽음을 앞두고 있는 상태이다. 회저병은 신체조직의 일부분이 썩어가면서 생활력을 잃은 무서운 병이다. 지금 해리와 헬렌은 케냐의 나이로비로부터 오기로 되어 있는 비행기를 기다리고 있다. 그 비행기는 해리를 싣고 병원으로 후송할 예정이다. 비행기를 기다리는 동안 그는 하루 낮의 대부분과 하루 밤을 보내고 있다. 그는 이 시간들을 소비하는 것으로 간주한다. 그는 기다리는 동안 헬렌을 욕하기도 하고 그가 겪었던 지난날의 경험을 회상하기도 한다. 그 경험들은 작품을 쓰기 위해 저장해 두었으나 이제는 작품으로 완성하지 못한다는 것도 깨닫는다.

해리의 아내 헬렌은 시카고의 으뜸가는 부호 스위프트(Swift)와 아무르

(Armour)같이 돈이 많은 중년의 여자갑부이다. 해리는 헬렌의 돈으로 '갑옷처럼' 보호받으며 편안히 살았고 작품을 쓰지 못했다. 현재 헬렌은 해리를 가능한 한 편안하게 해주려고 애를 쓴다. 독서도 해주고 심부름하는 아프리카 소년 몰로(Molo)가 제공하는 음식과 위스키, 소다 등 음주에 대한 통제와 감독도 한다. 그녀는 이곳에 온 것을 후회한다. 파리에 있었더라면 이 지경은 당하지 않았을 것이라고 생각한다. 사냥을 위해서라면 여기보다도 차라리 헝가리라도 갔어야 했다고까지 생각한다. 그녀는 사려 깊은 여자이다. 뛰어난 미인은 아니나 아직도 예쁘고 아름다운 육체를 지니고 있다. 그녀는 남편이 죽고 두 아이들이 그녀를 필요로 하지 않아 승마와 독서와 술에 빠지게 되었다. 두 아들 중 하나는 비행기사고로 죽는 아픔도 겪었다. 그녀는 그 동안 해리를 사랑했고 그녀가 가진 많은 돈으로 해리가 원하는 것이면 무엇이든 해주며 해리를 알뜰살뜰하게 보살폈다. 현재 그녀는 해리의 모습을 보며 많이 괴로워한다. 그러나 해리는 헬렌에 대해 원망한다. 헬렌 때문에 작품을 쓰지 못했다고 믿기 때문이다. 그리고 헬렌은 지금 계속되는 해리의 욕과 화내는 모습으로 인해 매우 예민해 있으며 불행하다고 느끼고 있다.

  그들은 왜 아프리카에 왔는가? 아프리카는 해리가 인생에 있어 가장 행복하게 지냈던 곳이다. 그들은 그 동안 끼었던 영혼의 기름기를 제거하려 이곳 아프리카에 왔다. 마치 권투 선수가 자기 육체의 지방을 없애기 위해 산중으로 들어가 노동하고 훈련하듯이 해리도 아프리카에 와서 어느 정도 자기의 정신을 싸고 있는 지방을 벗겨 버릴 수 있다고 믿고 있다. 영혼의 정화 기획이다. 그는 작가로서 가진 재능을 사용하지 않음으로서 그 재능을 파괴시켜버렸다고 고백한다. 그의 지각의 칼날을 무디게 할 만큼 많은 음주도 그의 재능을 망치게 했다. 헤밍웨이는 "작가의 재능"을 이 작품에서 유독 강조하고 있다. 실제로 경험한 사실들은 이 재능의 힘을 빌려 작품으로 나오는 법인데 그는 경험은 축적되어 있으나 '재능 불사용'으로 작품을 생산하지 못했다. 작품을 쓰기 위해 저장했던 그의 경험들은 다섯 개의 플래시백의 형태로 제시되고 있다.

첫 번째 플래시백은 1922년 카라가치(Karagatch) 기차역에서 시작된다. 지금 그는 마음속에서 카라가치역을 보고 있다. 그는 손에 짐을 들고 서 있다. 지금 어둠을 뚫고 오는 것은 셍플롱 오리엔트 철도 회사(Simplon-Orient Express Train) 소속의 열차에서 비쳐 오는 헤드라이트이다. 그리스-터키 전쟁 동안 그리스군의 퇴각 후 그는 드레이스(Thrace)를 막 떠나려는 참이었다. 이것은 그가 후일 글을 쓰려고 간직해 두었던 것 중의 하나이다. 해리는 글을 쓰기 위해 간직해 두었으나 쓰지 못했던 추억들을 회상한다. 그는 겨울에 아내와 셋를 얻어 살았던 서오스트리아 지역의 생활도 회상한다. 그는 1차 세계대전 당시 존슨(Johnson)이 전선을 넘어 비행하여, 휴가로 돌아가는 오스트리아 장교들의 열차를 폭격하여 뿔뿔이 흩어져 도망가는 것을 목격했던 것 등등도 회상한다. 이 각각의 경험들은 좋은 작품감이 되지만 아직 쓰지 못했고 이제 영영 쓰지 못할 것이라고 예감하고 이를 후회한다.

두 번째 플래시백은 파리를 떠나오기 전, 싸움 끝에 콘스탄티노플로 혼자 갔던 일에 대해서 회상한다. 콘스탄티노플시(市)를 회상하고 파리로 돌아와 트리스탄 짜라(Tristan Tzara)라는 루마니아인과 나누었던 다다이즘에 대한 이야기 등도 회상한다. 해리는 시대변천에 따라 사람들이 어떻게 변해지는가를 회상할 수 있었다. 그는 그 속에서 살아왔고 그것을 관찰해 왔으므로 그것을 쓰는 것은 그의 의무였는데 이제는 영영 그것을 쓰지 못함을 후회하고 있다.

세 번째 플래시백은 할아버지가 소유했던 통나무집과 함께 시작된다. 이 집은 화재로 다 타버렸고 할아버지의 총들도 다 녹아내려 버렸다. 그는 1차 세계대전 후 독일의 남서쪽에 있는 블랙 포리스트(Black Forest)에서 송어 낚시터를 세내어 벌였던 일도 회상한다. 트리베르크(Triberg)의 호텔주인의 경기 좋았던 시절, 꽃장수들이 길가에서 꽃에 물감을 들이고 있었던 파리의 콩트레스카르프광장(Contrescarpe), 더러운 땀 냄새와 빈곤과 주정쟁이들의 냄새가 풍기는 카페 데 아마퇴에르(Café des Amateurs), 1차 세계대전 후 그와 그의 아내가 함께 살았던 발 뮈젯(Bal Musette), 그 아래층에 살고 있었던 창녀들, 센강을 중심으로 펼쳐진 파리의 거리들, 파리의 지붕과 굴뚝과 언덕이 전부 다 내려다보이는 호텔의 맨 위층 하나를 월 60프랑에 빌려 글을 썼던 기억들, 5시가 아니라 6시에 일이 끝나야 한다고 8시간 노동제를 항의하는 식모 매리(Marie)에 대해 회상한다.

네 번째 플래시백은 파리에 대해서 아직 한 번도 써본 적이 없었다는 해리의 생각으로 시작한다. 늘 마음에 간직하고 있는 파리에 대해선 아직 쓰지 않았다고 회상한다. 그러면 아직 한 번도 써 본 일이 없는 다른 일에 대해선 무엇을 썼던가? 없다. 그래서 아쉬워하고 있다. 목장주변의 소를 비롯한 동물과 경치를 중심으로 써볼 생각이 있던 모든 이야기들, 목장일꾼 소년, 소년을 잘 때렸던 포오크(Forks)가(家)의 심술궂은 늙은이, 소년의 총을 맞고 죽은 늙은이, 경찰에 체포된 소년, 이런 이야기가 그 고장에는 스무 개쯤이라도 있으며 이런 이야기를 써보려 했는데 한 번도 쓰지 못한 것은 무슨 까닭일까 하고 아쉬워하고 있다.

다섯 번째 플래시백은 폭파장교 윌리엄슨(Williamson)에 대한 회상이다. 해리는 윌리엄슨을 전장에서 알게 되었다. 윌리엄슨은 철조망을 뚫고 참호로 돌아가다 독일군 순찰병이 던진 수류탄을 맞았다. 오장육부가 튀어나와 철조망에 걸리고 이를 자르지 않으면 안 되는 정도의 치명상을 입었다. 그는 비명을 지르면서 누구든지 자기를 제발 죽여 달라고 애원했다. 그는 또 주님은 우리에게 견딜 수 없는 고통을 주시지 않으신다는 문제를 토론한 적도 있다는 것도 회상한다. 그것은 적당한 시기가 오면 고통은 자동적으로 사라진다는 뜻이라고 이론을 내세운 자도 있었다는 것도 회상한다. 이 회상은 "신기한 노릇이야. 고통이 싹 가셨으니 말이야."라는 이 작품의 첫 문장과 일치하는 회상이다.

　다섯 번의 회상이 끝나고 해리는 다가오고 있다고 판단한 죽음의 문제에 골똘하게 생각한다. 죽음이란 높은 자전거를 타고 오는 두 명의 순경으로도 될 수 있는 일이고 새(bird)로도 될 수 있는 일이고 하이에나와 같은 커다란 코를 가진 놈일 수도 있다고 생각한다. 죽음은 어떤 형태로도 올 수 있고 침대 곁에 와 앉을 수도 있는 등 쉽게 올 수 있다고 믿는다.

　무겁게 압박을 가해왔던 죽음의 중압이 가슴에서 사라지고 다음 날 아침 해가 밝았다. 드디어 그토록 기다리던 비행기가 왔다. 사뿐히 내려앉은 비행기로부터 걸어 나온 사람은 다름 아닌 옛 친구인 콤프튼(Compton)이었다. 탈 수 있는 좌석이 하나뿐인 작은 경비행기라서 헬렌은 탈 수 없고 오직 해리만이 탈 수 있었다. 그는 이 비행기에 탔고 비행기는 성공적으로 이륙했다. 비행기에서 내려다보니 아래에는 싱그러운 나무들이 펼쳐져 있었다. 그리고 울창한 숲, 냇가, 얼룩말들, 미끈한 사냥길, 평원 등이 아름답게 보였다. 그러나 비행기는 재급유를 받아야할 탄자니아의 아루샤로 향하는 대신 왼쪽으로 기수를 틀어서 킬리만자로산의 네모난 정상을 향해 날고 있었다. 이때 가장 인상 깊은 장면이 펼쳐진다. 전(全) 세계인양 폭이 넓은 거대하고도 높은 킬리만자로산의 네모진 꼭대기가 햇빛을 받아 믿을 수 없을 만큼 희게 보였고 그 순간 자기가 가고 있는 곳이 바로 저곳이라는 것을 깨닫는다. 이는 잠이 든 해리가 꾼 꿈이었다. 헬렌도 롱아일랜드(Long Island)의 자기 집에 대한 꿈을 꾸고 있었다. 그때 하이에나가 너무 큰소리를 질렀기 때문에 눈을 번뜩 떴다. 모기장 아래 해리의 몸뚱이를 볼 수 있었으나 다리는 모기장 바깥으로 내밀어져 침대에서 아래로 축 늘어져 있었다. 붕대가 죄다 풀어져 있어 그것을 쳐다 볼 수가 없었다. 해리! 아, 해리! 소리 높여 불러도 대답은 없었고 숨소리도 들리지 않았다. 해리는 죽어 있었다. 이상이 이 단편의 줄거리이다.

이 작품은 아프리카를 비롯하여 실재 사실과 관련이 있는가? 이 작품에 사용되고 있는 무대는 헤밍웨이가 사파리여행을 했던 아프리카이다. 그리고 이 작품에는 사파리여행 이전에 헤밍웨이가 경험한 내용들과 그의 실재 생각이 주로 도입되었으며 그 표현기법은 내적 독백(Interior monologue)이다. 헤밍웨이가 실제로 경험한 사실과 그의 실재 생각 중 대표적인 것만 몇 가지 간추린다. 제1플래시백(회상)에서 표현된 그리스-터키 전쟁에 대한 글을 쓰지 못한 것에 대한 아쉬움은 실제 헤밍웨이의 마음이다. 실제로 헤밍웨이는 ≪토론토 데일리 스타≫지에 그리스-터키 전쟁기사 보도를 위해 1922년 9월 25일 콘스탄티노플을 방문했었다. 10월 14일 그리스군대의 퇴각을 목격하고 10월 21일 파리로 귀환했다. 그러나 이 전쟁을 주제로 한 작품은 쓰지 않았다. 제2플래시백도 헤밍웨이가 전쟁 취재 차 갔던 콘스탄티노플과 체재했던 파리의 이야기이다. 제3플래시백에서 호텔의 맨 위층을 빌려 글을 썼다는 회상도 실제로 파리의 라틴구의 지붕들이 잘 보이는 한 호텔의 꼭대기층 방에서 작품을 썼던 사실을『움직이는 축제일』에서 밝힌 바와 동일하다.

제4플래시백도 실재 사실이다. 그토록 써보고 싶었던 파리에 대한 작품은『움직이는 축제일』인데 이 작품은 생전인 1957년 가을에 집필을 시작해서 1960년 봄에 완성했고 사후인 1964년에 ≪라이프≫지에 일부 게재되었으며 그 후 스크리브너사에서 1964년 5월 5일 출간되었다.「킬리만자로의 눈」은 1936년에 출간되었다. 아직 파리에 대한 작품을 쓰지 않았던 때이다. 그러나 헤밍웨이는 죽기 전『움직이는 축제일』을 씀으로서 결국 써보고 싶었던 소원을 이룬 셈이다. 이 작품의 마지막 부분 해리의 꿈에 나오는 킬리만자로산의 정상을 향해 비행기가 날아가는 뛰어난 장면처리도 실재 사실에서 연유한다. 이 장면은 헤밍웨이가 1934년 1월 세렌게티평원에서 수렵을 하다 아메바성 이질에 걸려 이를 치료하기 위해 세렌게티에서 케냐의 나이로비로 비행기를 타고 킬리만자로산을 넘어 날아갔던 경험이 있는데 이를 이용한 대목이다. 이 작품에서 작가를 해치는 것으로 여자, 돈, 지각의 칼날을 무디게 할 정도의 음주 등을 들고 있는데 이는 헤밍웨이가 갖고 있는 실제 생각이다. 헤밍웨이의 실제 생각이 담겨 있는 『아프리카의 푸른 언덕』에서 헤밍웨이는 작가를 해치는 것으로 정치, 여자, 술, 돈, 야심 등을 들고 있는데 이와 일치한다. 그런데 왜 이렇게 주인공이 토해내는 언어가 자조적이고 심리상태가 우울한가? 헤밍웨이는 1961년 7월 2일 자살했지만 그는 이미 1936년 1월부터 우울증과 불면증에 걸리고 자살에 대해 생각하고 언급하기 시작했다. 「킬리만자로의 눈」은 1936년 8월에 출간되었다. 이 작품이 집필되는 시기의 헤밍웨이 마음이 표현된 것으로 판단된다.

 작가의 재능이 유난히도 강조된 이 작품의 내용은 철저히 작가로서 글을 쓰지 못한 것에 대한 주인공의 참회이다. 저장해 두었던 경험들을 바탕으로 죽기 전에 써야 했던 글들을 쓰지 못한 통절한 참회이다. 이 참회는 작가가 걸어가야 할 길을 제시한 헤밍웨이의 작가정신의 표현일 수 있다. 킬리만자로산은 헤밍웨이의 마음속에 간직된 자연의 상징이다. 킬리만자로산의 높이는 19,710피트(6,009.608미터), 눈에 뒤덮인 산으로 아프리카 최고봉이다. 서쪽 봉우리는 마사이(Masai)어로 응가예 응가이(Ngàje Ngài), 즉 "신의 집"(the House of God)으로 불린다. 이 봉우리 가까이에는 말라 얼어붙은 한 마리의 표범의 시체가 놓여 있다. 도대체 그 높은 곳에서 표범은 무엇을 찾고 있었는지, 그 누구도 설명해 주는 사람은 없다. 여기서 표범은 죽음을 무릅쓰고 이상을 향해 정진하는 상징물이다. 표범처럼 해리는 이곳에서 영혼의 정화를 거치고 죽음을 넘어선 영생을 추구한다. 죽어 있으나 영원히 살아있는 사중생(Life-in-Death)의 삶이다. 킬리만자로산의 정상은 작가 해리의 이상을 상징한다. 해리의 이전의 삶은 살아있으되 죽은 생중사(Death-in-Life)였다. 그러나 철저한 참회를 마치고 죽은 이후 그는 표범의 삶처럼 죽었으나 영원히 살아 있는 사중생의 삶을 회복했다. 해리의 육신과 영혼의 상처를 치유하고 영육의 정상회복, 그것은 자연의 힘이었다. 미시간 북부에서 잉태된 헤밍웨이의 자연에 대한 동경과 구도(求道)는 아프리카 킬리만자로산에서 그 정점에 도달한 것으로 보여진다.

이 단편은 1차 아프리카 사파리여행을 마치고 그 경험을 바탕으로 집필하여 ≪에스콰이어≫지(1936년 8월호)에 게재되었다.[91]

4) 「프랜시스 매코머의 짧고 행복한 생애」

단편 「프랜시스 매코머의 짧고 행복한 생애」("The Short Happy Life of Francis Macomber")의 주요 등장인물은 주인공 프랜시스 매코머(Francis Macomber), 그의 아내 마거트(Margot), 그리고 사냥안내를 맡은 백인 수렵가 로버트 윌슨(Robert Wilson)이다. 매코머는 현재 35세의 미남자로 부자이나 그 동안 용기 없고 소심한 생활에 젖어 있었다. 테니스도 하고 낚시에서 대어를 낚은 기록을 몇 개 가지고 있는 그런 사나이이다. 마거트는 아름다운 미모를 갖춘 여성이다. 그러나 이들 부부 사이는 사랑으로 엮어진 관계가 아니고 비정상적인 관계이다. 매코머는 마거트의 아름다움 때문에, 마거트는 매코머의 재산 때문에 그들은 이혼하지 못하고 사는 사이이다. 그들은 11년 동안 부부로 살았다. 사냥을 위해 아프리카에 온 이들 부부 사이에 윌슨이 등장하여 끼어든다. 윌슨은 용기가 있는 사람이다. 이제 이들의 삼각관계가 아프리카의 사파리여행을 배경으로 펼쳐진다. 맹수를 사냥하는 아프리카의 사파리여행에서는 당연히 용기가 있는 사람이 이상형이 된다. 맹수와 싸워야 하는 원시의 아프리카에서는 용기가 절대적인 기준이요 도덕률이기 때문이다.

작품이 시작되면서 주인공 매코머는 이미 사자사냥에서 자신이 겁쟁이라는 것이 드러났고 이 사실은 자신과 그의 아내 마거트를 매우 당황하게 만

---

91) "The Snows of Kilimanjaro"의 영화가 있다. 117분, 1952년 9월 개봉. 그리고 1955년 Hotchner에 의해서 쓰여진 dramatic reading 각색본과 TV극 1편이 있다(Oliver, 307 참조).

들었다. 소말리아 사람들의 속담에 어떤 용감한 사나이라도 사자에게는 세 번은 놀란다. 처음은 발자국을 보았을 때, 처음 포효하는 소리를 들었을 때, 그리고 처음 마주쳤을 때이다. 이런 맹수를 윌슨은 매코머와는 달리 능숙한 사냥솜씨로 해치웠다. 이 사실이 있고 난 뒤 마거트는 남편과 윌슨 사이에서 심리적으로 남편을 버리고 윌슨에 기울어졌으며 이를 노골적인 행동으로 드러낸다. 마거트는 자동차 뒷좌석에 윌슨과 함께 앉기도 하고, 윌슨의 어깨 위에 손을 얹기도 하며, 심지어 윌슨과 키스까지도 서슴지 않는다. 텐트 안에서 잠을 자다 깬 새벽 3시경, 매코머는 아내 마거트가 없어진 것을 발견한다. 2시간쯤 지나서 텐트로 다시 기어 들어온 그녀를 추궁하는 매코머에게 바람 쐬려 나갔었다고 항변하는 그녀는 과연 어디에 갔다 왔을까? 윌슨의 텐트에 갔다 온 것이다. 그녀는 이제 남편을 남자로 여기지 않는다. 이런 상황에 처해진 매코머는 심리에 치명상을 받는다. 창피하기도 하고 괴롭기도 한 그의 잠 못 이루는 밤의 심리상태가 무려 11페이지에 달하는 플래시백의 형태로 전달된다. 그러나 윌슨에게 사냥법에 대해 몇 가지 물어 익힌 후 매코머는 달라진다. 다음 날 매코머는 3마리의 늙은 물소와 과감하게 대결하여 사살한다. 그는 용기를 획득했다. 매코머는 용기의 미덕을 획득하여 행복하게 된다. 그러나 행복도 순간이었다. 남편의 변신을 지켜보면서 얼굴이 창백하게 변한 마거트는 결국 남편을 사살해 버린다. 마거트는 6.5구경 만리처총(Mannlicher)으로 물소를 겨누었지만 탄환은 2인치 가량 높아서 매코머의 머리에 맞았다. 이 작품의 제목처럼 프랜시스 매코머는 물소를 사살하고 용기를 회복한 뒤 아내에게 사살되기까지 '짧고 행복한 생애'를 살았다.

 마거트는 악처였다. 헤밍웨이 여성 중 가장 음탕한 여성형에 속한다. '세계에서 제일 다루기 어렵고...가장 무정한 데다 잔인하기 짝이 없고 가장 약탈자이며 매혹적인' 여자이다. '이런 여자는 자기가 마음대로 다룰 수 있는 남자들을 골라 남편으로 삼는' 그런 여자이다. 마거트는 헤밍웨이의 실재 여성인 제인 메이슨(Jane Mason)이 원형이다. 헤밍웨이 여성의 한 사람이었던 제인은 아름다웠지만 헤밍웨이의 여성관으로 볼 때 그는 이상적인 여성형이 못되었다. 제인은 남편을 4명이나 두었다. 헤밍웨이로서는 도저히 이상적인 여성으로 작품에 그릴 수가 없는 여성이었다. 실재의 헤밍웨이 여성이 이처럼 나쁘게 묘사된 경우가 드물다. 만나고 헤어짐을 반복했던 헤밍웨이와 제인은 이 단편이 집필되어 출간되었던 시기인 1936년 4월에 결국 완전히 결별하고 만다. 이 작품이 집필되던 시기에 제인에 대한 헤밍웨이의 생각은 현재진행형이었다. 그리고 작품에 그대로 반영되었다. 또 이 작품에서 최고의 도덕률로 제시하는 용기는 헤밍웨이의 조부 때부터 내려온 집안의 내력이었고 평생 헤밍웨이가 간직하고 살아갔던 남자가 가져야 할 인생관이었다.

　이 단편은 1차 아프리카 사파리여행을 마치고 그 경험을 바탕으로 집필하여 ≪코스모폴리탄≫지에 게재되었다(1936년 9월호).[92]

5) 『여명의 진실』

　『여명의 진실』(*True at First Light*)은 형식은 소설이지만 사실은 헤밍웨이의 자전적 요소가 많이 들어 있는 작품이다. 다른 소설도 자전적 요소가 많이 가미되지만 이 작품의 자전적 요소는 특히 강하다. 소설과 자서전의 결합이라고 볼 수도 있다. 그래서 반논픽션, 반자전소설이라고 말할 수 있다. 작품 속에서 헤밍웨이는 화자인 "나"로, 그의 네 번째 아내 메어리는 실명 메어리 어니스트(Mary Ernest)로 등장한다. 이 밖에 가장 오래 살았고 가장 해박했던 백인 사냥꾼 팝(Pop), 수렵감시관(G.C.), 고참경찰관 해리 던(Harry Dunn), 오지 안내인 윌리(Willie), 그리고 케이티(Keiti), 므윈디(Mwindi), 응구일리(Nguili), 음셈비(Msembi), 음베비아(Mbebia), 음수카(Mthuka), 응구이

---

[92] "The Short Happy Life of Francis Macomber"의 라디오 각색물 1편, 무대극본 1편이 있다.

(Ngui), 차로(Charo), 므웽기(Mwengi), 아라프 메이나(Arap Meina), 충고(Chungo), 정보원(Informer), 헤밍웨이의 둘째 아들 패트릭인 브와나 생쥐(Bwana Mouse), 미망인(Widow), 젊은 아프리카 흑인 여성 데바(Debba), 미스터 싱(Mr. Singh), 그리고 싱의 부인(Mrs. Singh) 등이 등장한다.

무대는 케냐의 광활한 대초원에 자리잡은 캠프촌이다. 등장인물들은 헤밍웨이를 충실히 도우면서 함께 생활하고 있다. 그들은 헤밍웨이의 마음속에 간직했던 원시적 대자연의 한 복판에 파묻힌 생활을 즐기고 있으며 그 기록이 『여명의 진실』이다. 총 20장으로 구성된 이 소설에서 헤밍웨이는 사자와 표범 같은 맹수를 사냥하는 흥분과 박진감, 백인지배자들과 대항하기 위해 구성된 흑인 테러집단 마우마우단(Mau Mau), 축제 응고마(Ngoma)에서 아이들과 젊은 처녀들의 춤추는 모습, 안개 깔린 아프리카의 아름답고 장대한 평원의 풍광과 지평선, 그 평원 위의 얼룩말과 영양들, 메어리와의 애정과 사랑의 간극들, 아프리카의 차갑고 적막한 밤을 깨는 사자와 하이에나 울음소리, 마사이족들의 실상들, 파리와 스페인 시절의 회상, 아프리카 캠프에서 비가 올 때 독서의 즐거움, 그리고 원주민 토속신앙을 바탕으로 새 종교를 만들고 이 종교의식을 즐기는 것 등을 비롯하여 아프리카에서 벌어진 여러 가지 사건들과 그의 속내 생각들을 그려내고 있다. 아프리카의 대초원에서 펼쳐내는 헤밍웨이의 말은 그대로 그의 작가관의 피력이 되고 있다. 이 작품은 아프리카의 자연과 문화의 소개서, 헤밍웨이의 내면세계를 표출해 낸 회상록, 또는 한 인간의 사랑과 갈등의 심리묘사서 등 어느 측면으로도 접근이 가능하다. 한편의 소설 오케스트라와 같은 작품이라고 말할 수 있다.

헤밍웨이의 아프리카에 대한 사랑은 이 작품에도 어김없이 배어 있다. 그는 아프리카의 지형, 사람, 그리고 문화를 사랑했다. 그것은 그곳이 자연이 잘 보존되어 있고 인간 영혼의 구도가 가능한 원시의 땅이었기 때문이었다. 『여명의 진실』은 두 번째 아프리카 사파리여행을 한 뒤 그 추억을 바탕으로 쓰여진 작품이다. 헤밍웨이와 메어리는 두 번째 아프리카 사파리여행 때 케냐를 찾았다. 이 케냐 방문의 경험을 바탕으로『여명의 진실』을 썼다. 이 작품은 헤밍웨이의 21번째 책이자 현재까지 마지막 책이다. 헤밍웨이 탄생 100주년을 기념하기 위해 그의 둘째아들이자 소설가인 패트릭 헤밍웨이에 의해서 1999년에 스크리브너사에서 출간되었다.

패트릭은 수년 동안을 아프리카 탄자니아의 야생생물관리대학(Wildlife Management College)에서 교사로 있었다. 패트릭은 1951년 10월 1일 폴린이 죽은 이후 상속재산으로 다르-에스-살람(Dar-es-Salaam) 남서쪽 방향 남부 고원 지대 사오 힐(Sao Hill)에 2천 3백 에이커의 농장을 샀다. 그리고 그곳 아프리카에서 농사를 몇 년 동안 지었다. 그는 필립 퍼시벌의 도움으로 배타적인 영국인 구역에 들어가기도 했고 1955년에는 킬리만자로산 부근에서 탄자니아 수렵 여행사(Tanganyika Tour Safari)라는 회사를 운영하기도 했다. 그는 1963년에 아내가 병이 들자 사업을 포기하고 탄자니아의 아루샤에 있는 UN에서 12년 간 사냥감 보호법을 가르쳤다. 그리고 그는 1975년에 몬태나주로 이주했다. 아프리카를 다루고 있는 이 작품의 내용을 제대로 파악하고 다룰 수 있는 식견이 있다고 볼 수 있다는 뜻이다. 원래 헤밍웨이가 800여 쪽을 마치고 미완으로 남겼으나 아들이 아버지의 문체로 다듬어서 319쪽으로 압축했다. 이 소설의 발췌본은 《스포츠 일러스트레이티드》지에 3회에 걸쳐서 게재되었다. 제목은「아프리칸 저널」("African Journal")이며 당시 아프리카에서 당한 두 번의 비행기사고까지 담고 있다.

이 외에도 헤밍웨이는 아프리카의 경험을 그의 불후의 걸작『노인과 바다』에서 '아프리카 꿈,' '아프리카의 사자 꿈,' '아프리카 해안,' 그리고 '아프리카 냄새' 등으로 도입하여 사용하고 있다.『노인과 바다』의 무대는 멕시코 만류라는 망망대해이다. 아프리카의 산악지대와는 정반대의 배경이다. 그런 대극적이고 이질적인 배경에서도 그는 아프리카를 보조배경으로 도입하여 원초에서 나오는 풋풋함과 힘을 작품에 가미했다. 아프리카가 헤밍웨이의 의식 속에 얼마나 깊이 뿌리내려져 있는가를 알리는 단적인 증거이다.

8. 스위스

[그림 25] 스키 타는 헤밍웨이, 스위스 그스타아드 근처, 1927년 2월. 헤밍웨이는 스키를 즐겼으며 이 경험을 그의 작품세계의 여러 곳에서 소재로 사용하고 있다. (Copyright holder unknown; photo courtesy of the John F. Kennedy Library)

헤밍웨이가 스위스(Switzerland)와 맺은 인연은 평화회의 취재를 위한 로잔방문과 챔비에서의 스키여행을 비롯하여 모두 여섯 개 항목으로 정리할 수 있다.[93] 이 스위스와의 인연은 그의 작품탄생에 영향을 미쳤다. 스위스가 작품에 미친 내역은 다음과 같다.

1. 『에덴동산』에서 스위스가 일부의 배경역할을 한다. 여주인공 캐서린 보온이 마리타가 떠나면 스위스는 그녀와 그녀의 남편 데이비드가 아마도 가게 될 것 같은 장소라고 언급한다.
2. 『무기여 잘 있거라』에서 프레더릭 헨리와 캐서린 바클리가 프레더릭의 전투 이탈 후 도피하는 장소로 스위스가 사용되었다. 그들은 제네바호(Lake Geneva)의 동쪽 끝의 몽트뢰에서 겨울을 보낸다. 그 다음 로잔으로 가는데 로잔에서 캐서린은 아이를 낳다 죽는다.
3. 논픽션『움직이는 축제일』에서 헤밍웨이는 스위스 아이글(Aigle)에서 아내 해들리, 그리고 친구 칭크 도먼-스미스(Chink Dorman-Smith)와 함께 낚시와 하이킹을 즐겼다고 적고 있다.
4. ≪토론토 데일리 스타≫지에 유럽으로부터의 첫 기사 "여행객 한산한 스위스 리조트"("Tourists Scarce at Swiss Resorts")를 게재했다.
5. 「스위스 찬가」를 스크리브너지에 발표했다.

---

93) 1. 해들리와 함께 스위스 챔비로 2주간의 스키여행(1922년 1월, 2월 2일 파리귀환).
    2. 그리스-터키 전쟁 평화회의 취재 차 스위스 로잔 방문(1922년 11월 21일).
    3. 해들리와 함께 스위스로 스키여행(1923년 1월).
    4. 스위스 그스타아드(Gstaad)로 여행가서 맥클라이쉬(MacLeish) 부부와 함께 1주일간의 휴가(1926년 12월말).
    5. 폴린 및 제니(Jenny)와 함께 그스타아드와 벵겐(Wengen) 방문. 범비를 파리에서 데려와 스위스에서 10일 방문계획으로 스위스 방문(1927 2월 16일-28일, 3월 8일 파리귀환).
    6. 폴린과 피츠제랄드 부부를 포함한 친구들과 제럴드 머피(Gerald Murphy)의 아들이 요양 중인 스위스 몬타나-베르말라(Montana-Vermala) 방문 등.

헤밍웨이는 스위스를 방문할 때면 스키를 즐겼다. 스위스여행은 주로 에너지 재충전을 위한 휴가여행의 성격을 띠고 있다는 뜻이다. 그러나 단편 「스위스 찬가」를 제외하고 헤밍웨이는 스위스 여행을 작품의 본격적 배경이나 주제로 다룬 작품을 쓰진 않았다. 단지 앞에서 본 바와 같이 스위스를 보조배경자료로 사용하고 있을 뿐이다. 헤밍웨이는 스위스를 도피의 땅 또는 휴가의 장소로 사용하고 있다. 이처럼 스위스가 헤밍웨이의 작품세계에 단지 보조자료로만 사용되고 있는 이유는 스위스가 스페인의 투우와 전쟁이 주는 정열과 생사의 긴장감, 멕시코만류의 낭만, 쿠바가 주는 남국의 정취, 아프리카의 생명력, 이탈리아전선의 긴박성, 파리가 주는 예술과 흥분의 분위기를 주지 못하는 데서 기인된 것이라고 판단된다. 결국 스위스가 헤밍웨이의 작품세계에서 일차적이고 본격적인 주제가 되지 못하는 것은 그의 인생주제에 걸맞은 주제를 스위스 땅이 갖고 있지 못하기 때문이라는 것이 저자의 판단이다.

9. 중국, 독일, 터키

헤밍웨이의 여행지역에는 중국과 홍콩도 있다. 헤밍웨이는 세 번째 아내 마사와 함께 중일전쟁 취재를 위해 홍콩(Hong Kong), 중경(Chungking), 그리고 랭군(Rangoon) 등으로 비행기 여행을 했고 광둥(Canton) 전선, 장개석 (Chiang Kai-shek)군대, 그리고 기타 전선을 취재하러 중국을 방문했다. 아울러 헤밍웨이는 독일에도 갔다. 독일군에 의한 프랑스와 벨기에 점령문제를 보도하기 위해 독일의 루르 밸리(Ruhr Valley)를 방문했다. 그리고 6일간의 자전거 경기를 위해 베를린(Berlin)을 방문했다. 또한 2차 세계대전 당시

[그림 26] 헤밍웨이와 마사의 장개석 부인과의 인터뷰, 1941년 중국 내륙 중경. (Copyright holder unknown; photo courtesy of the John F. Kennedy Library)

RAF(영국공군) 폭격임무를 위해 비행기에 탑승 허락을 받기도 했다. 그리고 토니 아일런드(Thorney Island)에 있는 RAF 본부를 방문하기도 했고 독일군 로켓을 요격하기 위해 2회에 걸쳐 출격하기도 했다. 벨기에(Belgium) 전선 근처에 있는 22연대에 재입대하여 미국 탱크가 독일로 진격하는 것을 목격하기도 했다. 중국과 독일 여행의 주목적은 결국은 기사취재와 참전이었다. 그것은 헤밍웨이의 중요한 인생테마였다. 그리고 장남 잭이 독일군 포로로 잡혀있다 풀려나기도 했다. 결코 잊지 못할 사실들이다. 그러나 이렇게 중요한 취재와 전쟁참여의 여행지역이었지만 중국과 독일에 관한 작품은 없다.

헤밍웨이는 ≪토론토 데일리 스타≫지에 제공할 그리스-터키 전쟁기사 보도를 위해 앞서 말한 대로 터키의 콘스탄티노플을 방문하기도 했다. 그러나 그리스-터키 전쟁을 배경으로 한 작품은 없다. 그리고 이에 대한 작품을 쓰지 못한 것을 헤밍웨이는 앞에서 본 바와 같이 「킬리만자로의 눈」에서 아쉬워하고 있다.

10. 미국 아이다호주 케첨/선밸리

헤밍웨이와 아이다호주 케첨/선밸리(Ketchum/Sun Valley)의 인연은 어떻게 시작되었으며 어떤 과정을 겪고 영원한 헤밍웨이의 안식처가 되었는가? 헤밍웨이가 케첨/선밸리와 최초로 인연을 맺은 해는 1939년이다. 헤밍웨이는 선밸리여관으로부터 마사와 함께 무료손님(nonpaying guests)으로 초청을 받아 그곳에서 체재했다. 1939년 9월 20일-12월 간이다. 3개월이 넘는 기간이다. 헤밍웨이는 선밸리여관에서 아름다운 산이 바라보이는 전망 좋은 방 (Suite 206호)에서 작품을 썼다. 『누구를 위하여 종은 울리나』도 사실상 이 집에서 완성했다. 그는 이때의 추억에 기인하여 『누구를 위하여 종은 울리나』의 13장에서 선밸리를 언급했다. 그는 때때로 이 방을 "Glamour House" 또는 『가진 자와 못 가진 자』의 주인공 Harry Morgan의 이름을 따서 "Harry Morgan Room"이라고 별칭하여 부르기도 했다. 인연을 맺은 후 1940년에도 헤밍웨이는 마사와 함께 케첨/선밸리를 방문했다. 1941년에도 헤밍웨이는 마사와 함께 케첨/선밸리를 방문했다. 1946년과 1958년도 케첨/선밸리를 방문했다. 그리고 자신의 주택구입을 물색하는 단계로 접어든다. 드디어 헤밍웨이는 메어리와 함께 1959년 3월 케첨에 주택을 구입해 놓았고 그 후 여행에서 돌아와 그해 12월 말 케첨의 새집에 안착했다. 1939년에 케첨에 인연을 맺고 1959년 안착하기까지 20년이 걸린 셈이다. 선밸리여관으로부터 무료손님으로 초청을 받아 최고의 예우로 대접을 받았던 땅, 사방에 아름답게 펼쳐진 자연은 생명력을 선사하고 평화로운 사람들의 음성이 즐거운 땅, 때때로 들러 창작활동을 했었던 땅, 그 땅을 20년 간 정들이고 검토한 뒤 그의 영원한 안식처로 삼은 헤밍웨이의 심중을 헤아릴 수 있다.

그러나 헤밍웨이는 이 새집에서 오래 살아보지 못하고 인생을 정리해야 했다. 스페인여행을 모두 마치고 1960년 10월 22일 헤밍웨이는 기차를 타고 케첨으로 돌아온다. 케첨의 자택으로 돌아온 헤밍웨이는 건강악화로 미네소타 주 로체스터(Rochester)에 소재한 메이요 클리닉(Mayo Clinic)에 자신의 주치의 조지 세이비어스의 이름을 빌려 가명으로 입원한다. 1960년 11월 30일이다. 이튿날 12월 1일 고혈압, 간확장, 긴장항진, 편집증, 우울증의 치료에 들어갔으며 우울증을 치료하기 위해서 전기쇼크요법이 실시되었다. 이러는 와중에 1961년 1월 12일 헤밍웨이는 존 F. 케네디 대통령 취임식에 연설초청을 받는다. 그러나 건강 때문에 사절했다. 1961년 1월 22일 입원해 있던 메이요 병원을 떠나 케첨의 자택으로 다시 돌아온다. 집에 돌아온 헤밍웨이는 엽총으로 자살을 시도한다. 1차 시도가 있었다(1961년 4월 21일). 메어리가 중지시켜 실패했다. 2차 시도가 있었다(1961년 4월 23일). 역시 실패했다. 엽총으로 자살을 재시도 했으나 방아쇠를 당길 수 있기 전 총이 치워졌다. 다시 메이요 클리닉에 비행기로 이송되어 재입원했고 전기쇼크요법 추가 처치를 받았다. 그 다음 메이요 클리닉에서 퇴원하여 자동차로 케첨에 도착했다. 그리고 헤밍웨이는 또 자살을 시도했다. 3차 시도였다. 이번에는 '성공'했다. 꽝~. <장소는 1959년에 구입했던 케첨의 자택, 시간은 1961년 7월 2일 아침 7시 30분>이었다. 20세기 대문호가 그의 삶을 스스로 마감한 순간이었다. 그가 아프리카 사파리여행을 비롯하여 평생 동안 사냥에 사용했던 이중총신엽총(double-barreled shotgun)이 헤밍웨이 자신을 직접 겨누어 발사되고 말았다. 헤밍웨이가 헤밍웨이를 쏘았다. 대문호를 잃은 세계는 충격에 휩싸였다. 애석하고 슬픈 일이었다. 메이요 클리닉은 2005년 기준으로 미국의 10대 병원에서 종합점수로 2위이고 소화기내과, 호르몬질환, 신경과, 정형외과에서 각각 1위를 차지한 저명한 병원이다. 이런 탁월한 병원에서도 아직 좀더 작품을 써낼 수 있었던 연령인 헤밍웨이의 병을 완치하지 못했고 그는 결국 자살로 생을 마감했다. 그리고 헤밍웨이는 케첨공동묘지(Ketchum Cemetery)에 안장되었다.

헤밍웨이의 창작발표에 대한 집념은 그의 죽음에 즈음하여서도 드러난다. 그의 건강이 급속히 나빠진 시기는 1959년 7월-1961년 7월, 약 2년 간이다. 헤밍웨이는 이 시기에 피부발진, 알콜중독, 눈병, 당뇨병, 헤모크로마토시스 의심, 신염, 간염, 고혈압, 성생활불능, 정신쇠약, 몸무게감소, 기억상실, 심각한 우울증 등과 싸우고 있었다. 사실상 더 이상 창작활동을 지속할 수 없는 상태가 되었다. 그러나 이런 와중에서도 헤밍웨이는 핑카 비히아에서 홀츠너의 도움을 받아『위험한 여름』의 군더더기를 쳐내는 작업(1960년 6월 21일)을 한 뒤 이 작품을 ≪라이프≫지에 3개의 시리즈로 게재했다(1960년 9월 5, 12, 19일호). 그리고『킬리만자로의 눈과 기타 단편들』을 출간했다 (1961년 1월). 타고난 프로정신이 돋보인다.

그러면 헤밍웨이의 체류지와 작품생산이라는 논지의 입장에서 케첨/선밸리는 어떻게 설명이 되어야 하는가? 정리해 보면 케첨/선밸리와 인연은 1939년부터 시작했고 20년 후 1959년에 주택을 구입하여 안착했다. 생을 마감하기까지 새집에서의 삶은 1년 반이 조금 넘는 기간이다. 사망하고 케첨에 안장된 이후 지금까지 반세기에 다가서고 있다. 이상이 케첨/선밸리와 헤밍웨이의 체류관계이다. 여행의 출발지 미시간 북부에서 종착지 케첨/선밸리까지 그가 머물렀던 체류지의 주소이동! 그렇다면 종착지에서 그의 작품생산은? 그 어느 곳보다도 헤밍웨이와 관련된 연구가 풍성하다. 앞에서 지적했듯이『누구를 위하여 종은 울리나』는 사실상 선밸리여관에서 완성되었다. 현재 헤밍웨이는 스스로 작품을 생산하지는 못하고 있다. 그러나 I-2 "헤밍웨이의 문학자산과 연구현황"에서 본 바와 같이 사후 출판으로 장편이 5권이 나왔다. 그리고 그와 관련된 많은 연구와 행사들이 풍성하게 계속되고 있다. 그의 작품세계에 대한 연구서, 논문, 전기 등이 꾸준히 출간되고 있으며 앞으로도 계속될 것으로 판단된다. 종착지 케첨/선밸리가 그의 작품세계를 종결짓는 침묵의 장소가 아니라는 뜻이다. 그의 문학세계가 본격적으로 드러나고, 호소력 깊은 그의 메시지가 세계인의 가슴을 향해 메아리치고, 그와 관련된 명소들을 찾아 방문객들이 몰려오고, 그래서 헤밍웨이의 향기에 취하고, 그의 목소리가 아직도 들리는 듯하고, 지금도 아름다운 작품을 구상하고 있는 듯한 곳, 그곳이 케첨/선밸리이다. 케첨/선밸리의 의미는 여기에 있다.

11. 단편의 무대

헤밍웨이의 단편소설은 앞서 밝힌 대로 발표된 것이 104편이다. 헤밍웨이는 미발표 5편을 포함하여 모두 109편의 단편을 썼다. 최초의 단편은 1923년에 발표한 「미시간 북쪽에서」, 「계절에 뒤늦은」, 그리고 「나의 부친」이다. 이 단편들은 『3편의 단편과 10편의 시』에 실려 출간되었다. 그의 최후의 단편은 1986년에 사후 작품으로 발표한 「아프리카의 배신」("An African Betrayal")이다. 이 단편은 『에덴동산』에서 주인공 데이비드 본이 썼던 「아프리카 이야기」("African story")를 별도 처리하여 ≪스포츠 일러스트레이티드≫지에 발표한 작품이다. 이후 이 단편은 『어니스트 헤밍웨이 단편전집』(The Complete Short Stories of Ernest Hemingway)에 포함되어 출간되었다. 헤밍웨이의 생전에 발표된 마지막 작품은 「암흑의 두 이야기」("Two Tales of Darkness")인 「장님 안내견을 얻다」("Get a Seeing-Eyed Dog")와 「세계의 사나이」("Man of the World")[이상 ≪어틀랜틱≫(Atlantic)지, 1957년 11월호]이다.

이 단편들은 ≪코스모폴리탄≫(Cosmopolitan)지를 비롯하여 여러 잡지[94] 와 그의 단편 모음집[95])의 형태로 출간되었다. 이 단편 모음집에는 앞의 잡지에 먼저 실렸다가 합류된 작품들도 있다. 예를 들어 「폭풍 후」("After the

---

94) 잡지: *Cosmopolitan, Sports Illustrated, American Caravan, This Quarter, Scribner's Magazine, Esquire, The Little Review, New Republic, Atlantic Monthly, transatlantic review, Toronto Star Weekly, Ken, Contact Collection of Contemporary Writers, Today is Friday, Der Querschnitt, Holiday, Double Dealer* 등.
95) 단편 모음집: *Three Stories and Ten Poems*(1923), *in our time*(1924), *In Our Time*(1925), *Men Without Women*(1927), *Winner Take Nothing*(1933), *The Complete Short Stories of Ernest Hemingway* 등.

Storm")는 ≪코스모폴리탄≫지 1932년 5월호에 게재되었다가 『승자에게는 아무것도 주지 마라』에 포함된 작품이다. 헤밍웨이의 주요 단편은 앞의 I-2 "헤밍웨이의 문학자산과 연구현황"에서 제시한 바와 같다. 그러나 결국 헤밍웨이 단편은 그가 발표한 104편 중 앞서 밝힌 대로 49단편들이 주가 된다. 그러면 이 단편들의 탄생은 헤밍웨이의 여행지 및 체류지와 관련이 있는가? 관련이 있다. 관련이 있다면 단편에도 장편의 경우처럼 헤밍웨이가 여행지와 체류지에서 체험했던 문화, 경험 및 체험, 인물, 그리고 배경 등이 반영되어 있는가? 단편에도 반영되어 있다. 장편에서처럼 단편의 경우도 헤밍웨이가 여행하고 체험했던 내용이 기반이 되어 작품들이 탄생되었다. 거의 모든 작품들이 그렇다. 49단편들을 고찰한다.

1) 미국 미시간주 북부 · 헤밍웨이의 고향

이미 앞에서 밝혔듯이 단편 「미시간 북쪽에서」와 「두 개의 심장을 가진 큰 강」의 배경은 미시간 북부이고 이곳은 헤밍웨이 가족의 별장이 있는 지역이다. 앞의 두 단편은 미시간 북부의 체험이 없었다면 탄생이 불가능한 작품이다. 미시간 북부의 실지의 이름 호튼 베이(Horton Bay)(실지명)는 작품에서 호튼즈 베이(Hortons Bay)(작품명)로 나온다. 「인디언 캠프」("Indian Camp")의 경우 이 작품에서 장소를 파악할 수 있는 단어는 세인트이그네이스(St. Ignace)이다. 세인트이그네이스는 미시간주에 있는 마을 이름이다. 따라서 이 작품의 배경도 미시간 북부일 것으로 판단되며 오지브웨이(Ojibway) 인디언 캠프일 것으로 추정된다. 그 이유는 이 작품은 주인공 닉(Nick)이 의사인 아버지를 따라 보트를 타고 호수를 건너 인디언 캠프를 찾아가 흑인 산모의 출산을 돕는 것을 관찰하는 줄거리인데 실제로 헤밍웨이는 1909년, 그의 나이 10세 때 의사인 아버지를 따라 오지브웨이 인디언 캠프를 방문한 적이 있기 때문이다. 오지브웨이 인디언 종족은 북미인디언들 중에 가장 규모가 큰 종족이다. 그들은 미시간 북부 휴런호(Lake Huron)와 슈피리어호(Lake Superior) 근처를 근거지로 삼고 서쪽으로 북다코타주(North Dakota)와 사스캐치완(Saskatchewan)까지 영역을 넓혀 살아가고 있는 인디언들이다. 이상을 전제로 하고 작품의 내용을 분석할 때 「인디언 캠프」는 헤밍웨이가 아버지를 따라 오지브웨이 인디언 캠프를 방문한 경험이 배경이 된 작품으로 판단된다. 그리고 이 계기가 출발점이 되어 헤밍웨이 단편에 등장하는 미시간 인디언들은 일반적으로 오지브웨이 인디언들이다.

「아버지와 아들」("Fathers and Sons")의 경우도 등장인물 트루디(Trudy)는 닉의 오지브웨이 인디언 여자친구(연인)이고 빌리(Billy)는 트루디의 동생이다. 두 명의 인디언이 등장한 셈이다. 닉과 트루디가 인디언 캠프 뒤의 헴록(Hemlock)96) 숲에서 사랑을 나눌 때 빌리는 닉의 엽총으로 사냥을 한다. 트루디는 닉과 두 번 사랑을 나누는데 한 번은 동생 빌리가 보는 앞에서이고 다음은 빌리가 닉의 엽총으로 사냥을 하고 있는 동안이다. 「인디언 캠프」에 등장했던 주인공 닉은 이 작품에서는 이제 38세가 되었고 그 닉의 아들은 10세쯤 되었다. 헤밍웨이가 아버지를 따라 오지브웨이 인디언 캠프를 방문했던 시절의 실제 나이와 일치한다. 「인디언 캠프」의 구도가 성장하여 「아버지와 아들」의 기본구도로 이어지고 이 구도는 헤밍웨이의 실재의 구도에 근거한다고 말할 수 있다. 오지브웨이 인디언 캠프의 경험은 「의사와 그의 아내」에서도 등장한다. 또 「열 명의 인디언」("Ten Indians")에서는 주인공 닉, 조 가너(Joe Garner)의 가족으로 아버지 조(Joe), 그의 아내 가너 부인, 두 아들 칼(Carl)과 프랭크(Frank)가 등장인물이다. 닉과 두 아들은 친구 관계이다. 그들은 그날 페토스키팀(Petoskey)이 이긴 7.4절 야구경기 관람을 마치고 저녁 늦게 커다란 마차 왜건을 타고 집으로 돌아오면서 길가에 쓰러진 인디언을 아홉 번째 발견한다. 두 아들은 닉이 여자친구로 인디언 여자 프루디 미첼

---

96) 북아메리카 산 솔송나무.

(Prudie Mitchell, Prudence Mitchell)을 가졌다고 놀려댄다. 미첼은 열 번째 인디언인 것이다. 이 작품의 배경은 페토스키, 리틀 트래버스만, 그리고 스프링스항이 소재한 미시간 북부가 배경이다. 이로 미루어 볼 때 이 작품의 인디언들도 오지브웨이 인디언들일 것으로 추정된다.

닉과 여자친구 마조리(Marjorie)와의 결별을 앞두고 호숫가 낚시터에서 팽팽한 긴장이 진행되고 있는 단편 「어떤 일의 끝」("The End of Something")도 호튼만이 위치한 미시간 북부가 배경이다. 단편 「사흘간의 폭풍」("The Three-Day Blow")은 이 작품의 후속작품으로 역시 미시간 북부를 배경으로 하고 있다. 이 외에 단편 「권투선수」("The Battler")와 「이 세상의 광명」("The Light of the World")은 역시 같은 미시간 북부를 배경으로 탄생되었다.

「살인자」("The Killers")는 헤밍웨이 단편 중에서 가장 잘된 명작이며 더 나아가 20세기 영미문학사에서 단편의 백미라고 평가되는 작품이다.97) 스웨덴 사람 헤비급 프로권투선수인 오울 앤드레슨(Ole Andreson)을 살해하도록 고용된 앨(Al)과 맥스(Max)가 펼치고 있는 상황을 이 소설의 주인공 닉 아담스(Nick Adams)가 예리하게 지켜보고 있는 형태로 작품이 진행되고 있다. 청부살인업자 앨과 맥스는 조지(George)가 운영하는 헨리 식당으로 쳐들어와서 식당에 있는 세 사람에게 겁을 준다. 세 사람은 주인 조지, 흑인 요리사 샘(Sam), 그리고 유일한 손님인 닉이다. 닉은 이 지역의 주민이다. 청부살인업자들은 저녁 6시가 되면 앤드레슨이 저녁을 먹으로 올 것이라는 것을 비롯하여 앤드레슨에 대해 많은 정보를 사전에 알고 왔다. 앨과 맥스는 닉과 샘을 부엌에서 등을 맞대어 묶고 입에는 수건으로 재갈을 물린다. 그리고 조지에게는 다른 손님들이 저녁을 주문하지 못하게 하도록 지침을 내린다. 청부살인업자들은 그날따라 앤드레슨이 나타나지 않자 7시가 조금 넘어서까지 기다리다 떠난다. 주인 조지는 닉과 샘을 풀어주고 닉에게 앤드레슨에게 가

---

97) III-5 "단편의 명수, 헤밍웨이" 참조.

서 이 사실을 알리도록 제안한다. 닉은 이 제안을 받아드리고 가서 앤드레슨을 만난다. 그러나 앤드레슨은 이전의 복서답지 않게 침대에 누워서 식사조차도 하지 않을 정도로 의기소침해 있다. 따라서 앤드레슨은 청부살인업자들을 피하려 하지도 않는다. 앤드레슨은 닉에게 경찰에 알리지도 말라고까지 말한다. 알려봤자 별 소용이 없다는 것이다. 닉은 헨리 식당으로 되돌아와서 조지에게 앤드레슨의 입장을 전한다. 그리고 닉은 큰일이고 무시무시한 일이라고 말하면서 이 동네를 떠날 작정이라고 말한다.

이 소설은 헤밍웨이 문체 특유의 생략의 이론이 정확히 적용된 대표적인 단편이다. 많은 부분이 생략되고 서술되지 않고 있다. 쇼크를 받은 인물은 청부살인의 대상인 오울 앤드레슨이 아니라 닉이다. 주인공인 그가 작품의 마지막에 무시무시하여 이 동네를 떠나겠다고 말한 이 작품의 무대는 1920년대 초의 일리노이주 써밋(Summit)의 조그만 읍내이며 이곳은 헤밍웨이의 고향인 시카고에서 서남쪽으로 약 18km 정도의 거리에 있다.[98] 헤밍웨이에게 매우 익숙한 장소가 무대로 사용되고 있는 것이다.

「5만 달러」("Fifty Grand")는 뉴욕에서의 복싱경기에 관한 작품이다. 주요 등장인물 잭 브레난(Jack Brennan)은 웰터급권투선수이고 이 작품의 주인공이다. 제리 도와일(Jerry Doyle)은 브레난의 트레이너이면서 이 작품의 내레이터이다. 브레난은 뉴욕의 매디슨 스퀘어 가든(Madison Square Garden)에서 빅게임을 앞두고 준비 중에 있다. 상대는 지미 왈코트(Jimmy Walcott)이다. 권투는 헤밍웨이가 어렸을 때부터 많은 관심을 가진 스포츠였다. 그리고 뉴욕에서 벌어지는 프로권투시합을 헤밍웨이는 관람도 하고 기자로서 취재도 했다. 뉴욕에서의 프로권투경기는 헤밍웨이에게 익숙한 주제이다.[99] 단편「신이여 신사제현에게 즐거운 휴식을 주소서」("God Rest You Merry, Gentlemen")는 캔자

---

98) Oliver, 187 참조.
99) I-1 "헤밍웨이의 인생여정과 그 작품화" 권투(boxing) 부분 참조.

스의 한 병원에서 크리스마스날 오후에 벌어지는 이야기이다. 내레이터 호레이스(Horace)는 저널리스트이다. 그는 캔자스의 한 병원을 방문한다. 그 병원에는 훌륭한 의사이며 유대인인 피셔(Fischer)와 무능한 의사인 윌콕스(Wilcox)가 있는데 그들은 호레이스에게 흥미로운 이야기를 해주는 것으로 작품이 시작된다. 캔자스는 헤밍웨이가 신문기자로 취직을 했었던 도시로서 그에게 익숙한 지역이다. 문화의 차이가 주제인 「와이오밍의 포도주」("Wine of Wyoming")는 와이오밍주의 한 작은 도시의 외곽에 소재한 샘 폰탄(Sam Fontan)과 마리 폰탄(Marie Fontan)의 프랑스인 가정이 무대이다. 와이오밍주는 헤밍웨이가 1928년부터 인연을 맺기 시작한 곳이다. 단편 「도박사와 수녀와 라디오」("The Gambler, the Nun, and the Radio")는 몬태나주 하일리(Hailey) 소재의 한 병원이 배경이다. 역시 헤밍웨이가 잘 아는 지역이고 몬태나주는 『누구를 위하여 종은 울리나』와 『멕시코만류의 섬들』 등에서도 등장한 지역이다. 그리고 「폭풍 후」("After the Storm")는 플로리다 키섬들(Florida keys)과 쿠바의 아바나 항구가 배경인데 이곳들은 주지하다시피 헤밍웨이가 거주했던 곳이다.

「앞지르기 경주」("A Pursuit Race")는 어릿광대패와 자전거 경주를 결합시켜 사실상 '인생의 경주'의 의미를 함축하고 있다. 이 작품에서 앞지르기 경주란 자전거 경주를 말한다. 작품에서 자전거 경기의 규칙은 선수들이 같은 간격을 두고 출발해서 뒤를 추격하다가 어느 선수든지 앞지르기만 하면 그 순간 뒤처진 자는 경기에서 제외되고 자전거에서 내려 트랙을 떠나야 한다. 아무도 앞지르는 선수가 없을 때는 가장 장거리를 달린 자가 경기의 승리자가 된다. 그러나 자전거 경주는 이 작품에서 은유이다. 왜냐하면 이 작품에 실제 자전거 경주는 없기 때문이다. 이 작품의 경주는 선발대와 어릿광대패 사이의 경주이다. 주요 등장인물은 윌리엄 캠벨(William Campbell)과 터너 씨(Mr. Turner)이다. 캠벨은 어릿광대패의 선발대이고 주정쟁이이다. 터너 씨는 어릿광대패의 지배인이고 인생에서 무엇이 중요한지를 아는 슬기가 있는 사람이다. 그는 캠벨에게 동정적이고 호의적이다. 캠벨은 피츠버그에서 캔자스까지는 그럭저럭 어릿광대패의 선발대 역을 수행할 수 있었다. 그러나 캔자스에서 그는 추적자이자 지배인인 터너 씨에게 앞지르기를 당하고 말았다. 어릿광대패는 캔자스의 한 호텔에서 선발대 캠벨을 따라잡았던 것이다. 호텔에서 캠벨과 터너 씨 두 사람은 이런저런 대화를 나눈 후 터너 씨는 어릿광대패의 일을 위해 밖으로 나갔다. 누워 있다가 정오 때 일어나겠다는 캠벨을 다시 보기 위해 터너 씨는 호텔로 돌아왔다. 그러나 캠벨은 잠이 들어 있었고 터너 씨는 인생에서 무엇이 중요하고 값진 것인가를 아는 사람이어서 그를 깨우지 않았다. 이상이 이 작품의 줄거리이다. 외면상은 다소 싱겁지만 인생의 의미가 함축된 단편이다. 이 작품에 은유로 사용된 자전거 경주는 정확한 경주 법칙이 도입되었다. 자전거 경주의 법칙을 정확히 알아야 이해가 가능한 내용이다. 실제로 헤밍웨이는 이 작품의 출간연도인 1927년 11월 3일 독일의 베를린을 방문하여 6일간의 자전거 경주에 참가한 사실이 있다. 이 작품에는 배경의 일부로 「신이여 신사 제현에게 즐거운 휴식을 주소서」와 마찬가지로 캔자스가 또 도입되어 있다. 이미 밝힌 바대로 캔자스는 헤밍웨이가 신문사 캔자스 시티 스타사의 기자로 근무하면서 거주했던 지역이며 그 시기는 1917년 10월-1918년 4월까지였다. 이 작품이 탄생되었던 시기 이전에 이미 헤밍웨이에게 익숙한 도시이다. 그의 체류와 체험이 작품과 무관치 않다.

2) 프랑스 파리 · 지중해연안 · 스위스 · 오스트리아

다음은 프랑스 파리 · 지중해연안 · 스위스 · 오스트리아를 배경으로 하는 단편들이다. 「엘리엇 부부」("Mr. and Mrs. Elliot")의 주요 무대는 파리이다. 그리고 보조배경으로 프랑스의 영국해협(English Channel)의 항구 셔보그

(Cherbourg), 동부의 도시 디종(Dijon), 투렌(Touraine), 남부의 도시 랑그독 (Languedoc)과 몽펠리에(Montpellier), 그리고 북서부의 영국해협에 인접한 해수욕장인 트루바아예(Trouville) 근처의 해안피서지 등이 작품에 등장한다. 이 작품의 주인공은 휴버트 엘리엇(Hubert Elliot)이다. 그는 보스턴 소재 하버드대학교 법과대학원에 다니는 25세의 젊은 시인이다. 그는 다방에서 일하고 있는 40세나 되는 코넬리아(Cornelia)를 만나 결혼했다. 코넬리아는 이 작품의 여주인공이다. 이 작품의 "Mr."는 휴버트 엘리엇이고 "Mrs."는 코넬리아이다. 휴버트는 장시를 매우 빨리 쓰는 재주가 있다. 그리고 그는 결혼할 때까지 다른 여자와 자본 일이 없는 순결한 남자이다. 재정적으로도 그는 연 10,000달러의 수입이 있다. 코넬리아도 순결했다. 그녀는 남부의 여자이다. 그들은 결혼한 첫날밤을 보스턴의 한 호텔에서 보낸 다음 이튿날 휴버트의 모친을 방문하고 난 뒤 그 다음 날 유럽으로 떠났다. 이들 부부는 중요한 목적이 하나 있다. 그것은 아이를 갖는 것이다. 그들은 결혼한 날부터 애를 갖기 위해 무진 애를 쓴다. 보스턴의 호텔에서도 노력했다. 유럽으로 가는 배에서도 노력했다. 그러나 신부인 코넬리아는 내내 뱃멀미를 하여 많은 시도를 하지 못했다. 파리에 도착한 그들은 이곳에서도 이 세상의 무엇보다도 어린애를 갖고자 할 수 있는 모든 노력을 다 했다. 프랑스에서 이들 부부의 행동을 보면 애 갖기, 여행, 그리고 휴버트의 시 쓰기로 간추릴 수 있다. 그들은 프랑에서 이곳저곳으로 여행을 많이 하고 휴버트는 열심히 시를 썼다. 그러면서 애를 갖기 위해 계속 노력한다. 휴버트가 쓴 시는 코넬리아가 타이핑했는데 오자가 하나만 나와도 그 페이지 전체를 다시 쳐야 했다. 이런 과정에서 코넬리아에게는 고통이 따르고 그녀는 울기도 여러 번 울었다. 그러면서도 부부는 애를 갖기 위해 몇 번이고 다시 시도한다. 참다못한 코넬리아는 남편을 설득하여 보스턴의 다방에서 같이 일했던 여자친구 호니(Honey)를 불러왔다. 호니가 온 뒤 코넬리아는 훨씬 명랑해졌고 호니와 함께 즐거운

시간을 갖는다. 그리고 때로는 인생살이에 공감하면서 둘은 같이 실컷 울기도 한다. 마음이 통하는 사이임을 알 수 있다. 호니도 코넬리아처럼 역시 남부출신이었다. 그녀는 남부의 매우 오래된 집안 출신이었다. 그녀는 코넬리아보다 몇 살 위였기 때문에 코넬리아는 호니를 언니라고 불렀다. 호니는 코넬리아의 타이핑업무를 인수했다. 거의 한권의 책이 될 만한 분량의 시가 쓰여졌을 때 휴버트는 어느 출판사와 출판계약을 맺었다. 그리고 휴버트는 여름을 보내기 위해 투렌에 저택을 임차했다. 그는 자기 방을 따로 마련했다. 다른 방 하나는 두 여자가 같이 사용했다. 휴버트는 백포도주 마시는 일에 골몰해 있었으며 밤새도록 많은 시를 써서 아침에는 피로했다. 두 여자는 중세풍의 큰 침대에서 같이 잤다. 그들 셋은 즐거운 시간을 갖기도 한다. 저녁이면 그들 셋은 마당에 있는 플라타너스나무 밑 식탁에 앉아 저녁 바람을 쐬며 휴버트는 백포도주를 마시고 두 여자는 이야기를 나누었다. 그들은 모두 지극히 행복했다. 이상이 이 작품의 줄거리이다.

　이 작품의 무대는 결국 헤밍웨이에게 매우 익숙한 프랑스이다. 「엘리엇 부부」는 1924년에 나왔다. 파리에 온 시인 휴버트의 나이 25세는, 본격적으로 작가의 길로 들어서기 위해 해들리와 함께 파리로 온 1924년 당시 헤밍웨이의 나이 25세와 정확히 일치한다. 작품 속 여주인공 코넬리아가 휴버트보다도 연상인 것도 해들리가 헤밍웨이보다 연상인 것과 일치한다. 코넬리아는 휴버트보다 15년 연상이다. 해들리는 헤밍웨이보다 8년 연상이다. 작품에서 휴버트와 코넬리아가 탄 배가 셔보그에 입항했고 그들은 거기서 내려 파리로 갔다. 실제의 헤밍웨이 부부도 선편 안토니아(*Antonia*)호를 타고 항해(뉴욕출항: 1924년 1월 19일)하여 셔보그에 도착해(1924년 1월 29일 또는 30일) 파리로 갔다. 휴버트는 시를 쓴다. 헤밍웨이도 1923년 10편의 시를 써서『3편의 단편과 10편의 시』로 발표했다. 「엘리엇 부부」의 기본구도가 실재의 헤밍웨이 부부의 기본구도와 관계가 있다.

「비에 젖은 고양이」("Cat in the Rain")의 무대는 지중해 해안에 위치한 이탈리아 마을의 한 호텔이고 이 작품의 주제는 한 젊은 미국인 여자의 외로움이다. 이 작품의 주제를 전달하기 위해 헤밍웨이는 어떤 구성과 기법을 사용하는가? 호텔 밖에 비가 내리는 가운데 남편 조지(George)는 침대에 누워 책을 읽는다. 남편이 관심도 주지 않고 밖에는 비가 오고 있어 미국인 여자는 현재 외롭고 지루하다. 그때 그녀는 비를 피해 호텔 밖 책상 밑에 웅크리고 있는 고양이를 발견한다. 그녀는 내려가 고양이를 데려오겠다고 남편에게 말한다. 남편은 자기가 가서 데려오겠다고 말했으나 결국 여자가 가기로 하고 그는 다시 책을 읽기 시작한다. 미국인 여자가 아래로 내려오자 호텔주인이 인사를 했다. 미국인 여자는 호텔주인의 매너와 특히 서비스태도를 좋아하고 있었다. 호텔주인이 보낸 하녀는 우산을 받쳐들고 조지의 아내 미국인 여자를 도왔다. 고양이가 있었던 곳에 도착했을 때 고양이는 어디론가 사라져 버렸다. 허탕을 치고 그녀는 다시 방으로 돌아왔다. 아내의 얘기를 들은 후 조지는 말없이 다시 책을 읽기 시작했다. 그녀는 다시 외로워진다. 그녀는 거울 앞에 앉아 머리를 길게 기를까 말까 또는 머리칼을 바싹 뒤로 빗을까 등 머리모양과 같은 아주 사소한 것에 신경을 쓰고 고민을 한다. 그녀는 사내아이처럼 짧게 깎은 현재의 머리 스타일에 싫증이 났다. 그러나 사실 남편 조지는 그녀의 현재의 짧은 머리를 좋아한다. 외로운 그녀는 이제 머리모양에 대한 궁리에서 벗어나 그녀가 원하는 다른 것들을 말하기도 하고 생각하기도 한다. 무릎에 새끼고양이를 앉히고 쓰다듬고 싶기도 하고, 은식기와 촛불이 있는 식탁에서 밥을 먹고 싶기도 하고, 지금이 봄이기를 바라기도 하고, 거울 앞에서 머리를 마음껏 빗어 보고 싶기도 하고, 그리고 새 옷을 입고 싶기도 한다. 작품의 끝부분에서 호텔주인은 하녀를 시켜 지갑 무늬가 있는 고양이 한 마리를 조지의 아내 미국인 여자에게 가져다준다. 이것이 이 작품의 줄거리이다.

이 작품은 헤밍웨이의 생략이론이 적용된 대표적 단편이다. 조지의 아내는 결혼에 실망하고 외롭고 권태롭다. 그러나 이 작품의 어느 곳에도 그녀의 그런 심리를 표현하는 직접적인 용어는 없다. '외로움,' '고독,' '권태,' '지루함' 등등의 용어를 직접 사용하지 않았다는 말이다. 단지 고양이를 비롯하여 그녀의 현재의 잡다한 욕망을 나열함으로서 현재의 외로운 내면의 심리상태를 제시하고 있을 뿐이다. 객관적 상관물과 행동으로 제시하고 내면의 다층적 의미는 독자에게 맡기는 기법이다. 이 작품의 무대는 지중해 연안의 한 이탈리아 마을에 있는 어느 호텔이다. 이 지역은 헤밍웨이에게 익숙한 곳이다. 그리고 이 작품에 등장하는 고양이는 헤밍웨이가 아주 좋아했던 평생의 애완동물이다.

「끝없는 눈」("Cross-Country Snow")의 무대는 스위스이다. 닉 아담스와 친구 조지(George)는 스위스 중부의 도시 몽트뢰 위에서 스키를 즐기고 있다. 그러나 조지는 학교로 돌아가기 위해서 그날 밤 10시 40분에 몽트뢰에서 기차를 타야 한다. 미국으로 돌아가기 위해서이다. 스키가 끝나고 어느 주막으로 들어가 그들은 대화를 나눈다. 스위스인 두 사람이 난롯가에 앉아서 파이프 담배를 피우며 술을 마시고 있었다. 옆방에서 노랫소리가 흘러나오다 멎었다. 파란 앞치마를 두른 여자가 주문을 받으러 왔다. 닉은 시온(Sion) 한 병과 약간의 사과 스트루델(strudel)[100]을 시켰다. 이후 둘의 대화가 이어진다. 그들의 대화내용은 주문을 받고 시중을 들고 있는 독일여자 웨이트리스의 미혼 임신, 방금 부른 독일 오페라, 닉의 아내 헬렌(Helen)의 임신과 다음 해 늦은 여름의 해산예정 등이다. 그러나 이들의 주요 관심사는 스키이다. 스키의 매력에 푹 빠져있는 닉은 조지가 학교로 돌아가야 한다는 사실을 못내 아쉬워한다. 만일 조지가 학교로 돌아가는 시간을 미룰 수만 있다면 그는 둘이서 당 뒤 리(Dent du Lys), 오베를랑(Oberland), 발레주(Valais), 앙가딘(Engadine)

---

100) 과일·치즈 따위를 반죽한 밀가루로 얇게 싸서 화덕에 구운 과자.

협곡, 쉬바르츠발트(Schwarzwald) 등으로 함께 스키여행을 떠나고 싶어한다. 미국의 땅은 바위투성이고 나무도 너무 많고 거리도 너무 멀어서 스키에 걸맞지 않는다고 푸념하기도 한다. 닉과 조지는 다시 스키약속을 한다. 그리고 그들은 주막에서 나와 어깨에 스키를 메고 집으로 돌아가는데 마치 스키를 타듯 미끄러지면서 집으로 돌아갔다는 표현으로 작품을 끝맺고 있다.

이 작품의 화자가 묘사하는 장면을 보아도, 그리고 주막에서의 닉과 조지의 대화를 보아도 이 작품에서 다루는 주제는 분명 스키이다. 스키가 주제인 이 작품은 1925년에 출간되었다. 헤밍웨이는 해들리와 함께 1922년 1월 스위스 챔비로 2주간의 스키여행을 떠난 것을 비롯하여 1924년 겨울 휴가차 오스트리아의 쉬룬쯔를 방문하여 1925년 2월 중순 1주일간의 스키를 즐겼다. 그리고 1925년 12월 다시 쉬룬쯔를 찾는 등 스키의 매력에 푹 빠졌었다. 이 스키여행이 「끝없는 눈」의 생산에 직접적인 영향을 미쳤음이 자명하다. 작품에서 닉과 조지가 스키여행을 떠나고 싶다고 거론한 지역들은 모두 스위스의 실지 지명이다. 이 지역들은 헤밍웨이가 잘 알고 있는 곳들이다. 특히 이 작품의 주요 무대인 몽트뢰는 헤밍웨이에게 익숙한 도시로서『무기여 잘 있거라』에서 프레더릭 헨리와 캐서린 바클리가 1917-1918년 겨울에 살았던 곳이다. 그리고 단편「스위스 찬가」에서도 배경으로 사용되고 있다.

「스위스 찬가」("Homage to Switzerland")는 세 개의 무대가 나타난다. 한 작품이 세 개의 파트로 나뉘어져 있다. 세 개의 파트에 등장하는 각 인물은 셍플롱 오리엔트 급행열차를 기다리고 있다. 세 사람은 제네바 호수 동쪽 끝 근처 각각 다른 역 구내 식당에서 기다리고 있다. 몽트뢰역의 구내식당에서 기다리는 휠러 씨(Mr. Wheeler), 브베역(Vevey)의 구내식당에서 기다리는 존슨 씨(Mr. Johnson), 테리테역(Territet)의 구내식당에서 기다리는 테리테역의 동료회원의 아들 해리스 씨(Mr. Harris)이다. 작품의 이런 구도의 목적은 세 사람이 각각 시간을 어떻게 보내는가를 알아보기 위한 것이다. 열차가 도착하는 순서는 테리테, 몽트뢰, 그리고 브베이다. 세 사람은 모두 파리로 가는 중이다. 기차는 상 모리스(Saint Maurice)에서 눈 때문에 1시간 연착했다. 현재시간은 10시 15분 전, 기차는 11시 30분쯤 도착하기로 되어 있다. 이 작품이 진행되는 시간대의 설정이다. 세 등장인물은 모두 미국인이고 35세 전후의 동년배들이다. 구내식당의 밝고 훈훈한 내부묘사(테리테만 약간 과열), 다른 사람들을 만나는 즐거움, 닦이어 번쩍거리는 나무테이블과 의자, 독어, 불어, 지방어를 사용할 줄 알고 손님과 술 마시는 것과 여송연을 피우는 것 그리고 외출하는 것이 금지되어 있는 웨이트리스와의 대화 등등의 묘사가 각 파트 서술의 기본 골격이다. 그러나 각 파트의 인물이 겪는 상황은 다르다.

제1부 몽트뢰의 휠러 씨의 초상화(Portrait of Mr. Wheeler in Montreux)에서 휠러 씨는 웨이트리스에게 100프랑에서부터 200프랑, 300프랑까지 올려가면서 2층으로 가자고 유혹한다. 그러나 그는 사실은 여자를 좋아하지 않는다. 그는 전에도 이 역에 온 경험이 있어 2층이 없다는 것도 알고 있다. 휠러는 웨이트리스에게 거절을 당하고 기차가 들어온다는 역 직원의 말에 따라 계산을 하고 플랫폼으로 향했다.

제2부 존슨 씨의 브베 담화(Mr. Johnson Talks about It At Vevey)에서 그것(It)은 존슨 씨의 아내가 추진하고 있는 이혼이다. 존슨은 웨이트리스에게 놀러가지 않겠냐고 유혹한다. 물론 거절당한다. 존슨은 그 역에서 최고급 샴페인 두 병을 주문하고 세 명의 포터들하고 대화를 나눈다. 존슨은 35세이고 작가이다. 그녀의 아내는 이혼을 추진 중이다. 존슨은 포터들과 함께 미국인들의 이혼문제를 비롯하여 프랑스 혹은 독일인들의 이혼문제 등에 대해 대화를 나눈다. 대화는 이제 끊어졌는데 기차가 도착하려면 아직도 15분이나 남았다. 존슨은 계산을 한 뒤 가방을 그곳에 남겨둔 채 아직 트지 않은 샴페인 한 병은 그들에게 터서 마시라고 말하고 산책을 나왔다. 밖에는 눈이 몹시 내리고 있었고 창문을 통해서 보니 터놓은 병에 남은 포도주를 웨이트리

스가 그들의 술잔에 따르고 있었다. 트지 않은 병은 그녀가 계산대로 도로 가져가서 현금으로 바꾸었다. 한 사람 당 3프랑씩은 돌아갈 거라고 존슨은 생각했다. 가던 길을 바꾸어 플랫폼으로 내려가면서 식당 안에서 '그런 이야기'를 하면 마음이 좀 풀릴 줄 알았는데 풀리지 않고 오히려 구역질이 나게 궂은 기분이 되었을 뿐이라고 느낀다. 여기서 '그런 이야기'는 아내와의 이혼에 관한 이야기인 것으로 추정된다.

 제3부 테리테역의 동료회원의 아들(The Son of a Fellow Member at Territet)에서 해리스 씨(Mr. Harris)는 웨이트리스에게 섹스 접근은 하지 않는다. 대신에 그의 관심은 노신사 시기스먼드 와이어(Sigismund Wyer)와의 대화이고 대화의 주된 내용은 국립지리학협회(National Geographic Society)의 회원여부이다. 와이어는 국립지리학협회의 회원임을 자랑스럽게 여긴다. 와이어는 해리스에게 회원증을 자랑스럽게 보이고 협회 간부이고 미국인인 프레더릭 러쎌(Frederick J. Roussel) 등의 회원이름을 대며 자신을 과시한다. 와이어는 러쎌의 추천으로 회원이 되었다. 해리스는 와이어에게 자신의 아버지도 회원이었으며 그런 아버지가 작년에 총으로 자살했다고 말한다. 와이어는 아버지의 별세는 가족에게뿐만 아니라 과학에 있어서도 큰 타격이었으리라고 믿는다고 조의를 표한다. 해리스는 명함을 건네고 와이어도 지갑에서 명함을 꺼내 건넨다. 그런데 와이어의 명함은 이렇게 쓰여 있었다.: "국립지리학 협회 회원, 철학박사 시기스먼드 · 와이어, 미국 컬럼비아구 워싱턴." 유럽의 회원인줄 알았던 와이어는 미국인이었다. 와이어는 자신은 미국에 간 일이 없다고 말하고 매우 가고 싶다고 말했다. 해리스는 명함을 받고 소중히 간직하겠다고 말했다.

 세 명의 미국인들 중 첫 번째 사람은 여자를 좋아하지는 않지만 섹스접근으로 웨이트리스를 난처하게 만들고, 두 번째 사람은 이혼문제로 고민하고, 세 번째 사람은 거짓말에 말려드는 상황이 그려지고 있는 작품이 「스위스 찬가」이다. 이 작품의 배경으로 사용된 몽트뢰를 비롯한 스위스의 여러 지역과 문화는 헤밍웨이에게 익숙하다.

「스위스 찬가」에서 사용된 지역 브베는 「딸을 위한 카나리아」("A Canary for One")에서 주인공과 그의 아내가 그들의 신혼여행 때 머물렀던 곳으로 다시 도입되었다. 「딸을 위한 카나리아」에는 미국 남자와 그의 아내가 기차 여행 중에 있다. 미국 남자는 이 작품의 내레이터이다. 기차는 프랑스 지중해 해안을 따라 달리고 마르세유를 거쳐 아비뇽(Avignon)을 지나 파리로 가는 중이다. 그들은 칸막이 객실에서 한 미국인 부인을 만난다. 미국인 부인은 딸에게 주려고 팔레르모(Palermo)에서 새장 카나리아를 구했다. 2년 전 미국인 부인은 딸과 외국인과의 애정관계를 갈라놓은 일이 있다. 딸을 외국인과 결혼시킬 수가 없었기 때문이다. 미국인 부인의 딸이 사랑했던 남자는 기사가 꿈인 좋은 가문의 브베 출신 스위스 남자이다. 브베는 미국인 부부가 신혼여행을 갔던 곳이고 매우 좋은 추억의 장소이다. 브베에서 가을 경치가 일품인 호텔 트롸 쿠론느(Trois Couronnes)에 숙박하기도 했다. 그런데 두 미국인은 지금 별거생활을 시작하려고 파리로 돌아가는 길이었다. 브베 외에 이 작품의 무대로 사용된 프랑스 지중해, 마르세유, 아비뇽, 그리고 파리 등은 헤밍웨이가 너무도 잘 아는 장소들이다.

「알프스의 목가」("An Alpine Idyll")는 스키 이야기이다. 갈튜르(Galtür)의 주막의 방이 무대이다. 갈튜르는 오스트리아 남서부, 랜덱(Landeck) 남서쪽 약 39km 지점 파즈나운틀산 계곡(Paznauntal Valley) 지역에 있는 실지의 읍이다.[101] 때는 한 달 동안의 봄 스키시즌이 막 끝낸 오월이다. 주요 등장인물은 이름이 밝혀지지 않은 내레이터, 내레이터의 스키친구 존(John), 주막집 주인, 교회지기 프란쯔(Franz), 그리고 농부 올즈(Olz) 등이다. 이 작품에서 다루고 있는 내용은 내레이터와 존이 실브레타(Silvretta)에서 한 달 동안의 봄

---

101) Oliver, 111 참조.

스키를 마치고 주막집에서 나누는 대화가 주축이 되는데 특이한 대화가 관심을 끈다. 그 내용은 이렇다. 주막집으로 돌아오는 길에 교회묘지에서 한 사람의 매장이 있었다. 농부 올즈의 아내의 매장이었다. 주막집에 농부 올즈와 교회지기 프란쯔가 들어왔다. 교회지기에 의하면 농부 올즈의 아내는 지난해 12월 18일에 죽었다. 그러나 올즈는 아내의 시신을 바로 매장하지 않았다. 이유는 교회 산등성이에 많은 눈이 쌓여서 시신을 산 아래 교회로 옮길 수가 없었기 때문이다. 올즈는 당국에 신고를 내고 시체는 곳간 커다란 나무 더미 위에 두었다. 나무를 쓸 때가 되어서 가보니까 시체가 빳빳하게 얼어 있었다. 올즈는 시체를 벽에다 기대놓았다. 그리고 입이 벌어져 있었기에 나무가 필요하여 밤에 곳간에 가면 입에다 초롱을 걸었다는 것이다. 심하게 일그러진 시체의 얼굴을 본 목사는 올즈를 나무랐고 아내를 사랑했느냐고 물었다. 올즈는 아내를 매우 사랑했다고 대답했다. 이 이야기를 들은 주막집 주인은 농부들은 짐승들 같다고 크게 분노한다. 올즈는 교회지기에 의해 주막집 주인에게 자신의 아내 이야기가 전달되기 시작하면서 다른 술집 뢰벤(Lowen)으로 피해버렸다. 더 이상 교회지기와 함께 술을 마실 분위기가 아니었다. 내레이터와 그의 친구는 식사를 시작하는 것으로 작품은 끝을 맺고 있다.

이 작품의 서술이 진행되는 장소는 갈튜르 주막이지만 궁극적 기본 배경은 스키여행이다. 스키여행은 헤밍웨이가 매우 즐겼던 인생테마였다. 이 작품의 출간 년도는 1927년이고 헤밍웨이는 1922년, 1923년, 1925년에 스위스와 오스트리아 등으로 스키여행을 다녔었다. 그리고 1948년, 1949년, 1950년에도 그는 스키여행을 즐겼다. 스키를 마치고 숙소에서 그 지방에서 전해지는 특이한 이야기가 단편으로 구성되는 구조, 헤밍웨이 작품창작의 구조상 그리 낯설지 않다. 이 작품의 배경이 실지 지명임을 감안하면 더욱 그렇다.

3) 스페인

다음은 스페인을 배경으로 한 단편들이다. 「패배를 모르는 사나이」("The Undefeated")는 1918년 스페인의 마드리드가 배경이다. 이 작품은 주인공이자 열정적인 투우사, 그러나 투우사로서 운이 다한 마뉴엘 가르시아(Manuel Garcia), 가르시아에게 초라한 대전료와 불리한 야간경기를 제안한 프로모터 돈 미규엘 레타나(Don Miguel Retana), 가르시아가 투우에 졸전을 하면 변발을 잘라버리겠다는 조건으로 가담한 기마투우사 쥬리토(Zurito), 투우조교들, 그리고 가르시아에게 동정적인 보조투우사 헤르난데즈(Hernandez) 등이 펼치는 스페인의 투우에 관한 내용을 다루고 있다. 가르시아는 소뿔에 받힌 뒤 병원에서 치료했고 막 퇴원했다. 그는 다시 투우를 원한다. 그러나 그는 마드리드라는 투우계에서 주간의 정식투우경기를 치르기에는 너무 늙었고 투우사로서의 조건이 좋지 않다. 그래서 가르시아는 정식투우보다 덜 위험하고 별로 주목받지도 못하는 야간경기를 해야 했고 초라하다 못해 치욕적인 투우대전료 300페세타를 받아들여야만 하는 입장이다. 스페인의 일류 투우사 빌랄타(Villalta)가 7,000페세타를 받는 것을 생각하면 그 대접이 실로 비참하고 참혹하다. 관중이 내는 야간투우 입장료는 정식투우 입장료의 절반만 내면 되기 때문에 대전료가 적은 것이다.

가르시아는 한물 간 투우사였지만 초반전에는 잘 싸웠다. 그러나 황소와 맞붙은 총 여섯 번의 시도 중에서 네 번의 시도가 끝나고 관중들은 방석과 빈 샴페인 병을 던진다. 가르시아는 다섯 번의 시도 중에 뒤로 물러나면서 그 방석에 넘어지고 그는 소뿔에 옆구리를 받힌다. 퓨엔테스(Fuentes)와 헤르난데즈가 그만하도록 말렸으나 가르시아는 이를 거절하고 여섯 번째의 시도에 들어간다. 이번에는 가르시아의 칼이 황소에게 칼자루까지 깊숙이 들어갔다. 네 손가락과 엄지손가락이 파묻힐 때까지 들어갔고 주먹에 피가 뜨겁게 느껴지고 거의 황소를 올라타고 있었다. 투우는 끝났지만 가르시아는 기진맥진한 상태로 기침을 해댔다. 이후 가르시아는 병원으로 후송되고 마취를 하기 위해 의사가 그의 얼굴에 마스크를 덮으려 할 때 가위를 들고 있는 쥬리토에게 투우사 가르시아는 오늘 잘되었다며 쥬리토에게 변발을 자르지 말아달라고 간청한다. 쥬리토는 가위를 든 것은 장난이었고 오늘 훌륭하게 되었다며 변발을 자르지 않겠다고 약속한다. 가르시아의 자기망상과 집념이 두드러지는 작품이다. 그런데 이 집념의 투우는 헤밍웨이가 심취했던 인생주제의 하나였다. 그리고 무대 스페인의 마드리드도 헤밍웨이에게 익숙한 장소이다.

「흰 코끼리 같은 산」("Hills Like White Elephants")은 스페인의 에브로(Ebro)강이 배경으로 나온다. 아직 결혼을 하지 않은 젊은 커플이 기차역 술집의 바깥에 놓인 테이블에 앉아있다. 커플은 미국인 남자와 그와 동행하는 여자 지그(Jig)이다. 그들은 기차를 기다리고 있다. 바르셀로나에서 출발한 특급이 40분만 있으면 이 연락역에 닿을 예정이고 이 역에서 2분간 정차한 다음 마드리드로 향하게 되어 있다. 이 역의 이름은 나와 있지 않다. 그러나 이 역이 위치한 주변은 에브로강 골짜기이고 건너편 산들은 길게 늘어지고 허여멀겋다. 건너편 산은 마치 흰 코끼리 같은 산인 것 같기도 하고 아닌 것도 같다. 제목으로 채택된 부분인데 다소 모호한 진술이다. 커플 사이는 팽팽한 긴장이 계속되고 있다. 그녀는 임신한 상태이고 낙태를 해야 할지 말아야 할지 결정해야 하는 순간인 것처럼 보인다. 이 문제는 헤밍웨이의 생략이론에 의해서 직접적인 표현은 없다. 오직 주인공 미국인이 지그에게, 정말 형편없이 간단한 수술이며 사실은 수술도 아무것도 아니라는 것, 지그 당신은 그런 것쯤은 문제시하지 않을 것이라는 것도 알고 있다는 것, 공기를 넣는 것뿐이라는 것, 자기가 따라가서 늘 함께 있어 주겠다는 것 등의 에두르는 말로 지그를 설득하는 말에서 이를 유추할 수 있을 뿐이다. 지그는 지금 중대 결정을 해야 하는 긴장된 상황에 직면해 있고 남자와 대화가 잘 안 되는 차원을 넘어 이제 말 좀 그만 하라고 애원한다.

이 작품에 등장하는 바르셀로나와 마드리드는 헤밍웨이에게 익숙한 스페인의 도시이고 이 작품의 현재 배경인 에브로강도 헤밍웨이와 인연이 있다. 1924년 7월 13일 스페인의 이래티강에서 낚시를 즐겼던 헤밍웨이는 에브로강 근처의 지형에 대해서도 잘 알고 있었고 1938년 4월에 친구들과 에브로강으로 낚시여행을 다녀온 적도 있다.

[그림 27] 헤밍웨이의 스페인 에브로(Ebro)강 낚시여행, 1938년 4월. (Copyright holder unknown; photo courtesy of the John F. Kennedy Library)

「싱거운 이야기」("Banal Story")에는 스페인의 투우가 배경으로 등장한다. 이 작품의 주인공은 이름이 없이 "그"(He)이다. 그는 소책자를 읽고 있다. 예술과 문학잡지 포럼(The Forum)을 광고하는 소책자이다. 이 작품에는 많은 실명이 등장한다. 조이스, 쿠울리지 대통령(President Coolidge), 버나드 쇼(Bernard Shaw), 피카소 등이다. 그러나 작품의 마지막에 스페인의 투우사 마뉴엘 가르시아 마에라(Manuel Garcia Maera)의 죽음이 유독 강조되어 묘사된다. 안달루시아의 모든 신문들이 그의 죽음을 위해서 특별부록을 바쳤다. 어른들이고 아이들이고 그를 기억하기 위해 등신대 채색 초상화를 샀다. 비가 오는 가운데 모두가 그의 관 뒤를 따라 가고 147명의 투우사가 그를 따라 묘지에까지 갔다. 이 작품에서 강조된 스페인의 투우사에 대한 경의, 그것은 헤밍웨이의 실제 생각이다.

단편 「정결하고 조명이 잘된 장소」("A Clean, Well-Lighted Place")는 스페인의 수도 마드리드가 무대로 추정된다. 모두가 떠난 자정이 넘은 시각의 어느 카페, 한 노인이 브랜디를 마시고 있다. 카페에는 두 명의 웨이터가 시중을 들고 있다. 노인은 농자(聾者)(귀머거리)이고 두 웨이터의 짐작에 의하면 여든 살 정도 된다. 나이가 젊은 웨이터는 빨리 집에 있는 아내에게 가고 싶어한다. 그래서 노인에 대해 덜 동정적이고 아주 무례하기까지 하다. 그러나 혼자 살고 있고 나이가 많은 웨이터는 노인에 대해 동정적이다. 그는 노인이 밤늦게까지 카페에 남아있는 것을 개의치 않는다. 노인은 1주일 전에 자살을 시도했었다. 두 웨이터들은 노인이 왜 자살을 시도했으며 왜 취하도록 술을 마시는지를 알지 못한다. 노인이 하나 더 브랜디를 주문했을 때 젊은 웨이터가 거절한다. 노인을 내보내고 카페 문을 닫고 싶어서이다. 그리고 집에 빨리 가고 싶어서이다. 나이 많은 웨이터가 젊은 웨이터에게 그가 절약하고자 했던 한 시간쯤이 무슨 의미가 있는가를 묻는다. 젊은 웨이터는 노인의 한 시간보다 내 시간이 소중하다고 대답한다. 그리고 노인은 술을 사다가 집에서 마실 수 있는 것 아니냐고 말한다. 나이 많은 웨이터는 대답한다. 집에서 마시는 것하고 카페에서 마시는 것하고는 다르다. '정결하고 유쾌하고 조명이 잘된' 그리고 나뭇잎 그늘이 있는 장소가 필요한 사람들이 있다. 자신도 그런 부류의 사람이다. 일과가 끝나고 전깃불을 끄면서 그는 생각한다. 노인은 무엇을 겁냈을까? 무엇을 두려워했을까? 하지만 노인에게 문제가 되는 것은 겁도 두려움도 아니다. 노인이 현재 당면하고 있는 것은 뼈저리게 온몸으로 느끼고 있는 인생의 '허무'였다. 모든 것이 허무이며 인간 또한 허무이다. 나이 많은 웨이터는 자신의 카페를 닫고 다른 바(bar)로 향했다. 조명은 대단히 밝고 유쾌하나 바는 불결했다. 술 한 잔을 시켜 마신 후 집으로 돌아왔다. 그는 새벽까지 잠을 잘 수가 없었다. 그는 이것이 불면증인 것 같고 많은 사람들이 불면증에 걸린 것이 틀림없다고 생각했다. 인생에 대한 심오한 철학과 인간이 처할 수 있는 비극적 경지를 다룬 작품이라고 평가된다. 이 작품에서 카페가 위치한 곳, 즉 이 작품의 무대는 유추하여 볼 때 서두에서 말한 대로 마드리드이다. 헤밍웨이가 익숙한 장소이다.

스페인의 투우 및 내전에 대한 단편은 계속된다. 단편「여왕의 모친」("The Mother of a Queen")의 무대는 멕시코이지만 여섯 번의 투우경기 계약으로 멕시코에 온 스페인의 투우사 파코(Paco)가 주인공이다. 그는 아버지와 어머니가 죽고 없다. 파코는 동성애자이고 돈에 대해 인색하다. 그와 그의 최초의 매니저는 연인 사이였다. 이 소설의 제목에서 여왕(Queen)은 바로 파코이다. 파코의 현재의 매니저는 로저(Roger)이다. 로저는 이 단편의 내레이터이다. 파코는「세계의 서울」("The Capital of the World")에서 다시 주인공역을 맡는다. 이 작품의 무대는 스페인의 마드리드이다. 이 작품에서 파코는 다부지게 생긴 몸집에다 머리칼은 새까맣고 고수머리였다. 예쁘장한 이빨에다 누이들이 늘 부러워하던 그런 고운 살결을 지니고 있었다. 파코는 누이가 두 명 있고 그 누이들을 사랑한다. 그는 비록 2류 투우사들이지만 투우사들이 하숙하고 있는 마드리드의 루아르카 하숙집(Pension Luarca)에서 웨이터 일을 하고 있고 그 일을 사랑한다. 그는 그곳에서 기숙하면서 투우사들의 시중을 든다. 그는 마드리드를 사랑한다. 그는 펜션에서 일하는 웨이터 중에서 가장 젊다. 그는 낭만적인 젊은 소년이고 투우사가 될 꿈을 갖고 있다. 파코는 스페인의 전쟁소설 여덟 개 중의 하나인 「산마루 아래에서」("Under the Ridge")(이 작품은 49단편 외의 단편임)에서도 주인공으로 나온다. 스페인과 수도 마드리드, 그리고 스페인의 투우사, 이는 헤밍웨이에게 낯익은 장소이자 그의 인생주제이다.

「다리 위의 노인」("Old Man at the Bridge")은 스페인전쟁을 주제로 한 작품이다. 전쟁이 시민에게 미치고 있는 충격이 주제인데 한 노인을 주인공으로 내세워 이를 전달하는 기법을 채택했다. 내레이터는 스페인전쟁에서 파시스트들이 에브로강을 향하여 어느 지점까지 진격했는가를 알아내는 정찰임무를 맡은 한 군인이다. 전쟁으로 피난 가는 대열에 한 노인이 끼어 있다. 그는 산 카를로스(San Carlos) 마을을 마지막으로 떠난 75세의 늙은 노인이다. 그 노인은 피곤하여 강에 놓인 주교(舟橋)에 꼼짝도 안 하고 앉아있다. 먼지투성이의 검은 옷, 먼지투성이가 된 잿빛 얼굴, 쇠테안경 등 노인의 몰골은 말이 아니었다. 지금까지 약 12km를 걸어왔는데[102] 이제는 한 발짝도 더 갈 수가 없다. 그 노인은 고향 산 카를로스에서 동물들을 보살피는 일을 하다 피난 가는 중이었다. 노인은 단지 동물들을 돌보는 일만 했던 사람이다. 고양이는 알아서 버텨내겠지만 다른 동물들이 걱정이다. 군인의 보살핌으로 노인은 일어서긴 했으나 좌우로 흔들흔들하더니 그만 먼지 속에 뒤로 주저앉고 말았다. 더 이상 걸을 수가 없다. 그는 혼자서 맥없이 중얼거린다. 그날은 예수 부활절 날이었다. 파시스트군은 에브로강을 향해 진격하고 있었다. 그러나 그날 구름이 낮게 덮인 음침한 날씨 때문에 파시스트군의 비행

---

102) *Ibid.*, 248 참조.

기가 뜨지 않았다. 그래서 적의 비행기가 뜨지 않았다는 것과 고향에 남은 동물들 중에 고양이는 스스로 돌볼 줄 안다는 사실만이 그 노인이 누릴 수 있는 행운의 전부였다.

이 작품은 원제목이 "The Old Man at the Bridge"로 잡지 ≪켄≫(Ken)에 발표되었다. 이 작품에 등장한 모든 배경과 주제는 헤밍웨이에게 익숙한 자료들이다. 예를 들어 에브로강도 앞서 말한 대로 헤밍웨이가 실제로 낚시여행을 갔었던 강이다. 또 헤밍웨이는 앞서 말한 대로 스페인전쟁의 전황과 이 전쟁이 인류에게 미치는 잔혹상을 전 세계의 지식인들에게 힘써 보도했다. 스페인전쟁은 헤밍웨이의 관심주제였다는 뜻이다. 스페인전쟁이 종전된 직후 발표된 이 작품도 이런 보도물 범주에 속한, 즉 작품의 형태를 취한 스페인전쟁 고발리포트의 하나라고 볼 수 있다. 이 단편의 분량이 겨우 2페이지 남짓 정도의 짧은 길이라는 것도 저널의 리포트다운 성격을 짙게 한다.

4) 이탈리아

다음은 이탈리아를 배경으로 한 단편이다. 「계절에 뒤늦은」("Out of Season")은 7페이지짜리 단편에서 37번이나 언급된 "젊은 신사"(Young Gentleman), 그의 아내 타이니(Tiny), 그리고 술에 취해 말이 많은 늙은 낚시 안내인 페두찌(Peduzzi)가 이탈리아 북부의 오스트리아 국경 지대에 있는 마을, 코르티나(Cortina)에서 펼치는 불법 송어낚시에 대한 이야기이다. 첫날 이루어질 뻔했던 불법 낚시는 낚싯줄에 달 납을 가져오지 않은 바람에 좌절되고 다음 날 합법적인 낚시여행은 젊은 신사의 적극적이지 못한 의사로 이루어질지가 불투명한 상태로 작품은 마무리된다. 그러나 이 작품에서 펼쳐지는 낚시는 외면상의 행동이고 이의 내면에는 젊은 신사와 그의 아내 타이니 사이의 결혼생활의 미묘한 불화가 숨겨져 있다. 「흰 코끼리 같은 산」과 「두 개의 심장을 가진 큰 강」에서처럼 이 작품에서도 생략의 이론이 적용되어 있기 때문에 페두찌의 말 많은 낚시 안내 행위 너머에 숨겨져 있는 젊은 신사와 아내 타이니 사이의 심리적 갈등정서를 놓쳐서는 안 되는 작품이다. 이 작품은 1923년에 출간되었다. 그런데 헤밍웨이는 1923년에 아내 해들리와 함께 이탈리아 코르티나로 휴가여행을 갔으며 여기서 6편의 스케치를 완성하기도 했다. 그 이전 1922년 12월 2일 해들리는 헤밍웨이의 모든 원고가 들어있는 가방을 분실했다. 헤밍웨이의 상심이 매우 컸고 헤밍웨이는 이 사건으로 평생에 걸쳐 원고분실공포증까지 겪었다. 해들리와의 이혼이 꼭 이 사건 때문이었다고는 말할 수 없지만 헤밍웨이는 1927년 1월 27일 해들리와 이혼했다. 이 작품 속의 젊은 신사와 아내 타이니의 코르티나에서의 불화구도는 헤밍웨이와 해들리와의 불화구도와 연관이 있을 것으로 추정된다.

「나의 부친」("My Old Man")은 파리와 이탈리아 등 유럽이 무대이다. 이 작품은 켄터키주(Kentucky) 출신의 버틀러(Butler)의 장애물 넘기 경마이야기이다. 경마는 이탈리아와 파리 등 유럽을 배경으로 하고 있다. 버틀러의 아들 조(Joe)는 주인공이자 이 작품의 내레이터이다. 조는 현재 나이 12세이고 교육을 받지 못한 소년이다. 아버지 버틀러는 유럽에서 펼쳐진 경마에서 남을 사기친 일이 있는 정직하지 못한 사람이다. 버틀러는 파리의 오퇴유(Auteuil) 경마장에서 벌어졌던 4천 5백미터 장애물경마경기에서 자신의 말 길포드(Gilford)를 타고 경마경기를 하던 도중 죽었다. 아들 조는 자신의 부친 버틀러를 무척 사랑했고 부친의 죽음을 당한 후 큰 소리로 울지 않으려고 무척 애를 쓴다. 그는 앰뷸런스가 오기를 기다리고 있다. 버틀러의 친구이며 역시 경마기수인 조지 가아드너(George Gardner)와 함께 문 쪽으로 나가 있는 아들 조는 빠져나오는 관중들 중에서 두 사나이의 아버지에 대한 대화를 듣는다. 한 사나이가 마권을 세면서 버틀러의 죽음은 인과응보라고 말한다. 이에 다른 사나이는 버틀러는 사기꾼 같은 놈이고 그놈은 자기가 저지른 속임수에 자기 스스로 죽음을 초래했다고 말한다. 이에 조지 가아드너는 그따위 건

달들이 하는 말은 곧이듣지 말 것이며 조의 부친은 정말 훌륭한 분이었다고 타이른다. 그러나 아들 조는 생각한다. 세상사 잘 모르겠고 단 한 가지 분명한 것은 인간이란 한번 일을 시작하면 사람 같은 건 전연 상관하지 않는 것 같이 보인다는 것으로 작품은 끝을 맺고 있다.

이 작품에서 펼쳐진 주요 경마장은 이탈리아와 파리이고 실재 사실에 근거하고 있다. 이탈리아의 밀라노 근처 산 시로(San Siro) 경마장은 『무기여 잘 있거라』에서 프레더릭 헨리와 캐서린 바클리가 헨리의 전상회복기간에 갔던 장소이다. 또 논픽션 『움직이는 축제일』에서 헤밍웨이는 해들리와 파리에서 살았던 시절 중 1923-1924년 사이를 회상하면서 산 시로를 오래 전에 실제로 갔었던 장소로 회상하고 있다. 파리의 오퇴유 장애물경마경기장의 경우도 헤밍웨이가 파리시절초기 일과가 끝난 뒤 해들리와 함께 가곤 했으며 해들리는 오퇴유 경마장에서 황금의 산양(Chévre d'Or)이라는 말에 돈을 걸기도 했다고 『움직이는 축제일』에서 회상하고 있다. 그것은 120대 1이었으며 마지막 점프에서 그 말이 넘어졌을 때 다른 말보다도 말 스무 마리의 길이로 앞서고 있었다. 넘어지지만 않았으면 자신들은 6개월분의 생활비를 벌 뻔했다고 실재 사실을 기록하고 있다. 부자(父子) 버틀러와 조가 체류했던 마이어스 부인(Mrs Meyers)의 하숙집이 소재한 메종-라피테(Maisons-Lafitte) 마을도 파리 서쪽 약 14.5km 정도 떨어진 센강 레프트 뱅크의 실지 마을이다.103) 조의 부친 버틀러 노인이 일주일에 한두 번씩 가서 앉아 있었다는 오페라거리 카페 드 라 페(Café de la Paix)는 『태양은 또다시 떠오른다』의 5장에 등장하며 헤밍웨이가 파리에서 애용했던 실재의 카페이다. 그리고 밀라노에서 아들 조가 경마신문 ≪스포츠맨≫(Sportsman)을 샀던 밀라노 라 스칼라(La Scala) 극장도 실재명이다. 이 작품에 등장하는 대부분의 지명과 경마에 관한 사항들이 헤밍웨이가 직접 여행을 했던 곳이고 익숙한 사실들이다.

---

103) *Ibid.*, 205 참조.

「매우 짧은 이야기」("A Very Short Story")는 1차 세계대전이 배경이다. 결국은 언짢게 끝나버렸지만 1차 세계대전기간 동안에 있었던 사랑이야기이다. 남자주인공은 신분이 단지 "그"(He)라고 되어 있는 미국 군인이다. 상대 여자는 루즈(Luz)라는 간호원이다. "그"는 1차 세계대전 중에 북이탈리아에서 이탈리아군과 함께 싸운다. 그는 파두아 병원에서 전상을 회복하고 있는 중이고 그의 담당간호원 루즈와 사랑에 빠진다. 그들은 결혼하기로 계획했으나 결혼예고를 할 시간의 여유가 없었고 출생증명서를 둘 다 갖고 있지 않아 뜻을 이루지 못한다. 그가 전선으로 돌아간 뒤 루즈는 열정적인 편지를 보내는 등 전쟁 중 그들은 열렬히 사랑했다. 휴전 후 그는 루즈와 함께 미국으로 가기를 원했다. 그러나 그들은 그가 먼저 미국에 가서 직업을 갖고 그 후 루즈가 미국으로 합류할 것을 결정한다. 그러나 그들은 그것 때문에 언쟁을 하기도 한다. 그는 제노바에서 배를 타고 미국으로 돌아갔다. 그가 떠난 후 루즈는 조그만 이탈리아 마을에서 외로움을 느낀다. 고향 시카고로 돌아온 그는 루즈로부터 서신 한 통을 받는다. 서신의 내용은 그녀가 부대 대대장과 사랑에 빠졌으며 봄이 오면 대대장과 결혼할 것이고 그 동안 나눈 사랑은 어린애 연애에 지나지 않았다는 것이다. 그러나 봄이 되어도 대대장은 루즈와 결혼하지 않았다. 루즈는 이 사실을 시카고의 그에게 보냈지만 보낸 편지의 답장을 한 번도 받지 못했다. 이 작품은 『무기여 잘 있거라』의 축소판이고 애그니스와 헤밍웨이의 실재 사랑이야기가 원형인 것으로 판단된다.

「사병의 고향」("Soldier's Home") 역시 1차 세계대전이 작품탄생의 배경이다. 1차 세계대전에 참여했던 주인공 해롤드 크레브스(Harold Krebs)의 마음 둘 곳 없는 전후 고향생활에 대한 이야기이다. 크레브스는 캔자스에 있는 어느 메더디스트 교파의 대학 재학 중에 전쟁에 출정했다. 그는 1917년 해병대에 입대했으며 1919년 여름, 제2사단이 라인 강을 철수했을 때 겨우 고향 오클라호마로 귀환했다. 그가 고향으로 돌아왔을 때는 이미 귀환용사의 환영은 끝났다. 그가 귀환했을 때는 고향사람들은 이제 귀환용사 환영퍼레이드에는 별 관심이 없었다. 크레브스는 다섯 개의 전투에서 싸웠다. 평생에 헤밍웨이가 참전했던 다섯 개의 전쟁과 같은 숫자이다. 벨로숲(Belleau Wood), 소와송(Soissons), 샹파뉴(Champagne), 상미엘(Saint-Mihiel), 그리고 아르곤삼림(Argonne Forest) 전투이다. 모두 치열한 전투였다. 하나의 전투만으로도 한 젊은이가 외상을 받기에 충분한데 다섯 개의 전투는 너무 과도한 경험이었다. 그는 처음에는 누구에게도 전쟁에 대해 말하고 싶지 않았다. 얼마 후에 그가 전쟁에 대해 말할 필요를 느꼈지만 이제는 누구도 들으려 하지 않았다. 마을 사람들은 잔인무도한 전쟁경험담을 많이 들어왔기 때문에 스릴을 느끼지도 않았다. 그래서 크레브스는 사람들의 관심을 끌기 위해 거짓말을 꾸몄다. 두 번 이야기를 꾸며내고 보니 그 자신 전쟁과 전쟁이야기에 대한 반발을 느꼈고 염증이 일어나기 시작했다. 전쟁의 추억과 그 세월 자체도 상실되고 말았다. 아버지는 크레브스의 전쟁담에 무관심하고 어머니는 크레브스의 전쟁경험에 다소 관심을 보이지만 속내는 자식의 취업걱정과 장래걱정으로 가득 차 있다. 그러나 두 누이동생에게는 그는 아직도 영웅적인 존재였다.

고향으로 돌아온 크레브스는 도서관에서 책도 빌려다 읽고, 당구도 치고, 클라리넷 연습도 하고, 거리를 산책하면서 보낸다. 또 누이동생이 사다 준 ≪캔자스 시티 스타≫지를 읽기도 한다. 그러나 매일매일의 일과가 전장과는 달리 지루하고 무기력하기만 하다. 돌아온 고향은 모든 것이 그대로인데 마을에서 달라진 것이라고는 어린 소녀들이 성장했고 그들 아가씨들도 벌써 누구와 우정을 맺거나 곧 변하여 서로 반목한다는 매우 복잡한 세상이었다. 크레브스는 그 세계로 함부로 뛰어들 정력도 용기도 느끼지 않았다. 예쁜 아가씨들이 많이 있었으나 복잡한 세계에 뛰어들기보다는 멀리서 그들을 지켜보기만 한다. 어머니는 크레브스와 동갑인 찰리 시몬스(Charley Simmons)는 취직도 하고 장가도 간다고 부러워하며 크레브스에게 취직할 것을 울면서 재촉한다. 아들이 사회적 명예를 얻도록 권한다. 그러나 크레브스에게는 이런 요구가 너무나 버겁고 무겁다. 그는 마음의 중심을 잡지 못하고 심히 방황한다. 크레브스는 자기의 인생이 순조롭게 풀려나가기를 바랐으나 그렇게 되질 못하고 있다. 누이동생 헬렌(Helen)은 그녀의 실내야구 경기에 크레브스를 초대한다. 그녀는 그녀 학교의 야구팀의 투수이다. 크레브스는 헬렌의 학교 교정에 가서 헬렌이 실내야구 하는 거나 보기로 하였다. 귀환사병 크레브스의 고향생활은 이렇게 진행되고 있었다.

크레브스의 고향생활은 1차 세계대전에서 외상을 입은 생활이다. 이 작품도 생략의 이론이 적용되어 있다. 그래서 크레브스에 미친 전쟁의 충격에 대한 실상은 철저히 억제되어 서술되어 있다. 분명히 그는 전쟁의 충격과 기억으로 무기력하고 우울증까지 겪고 있다. 그러나 내레이터는 단지 크레브스가 싸운 다섯 개의 전투의 이름만을 댈 뿐이다. 각 전투의 중요성과 그들 전투에서 미해병대원이 얼마나 영웅적이었나 등은 일절 표현되지 않고 있다. 그리고 살아남은 크레브스가 틀림없이 그 전쟁의 기억 때문에 외상을 입었을 것이라는 것 등의 표현이 없다. 이 작품의 골격으로 도입된 1차 세계대전, 캔자스, 신문 《캔자스 시티 스타》 등은 헤밍웨이가 직접 몸소 체험한 사실이거나 지역이다. 그리고 주인공 크레브스가 전후에 고향에 돌아와 겪는 심리적인 외로움과 갈등정서도 헤밍웨이가 1차 세계대전 후에 고향 오크 파크에 돌아와 몸소 겪었던 경험이 있는 낯익은 심리상태이다.

단편 「혁명가」("The Revolutionist")는 이탈리아와 그 주변이 무대이다. 헝가리의 주요 종족인 마가르(Magyar) 사람(이하 "그")과 함께 내레이터(이하 "나")는 이탈리아를 여행한다. 1919년 9월 초 그들은 당 본부에서 지급한 한 장의 네모난 유포를 갖고 여행했다. 그 유포에는 부다페스트(Budapest)의 반혁명파 밑에서 몹시 고생한 동지가 있으니 여러 동지들이 그를 어떻게 해서든지 도와주기를 바란다는 호소의 내용이 담겨 있다. 그 유포는 차표 대신

사용되었다. "그"는 젊고 수줍고 좋은 사람이었다. 그들은 기차도 타고 많이 걷기도 하면서 아름다운 경치를 구경하고 많은 그림을 보기도 했다. "그"는 지오토(Giotto), 마사치오(Masaccio), 피에로 델라 프란체스카(Piero della Francesca)의 그림도 샀다. 그러나 만테냐(Mantegna)는 좋아하지 않았다. 그리고 "그"는 혁명에 대해 생각한다. 그러나 이탈리아에서의 운동은 형편없는 것으로 확인한다. 그렇지만 이탈리아에 대해 "그"는 확신하고 있다. 그들은 볼로냐(Bologna)에서 작별하고, "그"는 계속 기차로 밀라노로, 그 다음은 이탈리아 북부의 마을 아오스타(Aosta)로 가서 거기서 고개를 넘어 스위스로 걸어갔다. 내레이터 "나"는 밀라노에서 식사할 장소와 동지들의 주소를 적어 "그"에게 주었다. 그러나 내레이터 "나"가 마지막으로 "그"의 소문을 들은 것은 스위스인이 스위스 남서부의 마을 시온(Sion) 근처에서 "그"를 투옥했다는 것이었다고 작품은 끝을 맺고 있다.

이 작품 제목의 "혁명가"는 "그"이고, 그는 곧 마가르인이다. "그"는 내레이터 "나"가 이탈리아에서의 운동이 형편없다고 해도 이탈리아는 모든 것의 출발점이 될 것이라고 낙관적인 견해를 나타내며 앞으로의 가능성에 대해 확신한다. 물론 내레이터의 회의적인 입장과는 대조적이다. 내레이터는 반공주의자를 피하도록 "그"를 기차에 태워 밀라노로 보낸다. 그곳에서 "그"는 아오스타로 가서 거기서 고개를 넘어 스위스로 갈 수 있다. 그러나 "그"는 스위스 경찰에 잡히고 말았다. 헤밍웨이의 생략이론이 잘 적용된 작품이다. 이탈리아, 혁명, 스위스 등 이 작품에 등장하는 지명과 사건들은 헤밍웨이가 익숙한 소재들이다.

단편 「이국에서」("In Another Country")는 1차 세계대전과 밀라노 병원을 배경으로 삼고 있다. 내레이터인 "나"는 1차 세계대전 당시 이탈리아군과 함께 싸웠던 미국인 군인이다(이하 "그"로 표현). 그는 무릎에 심한 부상을 입고 밀라노 병원에서 치료를 받는다. 치료는 놀라운 효력이 있다는 기계에 가서 앉아서 받는다. 자전거를 타는 것 같이 무릎을 구부리는 기계이다. 그의 옆에 있는 기계에는 그의 친구인 이탈리아 소령이 손 치료를 받는다. 군의관은 이 기계에 대해 확신을 하고 있다. 그러나 그와 소령은 그 기계의 효력에 대해 확신을 하지 못하고 있다. 미국인 그는 또래친구가 셋이 있다. 모두 밀라노 출신으로 하나는 변호사 지망, 하나는 화가, 또 하나는 군인 지망생이다. 기계치료가 끝나면 때때로 넷이서 같이 밀라노 갤러리아(Galleria)의 라 스칼라극장(La Scala) 옆집인 카페 코바(Café Cova)까지 걸어가 들르곤 했다. 갤러리아는 밀라노의 대성당(Cathedral)과 라 스칼라극장 사이에 위치한 실내 쇼핑지역이자 먹자거리이다. 갤러리아는 「나의 부친」에서 도박꾼들이 노인(부친)을 만나 경마경기 출전모의를 했던 곳이다. 코바는 『무기여 잘 있거라』에서 프레더릭 헨리가 이용했던 식당이다. 가끔 전쟁에서 코가 날라가서 안면정형을 한 병사가 끼면 다섯 명이 되기도 했다. 코바는 그들 모두가 익숙한 술집이었다. 호화스럽고, 따뜻하고, 불이 너무 밝지도 않고, 때로는 시끄럽고, 담배 연기가 자욱하고, 테이블에는 여자들이 있었다. 그리고 코바에 있는 여자들은 모두 애국자였다. 조국을 지켜야하는 군인들의 눈으로 볼 때 저항감이 없는 여성들이다. 젊은 군인들이 즐길 수 있는 그런 분위기이다. 그들은 모두 똑같은 훈장들을 가지고 있었다. 내레이터인 그는 미국인이기 때문에 훈장을 받았다. 이 사실은 다른 친구들이 그를 대하는 태도에 영향을 미쳤다. 훈장 때문에 함께 어울릴 수 없는 사이가 된다. 그는 깊은 생각을 해본다. 훈장을 받은 이유가 그들과 그가 정도의 차이가 있긴 하나 자신도 부상을 당했기 때문이다. 그러나 밤에 찬바람이 휘몰아치고 모든 가게가 문을 닫은 텅 빈 거리를 가로등을 의지해서 집으로 오는 길에 훈장을 받을 만큼 공을 세운 일이 없음을 깨닫는다. 그리고 죽음이 두렵고 다시 전선으로 돌아가면 어떻게 될 것인가 하고 깊은 생각에 잠긴다. 그는 무릎부상과 문법을 비롯한 이탈리아어 습득의 어려움 등 여러 가지로 이국에서의 어려움을 겪는다.

　그와 소령은 병원에서 기계치료를 다시 받고 있다. 둘 사이에 대화가 있었고 만약 전쟁이 끝나면 미국으로 가서 결혼하겠다던 그에게 소령은 화를 내면서 남자란 결혼 같은 건 안 하는 것이 좋다고 말한다. 모든 것을 잃어버릴 수 있다는 것이다. 화가 난 소령은 조수를 불러 이놈의 기계를 꺼 버리라고 큰소리를 치고 다른 방으로 돌아간다. 화가 가라앉은 소령은 그에게 다시 돌아와 미안하다고 사과하면서 사실은 아내가 최근에 죽었다고 고백한다. 그리고 아래 입술을 깨물면서 단념할 수 없는 그의 심정을 표현하고 눈물을 흘리면서 흐느낀다. 소령의 두 볼에는 눈물이 흐르고 있었다. 소령은 입술을 깨물고 허공을 쳐다보다가 기계들이 있는 곁을 지나 문밖으로 나가버렸다. 의사가 전하는 바에 의하면 소령의 아내는 젊은데 폐렴으로 죽었다. 전혀 예측할 수 없는 죽음이었다. 소령이 전쟁에서 완전히 병신이 된 다음에 얻은 아내였다. 3일 후 소령은 다시 병원에 나타났다. 병원 벽면에는 가지각색 부상의 기계치료 전과 후의 모습을 찍은 사진들이 사방에 걸려 있었고 소령이 사용하는 기계 전면에는 그의 손 같은 게 완쾌된 사진이 석 장이나 걸려 있었다. 그는 이런 기계의 사용은 그가 처음이라는 것을 알고 있었다. 이 기계가 치료의 효과가 있는지 실험중임을 알고 있다는 뜻이다. 소령은 사진에 신경 쓰지 않고 창 밖만 내다보고 있었다.

　소령은 손부상과 그 치료 기계에 대한 회의와 상처(喪妻)로 인해 정서가 정상적이지 않다. 미국인인 그는 소령의 우울증에의 영향, 무릎부상, 훈장수여 이유의 빈약성, 언어소통의 어려움, 또래집단에 외국인이 끼어들었다는 자격지심 등으로 역시 정서가 정상적이지 못하다. 코가 날라가고 안면정형까지 받은 병사도 받지 못한 훈장을 약한 부상으로 받았다. 공적을 기록하는 훈장수여의 아름다운 문구에서 수식어를 빼버리면 단지 미국인이라는 이유가 전부인 훈장에 대한 그의 속내 정서는 편치가 못하다.

이 작품은 실재 사실과 어떻게 연결되는가? 1차 세계대전 참전 후 부상을 당하고, 밀라노의 병원에 입원하여 회복하고, 메달을 받고의 기본형식이 헤밍웨이의 인생여정과 『무기여 잘 있거라』의 기본구도와 많이 닮아 있다. 우울증, 무릎부상, 언어소통의 어려움, 또래집단에 미국인이 끼어들었다는 것 등도 실재 사실에서 기인된 테마들이다. 이 작품의 훈장수여 이유의 빈약성도 실재한다. 헤밍웨이가 1차 세계대전에 참전했던 기간을 따져 보면 사실 실제 전투기간은 1개월도 안 된다. 그 짧은 참전 동안에 그는 무릎부상을 당했다. 이 '공로'로 헤밍웨이는 훈장상신을 제청 받은 후 이탈리아육군 제2훈장 Medaglia al Valore Militare(연금 약 50달러)와 훈장 Croce al Merito di Guerra 3을 수상한 사실이 있다. 1개월도 안 된 지극히 짧은 참전으로 이런 훈장을 받은 것이다. 이 훈장수상에 대한 헤밍웨이의 속내 정서가 이 작품을 통해 드러난 것이 아닌가 추정된다. 내레이터인 미국인은 전쟁 전에 무슨 운동을 제일 좋아했느냐는 군의관의 질문에 '축구'를 했다고 대답한다. 이것까지도 헤밍웨이의 경우와 일치하는 내용이다.

단편 「이탈리아 기행」("Che Ti Dice La Patria?")은 이탈리아 여행이 작품의 주요 줄거리이다. 이 작품의 제목은 "고향에서 무슨 소식 있습니까?" (What do you hear from home?)의 이탈리아어 표현이다. 이 작품의 내레이터와 그의 38세 친구 가이(Guy), 두 사람은 1927년 4월 어느 일요일에 시작하여 북이탈리아를 열흘간 여행했다.104) 여행일자는 내레이터가 읽는 신문에서 추적되어 밝혀진다. 이 작품의 3부에서 내레이터가 세스트리(Sestri)에서 점심시간에 읽는 지방신문의 기사가 상하이 전투(Shanghai Fighting)였는데 이 사건은 1927년 4월에 일어났던 사건이다. 이 사건은 장개석이 국민당을 이끌고 1927년 상하이에서 공산당 노동운동에 대항할 때 발생한 대학살을 의미한다. 그들의 여행지를 그려 보면 벤티밀리아(Ventimiglia)를 출발해서

---

104) *Ibid.*, 55 참조.

다시 벤티밀리아로 되돌아오는 코스였는데 그 중간지로 들른 지역은 피사(Pisa), 플로렌스(Florence), 로마냐(Romagna), 리미니(Rimini), 포를리(Forli), 이몰라(Imola), 볼로냐(Bologna), 파마(Parma), 피아첸짜(Piacenza), 그리고 제노바(Genoa) 등이다. 여행수단은 낡은 포드 쿠페(coupé) 자동차를 이용했다. 여행의 목적은 무솔리니가 지배하는 파시스트 정권치하에 있는 이 나라와 국민들의 민정을 알아보는 것이었다.

이 작품은 세 섹션으로 나누어져 있으며 각각의 섹션은 1차 세계대전 후의 이탈리아의 쇠미한 사회상과 무솔리니 치하의 파시즘의 극성상을 그리고 있다. 제1섹션에서는 한 파시스트 당원이 20km 떨어진 라 스페지아(La Spezia)까지 좌석이 두 개뿐인 쿠베형 자동차의 발판에 매달려 타고 가는 사건을 기록했다. 목적지에서 내리면서 그는 정치적 신념 때문인지, 무례하고 이탈리아에서는 가장 상스런 어법인 "수고했소."라는 말만하고 헤어졌다. 제2섹션 "스페지아에서의 식사"(A Meal in Spezia)에서는 어디 간단한 점심식당을 찾는다는 것이 식당과 매춘업을 겸하는 식당으로 들어가 그곳에서 벌어지는 이야기를 그리고 있다. 무솔리니가 창녀촌을 없애는 바람에 식당으로 창녀촌이 넘어온 사회의 모습이 그려지고 있다. 제3섹션 "비온 뒤"(After the Rain)에서는 역시 파시즘하의 사회상을 그리고 있다. 도로가 포장되어 있지 않아 큰 차가 쿠페형 자동차에게 흙탕물을 끼얹는 모습, 다른 파시스트의 무례한 모습, 온기가 없어 모자와 외투를 입고 식사하는 세스트리의 식당 모습, 내레이터가 식당에서 지역신문을 읽고 있는 모습 등이 서술된다. 그리고 파시스트 경찰이 그들의 자동차 번호판이 더러워서 벌금 25리라를 부과하기에 이탈리아 도로가 더럽다고 했더니 벌금이 50리라로 올라가는 모습을 그려놓았다. 열흘 간의 여행이 끝나고 날은 어두웠지만 그들은 달려서 프랑스의 멘토네(Mentone)로 가서 거기서 그날 밤을 보냈다. 멘토네는 기분 좋고 깨끗하고 건전하고 아름다워 보였다. 그들이 늦은 시간에 프랑스의 멘토네로 간 것은 파시스트 치하의 이탈리아를 벗어나고 싶은 의도였을 것이라고 판단되는 대목이다.

1927년 발간 당시 이 작품은 논픽션이었다. 모든 것이 실재 사실이라는 뜻이다. 1927년 4월에 장개석에 의해 이루어진 상하이 대학살(Shanghai massacre)의 상하이 전투도 헤밍웨이에게 익숙한 역사적 사실이다. 헤밍웨이의 이 역사적 사실에 대한 관심은 1941년 중경(Chungking)에서 장개석의 아내 마담 장개석(Madame Chiang Kai-shek)과의 인터뷰로 입증된다. 이 작품은 원래 「이탈리아-1927년」("Italy-1927")란 제목의 기사로 ≪뉴리퍼블릭≫(*The New Republic*)지에 먼저 게재되었다. 그 후 단편소설로 전환되어『여자 없는 세계』(*Men Without Women*)(1927)에 포함시켰다.

「단순한 심문」("A Simple Inquiry")은 1차 세계대전이 배경이다. 등장인물인 소령, 부관 토나니(Tonani), 당번병인 19세의 피닌(Pinin)이 펼쳐 가는 부대 내부의 생활이 이 작품의 줄거리이다. 소령은 피닌에게 사랑하는 여자가 있는지 함께 잠을 잤는지 등등의 간단한 심문을 던진다. 소령이 던진 심문의 이면의 분석과 소령이 자기 침실에서 피닌을 만나 내보내기까지의 과정을 검토해 보면 그와 피닌과의 사이에 동성애 감정이 있었음을 짐작케 한다. 이 작품의 배경인 1차 세계대전과 부대 내부의 생활은 헤밍웨이에게 익숙한 지식이자 작품자료이다.

「이제 몸을 누이고」("Now I Lay Me")에서 주인공은 시카고에서 온 미국인으로서 중위계급의 군인신분이며 1차 세계대전 때 이탈리아 군대에서 활동했다. 주인공의 이름은 닉이다. 닉은 이 작품의 내레이터이다. 이 작품이 겨냥하는 포커스는 주인공의 어둠에 대한 공포와 잠 못 이루는 밤을 이겨내기 위해서 주인공이 여러 가지 자세한 일들에 대해 집중적으로 사고하는 모습에 맞추어져 있다. 이는 곧 이 작품의 내용이자 주제라고 볼 수 있다. 이런 주제는『태양은 또다시 떠오른다』에서 제이크 반즈,『무기여 잘 있거라』에서 프레더릭 헨리, 그리고 몇몇 단편소설의 주인공 닉 아담스에서도 다루어진 내용이다. 이런 주인공들은 육체적 및 정신적인 상처를 입었으며 이 상처를 잊기 위해 그가 과거에 경험했거나 현재 그가 당면하는 일들에 대해 세세한 생각에 몰두하는 방식으로 시간처리를 한다.

    닉은 1차 세계대전 이탈리아전투에 참가하고 있다. 그는 임시 막사의 한 방에서 그의 전령과 함께 밤을 보내고 있다. 막사는 전선에서 약 7km 떨어진 곳에 위치한 잠실이다.[105] 그의 전령은 존(John)이다. 존은 역시 1차 세계대전에서 이탈리아군진영으로 참전하여 싸웠고 시카고에서 10년을 살았다. 영어를 할 줄 안다는 이유 때문에 주인공 중위의 전령이 되었다. 주인공은 잠실 마룻바닥에 누워서 누에가 뽕잎 먹는 소리를 들으면서 잠이 들지 않기 위해 이 생각 저 생각을 하기도 하고 존과 대화를 나누면서 밤을 보내고 있다. 그는 잠을 잘 수가 없는 것이 아니라 잠을 자고 싶지 않다. 이유는 오랜 세월 동안 살아오면서, 어둠 속에서 눈을 감고 정신을 놓기만 하면 자신의 넋이 몸뚱이에서 날아간다는 것을 믿고 있었기 때문이다. 이런 현상은 밤에 포탄이 터지면서 넋이 몸을 떠나 사라졌다가 다시 돌아왔던 경험을 겪고 난 뒤부터 생겼다. 그는 불만 있으면 자는 것도 무서울 게 없다. 왜냐하면 어두워야만 넋이 몸에서 날아가기 때문이다. 그래서 불이 있는 데서 지낸 밤이 많았다. 이런 까닭에 언제나 피로해 있었고 잠도 자주 왔으니까 이런 날은 자기도 했다. 넋이 나가는 것을 모르고 잔일은 얼마든지 많지만 그것을 알고 잠이 들어 본 일은 없다. 그래서 오늘 밤 누에 뽕잎 먹는 소리를 듣고 누워 있는 그는 이 어두운 밤, 눈을 뜬 채로 잠을 물리치기 위해 마음속으로 많은 생각을 한다. 소년시절의 송어낚시, 시냇물, 나무 둥치 밑, 모든 도랑 모퉁이, 깊은 웅덩이와 얕은 여울들, 낚시 도중 정오에 점심을 먹었던 일, 낚싯밥, 고향에서 아버지의 사냥과 어머니의 지하실 청소 등등 실로 많은 생각과 회상

---

105) *Ibid.*, 242 참조.

에 잠긴다. 전령 존 역시 잠을 이루지 못하고 있다. 이제 둘은 대화를 하면서 시간을 보낸다. 고향 시카고, 결혼, 존의 아내가 보낸 편지와 가계의 성공 등 등의 이야기가 이어지고 그들은 어둠 속에서 교묘하게 담배를 피운다. 존과 대화를 통해 닉은 미국에 돌아가면 시카고에서 신문사 일자리를 얻을 계획임을 밝힌다. 존은 중위 닉에게 잠 못 이루는 밤을 극복하기 위해서는 결혼을 해야 한다고 권한다. 돈 많은 이탈리아 여자를 잡으라고 권한다. 그리고 잠이 들고 코를 골기 시작한다. 닉은 존의 코고는 소리, 누에 뽕잎 먹는 소리, 어떤 여자가 자기 아내가 될 것인가 등등을 공상하다가 결국은 송어낚시로 돌아오고 만다. 존은 10월 공세 개시 이전에 전속되었고 수개월 후에 밀라노에 있는 병원으로 닉에게 문병을 왔다. 닉이 아직까지 결혼하지 않았다는 사실을 알고 존은 실망했다. 존은 미국으로 돌아가는 길이었으며 결혼이 모든 것을 해결해 준다는 신념을 갖고 있었다. 닉은 아직도 밤에 잠을 잘 수가 없다.

    1차 세계대전의 배경, 전상을 입은 주인공의 심리와 행동, 어린 시절의 송어낚시, 고향 시카고, 밀라노 병원, 미국으로 돌아가면 신문기자가 될 것이라는 미래계획 등등 형식과 내용에 있어서 전형적인 헤밍웨이 소설이며 이는 헤밍웨이가 모두 경험한 내용들이다.

    「당신은 그럴 수 없어」("A Way You'll Never Be")의 무대는 1차 세계대전의 전장 북이탈리아이다. 주인공은 미국인이고 이름은 니콜라스 애덤스(Nicholas Adams)이다. 닉이다. 그는 무릎에 전상과 심리적으로 탄환 충격을 입었다. 그는 늘 전쟁에서 오스트리아 군인에게 당한 기억이 떠오른다. 그가 방아쇠를 당기기도 전에 오스트리아 군인은 그에게 발사했던 것이다. 밤에 눈을 감으면 그 장면이 떠오른다. 아랫수염이 난 남자가 라이플 소총의 조준기 너머로 그를 지긋이 쳐다보자 하얀 것이 번쩍이고 그의 무릎 위에 곤봉으로 치는 것과 같은 충격을 느끼면서 뜨거웠고 숨이 막혔었다. 지금 그가 하는 일은 미군유니폼을 입고 포르나치(Fornaci)에서부터 어느 작은 도시를 향해 자전거로 돌아다니는 것이다. 이 활동의 목적은 닉이 미국인이기 때문에 미군유니폼을 입고 이를 보여줌으로써 이탈리아 군인들에게 곧 미국이 이 전쟁에 개입하게 된다는 것을 알려서 사기를 북돋우기 위한 것이다.

그는 거리를 달리면서 군인들의 시신이 아직도 묻히지 못하고 나뒹굴고 있는 참상의 전장을 본다. 그가 진흙 방죽의 한 모퉁이를 돌아섰을 때 한 소위가 권총을 들이대고 제지했다. 닉은 신분확인으로 통과되지 못하고 대대장 소령직책의 파라비치니(Paravicini) 대위에게 인도된다. 파라비치니와 닉은 친구 사이고 대대장은 닉에게 매우 동정적이다. 닉이 입은 미군유니폼의 목적을 설명들은 대대장은 상병하나를 딸려주면서 전선을 한 번 돌아오게 했다. 닉은 병사들에게 나눠주어야 할 담배, 초콜릿 그리고 우편엽서 등을 듬뿍 가져오지 못한 것을 안타까워했다. 대대장은 닉에게 몸은 어떠냐고 묻고 아직 밖에 나가기가 너무 더운 시간이어서 낮잠을 한숨 자도 좋다고 말한다. 닉은 몸의 상태는 좋으나 현재 문제가 되는 것은 불이라도 켜져 있지 않으면 잘 수가 없는 것이라고 말한다. 전상을 입은 헤밍웨이 주인공의 심리상태를 닉도 가지고 있는 것이다. 대대장은 닉에게 두개골 절개수술을 받았어야 한다고 말한다. 닉은 침대에 누웠고 전에 전선으로 갓 나와서 공격이 시작되기 전의 포격으로 히스테리에 걸린 1899년생 동기병들의 소대가 들어있던 참호와 비교를 한다. 그리고 전투장면을 비롯하여 여러 가지 과거를 회상한다. 닉은 발작이 일어났다. 대대장에게 던지는 말이 정상적인 수준이 아니다. 대대장은 닉에게 잠깐 눕도록 하고 진정시킨다. 눈을 감으니 과거 무릎부상의 장면이 떠오른다. 그 후 그는 다시 일어났다. 대대장은 닉에게 이제 더 이상 돌아다니지 말라고 권한다. 대대장의 만류에도 불구하고 닉은 다시 자전거를 타기 위해 나섰다. 그는 포르나치로 가는 길을 잃고 싶지 않다고 중얼거리면서 이 작품은 끝난다.

이 작품과 헤밍웨이의 실재 사실과는 어느 정도 관련이 있는가? 이 작품에서 전선으로 갓 나와 공격이 시작되기 전의 포격을 받은 1899년생의 동기병은 바로 헤밍웨이의 이탈리아전선의 참전경험을 회상한 것이다. 1899년은 헤밍웨이의 출생연도이다. 포살타 교외에 대한 회상과 연령제한에 걸려 군입대가 좌절되었던 얘기, 담배와 초콜릿을 사병들에게 나눠 주는 얘기 등은 모두 헤밍웨이가 최초로 이탈리아전선에 투입됐을 때의 경험이다. 헤밍웨이는 담배와 초콜릿을 나눠주면서 이탈리아전선에 접근했다. 포르나치는 북이탈리아의 지명이고 이곳은 『강을 건너 숲속으로』에서 캔트웰이 '포르나스'(Fornace)로 기억하는 도시이다. 캔트웰은 1차 세계대전 당시 이탈리아군과 함께 그곳에서 싸웠다.

5) 아프리카

앞의 여행지 아프리카에서 분석한 사냥이야기 「프랜시스 매코머의 짧고 행복한 생애」와 영혼의 정화지로 선택한 아프리카에서 그 동안 작가로서의 나태했음을 참회하는 해리의 심리와 그의 죽음이 그려진 「킬리만자로의 눈」은 아프리카의 체험이 없었다면 탄생이 불가능한 뛰어난 단편들이다. 「아프리카 이야기」("African story")를 기초로 탄생된 「아프리카의 배신」("An African Betrayal")도 물론 아프리카가 배경이다. 아프리카와 관련된 장편과 함께 앞의 단편들도 모두 헤밍웨이가 단행한 두 번의 아프리카 사파리여행의 결과물들이다.

6) 그리스-터키 전쟁

「스머너의 부두에서」("On the Quai at Smyrna")에는 터키군 장교, 전쟁통 한 선창 어두운 곳에서의 어느 임산부의 해산, 그리스군인들의 좋은 모습

등이 그려져 있다. 또 이 작품에는 터키군의 장군으로 1922년 터키-그리스 전쟁 당시 그리스군대를 무찌른 장군이자 1923년부터 1938년까지 초대대통령을 지냈던 근대 터키의 창건자인 실재 인물 머스타파 케말(Mustafa Kemal)106)이 등장한다. 이 작품의 배경은 1922년의 그리스-터키 전쟁이다. 1922년 9월 9-14일 스머너(Smyrna)가 불타고 그리스군은 케말이 이끄는 터키군대에게 패하고 퇴각했다.

이 작품은 헤밍웨이의 실재의 사실과 어떻게 연결이 되는가? 헤밍웨이는 신문, ≪토론토 데일리 스타≫에 그리스-터키 전쟁기사 보도를 위해 콘스탄티노플을 방문했고 그리스군대 퇴각모습도 목격했다. 1923년 스위스 로잔에서 이 전쟁에 대한 평화회담이 열렸다. 헤밍웨이는 평화회의의 취재를 위해 로잔을 방문하기도 했다. 이 전쟁에 대해 헤밍웨이가 너무나도 잘 알고 있다는 뜻이다. 이 전쟁에 대해 헤밍웨이는 이런 단편이 아닌 장편으로 써보고 싶었던 듯하다. 앞서 이미 밝힌 대로 단편「킬리만자로의 눈」에서 주인공 해리를 통해 이에 관한 작품을 쓰지 못한 것을 제1플래시백을 통해 후회하고 있다.

이상에서 분석한 바와 같이 단편의 경우도 장편의 경우처럼 헤밍웨이의 체류지 및 여행지역과 작품탄생의 상관관계가 밀접하다. 장편과 단편 공히 헤밍웨이가 여행하며 체험했던 경험들이 작품으로 나타난다. 헤밍웨이의 작품분석을 그의 인생행로의 궤적을 따라 진행하는 이유가 여기에 있다. 다시 말하면 헤밍웨이 작품세계의 배경과 의미를 정확히 이해하려면 그가 평생 동안 추구했던 그의 인생주제, 여행과 활동, 체재했던 장소, 전기적 사실, 그리고 거주 지역을 먼저 살펴보아야 한다. 헤밍웨이가 그 많은 작품을 생산할

---

106) Mustafa Kemal(1881-1938)은 1934년에 케말 아타튀르크(Kemal Atatürk)로 개명된다. "Atatürk"는 국부(國父)란 뜻의 칭호이다.

수 있었던 것은 다양한 지역으로의 세계여행을 통해서 실로 많은 인생경험을 축적한 데서 비롯되었다고 볼 수 있다. 활발하고 다양한 활동과 풍부하고 다양한 작품생산, 이 두 사항은 서로 비례하는 상관관계에 있다. 흥분과 자극의 다양한 인생여정의 결과로 헤밍웨이는 풍부한 글쓰기 자료들을 확보했다. 그리고 파리시절을 거치면서 서술예술기법과 예술적 감각을 습득하고 그 표현구도 안에 앞의 자료들을 잘 펼쳐냈다. 그 결과 장편, 단편, 논픽션, 희곡, 시, 기사 등 수많은 작품의 생산이 가능했다. 그리고 그가 쓴 아름다운 작품들의 내용은 그의 인생여정의 궤적 내에서 전개되고 있음을 알 수 있었다. 그래서 본 장에서 분석한 바와 같이 단편의 세계에서도 그의 작품은 곧 그의 인생기록이라고 말할 수 있다.

III.
현대회화기법 도입
헤밍웨이 소설의 본령

1. 세잔 화법 도입과 빙산이론문체 탄생

저자는 앞에서 헤밍웨이가 파리시절에 세잔 화법을 도입하여 빙산이론 문체를 개발하는 노력에 집중했었다는 사실을 이미 제기한 바 있다.[1] 본 장에서는 이 논지를 이어 받아 분석하기로 하는데 헤밍웨이가 세잔 화법을 도입하여 빙산이론을 탄생시키는 과정과 빙산이론에 의한 문체의 실상에 대해 살펴보기로 한다. 사실 헤밍웨이와 회화의 연결 문제는 깊은 뿌리가 있다. 일 예를 보자. 헤밍웨이는 그가 살았던 아바나 교외 핑카 비히아의 벽에 존 미로(Joan Miró)의 「농장」(The Farm)을 걸어놓고 그 그림을 무척이나 사랑했었다. 원래 핑카 비히아 자체가 「농가」였으니까 미로의 그림 「농장」이 이 집에 걸리는 이유 또한 상징성이 있어 보인다. 그런데 이 그림은 사실은 헤밍웨이가 일찍이 파리시절인 1925년 6월 12일에 3,500프랑을 지불하고 구입한 것이다. 이미 파리시절부터 그림에 깊은 관심을 갖고 있었다는 것이고 평생 그림에 대한 식견을 지니고 창작활동을 했다는 뜻이다. 원래 헤밍웨이의 어머니가 음악과 미술에 재능이 있었고 그녀는 헤밍웨이에게 어린 시절부터 직・간접적으로 예술에 대한 식견을 주입시켰다. 그리고 헤밍웨이는 어머니의 예술적 재능을 물려받았다. 헤밍웨이의 그림에 대한 조예는 유전적 영향이 있었다는 뜻이다. 이런 "그림"에 대하여 이미 앞서 밝힌 대로 헤밍웨이는 파리시절에 자신의 문체를 완성해가는 과정에서 마네, 모네, 피사로로 대표되는 인상주의회화, 세잔으로 대표되는 후기인상주의, 그리고 피카소로 대표되는 입체파(큐비즘) 회화 등 소위 현대회화기법에 주목했다. 그리고 골똘히

---

[1] II-2-4 "세잔 화법 도입과 빙산이론문체 개발" 참조.

분석했다. 헤밍웨이는 그 중에서도 특히 후기인상주의 화가 폴 세잔의 화법을 도입하여 독특한 빙산이론을 확립시키고 이 빙산이론에 의거한 다양한 문체들을 개발했다.

서두에서 제시한 본 장의 작업과 그 목적을 달성하기 위해서는 다음 세 가지 사항을 입증해야만 할 것이다. 첫째, 헤밍웨이와 세잔을 연관지을만한 근거가 과연 존재하는가? 둘째, 헤밍웨이가 세잔으로부터 도입한 기법은 무엇이며 헤밍웨이의 어떤 문체 또는 어떤 기법으로 확립되었는가? 셋째, 회화 기법의 도입으로 새롭게 확립된 헤밍웨이의 문체는 어떤 두드러진 특징을 띠는가? 등이다. 본 장은 이 문제들을 염두에 두고 논지를 전개시키기로 한다.

크게 보아 헤밍웨이 소설에 회화세계가 내재되어 있음을 알 수 있는 단서들은 작품에 나타난 실상 외에도 우선 헤밍웨이 언급의 여러 곳에서 발견되고 있다. 그 중 두 가지 예만 들어 보면 이렇다. 첫째로 헤밍웨이는 조지 플림프튼(George Plimpton)과의 인터뷰에서 자기의 문학상의 조상들로서 소설가, 시인, 음악가와 함께 틴토레토, 히에로니무스 바스크, 피터 브뤼겔, 패티니에르, 고야, 지오토, 세잔, 반 고흐, 그리고 고갱 등 다수의 화가들을 열거하고 그들에게서 작품을 쓰는 방법을 배웠다고 덧붙이고 있다.[2] 둘째로 헤밍웨이가 말하는 다음 구절은 그가 특히 세잔의 회화기법을 소설에 도입하여 문학화하려고 얼마나 고심했는가를 알리는 단적인 증거가 되고 있다.

> 나는 세잔 그리고 시카고우 미술관에서 처음 내가 알게 된 마네, 모네, 그리고 다른 인상주의자들의 그림을 보려고 매일같이 그곳[룩셈부르크 미술관]으로 갔었다. 나는 세잔의 그림으로부터 글을 단순하게 또한 진실하게 쓰는 그 무엇을 배웠으나, 그 단순함은 내 작품에 차원을 높이고자 할 때는 지나칠 정도의 단순함이었다. 세잔으로부터 나는 많은 것을 배웠다. 그러나 다른

---

[2] Plimpton, 27. II-2-3 "≪세익스피어 앤 컴퍼니≫ 서점과 문예가들과의 교유" 각주 참조.

사람에게 그 배움을 충분히 설명하도록 표현을 하지 않았다. 뿐만 아니라 그것은 비밀이기도 했다.

    I went there[the Musée du Luxembourg] nearly every day for the Cézannes and to see the Manets and the Monets and the other Impressionists that I had first come to know about in the Art Institute at Chicago. I was learning something from the painting of Cézanne that made writing simple true sentences far from enough to make the stories have the dimensions that I was trying to put in them. I was learning very much from him but I was not articulate enough to explain it to anyone. Besides it was a secret.[3]

    헤밍웨이는 자신이 세잔, 마네, 모네 그리고 기타 다른 인상주의 화가들의 작품들로부터 무엇인가를 배우기 위해 이들 작품들이 전시되어 있는 룩셈부르크 미술관(the Musée du Luxembourg)을 거의 매일 찾았다고 밝히고 있다. 그리고 여러 화가들 중에 특히 세잔의 그림에서 많은 것들을 배웠음을 강조하고 있다. 그러나 그가 세잔으로부터 도입한 내용은 설명하지 않을 뿐만 아니라 그것은 "비밀"로 간직하고 있다고 말하고 있다.
    위 구절에 나타난 헤밍웨이의 회화에 대한 매력과 행동들은 파리시절에 있었던 일이다. 이 파리시절은 헤밍웨이의 소설기법 발전과정에서 획기적인 변화를 가져왔던 매우 중요한 때이다. 그가 기자로서 글을 쓰기 위해 파리에 첫발을 디뎠던 때는 1921년 12월 20일이었다. 다음으로 본격적인 작가로서 글을 쓰기 위해 파리에 입성한 때는 1924년 1월부터다. 그리고 파리시절에 그의 글쓰기에 영향을 미쳤던 인물, 즉 당시 헤밍웨이의 주변인물을 열거해 보면 스타인, 앨리스 B. 토클라스, 에즈라 파운드, 제임스 조이스, 존 도스 패소스, 커밍스, 스콧 피츠제럴드, 에디스 워튼, 포드 매독스 포드, 캐서린 앤

---

3) Hemingway, *A Moveable Feast*, 13.

포터, 앙리 마티스, 파블로 피카소 등등이다. 이들은 세계적인 거장들로서 20세기 대표적인 작가들이고 화가들이다. 당시 이들은 소위 전위파 작가들이었다. 헤밍웨이에게 미칠 영향이 범상치 않을 것임을 예고한다. 이들은 로데온(l'Odéon)가(街) 12번지에 위치한, 실비어 비치가 경영하고 있었던 서점인 ≪셰익스피어 앤 컴퍼니≫와 플뢰루가(街)에 소재한 스타인의 아파트 등에 모여 각 장르의 예술들을 시험하면서 다방면의 가능성을 모색하고 있었다.4)

위의 인물들 중에서 특히 스타인과 헤밍웨이의 관계를 살펴보면 헤밍웨이가 회화의 문체화 실험을 추구하게 된 동기를 극명하게 알 수 있다. 스타인은 헤밍웨이보다 25년 연상으로서 당시 파리에 모여든 작가들의 중심적인 위치에 있었으며 피카소의 그림을 재빨리 인정했다. 전위파 화가 피카소의 그림을 재빨리 인정했다는 것은 그녀 자체가 이미 전위파 작가라는 뜻이다. 스타인은 당시 문체의 조형화를 실험하면서 문학의 회화화를 추구하고 있었다. 그녀는 구스타프 플로베르가 시도했던 화법의 문체화에 깊은 영향을 받은 상태였다. 파리의 플뢰루가 27번지에 소재한 그녀가 거처하는 방은 마티스(Matisse), 피카소, 세잔, 르느와르(Renoir), 고갱(Gauguin), 틀루즈-로트렉(Toulouse-Lautrec), 망귄(Manguin), 도미에르(Daumier), 들라크루아(Delacroix), 그리고 심지어 엘 그레코(El Greco) 등 많은 화가의 그림들과 1905-1906년 겨울에 피카소가 그려준 자신의 초상화 등이 벽에 잔뜩 걸려 있는 상태였고 스타인은 그 그림들 속에 파묻혀 있다시피 했다.5) 헤밍웨이의 말에 의하면 스타인의 방은 미술박물관의 한 전시실 같았다.6) 이러한 환경을 구비한 그녀는 문학의 회화화를 시도하면서 마치 입체파 화가가 그림을 그리듯이 그녀의 언어를 사용하고자 했다.7) 헤밍웨이가 앤더슨의 소개장을 들고 이런 차

---

4) II-2-3 "≪셰익스피어 앤 컴퍼니≫ 서점과 문예가들과의 교유" 참조.
5) Haight, 81.
6) Hemingway, *A Moveable Feast*, 13-14.
7) Michael J. Hoffman, *The Development of Abstractionism in the Writings of Gertrude*

원과 상황에 있는 스타인을 처음 찾아간 것은 1922년 3월 8일이었다. 헤밍웨이는 플뢰루가 27번지에 위치한 스타인의 아파트 근처인 플뢰루가 35번지에 거처를 정했다. 이때부터 헤밍웨이는 스타인의 작품 『미국인의 형성』 등의 교정을 도우면서 스타인의 영향을 받기 시작했다. 스타인의 영향 중 헤밍웨이가 회화기법을 자신의 소설에 도입하여 기법화하는 문제를 알아볼 수 있는 대목은 그녀의 다음 지적에 잘 나타나고 있다.

작품을 써서 가져온 헤밍웨이에게 스타인은 중요한 한 가지가 결여되어 있음을 늘 지적했는데 그 지적은 불어의 "*inaccrochable*"이란 말로 요약된다. 이 언어가 함축하는 의미의 파악을 위해 헤밍웨이의 다음 구절을 보자.

"좋은 작품입니다."라고 그녀가 말했다. "좋은 작품임에 틀림없습니다. 그러나 '벽에 걸 수는 없는' 작품입니다. 이 말의 뜻은 화가가 그린 그림을 전시장에 내걸 수 없는 것과도 같다는 말씀입니다. 내걸 수 없으니 살 사람도 없겠지요."

"It's good," she said. "That's not the question at all. But it is *inaccrochable*. That means it is like a picture that a painter paints and then he cannot hang it when he has a show and nobody will buy it because they cannot hang it either."[8]

위 구절에서 논의되는 작품은 단편 「미시간 북쪽에서」이고 "*inaccrochable*"이 담고 있는 속뜻은 <그림을 벽에 걸 수 없는>의 의미이다. 그러니까 스타인은 헤밍웨이의 글을 마치 그림처럼 벽에 걸 수 있도록 회화적 문체를 갖추도록 독려했던 것이다. 그러면서 그녀는 글을 "*inaccrochable*" 하게 만드는 언어들은 사용치 말도록 "벽에 걸 수 없게 하는 단어는 어떤 단

Stein. 182.
8) Hemingway, *A Moveable Feast*, 15.

어도 사용하지 마시오."(You mustn't write anything that is inaccrochable.)[9]라고 강조했다. 헤밍웨이에 의하면 그들이 만날 때면 회화의 문학화 가능성을 탐색하는 전위적인 예술가답게 스타인의 말은 늘 현대회화와 화가에 대한 내용이 주류를 이뤘다.[10] 헤밍웨이가 회화기법을 그의 소설에 도입하게 된 배경과 동기를 알 수 있는 대목들이다.

그렇다면 위의 스타인의 권고, 플림프튼과의 인터뷰 내용, 그리고 세잔의 그림으로부터 무엇인가를 배웠으나 그것은 비밀이라는 앞의 헤밍웨이의 구절을 연결하여 볼 때 현대회화기법이 헤밍웨이의 소설에 영향을 미친 것은 분명하고 특히 세잔 화법은 헤밍웨이에게 중대한 영향을 미쳤음을 간파할 수 있다. 따라서 헤밍웨이 소설에 미친 회화기법의 영향 문제를 알아보기 위해서는 세잔과의 관계를 살펴보는 것이 중요하다.

세잔 화법이 헤밍웨이의 문체 또는 소설기법에 미친 영향의 내용을 파악하기 위해서는 먼저 앞의 헤밍웨이의 구절 중 "I was learning something from the painting of Cézanne that made writing simple true sentences far from enough to make the stories have the dimensions that I was trying to put in them."을 유의해 볼 필요가 있다. 이 구절에서 "단순하고 진실한 문장들"(simple true sentences)과 "차원들"(dimensions), 두 어휘를 특히 주목해야 한다. 헤밍웨이가 세잔에게서 배운 내용을 직접 밝히지 않고 "비밀"이라고 말했는데 앞의 두 어구들은 그 "비밀"을 알아내는 단서가 된다. "simple true sentences"와 "dimensions"는 그 언어 자체의 의미상으로 보면 상호 대극적인 관계라고 말할 수 있다. 왜냐하면 <단순한 문장>이 <차원>을 갖는다는 것 자체가 쉽지 않을 것이기 때문이다. 따라서 헤밍웨이가 말하는 단순한 글이 차원이 있는 문장이 되려면 그냥 단순해서는 안 된다는 것을 알 수 있다. 그

---

9) *Ibid.*
10) *Ibid.*, 17.

런데도 위 구절을 분석해 보면 헤밍웨이는 "단순하고 진실한 문장"과 "차원"을 갖는 글쓰기와 이 양자의 상호 보완적인 양립관계를 세잔 화법에서 터득했음을 직감할 수 있다. 따라서 이 양 어휘가 함의(含意)하고 있는 내용과 상호관계 그리고 이것들과 세잔 화법과의 관련성을 알기 위해서는 앞의 두 어휘가 세잔 화법과 어떤 관계를 맺고 있는가를 추적해야 한다.

우선 "단순하고 진실한 문장들"(simple true sentences)부터 파악하기로 한다. 앞의 헤밍웨이의 말을 반추해 보면 그는 세잔회화에 웅크리고 있는 현대적인 <공간개념>을 파악하고 이를 자신의 소설에 응용하는 방법을 터득한 것으로 판단된다. 그렇다면 세잔의 공간개념의 파악이 요청되고 있는데 세잔의 공간개념은 그의 회화철학에서 빚어지고 있기 때문에 이에 대한 고찰이 필요하다. 세잔의 회화철학은 모든 사물의 구성 분자인 기본적 형체를 구명하여 그 기본적이고 단순화한 형태를 조직화함으로써 영원히 불변하는 공간적이고 입체적인 자연상과 내면상을 표현하는 데 있었다. 그래서 세잔은 자연을 <원통>(cylinder), <구체>(sphere), 그리고 <원추>(cone)로 다루어야 한다고 믿었다.[11] 이 결과로 전체를 일괄적으로 보는 <원근법>은 무시되고 시점을 이동하면서라도 개개의 형체를 형체대로 표현하게 되었다. 따라서 대상이 갖는 형체의 특질의 표현을 위하여 세잔은 어쩔 수 없이 대상의 일부를 변형하기도하고 생략하기도 한다. 그리고 과장하기도 하고 축소하기도 한다. 그래서 많은 자세한 것들을 제거한 외면상 꽤 단순한 그의 그림은 극사실주의와는 다르게 되며, 반면에 단순하지만 추상화되어 영원히 남을 형태와 색깔로 이루어진 불멸의 그림이 된다.[12] 이와 같은 연유 때문에 세잔의 그림에서는 당시의 다른 화가들의 그림들과는 달리 "사진적인 정확성"(photographic exactitude)을 갖춘 눈에 보이는 자연의 재현을 발견할 수가 없다. 동시대 인

---

11) Murphy, 7-8.
12) *Ibid.*, 7.

상주의 화가들이 시간에 따라 다른 모습을 띠는 자연의 "통과효과"(passing effects)를 예술화하는 데 주력한 반면 세잔은 자연을 변하지 않는 확고부동한 불변의 형태와 색깔 그리고 이들의 관계 속에서 표현하려 했다. 자연에 대한 충실한 기록이나 재현 등은 세잔의 회화세계에서는 중요하지 않다.

세잔의 공간표현을 구체적으로 살펴보는 좋은 예가 원근화법이다. 세잔의 회화철학에서 유추할 수 있듯이 그는 특유한 원근화법을 창출했다. 세잔의 특유한 원근화법을 데니(Denis)는 자연스럽지 못한 원근화법이라고 "어색한 원근화법"(awkward perspective)[13]이라 부르고 있다. 또 일반적으로 "경험된 원근화법"(*perspective vécue*)[14]으로 지칭되기도 한다. 두 경우의 명명에서 알 수 있듯이 세잔이 만들어낸 독특한 원근화법이란 전통적인 원근화법을 피하고 경험으로 재구성하는 원근화법을 말한다. 전통적인 원근화법이 눈에 보이는 대로의 사실적인 복사라고 한다면 후자는 개념으로 구성한다.[15] 따라서 세잔의 원근화법에서는 변형된 <기괴한>(grotesque) 형태가 나오기도 한다. 이러한 원근화법은 자연히 공간환상(spatial illusion)을 유발시키는데 세잔은 이를 의도하고 있으며 그는 공간환상을 최대화하기 위해 앞에서 말한 대로 <생략>, <과장>(expansion), <축소>(abridgment) 등의 기법을 구사한다.

이상에서 살펴본 바와 같이 세잔이 공간을 처리하는 기법의 핵심을 보면 그는 많은 자세한 것은 화면의 이면으로 감추고 대신 영원성을 띠는 객관적 형태로 재구성하여 사물을 표현한다. 한마디로 <감추기>의 기법이라고 말할 수 있다. 이 감추기 기법은 헤밍웨이의 소설에서 거의 그대로 원용이 되고 있다. 이는 헤밍웨이 자신의 말에서 뒷받침되고 있다. 그 뒷받침의 말은 플림프튼이 헤밍웨이와 인터뷰한 구절 여러 곳에서 발견되고 있는데 특

---

13) Denis, "De Gauguin et de Van Gogh au classicisme," 276.
14) Schnitzer, 126 참조.
15) Denis, "De la gaucherie des primitifs," 174-177 참조.

히 "좋은 작가는 대상을 있는 그대로만 묘사하지는 않지요. 좋은 작가는 창조하거나 개성적인 또는 비개성적인 지식을 사용하여 새로운 것을 만들어 내지요."(A writer, if he is any good, does not describe. He invents, or *makes* out of knowledge personal and impersonal.)16)라는 헤밍웨이의 언급은 세잔의 작품관과 궤를 같이 하는 구절이라고 볼 수 있다. 헤밍웨이의 이 구절은 세잔의 회화철학에서 비롯된 원근화법 원리와 같은 맥락에서 나온 헤밍웨이의 새로운 시각이라고 지적하는 데보라 쉬니쩌(Deborah Schnitzer)의 견해17)는 그래서 옳다고 말할 수 있다. 이 문제에 대한 양 작가의 연결은 플림프튼의 인터뷰 끝부분에서 좀더 뚜렷해진다.

인터뷰자(플림프튼): 왜 사실 그 자체가 아니고 사실의 재현이어야 합니까?

헤밍웨이: 작가는 창조능력을 통해서 지금까지 발생한 사실들, 지금 현재 존재하는 사실들, 작가가 알고 있는 모든 사실들, 그리고 작가가 알 수 없는 모든 것들에서 무엇인가를 만들어 내야 하는데, 창조된 것은 단지 재현이 아니라 진실되고 살아있는 어느 것보다 더 진실되고 또한 전체적이고 새로운 것이어야 합니다. 그리고 창조된 그것은 살아있게 만들어야 하며, 만일 작가가 그것을 참으로 잘 창조하려면 작가는 그것이 불멸성을 갖게 해야 합니다.

Interviewer: Why a representation of fact, rather than fact itself?

Hemingway: From things that have happened and from things as they exist and from all things that you know and all those you cannot know, you make something through your invention that is not a representation but a whole new thing truer than anything true and alive, and you make it alive, and if you make it well enough, you give it immortality.18)

---

16) Plimpton, 35.
17) Schnitzer, 118.

작품이 영원성을 확보하기 위해서는 어떤 과정을 겪고 나와야 하는가에 대한 헤밍웨이의 사상이 극명하게 요약되어 있다. 일부가 아니라 <전체>이고, <참신함>, 그리고 진실한 어느 것보다 더 많은 <진실함>을 갖춘 작품이 되려면 자연에 존재하는 것들의 재현이 아니라 작가의 창의력을 통하여 재구성되는 것이어야 한다고 헤밍웨이는 역설하고 있다. 이 과정을 겪고 나온 문장은 응축되어 단순해질 수밖에 없다. 왜냐하면 헤밍웨이가 말하는 위 구절의 내면에는 세잔의 <감추기>에서 오는 생략기법을 전제로 하기 때문이다. 이러한 작품관은 이전의 헤밍웨이의 극사실주의 작품관으로는 도저히 상상할 수 없는 것이다.

여기까지 논지를 전개시켜 보면 "simple true sentences"의 의미와 세잔과의 관계는 드러난 셈이다. 우선 헤밍웨이의 단축기법이 세잔회화의 단순성이라는 공간개념에 그 근원을 두고 있음을 쉽게 이해할 수 있다. 다음으로 세잔이 표현하고자 하는 사실성은 앞에서 본 것처럼 있는 그대로의 묘사가 아니라 진실을 전달하는 데 불필요한 것의 생략을 통한 기법에서 온다. 단순하나 사실성이 탁월하다. 헤밍웨이는 그러한 세잔의 사실주의기법을 자신의 기법으로 만들었다. 예를 들어 풍경묘사에서 세잔의 그림처럼 특징을 살리는 언어만을 선정하여 간결하게 묘사한다. 외면상 자세한 설명이 아니다. 그런데도 사실성이 뛰어나다. 이 기법은 경치묘사에서 사물의 특질을 강조하여 전체를 재생시키는 기법인데 이는 세잔의 풍경묘사기법의 생략기법에서 나온 전형적인 수법인 것이다. 이를 이해하는 데 카즌(Kazin)의 지적은 도움을 준다. 카즌은 헤밍웨이가 세잔의 그림처럼 자세한 사실묘사를 생략하는 기법을 도입하고 있다는 것을 "점심을 거르는 것이 역시 도움을 주었다. 왜냐하면 [헤밍웨이가 말한] '세잔의 그림처럼 시골경치를 묘사한다.'는 말을 이해하는 데 위가 비었을 때 룩셈부르크 미술관에 있는 세잔 그림의 모든 종류

---

18) Plimpton, 37.

의 숨겨진 것들이 보다 더 잘 보였고 보다 더 이해하기 쉬웠기 때문이다."(It also helped to skip lunch because on an empty stomach all sorts of hidden in the Cèzannes in the Luxembourg became sharper, easier to grasp for your writing when you were learning "to do the country like Cézanne.")[19]라는 말로 에둘러서 요약하고 있다. 결국 세잔 그림의 단순성과 사실성은 헤밍웨이의 "simple true sentences"란 어구로 함축되어 표현되고 있다고 말할 수 있다.

다음으로 "차원들"(dimensions)의 경우를 분석해 보자. 언어구사 개념의 피력이라고 볼 수 있는 헤밍웨이의 다음 구절을 들으면 이전의 「미시간 북쪽에서」의 창작관념을 완전히 탈피하여 세잔의 작품태도와 동일한 입장에 서 있다는 것을 알 수 있음은 물론이거니와 앞에서 헤밍웨이가 던져 놓은 "dimensions"의 의미를 간과해 버릴 수 없음을 인식하게 된다.

> 만일 작가가 어떤 사람을 그릴 때 사진을 찍듯이 묘사하기만 한다면 그것은 평면적인 묘사라고 말할 수 있고, 내 견해로는 그런 글쓰기는 실패라고 봅니다. 만일 작가가 자신이 알고 있는 것들로부터 대상을 창조한다면 거기에는 모든 차원들이 존재하게 됩니다.
>
> If you describe someone it is flat, as a photograph is, and from my standpoint a failure. If you make him up from you know, there should be all the dimensions.[20]

앞의 『움직이는 축제일』에 이어 헤밍웨이는 "dimensions"란 용어를 또 사용하고 있다. 그런가하면 『아프리카의 푸른 언덕』에서 헤밍웨이는 이 용어에 "fourth"와 "fifth"를 첨가시켜 작가가 진지하게 쓰고 운만 있다면, "도달이 가능한 경지는 4차원 내지 5차원이다."(There is a fourth and fifth dimension that

---

19) Kazin, 358.
20) Plimpton, 33.

can be gotten.)²¹⁾라고 말했다. 이 표현의 연대는 1935년이다. 그 후 이 구절 속의 "a fourth and fifth dimension"이 함축하고 있는 의미를 찾기 위해 여러 비평가들이 많은 노력을 했다.²²⁾ 그런데도 카펜터(F. I. Carpenter)도 지적²³⁾ 했듯이 대부분의 비평가들은 이 구절이 공허한 것으로 결론을 냈다. 그러나 저자는 이 구절을 공허한 것으로 보지 않는다. 그들이 이 구절에서 아무 의미를 찾아내지 못한 것은 회화기법적 측면을 간과했기 때문이라고 저자는 판단한다. 저자는 이 구절을 헤밍웨이가 1924년 파리시절 시작 이후 그가 독특한 문체와 소설기법의 창출을 위해 10여 년 간 노력한 끝에 도달한 경지를 시사한 것으로 본다. 따라서 이 "dimension"에 대한 파악은 헤밍웨이 소설에서 그의 소설이 도달한 종착점을 이해하는 중요한 문제라고 볼 수 있다. 헤밍웨이가 도달할 수 있다고 하는 최후의 경지인 "a fifth dimension"은 좀더 넓혀서 말하면 앞의 두 경우와 더불어 그의 소설기법의 생략, 그리고 문체에 나타나는 시간의 문제와 밀접하게 결부되어 있다. 문체의 시간개입측면에서 "dimension"의 논의는 우스펜스키(P.D. Ouspensky)가 제기한 "the fifth dimension"을 시발로 앙리 베르그송(Henri Bergson), 윌리엄 제임스(William James), 스타인, 그리고 헤밍웨이에 이르기까지의 관계를 검토해야 한다. 하지만 본 장에서는 이 용어가 갖는 의미를 오직 회화적 측면에만 한정하여 분석하기로 한다.²⁴⁾

플림프튼과의 대화에서 헤밍웨이가 사용하는 "dimensions"의 경우, 그 전후 문맥으로 보아 생략기법과 불가분의 관계를 맺고 있다. 문맥을 분석해 보면 사진을 찍는 듯한 극사실주의적 기법으로 대상을 기술해서는 실패작이

---

21) Hemingway, *A Green Hills of African*, 27.
22) Wagner, *Ernest Hemingway: Five Decades of Criticism*, ed. 287.
23) *Ibid.*, 279.
24) 헤밍웨이 문체의 시간개입문제는 별도의 장 III-7 "헤밍웨이 소설의 시간, 음악기법, 산문시"에서 다루기로 한다.

되고 작가의 창의성을 통하여 취사선택했을 때 그 작품에는 차원이 존재한다고 헤밍웨이는 보았다. 그러니까 극사실주의적 기법의 단점을 극복하려면 작품이 차원을 가져야 하는데 차원은 생략기법을 통해서 획득할 수 있다는 말이 된다. 생략기법은 그 이면에 언어의 선택기법을 수반한다. 따라서 생략이 작품의 차원을 높이기 위해서는 차원을 낮게 만드는 군더더기 언어를 제거하고 묘사하려는 대상의 본질을 전달하는 데 적절한 최소한의 언어만을 선정해야 할 것이다. 생략기법은 이미 고찰한 바와 같이 세잔의 회화에 나타난 큰 특징들 중의 하나이다. 그렇다면 헤밍웨이 글의 <생략>에서 생성되는 <차원>의 원천은 역시 세잔이다. 그래서 헤밍웨이 글의 <차원>의 문제는 세잔의 <생략기법>과 깊은 관계가 있고, 외면상 표층적인 자세함을 제거해 버리는 그 <생략>이 주는 궁극적인 효과는 "선의 순수성과 감각의 통합으로 깊이감"이라고 주장하는 쉬니쩌의 구절은 매우 의미심장한 진단이다. 쉬니쩌는 "'모든 차원들'을 갖는다는 의미는, 생략의 예술과 밀접한 관련이 있으며, 세잔의 작품에서 분명히 나타나듯이, 선들의 순수성을 희석시켜 버리는 외면상의 표면적인 자세한 묘사를 피하는 일과 깊이감을 실현시키는 감각의 통합을 포함한다."(The sense of having 'all the dimensions' is intimately related to the art of omission and involves, as is apparent in Cézanne's work, the elimination of extraneous surface details that would obscure the purity of lines and the integration of sensations that will actualize the depth sensation.)25)라고 아주 예리하게 지적했다. 복잡한 구절 같지만 쉽게 설명하면 이런 내용이다. 차원을 갖는 문장은 생략의 예술이 구사된 문장이다. 그런 문장은 생략기법이 구사된 세잔의 작품기법과 맥을 같이하는 문장이다. 그런 문장은 외면상은 자세함이 제거되어 간결하지만 내면적으로는 깊이감이 있다. 그리고 그런 문장은 독자가 감각의 통합을 느낄 수 있는 감동적인 문장이라는 뜻이다.

---

25) Schnitzer, 119.

사실 그렇게 하여 만들어진 글은 독자의 감각을 흐리게 하거나 오도할 위험을 극소화할 것이다.

세잔의 그림은 생략으로 인하여 단순함에도 불구하고 대상의 묘사가 지극히 진실하고 사실적이다. 여기에 세잔의 비밀이 있다. 그렇듯이 헤밍웨이의 생략문장이 세잔의 묘사처럼 되려면 생략기법, 뒤집어 말하면 언어의 선택에 글의 생명이 걸려 있다. 만일 그림에서 생략하지 말아야 될 부분을 빼버렸다면 그 부분은 그림에서 "텅 빈자리"(hollow place)가 되고 말 것이다. 이 점을 헤밍웨이는 정확히 깨달았던 듯하다. 그는 이렇게 말했다.

> 만일 산문 작가가 자기가 쓰고 있는 것을 충분히 알고 있다면 그는 자기가 아는 것을 생략하는지도 모릅니다. 만일 작가가 충분히 진실하게 쓰고 있다면, 독자는 그것을 작가가 쓴 것과 다름없이 강렬하게 느낄 것입니다. 빙산의 움직임에 위엄이 있는 것은 그것의 1/8만이 물위에 나와 있는 까닭입니다. 작가가 몰라서 생략하는 것은 그의 작품에 단지 <텅 빈자리들>(hollow places)만을 만들어 놓은 것입니다.
>
> If a writer of prose knows enough about what he is writing about he may omit things that he knows and the reader, if the writer is writing truly enough, will have a feeling of those things as strongly as though the writer had stated them. The dignity of movement of an iceberg is due to only one-eighth of it being above water. A writer who omits things because he does not know them only makes *hollow places* in his writing.26) (이탤릭체 저자)

회화에서 "텅 빈자리"나 "텅 빈 공간"은 산문에선 그의 다른 표현인 "구멍"(hole)이다.27) 또 구사되는 언어가 오직 자신의 표면적인 의미만을 표현하

---

26) Hemingway, *Death in the Afternoon*, 183.
27) Schnitzer, 119 참조.

고 만다면 대상의 전체를 표현하기 위해서 극사실주의적 기법을 쓸 수밖에 없다. 만일 그렇게 하지 않으면 문장에는 구멍이 생긴다. 생략의 글에서 헤밍웨이가 의식한 구멍이라는 함정에 빠지지 않으려면 자연히 언어들의 의미가 평면적(flat)이지 않고 다의적이 되도록 어휘의 선택에 신중해야 한다. 이 문제에 대한 헤밍웨이의 고심의 흔적이 『오후의 죽음』에서 발견되고 있다. 그는 "나는 그때 글을 쓰려고 하는데, 내가 가장 곤란을 느낀 것은 실제로 느낀 것을 참으로 아는 것은 젖혀놓고라도, 무엇을 느끼게 되어 있는가, 무엇을 느끼도록 배웠는가보다 무엇이 실제로 행동으로 일어났는가를 쓰는 일, 곧 우리가 경험한 감정을 일으킨 실제 사건이 무엇인가를 쓰는 일이었다."(I was trying to write then and I found the greatest difficulty, aside from knowing truly what you really felt, rather than what you were supposed to feel, and had been taught to feel, was to put down what really happened in action; what the actual things were which produced the emotion that you experienced.)[28]라고 언어 선택의 어려움을 털어놓고 있다. 헤밍웨이는 자세한 외면묘사가 아니라 세잔의 생략기법을 문학화하고 이 기법을 통해 실제로 일어나거나 존재하는 것 같은 느낌을 전달할 수 있는 문장을 만드는 기법을 개발하려 노력했다.

이런 노력 끝에 헤밍웨이는 독특한 자신의 문장기법 이론을 확립했다. 그것은 <빙산이론>(Iceberg Theory)이다. 빙산의 7/8이 수면 아래로 감추어지듯이 그의 문장도 그만큼 감추어진 부분이 있어야 한다. 바로 이 부분이 생략된 부분이다. 또 이 부분이 바로 세잔의 공간에서 <감추기>의 부분이라고 말할 수 있다. 잭슨 벤슨(Jackson J. Benson)이 헤밍웨이 글의 핵심을 진단하면서 "표현하려는 정수(essence)는 암시하거나 말하지 않고 남겨 놓은 부분[불표현(不表現)된 부분]에 있다."(the essence of what is saying often lies in what is suggested of left unsaid.)[29]라고 지적한 것은 바로 이 점을 명쾌하게

---

28) Hemingway, *Death in the Afternoon*, 10.

꼬집은 것이다. 헤밍웨이는 이 감추어진 부분의 의미를 최대화하기 위해서 표현된 부분에 여러 가지 기법을 구사한다. 그 기법들 중에는 문체에 시간을 개입시키거나 산문의 시적 문체화를 위한 리드미컬한 문장의 전개 등과 같이 스타인이나 파운드 등에서 도입한 기법도 있고 단순화한 문체에 활력을 주기 위해 "동작과 사실의 연속"(the sequence of motion and fact) 기법같이 자신이 고심하여 개발한 것 등이 포함된다. 그러나 본 장에서는 이 글의 논제에 맞추어 세잔에게서 시사 받았거나 영향을 받았던 기법들만을 간추려 고찰하기로 한다.

먼저 표현된 부분의 <현실성>(actuality)의 문제이다.30) 이 현실성이란 언어는 박진성(verisimilitude) 또는 실재성(substantiality)으로 환언할 수 있다. 다른 용어로 바꾸어 본 언어의 의미에서 유추할 수 있듯이 현실성이란 작가가 창작한 글을 읽고 독자가 자신의 경험을 재구성해 놓은 것처럼 느끼도록 만드는 사실성의 힘이라고 말할 수 있다. 또한 표현한 대상이 실제로 존재한 것처럼 인식되게 만드는 기술이다. 세잔은 그의 그림이 현실성을 갖게 하기 위하여 그의 회화철학에서 고찰한 바와 같이 대상이 영원히 남을 수 있도록 사물의 핵심적인 형태만을 추출하여 견고하고(solid) 영속적(enduring)인 표현을 기본으로 삼았다. 여기에 세잔은 시각적(visual)이고 촉각적(tactile)인 것은 물론이고 심지어 청각적(auditory)이며 후각적(olfactory)인, 그리고 더 나아가 모든 감각이 통합되어 나타나는 공감각(synesthesia)31)의 표현까지를 시도하는데 특히 전자의 두 가지, 즉 시각적이고 촉각적인 표현은 그의 그림에 두드러진 표현이다.32) 이런 그림은 깊이감(depth sensation)과 함께 양감(volume)을 느끼게 하면서 대상의 존재에 대한 박진성을 주게 된다. 이 점을 이해하

---

29) Benson, *The Short Stories of Ernest Hemingway: Critical Essays*, 272.
30) Schnitzer, 119 참조.
31) *Ibid.*, 136 참조.
32) *Ibid.*, 121 참조.

는 데 쉬니쩌의 구절, "세잔이 그의 작품에서 드러내고 있는 촉감 및 시각적인 감각의 융합과 원근화법의 단축기법은 보는 이로 하여금 예술가 자신이 갖는 '경험된 원근화법'을 배가하여 느끼게 만든다."(Cézanne's fusion of tactile and visual sensations and his abridgment of perspective invite the observer to duplicate the *perspective vécue* of the artist himself.)33)는 도움을 주고 있다. 작품의 이 효과를 위하여 세잔은 여러 가지 기법을 사용했다. 그러나 헤밍웨이의 문체에 직접적인 영향을 미친 기법은 원근표현의 개념화이다. 작품의 예를 들어 본다. 세잔의 그림『레스타크에서 본 마르세유만(灣)』(*The Bay of Marseilles, Seen from L'Estaque*)과『벨르뷔에서 본 생트 빅트와르산』(*Mont Ste. Victoire, Seen from Bellevue*)에서 두드러지게 나타나는 현상은 원근표현의 변경이다. 그런데 극사실주의적 표현이 아님에도 불구하고 이 그림들은 보는 이로 하여금 손으로 만질 수 있을 것 같은 촉감은 물론이고 실제로 눈앞에 존재하는 것 같은 실재감 또는 깊이감을 준다. 이 그림들의 이와 같은 효과는 독자의 정서를 유발할 수 있도록 원근의 사물을 원래의 위치에서 이동하고 추상화시켜 사실적이고 영속적으로 느껴지도록 하는 세잔의 기교에서 나온 것이다. 그림『바위들: 퐁텐블로의 숲』(*Rocks: Forest of Fontainebleau*)에 나타난 견고성(solidity)과 돌출성(saliency) 같은 형상도 이런 기법에서 빚어져 나온 것이다.34) 헤밍웨이는 로스(Ross)와의 대화에서 세잔의 이 작품, 특히 이 작품에서 표현되고 있는 대상들의 실재감을 자신이 산문화해 보려 했음을, "이 그림은 그 안에 그려져 있는 이것저것들, 숲들, 우리가 올라가야 할 바위들을 (내가) 글로 표현해 보려고 한 바로 그 작품입니다."(This is what we try to do in writing, this and this, and the woods, and the rocks we have to climb over.)35)라는 말로 뚜렷하게 밝히고 있다. 헤밍웨이의 구절을 음미해

---

33) *Ibid.*, 124.
34) *Ibid.*, 119.

보면 그는 세잔으로부터 시각과 촉각이 하나의 형태 속에서 사실성을 갖게 하는 비법을 터득했음을 어렵지 않게 알 수 있다.

그러면 세잔의 위와 같은 기법이 헤밍웨이 작품에 구체적으로 어떻게 나타나는가를 검토해 보자. 헤밍웨이는 묘사한 대상의 실재감 또는 존재감을 제고하기 위해 세잔의 시각 및 촉각의 표현을 그의 문체에 도입하고 있다. 예를 들어 「두 개의 심장을 가진 큰 강」에서 숲속의 빈터를 묘사하면서 "It[grove] was brown and soft underfoot as Nick walked on it."36)(숲은 갈색이었고 닉이 그 위를 걸어가자 발 밑은 부드러웠다.)라고 표현하고 있는데 "brown"이 시각적인 표현의 언어라고 한다면 "soft underfoot"은 촉각적인 언어임이 분명하다. 또 주인공 닉이 눈을 감았다 떴다 하는 과정을 반복하다가 잠시 잠이 드는 장면이 나오는데 이 경우 시각과 촉각의 표현이 순환되는 구절을 볼 수 있다. "He lay on his back and looked up into the pine trees. His neck and back and small of his back rested as he stretched. The earth felt good against his back. He looked up at the sky, through the branches, and then shut his eyes. He opened them and looked up again. There was a wind high up in the branches. He shut his eyes again...."37)(그는 등을 대고 드러누운 채 솔밭을 우러러 쳐다보았다. 그는 몸을 쭉 뻗었다. 그러자 목과 등과 허리가 비로소 편해졌다. 등에 느껴지는 대지의 기분이 좋았다. 그는 나뭇가지 사이를 통해 하늘을 우러러 쳐다본 다음 눈을 감았다. 눈을 뜨고 다시 쳐다보았다. 나뭇가지 꼭대기엔 바람이 일고 있었다. 다시 눈을 감았다....)라는 구절에서 그 어떤 설명적인 것은 없다. 오직 시각과 촉각에 의존하면서 닉의 심경과 그의 눈앞에 전개되는 경치를 그리고 있을 뿐이다. "rested as he stretched," "felt

---

35) Ross, 119.
36) Hemingway, "Big Two-Hearted River: Part I," *The First Forty-Nine Stories*, 169.
37) *Ibid.*

good," 그리고 "a wind high up"이 촉각에 기초한 표현이라면 나머지 구절들은 시각에 의존한 언어의 조합이라고 볼 수 있다. "...he smelled it as he walked. He was tired and very hot, walking across the uneven, shadeless pine plain."38)(그는 걸어가면서 그 냄새를 맡아보았다. 울퉁불퉁한 그늘 하나 없는 소나무 광야를 걸어가자니 몸은 지칠 대로 지쳤고 날씨는 몹시도 더웠다.)의 표현에서도 후각적이고 촉각적인 표현이 보이고 있다. 물론 "brown," "soft underfoot," "smelled," 그리고 "hot" 등과 같은 언어만 등장했다고 감각표현의 기법을 구사한다고 말할 수는 없다. 다른 작가의 경우에서도 이와 같은 표현은 얼마든지 발견될 수 있기 때문이다. 그러나 헤밍웨이의 경우는 전후 문맥에서 살펴볼 때 자세한 다른 설명을 생략한 채 필요한 요소에 시각 및 감각적인 구절을 제시하고 나머지는 독자에게 맡겨버리는 기법을 의도적으로 구사하고 있다. 이런 표현은 「두 개의 심장을 가진 큰 강」의 경우만 해도 앞의 구절들을 포함하여 작품의 도처에서 발견되고 있는데 다음 구절은 촉각과 시각표현 등 감각표현이 두드러진 예이다.

> He sat on the logs, smoking, drying in the sun, the sun warm on his back, the river shallow ahead entering the woods, curving into the woods, shallows, light glittering, big water-smooth rocks, cedars along the bank and white birches, the logs warm in the sun, smooth to sit on, without bark, grey to the touch; slowly the feeling of disappointment left him.39)

닉은 통나무에 앉아 담배를 피우며 햇볕에 몸을 말리고 있었다. 햇볕에 뒷등이 따뜻했다. 얕은 강줄기는 숲속으로 들어가고 있었다. 숲속으로 굽이쳐 흘러 들어가고 있었다. 얕은 흐름, 햇볕에 번쩍이고 흐름에 씻겨 매끈해진 바위들, 강둑을 따라 늘어선 삼목과 흰 자작나무들, 햇볕에 따뜻해지고 껍질만

---

38) *Ibid.*, 168.
39) *Ibid.*, 180.

없으면 앉기에 미끈미끈하고 회색 같은 촉감을 주는 통나무들의 정경을 보면서, 닉의 실망감은 차츰 사라져 갔다.

위 구절에서 촉각표현과 관련하여 주목해야 할 구절은 "drying in the sun," "the sun warm on his back," "the logs warm in the sun" 등이다. "sun"을 "warm"과 결부시켜 적절한 곳마다 반복시키고 있다. 이러한 반복을 통해서 "sun"과 "warm"은 이미지언어가 되고 있다. 이 결과로 독자는 따뜻한 태양의 온기를 체감할 수 있게 된다. 닉이 현재 처한 심리와 이 문제를 관련시켜 보면 이는 더욱 확실해진다. 닉의 현재 상황을 알아보기 위해서는 이 작품의 주제와 연결해야 한다. 이 작품의 주제를 제기해야 할 때 벤슨이 말한 "임박한 정서쇠약(장애)의 이야기"(a story of impending emotional breakdown)[40]가 가장 납득할만한 견해라고 말할 수 있다. 주제에서도 유추할 수 있듯이 현재 닉의 마음을 진단한다면 그는 전쟁의 상처로 인한 긴장상태의 심리를 안고 있다. 그는 상처를 치유하기 위하여 숲속을 찾아왔다. 이 풍경은 그가 너무도 잘 알기 때문에 그의 본래의 마음 자체이고 이곳에서 그는 어린 소년시절의 건전한 마음상태를 되찾을 수 있다는 희망을 갖고 있다. 또 닉은 현재 지쳐 있다. 닉은 어디에서인가 따뜻한 위로가 절실한 입장이다. 위 구절의 상황은 이러한 닉이 낚시를 하기 위해 통나무 위에 걸터앉아 있는 순간이다. 그런데 작가는 닉의 그와 같은 마음의 내면을 일절 표현하지 않고 있다. 오직 몸으로 느낄 수 있는 따뜻한 촉감의 언어들을 적절히 구조시킴으로써 그 내용을 효과적으로 전달하고 있는 것이다. "sun"과 "warm" 외에 "big water-smooth rocks"와 통나무가 "smooth to sit on"하다는 구절도 촉각표현이다. 그래서 이러한 촉각표현으로, 즉 따뜻한 햇살과 바위와 통나무의 부드러움에 의해서 어깨도 아프고 마음도 우울한 주인공은 위안을 받는다. 인용문

---

40) Benson, *The Short Stories of Ernest Hemingway: Critical Essays*, xii.

의 끝 구절, "slowly the feeling of disappointment left him."과 뒤이어지는 "그의 어깨를 아프게 했던 고통 후 곧바로 찾아왔던 실망감은 천천히 사라져 갔다."(It went away slowly, the feeling of disappointment that came sharply after the thrill that made his shoulders ache.)의 구절에 이 점이 잘 나타나 있다. 아울러 "entering the woods"와 "curving into the woods"를 연결하여 평행시킴으로써 다른 설명이 없이도 "river"의 실재감을 높이고 있다. 이는 "light glittering"과 함께 시각표현이기도 하면서 강의 형태를 "curving"으로 부드러운 곡선으로 묘사함으로써 긴장된 닉의 심리상태를 이완시키는 데 기여하는 촉각표현의 기능도 겸하고 있다고 말할 수 있다.[41] 이러한 감각표현으로 독자는 주인공의 경험을 자신의 것인 것처럼 착각하면서 생생한 현실감을 느끼게 된다.

다음은 표현된 부분의 <객관성>(objectivity)의 문제를 고찰한다. 앞의 「두 개의 심장을 가진 큰 강」의 인용구절에도 객관성은 두드러지게 나타나 있으나 다른 구절을 하나 더 인용하여 고찰해 보기로 한다.『무기여 잘 있거라』의 첫 단락의 경치묘사를 살펴보면 세잔의 <감추기>와 <현실감>을 성공시키는 객관성이 잘 나타나 있다.

> In the late summer of that year we lived in a house in a village that looked across the river and the plain to the mountains. In the bed of the river there were pebbles and boulders, dry and white in the sun, and the water was clear and swiftly moving and blue in the channels. Troops went by the house and down the road and the dust they raised powdered the leaves of the trees. The trunks of the trees too were dusty and the leaves fell early that year and we saw the troops marching along the road and the dust rising and leaves, stirred by the breeze, falling and the soldiers marching

---

41) Schnitzer, 133 참조.

and afterward the road bare and white except for the leaves.[42]

그해 늦은 여름 우리들은 강을 건너서 저쪽 산까지 쭉 뻗은 들판이 환히 내다보이는 어떤 시골마을 한 촌가에 머물고 있었다. 크고 작은 자갈이 깔려 있는 강바닥은 햇볕을 받아 바싹 말라 버려 흰색으로 비치고 있었다. 물이 있는 곳의 강물은 맑고 흐름이 빨랐으며 푸른색을 띠며 몇 줄기씩 가늘게 흐르고 있었다. 부대가 계속 집 옆 도로로 행렬을 지어 내려갔고, 그들이 일으킨 먼지가 나무 잎들을 뿌옇게 덮었다. 나무줄기에도 먼지가 앉았고 그해에는 낙엽이 빨리 졌다. 도로 위를 진군하고 있는 부대, 노상에 뿌옇게 떠오르는 먼지, 그리고 미풍을 받고 떨어지는 낙엽들이 보였고 군인들이 행군하고 지나간 뒤, 희뿌연 도로 위에는 사람 하나 없었고 낙엽만이 나뒹굴었다.

객관적 서술은 비개성적인 표현에서 비롯된다. 개인적인 관점의 표현은 철저히 배제된다. 주인공의 감정표현은 고통스러우리만큼 억제된다. 개인적인 관점을 제거함으로써 독자가 느끼는 공간감은 최대화된다. 헤밍웨이 글의 이러한 객관성은 바로 세잔 화법의 객관성에서 많은 영향을 받았다고 볼 수 있다. 이 점을 이해하는 데 벤투리(Venturi)의 견해는 경청할만하다. 벤투리는 세잔의 『레스타크에서 본 마르세유만』(The Bay of Marseilles, Seen from L'Estaque)을 예로 들면서 이 그림에서 세잔이 이루어낸 비개성성은 주제의 다양한 면들 간을 객관적으로 연결하는 방법을 통해서였다고 지적했다.[43] 세잔은 개성의 표현을 배제하기 위해 전경(foreground)과 후경(background)을 진짜 그것들의 위치에서 이동시켜 공간효과를 위해 원·근의 거리를 적절히 다시 배치하는데 특정한 전경이나 후경이 아니라 일반화하거나 추상화하여 표현했다.[44] 이 과정에서 모든 주관적인 표현을 배제하고 객관적인 표현에 치중하는데 그 객관이라 함은 특정한 자연에 대한 것이 아니고 그림, 즉 예

---

42) Hemingway, A Farewell to Arms, 첫 단락.
43) Schnitzer 121 참조.
44) Ibid., 129 참조.

술 자체에 대한 객관이라는 것이다. 이러기 위해 세잔은 마을, 바다, 그리고 산 등을 객관적인 거리로 조직한다고 벤투리는 주장한다. 그렇게 함으로써 독자는 자신의 전경과 후경으로 생각한다는 것이다.45)

위의 인용구절에서 헤밍웨이는 장면의 정확한 위치나 화자의 정체를 용의주도하게 감추고 있다. 작가의 감정이 개재된 특별한 묘사는 없다. 첫 문장 "In the late summer of that year we lived in a house in a village that looked across the river and the plain to the mountains."를 보자. 그저 "a house"요 "a village"이며 특정한 연도가 아니라 그냥 "that year"이다. 화자 "we"는 <일반적인 인물>일 뿐이다. 화자는 자신의 견해를 말하지 않는다. 이하의 문장이 나타내고 있는 장면의 묘사에서도 화자는 장면을 평가하는 형용사는 억제한다. 소위 비개성적인 관찰자(impartial observer)의 입장을 견지한다. 인용문 구절 "...there are pebbles and boulders, dry and white"와 "...the water was clear...and blue in the channels."는 이 점을 잘 보여 주고 있다. 헤밍웨이는 이렇게 함으로써 세잔에게서 습득한 감추기의 공간을 최대화시킨다. 다시 말하면 묘사의 객관화를 통하여 그의 빙산이론의 숨겨진 부분에 의미를 강화하여 부여시키게 된다.

다음은 세잔의 공간처리의 기법들 중 <환상>(illusion)의 문제가 헤밍웨이 문체에 어떻게 나타나고 있는가를 고찰한다. 회화의 원리가 그려진 것을 사실인 것처럼 믿게끔 하는 데 있다면 <환상>은 회화가 존재하는 매우 중요한 기본의 하나라고 말할 수 있겠다. 이 문제를 밝히기 위해 세잔의 심도감(深度感)이 깃든 환상, 즉 깊이환상(depth illusion)을 다루기로 한다.46)

<환상>이 존재하는 근거는 느낌 또는 감(feeling)에 있다. 따라서 환상을 유발할 수 있도록 하려면 보여진 것들에 중점을 두어서는 안 되고 보는 사람

---

45) Venturi, 132-133.
46) Schnitzer 129 참조.

의 의식에 초점을 맞추어야 한다. 이는 보는 사람의 정서가 유발될 수 있도록 하기 위함이다. 세잔은 이 점을 중시했다. 머피는 세잔의 이 작품태도를, "세잔은 그림에서의 강조점을 보여지는 대상에서 보는 이의 의식으로 전환시켰다."(Cézanne shifted the emphasis in painting from the things viewed to the consciousness of the viewer.)47)라고 정확히 지적했다. 세잔의 작품, 『레스타크에서 본 마르세유만』(The Bay of Marseilles, Seen from L'Estaque)과 『벨르뷔에서 본 생트 빅트와르산』(Mont Ste. Victoire, Seen from Bellevue)을 보면 깊이환상이 잘 나타나 있다. 작품을 분석해 보면 세잔은 깊이환상을 조형하기 위해서 전통적인 원근화법을 지양하고 그의 <경험된 원근화법>에 의거하여 보는 사람의 의식에 초점을 맞추어 원경과 근경을 자의적으로 이동시키거나 강조 또는 변형시키는 방법을 사용했다. 사실감을 주는 깊이환상의 묘사는 입체감과 양감(volumes)의 효과를 주면서 그 어떤 극사실주의적인 묘사보다도 더 진솔하고 영원한 영상(image)을 보는 사람의 뇌리에 남기게 된다. 쉬니쩌의 구절, "이렇게 하여 관찰자는 그 자신의 두 눈이 확인하는 바, 그 어떤 극사실주의적 작품보다도 더 진실하고 더 영원성이 있는 깊이감의 진수에 반응하도록 초대된다."(Thus the observer is invited to respond to the verisimilitude of the depth sensation that his own binocular experience confirms as more true and enduring than any photographic reproduction might be.)48)는 바로 이 점을 말하고 있는 것이다. 세잔의 깊이환상은 헤밍웨이에게 여러 가지 기법으로 나타난다. 대표적인 것 두 가지만 살펴보기로 한다.

우선 첫째로 자주 나타나는 기법이 바깥쪽에서 조망하는 안쪽 공간묘사(recession) 형태이다.49) 헤밍웨이의 다음 구절에서 이 기법을 찾을 수 있다.

---

47) Murphy, 8.
48) Schnitzer, 123.
49) Ibid., 129 참조.

Looking back we could see the country spread out below. Far back the fields were squares of green and brown on the hillsides. Making the horizon were the brown mountains. They were strangely shaped. As we climbed higher the horizon kept changing.50)

뒤돌아보니 눈 아래 시골 경치가 널리 전개되어 있었다. 아득히 먼 뒤쪽으로 밭들이 언덕 마루턱에 초록색과 갈색을 띤 몇 개의 정방형을 이루고 있었다. 갈색 산들이 저 멀리 지평선을 이루고 있었다. 산들은 이상한 모습을 하고 있었다. 올라감에 따라 지평선의 모양이 자꾸만 변해 갔다.

위 구절의 어구 "Looking back"과 "Far back"은 깊이환상을 만들어 내기 위한 유도어로서 대표적인 어휘들이다. 첫 문장부터 그림으로 스케치해 따라가 보면 안쪽으로 넓은 공간이 존재하고 원근화법의 선은 거대한 대상인 평원과 맞닿으면서 단축되고 있다. 이 구도는 둘째 문장에서 네모형태의 초록색과 갈색 평야의 배치로 이어지고 있다. 그 뒤로 지평선이 나타나는데 그것은 갈색의 산들이다. 이어서 지평선의 모양은 변화를 계속하고 있다. 헤밍웨이는 세잔의 원근화법의 <변형적인 모습>을 의식한 듯 "They were strangely shaped."라고 덧붙이고 있다. 그는 지평선 및 대상을 자연에 존재하는 것의 재현이 아니라 자신의 의도대로 만들어 가고 있음이 분명하다. 이 스케치를 면밀히 살펴보면 전통적인 원근화법에서 흔히 나타나는 최원경의 약한 양감으로 희미하게 사라져 가는 구도와는 거리가 멀다. 넓은 공간을 중경에 배치하여 구조적으로 깊이환상을 주면서 후경에서는 양감을 유발시키는 구도로서 입체감, 양감, 그리고 존재감을 노리고 있다. 뒤이어지는 구절, "Then the road came over the crest, flattened out, and went into a forest. It was a forest of cork, and the sun came through the trees in patches, and there were cattle

---

50) Hemingway, *The Sun Also Rises*, 108.

grazing back in the trees."51)(그 다음에 길이 산꼭대기에 이르자 주위는 평평해지며 숲속으로 들어갔다. 코르크 떡갈나무의 숲속으로 햇빛이 나무 사이로 반점을 이루며 비춰지고 있었고, 소들이 나무들 사이에서 풀을 뜯어먹고 있었다.)와 "The green plain stretched off...As we came to the edge of the rise we saw the red roofs and white houses of Burguete ahead strung out on the plain, and away off on the shoulder of the first dark mountains was the gray metal-sheathed roof of the monastery of Roncesvalles."52)(푸른 들판이 저 멀리까지 펼쳐져 있었다...기슭에 이르자 저 앞 들판에 한 줄로 늘어선 버게트의 빨간 지붕들과 흰 집들이 보였고 아득히 먼 저쪽에 첫 번째 검은 산의 산마루 아래 부분에 롱세바예스의 수도원의 금속으로 덮인 희색 지붕이 보였다.) 등도 같은 예로서 깊이환상이 잘 나타난 경우라고 볼 수 있다.

헤밍웨이가 구사한 깊이환상 표현의 또 다른 형태인 두 번째 예는 "피라미드 윤곽"(pyramid configuration) 또는 "피라미드 구조"(pyramid structure) 기법이다.53) 피라미드 구조란 세잔의 <원추> 개념에서 나온 표현기법의 하나라고 볼 수 있다. 나무 등과 같은 대상을 전경에 피라미드 형태로 위치시키고 그 안으로 원경이 보이게 한다. 이 구도는 깊이환상과 입체감을 주면서 보는 사람에게 현실감을 느끼게 한다. 수평에 대해 수직이 균형을 이루는 구도에 안과 바깥이 함께 표현되는 기법이라 말할 수 있다. 단순한 그림에서 현실감을 나타내는 데 매우 알맞은 기법이다. 세잔의 작품 중 『경계벽』(*The Boundary Wall*)을 보면 이 피라미드 구조가 선명하게 드러난다.54) 헤밍웨이는 이 구도를 받아 들여 작품의 여러 곳에서 구사하고 있다. 일 예만 들어보면 『태양은 또다시 떠오른다』에서 주인공 제이크가 팜플로나로 가는 과정

---

51) *Ibid.*
52) *Ibid.*
53) Schnitzer, 121 참조.
54) *Ibid.*, 124 참조.

을 그린 글의 요소요소에 피라미드 구조가 잘 드러난다. 작가는 제이크의 행보를 그리면서 또는 경치를 단순하게 스케치하듯 묘사하면서 이 기법으로 생생한 모습을 전달한다. 구절을 인용한다.

> Then we crossed a wide plain, and there was a big river off on the right shining in the sun from between the line of trees, and away off you could see the plateau of Pamplona rising out of the plain, and the walls of the city, and the great brown cathedral, and the broken skyline of the other churches. In the back of the plateau were the mountains, and every way you looked there were other mountains, and ahead the road stretched out white across the plain going toward Pamplona.[55]

그 다음에 우리는 넓은 들판을 가로질렀다. 그러자 오른쪽으로 큰 강이 나타났고 강은 두 줄로 늘어선 나무 사이로 비추는 햇빛을 받고 반짝거리고 있었으며, 그리고 저 멀리에는 들판에서 우뚝 솟은 팜플로나의 대지와, 시내의 성벽과, 갈색의 커다란 사원과, 그 밖의 교회들의 울퉁불퉁한 윤곽이 보였다. 대지 저 뒤로는 산이 있었고 그리고 어느 쪽을 보나 또 산이며, 도로는 앞으로 희게 뻗쳐 들판을 가로질러 팜플로나를 향하고 있었다.

넓은 평원을 지평으로 하고 나무를 수직으로 배치하는 기본구도이다. 그 안으로 다시 팜플로나의 고도를 밋밋하게 자리잡고 난 다음 도시의 벽과 성당 및 교회건물이 평원에 작은 수직을 이룬다. 뒤에는 산들이 원경으로 위치하고 있다. 몇 개 안 되는 대상으로 수평과 수직의 표현 원리를 이용하여 깊이환상을 매우 효과적으로 나타내고 있다고 볼 수 있다. 위 구절에 대한 쉬니쩌의 지적은 이렇다. "헤밍웨이는 주인공의 깊이경험을 강조하기 위하여 지평선에 대칭하여 멀리 있는 건축물을 핵으로 이용한 일련의 수직선 구

---

[55] Hemingway, *The Sun Also Rises*, 93-94.

도의 균형으로써 현실감이 있는 환상을 이루어낸다."(Hemingway achieves an illusion of actuality by balancing a series of verticals against a horizon, using a distant architecture as nucleus, to emphasize the depth experience of his protagonist.).56) 깊이환상을 유발하기 위한 구도 및 설계의 기본구조를 이해하는 데 도움을 주는 적절한 지적이다.

다음은 <동감의 원리>(dynamic principle)를 고찰한다.57) 헤밍웨이의 빙산원리에 의거한 표현된 부분은 그 성격상 단순한 글이 될 수밖에 없다. 그 단순성은 자칫 딱딱함에 빠질 위험이 있다. 헤밍웨이는 이 위험을 극복하기 위하여 여러 가지 기법을 구사했다. 문장을 짧게 하여 연속적으로 이어 붙이거나 이미지어의 반복을 통해서 리듬을 유발하기도 하고 산문을 시적으로 구성하는 방법 등이 그것들이다. 그런데 헤밍웨이는 이 방법들 외에 세잔으로부터 직접적으로 영향을 받았다고 판단되는 동적 표현기법을 구사한다. 세잔의 그림들에서 동성이 잘 나타난 작품은 『쟈 드 부팡의 마로니에』(Chestnut Trees at Jas de Bouffan)(원작품명: Marronniers du Jas de Bouffan)이다.58) 이 작품은 엑스(Aix) 마을 밖에 있는 세잔의 집안 별장의 풍경을 그린 것으로 마로니에 열 그루와 언덕과 산이 주요 대상물이다. 대상에 있어서 매우 단순하다. 세잔은 이 단순한 대상들을 가지고 강·약, 고·저 또는 밀고 당기는 듯한 기법으로 생동감을 생성시키고 있다. 전경에는 수평의 낮은 지평에 마로니에를 수직으로 높고 강건하게 배치하고 빨려 들어가는 듯한 후경에는 푸른 언덕 위로 치솟은 산의 능선을 곡선 형태로 위치시키고 있다. 나무 밑부분(나무줄기)은 굵고 직선적이며 강한 형태로 하고 윗부분은 나뭇잎이 없는 가느다란 나무 가지가 유난히도 엉클어져 붙어 있거나 늘어지는

---

56) Schnitzer, 124.
57) *Ibid.*, 130 참조.
58) *Ibid.*

모습으로 그려 놓았다. 구도로 볼 때도 역시 단순하다. 색깔처리도 또한 단순하다. 전경의 짙은 나무색에 대비하여 원경을 엷은 색으로 처리하고 있다. 모든 것이 단순하지만 대비(contrast)의 원리에 의하여 균형과 조화를 이루고 있다. 그래서 마로니에 나무줄기와 같이 하나하나의 대상은 정지된 듯하지만 전체적으로는 살아 움직이는 듯한 인상을 주고 있다. 헤밍웨이의 소설에서 이와 같은 동적 문체가 쉽게 발견되는데 특히 헤밍웨이가 최초로 세잔 화법의 소설화를 시도했던[59] 「두 개의 심장을 가진 큰 강」에는 세잔의 위 작품기법을 마치 복사한 듯한 구절이 보인다.

> There was no underbrush in the island pine trees. The trunks of the trees went straight up or slanted toward each other. The trunks were straight and brown without branches. The branches were high above. Some interlocked to make a solid shadow on the brown forest floor. Around the grove of trees was a bare space. It was brown and soft underfoot as Nick walked on it. This was the over-lapping of the pine needle floor, extending out beyond the width of the high branches. The trees had grown tall and the branches moved high, leaving in the sun this bare space they had once covered with shadow. Sharp at the edge of this extension of the forest floor commenced the sweet fern.[60]

> 소나무가 많이 있는 섬에는 덤불이 없었다. 나무줄기는 똑바로 자라난 것이 있는가 하면 서로 기울어져 있는 것도 있었다. 몇 개의 나무줄기가 똑바로 솟아 있었으나 가지가 없는 갈색을 띠고 있었다. 가지들은 저 높이 솟아 있었다. 몇몇 나무들은 서로 엉킨 채 갈색의 숲 바닥에 짙은 그림자를 드리우고 있었다. 그 숲 주위에는 아무것도 자라나 있지 않았다. 숲은 갈색이었고 닉이 그 위를 걸어가자 발 밑은 부드러웠다. 나뭇잎이 겹쳐 땅바닥에 깔려 있었고, 높은 가지의 넓이 이상으로 펴져 있었다. 나무들은 크게 자랐으며 가

---

59) Montgomery, 144.
60) Hemingway, "Big Two-Hearted River: Part I," *The First Forty-Nine Stories*, 168-169.

지들도 그 높이에까지 옮겨갔다. 그리하여 한 때는 그늘로 뒤덮였던 이 벌거 벗은 지면을 햇볕 쬐는 지면으로 남겨 놓았던 것이다. 그런데 이 넓게 퍼진 숲 바닥 바로 가장자리에서 향기로운 양치류 식물이 자라나기 시작했다.

"straight up"과 "slanted," "The branches...high up"과 "forest floor" 등에서 리드미컬한 고저의 변화로 생동감을 생성시키고 있다. "no underbrush in the pine trees"와 "solid shadow"에 "Sharp...the sweet fern"을 대비시킴으로서 강·약이 나오고 있다. "the grove of trees"와 "a bare space," "sun"과 "shadow"의 대비도 동감생성의 원리가 숨어 있다고 볼 수 있다. 전경의 굵직한 소나무가 강한 이미지로 밀고 들어오는데 마지막 구절은 독자의 시선이 빨려 들어가는 듯한 인상으로 또한 균형을 이루면서 동적인 감을 준다. 이 동감의 원리는 발전하여 그의 작품의 전체구성에까지 적용되고 있다. 긴장과 이완을 목적으로 주인공의 행동을 빠른 속도로 기술하는 <전진운동>과 행동보다는 느슨하고 여유 있게 주위를 돌아볼 수 있는 사고의 표현에 초점을 맞추고 있는 <후진운동>의 순환61)도 결국 이 동감의 원리에 의한 것이라고 볼 수 있다.

마지막으로 문체의 <회화적 표상화>(picturesque writing)에 대해 고찰한다. 이상에서 살펴본 것들은 주제 및 내용을 전달하기 위하거나 어떤 목적을 가지고 구사하는 기법들이다. 그런데 헤밍웨이는 언어를 사용하여 그림, 특히 세잔 그림 그 자체를 그려보려고 노력한 흔적이 보이고 있다. 이는 구문과 사용하는 언어들에서 나타난다. 예를 들어 "There was a river." 대신 "The river was there."라고 한다든가 "brown," "red," "black," "white," 그리고 "green" 등 단순한 몇 가지 색깔 표현의 제한된 용어구사 등이 그렇다. 또 풍경의 묘사는 굵은 선(broad line)으로 구성된 데생을 연상시키고 있다. 「두 개의 심장을 가진 큰 강」에 등장하고 있는 색깔 표현의 언어들이 "brown,"

---

61) Nahal, 24-25, 206 참조.

"red," "black," "white," 그리고 "green" 등이 전부이고 중간색이나 기타색 등이 없다는 사실은 세잔 그림의 단순한 색채와 무관치 않다. 작품의 요소요소에 세잔 그림을 연상시키는 구절이 발견되고 있는데 다음 구절도 그런 구절 중의 하나이다.

> The river was there. It swirled against the log piles of the bridge. Nick looked down into the clear, brown water, coloured from the pebbly bottom, and watched the trout keeping themselves steady in the current with wavering fins.62)
>
> 강은 거기에 있었다. 통나무로 쌓아 올린 다리말뚝엔 물결이 부딪쳐 소용돌이치고 있었다. 닉은 잔돌이 많은 강바닥이 갈색으로 비치고 있는 맑은 물 속을 들여다보았다. 그러자 지느러미를 움직이며 흐름 속에서도 가만히 정지하고 있는 송어 떼를 지켜보았다.

"log bridge," "river," 그리고 냇물에서 헤엄을 치고 있는 몇 마리의 "trouts"만이 등장하는 이 묘사는 그 간략한 소재와 구도, 더 나아가 단순한 색깔의 사용에서 세잔의 그림을 연상시키고 있다. 그리고 전개에 있어서도 세잔의 빠르고 힘찬 화필의 자국을 닮았다. 이 점은 넬슨(Nelson)이 이 장면과 세잔 화법과의 유사성을 분석하면서 이 장면을 <빠르고 굵은 화필로 이루어진 간략한 풍경>이라고 규정했던 지적에서도 뒷받침되고 있다. 넬슨의 지적은 이렇다. "...이 장면은 색깔까지도 갈색이며 (세잔의 그림처럼) 빠르고 굵은 화필로 이루어진 간략한 풍경이다. 보이는 것은 어떤 것이나 갈색인데 시냇물과 통나무 다리까지도 모두 갈색들이다."(...it is a summary scene done in rapid bold strokes, even to the color 'brown.' Any brown, or all browns. Any

---

62) Hemingway, "Big Two-Hearted River: Part I," *The First Forty-Nine Stories*, 165.

stream you've ever seen, and any log bridge.).63) 특히 앞에서도 지적한 바 있는 "The river was there."는 물론이거니와 "...the trout keeping themselves steady in the current with wavering fins."라는 표현을 분석해 보면 회화적 표상화의 심증을 굳히게 된다. 특히 후자의 구절은 급류 속에서도 꼬리를 흔들어 균형을 잡고 있는 정지된 송어들의 모습을 그린 것으로서 분명히 그림에 나타난 송어의 모습을 그대로 언어화해 놓은 듯한 인상을 주고 있다. 회화적 표상화는 헤밍웨이 문체의 외면적인 미적 표현의 하나로 여겨진다.

세잔의 화법을 도입한 후의 헤밍웨이의 문체는 어떤 대상이나 행동을 기술할 때 주변의 언저리의 묘사는 배제하고 독자의 정감이 유발될 수 있는 최소한의, 그러나 <진짜>의 것만을 전달할 수 있는 언어만을 선별한다. 이는 헤밍웨이에게 새롭게 확립된 정감표현에 대한 신념에서 비롯되는데, 그는 표현된 글이 독자의 정서를 유발할 수 있고 이것이 1년 또는 10년 이상 언제까지라도 효력이 있으려면 "진짜의 것, 그 정서를 불러일으킨 동작과 사실의 연속"(the real thing, the sequence of motion and fact which made the emotion)64)을 쓰는 일이라는 신념을 확고히 갖게 되었다. 이렇게 선별된 언어들은 자연히 추상화되기 마련이다. 그리고 이 언어들이 그의 빙산이론의 틀 속에서 객관적 표현을 겨냥하고 있기 때문에 외면상 단순하게 응축된다. 이렇게 하여 성립된 헤밍웨이 문장에는 자연히 상징적 표현이 많이 나타나게 된다. 따라서 그의 소설의 상징성을 살펴보는 작업은 필요한 일이다. 아울러 매우 중요한 일이면서도 주의가 요망된다. 단순하게 이루어진 그의 문장에서 표면상의 글은 상징성을 통하지 않고는 의미전달이 완전하지가 못하기 때문에 중요하고 주의가 요망되는 이유는 그의 소설에 나타난 상징성은 흔히 문학

---

63) Raymond S. Nelson, 43.
64) Hemingway, *Death in the Afternoon*, 10.

에서 논의되는 순수 상징주의 그 자체와 다르기 때문이다. 이런 사유로 회화기법 도입으로 그의 문체에 나타나는 상징성의 고찰은 꼭 필요한 일이다. 따라서 상징성의 문제는 별도의 장65)에서 다루기로 하고 결론으로서 다음과 같이 정리하면서 이 장을 마치기로 한다.

문학과 회화의 관계와 같이 장르가 다른 예술의 경우 어느 작가가 내용상이든 기법상이든 타 작가의 것을 도입하는 데는 대체적으로 두 가지 유형이 있을 수 있겠다. 하나는 작가가 자신의 한계상황을 인식하고 그 한계를 뛰어넘으려는 내면적 필연성에 의한 것이고 다른 하나는 타 작가에 대한 선호에서 출발한 단순한 모방일 것이다. 전자의 경우는 그 도입으로 인하여 자신의 작품세계가 생산적 또는 발전적으로 나타나는 구조적인 변화를 가져오고 후자의 경우는 피상적인 흉내내기에 그칠 것이다. 헤밍웨이의 경우는 전자에 해당된다고 말할 수 있다. 「미시간 북쪽에서」의 실패에서 보듯이 그는 파리시절 이전의 소설기법으로는 자신의 한계상황을 뛰어넘을 수가 없었다. 「미시간 북쪽에서」의 기조를 이루고 있는 묘사기법은 오직 극사실주의적 기법이었다. 이의 한계를 인식한 헤밍웨이는 파리시절에 후기인상주의 회화의 공간개념에 기초한 새로운 소설기법을 추구하여 빙산이론을 성립하는 등 구조적인 변화를 가져왔다. 이 변화는 심층적인 변화이다. 아울러 표면적인 변화로는 빠짐없이 기술한 자세한 설명의 글로부터 단순하면서도 그림을 연상시키는 회화적 표상의 문체로의 전이(轉移)이다. 세심한 주의를 기울이지 않고는 의미파악이 결코 용이치 않는 문체로의 변화, 그 변화에 결정적인 영향을 미친 화가의 기법, 그것은 세잔의 화법이었다.

---

65) 이 문제는 III-8 "헤밍웨이 소설에 나타난 상징의 문제"에서 다루기로 한다.

2. 빙산이론의 정의와 기법의 완성

빙산이론의 실체는 무엇이며 어떻게 정의를 내려야 하는가? 1954년에 플림프튼과의 인터뷰에서 그가 정의한 빙산이론은 이렇다.

> I always try to write on the principle of the iceberg. There is seven eighths of it under water for every part that shows. Anything you know you can eliminate and it only strengthens your iceberg. It is the part that doesn't show. If a writer omits something because he does not know it then there is a hole in the story.[66]

나는 빙산의 원리에 입각하여 글을 쓰려고 언제나 노력했다. 빙산은 7/8이 물속에 잠겨있고 눈으로 보이는 각각의 부분은 물밑에 잠겨 있는 부분의 힘을 받고 있다. 마찬가지로 작가는 알고 있는 것들을 생략할 수 있고 생략된 것은 빙산원리처럼 표현된 것을 강화시킬 수 있다. 생략된 것이란 표현되지 않은 부분이다. 만일 작가가 모르기 때문에 생략했다면 그 글에는 <구멍>이 있을 뿐이다.

위 인용구절에서 본 바와 같이 헤밍웨이는 빙산은 7/8이 물속에 잠겨 있고 물위에 나와 있는 부분이 1/8이라고 생각했다. 그래서 그는 자신의 글을 빙산의 물속에 잠긴 부분에 해당하는 표현되지 않는 부분과 물 위에 나와 있는 부분에 해당하는 표현된 부분으로 나누어 생각했다. 전자가 심층구조 (deep structure)로서 내면의 의미가 암시와 상징적으로 표현된다면 후자는 표

---

66) Plimpton, 34.

면구조(surface structure)로서 문체와 기법의 직접표현법으로 처리된다고 말할 수 있다. 앞 장에서 이미 밝힌 대로 빙산의 <7/8>이나 되는 부분이 수면 아래로 감추어지듯이 그의 문장도 그만큼 많은 부분이 감추어져 있어야 한다. 바로 이 부분이 헤밍웨이 글의 생략된 부분이며 매우 중요한 의미를 함의하는 부분이다. 헤밍웨이는 이 감추어진 부분의 의미를 최대화하기 위한 표현기법들을 다양하게 개발하였다. 그러니까 빙산이론은 그의 문장기법의 철학적 배경이자 다양한 문체의 근본이라고 말할 수 있다. 헤밍웨이는 이 빙산이론을 근간으로 하여 세부적이고 예술적인 여러 기법을 창안하고 완성했다. 물론 대부분의 그의 기법들은 이 빙산이론의 원리에 충실하도록 용의주도하게 짜여진 것들이다. 이해를 쉽게 하기 위해 그가 완성하여 구사한 여러 가지 기법들을 그의 빙산이론에 입각하여 감추어진 부분과 표현된 부분으로 나누어 정리해 보면 다음과 같다.

먼저 빙산의 물속에 잠긴 부분에 해당하는, 즉 글의 많은 부분이 표현되지 않고 숨겨지게 하는 기법들이다. 이 원리에 의한 기법의 대표적인 것으로는 억제서법을 들 수 있다. 주인공의 내면정서의 표현을 억제하거나 <최소표현화>하는 기법이다. 이 기법에 의한 문장은 압축문체(compression style)로 표현된다. 그래서 억제서법에 의하여 생성된 문체는 자연히 단축된 문장이 된다. 그리고 단축된 문장은 자연히 암시적인 문장이 된다. 이 기법은 경제적인 언어구사법이라고 말할 수 있다. 소수의 언어로 많고 깊은 의미의 전달을 겨냥하는 다의적인 문장기술이라고도 말할 수 있다. 이 억제서법은 더 나아가 침묵기법(silence)으로 발전한다. 작가의 주관이 직접 표현될 만한 곳이나 주인공의 입을 통해서 전달될 만한 곳에서 의외로 침묵해 버린다. 그 결과로 오히려 독자의 정서가 넓어지고 깊어지게 만든다. 소위 여백의 언어 또는 침묵의 언어 표현법이다. 불표현의 표현이라 말할 수 있다. 그래서 빙산의 7/8의 무게와 부피가 그러하듯이 그의 글에는 표현되지 않은 부분에 더 많은 의미가 숨어 있다. 헤밍웨이 글을 표현된 부분만 보고 쉽게 간과해서는 안 되는 소이가 바로 여기에 있다. 또한 그의 글의 핵심을 정확히 포착하기 위해서는 이 부분을 주목해야 한다. 그가 전달하는 주제는 이 부분에 감추어 두는 경우가 많기 때문이다. 이런 까닭에 그의 주제처리기법을 <구조적 주제처리>라고 정의할 수 있다. 이렇게 처리되어 전달된 주제는 결국 독자의 내성(introspection)과 집중력에 의해 포착되기 때문에 독자의 뇌리에 인상적으로 기억되어 오랫동안 남아 있게 된다. 그 외에 대표적인 기법으로 <상징기법>, <조절된 생략기법>(controlled omission), <객관성의 표현기법>, <현실성의 표현기법>, 심도감이 깃든 공간환상(spatial illusion)과 깊이환상(depth illusion) 등을 유발시키는 <환상기법> 등이 있다. 이들 기법의 기본원리는 표현은 최소화하되 빙산의 물속에 잠긴 부분과 같이 좀더 많은 정서와 의미를 전달하는 것을 목적으로 한다. 최소표현의 언어구사로 풍부하고 다의적인 의미를 겨냥하는 원리이다.

다음으로 빙산의 물 윗부분에 해당하는 표현된 부분의 기법을 고찰한다. 앞에서 고찰한 대로 빙산의 물속에 잠긴 부분이 많아지는 글을 쓰려면 표현된 부분은 역설적이게도 그만큼 간단한 표현이 되어야 한다. 따라서 간단한 문체가 갖는 위험도 그만큼 커진다. 자칫하면 지루해지거나 딱딱하여 글줄이 더 이상 전개될 수 없게 된다. 헤밍웨이는 이 위험을 극복하기 위해 여러 가지 기법을 구사한다. 우선 그의 문체를 끌고 가는 두 가지 수레바퀴로 단순(간결)과 리듬(율동)을 설정하였다. 전자는 빙산의 잠긴 부분을 위한 기법구사로 나타나는 불가피한 현상이고 후자는 이를 보완하기 위한 처방이다. 이 양대 기본축의 원칙에 의하여 그의 문체에는 다양한 기법이 동원된다. 글의 기본 줄기는 속도감 있는 간결과 율동의 양대 기본형식을 유지하면서 구체적인 표현법으로 <단순어 연속기법>(simple sequence)[67]과 <리듬어

---

67) Brooks & Warren, 200-201.

연속기법>(rhythmic sequence) 또는 단음의 <스타카토 연속기법>(staccato sequence)이 동원된다. 단순화한 문체에 활력을 주기 위해 <동작과 사실의 연속기법>이 나타나기도 한다. 이러한 문장에 시간과 공간을 투입시켜 문체에 있어서의 <시간의 형이상학표현> 또는 문체의 <압축>과 <확산>기법을 구사하기도 한다. 이 압축과 확산기법은 더 나아가 <전진운동>과 <후진운동>으로 발전되어 서술의 진행에서 적절히 순환된다. 압축과 확산 그리고 전진운동과 후진운동 기법은 그의 문체에 정착된 동감의 원리에 의한 기법들이며 이들 기법의 원천은 파운드에게서 영향 받은 밸런스기법과 세잔의 동적표현 기법이라고 말할 수 있다. 헤밍웨이는 또 문장에 시적인 표현을 시도하여 산문시적 구문을 만들기도 한다. 특정언어를 반복하여 이미지어를 만들어내는 이미지기법을 구사하기도 한다. 이 이미지기법은 스타인에게서 도입한 기법이다. 그리고 앞서 말한 대로 헤밍웨이는 그의 문장의 표현된 부분의 미학을 위해서 회화적 표상화기법을 구사하기도 하는데 이런 구사는 세잔 그림 그 자체를 글로 그려보려는 헤밍웨이의 의도에서 출발했었다.

실로 헤밍웨이가 구사하는 기법은 다양하다. 이 모든 기법들에 대한 설명은 빙산이론으로 가능하며 이 빙산이론 성립의 직접적이고 일차적인 원천은 세잔의 화법이었다. 이 외에 본 장에서 살펴본 바와 같이 파리시절을 전후한 그의 문학행로 역시 이런 이론이 나타날 수 있는 토양을 제공했다고 말할 수 있는데 예를 들어 ≪캔자스 시티 스타≫지의 ≪문체작성요령집≫의 문체규정이라든가 스타인과 파운드의 영향 등이 이에 해당하는 부차적인 원천이었다.

이상의 기법이 잘 구사될 때 헤밍웨이의 작품은 성공작의 평가를 받게 된다. 그러나 이 기법이 적용되지 못할 때는 실패작의 딱지를 달고 다니게 된다. 따라서 위에 정리된 헤밍웨이의 문체와 기법은 그의 문학의 성공과 실패를 가르는 엄격한 기준이라고 규정할 수 있다. 또한 이상의 특성으로 보아 그의 문체와 기법은 장편보다는 단편소설에 더 적합하다고 말할 수 있다. 그리고 위에 정리된 그의 문체와 기법들의 구체적인 용법과 이상의 기법들이 일탈되어 그의 본령을 상실한 모습은 실제 작품에서의 확인을 통해서만 가능한 일이므로 이의 작업이 꼭 필요한 일이다. 이 책은 이 작업을 계속하기로 한다. 우선 앞에 제시된 헤밍웨이의 기법 중 중요한 기법들을 추출하여 아래에서 별도의 장으로 다룬다.

3. 여백과 침묵의 언어예술

빙산이론의 원리에 의해 나타난 기법 중 침묵의 언어(silent language), 여백의 언어(space language), 불표현의 표현(unsaid sayings), 그리고 객관적 상관물 등은 실로 매우 역설적인 기법이며 경제적인 기법들이다. 침묵하고 여백으로 남겨 놓은 부분이 더 큰 의미를 갖게 하는 기법들, 이것들은 헤밍웨이 문체만이 갖는 독특한 기법들이며 이 기법들은 이 빙산이론을 천착했을 때만이 정확히 파악될 수 있다. 곰곰이 반추해 보면 매우 매력적인 기법들이다. 헤밍웨이가 이 기법을 개발한지 거의 한 세기가 되어가지만 이 기법은 생명력을 더해 가고 있다. 현대사회에 가장 적합한 기법들이기 때문이다. 특히 오늘날의 전자매체 사회에서 그 효용이 매우 큰 기법들이다. 헤밍웨이에게서만 발견할 수 있는 빙산이론, 그 빙산이론기법들 중에서도 더 독특한 언어예술인 역설적인 여백과 침묵기법은 헤밍웨이 문체파악을 위해 알아야 할 필수 불가결한 핵심사항이다.

빙산이론에서 침묵, 여백, 불표현의 표현기법문제를 거론하려면 이 이론에 대한 헤밍웨이의 설명 중 "omit"라는 어휘에 유의해야 된다. 생략은 헤밍웨이의 빙산이론의 핵심개념 중 하나라고 말할 수 있다. 빙산이론의 원리와 특성은 결국 생략의 언어를 선정할 수 있어야 하고 필요한 언어들이 무엇인가를 알 수 있어야 한다. 그래서 "omit"가 뜻하는 바는 불필요한 언어들은 생략하고 필수 불가결한 최소한의 언어만을 제시하는 생략기법이라고 말할 수 있다. 이 생략기법은 세잔의 회화기법을 연결해야 이해될 수 있음은 앞서 지적한 바와 같다.

"Omit"와 세잔과의 관계와 원리를 요약하면 이렇다. 세잔의 회화철학은 모든 불필요한 것들은 생략하고 영원히 남을 필수불가결한 것들만을 화면에 남긴 그림을 그려야 한다는 것이었다. 그런 예술만이 영원성을 갖는다. 이런 예술철학에 의하여 세잔은 앞서 말한 대로 온갖 형태의 자연의 대상물을 3가지 즉 원통, 구체, 원추로 압축하여 기하학화하여 화면에 담았다. 모든 사물의 형체를 기본적이며 단순화한 형태로 조직화하여 영원히 불변하는 형태로 표현했다. 이런 세잔의 예술철학 때문에 그의 그림에는 앞서 말한 대로 생략, 단축, 기괴함(grotesque), 확대(expansion), 단순(simplicity), 그리고 기하학적 모형(geometric pattern) 등의 요소들이 담겨있다. 세잔의 이 예술철학과 화법을 헤밍웨이는 자신의 소설에 도입했다. 그 중 생략은 헤밍웨이 소설에 특히 부각되어 도입된 요소라고 말할 수 있다. 그리고 생략을 원리로 하여 탄생되는 빙산이론의 특성은 다른 한편으로 말하면 단순성을 그 특징으로 한다. 그래서 단순성은 생략과 더불어 빙산이론의 외면적 양대 특징이 된다. 물론 단순과 생략은 헤밍웨이 문체가 함축하고 있는 복잡한 다차원적인 의미파악의 과정에 도사리고 있는 함정이라는 것도 날카롭게 간파해야 한다. 왜냐하면 용의주도하지 못한 독자의 경우, 단순한 외면만을 보고 지나치다가는 그 단순한 문장이 함축하고 있는 깊고도 다의적인 의미들을 놓치기 일쑤이기 때문이다. 그래서 헤밍웨이 소설에 나타난 단순한 문체는 결코 단순한 문체가 아니다. 따라서 독자는 그 문장에 숨어있는 뜻을 주도면밀하게 파악해야 한다. 프레더릭 조셉 스보보다(Frederic Joseph Svoboda)는 헤밍웨이의 단순성이 내면적으로 다차원적인 진실을 지니고 있으며 그의 단순기법구조는 빙산이론구조의 기본 특성 중 하나임을 다음과 같이 밝히고 있다.

헤밍웨이 글의 외면상의 단순한 문장이 노리는 목적은 단순한 독서경험만을 의도하지는 않는다. 그가 노리는 바는 맥구피류의 글이 보이는 단순함이 아니고 마네, 모네 또는 세잔의 작품이 보이는 외면상의 단순함이다...헤밍웨이가 썼던 글을 보면 외면상은 매우 단순하지만 내면적으로는 다차원적인 진실들을 전달하고 있다. 그리고 그러한 외면상 단순한 문장구조의 틀 안에는 숨겨진 더 많은 의미들과 설명들이 있는데 이는 소설작성 구조에서 기능적인 것이지만 이 구조는 빙산의 보이지 않은 물속의 밑 부분과 소설의 기초를 연결할 때 가장 잘 이해된다.

..the aim of Hemingway's simple declarative sentence is not intended to be a simple reading experience. He aims, not for the simplicity of a McGuffy reader, but for the apparent simplicity of a Manet, a Monet, or a Cézanne. ...Hemingway worked to convey a multidimensional truth with apparent simplicity. And within such a framework of apparent simplicity, extended comments and explanations, though functional in the working out of the novel, serve best when subordinated or consigned to their place in the novel's foundation, in the unseen supporting bulk of the iceberg.[68]

빙산이론에 의해서 생성되는 헤밍웨이의 단순한 문체는 필요불가결한 것(sin qua non)만 제시하는 세잔의 표현방법처럼 가능한 한 표현을 절제하거나 침묵을 지킨다. 생략된 부분이다. 그렇다면 생략한 부분은 언어로 표현한 부분을 강화시켜 줄 뿐만 아니라 그 의미에 있어서도 훨씬 넓고 깊다는 것을 알 수 있다. 그래서 침묵시켜 표현되지 않은, 즉 여백으로 남겨 둔 부분에 실상은 더 강하게 표현되고 있는 언어가 숨어 있다는 역설이 성립하게 된다. 이를 빙산이론에 의한 생략에서 나타나는 여백의 언어라고 부를 수 있으며, 다른 말로 침묵기법에 의한 불표현의 표현이라 말할 수 있다. 또는 역설의 언어기법 또는 침묵의 언어기법이라고 말할 수 있다.

이 기법이 목표하는 바는 경제성과 다의성이다. 헤밍웨이가 이 기법을 흔히 적용시키는 부분은 주인공과 장면에 대한 침묵표현이다. 주인공 처리

---

68) Svoboda, 22.

의 예는 『무기여 잘 있거라』 마지막 처리에서 사랑하는 캐서린과 아이를 잃고 병원을 나서야만 하는 주인공 프레더릭 헨리의 심경처리에 이 기법이 잘 나타나 있다. 주인공의 심경에 대한 표현을 가능한 한 억제하고 압축하여 최소한의 부분을 표현하고 그 나머지 부분을 여백으로 남겨두는 기법이다. 이 장면에서 독자는 나름대로의 인생의 틀 안에서 더 많은 애절한 생각과 깊은 사고를 할 수 있는 여백을 얻게 된다. 그리고 장면처리의 예는 「두 개의 심장을 가진 큰 강」에 나타난 세니 마을 장면에 대한 묘사에서 볼 수 있듯이 어느 장면을 묘사할 때 독자의 정감을 촉발시킬 수 있는 것만을 표현하고 나머지는 역시 여백으로 남겨두는 기술이다. 이 점을 이해하는 데 린다 W. 와 그녀(Linda W. Wagner)의 "헤밍웨이는 러브씬의 표현을 제이크의 침묵 혹은 거의 침묵에 가까운 방법에 자주 의존하고 있다."(Hemingway frequently relies on Jake's silence or near-silence not only in the love scenes.)69)라는 구절은 적절한 참고가 된다. 또 아이햅 핫산(Ihap Hassan)도 헤밍웨이 문체의 특징은 여백으로 남겨둔 침묵과 배제(exclusion)에서 출발한다고 설명했다. 그는 "헤밍웨이 문체는 침묵표현에서 나와서 배제의 과정을 거쳐 다시 침묵표현으로 향한다."(The style[Hemingway's style] emerges from silence and tends toward it again by a process of exclusion.)70)라고 표현했는데 이 또한 의미 있는 지적이다. 이와 같이 많은 부분을 여백의 언어로 침묵시키고 적은 부분을 압축된 언어로 표현하게 될 때 표현된 부분은 침묵된 부분이 표현의 기능을 할 수 있도록 선택되어야 한다. 이런 원리에 의해서 선정되어 표현된 언어는 자연히 상징적인 의미를 띠게 된다.

이상 살펴본 바와 같이 빙산이론의 문체는 침묵의 언어, 여백의 언어, 그리고 경제적인 문체 역학과 역설을 그 구조상 지니고 있다. 표현을 하지

---

69) Wagner, *Hemingway and Faulkner: inventors/masters*, 49.
70) Hassan, 200.

않아도 표현이 되는 문체구조를 갖고 있는데 이를 여백의 언어 또는 침묵의 언어라고 부를 수 있다. 이와 같은 문체는 경제적인 언어이며 함축의 미학을 보인다. 또 영원성의 예술을 가능케 한다. 왜냐하면 침묵과 여백의 언어는 작가 자신의 언어가 아니라 독자의 정감유발에서 비롯되는 독자의 언어이기 때문이다. 다시 말하면 헤밍웨이는 작가만의 언어를 나열하는 것이 아니라 빙산의 7/8이나 되는 많은 부분을 독자에게 넘긴다. 그리고 독자의 경험과 정감에 따라 그 해석은 매우 다양할 수 있다. 그런 까닭에 독자는 상상력에 의해 넓은 사고의 여행을 가질 기회를 갖게 된다. 그런데 이는 현대의 어느 작가도 할 수 없었던 헤밍웨이만이 해냈던 문장구조라는 것을 주목해야 되며 이러한 <여백과 침묵의 언어예술 미학>이 생산되는 배경이자 근본은 바로 헤밍웨이의 빙산이론이다.

4. 전진과 후진운동 양대 서술패턴의 생명공학기법

헤밍웨이의 소설기법 중에 특이한 서술기법으로 전진운동(forward movement)과 후진운동(backward movement)이라는 양대 서술패턴과 그 순환기법이 있다. 후진운동은 <자기에게로의 여행>(journey into oneself)이고 전진운동은 <세상속으로의 여행과 행동을 취하기>(journey into the world and doing action)이다. 전·후진운동은 헤밍웨이 글쓰기 대상의 주요 표적인 행동(action)을 묘사한 문체에 시간과 리듬이 투입되어 생성된 것이다. 그리고 전·후진운동은 작품의 진행을 따라 역동적으로 순환되면서 작품에 활력을 불어넣는데 이 순환수법 자체는 음악의 리듬의 원리 외에 세잔 화법을 문체화한 기법 중 동감의 원리 또는 역동의 원리 기법에 그 근원을 갖고 있기도 하다. 그러나 본 장에서는 시간과 리듬의 문제에만 국한하여 논제를 전개하기로 한다. 문체에 시간과 리듬이 투입되어 생성된 기법은 전진운동과 후진운동 기법 외에도 문체의 현재적 시간표현기법, 스타카토 연속기법, 동작과 사실의 연속기법, 문체의 압축과 확산, 그리고 산문시 등이 있다.

그러면 전진운동과 후진운동의 생성이 시간과 음악리듬이 투입되어 나타난 기법이라면 그 생성의 기본원리는 무엇인가? 헤밍웨이의 시간은 기본적으로 현재이다. 그리고 헤밍웨이의 글쓰기의 궁극적 목표이자 바탕은 발생한 행동의 묘사이다. 발생한 행동에는 신체적인 행동과 정신적인 행동이 포함된다. 그래서 발생한 행동과 시간을 결합시켜 보면 현재의 어떤 행동에 시간을 짧게 하여 격렬한 신체적인 행동을 발생시키면 전진운동이 된다. 행동의 장면에 빠른 템포와 긴박한 시간투입으로 강렬성과 활동성을 부여하게 되면 긴장을 고조시키게 되어 전진운동이 되는 것이다. 반대로 행동의 시간을 느리게 또는 느슨하게 투입하면 정신 및 사고활동이 활발하여 자아각성의 시간을 갖게 되면서 후진운동이 된다. 느린 템포의 진행에서 감정의 이완과 문체의 확산이 이루어진다. 그런데 양대 운동 중 한 운동만이 계속되는 것이 아니라 적절히 번갈아 가면서 순환된다. 즉 음악기법의 도입으로 리드미컬한 순환이 이루어지고 그 순환은 작품전체의 구조 속에서 생명의 순환 리듬을 발생시킨다. 이 리듬은 헤밍웨이 문체의 간결과 리듬의 양대 축 중 리듬축의 일환이기도 하다. 그러므로 양대 서술패턴의 성립과 그 리드미컬한 순환은 발생한 행동묘사의 문체에 시간과 음악적 리듬이 투입되어 생겨난 현상이라고 말할 수 있는 것이다. 행동묘사 문체에 시간과 리듬을 투입시켜 박자감을 내재시키면서 문장의 리듬을 살려 활력을 갖게 하는 기법을 기본으로 하는데 이 기법이 문장단위에서는 서술의 압축·응축과 확산·확대로 나타나고 이 문장 단위가 작품 전체단위로 확대되면서 소위 서술의 전진운동과 후진운동이라는 큰 형태로 발전하는 것이다. 더 나아가 이 양대 서술의 순환기법은 작품의 이야기 전개상에서 호흡과 리듬을 불어넣음으로써 생명력과 유기성을 갖춘 소설을 만들어 내는 작품기법으로 발전한다. 명실 공히 생명공학기법이라고 부를 수 있다.

위의 양대 서술패턴의 순환현상은 그의 성공작에는 어김없이 나타나 있다. 『태양은 또다시 떠오른다』, 『무기여 잘 있거라』, 「살인자」, 「킬리만자로의 눈」, 『노인과 바다』 등 그의 성공작에서는 이 양대 서술패턴은 상호 적절하게 균형을 이루면서 순환되고 있다. 따라서 헤밍웨이 소설을 이해하는 데 있어서 이 기법을 파악하지 않고서는 그의 소설을 정확히 감상할 수 없다고 말할 수 있다. 더욱이 이 양대 패턴의 순환은 특이하게도 헤밍웨이 소설의 주제의 전달과 직접적으로 관련을 맺고 있어 특히 주목된다. 그의 우주관, 종교관, 그리고 사랑에 대한 그의 속내 생각 등등을 비롯하여 고달프고 힘든 인생사를 진솔하고 깊이 있게 표현하는 도구로써 이 양대 서술패턴을 사용하고 있음을 발견하게 된다. 그렇다면 전·후진운동 패턴은 주제와 문체의 양면과 동시에 관련을 짓고 있는 매우 중요한 기법이라고 말할 수 있다. 이 문제에 대한 분석을 결코 소홀하게 할 수 없는 또 하나의 중요 사항이다. 이렇게 보면 이 기법의 연구는 문체 또는 기법의 분석을 위해서뿐만 아니라 주제의 파악에까지 연결되어 있다.

이러한 이유 때문에 본 장에서는 그의 양대 서술패턴을 분석하기로 한다. 먼저 양대 서술패턴의 존재에 대한 근거를 밝히고 이 기법의 정체를 분석한 다음, 성공적인 장·단편의 작품구조에 나타나는 양대 서술패턴의 실상을 분석한 뒤, 양대 서술패턴의 용도를 검토하는데 헤밍웨이는 전달하고자 하는 분위기 및 주제의 성격에 따라 전·후진운동을 어떻게 이용하는지를 살펴보고 결론에 이르기로 하겠다.

헤밍웨이 소설에 서술의 전진과 후진운동이라는 양대 운동 축이 존재한다는 사실은 여러 가지 단서에서 포착되는데 그 중 가장 직접적인 증거는 헤밍웨이가 피력한 자신의 견해이다. 헤밍웨이는 그의 말년의 걸작인 『노인과 바다』에 대해 홀츠너와 토론하는 자리에서 소설의 "진술"(statement) 또는 "서술"(이하 "서술")이라는 문제에 대해 자신의 견해를 밝혔다. 『노인과 바다』에서 구사한 "서술"을 두 가지(*dicho*)로 나눌 수 있는데 그것은 전진서술과 후진서술이라고 헤밍웨이는 분명하게 말했다. 그가 설명하는 두 가지 서술은 이렇다.

> "그 작품[『노인과 바다』]의 핵심부에는 오래된 이중적인 이분법이 도사리고 있습니다." 나는 이중적인 "이분법이란 무엇입니까?"라고 물었다. "그것은 말하자면 전진진술(서술) 혹은 후진진술(서술)을 만드는 것이지요.
>
> "There is at the heart of it[*The Old Man and the Sea*] the oldest double

dicho I know." "What's double dicho?" I asked. "It's a saying that makes a statement forward or backward."71)

다음으로 이 서술의 문제와 관련하여 간과할 수 없는 헤밍웨이의 언급이 또 하나 있는데 그것은 글줄기의 운동(movement)에 대한 헤밍웨이의 다음과 같은 견해이다. 1955년에 헤밍웨이는 소설의 구성에 있어서의 글 줄기 운동의 개념에 대해 다음과 같이 밝히고 있다.

모든 것은 움직이면서 변한다. 그것은 운동을 만드는데 그 운동은 또한 이야기를 만들어 간다. 때로 그 운동은 너무나 느려서 움직이는지를 알 수가 없다. 그러나 언제나 변화가 있고 언제나 움직임이 있는 법이다.

Everything changes as it moves. That is what makes the movement which makes the story. Sometimes the movement is as slow it does not seem to be moving. But there is always change and always movement.72)

"서술"과 "운동"에 대한 헤밍웨이의 이상과 같은 견해를 결부시켜 보면 그의 소설의 글 줄기에 리듬운동이 존재하며 이 운동은 전진과 후진으로 나뉘어져 상호 순환되고 있음을 알 수 있다. 차만 나할도 헤밍웨이 소설에 두 개의 서술운동이 내재해 있음을 밝히면서 그 실상을 전체 소설로 확대하여 "그[헤밍웨이]의 모든 소설은 저마다 두 개의 구성단위로 이루어져 있다. 첫째 단위는 평상적이고 관습적인 이야기, 즉 한 사건에서 다른 사건으로 전이

---

71) Hotchner, 78. 참고: 헤밍웨이는 이 이분법의 한 예를 "Man can be destroyed but not defeated." "Man can be defeated but destroyed." "Yes, that's its inversion, but I've always preferred to believe that man is undefeated."라고 들었다. 이는 의미상의 이분법이라는 것이 저자의 생각이다.
72) Hemingway, "Writers at Work," 233. Wagner, *Hemingway and Faulkner: inventors/ masters*, 62 재인용.

되는 전진운동에 관한 것이다. 이 첫 번째 형태는 이야기의 흐름이 날카로운 것이다. 두 번째 단위는 빠른 흐름의 제어, 즉 휴식의 단위이다."(Every single novel of his can be seen as composed of two units. The first unit concern itself with the normal. conventional narrative—the forward movement of action from one event to the other. This unit is a sharp unit of flow. The second unit is the unit of arrest, the unit of relaxation.)[73])라고 개념화하여 분류했다. 서술의 운동에서 상호 대치되는 장면이 존재하고 이 역의 장면 또는 상황들은 작품에 적절한 균형을 유지하고 있음을 나할은 예리하게 포착했다.

그렇다면 과연 전·후진운동의 정체는 무엇인가? 이 양대 서술패턴의 정체를 밝히는 작업은 바로 이 양대 운동에 대한 정의를 내리는 작업이 된다. 양대 패턴의 정체를 밝혀내기 위해 우선 그의 작품에서 임의로 발췌한 다음 (A)와 (B), 두 개의 예문을 제시하고 이것들을 분석하겠다.

(A) I sat down on the chair in front of a table where there were nurses' reports hung on clips at the side and looked out of the window. I could see nothing but the dark and the rain falling across the light from the window. So that was it. The baby was dead. That was why the doctor looked so tired. But why had they acted the way they did in the room with him? They supposed he would come around and start breathing probably. I had no religion but I knew he ought to have been baptized. But what if he never breathed at all. He hadn't. He had never been alive.[74]

나는 간호원들의 보고서가 클립으로 옆에 걸려 있는 책상 앞 의자에 앉아서 창 밖을 내다보았다. 나는 어둠과 창 밖으로 새어 나오는 광선을 뚫고 떨어지는 비 외에는 아무것도 볼 수 없었다. 역시 그랬구나. 어린 아이는 죽어

---

73) Nahal, 24-25.
74) Hemingway, *A Farewell to Arms*, 251.

있었다. 그것이 의사가 그렇게 피로한 얼굴을 하고 있었던 이유였구나. 그러나 왜 그들은 방안에서 어린 아이에게 그런 짓을 하고 있었을까? 그들은 아마도 어린 아이가 소생하여 숨이라도 쉬어 줄지 모르겠다고 생각한 모양이었다. 나는 종교가 없지만 어린 아이에게 세례를 시켜 주어야 한다는 것 정도는 알고 있었다. 그러나 전연 숨을 쉬어 본 일도 없다면 어떻게 되는 것일까? 어린 아이는 숨도 쉬지 못했다. 어린 아이는 살아서 세상에 나온 것이 아닌 것이었다.

(B) They were close behind the tailboard of a truck now, the motor-cycle chugging, then Gomez speeded up and passed it and another, and another, and another with the other trucks roaring and rolling down past them on the left. There was a motor-car behind them now and it blasted into the truck noise and the dust with its klaxon again and again; then flashed on lights that showed the dust like a solid yellow cloud and surged past them in a whining rise of gears and a demanding, threatening, bludgeoning of klaxoning.75)

그들은 칙칙 푹푹 자동차의 폭음을 울리면서 이제 한 대의 트럭 바로 뒤를 바짝 따라 갔다. 얼마 후 고메즈는 속력을 내어 그 트럭을 앞지르고, 또 한 대, 또 한 대, 그리고 또 한 대씩 요란한 소리를 내며 달리는 다른 트럭들을 앞질러 갔다. 그리고 그 동안에도 쉬지 않고 저쪽에서 오는 트럭은 길 왼쪽을 지키면서 요란한 소리를 내며 내려왔다. 그들 뒤로 자동차 한 대가 따라 오고 있었다. 그 자동차는 트럭과 먼지 속으로 몇 번씩이나 경적을 울려대며 큰소리를 뿜어냈다. 그러다가 얼마 후엔 불을 켜니 마치 단단한 누런 구름과 같은 먼지를 환히 보였고 톱니바퀴가 삐걱거리는 듯한 소리에 무엇을 요구하는 듯한 소리, 위협하는 듯한 소리, 그리고 괴롭히는 듯한 자동차 경적 소리를 내면서 그들 앞을 질풍과 같이 날쌔게 지나가고 말았다.

위의 두 인용문 중 예문 (A)는 활동이 없는 불활동(inertia)의 장면이다.

---

75) Hemingway, *For Whom the Bell Tolls*, 387.

따라서 주인공 프레더릭 헨리는 모든 것이 자신의 의지대로 되지 않는 수동적인 입장에 처해 있다. 캐서린 바클리와 태어난 신생아의 생사는 의사와 더 나아가 신(God)에게 달려있는 것이지 자신의 의지나 능동적인 활동과는 무관하다. 한 개인을 둘러싸고 있는 보이지 않는 운명의 큰 힘 앞에 처해 있는 입장이다. 그러나 그는 그러한 자신의 처지를 개선하려는 노력을 끊임없이 시도한다. 외부적인 신체활동은 없지만 내부적으로는 자신의 운명을 개선하기 위한 정신활동은 처절하리만큼 강렬하고 힘차다. 그래서 원래 종교도 없는 주인공이 자신에게 부닥친 현재의 위기에서 벗어나기 위해 종교에 의지해 보려는 사고를 하기도 한다. 그러나 예문 (B)의 경우는 강렬한 외부적인 활동이 계속해서 일어나며 움직임이 계속된다. 움직임이 매우 격렬하여 사고할 여유가 거의 없다.

이상과 같이 분석할 수 있는 각각의 예문의 특성을 두 운동에 적용시켜 보면 (A)는 후진운동의 장면이며 (B)는 전진운동의 장면이다. 이 분석을 바탕으로 전진운동과 후진운동에 대한 정의를 각각 내려 보면 이렇다. 후진운동의 장면은 <주인공이 원칙적으로 혼자 있을 때이며 그는 자신의 의지대로 되지 않는 수동(passivity)의 입장에 처해 있다. 그러나 이때 그는 자신과 그의 주위를 돌아본다. 주인공은 어떤 판단을 내리거나 자신을 고집하여 폐쇄시키지 않으며 자신을 개방시켜(open) 개선을 위한 사고와 정신적 모색을 한다. 이 기간에 주인공은 성찰을 겪으며 더 큰 힘을 비축하면서 영적으로 성숙한다. 그래서 이 기간은 창조적 수동(a creative passivity)의 장면으로서 전진운동에 대처키 위한 에너지를 확보하는 기간이라고 말할 수 있다.> 이에 반해 전진운동의 장면은 <긴박한 상황이 계속하여 잇달아 발생하고 있으며 주인공은 긴장한다. 따라서 주인공은 물리적이든 심리적이든 긴박한 행동으로 반응한다. 성찰이나 반성 등 정신적인 활동은 없고 오직 신체적인 행동만이 있다.> 나할은 이와 같은 두 장면을 심장활동의 수축과 이완에 비유하여 전진운동을 "수축작용"(systolic action), 후진운동을 "이완작용"(diastolic action)으로 표현했는데[76] 이도 결국 앞에서 내린 정의와 같은 맥락의 표현이라고 말할 수 있다. 이 두 운동은 작품에서 적절히 순환되면서 작품에 리듬과 균형을 부여한다.

전·후진운동의 양대 서술패턴이 작품에서 어떻게 활용되고 있는가? 그 실상을 분석하는데 대상작품으로 그의 첫 성공작인 『태양은 또다시 떠오른다』를 선택한다. 『태양은 또다시 떠오른다』를 체제상으로 살펴보면 총 3권 19장으로 구성되어 있다. 지면관계상 제1권만을 분석하기로 한다. 먼저 짚고 넘어가야 할 사항은 전·후진운동의 구별에 대한 기준점의 포착이다. 기준점은 주인공의 내면정서이다. 본 작품의 주인공은 제이크이고 그가 곧 서술자이다. 따라서 전·후진운동의 구별에서 제이크의 정서는 중요한 기준이 된다. 제이크의 정서추적이 양대 서술패턴을 분석하는 포인트라고 말할 수 있다. 제이크는 그 성격과 처한 상황이 후진운동에 걸맞는 인물이다. 그의 성격은 사려 깊고 조용한 편으로서 천성적으로 수동적인 인물이다. 또한 그는 지금 특수한 상황에 처해 있는데 그가 처한 상황은 전상으로 인한 성불구 상태가 전제되어 있다. 작품이 열리자마자 제이크는 1인칭 서술 형태로 로버트 콘에 대하여 자신의 견해를 잔잔하게 피력해 나간다. 로버트 콘은 프린스턴대학의 미들급 권투 선수권 보유자라는 사실부터 시작하여 그의 개인적인 역사와 성격 그리고 가계의 내력 등을 비롯하여 여러 가지를 상념에 잠긴 듯이 그에 관해 담담하게 서술해 나간다. 전체적인 흐름으로 볼 때 후진운동적 분위기가 주조를 이루고 있다. 2장 중간쯤에서 제이크가 한 다음 말은 후진운동의 수동적 자아각성을 이룬 인물다운 모습을 드러낸다.

"Listen, Robert, going to another country doesn't make any difference.

---

76) Nahal, 206.

I've tried all that. You can't get away from yourself by moving from one place to another. There's nothing to that."77)

이봐, 로버트. 다른 나라[(South America, 남미]에 가 봐도 달라질 것은 없어. 내 이미 다 해본 거야. 한 곳에서 다른 곳으로 가 봐도 자네 자신으로부터는 떠날 수가 없는 거야. 별도리가 없는 거지.

"한 곳에서 딴 데로 가 봐도 자네 자신으로부터는 떠날 수가 없는 거야. 별도리가 없지"라는 경지의 인생에 대한 자각은 수동의 기간에 겪은 깊은 사색의 결과라고 말할 수 있겠다. 위와 같은 후진운동의 흐름은 3장의 다음 장면에서 최초로 전진운동으로 순환된다. 전진운동 인물들의 영향에 의하여 제이크의 심리상태는 전진운동에 진입되어 있다.

I was very angry. Somehow they always made me angry. I know they are supposed to be amusing, and you should be tolerant, but I wanted to swing on one, anything to shatter that superior, simpering composure. Instead, I walked down the street and had a beer at the next Bal.78)

나는 매우 화가 났다. 어쨌든 그들은 언제나 나를 화나게 만들곤 했다. 나는 그들이 재미를 보려는 것을 알고 있었다. 따라서 관대하게 굴어야만 했는데, 나는 아무에게나 달려들어 그 거만한 싱글거리고 있는 침착한 태도를 때려부수고만 싶었다. 그렇지만 그런 짓을 하지 않고, 나는 거리를 걸어내려가 다음 댄스홀의 바에서 맥주를 마셨다.

위 장면의 시간은 저녁이다. 무료함을 달래려고 제이크가 이 술집 저 술집을 전전하다가 댄스홀(Bal)에 들렸을 때 이 작품의 여주인공 브렛이 젊은

---

77) Hemingway, *The Sun Also Rises*, 11.
78) *Ibid.*, 20.

남자들과 춤판에 어울려 있는 장면을 보고 몹시도 화가 난 장면이다. 분명히 심리적 전진운동장면이다. 그러나 이런 장면에 대한 제이크의 반응은 후진운동적 인물답다. 그는 이렇게 처신했다.

> I sat down at a table. Cohn was sitting there. Frances was dancing. Mrs. Braddocks brought up somebody and introduced him as Robert Prentiss. He was from New York by way of Chicago, and was a rising new novelist. He had some sort of an English accent. I asked him to have a drink.[79]

나는 테이블에 앉았다. 콘이 거기 앉아 있었다. 프랜시스는 춤을 추고 있었다. 브래독스 부인이 어떤 사람 하나를 데리고 와서 그를 로버트 프렌티스라고 소개했다. 그는 시카고를 경유해서 뉴욕에서 왔으며 신진 소설가였다. 그의 말투에는 얼마간 영국 사투리가 섞여 있었다. 나는 그(him)에게 한 잔 하지 않겠냐고 물었다.

위 구절에서 제이크가 술잔을 권했던 "him"은 로버트 프렌티스이다. 제이크는 많은 숙고의 과정을 거친 인물답게 원초적이고 거칠게 솟구치는 감정을 달래고 삭이면서 한 차원 높게 승화시킨다. 그리고 테이블에 앉아 초면인 프렌티스에게 점잖게 술잔을 권한다. 후진운동적 인물의 행동이라고 볼 수 있다.

다음으로 이 작품의 최초의 행동의 정지, 다시 말하면 전진운동이 끝나고 후진운동이 전진운동을 떠맡게 되는 때는 제이크가 떠들썩한 저녁 술자리를 마치고 그의 방으로 되돌아 왔을 때 일어난다.[80] 그는 지금 혼자 방에 있다. 수위가 건네준 그날 배달된 편지를 뜯어보고 결혼 청첩장을 열어본다. 미국에서 온 편지와 2,432달러 60센트라고 적힌 은행에서 온 통지서, 몇 가

---

79) *Ibid.*, 20-21.
80) *Ibid.*, 36.

지 신문, 그리고 앨로이시어스 커비(Aloysius Kirby)에게서 온 결혼청첩장 등이었다. 그는 혼자서 이런저런 일을 처리하면서 한없이 깊은 상념에 빠진다. 후진운동이다. 이렇듯 후진운동의 깊은 사색으로 빠지면서 너무 가는 듯하다가 갑자기 전진운동으로 교체된다. 청첩장에 찍힌 공작 및 백작 등 칭호에 관해 사색하다가 브렛에 생각이 미치면서 그는 갑자기 이렇게 터뜨린다. "브렛도 칭호를 가지고 있었다. 레이디 애슐리라고. 브렛 같은 건 꺼지란 말이다. 레이디 애슐리, 너 같은 건 꺼지란 말이다."(Brett had a title, too. Lady Ashley. To hell with Brett. To hell with you, Lady Ashley.).81) 잠잠하게 진행되던 후진서술 중에 갑작스럽게 터져 나온 제이크의 언사이다. 이 말은 그날 저녁에 브렛과 정신적·육체적으로 달콤한 사랑을 나눈 후에 사색과 회상의 시간을 가질 수 있는 시각에 던져졌다. 애쉴리와 함께 즐겁고 아름다운 시간을 보내고 난 후에 제이크의 내면에서 생성될 수 있는 정서의 개연성을 생각하면 분명 충격적인 언사이다. 그 직전서술의 분위기를 생각하면 매우 이질적이기까지 하다. 앞의 분위기를 순식간에 역전시키는 언사이다. 주인공이 던질 수 있는 불편한 정서의 최고점의 언사들이라고 판단된다. 왜 앞뒤가 맞지 않는 이런 대립되는 서술이 나타났는가? 이는 전·후진서술의 밸런스기법이라는 것 외에 달리 설명할 방법이 없다. 후진운동이 지나치게 계속되는 것에 대한 균형서술로서 전진운동이 갑자기 개입되는 리듬과 밸런스 기법이다. 위 전진 언사 뒤에 서술은 다시 후진운동으로 순환된다. 사색과 깊은 침잠의 시간을 보내면서 제이크는 깊은 내면의 정서를 표출한다. 사랑의 아픔과 인생에 대한 깊은 생각을 표현하기도 한다. 다시 아파트 방에 혼자 있는 시간이 길어지면서 제이크는 여러 가지 깊은 사고에 몰입한다. 자신을 돌아보는 시간인 것이다. "여러 가지 생각이 머리에 떠오르기 시작했다."(My head started to work.)82)로 시작되는 구절은 제이크의 정신활동이 시작되었음

---

81) *Ibid.*, 30.

을 알리는 신호이다. 전진운동이 멈추고 다시 후진운동이 이어진 것이다. 앞 구절에 뒤이어지고 있는 다음 구절도 후진운동으로 진입된 모습이다.

    I never used to realize it, I guess. I try and play it along and just not make trouble for people. Probably I never would have had any trouble if I hadn't run into Brett when they shipped me to England. I suppose she only wanted what she couldn't have. Well, people were that way. To hell with people. The Catholic Church had an awfully good way handling all that. Good advice, anyway. Not to think about it. Oh, it was swell advice. Try and take it sometime. Try and take it.83)

    나는 그것을 결코 실감으로는 느껴 보지 못했다고 생각한다. 나는 그것을 장난삼아 해보며 단지 다른 사람에게 폐가 되지 않도록 애를 쓰고 있을 뿐이다. 아마도 내가 영국으로 이송되어 브렛을 만나는 일만 없었더라면 나는 괴로워하는 일은 없었을 것이다. 생각건대 그녀(브렛)는 얻을 수 없는 것을 단지 갈망하고 있을 뿐이다. 그렇지, 인간이란 어쩌면 그런 식이지. 인간이란 집어치워 버려라. 가톨릭교회란 그런 모든 것을 다루는 데에 있어서 굉장히 능수능란한 방법을 갖고 있다. 어쨌든 아주 좋은 충고다. 그것에 대해서는 생각도 하지 마라. 오오 정말 기가 막힌 훌륭한 충고다. 때때로 그런 충고를 듣고 좀 해봐. 그런 충고를 듣고 좀 해보란 말이야

    후진운동이 심화되면서 주인공의 심리상태는 내면정서가 폭발되어 결국 우는 단계에까지 도달한다. 다음 구절에 이 점이 잘 나타나 있다.

    I lay awake thinking and my mind jumping around. Then I couldn't keep away from it and I started to think about Brett and all the rest of it went away. I was thinking about Brett and my mind stopped jumping around and

---

82) *Ibid.*, 31.
83) *Ibid.*

started to go in sort of smooth waves. Then all of a sudden I started to cry. Then after a while it was better and I lay in bed and listened to the heavy trains go by and way down the street, and then I went to sleep.[84]

나는 드러누워서 눈을 뜬 채 생각에 잠겨 있었고 내 마음은 뛰놀고 있었다. 시간이 지나도 나는 그것으로부터 떠날 수가 없게 되었으나 브렛을 생각하기 시작하니 다른 생각은 모두 말끔히 사라져 버리고 말았다. 브렛을 생각하고 있노라니 내 마음은 뛰어 노는 것이 멈추어지며 얼마큼 잔잔한 물결이 되어 움직이기 시작했다. 조금 지나 나는 갑자기 울고 말았다. 얼마가 지나자 다시 기분이 좋아졌고 나는 침대에 드러누워 육중한 전차가 바로 집 앞을 지나 한길 저쪽으로 사라지는 것을 들었다. 그러고 난 다음 나는 어느 새 잠이 들고 말았다.

위 구절에는 제이크의 신체적 또는 육체적인 부동성이 두드러진다. 후진운동이라고 말할 수 있다. 그러나 반대로 정신적으로는 깊고 폭넓은 생각으로 사고활동이 두드러진다. 후진운동의 정점에서 제이크는 잠이 든다. 위 구절은 1권에 나타나는 전체 후진운동의 극한점이라고 볼 수 있는 구절이다.

그러나 이 후진운동은 브렛이 그의 아파트에 도착하면서 갑자기 깨진다. 전진운동이 시작된 것이다. 브렛은 술에 취하여 끊임없이 떠들어댄다. 수위와 브렛이 싸우는 장면이 벌어진다. 수위는 크게 화를 내고 있었다. 브렛과 수위의 소란 때문에 제이크는 잠이 깼다. 동네사람들도 잠을 깨고 말았다. 브렛은 이제 제이크의 방에 들어왔다. 그녀는 만취가 되어 있었다. 시간은 새벽 네 시 반이다. 제이크는 브랜디 소다를 브렛에 따라 준다. 브렛은 제이크의 정서는 아랑곳하지 않고 제이크의 집에 오기 전까지 함께 놀았던 미피폴포로 백작에 대한 얘기로 제이크의 심사를 뒤적이며 들쑤신다. 전진운동은 이렇게 계속되다가 4장 끝부분에서 다시 후진운동으로 마무리한다. 특

---

84) *Ibid.*

히 끝 구절 "낮이라면 어떠한 일이라도 억누르는 것이 아주 쉬운 일이지만, 밤은 낮과는 전연 다르다."(It is awfully easy to be hard-boiled about everything in the daytime, but at night it is another thing.)[85]라는 표현에는 제이크의 현재의 후진운동적 심리상태가 잘 응축되어 있다. 브렛은 제이크의 심사를 배려함도 없이 지금 아무렇게나 행동하고 있다. 그러나 이런 무례하기 그지없는 브렛을 맞이하면서도 제이크는 일체의 부정적인 언사나 행동이 없다. 깊은 물처럼 잔잔한 행동과 언사로 브렛을 맞아들이고 있다. 제이크의 현재의 심사는 괴롭기 짝이 없지만 표현과 반응은 억제되어 있다. 후진운동 장면이다.

이후 5장에서는 전반적으로 전진운동이 없고 밋밋하게 후진운동의 분위기가 주를 이룬다. 이러한 분위기는 6장에 이르러 더욱 심해진다. 서술의 전진운동적인 전개가 거의 없다고 보여지는 장이라고 말할 수 있다. 그러다가 7장에 이르러 6장과는 전연 다르게 서술이 전개된다. 1장에서부터 수위나 브렛이 등장하면 이때는 거의 어김없이 전진운동이 시작되었다고 볼 수 있는데 "계단을 막 올라가려고 하는데 그때 수위가 그녀의 수위실 유리를 두드렸다."(As I started up the stairs the concierge knocked on the glass of the door of her lodge)[86]라는 구절의 '문을 두드리는 행동'을 시발로 그녀의 소란스런 행동과 수다가 이어지면서 전진운동 분위기를 조성한다. 이러한 분위기는 7장의 중간쯤에서 제이크의 심사를 다음과 같이 갑자기 후진운동으로 반전시킨다. 구절, "나는 침대에 얼굴을 파묻고 누워 있었다. 나는 견딜 수 없이 괴로웠다. 두 사람이 뭐라고 지껄이는 소리가 들려 왔지만 나는 귀담아 들으려고 하지 않았다."(I lay face down on the bed. I was having a bad time. I heard them talking but I did not listen.)[87]는 브렛의 말에 대한 제이크의 심리적 반

---

85) *Ibid.*, 34.
86) *Ibid.*, 52.
87) *Ibid.*, 55.

응이다. 대단히 괴로운 심리상태이다. 이는 전진운동에서는 생각할 수 없는 심리이다. 후진운동의 극한점에 도달한 고통으로서 이 과정을 겪고 난 후의 인물은 성장한다. 이후 서술은 전·후진을 반복하다가 마지막에서는 후진운동으로 진입하면서 마감한다. "나는 벨을 눌렀고, 문이 열렸고, 나는 2층으로 올라가 침대 속으로 들어갔다."(I rang the bell. The door opened and I went up-stairs and went to bed.).88)

이상이 『태양은 또다시 떠오른다』의 제1권의 전·후진운동 서술의 순환 리듬이다. 이후 제2권과 제3권도 제1권과 같은 방식으로 전·후진운동이 순환되고 있다. 성공적인 양대 서술패턴의 순환이라고 말할 수 있으며 이 기법은 이 작품을 성공작으로 만드는 큰 요인 중의 하나라고 말할 수 있다. 면밀히 검토해 보면 다른 모든 성공작이 이 양대 서술패턴기법을 적절히 구사하고 있다.

다음은 양대 서술패턴의 용도를 검토한다. 용도라 함은 전·후진운동은 주제 및 사고의 표현문제와는 어떤 관계가 있는가의 활용 또는 이용문제를 뜻한다. 양대 서술패턴의 순환은 단순히 기교적으로 리듬만을 위한 반복 작용에 불과한지 아니면 변화하는 패턴, 즉 전달하는 그릇에 따라 그것을 담고 있는 내용이 다른가하는 문제를 검토하고자 한다.

헤밍웨이는 양대 서술패턴이 순환 반복할 때마다 각각의 상황에 알맞은 비전과 분위기를 달리 전달하는 기법을 구사하였다. 이 점은 헤밍웨이 문학의 표현형식과 내용의 관계를 이해하는 데 매우 중요한 문제이다. 헤밍웨이 문체의 모방자들이 일반적으로 실패를 하게 된 이유는 바로 이 점을 소홀히 했기 때문이라고 볼 수 있다. 아서 왈드혼(Arthur Waldhorn)은 "헤밍웨이의 모방자들은 단지 그의 간결한 문장의 리듬과 단순한 어법만을 터득하고 일반적으로 그러한 표현법만을 배운다. 그들이 놓친 것은 문체에 따라 비전과

---

88) *Ibid.*, 65.

분위기를 연결하여 전달하는 엄격함이다."(Hemingway's imitators capture only his tense sentence rhythmic, simple diction, and generally learn expression. What they miss the rigor that unites style with vision and mood.)[89]라고 간결하게 지적했다. 왈드혼의 지적은 전달하고자 하는 주제의 성격에 맞추어 각 서술패턴이 사용되고 있음을 파악했으며 헤밍웨이 문체의 모방자들이 이 점을 간과했음을 꿰뚫은 것이다. 또 나할도 이야기의 리듬이 변화함에 따라 헤밍웨이는 그 이야기의 완전한 의미를 변화시킨다고 지적했는데[90] 이 견해 역시 왈드혼의 견해와 크게 다르지 않다. 앞의 예문 (B)에서 본 바와 같이 전진운동장면에서는 긴장된 행동이 발생한다. 이 패턴은 긴박감이나 생동감을 생성시키면서 소설의 진행속도를 활기 있게 만들고 있다. 따라서 예를 들어 헤밍웨이의 용기를 중시하는 행동주의는 이 장면을 통해서 표현된다. 특히 외면적인 행동주의와 영웅주의는 이 전진운동장면을 통해서 거침없이 표현된다. 다음 페드로 로메로의 투우장면은 이런 표현의 전형적인 예라고 볼 수 있을 것이다.

>Then without taking a step forward, he became one with the bull, the sword was in high between the shoulders, the bull had followed the low-swung flannel, that disappeared as Romero lurched clear to the left, and it was over.[91]

>그리고는 한 걸음도 앞으로 나가지 않은 채, 그는 황소와 한 덩어리가 되었고, 칼을 황소 어깨 사이에다 높이 꽂았으며, 황소는 얕게 흔들린 플란넬 뒤를 따랐었는데, 로메로가 왼쪽으로 분명하게 몸을 비키자 그 플란넬은 간 곳이 없이 사라져 버렸고, 모든 것은 끝이 나고 말았다.

---

89) Waldhorn, 30.
90) Nahal, 208.
91) Hemingway, *The Sun Also Rises*, 220.

다음으로 전진운동과는 달리 후진운동의 장면에서는 주인공은 더 큰 발전을 위해 내성과 승화의 기회를 갖게 되며 그에 걸맞은 주제가 다루어진다. 이 기간은 다음 행동을 위한 하나의 창조적인 수동성의 기간으로서 주인공은 자신을 둘러싸고 있는 환경, 어떤 초월적인 힘, 그리고 우주적인 문제에 대해 깊이 숙고하는 기회를 갖는다. 자신을 둘러싸고 있는 우주는 한없이 크고 힘이 세다. 자신이 통제할 수 없는 어떤 신비한 힘이 있다. 따라서 주인공은 우주의 큰 섭리 앞에서 자신의 미약함과 보잘 것 없음을 깨닫는다. 다음 구절은 죽음과 종교의 문제가 다루어진 앞의 예문 (A)의 주제 차원을 넘어 수동성이 승화해서 우주적인 차원의 사고에까지 접근하고 있는 경우이다.

> He always thought of the sea as *la mar* which is what people call her in Spanish when they love her. Sometimes those who love her say bad things of her but they are always said as though she were a woman. Some of the younger fishermen, those who used buoys as floats for their lines and had motor-boats, bought when the shark livers had brought much money, spoke of her as *el mar* which is masculine. They spoke of her as a contestant or a place or even an enemy. But the old man always thought of her as feminine and as something that gave or withheld great favours, and if she did wild or wicked things it was because she could not help them. The moon affects her as it does a women, he thought.[92]

그는 언제나 바다를 (스페인어 여성명사)「라 마르」라는 말로 생각했는데 이 말은 사람들이 바다를 사랑할 때 스페인어로 (바다를) 부르는 말이었다. 때로는 바다를 사랑하는 사람들도 바다에 대하여 여러 가지 나쁘게 말하는 수가 있지만, 그때도 언제나 바다는 여성으로 취급되어 말하여진다. 낚싯줄을 뜨게 하기 위하여 부표로서 낚시찌를 사용한다든지 상어간을 팔아 돈은 만들어 모터보트를 사들인 젊은 어부들 중 몇몇은 바다를 남성명사인「러 마

---

[92] Hemingway, *The Old Man and the Sea*, 23-24.

르」로 부르기도 한다. 그들은 마치 바다를 경쟁 상대나, 무슨 장소나, 심지어는 적인 것처럼 말했다. 그러나 노인은 언제나 바다를 여성으로 생각했고 큰 은혜를 베풀어주기도 하고 아니하기도 하는 대단한 것으로 생각했다. 그리고 만일 바다가 난폭한 짓 또는 사악한 짓을 하는 경우라도 그것은 바다로서도 어쩔 수 없기 때문에 하는 짓이려니 하고 생각했다. 달이 여자들에게 영향을 미치듯이 바다에게도 영향을 미치는 것이라고 그는 생각했다.

위 구절은 자신에게 난폭하기 그지없는 바다를 전체 우주를 구성하고 있는 한 부분이라는 입장에서 성숙되고 객관적인 안목으로 통찰하는 글이라고 볼 수 있다. 주인공의 생생한 내면의식이 표현되어 있다고 말할 수 있겠다. 그런가 하면 인간이 걸머진 숙명의 문제를 종교적 차원에서 성찰하는 구절도 있다. "그러나 해나 달이나 별들을 죽이려고 할 필요가 없다는 것은 잘된 일이다. 바다에서 살며 우리의 참된 형제들을 죽이는 것만으로도 충분하다." (But it is good that we do not have to try to kill the sun or the moon or the stars. It is enough to live on the sea and kill our true brothers.)[93])와 같은 구절이 이에 해당한다. 산티아고가 고기를 잡아야 하는 것은 최소한의 삶을 유지하고 주어진 목숨을 지탱하기 위해서이다. 그러나 신이 내린 인간의 생명을 이어가기 위한 그 최소한의 작업이 그리 간단치가 않다. 그렇지만 노인은 태양이나 달 혹은 별들을 따오도록 하늘로부터 운명 지워지지 않은 것만도 다행으로 여기고 자위를 한다. 그는 사실 힘들고 고단한 삶에 매우 지쳐 있다. 그렇지만 사랑과 같은 고차원적이고 희망적인 문제를 범 우주적인 범위에까지 확대시켜 철저히 규명하고 또 범애를 실현해 보려고 무척 애쓰는 모습을 보이고 있다. 산티아고가 고기에게 형제애를 느끼고 자신이 고기를 죽이려 하듯이 고기에게도 자신을 죽일 권리가 있음을 인정하고 누가 누구를 죽이든 개의치 않겠다는 장면[94])에서는 주인공의 범애정신과 사색의 절정을

---

93) *Ibid.*, 66.

보는 듯하다. 이 장면은 전형적인 후진운동의 내용을 담고 있다. 주인공은 모든 신체적인 행동을 멈추고 수동의 입장에 처해있다. 이 수동성의 시간에 주인공 산티아고는 외로움도 느낀다. 산티아고의 끈질기고 강인한 성격으로 볼 때 후진운동이 아니고는 결코 나타날 수 없는 정서이다. "그는 바다를 건너다 보고 자기가 이제 얼마나 외로운가를 알았다."(He looked across the sea and knew how alone he was now.)[95]라는 구절은 그의 마음의 깊은 곳에 도사린 외로움을 표현한 구절이다. 신체활동이 빈번했던 전진운동의 기간에서는 상상도 할 수 없는 성찰이 이 후진운동의 기간에 일어나고 있는 것이다.

이러한 외로움은 한 걸음 더 나아가 비극적 단계로 심화된다. 예를 들어 앞의 인용문 (A)(『무기여 잘 있거라』 251)의 장면에서 주인공 프레더릭 헨리는 캐서린 바클리와 신생아의 생사를 오로지 의사와 신에게 맡길 수밖에 없는 무기력한 처지가 되어 버렸다. 인간이 나름대로 가질 수 있는 축복과 영광을 일정 범위 안에서는 누릴 수 있지만 일단 우주라는 큰 힘 앞에서는 개인은 실로 미미한 존재에 불과하며 비극적인 존재가 될 수밖에 없다는 깨달음을 얻는다. 제이크의 경우, 어두운 방안에 혼자 있는 시간에 그는 자신의 미약한 존재에 대한 깨달음을 얻는다. 인간의 운명은 어떤 경우에는 너무도 보잘 것 없음을 철저히 체감한다. 그래서 개인의 미약성을 깨달으며 정신적으로 성숙한 주인공들은 비관, 허무, 불안을 느끼고 잠 못 이루는 밤을 보내기도 한다. 더 나아가 이러한 비관, 허무, 불안은 주인공의 내면정서를 비극적, 염세적, 비관적으로 휘감아 버린다. 그리고 이런 내면정서로 가득 찬 주인공들은 때로는 허무와 슬픈 눈물을 흘리기까지 한다. 후진운동의 심연을 겪고 있는 인물들의 고통스럽고 비극적인 현상이라고 말할 수 있다.

그러나 이러한 암담하고 비참한 상황에서의 깨달음은 그 자체만을 위한

---

94) *Ibid.*, 82.
95) *Ibid.*, 52.

것은 아니다. 전술한 바와 같이 자신을 철저히 벗겨보고 난 후에는 개선과 창조 그리고 한 차원 더 높은 발전을 위한 모색을 조용하고도 간단없이 전개한다. 그래서 주인공은 이 수동의 기간에 회고를 하게 되고 이를 통해서 다음 행동의 승리를 위한 발판을 마련하려고 부단히 노력한다. 그리고 수동적인 기간을 깊이 체험한 주인공의 수동성은 결국 승리한다. 주인공들은 초월적인 우주의 큰 힘에 수동적으로 잘 적응했을 때 영광을 맞이한다. 『누구를 위하여 종은 울리나』에서 로버트 조단이 "그리고 만일 네가 불평을 하지 않고 절대로 손안에 넣을 수 없는 것을 바라지만 않는다면 너는 훌륭한 인생을 보낼 수 있을 것이다. 훌륭한 인생이라고 하는 것은 결코 성서의 척도로 해서 측량할 수 있는 것은 아니니까 말이다."(And if you stop complaining and asking for what you never will get, you will have a good life. A good life is not measured by any biblical span.)[96]라고 말한 금언적인 구절에 이를 뒷받침하는 의미가 숨어 있다. 수동성의 주인공이 승리하는 대표적인 예는 『태양은 또다시 떠오른다』의 제이크에서 찾을 수 있다. 제이크는 전상으로 인한 성 불구자이다. 그러나 동아리에서 가장 긴 수동의 기간에 깊은 자아성찰의 과정을 제일 오래 겪었다. 그는 결국 페드로나 로버트를 제치고 정신적으로 브렛을 차지했다. 이는 제이크의 정신활동이 가져온 승리이다. 이와 관련하여 워트 윌리엄스(Wirt Williams)는 이렇게 지적했다. "제이크는 정신적인 승리를 쟁취했다. 마드리드에서 브렛과 함께 한 저녁식사는 코다 음악보다 좋았다.: 그 시간은 정신의 승리와 물질적 패배라는 변함없는 성격을 동시에 확인해주고 있다."(Jake has won the psychic triumph. The dinner scene with Brett in Madrid is more than coda: it affirms both the sprit's victory and unchanging character of material defeat.)[97] 수동성이 결코 패배가 아니고 정신적 성숙을 통하여 결국

---

96) Hemingway, *For Whom the Bell Tolls*, 164-165.
97) Williams, 46.

승리하게 됨을 간결하게 압축한 구절이다.

　후진운동 인물인 제이크가 결국에는 승리하는 것은 자신에 대한 반성과 성찰의 결과라고 말할 수 있다. 이는 전진운동적 인물과를 대비해 보면 바로 알 수 있다. 전형적인 전진운동인물인 로버트의 경우를 보자. 로버트는 성격 및 행동면에서 제이크와는 대조적인 인물이다. 제이크는 감정을 온건하게 처리한다. 반면에 로버트는 다듬어지지 않은 거칠고 원초적인 방법과 힘을 바탕으로 감정을 처리한다. 육체적인 힘을 바탕으로 한 현실에서는 로버트가 제이크를 압도한다. 그러나 정신수양이 배경이 된 수동성의 긴 시간을 지난 후의 양자의 운명은 정반대가 된다. 행동의 순간에는 로버트가 승리하는 것처럼 보인다. 그러나 결국은 그가 패하게 된다. 이는 인간의 운명은 개인이 우주적인 리듬에 적응하고 수동적으로 복종을 하게 될 때 그는 보다 나은 삶을 얻게 되며 영광도 누릴 수 있다는 말이 된다.

　그리고 수동의 기간에 처해있는 인물은 인생을 전체적으로 통찰할 수 있는 안목을 가질 수 있게 된다. 그리하여 그는 전진운동에서 볼 수 있는 영웅적 행동보다도 더 큰 성취를 얻어낼 수 있는 능력을 갖추는 것이다. 이런 능력을 갖춘 주인공은 인간을 둘러싸고 있는 "검은 신비"(the dark mystery)[98]와 마주치기도 하고 "미지의 큰 힘"(the Unknown)[99] 또는 우주의 신비적인 리듬을 파악하기도 한다. 인간을 둘러싸고 있는 미지의 큰 힘을 받아들이는 면에서 헤밍웨이는 호손, 포, 그리고 멜빌보다 한 발짝 더 나아갔다고 말할 수 있을 것이다. 이들 작가들에게서는 "어두움"(darkness)의 주제가 단지 주제적으로(thematically) 처리되었다고 볼 수 있다. 어셔(Usher), 펄(Pearl), 헤스터(Hester), 에이헵(Ahab) 선장 등은 모두 "어두움"의 상징이다. 그러나 헤밍웨이에게서는 "어두움"은 구조적으로(structurally) 처리되었다.[100] 헤밍웨이

---

[98] Nahal, 26.
[99] *Ibid.*, 23.

의 인물들이 인생의 검은 신비를 다룰 때 작가는 두 개의 서술운동구조를 이용하여 구조적으로 처리할 뿐이다. 이것이 호손, 포, 그리고 멜빌 등과 헤밍웨이가 다른 점이다.

그렇다면 지금까지의 논리전개로 볼 때 다음 네 가지 사항은 어떻게 해석되어야 하는가? 첫째, 헤밍웨이 작품에서 양대 서술패턴의 존재가 갖는 의미는 무엇인가? 둘째, 전·후진운동 중에서 헤밍웨이는 어떤 운동을 중시했는가? 셋째, 현대 서구문학사상의 전체적인 맥락에서 조명해 볼 때 헤밍웨이가 중시했던 서술운동은 어떤 역사적 뿌리를 갖는가? 넷째, 이상에서 검토한 결과로 본다면 헤밍웨이는 미국문학사 전통의 2대 계열에서 어떤 계열에 속하는가? 이 문제들을 분석한다.

첫째, 헤밍웨이 작품에서 양대 서술패턴의 존재가 갖는 의미는 무엇인가? 저자는 이 문제를 유기체이론으로 설명하고자 한다. 신이 만든 인간은 유기체적 존재이다. 유기체적 관점에서 볼 때 인간 육체의 모든 부분이 생명지속이라는 목적 아래 통일되고 조직되어 그 각 부분과 전체가 필연적인 관계를 가지고 움직이고 있다. 특히 인간의 생명은 심장의 박동으로 유지되는데 심장활동 자체는 수축운동과 이완운동이 순환되며 이는 일정한 리듬을 갖고 반복된다. 유기성은 인간뿐만이 아니라 살아있는 모든 동물 또는 더 나아가 기타 생물에게까지 해당된다. 자연의 질서 자체도 또한 그렇다. 사회제도 또한 그렇다. 그래서 18-19세기에 서구에서는 생물체에 견주어 사회제도를 설명하려는 학설들이 등장하여 발달했다. 소위 사회유기체 이론(social organism)이다. 헤겔의 국가관이 그 대표적 사회유기체 이론의 경우이다. 예술도 유기성이 있어야 생명력이 있다. 음악의 경우에도 강·약 조절이 있다. 현대의 회화(繪畫)에도 밀고 당기는 생명력의 유기체성이 있다. 소설작품도 유기체적으로 살아 있는 것으로 헤밍웨이는 보았다. 즉 헤밍웨이는 소설을

---

100) *Ibid.*, 27 참조. III-8 "헤밍웨이 소설에 나타난 상징의 문제" 결론부분 참조.

살아 있는 생물로 보았던 듯하다는 것이 저자의 생각이다.

그래서 유기체, 생물체, 인체, 작품의 유기체성은 모두 살아있는 생명체이며 작품이 생명력을 가지려면 그 작품은 움직이는 유기적 예술체로서 생명의 사이클을 그리며 역동적으로 순환되어야 한다. 이런 관점을 헤밍웨이는 가졌던 듯하다. 작품이 인체와 같이 유기체라고 본다면 헤밍웨이 작품의 전·후진운동은 인체의 심장활동에서 확장·수축운동에 비유할 수 있다. 심장이 언제나 움직이듯 작품에서 정지장면에서도 운동은 진행된다고 말할 수 있다. 심방에서 피를 내뿜어내는 운동이 확장운동이라면 심방으로 피를 빨아들이는 운동은 수축운동이며 다음의 확장운동을 위한 준비운동이라고 말할 수 있다. 피를 내뿜어낼 때 심장근육은 긴장된다. 피를 빨아들이고 난 뒤의 근육은 이완된다. 헤밍웨이 소설의 전·후진운동은 이런 원리라고 말할 수 있다. 이런 의미에서 헤밍웨이 소설이 유기체적 생명력을 갖기 위해서는 양대 서술패턴의 개발은 필요했다고 볼 수 있다. 실제로 그의 걸작들을 분석해 보면 양대 서술패턴이 기본구도의 주요한 기법으로 부각되어 있음을 어렵지 않게 발견할 수 있다.

둘째, 전·후진운동 중에서 헤밍웨이는 어떤 운동을 중시했는가? 후진운동이다. 헤밍웨이의 경우 후진운동의 근간인 수동성이 그의 예술구조의 중심축이 되고 있다. 후진운동장면에서는 신체적 행동은 정지된다. 그러나 정신적 행동은 활발하다. 그래서 헤밍웨이의 행동에는 신체행동과 정신행동이 동시에 포함된다고 말할 수 있다. 그가 후진운동을 중시하고 있음은 본 장에서 살펴보았듯이 인물 및 주제처리 등에서 드러나고 있다. 예를 들어 『태양은 또다시 떠오른다』의 경우, 이 작품은 제이크에 의해 서술된 1인칭 소설이다. 제이크에 의해 이야기가 서술된다는 자체가 이 작품이 후진운동이 주가 된다는 것을 구조적으로 암시하고 있다. 제이크라는 인물은 세상사에 대한 반응이 후진운동적이고 후진운동장면의 주인공이다. 제이크는 정서적으로 초연함에 도달한 인물이다. 첫 장면의 서술내용은 로버트에 관한 것으로서 로버트는 1920대 파리의 분위기를 상징하는 전형적인 인물, 부유한 유대인의 아들, 한때 프린스턴대학의 미들급 복싱챔피언, 브렛을 사이에 두고 제이크와 충돌하곤 했던 인물이다. 즉 로버트는 전진운동 인물이다. 그럼에도 불구하고 소설이 열리면서 이미 초연한 경지에 도달한 제이크라는 인물 때문에 로버트에 관한 서술은 전혀 전진운동적이 되지 못하고 있다.

행동의 힘 앞에서 제이크는 언제나 수세적인 입장에 처했었다. 그러나 소설의 결말에서 제이크는 승리했다. 브렛의 로버트와의 탈선행위 또는 브렛과 페드로와의 그 열렬한 연애마저도 브렛과 제이크를 떼어놓지 못했다. 브렛은 페드로와의 연애에서 실로 큰 만족을 얻었다. 그러나 브렛은 결국은 성불구자인 제이크에게로 돌아왔다. 전진운동적 인물인 페드로와 로버트가 패한 것이다. 이는 수동의 기간을 거치면서 제이크가 달성했던 인격의 수양과 풍요로운 인간성이 승리한 경우라고 말할 수 있다.

후진운동을 전진운동보다 더 중요하게 생각했던 흔적은 또 있다. 전진운동에서 다루어지는 주제보다는 인간사의 무게 있는 주제들을 후진운동의 인물이 다루게 하는 모습에서도 간파할 수 있다. 제이크의 경우가 그런 예이다. 그리고 『노인과 바다』의 경우 산티아고가 겪는 인간사의 문제에 대한 처리도 이에 해당하는 예이다. 헤밍웨이는 헨리 제임스, 버지니아 울프(Virginia Woolf), 로렌스(D.H. Lawrence)와는 달리 어떤 주제나 사상에 대한 탐구에 몰입한 작가는 결코 아니다. 그러나 인간에게 공통적으로 부닥치는 제반 세상사의 정신적인 문제들과 사상들을 헤밍웨이 역시 깊은 통찰로 다루고 있다. 그런데 이런 문제들이 주로 그의 후진운동장면에서 제이크나 산티아고 등과 같은 후진운동의 인물들에 의해서 다루어지고 있다. 따라서 헤밍웨이에게는 전진운동적 인물과 그가 연출하는 육체행동은 별로 매력 있는 인물이나 행동이 아니다. "수동의 주인공"(a passive hero)이 진정한 그의 주인공인 동시에 그가 겪는 정신행동이 헤밍웨이가 중요시하는 진정한 행동이라고 말할 수 있다. 그리고 정신행동이 결국에는 육체행동을 이긴다는 점을 분명히 보여주고 있다. 이런 면을 보면 인간 헤밍웨이는 외면상으로는 행동인인 듯 보이지만 사실은 그에게는 내면세계와 사색적 성찰을 중시하는 철학이 깊게 숨겨져 있음을 간파할 수 있다.

셋째, 시각을 확대하여 서구문학사상으로 검토해 볼 때 헤밍웨이가 중시하는 후진운동은 어떤 문학사적 근거를 갖는가? 헤밍웨이의 양대 서술패턴 자체의 역사는 앨버트 카뮈(Albert Camus)에서부터 그 근거를 찾을 수 있다. 좀더 구체적으로 설명하자면 "수동성" 또는 "운동의 정지"(stillness, a cessation of movement) 등의 개념이 서구문학에 나타났던 것은 카뮈의 작품에서부터라고 말할 수 있다. 카뮈의 『이방인』(L'Étranger)은 우리의 인생과 예술에서 수동성이 행동이나 활동과 동일선상의 의미를 갖고 있다는 예술적 이슈를 제기하고 있다. 이런 전통의 맥락에서 헤밍웨이 기법의 유기체성의 핵심은 수동성에 무게를 두었으며 수동성의 순간순간을 전체 액션의 기본적인 구성으로 간주했다고 말할 수 있다. 헤밍웨이 소설에 나타나는 전·후진 운동의 장면순환은 결국 상황의 전이라고 말할 수 있다. 이 장면의 전이형태가 헤밍웨이의 경우는 시간과 음악기법의 도입으로 리듬이 내재되면서 유기적 기법으로 성공되었다. 그런데 포스터(E. M. Forster)의 경우는 <then and then movement>로, 버지니아 울프(Virginia Woolf)와 제임스 조이스의 경우는 <의식의 흐름>(stream of consciousness) 기법으로 처리되었다고 말할 수 있다. 이런 관점에서 살펴보면 행동이 주를 이루는 악한소설(picaresque novel)이나 의식의 흐름이 주를 이루는 심리소설(psychological novel)의 경우 둘 다 소설의 장면전이의 기본구조는 같다고 말할 수 있다. 왜냐하면 후자의 경우에서 다루는 행동은 정신적 행동(mental action)이 포함되는 넓은 의미의 행동을 다루고 있기 때문이다. 그래서 『댈러웨이 부인』(Mrs. Dalloway)은 『돈키오테』(Don Quixote)와 구조적으로 크게 다르지 않다고 말할 수 있다.

넷째, 이상에서 검토한 결과로 본다면 헤밍웨이는 미국문학사의 전통에서 어떤 계열에 속하는가? I-3 "미국문학사에서 헤밍웨이의 위상"에서 밝힌 바와 같이 17세기부터 시작되어 현대에 이르는 미국문학사에는 양대 줄기가 있다. 하나는 벤저민 프랭클린의 문학이 씨앗이 되었던 외(外), 행동, 과학이 주가 되는 문학줄기이고 이에 대립되는 다른 하나는 조나단 에드워드부터 시작되는 내(內), 정신, 영혼의 문학줄기가 그것이다. 양대 문학의 흐름은 사이클을 그리며 반복되면서 각각의 문학전통을 형성하고 있다. 그리고 프랭클린 계열의 문학줄기는 쿠퍼 → 마크 트웨인 → 호웰스 → 드라이저로 이어지고, 에드워드 계열의 문학줄기는 포 → 호손 → 멜빌 → 오닐 → T.S. 엘리엇 → 포크너 등으로 이어지면서 발전해 왔다는 것은 앞에서 이미 밝힌바 있다. 그런데 기존의 문학사관에서는 헤밍웨이를 이 양대 계열에서 전자의 계열로 간주하려는 견해가 보편적이었다. 그러나 본 장에서 살펴본 바와 같이 그의 양대 서술패턴을 검토해 보면 이러한 시각은 고정불변의 확정적인 것이어서는 곤란하다. 이 견해는 시정되어야 하고 유연성을 가져야 한다는 것이 저자의 판단이다. 왜? 양대 서술패턴 자체가 어느 주제나 자유롭게 다룰 수 있는 작품구조를 제공하기 때문이다. 따라서 헤밍웨이는 프랭클린 계열이나 에드워드 계열의 문학주제 중 어느 것을 다루어도 자유로운 작품구조를 갖고 있다고 말할 수 있겠고 실제로 헤밍웨이 작품세계를 분석해 보면 그렇다. 작품에서 분석해 보았듯이 헤밍웨이의 행동주의의 표현은 전진운동장면을 통해서 전달된다. 그리고 후진운동장면에서는 세상사의 어려움에서부터 우주의 문제에 이르기까지 주로 정신문제가 전달된다. 그러므로 양자의 계열 중 어느 계열에 헤밍웨이 문학이 해당되는가의 질문에 대한 대답은 양대 계열을 넘나드는 전통을 이어받았으되 에드워드 계열에 경도된 문학이라고 말할 수 있겠다. 이것은 헤밍웨이가 전·후진운동 중 후진운동을 중히 여겼고 이 서술구조에서 자신의 내면의 세계를 진솔하게 피력한 실상에서 뒷받침된다. 예를 들어 후진운동에서 그가 다루는 주제가 "어두움"일 때 헤밍웨이는 호손, 포, 멜빌의 전통에 선다. 이 작가들은 미국의 문학전통에서 "어두움"이 주요 테마였다고 말할 수 있기 때문이다. 그래서 미국문학사의 양대 전통의 문학흐름에서 각각 처리하는 주제표현을 헤밍웨이의 경우에는 모두 대입할 수 있다. 미국문학사의 양대 흐름의 주제 중 프랭클린 계열의 주제는 헤밍웨이 기법의 전진운동에서, 에드워드 계열의 주제는 후진운동에서 다루어질 수 있다. 또 헤밍웨이 작품의 실상도 그렇게 나타난다. 끝으로 후진운동을 전진운동보다 더 중히 여기고 있는 그의 독특한 양대 서술패턴은 상호 역동적으로 순환되면서 작품에 유기성과 생명력을 부여하여 그의 작품을 영원히 살아있게 만드는 주요한 기법의 하나가 되고 있음을 특히 유념해야 한다. 이 기법은 헤밍웨이 작품이 역동성을 갖게 하고 생명력을 유지하면서 숨을 쉬게 하는 <생명공학의 기법>이라고 결론지을 수 있다.

5. 단편의 명수, 헤밍웨이

헤밍웨이의 빙산이론과 이 이론에서 파생된 기법들은 그 성격상 단편소설에 적합하다고 판단된다. 이런 이유로 저자는 헤밍웨이는 단편소설에 탁월한 작가라는 견해를 견지하고 있다. 그렇다면 헤밍웨이 전체 소설세계에서 본령의 거점 또는 위상과 관련하여 단편의 영역은 어떤 위상과 가치를 지니며, 폴 세잔 화법의 도입으로 잉태한 빙산이론의 틀에서 파생한 다양한 문체와 기법들이 그의 단편소설에서 어떤 양상으로 나타나고 있는가? 단편소설 문제는 헤밍웨이 소설의 본령을 파악하는 또 하나의 핵심사항이다. 헤밍웨이를 이해하려 할 때 단편소설을 제외하고는 전체파악이 불가능하기 때문이다.

헤밍웨이의 문학세계에서 그의 소설의 본령문제를 제기하면 성공적인 중편과 장편에 대비하여 볼 때 단편의 무게가 만만치 않다. 헤밍웨이는 미발표작 5편을 합하여 모두 109편의 단편을 썼다. 여기에 『우리들의 시대에』(*In Our Time*)의 소품문(vignette), 우화, 그리고 청년시대의 습작품을 더한다면 헤밍웨이 단편의 숫자는 109편을 훨씬 넘는다. 이와 같은 많은 단편의 양은 헤밍웨이가 단편소설 부문에 대한 개척을 왕성하게 시도했다는 것을 말해주고 있다. 이는 또 몇 개의 성공적인 중편과 장편의 그늘에 가려져 단편작가로서의 헤밍웨이를 소홀하게 간과해서는 안 된다는 것을 시사해 준다. 따라서 헤밍웨이의 단편소설에 대한 연구의 필요성은 우선 그의 중편과 장편의 작품수를 압도하는 무시할 수 없는 수량, 즉 외면적으로 나타난 분량적인 측면에서부터 제기되고 있다. 다음으로 보다 더 중요한 요인으로서, 헤밍웨이의 문체와 기법의 특성상의 측면에서 단편에 대한 연구가 요청되고 있다. 지금까지 헤밍웨이 단편에 대한 연구를 살펴보면 조셉 데팔코(Joseph DeFalco)가 시도하고 있듯이 주인공의 경험에 대한 확대과정을 중심으로 분석되었거나 셰리던 베이커(Sheridan Baker)의 「헤밍웨이의 두 개의 심장을 가진 강」("Hemingway's Two-Hearted River")에서 대표적으로 볼 수 있듯이 작품의 해석적 측면에 대한 조명이 주종을 이루고 있다.[101] 그러나 헤밍웨이 소설의 발전을 개관해 보면 그의 작품의 특징은 독특한 문체와 기법에 있고 그 문체와 기법은 그 특성상 단편소설의 구조에 적합하다. 다시 말하면 그의 언어는 그 형식 및 특성상, 단편에서 최선의 효과를 낼 수 있을 것이라는 점인데 이는 그의 소설의 본령이 성공적인 중편과 장편 외에 단편에도 존재함을 예단케 한다. 여기에 그의 소설의 본령의 진단과 관련하여 단편연구의 필요성이 또 하나 존재하고 있으며 그 조명의 시각은 기법적 측면이어야 한다는 방법론이 제기된다. 본 장에서는 지금까지 제기했던 헤밍웨이의 기법들이 단편에서 어떻게 나타나고 있는가의 실상을 밝혀보기로 한다.

헤밍웨이 단편 중 가장 잘된 작품이라고 평가되는 「살인자」에 나타난 기법을 들여다보자.[102] 먼저 이 작품은 작품의 구조 및 단순과 생략기법이 탁월하다. 이 기법을 보기 위해서는 주제의 전달과 연결 지어 분석하는 것이 효과적이라고 볼 수 있다. 이 작품의 주제를 거론한다면 클리언스 브룩스(Cleanth Brooks)와 로버트 펜 워렌(Robert Penn Warren)이 지적한 <악의 발견>(the discovery of evil)[103]이란 주장이 가장 타당하다고 말할 수 있다. 작품의 초반부에 "카운터 저편 끝에서는 닉 애덤즈가 그들[살인자들]을 지켜보고 있었다."(From the other end of the counter Nick Adams watched them)[104]라는

---

101) Benson, *The Short Stories of Ernest Hemingway: Critical Essays*, 159-167 참조.
102) 1) 「살인자」의 내용요약은 II-11-1 "미국 미시간주 북부·헤밍웨이의 고향" 참조.
103) Brooks & Warren, 195.
104) Hemingway, "The Killers," *The First Forty-Nine Stories*, 224.

구절이 나타난다. 닉의 날카로운 시각설정이다. 그 다음 작품의 마지막에 "나는 그 친구가 죽는다는 것을 빤히 알면서도 방안에 처박혀 그때를 기다리고 있는 생각을 하니 도저히 견딜 수가 없다. 너무나도 몸서리치는 일이다."(I can't stand to think about him waiting in the room and knowing he's going to get it. It's too damned awful.)105)라는 구절이 나타난다. 깨달음이 나타나는 작품구조의 설정이다. 이 구조는 악의 발견이라는 작품주제를 더없이 잘 설명하고 있다. 닉의 정신세계의 발전에서 악의 개념이 주입되는 궤적을 충격적이고 입문적 과정으로 여실하게 보여주고 있다. 그러나 헤밍웨이는 이 주제를 전달하는 데 자신의 의견을 결코 직접적으로 드러내지 않는다. 다음은 이를 예증하는 좋은 구절이다.

> The door of Henry's lunch-room opened and two men came in. They sat down at the counter.
> 'What's yours?' George asked them.
> 'I don't know,' one of the men said. 'What do you want to eat, Al?'
> 'I don't know,' said Al. 'I don't know what I want to eat.'
> Outside it was getting dark. The street-light came on outside the window. The two men at the counter read the menu. From the other end of the counter Nick Adams watched them. He had been talking to George when they came in.
> 'I'll have a roast pork tenderloin with apple sauce and mashed potatoes,' the first man said.
> 'It isn't ready yet.'
> 'What the hell do you put it on the card for?'106)

> 헨리 식당의 문이 열렸고 두 명의 사나이가 들어섰다. 그들은 카운터 앞에

---

105) *Ibid.*, 233.
106) *Ibid.*, 224.

마주 않았다.
'무엇을 드릴까요?'라고 조지가 그들에게 물었다.
'모르겠다.' 그 사나이 중의 하나가 말했다. '앨, 자네는 무엇을 들겠나?'
'모르겠어. 나도 내가 무엇이 먹고 싶은지 모르겠어.' 라고 앨이 말했다.
식당 밖은 날이 어두워지고 있었다. 창 밖에는 가로등에 불이 들어 왔다. 카운터 저편 끝에서는 닉 애덤즈가 그 사나이들을 바라보고 있었다. 닉은 그 사나이들이 들어올 때까지 조지하고 지껄이고 있던 중이었다.
'여기 애플 소스와 매시트포테이토를 곁들인 돼지 등심 군것 하나 가져와.' 첫째 사나이가 주문을 했다.
'그것은 아직 안 됩니다.'
'그럼 도대체 무엇 때문에 메뉴 카드에는 적어 놓은 거야?'

위 장면은 문체가 구상적인 언어로 되어 있으면서도 단순하고 압축되어 불필요한 요소가 완전히 제거되어 고도로 추상화되어 있다. 앨과 맥스는 청부살인업자들이다. 그러나 이들의 신분을 직접적으로 표현하지 않고 그들이 취하는 행동을 통해서 이를 전달한다. 공포 분위기를 조성하는 데 처음 단 두 문장으로 성공하고 있다. 두 문장에 행동은 세 개 "opened," "came in," 그리고 "sat down"의 빠르게 이어지는 행위만이 있을 뿐이다. 즉 "연속연결의 과정"(process of sequence)[107] 또는 오직 "행동의 연속기술"(sequence of motion)을 통해서 그들이 어떤 인물들인가를 벌써부터 암시해 준다. 또 그들이 사용하는 언어를 통해서도 이를 정확히 전달한다. 예를 들어 "Oh, to hell with the clock."[108]("제기랄 거지 같은 시계로군.")과 같은 말은 바로 갱들이 사용하는 차원의 언사들이다. 지극히 간단한 압축표현이지만 연속기법으로 단순함의 피상성을 극복하고 그 내용은 암시적이어서 독자로 하여금 앞으로 전개될 사건이 범상치 않을 것임을 당장에 인식하게 만들고 있다. 그래서 부룩스와

---

107) Brooks & Warren, 200n.
108) Hemingway, "The Killers," *The First Forty-Nine Stories*, 224.

워렌은 서너 개의 문장으로 한 장면을 만들어내는 경이적인 경제적 묘사를 "참으로, 그 방법은 너무나 철저히 극적이기 때문에 변이를 만들어 내는 데 서너 개의 문장 외에 더 이상의 문장이 필요 없다."(Indeed, the method is so thoroughly scenic that not over three or four sentences are required to make the transitions)[109]와 같이 지적했다. 단순기법과 생략기법이 너무도 잘 구사된 경우라고 말할 수 있다.

또한 이 작품에는 상징적인 물건 및 행동을 통하여 내용이 전달되는 기법이 두드러져 있다. 예를 들어 갱들의 신분에 대해서 작가의 설명이 없이 맥스의 입을 통해서 밝혀지게 하는 방법 외에 객관적 상관물과 관련한 행동을 통해 그들이 누구이며 무엇을 할 것인가를 제시한다. 본 작품에서 가장 중요한 의미를 띠고 있다고 볼 수 있는 객관적 상관물 및 행동을 든다면 세 가지를 지적할 수 있다. 첫째, 두 사람이 장갑을 끼었다. 이는 지문을 남기지 않겠다는 범죄심리 표현의 일종으로서 범행을 앞에 둔 인물임을 객관적으로 암시한다. 둘째, 그들은 중간 중간 계속하여 거울과 시계를 쳐다본다. 이 행동은 시간을 체크해 가며 누구를 기다린다는 것을 역시 객관적으로 전하고 있다. 간헐적으로 <정확한 시각>을 물으면서 시계를 자주 쳐다보는 행동으로 거사시간이 임박해 옴을 알림과 동시에 긴장된 분위기를 불러일으킨다. 또 자주 거울을 주시하는 행동을 함으로써 현관문을 열고 들어서는 오울 앤드레슨이 거울 속에 나타나는 순간 권총은 그에게 조준되어 지체 없이 발사될 것이라는 폭력세계의 비정함과 공포를 탁월하게 전달하고 있다. 셋째, 닉과 샘을 묶어놓고 난 후 산탄총을 가진 앨이 <단체사진을 찍을 때 사람의 위치를 바로 잡는 사진사 같은 행동>[110]을 함으로써 곧 벌어지게 될 행동이

---

109) Brooks & Warren, 194.
110) Hemingway, "The Killers," *The First Forty-Nine Stories*, 227. "He was like a photographer arranging for a group picture."

임박했으며 이에 대비하는 것을 알려준다. 이는 앤드레슨이 나타났을 때 효과적으로 일을 마치기 위한 범인들의 행동임을 말해 준다. 이와 같은 내용들이 작가의 입을 통해서 설명되지 않고 객관적이고 암시적인 물건이나 행동들에 의존하여 처리되고 있는데 이는 말을 절약하는 단순성에서 나온 것으로서 빙산이론이 매우 성공적으로 적용되었다고 말할 수 있다.

장갑의 경우가 그러하듯이 '타월'(towel)과 '벽'(wall)도 역시 단순화를 위한 객관적 상관물로 사용되었다. 타월은 위협을 가할 때 입을 틀어막는 소품으로 쓰이면서 이것이 주는 위협적인 분위기는 그 어떤 말이나 설명보다도 효과적이다. 자신을 살해할 것이라는 닉의 정보를 듣고도 앤드레슨이 취하는 행동은, "오울 앤드레슨은 벽만을 쳐다보았고 어떤 말도 하지 않았다." (Ole Andreson looked at the wall and did not say anything.)111)에서 볼 수 있듯이, '벽'만을 쳐다보는 일과 필요치 않다고 판단될 때는 묻는 말에 대꾸도 하지 않고 있다. 꼭 대답해야 할 경우에는 가능한 한 간단하게 함축적으로 압축하고 있으며 그때의 서두는 거의가 부정어, '아니다'(No)로 시작한다. 자신이 처참하게 살해당할 가능성이 현실로 다가와 있음을 알게 된 당사자 앤드레슨, 그의 내면에 일고 있는 감정은 겉으로 표현되고 있는 말이나 행동처럼 간단치는 않을 것이다. 실로 복잡하기 이를 데 없을 것이다. 그는 이러한 내면의 정서를 원색적으로 표현할 수도 있었을 것이다. 극도의 공포감을 나타냈을 수도 있었을 것이다. 또 다변가처럼 표현할 수도 있었을 것이다. 그러나 그는 모든 내면정서를 응축시키고 간결한 어법과 침묵 그리고 '벽'만을 바라보는 행위를 함으로서 독자가 가질 수 있는 해석과 정서를 넓혀주고 있다. 이와 같은 앤드레슨의 대화태도와 벽쳐다보기의 행동 그리고 벽이 갖는 이미지가 합일되어 나타난 결과로 독자는 상상에 의하여 여러 가지 해석의 자유를 갖게 되는데 그 중의 하나로 앤드레슨은 외면상은 부정적이고 저항

---

111) *Ibid.*, 231.

적인 듯하지만 내면적으로는 절망적이며 이제 만사를 체념하고 다가오는 운명을 받아들이겠다는 각오를 한 인물임을 알게 된다. 작품에서 앤드레슨의 내면세계의 표출은 완전한 <억제서법>으로 처리되고 있다. 앤드레슨의 내면의 정서표현은 극도로 응축한 억제서법에 의해 처리됨으로써 더욱 심오한 내면을 드러내는 기법을 구사하고 있다. 그래서 벽만을 쳐다보는 앤드레슨의 행동이나 '아니다'로 일관하는 그의 단순한 언어는 겉으로는 극도로 압축되어 있지만 그것이 암시하는 속뜻은 빙산의 7/8만큼이나 풍부하고 깊다고 말할 수 있다.

다음으로 표현주의와 대조기법의 문제를 살펴보자. 「정결하고 조명이 잘 된 장소」를 영화의 장면에 비유해 볼 때 카메라의 초점은 먼저 카페의 프런트에 거리를 두고 맞추어져 시작되고 있다. 그 다음은 노인에게로 이동되고 이어서 두 명의 급사에 맞추어진다. 마지막으로는 나이 많은 웨이터에 초점이 머물러 시간적으로 오래 지속된다. 여기서 초점은 나이 많은 웨이터의 심연의 세계에까지 파고 들어가 그 내면세계를 독자가 알 수 있게 비추어내고 있다. 그런데 이와 같은 구성은 세잔의 「부엌의 탁자」(*La Table de Cuisine*)의 구도와 매우 유사하다. 자연을 3대 기하학적 형태, 즉 원통, 구체, 원추로 다루어야 한다고 주장했던 세잔 화법의 3대 특징은 첫째 단순하고 무거운 표현, 둘째 자연을 원통, 구체, 원추의 기하학적 양식으로 표현, 셋째 자세한 것들을 생략하고 영원히 남을 수 있는 특질화 또는 추상화된 형태만을 표현하는 기법 등으로 요약할 수 있다. 자연에 대한 세잔 기하학의 3대 요소이다. 이는 그가 물체를 한 시점에서가 아니라 여러 각도에서 본다는 뜻이며 「부엌의 탁자」는 이를 표현한 것이라 볼 수 있다. 이 작품에서 위에 있는 바구니의 테는 수평을 이루어서 정면에서 초점을 맞추었고 중앙에 있는 항아리는 위에서 내려다본 것으로 되어 있다. 이와 같은 구성은 공간 확대의 효과를 노린 것으로 시점을 앞에서 중앙으로 들어가면서 옮겨가는 기법이고 헤밍웨이는 이를 「정결하고 조명이 잘된 장소」에 적용시켰다고 말할 수 있다.

「정결하고 조명이 잘된 장소」에서 초점이 나이 많은 웨이터에 집중되어 있지만 작가가 표현하고 싶은 부분은 그 인물의 내면의 세계이기 때문에 외면묘사는 거의 생략되어 있다. 심지어 웨이터나 노인 그리고 카페의 이름까지도 밝혀져 있지 않다. 등장인물의 이름도 밝히지 않는 작품이 되고 말았다. 개인적이고 특정한 웨이터나 노인 또는 카페가 아니고 그런 부류의 인물이나 무대이면 족한 것이다. 이와 같은 기법은 꼭 필요한 것만을 중시하거나 확대하여 강조하는 세잔이나 표현주의적 요소를 띠고 있는 파카소, 클레(Klee), 그리고 미로(Miró) 등의 화법과 같은 맥락을 갖는다. 예를 들어 피카소의 「아비뇽의 처녀들」(Les Demoiselles d'Avignon)이나 「세 명의 악사」(Les Trois Musiciens)를 보면 이런 형태의 기법을 쉽게 찾을 수 있다. 이들 작품에 등장하는 인물들도 개인이 문제가 되지 않는다. 그 부류의 아무나 추상화시켜 내세운 대표적 인물이다. 중요한 것은 작품의 감상에서 발생할 내면의 감정인 것이다.

그러면 내면의 감정을 끌어내는 기법은 무엇인가? 이 기법의 주요한 것으로 작품의 구조적 측면을 고려한 인물이나 사물의 구성 및 배치를 들 수 있는데 이 수법은 회화의 대조기법(contrast)과 맥을 잇고 있다. 「정결하고 조명이 잘된 장소」의 경우, 세 등장인물의 삼각관계 대조기법을 통해서 나이 많은 웨이터(older waiter)가 노인(old man)에 대해 품은 안쓰러운 동정심을 드러내기도 하고 두 웨이터의 내면에 존재하는 허무개념의 차이를 드러내고 있다. 그리고 더 나아가 나이 많은 웨이터와 노인은 물론 젊은 웨이터(younger waiter)의 내면까지도 밝혀주고 있다. 두 웨이터는 노인에 대한 감정이나 허무감 등 모든 면에서 서로 대립적인 위치에 있다. 젊은 웨이터는 집에 빨리 가려하고 노인에 대해 참을성이 없다. 그러나 나이 많은 웨이터는 노인에 대해 동포애까지 갖고 있으며 또한 내면의 세계가 깊다. 그러나 노인과 나이 많은 웨이터 사이에는 오가는 말이 없이 관계가 진행된다.112) 단지 젊은 웨이터와의 대화를 통해서 간접적으로 나이 많은 웨이터의 생각이 전달되는 방식을 취하고 있다. 이들 삼각의 인물 배치와 상호간의 대화를 통해서 젊은 웨이터에게는 전혀 의미가 없는 'nothing'이나 'nada'가 나이 많은 웨이터에게는 현실적으로 절실한 문제인 것으로 나타나게 하고 있다. 이러한 배치 기법에 의해서 헤밍웨이는 이미저리를 수반하는 상징어를 회화기법의 방식으로 배치한다. 이 작품에서 제목인 "Place"를 "nada"와 "nothingness"에 병치하여 대조시키는 수법이 그 한 예이다. 이렇게 대조된 언어는 자연히 상징적인 의미를 띠게 된다. 전자의 "Place"가 "light," "cleanness," "order"를 뜻하고 후자의 "nothingness"와 "nada"가 "dark chaos"를 뜻한다고 지적한 칼로스 베이커의 지적113)은 이런 점에서 수긍이 간다. 물론 이런 대조기법은 이 작품의 주제인 <허무>를 강조하여 제시하기 위한 방편으로 사용되었다. 만일 벤슨의 지적인 "최근의 현상인 이 작품의 인기는 아마도 실존주의에 대한 강렬한 관심에 기인되는 것일 것이다."(This popularity of this story, a recent phenomenon, may be due to the intense interest in existentialism.)114)라는 말이 옳다면 이 작품의 병치기법은 허무개념을 부각시키기 위한 기법임이 분명하다. 이는 작품에서 그 증거들을 여실하게 살펴볼 수 있다. 한 단락에 헤밍웨이 특유의 반복기법을 사용하여 "nada"와 "nothing"을 무려 26번이나 집중하여 반복시키고 있다. 여기서 주의 깊게 보아야 할 것은 동일한 단락에 "nada-concept"의 상대개념으로 내세웠던 단어들을 일곱 번이나 내세워(light 3회, clean, pleasant, cleanness, order 각 1회) 병치대조를 기하고 아울러 한눈에 바라볼 수 있는 회화적인 시각 효과도 꾀하고 있다는 점이다.115)

---

112) 이는 침묵기법이라 말할 수 있다. 「정결하고 조명이 잘된 장소」의 침묵기법에 관한 내용은 III-8 "헤밍웨이 소설에 나타난 상징의 문제" 참조.
113) Baker, *Hemingway: The Writer as Artist*, 123.
114) Benson, *The Short Stories of Ernest Hemingway: Critical Essays*, xii.

다음으로 리듬이 내재된 문체와 양대 서술패턴을 검토해 보자. 전자의 리듬문체는 어구의 반복에서 오는 리듬과 발음상의 리듬 그리고 의미상의 리듬 발생의 측면을 지칭하는데 이 현상은 헤밍웨이 단편의 도처에 산재되어 있다. 임의로 선택한 「패배를 모르는 사나이」의 다음 구절에도 이 점이 잘 나타나 있다.

>   Manuel stood in the patio de caballos waiting for the Charlie Chaplins to be over. Zurito stood beside him. Where they stood it was dark. The high door that led into the bull-ring was shut. Above them they heard a shout, then another shout of laughter. Then there was silence. Manuel liked the smell of the stables about the patio de caballos. It smelt good in the dark. There was another roar from the arena and then applause, prolonged applause, going on and on.
>   'You ever seen these fellows?' Zurito asked, big and looming beside Manuel in the dark.
>   'No,' Manuel said.
>   'They're pretty funny' Zurito said. He smiled to himself in the dark.[116]

>   매뉴엘은 마필 대기소에 서서 챨리 채플린의 광대놀이가 끝나기를 기다리고 있었다. 쥬리토도 그의 옆에 서 있었다. 그들이 서 있는 곳은 어두웠다. 투우장으로 나가는 턱 높은 문은 닫혀 있었다. 머리 위로 일고 또 이는 환호성이 들려 왔다. 그런 다음 다시 침묵이 흘렀다. 매뉴엘은 대기소 근방의 마구간 냄새가 좋았다. 어둠 속에서 냄새가 구수하게 풍겼다. 투기장에서는 또 한 번 환성이 일고 박수갈채가 길게 자꾸 자꾸 계속되었다.
>   '저 녀석들 본 일 있나?' 쥬리토가 물었다. 어둠 속에서 매뉴엘 곁에 거대한 몸집이 어슴푸레 보였다.
>   '아니,' 매뉴엘이 말했다.

---

115) Hemingway, "A Clean, Well-Lighted Place," *The First Forty-Nine Stories*, 313. "'Good night.'...coffee machine." 부분 참조.
116) Hemingway, "The Undefeated," *The First Forty-Nine Stories*, 194.

'꽤 재미있어.' 쥬리토가 말했다. 그는 어둠 속에서 혼자 미소를 띠었다.

위 구절은 외면상은 산문체의 형식이지만 내면에는 운문에서 빚어지는 리듬이 내재되어 있다. 우선 "stood," "the patio de caballos," "dark," "shout," "applause," "another," 그리고 "beside" 등의 어구의 반복과 그것에서 형성되는 동일음의 반복에서 리듬이 나타나고 있다. 그리고 운문체 소설의 시도 작품이라고 볼 수 있는『무기여 잘 있거라』에서 흔하게 볼 수 있고 부드러운 음을 내는 <in 어구>가 위 구절의 전체적인 리듬의 생성을 돕고 있다. "in the patio"와 "in the dark"(3회 반복)가 그 예이다. 아울러 헤밍웨이가 그의 소설에서 빈번하게 사용하는 접속사인 "then"과 "and"도 위 구절에서 문장에 리듬을 부여하는 역할을 하고 있다. 특히 <...they heard shouts continuously>라 하지 않고 "...they heard a shout, then another shout of laughter."라고 나열식으로 기술하는 기법도 리드미컬한 문체가 되게 하는 한 요인이 되고 있다. "There was another roar from the arena and then applause, prolonged applause, going on and on." 구절도 같은 맥락에서 설명할 수 있으며 특히 "going on and on."은 생성된 리듬이 계속되도록 하는 역할을 하고 있다.

이상은 발음상으로 느낄 수 있는 리듬이지만 위 구절에는 의미상으로도 리듬을 느낄 수 있다. 그 단적인 예가 "a shout...shout of laughter." 후에 "silence"가 나타난다든가 "It smelt good in the dark." 후에 "another roar"가 이어지는 형태에서 볼 수 있다. 이 패턴의 의미를 소리의 강·약으로 환원해 보면 <강-약-약-강>의 형태를 띠면서 리듬을 촉발시키고 있다.

양대 서술패턴 문제의 경우, 헤밍웨이의 단편소설에 나타난 서술패턴의 순환은 장편과는 다른 모습을 띤다. 한 작품이 두 부분으로 나누어져서 전반부는 단순성의 원리에 의해서 전진운동이 오고 후반부는 리듬의 원리에 의해서 후진운동이 뒤따르는 형태가 하나 있다. 또 다른 하나의 형태는 장편의 경우처럼 전진과 후진운동이 상호 적절히 순환하는 모형이다. 양자의 모형에 해당하는 대표적인 작품을 하나씩 고른다면 「킬리만자로의 눈」은 후자에, 그리고 「살인자」는 전자에 속한다고 볼 수 있다.

먼저 대주제가 주인공 해리의 <죽음>인 「킬리만자로의 눈」의 경우, 양대 서술패턴을 적용시켜 보면 해리는 전혀 활동이 없기 때문에 전진운동이 없는 듯하다. 그러나 이 작품은 외면상 이탤릭체로 된 부분과 보통체로 된 부분이 번갈아 가며 순환되어 진행되고 있는데 이 점을 유의하면 양대 서술패턴이 분명하게 나타난다. 이탤릭체 부분은 회상(flashback)으로서 그 내용은 해리의 이전 생활, 전쟁의 기억, 사랑의 추억, 낚시, 사냥, 그리고 파리시절 등이 주종을 이루는 데 해리의 현재의 긴장된 감정 상태를 풀어주는 역할을 하고 있다. 반대로 작품이 시작되면서부터 부각되어 엄습해 오는 죽음과 고통 그리고 후회 등은 보통체 부분에서 주로 다루어지고 있다. 그렇다면 전자의 부분은 후진운동이 될 것이고 후자는 전진운동에 해당될 것이다.

우선 첫째 번 보통체 부분은 고통이 주조를 이루는 묘사라고 말할 수 있다. 상처를 입었으나 지금 신체적으로는 고통이 겨우 일시적으로 멈춘 한 남자[주인공 해리]가 나무 그늘 아래의 침대에 누워 있다. 해리를 보살피는 다른 등장인물은 헬렌이다. 그들은 지금 아프리카 킬리만자로산 아래에 와 있다. 그들의 트럭은 고장이 나 있고 독수리들이 캠프 위를 맴도는 편안치 못한 분위기이다. 다리에 회저병을 앓고 있는 해리는 죽음을 의식하고 있다. 작가생활을 게을리 하여 후회로 가득 차 있고 죽음은 그가 쓰고 싶어하는 것을 쓸 수 있는 기회를 앗아갈 것이기 때문에 괴로워한다. 그는 작가로서의 이상을 달성하지 못한 데서 오는 고통을 통렬하게 느끼고 있다. 얼 로빗이 해리를 "이상을 달성하지 못한 예술가의 초상화"(a *non-ideal* portrait of an artist)[117]라고 멋있게 규정한 것은 바로 이 점을 정확히 꿰뚫은 것으로서 해

---

117) Rovit, 35.

리의 이상과 현실의 괴리에서 오는 고통을 이해하는 데 키가 되고 있다. 보통체 부분의 끝이 나타나면서 긴장은 정도를 더해가다가 마지막에서 "난 이제 지쳤어"라는 말이 입에서 튀어나온다. 여기까지가 정신적인 고통과 긴장이 유발되는 전진운동이다. 그리고 이 고통과 긴장을 완화시켜주고 힘을 불어넣어 주는 이탤릭체로 된 회상부분이 후진운동으로서 이어지고 있다.

주인공은 현재의 긴장을 완화하기 위해 과거의 시간과 장면으로 되돌아 간다. 그리고 그의 마음을 그리움으로 사로잡고 새롭게 애착이 가는 것들을 회상한다. 카라가치(Karagatch)역, 한겨울의 눈과 산 등을 내적독백으로 회상하고 있다. 그는 이 회상을 통하여 사색의 넓이와 깊이를 확장시키면서 여유를 보인다. 차만 나할의 "후진운동에서 깨달은 현실은 그에게 보다 더 넓은 시각을 갖게 하는데 그는 아직 달성하지 못하고 남아있는 보다 더 넓은 가능성을 이 후진운동의 깨달음에서 직시한다."(The diastolic reality subjects him to a wider vision, in which he sees the vaster potentialities which remained unfulfilled.)118)라는 지적은 이 점을 이해하는 데 도움을 주는 타당한 견해라고 간주된다. 전진운동에서 받은 고통이 주로 글을 쓰지 못했던 사실에 대한 후회였기 때문에 후진운동의 회상에서 나타나는 기억들은 그가 아직도 글을 쓸 수 있다는 가능성과 그 주제들에 대한 희망적인 사고이다.

회상에서 벗어난 주인공은 또다시 전진운동으로 접어드는데 즉시 긴장이 발생한다. 해리는 아내 헬렌과의 대화 중 "Love is a dunghill," (said Harry.) "And I'm the cock that gets on it to crow."119)라는 말을 내뱉는다. 이 말은 해리의 불편한 심기를 단적으로 나타내주는 구절이다. 이 구절에서 "*Love*"의 의미는 '좋아함'(*love*)의 뜻이다. "사랑"(love)이 "dunghill"이라는 말이 아니다. 앞의 구절은 헬렌이 해리에게 던진 물음, 즉 당신은 파리의 상 제

---

118) Nahal, 113.
119) Hemingway, "The Snows of Kilimanjaro," T*he First Forty-Nine Stories*, 58.

르맹가 헨리 4세관(the Pavillon Henry-Quatre in St. Germain)을 '좋아한다' (*love*)고 말하지 않았느냐는 헬렌의 물음에 대한 해리의 심사가 뒤틀린 대답이다. 물론 해리가 상 제르맹가 헨리 4세관을 좋아한 것은 사실이다. 그러나 헬렌의 이 물음에 해리는 앞에서와 같은 대답을 되돌려 주었다. 헬렌에 대한 해리의 정서가 좋지 못한 사실과 둘 사이에 대화가 정상적으로 진행되지 못하고 있음을 알리는 구절이다. 더 나아가 해리는 헬렌이 그 동안 파리에 있을 때 작가생활에 도움을 주지 못했다는 이유로 그에게 모든 정성을 다 바친 헌신적인 헬렌에게 아프리카에까지 와서 심한 독설을 퍼붓는다. 해리의 말은 이렇다. "요 암캐야...돈 많은 암캐야. 그것은 시야. 내 머리 속엔 지금 시가 가득 차 있어. 헛소리와 시가. 헛소리 같은 시가 말이지."(You bitch... You rich bitch. That's poetry. I'm full of poetry now. Rot and poetry. Rotten poetry.).[120] 아내에게 던질 수 있는 언사가 아니다. 분위기와 상황이 심상치 않다. 긴장이 현장을 지배하고 있다. 분명히 전진운동이다.

  작품은 이와 같이 양대 서술패턴이 사이클을 그리며 진행되는데 나머지의 전진운동과 후진운동도 모두 같은 맥락에서 파악할 수 있다. 전체적으로 다섯 개의 후진운동과 여섯 개의 전진운동이 해리의 감정의 긴장과 이완에 맞추어 리듬을 타면서 순환되고 있다. 이 작품의 서두의 킬리만자로산에 대한 묘사도 이탤릭체로 되어 있고 그 기능도 후진운동의 역할을 하는데 이를 후진운동계열에 포함시켰을 경우, 전진과 후진운동이 6 : 6의 동수의 비율이 되어 완전한 균형을 이루고 있다.

  다음은 「살인자」에 나타나는 양대 서술패턴의 실상을 분석한다. 이 작품의 장면구성을 회화적 측면에서 구분한다면 한 개의 큰 장면과 세 개의 작은 장면들로 이루어져 있다고 말할 수 있다. 전자는 헨리(Henry)식당의 카운터를 중심으로 공포분위기를 생성하면서 펼쳐지는 <카운터 신>(counter scene)이고

---

120) *Ibid.*, 59.

후자 즉 작은 장면들은 닉과 샘이 앨에 의해 묶여 구금당하면서 부엌에서 벌어지는 <키친 신>(kitchen scene), 닉이 오울 앤드레슨에게 헨리 식당에서 벌어지고 있는 사실을 알리기 위해 가고 오면서 펼쳐지는 <거리 신>(street scene), 그리고 닉이 앤드레슨과 벨부인(Mrs. Bell)을 만나는 <허어쉬 신>(Hirsch's scene)이라고 말할 수 있다. 이 장면들을 전진과 후진운동의 양대 서술패턴에 적용시켜 보면 <카운터 신>과 <부엌 신>은 의당 전진운동이 될 것이고 뒷부분의 <거리 신>과 <허어쉬 신>은 후진운동에 해당한다고 말할 수 있다. 폭력적인 행동에 의해서 공포감이 일고 있는 전자의 두 장면이 전진운동이라는 것은 더 이상의 설명이 필요치 않다. 그런데 양대 서술패턴의 순환과 관련하여 주목되는 부분은 <허어쉬 신>에 나타나는 앤드레슨의 행동이다.

앤드레슨은 전직 권투선수이다. 직업상 행동인이다. 그런데 두 갱들이 그를 죽이려 한다는 정보를 닉이 전달하는 데도 전혀 방어적이거나 적극적인 행동을 취하지 않는다. 닉의 질문에도 가능한 한 반응이 없거나 최소한으로 한다. 왜 이렇게 이율배반적인 양상이 나타나는가? 그것은 이 부분이 작품의 양대 서술패턴의 구성에서 불활동(inertia)의 장면에 와 있기 때문이다.121) 앤드레슨과 닉의 대화를 보면 전혀 진전된 발전이 없다. 닉이 "제가 가서 경찰에 알릴까요?"해도 앤드레슨은 "그만둬...그래 보아야 아무 소용없어"라고 답변하고, "저로서 무엇이든 도와 드릴 수 없을까요?"해도 "없어. 별도리 없어"이며, "어떻게 동네를 떠나버리시면 되지 않을까요?"라고 해결책을 제시해도 "아니"(no)122)라고만 말하면서 오직 벽만을 쳐다볼 뿐이다. 행동이 전혀 진전되지 못하고 있는 후진운동의 장면이다. 그가 전직 직업상 행동인임에도 불구하고 이와 같이 수동적인 자세를 취하고 있는 것은 이 작품의 리듬구조상 후진운동에 처해 있는 인물로서 어쩔 수 없다고 말할 수 있겠다.

---

121) Nahal, 94 참조.
122) Hemingway, "The Killers," *The First Forty-Nine Stories*, 231.

헤밍웨이 소설의 강력한 힘은 그가 본 것을 묘사하는 데 있는 것이 아니라 보고 있는 자신을 묘사하여 내부에 일어나는 복잡한 감정을 전달하는 데 있다. 그리고 헤밍웨이는 자신의 내면의 세계를 표출하거나 사물을 표현하는 데 객관성을 중시하였다. 따라서 언어를 사용하되 주관이 투입될 수 있는 언사는 철저하게 배제시킨다. 독자에게 어떤 묘사를 제공하게 될 때 작가의 인지작용이 개입될 수 있는 언어는 가능한 한 제거시킨다. 그런데 회화와 음악예술의 표현매체는 헤밍웨이의 이러한 표현방식과 쉽게 부합될 수 있었고 헤밍웨이는 타 예술의 표현기법을 적극적으로 도입하여 활용했다. 이는 언어 자체도 그림이나 음악처럼 해설이나 설명이 아닌 순수형태였을 때 영원한 생명이 있다는 헤밍웨이의 신념에서 비롯되었다고 말할 수 있다. 특히 많은 자세한 부분을 생략해 버리고 단순한 표현으로 주관이 개입되지 않은 객관적인 문체를 구사할 때 흔히 나타날 수 있는 단조로움을 음악기법의 리듬으로 보완하였다고 말할 수 있겠다. 그래서 그의 문체의 특징 중 간결성과 리듬은 상호보완적인 양대 기법으로 자리잡았다. 그리고 간결성과 리듬을 양대 골격으로 하여 다양한 형태의 문체와 기법을 파생시킨다. 그런데 경쾌하게 진행되어 가는 암시적인 간결문체와 기법은 어쩔 수 없이 단편의 구조에 매우 적절하게 어울리고 있다. 그래서 헤밍웨이 언어는 그 특성상 장편보다는 단편의 구조에 알맞다고 말할 수 있다. 이는 본 장에서 분석한 그의 단편의 탁월성으로 입증되었다고 볼 수 있다. 그의 단편은 세밀하고 정교한 기교에 의해 구조되어 있다. 헤밍웨이 특유의 문체와 기법은 그의 단편에서 최선의 효과를 내고 있다는 점이 명확해졌다. 이러한 연유 때문에 헤밍웨이 단편은 그의 문체와 기법, 더 나아가 그의 문학의 진수를 살피는 데 매우 적절한 영역이다. 따라서 단편은 성공적인 중편 및 장편과 더불어 헤밍웨이의 본령이 존재하는 또 하나의 영역이라고 결론지을 수 있다. 그리고 이런 배경에서 헤밍웨이를 '단편의 명수'라고 불러도 무방하다고 판단된다.

6. 간결과 율동의 미학

  헤밍웨이 문체 미학의 특징들을 분석할 때 간결과 율동은 외면상 나타
나는 확실한 특징이 된다는 것은 이미 앞에서 규명했다. 그러나 이 단순한
외면적 특징 너머에는 깊고도 복잡한 이론적 체계가 숨어 있다. 그리고 간결
과 율동에서 빚어지는 다양한 기법들이 포진해 있다. 후기인상주의 화가 폴
세잔을 비롯한 현대회화기법의 도입으로 헤밍웨이의 빙산이론이 성립되고
이 이론을 배경으로 탄생된 문체 및 기법들을 종합해 나열해 보면 이렇다.
간결(단순성)과 율동(리듬)의 미학, 억제서법, 압축문체, 불표현의 언어, 여백
의 언어, 침묵기법, 상징문체, 주제의 감추기 또는 주제처리의 구조화, 내성
에 의한 주제의 포착기법, 조절된 생략기법, 단순과 리듬언어의 연속기법, 이
미지기법, 현실성의 표현기법, 객관성의 표현기법, 밸런스기법, 반복기법, 역
동의 원리, 공간환상기법, 깊이환상기법, 언어로 그림 자체를 그려보려는 문
체의 회화적 표상화기법, 산문시, 우화의 산문시학, 동작과 사실의 연속기법,
스타카토 연속기법, 문체의 현재적 시간표현, 문체의 압축과 확산, 서술의 전
진운동과 후진운동, 그리고 조형문체와 같은 전위적 기법 등이다. 실로 그
기법들이 다양하다.
  그런데 위에 열거한 기법들 중에서 간결과 율동의 미학은 헤밍웨이 문
체의 외면적 특징 중에서 가장 기초가 된다. 따라서 간결과 율동의 미학을
분석함은 헤밍웨이 문체의 여러 특징들의 속성을 파악하는 일이고 그의 전
체 기법을 이해하는 데 꼭 필요한 작업이라고 말할 수 있다. 그리고 간결과
율동의 내면을 분석해 들어가면 이 기법에는 다소 복잡하고 깊은 철학과 원
천이 숨겨져 있다. 이를 분석할 필요가 있다. 이런 필요성 때문에 본 장은 간

결과 율동의 미학에 대한 체계적인 분석을 하기로 한다.

먼저 간결과 율동의 미학이 나오기까지 헤밍웨이가 글쓰기에 바친 고뇌와 심혈을 기울인 흔적을 검토한다. 이 점에 대한 검토의 목적은 그의 글에 나타나는 간결 및 율동의 글이 단순히 빙산이론에 의해 자연적으로 나타나는 것이 아니고 얼마나 면밀하게 이루어졌는가를 밝힘으로써 간결과 율동의 의미를 재해석하게 하는 데 있다. 헤밍웨이가 1926년 8월 26일 맥스웰 퍼킨스에게 보낸 서신 속에서 제기했던 말은 이렇다. "나는 작품을 쓰면서 어떤 불필요한 말도 사용하지 않으려고 노력하고 있습니다."(I'm trying to write books without any extra words).123) 이 구절은 헤밍웨이 소설에 사용되고 있는 언어 하나하나가 얼마나 엄선되어 채택되고 있는지를 암시하는 단서가 된다고 말할 수 있다. 그리고 헤밍웨이가 『오후의 죽음』에서 글쓰기와 관련하여 원칙을 제시했던 구절, "행동으로 진짜 일어난 것만을 기술"(…to put down what really happened in action.)124)한다는 말을 반추해 보면 그가 메지지 전달에 직접적인 언사 외의 그 어떤 단어까지도 제거하기 위해 얼마나 부단한 노력을 기울였는지를 파악할 수 있다. 이러한 노력은 근원을 더 올라가 추적하면 그의 글쓰기의 방법(how to write)에 대한 철학으로 거슬러 올라간다. 그는 글 쓰는 어려움을 "세상에서 가장 힘든 일은 인간문제에 대해 글을 쓸 때 직선적이고 정직한 산문을 쓰는 일이다."(The hardest thing in the world to do is to write straight honest prose on human beings.)125)라고 밝히고 있다. 솔직한 산문을 쓰기 위해 평생을 노력했음을 고백했던 구절이다. 그리고 제프리 마이어스(Jeffrey Meyers)의 다음 구절은 헤밍웨이가 문장 만들기 자체에 얼마나 고심했는가를 단적으로 보여준다.

---

123) Baker, *Ernest Hemingway: Selected Letters 1917-1961*, ed. 215.
124) Hemingway, *Death in the Afternoon*, 10.
125) White, 183.

헤밍웨이에게는 종종 단 하나의 완벽한 단락을 쓰는 데 아침나절 시간이 모두 걸렸다. 그러나 그는, 만일 싱클레어 루이스나 토마스 울프처럼, "아메바 이질에 걸려서 화장실에 가는 사람처럼 적당히 얼버무리고" "엉성하고 보잘 것 없이" 글을 쓴다면 하루에 오천 단어는 쉽게 써버릴 있다고 말하곤 했다.

It often took Hemingway all morning to write a single perfect paragraph. But he said he could easily turn out five thousand words a day if, like Sinclair Lewis and Thomas Wolfe, he wrote "sloppily and shittily," "with all the ease of a man going to the toilet when he has amoebic [dysentery]."126)

위 구절을 보면 헤밍웨이가 타 작가와는 달리 하나의 완벽한 단락의 글을 쓰기 위해서 얼마나 고심하고 노력했는가를 알 수 있다. 헤밍웨이는 한 단락을 쓰는 데 하루의 오전을 완전히 소모해야만 했다. 헤밍웨이 자신만의 특유한 문체를 창조하기 위해 골몰했음을 알 수 있다. 글쓰기 방법론에 대한 근원의 깊이를 추정케 하는 대목이다. 이렇듯 글쓰기에 바친 노력의 결과 그의 문체에는 타 작가와는 구별되는 여러 가지 특징들이 나타나는데 간결과 율동이 상호 보완되어 진행하는 미학은 그 중 하나라고 말할 수 있다. 단순어 연속기법에 의거한 단순하고 짧은 문장의 나열, 여기서 율동 생성, 이런 현상은 <단순독립절 + and + 단순독립절>의 형태에서 "and"로 연결되는 대등절이 반복됨으로써 자연히 빚어지는 현상이다. 이는 인과관계를 갖는 복문으로 구성된 문장에서는 있을 수 없는 현상이다. 그리고 "and"의 반복 외에 동일한 단어가 반복될 때에는 율동성이 더욱 뚜렷해진다. 그렇다면 리듬은 단순성에서 파생되는 현상이라고 말할 수 있겠다. 이 리듬은 단순한 문장에서 나타날 수 있는 단조로움을 보완하여 상호조화를 이루고 헤밍웨이의 글이 유유히 흐르도록 만들고 있다고 말할 수 있는데, "동작과 사실의 연속"127)이라는 그의 말은 이와 같은 관점에서 이해되어야 할 것이다. 이렇게

---

126) Meyers, 137.

본다면 단순성과 리듬은 상호 보완적인 관계를 맺고 있으며 그 성립관계는 간결 또는 단순성에서 율동 또는 리듬이 나온다고 말할 수 있겠다.

그러면 헤밍웨이는 왜 간결한 표현을 고집하는가? 단순성의 원리에 의해서 제거될 수 있는 언어가 모두 제거된 헤밍웨이의 문장은 의미나 내면의 정서 전달에 있어서 주체와 객체의 직결을 가능하게 만드는 효과를 낸다. 그 이유는 작가의 해설이나 지각작용이 개입될 수 있는 언어들을 가능한 한 제거했기 때문이다. 따라서 그의 글에서는 작가의 주관이 독자에게 직접 투입되는 길이 배제되고 있다. 이러한 문장은 실제로 존재하거나 행동으로 나타나는 것만을 기술하는 문체라고 말할 수 있다. 그의 문장에 작가가 감정 또는 평가가 개재될 수 있는 형용사와 부사가 드물다던가, 동사 역시 대부분 단순한 "be" 동사이며, 추상명사 대신 구상명사를 주로 사용하고 있는 것도 모두 이러한 맥락에 의해서이다. 따라서 그의 문체는 객관적인 글이 되며 고도로 추상화의 경향을 띤다. 그리하여 그의 독자는 추상화된 외면의 단순한 문체를 파악하기 위해서는 상상력이 필요하다. 그리고 독자마다 느끼는 감정이 다르고 상상력이 다르다고 전제할 때 그 문장에서 얻어지는 정감도 모두 달라질 수밖에 없다. 헤밍웨이가 이런 문체를 구사하게 된 것은 앞서 밝힌 바대로 언어 자체도 그림과 음악처럼 해설이나 설명이 배제될 때 생명을 지닌다는 그의 철학과 신념에서 회화나 음악의 기법을 그의 소설에 도입하려는 의지와 시도에서 비롯되었다고 말할 수 있다. 그래서 소설의 장면을 그림처럼 벽에 걸 수 있게 하기 위해서 불필요한 단어는 모두 제거하여 시각에 호소할 수 있는 문체를 생성해 내고 있는 것이다. 이런 과정에서 생성된 문장은 독자에게 <제시>만 하는 언어로 표백되어 단순하고 간략한 문체가 되는 것이다.

그런데 헤밍웨이는 단순하고 간결한 문장이 자연적으로 생성시키는 리

---

127) Hemingway, *Death in the Afternoon*, 10.

듬을 기본으로 하여 두 가지 측면의 리듬생성기법을 첨가하여 리듬 효과를 증폭시킨다. 하나는 음성학적인 리듬구사이고 다른 하나는 의미의 리듬을 이용하여 글에 활기를 불어넣는 방법이다. 전자는 가능한 한 비슷한 소리를 내는 단어들을 동일한 문장이나 단락 안에 배열시키는 방법이다. "She turned quickly and went into the hotel. The chauffeur drove me around to my flat."[128] (그녀는 재빨리 몸을 돌려 호텔 안으로 들어갔다. 운전수는 나를 내 아파트까지 태워다 주었다.)의 구절을 보자. 첫째 문장에 네 개의 /t/, 둘째 문장에 세 개의 /r/과 이 음과 비슷한 /l/의 반복이 그 한 예이다. 후자의 경우는 단순한 문장이 의미적인 면에서 리듬을 생성시키는 것으로서 그 과정은 다음과 같다. 앞에서 단순성의 특징으로 지적한 <독립절 + and + 독립절> 패턴에서 독자는 "and" 뒤에 어떤 의미를 담는 절이 오게 될지 모르고 있다. 그런데 의미상 독자의 예측을 뛰어넘는 신선한 충격을 주는 절이 왔을 때 독자는 "and" 앞 절의 의미에서 완전히 벗어나면서 새로운 경험을 하게 된다. 이때 헤밍웨이는 뒤 절을 자유자재로 선택하면서 앞 절과 비슷한 의미 혹은 완전히 다른 의미를 덧붙여 가면서 활기를 불어넣을 수 있다. 이런 경험을 하는 독자는 의미상의 리듬을 느끼면서 지루하지 않게 글을 읽을 수가 있게 된다. 다음 예문에서도 이러한 효과를 발견할 수 있다.

>Once in camp I put a log on top of the fire and it was full of ants. As it commenced to burn, the ants swarmed out and went first towards the centre where the fire was, then turned back and ran towards the end. When there were enough on the end they fell off into the fire. Some got out, their bodies burnt and flattened, and went off not knowing where they were going. But most of them went toward the fire and then back toward the end and swarmed on the cool end and finally fell off into the fire. I

---

128) Hemingway, *The Sun Also Rises*, 65.

remember thinking at the time that it was the end of the world and a splendid chance to be a messiah and lift the log off the fire and throw it out where the ants could get off onto the ground. But I did not do anything but throw a tin cup of water on the log, so that I would have the cup empty to put whisky in before I added water to it. I think the cup of water on the burning log only steamed the ants.[129]

언젠가 한때 야영을 하고 있었을 때 나는 통장작 하나를 불더미 위에 올려놓았었는데 그 통장작에는 개미 떼가 붙어 있었다. 그 통장작에 불이 붙기 시작하자, 개미들은 떼를 지어 기어 나와 처음에는 불이 있는 중앙으로 기어가더니만, 곧 되돌아서 나무 끝으로 재빨리 기어갔다. 거의 끝으로 모여들었을 때, 그때 개미들은 불 속으로 뚝뚝 떨어지고 말았다. 어떤 개미들은 기어 나온 놈도 있었지만, 몸이 타서 납작해진 채로 어디로 가는지도 모르고 마구 도망을 치며 사라졌다. 그러나 대부분은 불 쪽으로 기어가더니 또다시 끝으로 되돌아와서 뜨겁지 않은 끝에 모여 있다가 결국은 불 속으로 떨어지고 말았다. 나는 그때, 이것이 세계의 종말이며 메시아가 될 절호의 기회로구나, 통장작을 불에서 들어내 밖으로 던져버리면, 개미들은 땅위로 도망갈 수 있으리라 하고 생각한 적이 있던 것을 지금도 기억하고 있다. 그러나 나는 단지 깡통 컵의 물을 통장작에다 끼얹어 버렸을 뿐이다. 컵을 비워 위스키를 따라 물을 섞어 옅게 할 작정으로 컵의 물을 통장작에다 끼얹은 것이다. 타고 있는 통장작에다 물 한 컵 끼얹은 것은 단지 개미를 삶아 죽였을 뿐이라고 나는 생각한다.

보통의 독자라면 불타는 통나무에 우글거리던 개미 떼가 구출될 것을 기대했다가 모두 죽게 되자 놀라운 충격을 받을 수 있다. 주인공이 이것을 세계의 종말이라 생각하고 자기가 구세주가 될 절호의 기회라고 생각하는 곳에 다다르면 또 다른 놀라움을 경험한다. 주인공이 물 한 컵을 끼얹어 구출하려 했으나 개미 떼는 살지 못하고 증기에 데어 죽는 것으로 결론이 났다.

---

129) Hemingway, *A Farewell to Arms*, 252.

이때도 독자가 예측한 것과 전혀 다른 방향의 사건 묘사로 신선감과 생동감을 부여하여 독자는 지루하지 않게 글을 읽어 나갈 수 있다. 이때 "and," "then," 그리고 "but"은 의미의 리듬을 조절하는 중요한 기능을 하고 있다. 이 원리는 예측불허의 의미를 접속시킴으로써 나타나는 충격과 완화 더 나아가 의미의 확대와 축소 등에서 나온다고 볼 수 있다. 마이클 커밍스(Michael Cummings)와 로버트 시몬스(Robert Simmons)가 말하는, "사실 이 글에서 "and," "but," 그리고 "then" 뒤에 발생하는 사건의 절반 정도는 <놀라움>(surprises)이다."130)라는 구절도 "and," "then," 그리고 "but"의 뒤에 충격적인 구절이 올 수 있음을 시사한 것이다. 결국 헤밍웨이의 단순한 문체에서 나오는 리듬은 단순성에서 자연적으로 생성되기도 하지만 문장의 의미를 따라 나타나는 현상이기도 하다.

이상에서 살펴본 바와 같이 헤밍웨이 소설에 나타나는 간결과 율동의 문체는 외면상은 간단해도 내면상은 결코 간단치 않다. 좀더 세밀하고 확실한 검토가 필요하고 간결과 율동 문제의 원천을 거슬러 올라가서 살펴봤을 때 그 내용과 성질을 정확히 파악할 수 있다. 간결과 율동 문제의 원천 작가를 말한다면 스타인과 파운드를 들 수 있다. 조지 윅스(George Wicks)가 스타인과 파운드를 가리켜 그들을 "헤밍웨이의 스승들"(his[Hemingway's] masters)131) 이라고 단언했던 사실이나 벤슨이 스타인과 파운드, 두 사람이 헤밍웨이의 언어 및 문체에 가장 큰 영향을 미쳤다고 지적했던132) 사실 등은 헤밍웨이의 간결과 율동의 문체가 스타인과 파운드에 그 근원의 하나를 두고 있음을 추정케 한다. 두 작가의 영향을 검토한다.

스타인은 헤밍웨이의 시를 "직선적(direct)이며 키플링적인(Kiplingesque)"

---

130) Cummings & Simmons, 93.
131) *Ibid.*, 29.
132) Benson, "Ernest Hemingway as Short Story Writer," *The Short Stories of Ernest Hemingway: Critical Essays*, 304-305.

데가 있다고 호감을 가졌으나, 소설에서는 묘사(description)는 많으나 특별히 좋은 묘사는 없다고 지적했다. 그리고 "다시 시작하세요. 그리고 집중하세요."(Begin over again and concentrate.)133)라고 방향을 틀어 권고했다. 이 구절이 함축하고 있는 메시지는 문체의 집중론이다. 산만한 글이 아닌 문장의 단순성과 압축성을 제시한 것이다. 그러면 스타인의 집중론의 실체는 정확히 무엇이며 이것이 헤밍웨이 문체에 구체적으로 어떻게 나타나고 있는가? 마이클 호프만(Michael J. Hoffman)은 스타인 문체의 특징을 첫째 전통적인 기본적 통사론부정, 둘째 문장구조와 주제면에서의 반복론으로 압축하고 있다. 스타인이 헤밍웨이에게 지도한 집중론은 두 번째의 "and"로 구조되는 반복론과 깊은 관계가 있다. "and"의 효과는 리듬과 템포를 조절하여 경쾌한 문체를 만드는 역할을 한다고 볼 수 있다. 이 반복이 주는 표현적 가치는 강조와 명확성 그리고 인상주의적 사실전달이 포함된다. 이 간단한 스타인의 집중론은 그 내용과 효과가 범상치 않으며 향후 헤밍웨이의 생략과 이미지어의 반복이라는 문체형성에 중요한 기초가 된다. 스타인의 집중철학에는 반복기법이 도사리고 있다. 스타인의 반복기법은 "and"의 반복과 단어의 반복으로 나눌 수 있고 그녀의 문장에 나타난 "and"의 사용과 그 빈도는 이렇다.

> A cause *and* no curve, a cause *and* loud enough, a cause *and* extra a loud clash *and* an extra wagon, a sign of extra, a sac a small sac *and* an established color *and* cunning, a slender grey *and* no ribbon, this means a loss a great lose a restitution.134) (*and* 이탤릭체 저자)

한 문장에 "and"가 일곱 번 사용되었는데, 주로 명사와 명사를 연결시키고 있는 점에 주목할 필요가 있다. 이를 헤밍웨이의 경우와 비교해 보자.

---

133) Vechten, 201.
134) *Ibid.*, 464.

He went away *and* brought them wrapped in newspaper, unwrapped them, *and* then I asked him to draw the corks *and* put the wine *and* vermouth under the bed. They left me alone *and* I lay in bed *and* read the papers a while, the news from the front, *and* the list of dead officers with their decorations *and* then reached down *and* brought up the bottle of Cinzano *and* held it straight up on my stomach, the cool glass against my stomach, *and* took little drinks, making rings on my stomach from holding the bottle there between drinks, *and* watched it get dark outside over the roofs of town.[135] (*and* 이탤릭체 저자)

그는 밖으로 나가서 내가 부탁한 것들을 신문지에다 싸 가지고 와서 그 싼 것을 풀었다. 그 다음에 나는 그에게 코르크 마개를 빼서 포도주와 베르뭇을 침대 아래에다 놔 달라고 부탁했다. 그들은 나가고 나 혼자 남게 되자 침대에 누워서 잠시 신문을 읽었다. 전선의 소식과 전사하고 훈장을 받은 장교들의 명단 등을 읽었다. 그 다음 손으로 침대 아래를 더듬어 친자노 병을 꺼내 그것을 똑바로 배 위에 올려 세우고 차디찬 유리잔을 배에다 눌러 놓고는 조금씩 마셨다. 마시는 사이사이 병을 그대로 배 위에다 놓고 있었기 때문에 배 위에 여러 개의 동그라미 자리가 만들어졌다. 그리고 나는 바깥 거리의 지붕 위로 날이 점점 저물어져 가는 것을 바라보고 있었다.

두 문장으로 된 위 구절에서 "and"가 12번 반복되고 있다. 그런데 스타인의 <명사 + and + 명사>의 형태와는 달리 독립절을 연결하고 있는 점이 주목된다. 이러한 "and"의 반복이 주는 표현상의 효과에 대하여 펜톤은 "강조와 명확성"(emphasis and clarification)[136]이라고 정리했다. 또 웰렉(René Welleck)과 워렌(Austin Warren)의 공저, 『문학의 이론』(*Theory of Literature*)에서는 "and"의 반복이 주는 효과에 대해 "and"의 기능은 바이블이나 연대기에서는 이야기의 유유한 효과를, 낭만주의 시(詩) 같은 데에서는 숨이 차고 흥분된 진행에서 쉼자리의 단계를 제공한다고 분석했다.[137] 리드미컬한 연결의 기능

---

135) Hemingway, *A Farewell to Arms*, 71.
136) Fenton, 152.

과 전진에서만 오는 글줄기의 템포를 조절하기 위한 장치라는 것을 의미하는 분석이라고 볼 수 있다. 결국 "and"의 기능은 "서술의 한가한 효과"(a leisurely effect of narration)와 "숨 가쁜 계단 오르기"(steps in a stair of breathlessly)[138]의 역할을 동시에 수행한다고 말할 수 있다. 그런데 웰렉과 워렌의 말을 다른 말로 바꾸면 전자는 <서술의 유창한 효과>를 의미하고 후자는 <숨 쉴 틈 없이 이야기의 본령으로 돌입하는 효과>를 뜻한다. 이 상반되는 양 효과가 리듬을 생성시킨다고 할 수 있다. 그러므로 스타인의 "and"보다는 헤밍웨이의 "and" 사용기법이 리듬과 유연성을 더 효과적으로 생성해 낸다고 볼 수 있다. 왜냐하면 헤밍웨이의 경우 스타인과는 달리 "and" 뒤에 예측불허의 어느 독립절이라도 덧붙여서 글 줄기에 힘과 충격을 줄 수 있기 때문이다. 와이어트(David Wyatt)가 이 "and"에 "정직한 무식"(honest ignorance)[139]이라는 딱지를 붙였던 것은 어떠한 독립절이라도 올 수 있음과 동시에 유연성을 갖는다는 것을 시사한다. 이때 '무식'은 한 사건이 다음 사건으로 어떻게 연결될지를 모르게 하는 데서 온다. 'And'는 "사건들을 연결하는 예측의 가능성을 줄이기 위해서 쓰는 용법이다. 그러므로 'and' 뒤에는 어떤 것이든 올 수 있다. 그것은 단순히 독립절들을 모두 결합시킨다."(…to reduce the possibility of anticipating a connection between events. After "and" anything can happen. It simply attaches together independent clauses.)[140]라고 설명하는 마이클 커밍스(Michael Cummings)와 로버트 시몬스(Robert Simmons)의 구절도 이와 맥을 같이 한다.

다음은 스타인의 영향 중 단어의 반복문제를 살펴보겠다. 스타인의 작품 『세 여자』(Three Lives)에 포함되어 있는 「착한 안나」("The Good Anna")의

---

137) Welleck & Warren, Theory of Literature, 178.
138) Ibid.
139) Wyatt, 53.
140) Cummings & Simmons, 93.

첫 페이지에는 다음과 같은 반복이 나온다.

> Anna managed the *whole little house* for Miss Mathilda. It was a *funny little house*.... They were *funny little houses*, two stories high, with red brick fronts and long white steps.
>
> This *one little house* was always very full with Miss Mathilda, an under servant, stray dogs and cats and Anna's voice that *scolded, managed, grumbled* all day long.141) (이탤릭체 저자)

위와 같이 단어를 반복함으로써 얻는 효과에 대해 마이클 호프만은 "이 문장의 효과는 앞의 수식어구를 몇 번 변경시키면서 *little house* 구절을 강조한 것에 지나지 않는다."(Here the effect is little more than an emphasizing of the phrase *little house* with a few variation on the preceding modifier.)142)라고 언급하면서 <강조>라고 지적하고 있다. 이와 같은 효과는 특정한 단어를 선정하여 반복함으로서 나오는 결과라고 말할 수 있다. 그런데 특정한 단어를 선정하여 그것을 반복하는 것 자체가 곧 단순성과 리듬을 유발한다는 점에 주목할 필요가 있다. 그리고 헤밍웨이 작품에 단어의 반복기법이 나타나는 구절 중에서 다음 단락은 스타인으로부터 최초로 영향을 받은 예라고 볼 수 있다.

> Liz liked Jim very much. She liked it the way he walked over form the shop and often went to the kitchen door to watch for him to start down the road. She liked it about his moustache. She liked it about how white his teeth were when he smiled. She liked it very much that he didn't look like

---

141) Stein, "The Good Anna," *Three Lives*, 1.
142) Michael J. Hoffman, *The Development of Abstractionism in the Writings of Gertrude Stein*, 64-65.

a blacksmith. She liked it how much D. J. Smith and Mrs. Smith liked Jim. One day she found that she liked it the way the hair was black on his arms and how white they were above the tanned line when he washed up in washbasin outside the house. Liking that made her feel funny.143)

리즈는 짐을 매우 좋아했다. 그녀는 그가 가게에서 걸어오는 모습을 좋아해서 자주 부엌문까지 달려가서 그가 거리에 나오기를 살피곤 하였다. 그녀는 그의 콧수염에 대해서도 좋아했다. 그녀는 그가 웃을 때 그의 이빨이 정말 하얗게 보이는 것을 좋아했다. 그녀는 그가 대장장이처럼 보이지 않는 점을 매우 좋아했다. 그녀는 D. J. 스미스 판사와 스미스 부인이 짐을 매우 좋아하고 있는 것이 좋았다. 어느 날 그녀는 그가 집 바깥의 세수 대야에서 세수를 하고 있었을 때, 그의 팔의 털이 새까맣게 검은 데다 햇볕에 탄 부분 위쪽이 정말 하얀 것이 마음에 든 것을 알았다. 그리고 그녀는 그런 것까지 좋아하게 되는 자기가 우습게 느껴졌다.

위 구절에는 여덟 번의 "liked"와 1회의 "liking"이 반복되고 있다. 반복이라는 측면에서 스타인의 영향을 받은 것이 분명하다. 펜턴은 위 단락에 나타난 "like"의 반복이 스타인의 『미국인의 형성』으로부터 영향을 받았다고 주장한 바 있다.144) 그런데 헤밍웨이가 반복의 단어로 선정하는 언어는 아무 단어나 그냥 골라지는 것이 아니고 매우 용의주도하게 선정된다. 독자가 예의 주시해야 할 대목이다. 위 구절로 이 문제의 설명이 가능하다. 위 구절에서 "like"는 단순히 반복에서 오는 <강조>의 차원을 넘어서서 분위기와 정황 설정의 역할까지를 하고 있다. 즉 뒤이어지는 남주인공 짐(Jim)과 여주인공 리즈(Liz)와의 관계에 있어서 원만한 분위기 조성의 역할을 "like"의 반복이 해내고 있다고 볼 수 있다. 이는 리즈와 짐의 사랑나누기 장면을 자연스럽게 이끌어내기 위해서 "like"라는 말을 집중적으로 반복하여 최면적인 분위기를

---

143) Hemingway, "Up in Michigan," *The First Forty-Nine Stories*, 79.
144) Fenton, 124.

조성한다고 볼 수 있다. 반복어로는 아무 언어나 선택되는 것이 아니고 정황 전달에 필수언어를 면밀하게 계산하여 엄밀하게 선정됨을 알 수 있다. 이런 반복어는 의미상으로는 강조의 기능을 하고 외면상으로는 단순성과 리듬을 유발한다. 간단한 기법으로 의미와 예술성을 동시에 살릴 수 있는 구조이다. 이 원리는 작가가 부각시키고자 하는 점을 거듭 반복하여 독자의 관심을 그 곳에 집중시켜 작가가 의도한 이미지를 전달하는 방법이라고 말할 수 있다. 이는 장황한 묘사보다 강한 인상을 줄 수 있다. 다른 설명의 언어를 피하고 동일한 언어를 엄밀히 선정한 뒤 지속적인 반복을 통해서 그 이미지를 독자의 뇌리에 심는 반복을 통한 인상주의 기법이기도 하다.

다음으로 에즈라 파운드의 영향문제를 고찰한다. 파운드는 헤밍웨이에게 단어를 절약하여 문장의 길이를 단축하고, 형용사를 가능한 한 억제하며, 형용사 대신에 과거분사와 현재분사를 자주 사용하게 하여 단순하고 단정적(declarative)인 문장을 쓰도록 권했다. 파운드는 헤밍웨이를 포함한 젊은 작가들에게 "무엇인가를 드러내지 않는 형용사는 사용하지 마세요."(Use no adjective which does not reveal something.)[145]라고 충고했다. 파운드가 헤밍웨이를 지도한 또 하나는 "적절한 말"(*mot juste*)을 찾아내어 쓰게 하는 것이었다. 이것이 파운드의 문체지도의 핵심이다. 헤밍웨이는 이 영향을 받은 것으로 보인다. 헤밍웨이는 『오후의 죽음』에서 "진정으로 행동으로 발생한 것만을 기록하기; 실제의 사건처럼 쓴다는 것은 당신이 경험했던 감정이 일어나게끔 쓰는 것입니다."(to put down what really happened in action; what the actual thing were which produced the emotion that you experienced.)[146]라고 말하면서 이것이 매우 어렵다고 토로했다. 파운드에게 받은 지침을 실제의 문체에 적용하는 데서 오는 고충으로 들린다. 허위츠(Harold M. Hurwitz)도 이

---

145) Wagner, *Ernest Hemingway: Five Decades of Criticism*, 201.
146) Hemingway, *Death in the Afternoon*, 10.

를 뒷받침하고 있는데 그는 『오후의 죽음』에서 헤밍웨이가 토로한 앞의 구절은 파운드의 문체지도와 결부되어 있다고 지적한 적이 있다.147) 헤밍웨이 또한 파운드를 "적절한 말만을 써야 한다는 것을 믿고 있는 작가—오직 정확한 말만을 사용해야 한다는 것을 믿고 있는 작가"(the man who believed in the *mot juste* —the one and only correct word to use.)148)라고 파운드의 기법구사의 엄격함을 소개하고 있는데 이 말에도 파운드가 지도한 기법의 어려움에 대한 헤밍웨이의 고백이 숨겨져 있다.

이상과 같은 파운드의 지도는 모두 단순성(simplicity)으로 향하는 원리로, 잡다한 수식어가 많이 붙어 있는 "군더더기 수식언어들"(extraneous material)149)을 배제하고 핵심적인 언어들을 사용해야 한다는 것이다. 그래서 파운드가 헤밍웨이에 지도한 내용의 핵심은 "주제전달 외에 사족으로 붙는 어떤 것이든 그것은 나쁜 것이다."(Anything put on top of the subject is BAD.)150)로 압축된다고 할 수 있다. 헤밍웨이가 파운드를 가리켜 "형용사를 불신하도록 나를 가르쳤던 사람"(the man who had taught me to distrust adjectives.)151)이라고 말하고 있는 것은 이 점과 맥을 같이 한다. 따라서 파운드에게 넘겨졌던 헤밍웨이의 원고는 대부분의 형용사가 삭제되고 교정되어 돌아왔었다.

이 외에도 파운드는 헤밍웨이에게 문장의 균형(proportion)을 강조한 적이 있다.152) 타버니에르-쿠빈은 이를 "이야기의 전개에서의 밸런스"(balance in the telling of a story)153)라고 불렀다. 이 균형 기법은 그 성질상 병치(juxtaposition)와 불가분의 관계에 있다. 파운드에 의해서 제시된 이 기법이

---

147) Hurwitz, 14 참조.
148) Hemingway, *A Moveable Feast*, 134.
149) Nahal, 196. Tavernier-Courbin, "Ernest Hemingway and Ezra Pound," 183.
150) Tavernier-Courbin, "Ernest Hemingway and Ezra Pound," 183.
151) Hemingway, *A Moveable Feast*, 134.
152) Tavernier-Courbin, "Ernest Hemingway and Ezra Pound," 184.
153) *Ibid.*

제임스 조이스를 거쳐 헤밍웨이 작품에 사용되고 있는데, 파운드에게서는 간접적으로, 조이스에게서는 <실제적>으로 영향을 받았다. 다음은 이 점을 명확히 압축한 구절이다.

조이스 자신이 밸런스와 병치기법을 복잡하게 사용했는데 이는 헤밍웨이에게 글을 쓰는 데 실제적인 패턴을 제공했다. 반면에 파운드의 시들은 보다 더 비스듬한 예들을 제공했다.

Joyce's own intricate use of balance and juxtaposition would also give Hemingway actual patterns for his writing, whereas Pound's poems would have provided more oblique examples.154)

균형이나 병치기법은 단순성의 문체를 보완하는 리듬기법이라고 말할 수 있을 때 헤밍웨이가 파운드로부터 리듬이 내재된 문체를 창조하도록 영향을 받았다는 문제를 규명하기 위해서는 자연히 이미지즘(Imagism)을 언급해야 할 필요가 있다. 포드, 위리암즈(Williams), 에이치 디(H.D.), 앨딩턴(Aldington), 그리고 플린트(Flint) 등 많은 이미지스트(Imagist)들에게 헤밍웨이를 소개한 작가가 이 운동의 중심인물이라고 볼 수 있는 파운드이다. 산문 소설가 헤밍웨이가 시인들로 구성된 이미지스트 시문학이론의 영향을 받은 셈이다. 그러면 이미지즘의 문학이론 중 리듬과 관련된 것은 무엇인가를 알아낼 필요가 있다. 이를 위해서는 플린트가 선언한 이미지즘의 세 가지 규칙을 밝힐 필요가 있는데 그 규칙들은 다음과 같다.

1. 주격이든 목적격이든 사물을 직접적으로 다룰 것.
2. 제시에 기여하지 못하는 말은 절대로 사용하지 말 것.
3. 리듬에 관해서 말한다면 음악적 구문의 연속기법으로 작문할 것. 메트

---

154) Wagner, *Hemingway and Faulkner: inventors/masters*, 40.

로놈 연속기법으로는 작문하지 말 것.

1. Direct treatment of the 'thing' whether subjective or objective.
2. To use absolutely no word that does not contribute to presentation.
3. As regarding rhythm: to compose in the sequence of the musical phrase, not in the sequence of a metronome.[155]

세 항목 중 리듬과 관련된 것은 규칙 셋째이고 나머지는 글을 쓰는 방법과 언어의 선택에 관한 문제라고 볼 수 있다. 헤밍웨이는 이들의 시운동 이론을 적극적으로 받아들였다. 이러한 시운동을 배경으로 하여 1922년에 헤밍웨이와 파운드가 만났을 때 현대 산문작가의 글의 원리로서 결정된 원칙은 다섯 가지였다. 첫째 구상어(concrete)에 의존할 것. 둘째 언어를 선별하고 자세한 묘사는 정리할 것. 셋째 집중할 것. 넷째 때때로 병치와 대위법을 통해서 속도 있는 문장을 쓸 것. 다섯째 상징적 이미지보다는 유기적 어형, 관용어, 객관적 제시, 그리고 꾸밈이 없는 언어를 사용할 것 등이다.[156] 이 원칙 중 리듬에 관한 것은 넷째이고 이 원칙이 헤밍웨이에게 지켜지도록 종용되었다고 볼 수 있다. 이 리듬의 효과는 정감(emotion)의 설정이다. 그리고 이 리듬이 잘 이루어지기 위해서는 위의 원칙 첫째와 둘째에서 규정한 구체적 사물을 나타내는 언어의 선택과 생략 그리고 적절한 배열이 함께 이루어져야 한다. 첫째, 둘째, 셋째의 공통적 특징은 <단순성>이라 볼 수 있다. 그리고 리듬을 만드는 장치에 투입시키는 언어는 구체성을 띤 이미지를 함축한 언어이다. "헤밍웨이가 『오후의 죽음』에서 기술한 바와 같이, 문제는 정감, 즉 통합의 순간을 생성해 내는 동작과 사실의 연속기법이다. 여기서 그가 초점을 맞추어 강조하는 것은 구상적인 사물 혹은 장면뿐만 아니라 움직

---

155) *Ibid.*, 17.
156) *Ibid.*, 53.

이는 이미지이다."(as he[Hemingway] phrased it in *Death in the Afternoon*, "the sequence of motion and fact" that created the emotion, the moment of insight. His emphasis here not only focuses on the concrete object or scene, but on the image in motion.)[157]라는 와그너의 구절도 이 점을 지적한 것이다.

결국 헤밍웨이는 파운드로부터 바람직한 산문의 원리를 받아들이고 이미지즘의 운동에서 이미지기법의 영향을 받음으로서 그의 단순성의 문체가 더욱 깊은 의미를 함축하도록 만들었다. 이와 같은 문체는 적은 수의 단어로서도 자세한 설명이 가해지는 글 이상의 효과를 낼 수 있다. 벤슨의 다음의 구절은 이 기법의 원리와 효과를 정확히 설명해 주고 있다.

> 우리는 어떤 해설이 없이도 특정 대상이나 정감이 발생할 있는 정황을 설정하여 감정이 전달되는 기법을 사용한다. 예를 들면 우리는 스물다섯 개 이상의 형용사를 동원하여 "오 저렇게 우아하게 아름다운 여성이라니!"라고 표현하지 않고도 그 여자의 아름다움에 대하여 제시하고, 그녀의 이미지를 만들고, 그녀가 아름답다는 감정이 유발될 수 있는 장면을 창조해서 전달하는 방식을 쓴다.
>
> We convey an emotion by the object and circumstances of the emotion without comment. For example, We do not say "O how I admire that exquisite, that beautiful, that-25 more adjectives-woman"…but we present that woman, we make an "Image" of her, we make the scene convey the emotion.[158]

이상은 헤밍웨이 문체의 간결과 율동의 미학에 대한 원천적인 영향을 스타인과 파운드의 경우를 들어 설명했다. 두 작가의 영향을 받아 헤밍웨이의 간결과 율동은 고유의 문체로 정착되었고, 이 기법을 바탕으로 생성되어

---

157) *Ibid.*, 54.
158) Benson, *The Short Stories of Ernest Hemingway: Critical Essays*, 307.

진 다양한 기법의 헤밍웨이의 문체는 고도의 추상적인 예술성을 갖는다. 왜냐하면 필요 없는 언어들은 모두 제거하고 용의주도하게 선택한 언어, 확산의 효과를 내는 낱말들이 갖는 이미지, 그리고 이 낱말들에 첨가된 리듬이 전체적으로 조화를 이루고 있기 때문이다. 이러한 효과를 생성해 내기 위해서 헤밍웨이는 꼭 필요한 언어의 선택, 불필요한 언어의 배제, 그리고 언어들을 리듬을 바탕으로 배열하는 기법을 쓰고 있다.

헤밍웨이 문체의 간결한 율동의 미학은 다양한 형태로 발전하면서 그의 작품을 구성하는 문체의 기조를 이루고 있다. 그 형태 중 두드러진 것은 "and"에 "then"과 "but"의 적절한 결합과 구절의 반복, 그리고 <There is + 명사>구문의 반복이라고 말할 수 있다. 여기서 "then"과 "but"은 리듬과 그 조절이라는 측면에서는 원칙적으로 "and"와 같은 입장이며 이는 앞에서 분석해 본 바와 같이 의미상의 리듬기법의 원리가 되고 있다. 그리고 리듬을 생성시키는 구절의 반복은 『무기여 잘 있거라』의 1장에서 볼 수 있는 "in the late," "in a house," "in a village" 등의 어구가 대표적인 예가 되고 있다. 본 장에서는 앞의 두 형태 중 <There is + 명사> 구문을 분석해 보기로 한다.

다음 구절에는 네 개의 문장에 <There is + 명사> 구문이 네 개나 설정되어 있다.

When I came back to the front we still lived in that town. *There were* many more guns in the country around and the spring had come. The fields were green and *there were* small green shoots on the vines, the trees along the road had small leaves and a breeze came from the sea. I saw the town with the hill and the old castle above it in a cup in the hills with the mountains beyond, brown mountains with a little green on their slopes. In the town *there were* more guns, *there were* some new hospitals, you met British men and sometimes women, on the street, and a few more houses had been hit by shell-fire.159) (밑줄이탤릭체 저자)

내가 다시 일선으로 돌아 왔을 때, 우리 부대는 여전히 그 마을에 그대로 있었다. 그 시골 주변에는 대포수가 더 많이 늘었고 이미 봄이 와 있었다. 들판은 녹색이었고 포도나무에는 푸른 싹이 움텄으며, 가로수에도 조그마한 잎사귀들이 돋아 나 있었고, 산들바람이 바다에서 불어오고 있었다. 나는 언덕이 있는 마을과 그 언덕 위의 컵 모양의 구릉 사이에 둘러싸인 분지에 있는 옛 성을 바라보았는데 저쪽 그 산들은 경사지에는 조금씩 녹색을 띤 갈색의 산들이었다. 마을에도 대포수가 늘었고, 새 병원이 몇 개 더 생겼으며, 거리에서는 영국 남자나 때로는 여자를 만날 수도 있었다. 몇 채의 집들이 더 포탄에 맞아 있었다.

이러한 형태의 구문은 그의 작품 도처에 반복적으로 나타난다. 예를 들어『무기여 잘 있거라』의 1장을 보면 다섯 개의 단락 중 1, 2, 3, 4번째 단락에 모두 열 개의 <There is + 명사> 구문이 나타나고 있다. 둘째 단락에는 세 개의 문장에 세 개가 있고 셋째 단락에는 네 개의 <There is + 명사> 구문이 밀집되어 있다. 특히 셋째 단락에는 <They fought for that mountain too.>라는 자연스런 문장 대신 "There was fighting for that mountain too."160)라고 표현되어 있어 예사롭지 않다. 전자의 문장보다 분명 어색한 표현이다. 도대체 이와 같은 구문의 효과는 무엇이기에 이렇게까지 어색한 표현을 선호하고 있는가 하는 의문이 생긴다. 이 구문의 기능 및 효과에 대한 의문에 해리 레빈은 매우 명쾌한 답을 제시해 주고 있다. 레빈은 <There is + 명사> 구문에 <모호성>(ambiguity)이 숨어 있다고 지적하고 있다.161) 그가 이런 지적을 하는 것은 허사에 불과한 <There is> 뒤에 어떤 명사가 올 것인지를 독자가 모르기 때문일 것이다. 그러나 이러한 구문은 작가에게는 그만큼 단어 선택의 폭을 넓혀 주고 특히 문장작성에서 동사보다는 명사를 선호하는 헤밍웨이의

---

159) Hemingway, *A Farewell to Arms*, 12.
160) *Ibid.*, 7.
161) Levin, 78.

문체에 매우 적절하다. <There is> 뒤의 명사는 독자에게 어떤 단어가 나올 것인가 하는 모호성 및 기대감을 자극하고 난 후에 나타나기 때문에 그 단어가 주는 의미의 강도나 신선도가 그만큼 상승되는 효과를 낸다. 이는 앞에서 지적한 <단문 + and + 단문> 구문의 원리와 같다고 볼 수 있다. 독자의 예측이 가능한 복문형태를 배제하고 이와 같은 구문을 도입함으로써 박진감과 활력을 주고, 이는 결국 리듬감을 생성하는 것이다. 레빈의 말대로 원래 "문장은 동사에서 그 힘을 끌어낸다."(The sentence derives energy from the verb.)162)라는 원리를 고려한다면 단조로운 "be" 동사 구문에서 활력과 리듬이 나오는 것은 명사에 초점이 모아지도록 만들어 놓은 <There is + 명사> 구문 때문이라고 말할 수 있다. 그리고 명사에 초점을 맞추게 됨에 따라 자연히 명사의 선택에 세심한 주의를 기울이게 된다. 그렇다면 그의 문장에서 나오는 힘과 리듬은 명사가 열쇠를 쥐고 있으므로 헤밍웨이는 어떤 명사를 주로 사용하는가를 살펴볼 필요가 생긴다.

헤밍웨이의 명사사용의 개념을 추량할 수 있는 대표적인 말은 『무기여 잘 있거라』에서 남주인공 헨리의 입을 통해서 표현한 다음 두 구절은 들 수 있다.

I was always embarrassed by the words sacred, glorious, and sacrifice and the expression in vain.163)

신성, 영광, 희생, 그리고 실속도 없는 말 등에 나는 언제나 어찌할 바를 몰랐다.

I had seen nothing sacred, and the things that were glorious had no glory and the sacrifices were like the stockyards at Chicago if nothing was

---

162) *Ibid.* 참조.
163) Hemingway, *A Farewell to Arms*, 143.

done with the meat except to bury it. There were many words that you could not stand to hear and finally only the names of places had dignity. Certain numbers were the same way and certain dates and these with the names of the places were all you could say and have them mean anything. Abstract words such as glory, honour, courage, or hallow were obscene beside the concrete names of villages, the numbers of roads the names of rivers, the numbers of regiments and the dates.164)

나는 신성한 것을 본 일도 없고, 또 영광이라는 것들이 조금도 영광은 아니었다. 희생이라고 하는 것이 살을 매장하는 것 이외에는 아무것도 하는 것이 없다면 시카고의 가축도살장과 조금도 다름이 없을 것이다. 차마 들을 수 없는 말만이 너무도 많은 까닭으로, 최종적으로는 다만 지명만이 위엄 있는 것이 되고 만다. 어떤 종류의 번호도 이것과 마찬가지이고 어떤 날짜와 이러한 날짜와 지명을 합친 것만이 말할 수 있는 전부이며 그것들만이 어떤 의미를 갖게 된다. 예를 들어 영광, 명예, 용기, 신성이라고 하는 따위의 추상적인 언어는 구체적인 촌락의 이름들, 도로의 번호, 강 이름, 연대번호, 연월일과 같은 것들과 병치될 때 불쾌한 느낌을 준다.

위의 구절을 보면 헤밍웨이가 추상어(abstract word)를 기피하고 구상어(concrete word)를 선호한다는 사실을 알 수 있다. 그래서 데이비드 로지(David Lodge)도 이 구절의 특징 중의 하나로 추상어의 추방을 들었다.165) 결국 헤밍웨이는 모호한 개념 때문에 활력이 모자라는 추상적인 언사보다는 감각적으로 포착할 수 있는 직접적인 언어를 선택했다.『무기여 잘 있거라』의 1장에 나타난 <There is> 구문 뒤의 명사를 분석해 보면 다음과 같이 구상명사가 대부분인데 이 구상명사는 '직접성'을 생성해 내는 데 효과적인 언어라고 말할 수 있다. 1장의 <There is> 구문 뒤에 나타나는 대표적인 구상명사

---

164) *Ibid.*, 144.
165) David Lodge, *The Modes of Modern Writing*, 156.

를 발췌해 보면 pebbles, boulders, orchards of fruit trees, fighting(2회), big guns, mists, small grey motor-cars, officer, many more(2회), small green shoots, leaves 등이다. 더 나아가 <There is> 구문을 벗어나서 1장의 둘째 단락에서 사용되고 있는 명사의 수를 보아도 모두 16개의 명사 중에 14개가 구상명사이다. 이는 그의 문장작성의 단순성의 원칙에서 기인되는 결과라고 말할 수 있겠다. 그리고 <There is> 구문 장치에 이 구상어를 집어넣었을 때 생성되는 리듬을 감안하면 이 구문의 반복은 헤밍웨이 문체의 간결과 율동의 미학에서 빚어지는 기법이라고 말할 수 있다.

이제 결론에 도달하겠다. 본 장의 서두에서 저자가 제기한 헤밍웨이 문체의 다양한 기법들, 예를 들어 회화적 표상화를 비롯한 모든 기법들의 기저에 간결(단순성)과 율동(리듬)이 존재한다. 따라서 간결과 율동은 헤밍웨이 문체의 표면미학의 근본이 된다. 간결의 미학기법에는 인물묘사, 정황묘사, 또는 사물묘사를 단순하게 이미지화하여서 영원히 기억하게 만드는 수법이 숨어 있다. 따라서 이 기법을 사용하면 많은 언어가 필요 없이도 언제나 기억되는 글이 가능하다. 이는 간결기법의 효과이다. 이는 압축의 미학이라고도 볼 수 있겠는데 세잔의 그림에서 압축하고 단순하게 처리한 그림에 깊고 많은 뜻이 숨어 있는 이치와 같다고 말할 수 있다. 이는 스타인의 영향 차원을 뛰어넘는 간결기법 탄생의 원천 중의 원천이다. 이 원리는 헤밍웨이 소설의 빙산이론으로 자리잡았다고 말할 수 있다. 그리고 율동은 단순 또는 간결함에서 올 수 있는 건조함을 소멸시키는 효과가 있다. 아울러 글에 생명력과 활기를 불어넣는다. 이 율동기법은 산문을 시에 기울게 하여 산문시의 형태가 될 수 있다. 『노인과 바다』나 『무기여 잘 있거라』의 1장의 경우가 산문시에 가까운 형태라고 말할 수 있다. 이는 율동의 미학기법이 발전할 수 있는 가능영역이다. 헤밍웨이 작품에 나타나는 율동기법은 바흐(Bach)를 비롯한 음악가들의 기법이나 에즈라 파운드가 중심이 된 이미지즘기법과 아울러 그들의 시어에 힘입은 바 크다고 말할 수 있다. 바흐는 또 하나의 율동기법의 원천이다. 그러나 더 궁극적으로 말하면 간결과 율동의 미학은 율동이 함축된 간결함의 이미지로서 영원성을 표현하려는 헤밍웨이의 신념과 철학에서 비롯되었다는 것이 저자의 판단임을 밝히면서 본 장을 마친다.

7. 헤밍웨이 소설의 시간, 음악기법, 산문시

문학작품을 비롯하여 예술 작품에 시간을 투입하는 경우가 종종 발견된다. 조각가의 경우 영국의 현대 조각가 데이비드 내쉬(David Nash)(1945-)의 작품에는 시간의 흐름이 담겨있는 것으로 유명하다. 내쉬의 <시간의 흐름 조각기법>을 요약하면 나무 등과 같은 자연물의 조각대상물을 원하는 모양으로 다듬어 작품화한 다음 계곡이나 시냇물에 흘려보낸다. 그 다음 10년 또는 20년 후, 즉 시간의 흐름이 있고 난 후 처음과 지금에 어떤 변화를 가져왔는 지를 작품에 담는 것으로서 시간의 흐름 자체를 표현하는 기법이라고 말할 수 있다. 헤밍웨이의 문체에도 그가 생각한 시간개념이 투입되어 표현되어 있다. 물론 헤밍웨이 문체에 투입된 시간은 내쉬의 조각에 투입한 시간의 경우와는 그 시간개념과 표현방식이 사뭇 다르다. 그러나 우리의 삶 자체는 어차피 시간과 불가분의 관계라고 볼 때 내쉬나 헤밍웨이처럼 예술 작품에 대한 시간투입은 어쩌면 인간 삶의 본질 또는 바탕을 표현한 것이라고 말할 수 있겠고 독자 또한 이를 소홀히 할 수 없다 하겠다.

헤밍웨이 기법들 중 문체의 현재적 시간표현, 스타카토 연속기법, 동작과 사실의 연속기법, 문체의 압축과 확산, 산문시, 그리고 전진운동과 후진운동 기법 등은 시간에 대한 헤밍웨이의 생각을 문체화한 것으로 판단된다. 소위 헤밍웨이 문체에 나타난 시간표현기법들이라고 말할 수 있다. 헤밍웨이의 주요기법들 중 상당한 부분을 차지하고 있을 뿐만 아니라 꽤 중요한 기법들이다. 따라서 이 시간표현기법들의 특징 및 원리를 이해하지 않고서는 그의 소설을 정확히 감상할 수 없고 또 이 문제를 해결하기 위해서는 필연코 헤밍웨이 문제에 투입되어 변화 활용되고 있는 근본적인 시간의 문제를 검토해야 할 필요성이 제기되고 있다. 지금까지 헤밍웨이의 시간개념에 대한 연구는 그 중요성에 비하여 충분히 이루어지지 못한 형편이며 얼 로빗(Earl Rovit)의 분석이 대표적인 연구라고 말할 수 있다. 로빗은 헤밍웨이의 시간개념을 크게 두 가지로 분석했는데 그 두 가지 개념은 지질학적 시간(geological time)과 현재의 시간(now-time)이다. 그리고 현재의 시간에는 항상의 시간(always-time)이 융합되어 있는 것으로 분석했다.[166] 헤밍웨이 소설에 표현되고 있는 시간을 검토해 보면 로빗의 분석은 헤밍웨이 시간의 개념에 관한 한 비교적 옳다고 말할 수 있다. 그러나 로빗의 분석은 헤밍웨이의 두 가지 시간개념이 문체로 표현되는 실상에 대한 천착면에서 충분치 않다는 것이 저자의 견해이다. 그래서 본 장에서는 그의 문체에 나타난 시간개념을 재조명해 보고 그의 시간개념이 문체로 어떻게 표현되고 있으며 이에서 더 확대 발전된 시간의 활용 기법 등은 무엇인가 등을 중심으로 소위 헤밍웨이의 시간의 문제를 분석하기로 한다.

　　로빗의 지적대로 헤밍웨이는 지질학적 시간과 현재의 시간이라는 두 가지의 시간개념을 가지고 있었다. 그런데 중요한 점은 헤밍웨이의 주 시간개념은 일반인이 생각하는 시간개념과는 다르다는 점이다. 헤밍웨이는 그의 두 가지 시간개념 중 둘째의 <현재>를 시간 자체의 본질로 생각했다. 따라서 시간에 대한 헤밍웨이의 주된 관심은 늘 현재에 있었다. 지질학적 시간이란 세월이 흐르면서 대륙이 침식되거나 산이 줄어드는 것과 같은, 즉 형태가 변화되는 외면적이고 물리적인 변화와 그 역사를 재는 시간이다.[167] 이 첫째의 시간개념은 일반인의 시간개념과 같은 것이라고 말할 수 있겠다. 둘째의 시간개념인 현재는 주로 의식작용에서 기인되는 인식변화의 시간이다. 헤밍웨

---

166) Rovit, 126-146 참조.
167) *Ibid.*, 126.

이는 이 현재시간을 그의 문체개발의 기본으로 삼았다. 다시 말하면 현재라는 시간개념을 문체화, 소설구조화 또는 기법화하려고 많은 노력을 기울였다. 그리고 헤밍웨이는 단지 현재시간의 문체화만에 머무르지 않고 문체에서의 시간의 변화를 추구했다. 헤밍웨이의 이런 노력에 기인하여 그의 소설에는 소위 시간의 문체가 존재한다.

헤밍웨이 문체에 투입된 그의 현재시간의 개념은 그 출발점이 헤밍웨이 자신이 아니고 그 이전 작가, 철학자 또는 사상가들로 거슬러 올라간다. 그 출발점부터 헤밍웨이에 이르기까지 둘러보는 것은 그의 문체에 투입된 시간에 대한 역사적 또는 계보적 고찰로서 이를 추적하여 압축해 보면 우스펜스키, 베르그송, 윌리엄 제임스, 스타인, 헤밍웨이 순으로 이어진다. 이 계보 중에서 헤밍웨이의 현재 시간의 개념 정립과 이를 문체로 표현하는 시간표현 기법에 직접적이고도 결정적인 영향을 미친 작가는 스타인이었다. 따라서 헤밍웨이 소설에 나타나는 시간표현 기법에 대한 고찰의 출발은 최소한 스타인의 시간 개념과 그 표현 기법부터라고 말할 수 있다. 그래서 본 장은 스타인의 시간 개념과 그 시간 개념이 문체로 표현되는 실상부터 분석하기로 한다.

먼저 스타인의 시간 개념의 핵심부터 살펴보기로 하는데, 그녀의 시간 개념을 파악해 볼 수 있는 단서로, 저자는 스타인의 시간개념에 대한 마이클 호프만의 분석을 도입한다. 스타인의 작품 『미국인의 형성』에 관해 호프만이 분석한 다음 구절은 스타인의 시간의 취급을 알아 볼 수 있는 실마리가 된다.

> 이 긴 이야기에서 거트루드 스타인이 시도한 것은 순간에서 순간으로 그리고 세대에서 세대에로 느리게, 그러나 계속해서 흐르는 시간 흐름의 인식을 제시하고자 한 것이며, 이 목적을 달성하기 위해 그녀가 사용한 주요 수단은 다양한 반복기법이었다. 끊임없는 현재가 그 자체를 펼쳐낼 때 우리는

끊임없는 반복으로 진행되고 있는 시간의 끊임없는 사이클을 본다. 만일 움직임이 있다면, 그것은 인간들 사이에서 빚어지는 교제에서가 아니라 각각의 현재의 다음으로 이어지는 현재의 움직임에서이다.

What Gertrude Stein attempts to do in this mammoth chronicle is give a sense of the slow, evergoing passage of time from moment to moment and from generation to generation, and her various uses of repetition are her major means to this end. We see the continuous cycle of time moving in endless repetitions as the continuous present unfolds itself. If there is movement, it is contained not in the intercourse between human beings, but within each present moment and its movement to its successor.168)

위 구절에서 호프만은 스타인의 작품에 나타나는 시간개념의 핵은 <현재시간의 계속>이라고 정의했다. 그리고 이를 표현하기 위한 방편으로 스타인은 반복의 기법을 사용하고 있다고 지적했다. 사실 스타인의 작품에 나타난 시간에 대한 개념을 곰곰이 분석해 보면 그녀의 시간이란 과거나 미래가 모두 의식의 시간일 뿐이라는 결론에 도달한다는 점에서 호프만의 견해는 옳은 분석이라고 말할 수 있다. 그래서 그녀의 필생의 노력은 존재의 본질을 순간순간의 양상에서 파악하는 것이었음을 알 수 있다. 이 파악에 의하면 스타인에게 있어서 시간이란 현재만이 있을 뿐이고 과거나 미래는 그녀의 관심 밖에 있었음을 알 수 있다. 삶이란 "계속되는 현재"(continuous present) 이외의 아무것도 아니라고 그녀는 생각했었다고 볼 수 있다. 기억(과거)이나 예상(미래)도 물론 여러 가지 정감을 일으켜 준 것은 사실이지만 존재의 현재적인 파악만이 삶의 모든 불순한 정서로부터 인간을 해방시킨다고 그녀는 믿고 있었다. 그래서 스타인은 존재 그 자체의 양상을 글로 표현하려 했던

---

168) Michael J. Hoffman, *The Development of Abstractionism in the Writings of Gertrude Stein*, 104-105.

것이다. 이 순수존재, 즉 사물의 실재를 추상으로 환원함으로써 인생의 역사적 시간을 초극하려 했던 것이다. 그러므로 그녀에게는 오직 현재만이 존재할 뿐이다. 마이클 호프만도 이 점을 다음과 같이 지적하고 있다.

> 물론, 만일 모든 시간이 계속되는 현재라면 모든 시간은 결코 과거나 미래가 될 수 없다. 그것이 아마 거트루드 스타인의 작품세계에서 궁극적으로 시간의 뒤돌아보기[과거]와 앞보기[미래]가 없는 이유일 것이다. 단지 현재만이 있을 뿐이다.
>
> Of course, if all time is continually present, then all time can never be either past or future. That is perhaps why in Gertrude Stein there is ultimately no looking backward or in time. There is only the now.169)

스타인은 시간의 과거와 미래를 배제시켜 버리고 오직 현재만을 시간의 정체로 생각했다고 호프만은 결론지었다. 스타인이 견지하였던 시간개념의 현재성의 핵심은 주인공의 의식을 과거나 미래의 영역이 아니라 현재의 영역에 머무르게 하는 것이었다. 단, 현재는 정지된 현재가 아니고 계속되는 현재(continuous present)이어야 한다.

스타인의 이러한 시간철학은 헤밍웨이에게 그대로 영향을 미쳤다. 그러면 헤밍웨이의 시간개념을 헤밍웨이 자신의 말을 통해 확인해 볼 필요가 있는데 1947년 10월 29일자 찰스 스크리브너에게 보낸 헤밍웨이 서한의 다음 부분은 시간에 있어서 현재에 대한 그의 생각을 밝힌 압축된 구절이다.

> 그런 매우 신나는 일들이 우리들 현재의 시간에 일어나고 있으므로, 만일 당신이 그러한 일들을 목격했다면, <현재>라는 시간을 가공적인 과거로 되돌아가도록 내버려두기가 힘들었을 것입니다.

---

169) *Ibid.*, 111.

Such damned exciting things happen in our own time that it is hard to leave Now, if you have seen the things, to go back into a fictional past...[170]

위 인용문은 시간에 대한 헤밍웨이 사상의 핵심이 나타나 있는 구절이라고 말할 수 있다. 과거, 현재, 미래라는 시간개념에서 스타인과 마찬가지로 헤밍웨이의 시간개념도 그 중심축이 현재에 있음을 알 수 있다. 스타인의 영향으로 탄생된 헤밍웨이의 시간철학이라고 말할 수 있다.

그러면 헤밍웨이는 그의 시간개념정립에서 스타인의 현재를 받아들이는 선에서 그치고 말았는가? 아니면 발전시켜 또 다른 어떤 시간을 창조했는가? 헤밍웨이는 현재를 근간으로 하여 그의 시간개념을 확장시켜 <항상의 시간>을 창조해 냈다. 그리고 이 항상의 시간은 <영원의 시간>(perpetual time)으로 발전했다. 이 점이 헤밍웨이의 발전된 모습이고 스타인과 헤밍웨이가 다른 점이다. 다음 구절은 헤밍웨이의 현재의 시간이 항상의 시간 또는 영원의 시간으로 발전되는 과정을 명확히 보여주고 있다.

In the fall the war always there, but we did not go to it any more. It was cold in the fall in Milan and the dark came very early. Then the electric lights came on, and it was pleasant along the streets looking in the windows. There was much game hanging outside the shops, and the snow powdered in the fur of the foxes and the wind blew their tails. The deer hung stiff and heavy and empty, and small birds blew in the wind and the wind turned their feathers. It was a cold fall and the wind came down from the mountains.[171]

가을에는 전쟁이 끊임없이 있었지만 우리는 더 이상 전투에 참가하지는

---

[170] Baker, *Ernest Hemingway: Selected Letters 1917-1961*, 631.
[171] Hemingway, "In Another Country," 첫 단락. *The First Forty-Nine Stories*, 214.

않았다. 밀라노의 가을은 춥고 어둠이 꽤 일찍 찾아왔다. 날이 저물어 전등이 켜지면 진열장을 구경하면서 거리를 걷는 것도 즐거운 일이었다. 가게 바깥에는 사냥해 온 짐승들이 많이 매달려 있었고 여우 털은 눈을 뒤집어쓰고 바람에 꼬리가 흔들렸다. 사슴도 빳빳한 채 무겁고도 허망하게 매달려 있고 조그만 새들은 바람에 나부끼고 바람은 새들의 깃털을 뒤집어 놓곤 했다. 쌀쌀한 가을이었고 산바람은 매섭게 불어왔다.

위 구절을 분석해 보면 화자는 일어난 사건을 미래의 시점에서 과거로 회상해 가면서 나열하고 있다. 그리고 각 행동은 다음 행동으로 대체되기 때문에 바로 전의 행동은 증발되어 버린다. 그래서 <행동의 시간>은 흐르면서 이어지지 않고 <정지된 현재>를 형성해 낸다. 이 정지된 현재가 <계속>되면서 시간은 결국 <계속되는 현재>가 된다. 그리고 독자는 곧 일어났던 일을 선택된 기억과정을 통해서 지금 우리에게 말하고 있는 것 같은 실재감을 느낀다. 이미 일어나 사라져 버린 사실인데도 아직도 계속되고 있다는 강렬한 "직재감"(immediacy) 또는 "계속성"(continuity)을 느낀다. 시간 자체가 가지고 있는 본래의 힘으로부터 외접의 일부를 분리시켜 무의미하게 계속되는 시간의 한 순간 속으로 투입시켜 버림으로써 이와 같은 효과가 나오는 것이다. 이 개념은 어떤 변화나 시간의 경과를 배제한다. 그리하여 시간과 공간을 통해서 흐르고 있는 시간은 현재에서는 항상 정지되어 있는 듯이 보인다. 그래서 지질학적 시간을 초월한 무시간의 시간 혹은 무변화의 시간이라고 볼 수 있는 항상의 시간 그리고 더 나아가 영원의 시간으로까지 발전하는 것이다. 이러한 맥락에서 이 영원의 시간은 곧 "진실의 순간," "폐쇄의 현재," 또는 "영원한 현재" 등으로 다양하게 표현될 수 있는 시간인 지금(now)의 시간인 것이다.[172] 위 구절에서 독자는 과거의 어떤 사실에서 계속되고 있는 시간, 그리하여 "…small birds blew in the wind and the wind turned their feathers."에

---

172) Rovit, 126.

서 잘 표명된 항상의 시간을 체험하게 된다.

그러면 헤밍웨이는 그의 시간을 어떤 문체와 기법으로 표현했는가? 이 표현기법 역시 헤밍웨이는 스타인의 기법으로부터 영향을 받았으며 더 나아가 스타인의 기법과는 다른 기법을 또한 창조해 냈다. 따라서 헤밍웨이의 시간표현을 알아보기 위해서는 우선 스타인의 시간표현을 고찰할 필요가 있다. 그렇다면 과연 스타인은 그녀의 계속되는 현재시간의 개념을 어떤 문체로 표현했는가? 스타인은 그녀의 시간개념을 글로 표현하기 위해 문체를 조형적인 관점에서 접근하면서 여러 가지 기법을 실험했다. 많은 실험을 거쳐 나온 기법 중 대표적 기법으로 굳어진 것이 <현재진행형>과 <반복기법>의 문체였다.

먼저 현재진행형의 경우를 검토한다. 스타인의 작품에서 현재진행형의 문체는 매우 흔하게 발견된다. 「멜란크샤」("Melanctha")의 다음 장면도 계속되는 현재시간의 표현을 위해 현재진행형의 문체가 집중적으로 사용된 경우이다.

> Jeff sat there this evening in his chair and was silent a long time, *warming* himself with the pleasant fire. He did not look at Melanctha who was *watching*. He sat there and just looked into the fire. At first his dark, open face was *smiling*, and he was *rubbing* the back of his blackbrown hand over his mouth to help him in his *smiling*. Then he was *thinking*, and he frowned and rubbed his head hard, to help him in his *thinking*. Then he smiled again, but now his *smiling* was not very pleasant. His smile was now *wavering* on the edge of *scorning*. His smile changed more and more, and then he had a look as if he were deeply down, all disgusted. Now his face was darker, and he was bitter in his *smiling*, and he began, without *looking* from the fire, to talk to Melanctha, who was now very tense with her *watching*.173) (밑줄이탤릭체 저자)

---

173) Stein, "Melanctha," *Three Lives*, 137.

위 구절에는 현재진행형이 무려 13회나 반복되어 있다. 외면상 사용빈도가 매우 높다. 그리고 내용상으로 위 구절을 분석하기 위해 내레이션의 초점을 검토해 보면 위 글은 "이야기의 줄거리"를 문제 삼고 있지 않다. "변화"가 주인공에게 어떤 "영향"을 주는가를 추적하고 있다. 이를 바탕으로 계속되는 현재의 표현이라는 시간의 문제를 염두에 두고 등장인물의 내면의지를 조명해 보면 주인공에게는 과거나 미래는 문제가 되지 않으며 그의 주요관심은 오직 현재에 집중되어 있음이 밝혀진다. 위 구절에서 문제가 되는 것은 주인공의 의식인데 그의 의식은 늘 현재에 그 초점이 모아져 있고 이를 <현재적으로 지속시키려는> 의지는 처절할 정도로 강렬함을 읽을 수 있다. 그렇다면 현재진행형이라는 시제의 기능을 고려할 때 위 구절에서 표현하고자 하는 주인공의 의지를 전달하는 수단으로 현재진행형기법이 매우 효과적임을 간파할 수 있다.

다음으로 반복기법의 경우인데 스타인의 작품을 둘러보면 실로 반복기법이 많은 부분을 차지하고 있고 스타인은 이를 매우 즐겨 사용했다. 이 반복기법은 포착된 인식의 순간을 계속되게 만든다는 의미에서 <시간의 현재성>을 표현하는 데 적절한 기법이라고 말할 수 있다. 인식된 순간의 인지를 간단없이 반복시킴으로써 <현재감>과 더 나아가 언제나 발생하고 있는 듯한 느낌을 주며 이는 더 발전하여 인상주의적 효과까지를 낸다.

스타인의 대표적 기법인 반복기법과 현재진행형은 헤밍웨이에게 그대로 영향을 미쳤다.

먼저 반복기법의 경우, 헤밍웨이의 작품에 이 기법은 빈번하게 등장한다. 헤밍웨이 문체에 반복기법이 자주 사용된다는 사실은 이미 앞에서 설명했다. 앞서 설명한 반복기법은 주로 강조와 집중의 관점에서 조명한 기법이었다. 그러나 여기서 논의되는 반복은 시간의 문제와 관련된 기법이다. 스타인과 마찬가지로 헤밍웨이 역시 반복기법의 틀을 이용하여 특정언어를 용의

주도하게 선정하여 반복시킨다. 이때 특정 이미지를 창출시켜 영원히 우리의 뇌리에 기억되게 만들면서 시간의 현재성을 언제나 계속되게 만드는 기법을 즐겨 사용했다. 특정 이미지를 반복시키면 <인식의 현재적 순간>은 계속되고 다음으로 영원성이 빚어져 나온다. 이것이 시간과 관련된 반복기법의 기본원리이다. 이 원리에 입각하여 헤밍웨이는 그의 글에 반복기법을 사용했다. 그리고 빈도 높게 사용했다. 그 대표적 예는 『무기여 잘 있거라』의 <비>(rain)의 반복과 「미시간 북쪽에서」에 나타나는 "Like" 반복의 경우174) 등이다.

다음은 현재진행형의 경우이다. 헤밍웨이 역시 계속되는 현재를 표현하기 위한 기법으로 스타인이 즐겨 사용했던 현재진행형을 도입했다. 헤밍웨이 소설에 현재진행형의 예는 도처에서 발견된다. 본 장은 헤밍웨이에 대한 스타인의 소설기법의 영향이 절정을 이루었던 시기인 1924-1925년 사이에 집필되었던 작품인 「두 개의 심장을 가진 큰 강: II부」("Big Two-Hearted River: Part II")의 다음 구절을 그 대표적 예로 들겠다. 헤밍웨이는 한 문장에 현재진행형을 무려 다섯 개나 사용하고 있다. 그 사용빈도가 높다.

> He sat on the logs, *smoking*, *drying* in the sun, the sun warm on his back, the river shallow ahead *entering* the woods, *curving* into the woods, shallows, light *glittering*, big water-smooth rocks, cedars along the bank and white birches, the logs warm in the sun, smooth to sit on, without bark, grey to the touch; slowly the feeling of disappointment left him.... It was all right.175) (밑줄이탤릭체 저자)

닉은 통나무에 앉아 담배를 피우며 햇볕에 몸을 말리고 있었다. 햇볕에 뒷등이 따뜻했다. 얕은 강줄기는 숲속으로 들어가고 있었다. 숲속으로 굽이쳐 흘러 들어가고 있었다. 얕은 흐름, 햇볕에 번쩍이고 흐름에 씻겨 매끈해진 바

---

174) Hemingway, "Up in Michigan," *The First Forty-Nine Stories*, 79.
175) Hemingway, "Big Two-Hearted River-Part II," *The First Forty-Nine Stories*, 180.

위들, 강둑을 따라 늘어선 삼목과 흰 자작나무들, 햇볕에 따뜻해지고 껍질만 없으면 앉기에 미끈미끈하고 회색 같은 촉감을 주는 통나무들의 정경을 보면서, 닉의 실망감은 차츰 사라져 갔다.... 이제는 아무렇지도 않았다.

위 구절을 분석해 보면 주인공 닉은 과거의 기억에서 해방되려고 처절하게 노력하고 있다. 그리고 미래의 약속이란 굴레에서 벗어나려는 행위를 끊임없이 시도하고 있다. 그가 목표하는 것은 현재의 순간과 존재과정을 극명하게 추구하는 것이다. 그래서 위 장면에는 닉의 현재행동 하나하나가 극명한 필치로 그려져 있다. 닉의 정신세계 및 주요 관심은 늘 현재에 몰두한 상태이다. 이는 모든 잡다한 과거의 기억이나 미래의 어떤 걱정거리 등으로부터 자신을 해방시키려는 처절한 노력의 일환이라고 말할 수 있다. 시간에 있어 현재를 중시하는 이유와 그 내용까지를 극명하게 제시한 장면이라고 말할 수 있다.

헤밍웨이는 계속되는 현재를 표현하는 기법으로 스타인과는 달리 현재 표현어휘를 집중적으로 반복하여 사용했다. 그 대표적인 경우가 "now"(지금)의 집중적인 반복구사 기법이다. 이 기법은 스타인에게서는 볼 수 없는 기법이다. 시간의 현재성을 강조하기 위한 헤밍웨이 특유의 또 다른 표현법이라고 말할 수 있다. 이 표현기법은 "now"를 한 단락에 집중적으로 반복 나열시켜 깔아 놓음으로써 시각적인 효과까지 기한다. 다음에 인용된 구절은 이를 잘 보여주고 있다. 헤밍웨이가 과거, 현재, 미래의 시간 구분에서 생의 모든 초점을 현재에 맞추고 있음을 한층 더 확실하게 보여주는 구절이다.

> They were having _now_ and before and always and _now_ and _now_ and _now_. Oh, _now_, _now_, _now_, the only _now_, and above all _now_, and there is no other _now_ but thou _now_ and _now_ is thy prophet. _Now_ and for ever _now_. Come _now_, _now_, for there is no _now_ but _now_. Yes, _now_. _Now_, please _now_, only _now_, not anything else

only this _now_, and where are you and where am I and where is the other one, and not why, not ever why, only this _now_; and on and always please then always _now_, always _now_, for _now_ always one _now_; one only one, there is no other one but one _now_, one, going _now_; rising _now_, sailing _now_, leaving _now_, wheeling _now_, soaring _now_, away _now_, all the way _now_, all of all the way _now_; one and one is one, is one, is one, is one, is still one, is still one, is one descendingly, is one softly, is one longingly, is one kindly, is one happily, is one in goodness, is one to cherish, is one _now_ on earth with elbows against the cut and slept-on branches of the pine tree with the smell of the pine boughs and the night; to earth conclusively _now_, and with the morning of the day to come.176) (밑줄이탤릭체 저자)

그들은 지금 그것을 맛보고 있는 것이다. 전에도 그리고 언제나 늘 맛보고 있던 것이다. 그리고 지금, 지금, 지금. 아아, 지금, 지금, 지금, 지금뿐. 모든 것을 초월한 지금. 그리고 지금의 너 외엔 어떤 지금도 없다. 지금은 너의 예언자다. 지금 그리고 영원히 지금. 자. 지금, 지금, 지금 외에 지금은 없다. 그렇다, 지금이다. 지금, 제발, 지금이다. 오로지 지금뿐이다. 다른 어떤 것도 아니다. 오로지 지금의 지금뿐이다. 그리고 너는 지금 어디 있지? 나는 어디 있지? 다른 사람은 어디 있지? 그 이유는 생각하지 말길. 도대체 그 이유는 생각하지 말길. 오직 이 지금뿐. 지금 또 계속된다. 언제나 계속된다. 그 다음 비나니, 언제까지나 지금이기를, 언제까지나 지금이기를, 왜냐하면 언제까지나 지금이 하나의 지금이기 때문이다. 한 번 이 한 번만의, 지금 한 번뿐 다른 것은 없다. 지금 간다. 지금 올라간다. 지금 미끄러져 간다. 지금 떠나간다, 지금 돌고 있다. 지금 날아올라 간다, 지금 떨어져 간다. 이것저것 모두 지금, 어디까지 가도 지금이다. 하나와 하나는 하나다. 하나다, 하나다, 하나다, 아직도 하나다, 아직도 하나다, 내려가는 것, 부드러운 것, 동경하고 있던 것, 친절한 것, 행복한 것, 선한 것, 귀여운 것, 지금 소나무 잔가지와 밤의 향기가 떠도는 가운데 소나무 가지를 잘라 그 가지를 대지 위에 깔고 그 위에 다 팔꿈치를 대고 엎디어 있는 것, 그리고 다가올 내일 아침과 더불어 지금 결정적으로 현실로 되는 것.

---

176) Hemingway, _For Whom the Bell Tolls_, 358.

위 구절에는 "now"가 40회나 집중적으로 반복되어 있다. 그리고 "현재"의 의미와 유사 내지 연상어라고 말할 수 있는 "always," "is," "still," 그리고 현재진행형이 한 단락에 집중적으로 사용되고 있다. 현재를 중시하는 극단의 구절이다.

지금까지 분석한 바에 의하면 헤밍웨이는 과거, 현재, 미래의 시간구분에서 현재를 중시했다. 이 현재의 정체는 계속되는 현재였다. 그리고 이를 표현하기 위한 대표적인 표현기법은 반복기법, 현재진행형, 그리고 현재표현 어휘의 집중적인 반복 나열기법 등이었다.

그러면 헤밍웨이는 왜 시간에 있어서 현재 또는 계속되는 현재를 고집하였는가? 이 문제는 시간의 정체 또는 정의의 문제와 직접적으로 맞닿으면서 궁극적으로 헤밍웨이가 생각하는 삶의 시간철학의 문제로 이어진다. 그리고 헤밍웨이가 생각하는 삶의 방법은 곧 <시간의 밀도> 문제와 연결된다는 점에서 이 문제의 검토는 중요하다.

시간에 대한 헤밍웨이나 스타인의 철학은 시간은 앞에서 살펴본 바와 같이 오직 끊임없이 흐르는 시간의 지속일 뿐이었다. 그러므로 <시간 = 현재시간>이라는 등식이 성립할 수 있다. 따라서 헤밍웨이에게는 시간은 길이가 문제가 아니고 현재시간이 압축되거나 응축된 밀도, 그것도 고밀도가 중요하다. 이것이 헤밍웨이의 현재시간의 성격이요 정체이다. 그래서 시간은 계시기적으로는 잴 수가 없는 것이다. 현재는 더욱 그렇다. 그래서 『누구를 위하여 좋은 울리나』의 주인공 로버트 조단은 3일 동안의 강렬한 전투의 시간이 지난 후 "아마도 나는 3일 동안에 내 인생의 전부를 살아 버린 것 같다." (Maybe I have had all my life in three days, he thought.)[177]라고 생각한다. 이러한 의식상의 시간을 적용시키면 소설 속의 70시간은 70년이 될 수 있고 반대로 70년 살 것을 70시간에 살 수도 있게 된다. 다음 구절은 이 점을 잘 설」

---

177) *Ibid.*, 336.

명하고 있다.

> Maybe that is my life and instead of it being threescore years and ten it is forty-eight hours or just threescore hours and ten or twelve rather. Twenty-four hours in a day would be threescore and twelve for the three full days.
>
> I suppose it is possible to live as full a life in seventy hours as in seventy years.178)

아마도 이것이 바로 내 인생이고 내 인생은 70년이 아니라 48시간, 혹은 단지 70시간 혹은 72시간일지도 모르겠다. (왜냐하면) 하루가 24시간이라면 꼬박 사흘은 72시간이니까.

나는 70시간 동안에 70년 동안 살 수 있는 풍부한 인생을 사는 것이 가능한 일이라고 생각한다.

시간은 현재만이 있을 뿐이고 길이가 문제가 아니라 밀도가 문제가 됨을 분명하게 선언한 구절이라고 말할 수 있다. 고밀도 시간이 헤밍웨이가 즐기는 시간임을 유추할 수 있다. 그래서 현재시간의 진행으로 이루어진 우리의 삶은 응축되어야 최상의 인생이 된다고 말할 수 있다. 이것이 헤밍웨이 삶의 핵심이라고 말할 수 있다. 그리고 실제로 그의 삶의 일대기 내용을 들여다보면 바로 수긍이 간다.

다음으로 문체에 내재된 시간에 의미적으로 강·약 변화를 개입시키면 단순한 리듬을 넘어서서 문장의 의미에 있어서 응축과 확대라는 양극적 형태가 나타나게 된다. 이 양극현상은 의미적 리듬의 양상이라고 볼 수 있다. 시간의 강·약을 활용하여 순간을 응축시켜 영원한 감정을 이끌어내는 정서를 빚어내거나 이 정서를 표백시키는 기법으로서, 헤밍웨이 문체의 기법적

---

178) *Ibid.*, 161.

인 묘미 중의 하나라고 말할 수 있다. 행동을 묘사함에 있어 시간의 의미를 투입하여 응축과 확대를 조절함으로써 리듬과 변화와 고도의 인상주의 효과까지 창출하고 있는 것이다. 다음 구절은 이 기법의 좋은 예라 말할 수 있다.

> There was a great shouting going on in the grandstand overhead. Maera felt everything getting larger and larger and then smaller and smaller. Then it got larger and larger and larger and then smaller and smaller. Then everything commenced to run faster and faster as when they speed up on a cinematograph film. Then he was dead.[179]

머리 위 특별관람석에서는 큰 환호소리가 계속해서 터져 나오고 있었다. 마에라는 모든 것이 점점 커져가다 다음에는 점점 작아져 가는 것을 느꼈다. 그 다음 또 점점 더 커져가고 또 점점 더 작아져 가는 것이었다. 그 다음 모든 것이 마치 영화의 필름이 빨리 돌아 갈 때처럼 점점 더 빨리 돌기 시작하였다. 그 다음 그는 죽어버리고 말았다.

위 장면에서 화자의 관점은 마에라의 의식에 맞추어져 있다. 마에라의 의식은 희미한 상황이다. 이 특수상황을 활용하여 모든 사물이 점점 커져 가다가 다시 점점 작아져 가는 구도로 그려 놓았다. 짧고 단순한 공간과 시간 언어에 시제접속사를 결합시켜 공간의 크기를 축소시켰다 확대시켰다 하기도 하고 시간의 템포조절을 반복시키고 있다. 공간개념문제를 제외시키고 시간문제만을 말한다면 시간의 응축과 확대가 리드미컬하게 반복 순환되고 있는 것이다. 처음 출발은 매우 느릿느릿하게 순환되도록 그렸다. 여기에 시간의 속도를 가미하여 다시 점점 커져가다 다시 점점 작아져 가는 모습을 그림으로써 장면은 점점 빠른 리듬을 탄다. 다시 시간을 좀더 빠르게 하여 장면에 박진감과 긴박감을 불어넣으면서 순환이 매우 **빨라진다**. 그러다가 마

---

179) Hemingway, *In Our Time*, 소품문 제14번, *The First Forty-Nine Stories*, 165.

지막 문장에서 모든 것이 정지된다. 마지막 문장에서 볼 수 있는 다음의 스타카토기법(staccato)은 면면히 리듬을 타고 흐르는 글줄기에서 갑자기 시간을 정지시켜 버리는 극적인 기법이다. 이렇게 함으로써 나타나는 효과는 얼로빗의 지적대로 영원히 잊혀지지 않을 영상을 우리의 뇌리에 남기게 된다.180) 소위 인상주의적 시간의 모습이라고 말할 수 있다.

위에서 분석한 시간의 밀도와 강·약은 문체의 리듬과 연계된다. 그런데 헤밍웨이의 문체에 내재된 리듬과 그 활용을 분석하기 위해서는 그가 말했던 "4차원 내지 5차원"에 대한 파악을 거쳐가야 한다. 왜냐하면 이 "4차원 내지 5차원"이란 용어 속에는 시간에 대한 헤밍웨이의 철학적 사고와 리듬의 문제가 숨어있기 때문이다.

앞서 언급한 대로 1935년에 헤밍웨이는 독특한 문체의 창출을 위한 노력 끝에 어느 경지에 도달했음을 시사하는 듯한 말을 했다. 헤밍웨이의 말은 이렇다. "만일 어떤 작가가 충분히 진지하게 쓰고 운만 있다면 그의 글은 얼마나 깊은 경지까지 도달할 수 있는가. 도달이 가능한 경지는 4차원 내지 5차원이다."(How far prose can be carried if any one is serious enough and has luck. There is a fourth and fifth dimension that can be gotten.).181) 그런데 이 구절 속에 들어 있는 "5차원"(the fifth dimension)이란 용어는 범상히 넘길 단순한 언어가 아니다. 이 용어의 사용은 철학적 배경을 갖고 있다. 이 "5차원"이란 용어가 쓰이기 시작한 것은 1931년 우스펜스키에 의해서다. 프레더릭 카펜터(Frederick I. Carpenter)에 따르면 우스펜스키는 베르그송과 윌리엄 제임스에서 그 사상적 영향을 받았다. 또 베르그송은 시간에 관한 한 "심리학적 시간"과 실제의 "물리학적 시간"을 구별하고 있으며 베르그송의 사상은 다시 제임스의 "경험철학"에 그 근원을 두고 있다.182) 그리고 이 철학을 문학에 도입하

---

180) Rovit, 128-129.
181) Hemingway, *Green Hills of Africa*, 26-27.

려고 시도한 작가가 거트루드 스타인이며 이는 다시 헤밍웨이에게 영향을 주게 되었다. 카펜터가 보기에 헤밍웨이의 문체에 나타나는 현재의 시간은 심리학적 시간으로서 "5차원적 수준의 산문"이 된다. 그래서 카펜터는 이렇게 말한다. "그[헤밍웨이]의 '5차원적 수준의 산문'은 '영원한 현재'에서 빚어지는 즉재적인 경험을 표현하려는 시도를 해왔다."(His [Hemingway's] "fifth dimensional prose" has attempted communicate the immediate experience of "the perpetual now").[183] 이것이 카펜터가 보는 헤밍웨이의 "5차원"에 대한 해석이다. 그렇기 때문에 카펜터와 말캄 카울리(Malcolm Cowley)의 말대로 "4차원"이 시간의 개념과 관계가 있고 "5차원"이 "윤리적인 수준" 혹은 "신비적이 아니라면 의미 없는 수사학"의 단계를 달성한 것이라면[184] 본 장에서 고찰한 바대로 헤밍웨이 문체에서 시도되고 있는 기법적인 시간개입은 "4차원"의 기법으로서 "5차원"의 세계에 도달하는 방법이 된다고 말할 수 있을 것이다. 또 해리 레빈은 헤밍웨이가 기피하는 종속절을 포함하는 복문이 작가를 "3차원"의 세계에 머물게 한다고 지적했다.[185] 그렇다면 헤밍웨이는 복문형태를 배제하고 이미지단어들을 연속적으로 나열하는 단문의 반복기법적인 연결방식을 취하여 여기에 시간을 개입시켜 연속기법을 조절하는 "4차원"의 기법을 쓰면서 의미상으로는 "5차원"의 세계에의 도달을 시도했다고 말할 수 있는 것이다. 차원이 높은 구상이었다.[186]

시간이 내재된 4차원 또는 5차원의 문체를 만들어가면서 헤밍웨이는 그의 문체에 리듬을 도입했다. 다시 말해서 시간을 적절하게 다룸으로써 문체는 활력이 넘치면서 리듬이 생긴 것이다. 그리고 리듬의 문체는 두 가지 형

---

182) Carpenter, 280.
183) *Ibid.*
184) *Ibid.*
185) Levin, 80.
186) III-1 "세잔 화법 도입과 빙산이론문체 탄생" <차원> 분석 부분 참조.

태로 발전했다. 하나는 음악기법의 도입으로 산문시가 출현되었고 다른 하나는 문장의 응축과 확대 기법이 단락으로 발전되면서 서술의 압축과 확산의 순환으로 나타나는 현상이다. 서술의 압축과 확산의 순환기법의 대표적인 것으로는 앞서 말한 서술의 전진운동과 후진운동을 들 수 있다. 헤밍웨이의 성공작에서 이 양대 패턴은 상호 적절하게 균형을 이루면서 순환되고 있다. 이는 주로 문장을 단위로 했던 응축과 확대의 큰 형태라고 할 수 있는데 이 문제는 앞에서(III-4 "전진과 후진운동 양대 서술패턴의 생명공학기법") 다루었으므로 본 장에서는 첫 번째 산문시의 문제만을 분석하기로 한다.

헤밍웨이가 시도했던 산문시의 모습을 분석하기 위한 예로 본 장은 『무기여 잘 있거라』의 제 I장 첫 단락을 든다.

> In the late summer of that year we lived in a house in a village that looked across the river and the plain to the mountains. In the bed of the river there were pebbles and boulders, dry and white in the sun, and the water was clear and swiftly moving and blue in the channels. Troops went by the house and down the road and the dust they raised powdered the leaves of the trees. The trunks of the trees too were dusty and the leaves fell early that year and we saw the troops marching along the road and the dust rising and leaves, stirred by the breeze, falling and the soldiers marching and afterwards the road bare and white except for the leaves.[187]

헤밍웨이는 위 단락을 쓰면서 바흐의 악보를 도입하였음을 "나는 음악에서 요한 세바스천 바흐 씨가 대위법을 구사할 때 악보를 사용했던 방법으로 "and"를 계속해서 반복적으로 사용했다."(I used the word 'and' consciously over and over the way Mr. Johann Sebastian Bach used a note in music when

---

187) Hemingway, *A Farewell to Arms*, 첫 단락. 한국어 해석: III-1 "세잔 화법 도입과 빙산이론문체 탄생" <객관성>의 문제 부분 참조.

he was emitting counterpoint.)[188]라고 그의 속내 의도를 밝혔다. 리듬이 그 주요 도구인 음악 예술을 소설에 접목시켜 보려는 그의 의도와 구체적인 기법으로 바흐의 운율법이 위 단락에 내재되어 있음을 직접 설명한 구절이다. 그러므로 외형은 산문이지만 운율이 내재되어 하나의 산문시의 경지에 도달해 있다고 말할 수 있겠는데 위 단락을 산문시의 측면에서 분석해 보면 다음과 같다.

인용된 단락은 네 개의 문장으로 구성되어 있지만 "and"는 무려 열다섯 번이나 사용되었다. 헤밍웨이의 말대로 바흐가 악보를 사용하는 방식으로 이 "and"를 의식적으로 반복시켰음을 바로 알 수 있다. 첫 단락 네 문장은 15회의 "and"와 "In the late summer," "In a house," "in a village," "in the road," "in the sun," 그리고 "in the channels"의 <in 어구>의 반복이 리듬을 생성시키면서 한편의 서정시를 읽는 느낌을 주고 있다. 다니엘 쉬나이더(Daniel J. Schneider)도 『무기여 잘 있거라』를 "지금까지 쓰여졌던 가장 순수한 서정시적 소설 중의 하나"(One of the purest lyric novels ever written.)[189]라고 지적함으로써 이 소설을 서정시적 작품으로 규정했다. 그리고 버나드 올드시(Bernard Oldsey)도 이 작품의 처음 두 페이지를 운율이 내재한 산문시로 보면서 이는 프랑스의 문학방법과 공통점을 갖는다고 지적한[190] 뒤, 이어서 이 부분을 산문으로 된 시로 조명해야 함을 역설했다.[191] 올드시는 산문체로 된 『무기여 잘 있거라』의 첫 단락을 실제로 다음과 같이 운문체로 재배열했는데 이 부분이 갖는 산문시의 형태파악에서 리듬, 시의 형태, 시적인 운율의 특성을 보여주고 있다는 점에서 그의 작업은 의미 있는 것으로 평가된다.

---

188) Ross, 36.
189) Schneider, 255.
190) Oldsey, 62.
191) *Ibid.*, 63.

In the late summer of that year
We lived in a house in a village
That looked across the river and the plain
To the mountains.
In the bed of the river there were pebbles
And boulders, dry and white in the sun.
And the water clear and swiftly moving
And blue in the channels.
Troops went by the house and down the road
And the dust they raised
Powdered the leaves of the trees.
The trunks of the trees too were dusty
And the leaves fell early that year
And we saw the troops marching along the road
And the dust rising and the leaves,
Stirred by the breeze,
Falling
And the soldiers marching
And afterwards the road bare and white
Except for the leaves.192)

 한편의 시를 보는 착각에 빠져든다. 헤밍웨이가 문체에 시간을 투입시켜 산문시의 경지까지 발전시킨 모습을 단적으로 보여 주는 구절이다. 그리고 그의 후기의 걸작『노인과 바다』도 서정시 문체로 구성된 산문소설의 압권이라고 말할 수 있다.
 앨버트 아인슈타인(Albert Einstein)이 일생 동안의 물리학연구를 마치고 생을 마감한 1955년, 대 물리학자인 그는 시간에 있어서 과거, 현재, 미래의 구분은 사람들의 착각에 불과하다고 결론지었다. 시간을 과거, 현재, 미래로

---

192) *Ibid.*, 64.

나누는 것은 인간들의 편의에 따른 것일 뿐이지 시간 자체는 그런 구분이 불가능하다는 것이다. 아인슈타인이 내린 결론의 핵심은 시간이란 현재시간의 지속일 뿐이라는 말일 것이다. 우스펜스키, 윌리엄 제임스, 베르그송, 스타인 등의 전통을 이어받아 헤밍웨이가 1920년대에 정립한 시간개념과 일치한다고 말할 수 있다. 결국 시간의 정의에 있어서 인문과학에서 내린 결론이 물리과학에서 뒷받침되었다고 말할 수 있다.

한 작가가 생명력을 가지려면 기존의 틀 속에서 벗어나 여러 가지 다양한 실험을 거쳐 새로운 발전을 이루어 내야 할 것이다. 선배 작가들의 모방으로 일관한 작가여서는 안 될 것이다. 헤밍웨이의 경우 그는 1920년대 초 미국의 문학풍토, 더 좁혀서 말하면 셔우드 앤더슨류의 사진적 사실주의에 젖어 있었다. 그러나 그는 이 문학 풍토에서 과감히 벗어나고자 미국을 떠나 파리에 입성했다. 이미 밝힌 대로 그 당시 파리는 전위적인 예술인들이 예술의 장르를 넘나드는 온갖 실험을 진행하면서 소설의 발전을 비롯한 예술발전의 새로운 가능성을 다양하게 모색하는 중이었다. 파리의 문예가들은 토론과 실험으로 밤을 지새웠고 열기는 넘쳐났다.[193] 헤밍웨이는 그런 분위기를 최대로 활용하여 자신의 미국풍의 소설색깔을 완전히 벗고 그의 작품세계와 문체 및 기법을 새롭게 일신시켰다. 새롭게 발전된 소설의 특징 중의 하나인 시간의 문제를 말한다면, 우스펜스키, 윌리엄 제임스, 베르그송, 그리고 스타인 등의 선배 작가들에서 내려온 시간의 현재성 개념을 이어받되 그는 이에서 한 발작 더 나아갔다고 말할 수 있다.

헤밍웨이의 시간은 기본적으로 현재이다. 이 현재의 정체는 계속되는 현재이다. 과거와 미래는 그에게는 완전히 관심 밖이었다. 그리고 헤밍웨이는 그가 생각했던 시간의 현재를 문체에 투입시키는 소설기교가였다. 시간의 현재성을 바탕으로 문체에 다양한 표현기법을 창출했고 현재에서 발전된

---

[193] II-2-3 "≪셰익스피어 앤 컴퍼니≫ 서점과 문예가들과의 교유" 참조.

다른 시간을 만들어 냈다. 시간의 현재를 표현하는 문체는, 주인공의 인식을 언제나 현재에 머무르도록 붙잡아 놓는 현재진행형의 집중적인 사용, 인식의 순간을 계속되게 만드는 반복기법, 그리고 "now"로 대표되는 현재 표시 언어의 집중적인 사용 등이 대표적인 예들이다. 현재가 바탕이 되어 발전된 시간으로는 항상의 시간, 영원의 시간, 인상주의적 시간 등을 들 수 있다. 시간의 현재에 밀도를 압축시키면 항상의 시간, 영원의 시간, 인상주의적 시간으로 변환된다. 또 강·약과 리듬을 내재시켜 다양한 기법을 창출했다. 문체에 리듬이 실리는 리듬기법, 인상주의기법, 문체의 전진운동과 후진운동 등은 시간의 밀도와 강·약을 활용하여 창출한 고도의 기법들이라고 말할 수 있다. 그리고 시간의 현재성을 바탕으로 한 이러한 다양한 기법들의 창출은 분명히 스타인을 비롯한 선배 작가들보다는 발전된 모습이라는 것을 지적하면서 이 장을 마친다.

8. 헤밍웨이 소설에 나타난 상징의 문제

본 장에서는 헤밍웨이 소설에 나타난 상징의 문제를 검토하기로 한다. 헤밍웨이 소설에 나타난 상징에 대한 새로운 조명의 시각 또는 접근법을 제시하고, 그에 따라 나타난 기법을 밝히겠다고 나선 마당에, 이 테마를 객관적으로 접근하기 위한 출발점으로 우선 헤밍웨이를 포함하여 현대문학의 작가들을 이해하는 데 상징기법적인 조명은 불가피한가라는 좀더 포괄적이고 거시적인 질문부터 제기해보기로 한다. 이 물음에 대한 대답을 위해 상징에 대한 두 가지 입장을 원용한다. 첫째 입장으로 에드먼드 윌슨(Edmund Wilson)의 견해를 도입한다. 윌슨은 예이츠(Yeats), 조이스, T.S. 엘리엇, 스타인, 프루스트(Proust) 그리고 밸러리(Valéry) 등을 중심으로 1870-1930년 간의 문학의 경향 및 발전의 원천을 추적하면서, 특히 20세기 문학사는 상징주의 발전사라는 한 측면을 지니고 있음을 지적하면서 현대문학을 접근하기 위해서는 상징주의(symbolism)가 전제되어야함을 밝히고 있다.[194] 보들레르(Baudelaire)의 『악의 꽃』(Fleurs de Mal) 발표 이후 문학일반에서 논하는 상징주의 자체를 논하는 입장이다. 둘째 입장으로 필립 프른드(Philip Freund)의 견해를 도입한다. 프른드는 언어 자체가 원래 상징성이 있기 때문에 언어로 이루어진 모든 소설은 상징성이 존재하기 마련이라고 못박고 있다.[195] 보다 넓은 의미의 상징을 논하는 입장이다. 상징에 대한 이상의 두 가지의 견해를 염두에 두고 상징주의 자체를 거부하고 있는 윌리엄 포크너의 견해를 분석해 보면, 결국 포크너도 둘째 입장과 같음을 알 수 있다. 포크너는 단지 작가로서 글

---

194) Wilson, 25.
195) Freund, 331.

을 쓸 뿐이지 상징주의 자체를 의식하고 글을 쓰지는 않는다고 말한다. 그러나 상징주의를 의도적으로 구사하고 있지 않는다 해도 글에는 원래 각종 상징과 이미지가 자연스럽게 유입될 수 있는 법이라고 그는 천명하고 있다.[196] 이상의 경우에 의하면 현대문학을 이해하는 데에는 어느 입장의 상징인가가 문제이지 결국 상징기법적인 조명은 불가피함을 알 수 있다.

그러면 헤밍웨이의 경우는 어느 입장인가? 그도 역시 포크너처럼 그의 소설에 상징이 존재한다는 것에 대하여 분명한 거부입장을 취하고 있다. 그러나 헤밍웨이의 부정에도 불구하고 그의 '소설 성립'에는 역시 상징기법이 배경이 되고 있다. 그래서 칼로스 베이커, 캐롤라인 고든(Caroline Gordon), 말캄 카울리(Malcom Cowley), 필립 영(Philip Young), 핼리데이(Halliday), 그리고 조셉 시플리(Joseph T. Shipley) 등 다수의 비평가들도 헤밍웨이의 소설에 상징성이 분명히 존재함을 지적하고 있다. 그러나 헤밍웨이 소설에 상징기법이 존재한다는 사실은 프른드와 포크너도 지적하고 있듯이 일반적으로 작가들이 상징기법을 의도적으로 구사했든 아니했든 간에, 문학이 갖는 성격상 대부분의 작가들에게서 상징을 완전히 배제하기는 불가능하다는 차원에서부터 일차적으로 인정될 수 있겠다. 더 나아가 헤밍웨이 상징의 성격을 살펴보면 그의 상징은 그의 문체의 고유한 영역에서 다루어져야 비로소 그 핵심이 드러남을 알 수 있다. 따라서 그의 소설의 상징성을 조명하는 데는 고유한 시각이 필요하다. 그럼에도 불구하고 앞에 열거한 각각의 비평가들은 조명의 시각에서 차이를 드러내고 있다. 예를 들어 칼로스 베이커가 헤밍웨이 상징을 지나치게 확대하여 이분법의 구도로 규정짓고 있다든지 필립 영이 정신분석학적 입장에서 조명하였던 것 등이다. 심지어 시플리는 문학 일반에서 논하는 상징주의 자체로까지 다루고 있다. 정확한 조명방법과 시각이 아니라고 말할 수 있다. 즉 헤밍웨이 상징 그 본래의 성격을 파악하는

---

196) Tindall, 54.

방법이 아니다. 이러한 시도들 때문에 헤밍웨이 상징의 본질이 변형되어 해석되고 있는 것은 물론이고 그의 소설의 전체적인 이해가 올바로 이루어지지 못한다는 큰 문제점까지 제기되고 있다. 이러한 연유로 그의 상징기법에 대한 올바른 분석이 절실하게 요청되고 있는 실정이다. 더하여 생략, 압축, 여백, 그리고 객관적 표현 등을 생명으로 하는 헤밍웨이 문체의 성격상 그의 특유의 상징기법에 대한 정확한 이해가 없이는 그의 작품세계의 핵심 파악이 사실상 불가능하다는 점에서 이 분석은 매우 중요하고도 필요한 작업이라고 말할 수 있다.

그러면 헤밍웨이 상징의 정체는 무엇인가? 구체적으로 말해서 그의 상징은 어떤 특성을 띠며 어떤 각도에서 조명해야 하는가? 이는 헤밍웨이 상징을 어떻게 규정해야 올바른가의 효과적인 시각의 제시 또는 접근법의 문제이다. 그리고 이렇게 규정된 헤밍웨이 상징의 원리에서 빚어지는 그의 상징의 실체는 무엇인가? 즉 어떤 기법들이 존재하는가? 이는 그의 소설에 내재하는 상징기법의 유형의 문제이다. 이 문제를 다루기로 한다.

헤밍웨이 상징에 대한 올바른 시각을 찾아내기 위해서는 우선 앞에 열거한 주요 비평가들이 제시하고 있는 견해를 둘러보고 넘어갈 필요가 있다. 헤밍웨이 작품의 상징성을 최초로 주장하고 나선 비평가는 카울리였다. 카울리는 헤밍웨이를 미국문학사에서 사실주의자의 그룹에 넣지 않고 내면의 상징적인 세계를 주로 다루는 포, 호손, 그리고 멜빌로 이어지는 그룹으로 분류하여 상징주의자로 규정했다.[197] 그렇지만 카울리는 "비록 나는 그가 그 벽들을 의식적으로 상징으로 간주했는지 의심이 들긴 하지만, 헤밍웨이의 무의식 속에는 이 모든 벽들이 죽음의 이미지이었을 수 있다."(In Hemingway's unconscious mind, all these walls may have been the images of death, though I doubt that he regarded them consciously as symbols.)[198]라고 헤밍웨이가 의도

---

197) Cowley, *The Portable Hemingway*, 서문.

적으로 상징주의를 사용하고 있는지에 대해서는 단언하지 못하고 있다. 다음으로 칼로스 베이커는 헤밍웨이의 상징을 양극개념으로 파악하고 있다.199) 칼로스 베이커는 괴테(Goethe)의 자서전 『시와 진실』(Dichtung und Wahrheit)의 두 어휘로 헤밍웨이 소설을 설명했는데 문체의 외면은 정확한 묘사, 적어도 부분적으로는 극사실주의적이거나 자연주의적인 정확한 묘사의 특징을 띠지만 내면은 상징의 세계가 숨어 있어 글의 깊은 맛을 주고 있다고 분석했다. 헤밍웨이 문체의 압축된 외면과 다의적인 내면을 고려할 때 이 점은 설득력을 지닌다고 말할 수 있다. 그런데 칼로스 베이커는 이 양극개념의 동일선상에서 <Mountain(Home-concept) vs. Plain(Not-Home concept)> 등과 같이 2분법의 상징주의를 제시하였다.200) 무리한 견해이다. 또 고든은 헤밍웨이의 상징주의를 카프카의 상징성에 비교하기까지 한다.201) 역시 무리한 견해이다. 그래서일까? 핼리데이는 고든이 비교의 근거로 내세웠던 카프카의 작품 "The Hunter Gracchus"에 나타난 상징은 정교하게 다듬어진 우화(allegory)이며 헤밍웨이는 결코 우화의 작품을 쓰지 않았다고 주장하면서 고든의 견해를 반박하고 있다.202) 근본적으로 리얼리스트인 헤밍웨이는 카프카가 구사한 그런 종류의 상징을 시도하지 않았기 때문에 헤밍웨이와 카프카의 상징을 동일한 입장에서 비교한다는 것은 불가한 일임에 틀림없다. 다음으로 필립 영의 견해인데 그는 헤밍웨이 인물의 심리상태를 "외상성 신경증"(traumatic neuroses)203)으로 진단하면서 정신분석학적 측면으로 조명했다. 필립 영은 등장인물의 내면세계에서 일고 있는 고통과 긴장은 작가가 1차 세계대전에서 입은 충격에서 비롯되는 것으로 연관지어 분석했다.204) 그

---

198) Cowley, "Nightmare and Ritual in Hemingway," 46.
199) Baker, *Hemingway: The Writer as Artist*, 289.
200) *Ibid.*, 101-102.
201) Gordon, 214-226 참조.
202) Halliday, 55-56 참조.
203) Young, 137.

러나 헤밍웨이의 작가수업의 편력을 분석해 보면 정신분석학적인 데에 골몰한 흔적도 없었을 뿐만 아니라 전쟁으로 인한 외상성 신경증적 조명으로 『노인과 바다』의 산티아고의 경우까지 전체를 설명한다는 것은 일부 무리가 있다. 그런가하면 시플리는 헤밍웨이를 심지어 문학 일반의 정통 상징주의자로 명시하고 있기까지 한다.205) 납득하기 어렵다.

한편 핼리데이는 "나는 그[헤밍웨이]가 확실한 상징주의기법을 사용하고 있다고 생각한다. 그렇지만 나는 그가 상징을 매우 제한되고 엄격히 통제된 방법으로 사용하고 있다고 생각한다. 그리고 만일 독자가 그런 조절된 기법의 문체를 인식하는 것을 실패하면 헤밍웨이가 전달하고자 하는 의미를 왜곡하거나 헤밍웨이의 서술예술을 오해하게 된다.―이미 오해가 이루어졌지만."(I think he uses certain techniques of symbolism, but I think he does so in a very limited and closely controlled, and that failure to recognize the controls leads―already has led―to distortions of his meaning and misappreciations of his narrative art.)206)라고 주장했다. 주목할 만한 언급이다. 이렇게 헤밍웨이 상징은 많은 논란을 거치면서 『누구를 위하여 종은 울리나』에서 "the sleeping bag"이 "womb"을, 「살인자」에서 "a ketchup bottle"이 "blood"를 상징한다는 주장까지 나오게 된다.207) 이런 그룹과는 달리 데이비드 로지는 헤밍웨이는 상징주의전통에서 이탈하고 있다고 말한다. 로지는 헤밍웨이는 은유 자체를 부정함으로써 제임스, 콘래드, 포드, 조이스, 버지니아 울프 등 대부분의 현대 산문작가를 직·간접적으로 키워냈던 상징주의 전통에서 용의주도하게 자신을 분리시키고 있다고 진단했다.208) 이렇듯 헤밍웨이 작품에서 상징을 찾아

---

204) *Ibid.*, 137-138, 140. 참조.
205) Shipley, 327.
206) Halliday, 55.
207) *Ibid.* 참조.
208) Lodge, *The Modes of Modern Writing*, 157.

내려는 노력은 치열했다. 그러나 각각의 경우 헤밍웨이 상징의 본질을 설명하는 데 미흡하거나 문제점을 안고 있어 정확한 조명과 분석이 요청된다.

헤밍웨이의 상징문제를 올바로 파악하기 위해서는 우선 헤밍웨이의 분명한 입장을 확인할 필요가 있다. 다음 구절은『노인과 바다』에 대한 상징성의 논란이 일었을 때 헤밍웨이가 단언했던 견해이다.

그 소설[『노인과 바다』]에 관한 비밀은 ... 사실은 어떤 상징도 없다는 것입니다. 바다는 바다이고, 노인은 노인이고, 소년은 소년이며, 청새치는 청새치 그 자체이며, 그리고 (이 작품에 나오는) 상어들은 다른 상어에 비해 더 좋거나 더 나쁘지 않는 그냥 상어일 뿐입니다.

The secret about the novel ... was that there wasn't any symbolism. Sea equaled sea, old man was old man, the boy was a boy, the marlin was itself, and the sharks were no better and no worse than other sharks.[209]

상징주의 자체를 확실하게 배척하고 있음이 명확하다. 적어도 헤밍웨이 자신은 그의 작품에 상징주의를 의도적으로 사용하려 하지는 않았다는 것을 알 수 있는 구절이다. 플림프튼과의 인터뷰에서 밝힌 다음 언급을 들으면 헤밍웨이가 상징주의 자체를 얼마나 배척했는가를 알 수 있다.

나는 비평가들이 상징을 계속해서 찾기 때문에 상징이 있다고 생각합니다. 그러나 당신이 괜찮으시다면 나는 상징주의 문제에 대한 토론과 상징주의 문제에 대해 질문 받는 것을 그만했으면 합니다.

I suppose there are symbols since critics keep finding them. If you do not mind, I dislike talking about them and being questioned about them.[210]

---

209) Baker, *Ernest Hemingway: A Life Story*, 505.

그렇다면 헤밍웨이의 소설에는 어떤 상징성도 없는 것인가? 일반적으로 언어가 갖는 특성상의 상징의 문제를 어떻게 정리해야 하는가? 앞서의 헤밍웨이의 상징성의 배척에도 불구하고 역시 『노인과 바다』의 상징성에 관하여 질문한 한 취재 기자에게 대답했던 헤밍웨이의 다음 견해를 들으면 그의 상징의 성격을 규정할 수 있는 단서가 나타나 있다. 다음은 1954년 12월 13일 ≪타임≫지와의 인터뷰에서 언급한 그의 견해이다.

  취재 기자의 질문에 대한 헤밍웨이의 논평: 지금까지 사전부터 상징들을 생각하고 그 상징들이 책에 들어간 책 치고 좋은 책은 쓰여지지 않았습니다. 그런 종류의 상징은 건포도가 들어간 빵에서 밖으로 내밀려 나온 건포도와 같습니다. 건포도가 들어간 빵은 좋습니다, 그러나 순수한 빵은 더욱 좋습니다. 『노인과 바다』에서 "나는 사실적인 진짜 노인, 진짜 소년, 진짜 바다. 진짜 고기 그리고 진짜 상어들을 그려보려고 노력했습니다. 그러나 만약 내가 그것들을 훌륭하고 진실로 그렸다면 그 묘사들은 많은 것들을 의미할 것입니다."

  Hemingway's remark to a reporter: No good book has ever been written that has in it symbols arrived at beforehand and stuck in. That kind of symbol sticks out like raisins in raisin bread. Raisin bread is all right, but plain bread is better. In *The Old Man and The Sea*, "I tried to make a real old man, a real boy, a real sea and a real fish and real sharks. But if I made them good and true enough they would mean many things."[211]

위 구절에서 파악할 수 있는 것은 두 가지라고 말할 수 있다. 하나는 표현된 글이 독자의 정서를 유발시킬 수 있게 하기 위해서는 "진짜의 것"(the real thing)을 써야 한다는[212] 신념을 『노인과 바다』에서 구현하려 시도했다

---

210) Plimpton, 29.
211) *Time* 64 (December 13, 1954), 72. Baker, *Hemingway: The Writer as Artist*, 323n 재인용.

는 점이고 다른 하나는 이렇게 쓰여진 그의 문체는 외면과는 달리 내면적으로 많은 의미를 함축하고 있다는 점이다. 자신이 필생 동안 추구했다고 밝힌 바 있는 "진솔한 산문"(straight honest prose)213), 그 문장이 참으로 진솔하게 쓰여졌을 때, 다시 말하면 그의 말대로 "good and true"하게 이루어졌을 때 표현된 글은 "많은 것들"(many things)을 의미하는 문장이 된다고 그는 말하고 있다. 여기서 헤밍웨이 고유의 상징이 성립된다. 그의 상징은 이런 의미, 즉 문맥이나 문체에서 어쩔 수 없이 나타나는 상징이다.

여기까지 이르고 보면 1857년에 보들레르의 『악의 꽃』이 발표된 이후 문학 일반에서 논의되는 순수 상징주의를 헤밍웨이에게는 적용할 수 없다는 것이 확실해졌다. 대신에 헤밍웨이의 상징은 그의 문체에서 비롯된다. 그렇다면 그의 상징성은 그의 문체성립의 근간을 이루고 있는 빙산이론의 원리에 의해 창조된 글에서 함축적으로 표현된 언어가 표현되지 않고 여백으로 남겨놓은 언어의 의미까지를 전달케 하는 언어의 선택기법에서 오는 서술상의 산물이라고 말 수 있다. 그리고 더 나아가 그의 상징과 빙산이론이 연결된다면 결국 그의 상징은 빙산이론의 모태인 세잔 화법의 영향에서 비롯된다는 추론이 어렵지 않다. 앞에서 분석한 바와 같이 사실 헤밍웨이는 세잔의 회화기법을 자신의 작품에 도입하여 소설기법화하였다. 도입한 내용은 세잔의 공간개념에 기초한 여러 가지 기법이었음을 알 수 있었다. 세잔의 화법 도입으로 헤밍웨이의 글은 추상성을 띠면서 실제로 상징화되었다. 또한 이러한 과정을 거쳐 상징화된 헤밍웨이의 글은 다른 작가의 상징과는 다른 것이고 헤밍웨이만이 지니는 특유의 문체로 자리잡았다.

세잔 화법 도입으로 인하여 생성된 빙산이론의 원리에 의해 창조된 그의 문장구조상 어쩔 수 없이 나타나는 현상이 헤밍웨이의 상징이라면 그의

---

212) Hemingway, *Death in the Afternoon*, 10.
213) White, 183.

상징은 당연히 빙산이론은 물론이고 세잔 화법의 입장에서 검토되어야 한다. 그리고 헤밍웨이 문체의 상징성이 순수 상징주의로서가 아니라 언어의 선택기법에서 오는 결과라면 이 문제는 어쩔 수 없이 T.S. 엘리엇의 객관적 상관물의 이론과 맞닿게 된다. 이 불가분의 상관관계는 1920년대 당시 파리의 전위적인 예술가들이 T. S. 엘리엇의 『성배』(The Sacred Wood)를 가까이 대하고 있었던 사실214)을 염두에 두고서 핼리데이의 "objective epitome−a symbolist technique"215)라는 표현을 숙고해 보면 시사되고 있지만 헤밍웨이가 밝힌 "나는 T.S. 엘리엇을 읽음으로써 그것을 표현하는 방법을 배웠다."(I learned how to do that by reading T. S. Eliot.)216)라는 고백에서 뚜렷이 나타난다. 해리 레빈은 헤밍웨이가 말한 '진짜의 것, 그 정서를 불러일으킨 동작과 사실의 연속'의 서술기법을 T.S. 엘리엇의 객관적 상관물과 동일시한다. 레빈은 "그[헤밍웨이]는 그 동안 줄곧 '진짜의 것, 그 정서를 불러일으킨 동작과 사실의 연속'기법을 추구해오고 있었다고 선언하는데 이 말이 의미하는 바는 T.S. 엘리엇이 그의 객관적 상관물이론에서 공식화했던 언어적 자극과 심리적인 반응이라는 명확한 기법을 의미하는 것 같다."(He declares that he has always sought 'the real thing, the sequence of motion and fact which made [sic] the emotion...' This seems to imply the clear-cut mechanism of verbal stimulus and psychological response that Eliot formulates in his theory of the objective correlative.)217)라고 말했다. 헤밍웨이의 문체와 T.S 엘리엇의 객관적 상관물의 유사성을 더욱 뒷받침하고 있다고 볼 수 있다. 따라서 헤밍웨이의 상징은 세잔에서 도입한 현대회화의 공간개념과 그로 인한 빙산이론의 측면을 주축으로 객관적 상관물의 범주가 가미되어 조명되어야 옳은 접근법이라고 말할

---

214) Young, 153-154 참조.
215) Halliday, 56.
216) Hemingway, *Death in the Afternoon*, 135.
217) Levin, 77.

수 있다.

궁극적으로 빙산이론, 세잔 화법, 그리고 객관적 상관물이라는 모태적 배경에 의해 생성되는 헤밍웨이의 상징은 여러 가지 유형으로 나타난다. 예를 들어 억제서법, 단축, 동작과 사실의 연속기법, "and," "then," 단순, 생략, 침묵, 응축, 객관적 제시 또는 이미지기법 등은 그의 상징의 주된 기법들이다. 그런데 이 모든 기법들을 거슬러 올라가 유사한 원리에 입각하여 분류해 보면 크게 두 가지로 대별할 수 있다. 절약표현과 반복표현이 그것들이다.

먼저 절약표현에서 오는 상징기법을 검토한다. 절약표현은 경제적인 표현기법으로서 세잔 화법의 공간개념이 영향을 미쳐 생성되었던 빙산이론에서 비롯된다. 소위 억제서법 또는 단축표현과 같은 맥락에서 파악이 가능하다. 이 절약표현은 다시 첫째, 생략·단순기법을 통한 상징, 둘째, 침묵기법을 통한 상징, 그리고 셋째, 최소한의 객관적 제시를 통한 상징으로 세분시킬 수 있다.

첫째, 생략·단순기법을 통한 상징을 분석한다. 생략·단순기법은 빙산이론에 의해 불필요한 부분을 생략하여 문체를 단순화시키는 기법이다. 이 기법은 긴 설명을 간단한 몇 마디의 언어로 축약시킬 수 있어 응축기법이라고도 부를 수 있다. 이 기법은 세잔의 공간처리기법 중 생략 및 단축기법에 그 근원을 두고 있다. 세잔의 이 화법이 헤밍웨이의 소설기법으로 도입되는 과정에서 빙산이론의 일부분을 구성하면서 단순·생략기법으로 정립되었다고 말할 수 있다. 이 기법의 효과를 말한다면 불필요한 부분을 정확하게 포착하여 생략해 단순화시킴으로써 작가가 전달하고자 하는 내용은 오히려 한층 강화되고 더 많은 의미를 전달하게 된다는 점이다. 이 점에 대한 명확한 이해를 위해 헤밍웨이의 직접적인 설명을 들어보자. 헤밍웨이는 이 점과 관련하여 「계절에 뒤늦은」을 예로 들어 다음과 같이 설명했다.

새로 쓴 작품은 매우 단순하며 「계절에 뒤늦은」이라고 이름을 붙였다. 그 단편의 결말을 나는 생략했는데 그 결말은 노인이 목매어 죽었다는 이야기이다. 이 부분을 나는 나의 새로운 이론에 따라 생략했다. 그 새로운 이론은 만약 우리가 생략했다는 것을 알고 아울러 그 생략된 부분이 작품을 강화시키고 또한 독자로 하여금 그들이 이해할 수 있는 이상의 그 무엇을 느끼게 할 수 있다면 무엇이든지 생략할 수 있다는 것이다.

It was a very simple story called "Out of Season" and I had omitted the real end of it which was that the old man hanged himself. This was omitted on my new theory that you could omit anything if you knew that you omitted and the omitted part would strengthen the story and make people feel something more than they understood.[218]

아울러 헤밍웨이는 주의 깊게 선택된 요소, 각각의 대상, 행동과 장면은 연상을 불러일으키고 축적된 효과는 독자에게 새로운 반응을 가져온다는 의견을 제시한다. 따라서 더 많은 의미를 전달하는 문장이 되려면 표현된 부분은 생략시켜 최소화해야 하고 그 글이 많은 의미를 함축하려면 상징적이어야 한다. 생략과 상징의 관계가 밝혀진 셈이다.

헤밍웨이 문체에서 보다 큰 생략을 수행하는 기법의 형태가 "then"의 사용이다. 장황한 묘사나 설명을 생략시키고 "then"으로 압축시킨다. 독자가 이러한 문체를 접했을 때 그 뜻을 이해하기 위해서는 많은 상상력이 필요하다. 결코 단순한 문체가 아니다. 세잔 그림의 단순한 외면의 너머에 존재하는 철학적이고 다원적인 깊은 의미가 헤밍웨이 문체에 역시 담겨져 있다. 스보보다가 분석했던 "헤밍웨이의 단순하고 서술적인 문장의 목적은 쉽고 단순한 독서 경험이 되기를 의도한 것이 아니다. 그가 삼는 단순성은 맥구피를 읽는 단순성이 아니고 마네, 모네 혹은 세잔 작품의 명백한 단순성을 의도하고 있

---

[218] Hemingway, *A Moveable Feast*, 75.

다...헤밍웨이는 외면상의 단순성을 가지고 다차원의 진실을 전달하려 노력했다."(The aim of Hemingway's simple declarative sentence is not intended to be a simple reading experience. He aims, not for the simplicity of a McGuffy reader, but for the apparent simplicity of a Manet, a Monet, or a Cézanne.)[219]는 이 점을 잘 뒷받침하고 있는 구절이라고 볼 수 있다.

다음 예문은 헤밍웨이 소설에서 "then"이 생략의 극단적 형태로 쓰인 경우이다.

"What's the matter, darling? Do you feel rocky?"
She kissed me coolly on the forehead.
"Oh, Brett, I love you so much."
"Darling," she said. *Then*: "Do you want me to send him away?"[220]
(*Then* 이탤릭체 저자)

"당신, 웬일이세요? 현기증이 나세요?"
그녀는 내 이마에다 가볍게 키스를 했다.
"아아, 브렛, 당신을 참으로 사랑합니다."
"당신," 그녀는 말했다. 그런 다음 조금 있다가 다시 말했다. "그 사람을 쫓아 보내기를 원하세요?"

헤밍웨이가 생략을 위해 즐겨 쓰는 흔한 형태중의 하나가 첫 인용문에서 볼 수 있듯이 압축된 <단문＋and＋단문> 구조이다. 이 외에도 헤밍웨이는 생략, 단순 또는 응축된 표현을 위해 여러 가지 수법을 구사하는데 또 하나의 예가 위 구절에서 보는 "Then"의 용법이다. 단순·생략 측면에서 "and"의 역할을 말한다면 어떤 상황이나 행동의 묘사에서 다음 상황이나 행동의 서술로 넘어갈 때 적절히 생략할 수 있는 기회를 작가에게 부여하는 효과적

---

219) Svoboda, 22.
220) Hemingway, *The Sun Also Rises*, 54.

인 기능이라고 말할 수 있다. 그런데 "then"은 그보다 훨씬 더 큰 생략 및 단순화의 효과를 낸다고 말할 수 있다. 이전의 행동을 기술하고 난 후 얼마동안의 <시간의 경과>를 "then"은 담고 있다. 따라서 "then"을 문장에 도입함으로서 헤밍웨이는 생략의 폭을 훨씬 더 크게 할 수 있다. 위 구절에서 마지막 문장의 "him"은 미피포폴로 백작이고 브렛이 상대하는 인물은 제이크이다. 진행에 있어 이해하기 어렵지 않은 대화의 전개가 있고 난 후 "Then"이 나타났다. 외면상 단순하기 그지없다. 과연 "Then"으로 뭉뚱그려진 내용은 무엇인가? 잠깐 동안의 시간이 경과한 후에 "Then"이 나타났는데 그 동안에 무슨 일이 일어났는가? 독자는 생략되어 설명되지 않고 응축시켜 놓은 이 "Then"의 의미에 자못 관심이 쏠리면서 여러 가지 의문과 감정을 일으키게 되는데 이야기 전개가 조금 더 진행되다 또다시 "Then later"가 나타난다.

    Brett came in and sat on the bed.
    "Poor old darling." She stroked my head.
    "What did you say to him?" I was lying with my face away from her. I did not want to see her.
    "Sent him for champagne. He loves to go for champagne."
    Then later: "Do you feel better, darling? Is the head any better?"
    "It's better."[221] (*Then later* 이탤릭체 저자)

    브렛은 안으로 들어와 침대에 걸터앉았다.
    "아이 딱한 분" 그녀는 내 머리를 손을 쓰다듬었다.
    "그 사람에게 뭐라고 했소?" 나는 그녀에게서 얼굴을 돌린 채 누워 있었다. 나는 그녀를 보고 싶지도 않았다.
    "샴페인을 사오도록 그를 보냈소. 그는 샴페인을 사러 가는 것을 좋아해요."
    그 다음에 조금 후에 물었다. "기분 좀 좋아졌어요, 당신? 머리는 좀 좋아

---

221) *Ibid.*, 55.

지셨고요?
 "좋아졌소."

과연 일정 시간의 경과를 표현한 "Then"과 "Then later"는 어떤 상황을 축약하고 있는가? 이에 대한 대답은 독자에 따라 여러 가지로 나타날 수 있겠는데 문맥의 전후로 미루어 그 시간에 발생했던 일은 사랑나누기였다고 추측할 수 있다. 차만 나할도 이 기간에 제이크는 브렛으로부터 "변태적인 성적 만족"(a perverted sexual satisfaction)을 얻었을 것이라고 비슷한 추론을 제기한 바 있다.222) 제이크가 성불구자라는 사실에 유의하면서 위 구절을 중심으로 전후에 전개되고 있는 제이크와 브렛 사이의 에로틱한 장면, 제이크, 브렛, 미피포폴로 사이의 삼각관계, 그리고 브렛이 말한 "그[미피포폴로 백작]를 보내버릴까요?"(Do you want me to send him[Count Mippipopolous] away?)라는 구절 등을 토대로 분석하면 앞의 추론을 이해하기는 어렵지 않다. 이러한 극단적인 생략 형태를 해석하는 데는 실로 독자의 많은 상상력을 요구하게 되며 "then"의 의미에만 국한되는 해석을 경계하고 있다. 이때 "then"은 원래 단어 자체가 지니고 있는 것보다 더 많은 의미를 함축하고 있는 상징적인 언어라고 말할 수 있다. 헤밍웨이 언어의 상징에는 이런 경우가 많아서 독자의 상상력이 필히 요구되고 있다.

둘째, 침묵기법을 통한 상징을 분석한다. 침묵기법(silence technique)이란 주인공이나 등장인물들로 하여금 표현을 하지 않게 하고 침묵시킴으로서, 침묵된 부분의 해석을 위해서 독자의 내성을 유발시키는 수법을 말한다. 핫산도 헤밍웨이 문체의 엄격함, 간결함, 그리고 반복기법, 비할 바 없는 응축성과 널리 퍼져있는 생략은 수사(修辭)는 물론이고 서술조차도 저항하는 경향이 있으며 결국 그의 문체의 정수는 침묵과 배제에서 나온다고 보고 있

---

222) Nahal, 44.

다.223) 의미전달이 문장의 사명이라면 침묵된 부분은 표현된 부분이 상징성을 띄어야 할 수밖에 없는 상황이다. 여기서 침묵과 상징의 불가분의 관계가 시작된다.224) 그러면 침묵기법은 주로 어떤 상황을 묘사할 때 사용하는가? 이에 대해 왈드혼의 견해는 적절한 참고가 된다. 그는 <침묵기법>의 본질을 설명하면서 "침묵은 우주의 혼란과 개인의 소외에 대항하여 분노를 표현하는 말없는 은유이다."(Silence is wordless metaphor expressing outrage against the chaos of the universe and the isolation of the individual.)225)라는 구절을 제시하고 있다. 즉 헤밍웨이는 주인공의 복잡한 심경이나 주인공의 소외로 인한 폭발성이 있는 심각한 표현이 필요할 때 오히려 말하지 않는 침묵기법을 사용하고 있다고 말할 수 있다. 그래서 침묵의 불표현은 반어적인 강력한 표현이라고 말할 수 있다. 얼 로빗은 헤밍웨이 소설에 "말하지 않은 반어"(the irony of the unsaid) 기법이 존재함을 지적하고 이는 "정서의 충격을 전달하는 가장 강력한 방법의 하나"(one of his most powerful ways of transmitting the shock of emotion.)226)라고 말하고 있다. 이 침묵기법과 그 용법의 효과를 꿰뚫어 설명한 것이라고 볼 수 있다. 주인공의 내면정서의 불표현에서 오는 해석은 그대로 독자의 일로 떠넘겨지고 독자는 내성활동으로써 주인공의 심연의 세계를 알 수밖에 없다. 이때 상징이 성립되는 것이다.

침묵기법이 매우 효과적으로 구사되어 있는 예가 「정결하고 조명이 잘된 장소」에서 발견되고 있다. 이 작품의 주요 등장인물은 나이 많은 웨이터, 젊은 웨이터, 그리고 노인이다. 세 인물들의 내면세계의 표현으로 사용된 침묵기법을 고찰하는 데 눈여겨볼 대목은 나이 많은 웨이터와 노인의 내면세계를 응축시켜 침묵시킨 부분이다. 이 작품의 주제는 오파오레인이 지적한

---

223) Hassan, 199-200.
224) III-2 "빙산이론의 정의와 기법의 완성" 참조.
225) Waldhorn, 37.
226) Rovit, 83.

대로 허무라고 말할 수 있으며227) 이 주제의 표현을 위해 작품구성이 빈틈 없이 짜여져 있다. 노인에 대한 동정과 허무감을 내면적으로 갖고 있는 나이 많은 웨이터는 젊은 웨이터와 대화할 때 자신의 내면의 감정을 억제하고 조절하여 그 일단을 주제의 제시 부분에서 표현하기까지 카페에서 브랜디를 마시는 귀먹은 노인을 보고도 일체의 감정표시를 하지 않는다. 노인은 팔십 인생 역정의 말년을 맞이하여 허무감과 고독감으로 시달리고 있다. 그는 자살을 기도하기도 했다. 이러한 노인과 내면의 정서가 같고 또한 노인에게 심정적으로 동정적인 인물이 나이 많은 웨이터이다. 나이 많은 웨이터가 노인에 대하여 자신의 내면의 생각을 표현하는 방법은 젊은 웨이터와 대화하는 방식을 취하는데 이때 나이 많은 웨이터는 자신의 감정을 극도로 억제시키거나 침묵시킨다. 젊은 웨이터의 노인에 대한 비판적인 언사에도 노인을 변호하는 나이 많은 웨이터는 적극적이고 충분한 설명을 피하고 그저 "노인은 아내가 있으면 좀 나을 거야."(He might be better with a wife.)와 "이 노인은 깨끗해요. 술을 마셔도 쏟지도 않지."(This old man is clean. He drinks without spilling.)228) 정도에 그치고 있다. 그리고 밤이 깊도록 브랜디를 더 마시고 싶어하는 노인을 쫓아내는 젊은 웨이터에 대해 몹시도 서운한 감정인데도 "나는 카페에 늦게까지 앉아 술을 마시기를 좋아하는 그런 부류에 속한 사람이야...잠자리에 들어가고 싶지 않는 사람들과 한패지. 밤에도 밝은 등불이 있어야 하는 사람들과 한패이지."(I am of those who like to stay late at the café...With all those who do not want to go to bed. With all those who need a light for the night.)229) 정도로 그의 감정을 억누른다. 나이 많은 웨이터는 많은 부분을 표현하지 않고 침묵하고 있다고 말할 수 있다. 내면감정의 표현은

---

227) O'Faolain, 113. Baker, *Hemingway: The Writer as Artist*, 123.
228) Hemingway, "A Clean, Well-Lighted Place," *The First Forty-Nine Stories*, 311.
229) *Ibid.*, 313.

여백의 언어로 남기고 세심하게 조절된 억제서법으로 일관하면서 일정부분을 침묵시키고 있다. 그래서 오파오레인은 이 작품에서 조절되어 표현된 부분이 사실주의적 묘사기법에 의한 것이라고 본다면 그 사실주의는 넘쳐흐르는 감정을 억제해 주는 거북이의 등딱지나 조가비에 비유할 수 있다고 수긍할 만한 지적을 하고 있다.230)

나이 많은 웨이터보다 더 침묵하는 인물이 노인이다. 노인의 성격묘사의 경우 침묵기법의 테두리 내에서 이루어지고 있다. 인생 최후의 황혼기를 맞은 노인은 아내도 없이 혼자 살아가면서 내면적으로는 너무나도 외롭고 쓸쓸하다. 그의 속내 정서는 비극적이라고까지 말할 수 있다. 그러나 그러한 정서를 묘사하는 어휘는 단 한 마디도 없다. 노인은 그저 바(bar)에 들어와 말없이 혼자서 술을 마시고 다음에서 보게 될 다섯 마디 정도의 언사가 그가 던지는 주요 표현이다. 그런데도 외면의 무디고 단순한 노인의 성격 너머에는 예민한 감수성에서 오는 슬프고 아픈 감정들이 속속들이 숨어 있음을 독자는 느끼게 된다. 브룩스와 워렌이 이 감추어진 감수성을 '난외의 감수성'(marginal sensibility)231)이란 함축된 언어로 바꾸어 표현하고 있는 것은 표현되지 않은 감수성을 압축하여 지적한 것이라 말할 수 있다. 그리고 오파오레인이 이 감수성에서 나오는 노인의 내면의 복잡하고 비애 어린 감정을 "슬픈 영혼"(sad soul)232)이란 용어로 집약하였는데 이는 말이 없는 노인의 마음 속 깊은 곳에 도사려 있는 비극적 정서를 예리한 시각으로 날카롭게 파헤쳐 분석한 견해로서 결국 침묵기법의 용례를 설명한 것이라 볼 수 있다.

작품 전체를 통해서 노인이 말한 구절은 다섯 마디, 즉 "브랜디 한잔 더 주게"(Another brandy), "조금만 더"(A little more), "고마워"(Thank you), "브랜

---

230) O'Faolain, 113.
231) Brooks & Warren, 201.
232) O'Faolain, 113.

디 한잔 더 주게"(Another brandy), 그리고 "한잔 더"(Another)에 머물고 있다. 그 외에 일체의 표현이 없다. 앞의 구절들은 단지 젊은 웨이터가 브랜디를 따라줄 때 표현했던 어구들이다. 이 중 뒷부분의 "Another brandy"와 "Another"는 브랜디를 더 마시고 싶어 신청했다가 거절당했던 경우이다. 노인은 거절당하자 더 이상의 요구나 말대꾸도 없이 술값을 계산하고 나가버리고 만다. 노인의 마음은 허무를 넘어서 슬픈 영혼의 비극적 경지에까지 도달해 있다고 볼 수 있다. 그럼에도 자신의 내면에 일고 있을 법한 고독감의 표현, 인생에 대한 한탄, 허무감의 피력, 또는 젊은 웨이터에 대한 섭섭함과 불평 등 일체의 것들이 표현되지 않고 있다. 내면정서의 표현이 침묵기법으로 처리되고 있는 것이다. 이 작품의 여러 요소, 즉 이슬에 가라앉은 먼지, 귀먹은 노인, 전깃불에 희미하게 비치는 나뭇잎사귀들, 말없이 지나가는 처녀와 병정 등등을 들추어내면서 "거의 말이 없는 영화"(almost-silent movie)[233]로 보았던 오파오레인(O'Faolain)의 분석은 이런 점에서 타당하다. 표현되지 않은 노인의 내면의 생각이나 정서의 상황에 대한 해석은 독자에게 맡겨져 있다. 그리고 이는 표현된 부분에 의거하여 독자의 상상력을 통해 그 해석이 가능하다. 그래서 표현된 부분은 상징적이어야 하며 그런 기능을 할 수 있는 어휘를 사용해야 하는데 헤밍웨이는 이를 용의주도하게 구사하고 있으므로 독자는 이 점을 날카롭게 포착하여야 한다.

셋째, 최소한의 객관적 제시(objective representation)를 통한 상징을 고찰한다. 이 기법은 작가의 주관이 배제된 채 최소한의 것만을 객관적으로 기술하여 상징성을 띠는 기술이다. 이는 표현된 글이 독자의 정서를 유발할 수 있고 이것이 1년 또는 10년 이상 언제까지라도 효력이 있으려면 '진짜의 것, 그 정서를 불러일으킨 동작과 사실의 연속'을 쓰는 일이라는 신념에서 실제로 행동으로 일어나는 것만을 기술하는 결과에서 비롯된 것이다.[234] 이 기법

---

[233] *Ibid.*

은 에즈라 파운드의 "제시에 기여하지 못하는 말을 절대로 사용하지 말라." (Use absolutely no word that does not contribute to the presentation.)[235])는 지도에서 출발하여 스타인의 단순·반복기법, 그리고 세잔의 생략·단순기법, 특히 세잔이 말한 "나는 자연을 재생하려 시도하지는 않았어요.; 나는 자연을 묘사했어요."(I have not tried to reproduce nature; I have represented it.)[236])의 기본입장이 결정적인 영향을 미쳐 확립된 것이다. 예문을 도입한다.

> She turned quickly and went into the hotel. The chauffeur drove me around to my flat. I gave him twenty francs and he touched his cap and said: "Good night, sir," and drove off. I rang the bell. The door opened and I went upstairs and went to bed.[237])

> 그녀는 재빨리 몸을 돌려 호텔 안으로 들어갔다. 운전수는 나를 내 아파트까지 태워다 주었다. 내가 그에게 20프랑을 주니까 그는 모자에 손을 얹으며 "안녕히 주무십시오, 선생님" 하고 인사를 하고는 차를 몰고 떠나 버렸다. 나는 아파트 벨을 눌렀다. 문이 열렸고 나는 2층으로 올라가 침대 속으로 들어갔다.

위 구절은 최소한의 객관적 제시 기법이 잘 구사된 경우라고 볼 수 있다. 각 문장이, 전달하고자 하는 사상(idea)에 조금이라도 불필요하다고 판단되는 <잉여의 언어들>(extra words)은 모두 제거되고 최소한의 객관적인 어휘들만이 사용되어 있다. 이 어휘들은 발생한 여러 행동들 중에서 상징성이 유발될 수 있는 행동만을 선별적으로 표현하고 있다. 위 장면이 시작되기 바로 이전의 행동은 제이크와 브렛의 작별키스였다. 그 다음 그들이 헤어지고 제

---

234) Hemingway, *Death in the Afternoon*, 10 참조.
235) Wagner, *Hemingway and Faulkner: inventors/masters*, 42.
236) Raymond. S. Nelson, 12.
237) Hemingway, *The Sun Also Rises*, 65.

이크가 그의 침실로 들어가기까지의 동안을 단 다섯 개의 문장으로 압축하여 기술해 놓았다. 작별키스가 시작되기 전 브렛은 "다시는 당신을 만나지 않겠어요."(I won't see you again.)238)라고 제이크를 거부하고 있다. 제이크는 브렛과 키스를 하면서도 "그녀는 나를 밀어제쳤다."(She pushed me away.)239)에서 볼 수 있듯이 브렛의 거부적인 행동을 겪거나 "아, 그만해요!"(Oh, don't!)240) 라는 말을 들어야 하는 등의 면박을 받았다. 그가 성불구자라는 사실과 브렛을 가운데 두고 주위의 동료들과 경쟁관계에 있다는 점을 감안할 때 그의 마음은 편치 않을 것이다. 끝내는 제이크의 정신적인 승리가 브렛을 자기의 품으로 돌아오게 만들고 말지만 현재의 상황은 온갖 생각으로 복잡하고 피곤하며 긴장이 진행되고 있는 중이라고 말할 수 있다. 그런데도 주인공의 생각 또는 작가의 주관은 전혀 묘사되어 있지 않다. 묘사되지 않은 제이크의 나머지 마음 상태는 독자가 내성을 이용하여 상상해 낼 수밖에 없다. 와그너의 구절 "헤밍웨이는 우리에게 몇 가지 간단한 내성을 제시하여 우리가 제이크의 감정 상태의 깊이를 이해하도록 한다."(Hemingway gives us some brief introspection so that we understand the depth of Jake's feelings.)241)는 이 점을 지적한 말이라고 볼 수 있다. 설명을 배제하고 객관적이고 선별적인 <제시>(presentation)만 함으로써 이 문체는 성립한다. 그런데 제시 단어는 나머지 모든 어휘들이 갖는 의미를 함축하여 암시해야 하는데 이런 단어를 정확히 선정하는 것이 헤밍웨이의 기술이다. 하나(one thing) 또는 부분(part)을 제시하여 전체(the whole)를 암시하는 상징기법이다. 위 예문 같은 문장기법은 헤밍웨이의 성공작들에서는 어디서나 쉽게 발견할 수 있지만 『태양은 또다시 떠오른다』의 경우 특히 두드러지고 있다. 스보보다도 "설명은 직접적인 제시만

---

238) *Ibid.*
239) *Ibid.*
240) *Ibid.*
241) Wagner, *Hemingway and Faulkner: inventors/masters*, 49.

큼 진실되지 못하다."(explanation is never so truthful as direct presentation)242) 라고 말한 다음 이는 윌리엄 칼로스 윌리엄스(William Carlos Williams)의 예술이론인 "사상이 아니라 사물 자체의 것"(no ideas but in things)243)의 원리로서 이 기법이 『태양은 또다시 떠오른다』가 성립되는 배경이 되고 있다고 지적했다.

다음은 반복표현에서 오는 상징기법의 문제를 논한다. 헤밍웨이의 반복표현기법이란 어떤 특정 언어를 반복시켜 사용함으로써 특정한 이미지나 분위기를 생성시키는 수법을 말한다. 소위 그의 이미지기법이다. 이 반복표현기법은 원래 스타인에게서 도입했다고 말할 수 있다. 예를 들어 스타인은 "온천지에 장미가 만발했다"를 표현할 때 "There are many roses in the field." 라거나 "The field is covered with many roses." 또는 "The field is strewn with many roses."라고 하지 않고 "A rose is a rose is a rose."라는 식으로 표현한다. 한 문장에 동일 단어를 반복시켜 "The field is full of many roses."의 뜻을 만들어낸다. 그 결과로 독자는 온천지가 장미로 뒤덮였다고 인식하게 된다. 이는 표출하여 부각시키고자 하는 사물을 거듭 반복하여 집중시켜 줌으로써 독자에게 작가가 의도한 그 사물의 이미지를 전달하는 원리로서 장황한 묘사보다 훨씬 강한 인상(impression)을 심는 것을 목적으로 수행되는 기법이다. 스타인의 기법은 그녀의 작품 어느 곳을 임의로 선택해도 쉽게 찾을 수 있다. 그녀의 작품 *Matisse Picasso and Gertrude Stein with two shorter stories*의 다음 구절도 이 기법을 잘 보여준다.

> Knowing everything is something. Knowing everything and telling all of that thing is something. Knowing everything and not meaning anything in knowing everything is something.

---

242) Svoboda, 19.
243) *Ibid.*

Meaning something is something. Meaning something and telling that thing is something.

Knowing something is something. Knowing something and not meaning anything is something. Knowing something and not meaning anything and telling that thing is something.244)

　이와 같은 반복기법이 겨냥하는 것은 집중을 통해서 단시간에 이미지를 확고히 만들어 내는 것이다. 스타인이 헤밍웨이에게 문체기법을 지도하면서 권고한 <집중론>은 바로 이 이미지기법의 효과를 의도했던 것이다. 헤밍웨이 소설에 나타난 이미지기법은 이렇게 스타인으로부터 비롯되었으며 그 구체적 방법은 반복과 집중이었다. 이렇게 나타난 이미지는 아주 경제적일 뿐만 아니라 독자에게 미치는 효과가 강력하고 영원성을 띤다. 헤밍웨이의 소설에 나타난 위 이미지기법은 다시 세 가지로 세분된다. 첫째로 자연상징물을 지칭하는 언어의 반복, 둘째로 특정 행동을 통한 반복, 그리고 셋째로 반복패턴의 틀 속에서 어휘를 반복시키는 문체상의 장치이다.

　첫째, 자연상징물어의 반복을 통한 상징기법을 살펴본다. 이 기법은 독자에게 작중인물의 내부정서를 직접 설명하거나 기술하는 일 없이, 특정 동물이나 자연현상에 특정한 이미지 설정을 목적으로 그 언어를 반복시켜 해당 대상물로 설명을 대신하는 표현법이다. 이때 선정되어 반복되는 언어는 객관적 상관물로서 상징어가 된다. 이에 해당하는 예로서는 『노인과 바다』에서 "lion"과 "baseball,"「킬리만자로의 눈」에서 "leopard," "hyena," "vulture," "snow,"『누구를 위하여 종은 울리나』에서 "squirrel," 그리고『무기여 잘 있거라』에서 "rain" 등을 들 수 있다. 이 기법의 이해를 위해 "rain"의 경우를 선정하여 설명해 보기로 한다.

---

244) Stein, "A Long Gay Book," *Matisse Picasso and Gertrude Stein with two shorter stories*, 26.

『무기여 잘 있거라』에서 주인공 프레더릭 헨리의 지배적인 심경은 전쟁의 와중에서 죽음에 대한 생각, 패배, 무가치한 것, 그리고 공허 등이다. 작가는 이러한 주인공의 정서를 표현하기 위해 "bare," "fallen leaves," "dust," "dirt" 등 몇 가지의 이미지언어를 사용하고 있는데 그 중 두드러진 것이 "rain"이다. 이 "rain"은 "mist," "wet," "damp," "river," 그리고 "fog" 등으로 번갈아 가며 변환하여 사용되고 있다. 작품의 마지막 구절을 도입한다.

> But after I had got them out and shut the door and turned off the light it wasn't any good. It was like saying goodbye to a statue. After a while I went out and left the hospital and walked back to the hotel in the rain.245)

> 그러나 나는 그녀들을 나가게 한 후 문을 닫고 전등불을 꺼보았지만 아무 소용도 없었다. 그것은 마치 조상(彫像)에게 마지막 작별인사를 하는 것과 다름이 없었다. 잠시 후 나는 밖으로 나와 병원을 뒤로 한 채 비를 맞으며 호텔로 돌아왔다.

제1장의 조락의 분위기 때부터 <비-콜레라-7천명의 군인사망>의 이미지로 시작했던 "rain"은 죽음, 패배, 실패의식이 따를 때마다 나타나다가 마지막 제41장에서 여주인공 캐서린의 죽음과 결부되고 있다. 이 장에서 "rain"의 출현은 어두운 밤에 내리는 비(rain falling)246)로부터 시작하여 프레더릭 헨리의 기억 속에 나타난 통나무 위의 개미 떼의 <죽음>과 관련된 <물 한 컵>(a tin cup of water)247)의 이미지를 거쳐서 <우중을 뚫고>(through the rain)248) 캐서린의 죽음이 임박해 있는 병원에 도달하여 끝내 <죽음>을 맞이

---

245) Hemingway, *A Farewell to Arms*, 마지막 구절, 256.
246) *Ibid.*, 251.
247) *Ibid.*, 252.
248) *Ibid.*, 253.

하고 비통한 심경으로 다시 빗속으로(in the rain) 나오는 패턴으로 반복을 이루고 있다.『노인과 바다』에서 힘과 용기의 상징물인 "lion"이 작품의 끝을 맺고 있듯이 흥미롭게도 "rain" 역시 이 소설의 마지막 단어가 되고 있다. 위 장면에서 사랑하는 아내와 자식을 잃고 홀로 남은 프레더릭 헨리의 심정은 처절함 또는 가슴을 도려내는 듯한 감내하기 어려운 아픔일 것이다. 그러나 그런 마음의 정황이 구체적으로 표현되지 않고 있다. 그저 전등불을 켜보지만 <그것은 마치 조상(statue)을 보고서 마지막 인사를 하는 것과 조금도 다름이 없었다.>의 표현에서 그치고 있다. 그리고 단지 프레더릭은 캐서린이 죽어 누어있는 병원을 등지고 그들이 함께 묵었었던 호텔을 향해서 <빗속>을 걸어갈 뿐이다. 이때 작품의 처음부터 필요한 때마다 반복되었던 "rain"은 프레더릭의 모든 내부감정들을 이미지로서 함축하고 있다고 말할 수 있다. 쉬나이더의 분석은 <rain이미지>를 이해하는 데 크게 도움을 준다. 쉬나이더는『무기여 잘 있거라』에서 주인공의 지배적인 마음상태는 "죽음에 대한 생각"(the sense of death), "패배"(defeat), "실패"(failure), "무가치한 것"(nothingness), 그리고 "공허"(emptiness)라 규정했다. 그리고 이것들의 감정을 유발시키는 세 개의 이미지를 발견할 수 있다고 지적하고 그 중에 주요한 것으로 <rain이미지>를 들고 있다. 쉬나이더의 분석은 이렇다. "『무기여 잘 있거라』에서 지배적인 심리상태-죽음, 패배, 실패, 무(無), 공허 등의 감각-는 (비의 연상어 색조인 무, 젖음, 축축함, 강, 농무 등과 함께) 주로 비의 이미지, (주로 벌거벗은, 엷은, 작은, 그리고 낙엽 등의) 황량함의 이미지와 그 수식어구들, 그리고 (주로 먼지, 진흙, 불결한 진흙, 그리고 병 등의) 불순물과 타락의 이미지와 그 수식어구들에 의해 전달된다."(In *A Farewell to Arms* the dominant state of mind–the sense of death, defeat, failure, nothingness, emptiness–is conveyed chiefly by the image of the rain (with all its tonal associates, *mist, wet, damp, river, fog*), by images and epithets of desolation (chiefly *bare, thin, small,* and *fallen leaves*), and by images and epithets of impurity and corruption (chiefly *dust, mud, dirt,* and *disease*).249) 꽤 정확한 진단이다. 죽음의 의식과 패배 그리고 실패와 더 나아가 <악>이 주조를 이루는 심리상태일 때 헤밍웨이는 그 마음상태를 직접적으로 표현하는 것이 아니라 대신에 <rain이미지>를 설정하여 "rain," "mist," "wet," "damp," "river," 그리고 "fog"를 번갈아 반복 사용한다. 더불어 나뭇가지의 표현을 "bare," "thin," "small," "fallen leaves"로 반복 사용하여 <쓸쓸한 마음>의 이미지를 생성시키고, <불순과 불결의 마음>의 이미지성립을 위해 "dust," "mud," "dirt," 그리고 "disease"를 반복 사용한다고 쉬나이더는 분석했다. 이 기법은 곧 특정단어의 반복이 이미지단어가 되며 이미지어의 반복이 곧 상징을 성립시키는 기교이다. 헤밍웨이는 이런 단어를 작품 전체 혹은 장(chapter) 내에서 반복시켜 독자의 눈에 쉽게 뜨이게 하기도 하지만 어떤 경우는 특정 페이지나 특정 단락에서만 시도하기 때문에 독자는 주의를 기울여야만 그 단어의 상징적 의미를 놓치지 않게 된다.

자연상징물어의 반복을 통한 상징기법은 그 해석에 있어 문맥을 전제로 해야 한다. 즉 문맥해석에 그쳐야 한다. 만일 그렇지 않고 상징일반론의 차원으로 지나치게 확대하면 헤밍웨이 상징의 본령을 이탈하게 된다는 점을 유의해야 한다. 이 본령의 이탈은 칼로스 베이커의 경우에 나타나고 있는데 그는 특히 『무기여 잘 있어라』를 예로 들면서 산과 평야의 대칭, 즉 <Mountain vs. Plain>의 도식을 추출한다. 그는 산과 평야의 대조관계를 "concepts of Home and Not-Home"의 "양극"(two poles)으로 이분시켜 전자 Home concepts를 "peace" "quiet" "love" 등에 결부시키고 후자 Not-Home concepts를 "disease"와 "death" 등의 의미에 연결시키고 있다.250) 칼로스 베이

---

249) Schneider, 255.
250) Baker, *Hemingway: The Writer as Artist*, 101-102.

커의 주장은 첫 단락의 경우에만 국한할 경우 그렇게 보인다. 그러나 『무기여 잘 있거라』의 둘째 단락의 경우를 칼로스 베이커의 이론은 설명해주지 못하고 있다. 둘째 단락을 도입하여 검토해 본다.

> The plain was rich with crops; there were many orchards of fruit trees and beyond the plain the mountains were brown and bare. There was fighting in the mountains and at night we could see the flashes from the artillery. In the dark it was like summer lightning, but the nights were cool and there was not the feeling of a storm coming.251)

> 들판은 온통 곡식들로 풍성했다; 사방에 많은 과수원이 있었고 들판 저쪽 산들은 갈색이었고 나무가 없었다. 그 산에서는 전투가 벌어지고 있었고 밤이 되면 대포에서 내뿜는 섬광들이 보였다. 어둠 속에서 그것은 마치 여름철의 번개같았으나 밤은 서늘해서 폭우가 내릴 것 같은 기미는 없었다.

칼로스 베이커의 주장이 무리라는 것이 금방 드러나고 있다. "들판에는 온통 오곡이 익어 있었고 사방에는 과수원도 많았다. 그리고 들판 저쪽 산들은 나무가 없어 갈색으로 보였다"라는 구절에서 어떻게 칼로스 베이커의 주장이 성립할 수 있는가? 그래서 위 단락의 비옥과 생산의 이미지가 어떻게 "obscenity," "indignity," "disease," "suffering," "nervousness," "war," 그리고 "death"의 의미를 지닌 "rain" 및 "fog"와 일치 또는 조화를 이루는지를 칼로스 베이커의 구절은 설명치 못하고 있다고 핼리데이는 정확히 지적하고 있다.252) 이와 같은 이유 때문에 헤밍웨이 소설에 등장하는 동물이나 자연현상을 소재로 하는 자연상징물의 상징기법은 제한된 범위 내에서 기법적으로 그 상징적 의미를 부여해야 한다. 그리고 이와 같은 상징은 헤밍웨이 상징에

---

251) Hemingway, *A Farewell to Arms*, 7.
252) Halliday, 61.

서 빈도도 적을 뿐만 아니라 비중이 크지도 않음을 또한 유의해야 한다.

둘째, 특정한 행동의 반복에서 오는 상징수법을 보기로 한다. 이 기법은 특정한 행동을 발생시키고 난 뒤 그 행동을 반복시켜 상징적인 의미를 부여하는 기법이다. 앞서 분석했던 단편「살인자」에 이 기법이 잘 나타나 있다. 헨리 식당의 부엌에서 일어났던 앨과 맥스의 행동들, 중간 중간 시계보기와 거울보기, 소품으로 쓰였던 장갑과 타월, 앤드레슨의 행동과 침묵 내지 단순 어법 그리고 벽 등의 이미지 사용 등이 이에 해당하는 기법이다.[253] 감정 상태를 응축시켜 표현해도 독자에게 더 많은 정서전달이 가능한 표현기법이다. 『무기여 잘 있거라』에서 프레더릭이 캐서린의 주검을 뒤로하고 병원문을 나서면서 내면의 감정 상태를 응축시켜버림으로써 독자의 정서를 극대화시키고 있는 경우도 이와 유사하다고 말할 수 있겠다.『무기여 잘 있거라』에서 프레더릭이 태글리어멘토강에 뛰어 드는 행동이 기성사회와의 결별이며 단독강화라는 주장 등도 결국 헤밍웨이의 행동을 통한 상징기법의 일환이다. 전해야 될 내용들이 작가의 입을 통해 설명되지 않고 객관적이고 암시적인 물건이나 이와 연관된 행동들에 의존하여 처리되고 있다고 말할 수 있다. 객관적으로 제시되는 대화나 행동 그리고 물체는 단순하게 압축되어 있지만 그것들이 암시하거나 상징하는 바는 매우 깊고 넓은 것이다. 이와 같은 기법은 스타인이나 세잔의 기법에서 습득한 철학과 그의 빙산원리에 그 근거 및 바탕을 두고 있다. 그러나 이 기법 역시 자연상징물을 지칭하는 언어의 반복기법이 그러하듯이 헤밍웨이 작품에 많이 등장하는 수법은 아니다.

끝으로 반복패턴의 틀 속에 어휘를 투입시키는 문체상의 장치의 문제를 검토한다. 이 기법은 가장 헤밍웨이적인 것으로서 문맥의 전후관계에서 적절한 요소를 포착하여 동일한 언어 또는 유사어휘를 반복시키는 방식을 통해서 성립된다. 이 수법에서는 어떤 단어라도 반복어가 될 수 있고 지정된

---

[253] III-5 "단편의 명수, 헤밍웨이" 참조.

반복어는 객관적 상관물로서 이미지어가 되고 이 이미지어는 곧 상징어가 된다. 따라서 별도의 상징을 따로 사용하지 않는다. 벤슨의 구절 "헤밍웨이는 자신의 단편소설에서 결코 상징을 사용하지 않는다.; 대신에 그가 성취해 내는 부차적인 의미는 주로 이미지와 이미지 양식 그리고 다양한 종류의 반어법의 사용을 통해서이다."(Hemingway seldom uses symbol in his stories; instead, he achieves secondary meaning primarily through the use of image and image patterning and various kinds of irony.)[254]는 이 점을 정확히 지적하고 있다. 이러한 문장작성 기법에서 생성되는 문체는 외면상은 단순한 문장이 되지만 내용적으로는 결코 의미파악이 쉬운 문장이 아니다. 그것은 매우 복잡한 의미를 담고 있으며 암시적이다. 그래서 브라이언 웨이(Brian Way)도 헤밍웨이 문체의 단순성과 그로 인한 암시성에 대해서 "헤밍웨이의 산문은 절약적이고 경제적이다. 그리고 그가 숨겨놓은 의미는 진술되기보다는 암시되어 있다."(Hemingway's prose is spare and economical, and his hidden meanings are implied rather than stated.)[255]라고 의미 있는 지적을 하고 있다. 따라서 헤밍웨이 문체의 단순한 표면만을 해석하는 것은 그 글이 함축하고 있는 다양하고 깊은 의미들을 간과하는 함정에 빠지게 된다. 이런 배경을 전제한다면 헤밍웨이 문체의 상징적 표현에는 여백의 숨겨진 언어가 있으며 독자는 이를 포착하여 완전한 의미를 완성하도록 요구받고 있다고 말할 수 있다. 숨겨져 있는 여백의 언어는 빙산의 물속에 잠긴 7/8의 부분에 해당한다. 따라서 문장 또는 더 나아가 작품이 담고 있는 의미의 핵심은 도사려져 여백의 언어에 감추어져 있다.

위 기법의 예를 보기 위해 『태양은 또다시 떠오른다』에서 임의의 한 구절을 인용한다.

---

254) Benson, "Ernest Hemingway as Short Story Writer," *The Short Stories of Ernest Hemingway: Critical Essays*, 284.
255) Way, 156.

Two of our Basques came in and insisted on buying a drink. So they bought a drink and then we bought a drink, and then they slapped us on the back and bought another drink. Then we bought, and then we all went out into the sunlight and the heat, and climbed back on top of the bus.[256]

우리들과 동행인 두 명의 바스크인이 안으로 들어와 술을 사겠노라고 고집을 부렸다. 그래 그들이 한잔 샀고 다음 또 우리들이 한잔을 샀다. 그런 다음 그들은 우리들 등을 두들기며 또 한잔 샀다. 그 다음에 또다시 우리들이 샀다. 그 다음에 우리 모두는 햇볕이 뜨겁게 내리쬐는 밖으로 나와 버스의 지붕 위로 다시 기어 올라갔다.

위 구절에서 "drink"는 단순하게 넘어가서는 안 되는 용어이다. <술>이 객관적 상관물로서 이미지어로 사용되고 있는데 "buy a drink"의 형태로 반복되고 있다. 마지막 문장의 "bought"까지를 합친다면 "buy a drink"의 형태는 세 문장에 5회나 되풀이되고 있다. 그러면 짧은 구절에 이처럼 밀집되어 나타나는 예사롭지 않은 이 어구의 이미지는 무엇인가? 이 문제에 대한 해결은 역시 이 작품의 등장인물들의 심경이 먼저 언급되어야 가능하다. 이 작품의 주제는 <허무>이고 작중인물들의 심경 및 감정 상태는 <허무감>으로 채워져 있다는 견해는 일반적으로 받아들여지고 있다. 이와 같은 내용을 전달하기 위한 기법으로서 위 구절은 효과적인 언어구사라고 말할 수 있다. <그들>이 사는 술이 두 잔이고 <우리>가 사는 술이 두 잔, 모두 합하여 네 잔인데 이것들을 모두 한 잔씩 나열시켜 반복함으로써 "a drink"는 발음상으로는 리듬을 타면서 독자의 뇌리에 자리를 잡고 의미적으로 <술-방황-허무>패턴의 이미지를 띠는 상징적인 언어가 된다. 전쟁으로 생명과도 같은 성능력을 상실한 제이크, 전쟁 중에 남편을 잃은 브렛, 창녀 조오젯, 전상을 입은 미피포폴로 백작, 그리고 고향상실자 콘 등은 무질서한 생활로 방황하고 허

---

256) Hemingway, *The Sun Also Rises*, 106.

무한 심정으로 가득 차 있다. 그러나 그들의 입을 통하여 자신들의 심경을 나타내는 표현은 억제되어 있다. 내부의 허무한 감정을 표현하는 다른 설명도 없다. 단지 <buy a drink> 형태의 구절만을 반복함으로써 전후(戰後)의 파리를 중심으로 술집을 전전하며 방황하는 남녀의 허무의 심경과 그곳의 분위기를 효과적으로 전달하고 있는 것이다. 외면상 단순한 언어가 이처럼 깊은 의미와 연결되어 있는 것이다. 독자를 결코 느슨하게 놓아두지 않고 주의를 요하는 상징기법이라고 말할 수 있다.

이제 결론에 도달하기 직전에 결론의 유도를 돕는 한 방편으로 헤밍웨이 상징에 대한 구조적 접근과 주제적 접근의 문제를 언급하려 한다. 주지하다시피 문학 일반에서 1857년에 보들레르의 『악의 꽃』이 발표된 뒤 상징주의 운동이 하나의 학파로서 <상징주의>라는 명칭을 공식적으로 붙이게 된 것은 1886년에 ≪피카로≫(Figaro)지에서 데카당파예술가들(Decadents)의 선언서에 의해서였다. 보들레르 이후 상징주의 운동은 림보드(Rimbaud), 벌레인(Verlaine), 말라르메(Mallarmé), 그리고 발레리 같은 주요 시인들에 의해서 지속되었으며 영미문학에도 큰 영향을 주어 아서 시몬스(Arthur Symons), 어니스트 도우슨(Ernest Dowson), 예이츠, T.S. 엘리엇, 에즈라 파운드, 딜란 토마스(Dylan Thomas), 하아트 크레인(Hart Crane), 커밍스 그리고 월리스 스티븐스(Wallace Stevens) 등의 시에 두드러지게 상징기법이 나타나고 있다. 이 상징주의의 줄기를 19세기 이후 미국문학의 흐름에 적용시켜 보면 호손, 포, 그리고 멜빌 등으로 맥을 잇고 있다고 볼 수 있다. 그런데 본 장에서 지금까지 살펴본 바에 의하면 헤밍웨이의 상징은 이러한 상징주의전통의 입장에 서있지 않고 문체기법상의 한 방편에서 자연적으로 어쩔 수 없이 나타나는 <구조적인> 현상이었음을 알 수 있었다. 이는 헤밍웨이가 어떤 주제를 표현하는 데 있어서 주로 구조적인 표현방법을 택했기 때문이다. 차만 나할의 견해는 이 점을 잘 뒷받침하고 있다. 나할은 미국문학의 우주론(cosmology) 처리의 전통에서 인생의 미지의 것, 즉 "어두움"이라는 주제를 다루는 데 있어서 상징주의 작가계열인 호손 → 포 → 멜빌로 이어지는 세 작가는 이것을 <주제적으로> 다루고 헤밍웨이는 <구조적으로> 처리하고 있다고 지적했다. 그의 지적은 이렇다. "그들[호손, 포, 그리고 멜빌]에게서는 '어두움'은 단지 주제적으로 처리되고 있으나... 헤밍웨이에게서 '어두움'은 구조적으로 접근되어 있다."(In them[Hawthorne, Poe, and Melville], darkness is treated only thematically;...In Hemingway, darkness is approached structurally.).257) 헤밍웨이 문체에 나타나는 상징성의 의미를 파악하는 데 도움을 주는 정확한 지적이라고 판단된다. 여기서 <구조적인 처리>라는 것은 전반적인 작품의 기법체계나 문체상에 숨어서 사상이 전달되고 있다는 것을 의미한다. 따라서 헤밍웨이 상징은 반드시 문체 혹은 기법 구조의 맥락에서 다루어져야 한다.

저자는 앞에서 자연상징물의 상징성을 다루면서 칼로스 베이커가 <Mountain vs. Plain>을 지나치게 상징주의적으로 확대 해석했음을 지적했는데 칼로스 베이커의 이러한 시각도 결국 헤밍웨이 상징을 <구조적으로> 대해야 한다는 입장의 이탈에서 기인된다고 말할 수 있다. 칼로스 베이커는 『누구를 위하여 종은 울리나』의 분석에서도 예외가 아니다. 칼로스 베이커는 여주인공 마리아의 머리가 잘려있는 상태를 여성다움(womanhood)의 상실258)이라고까지 상징성을 확대한다. 그러나 칼로스 베이커와는 반대로 윌리엄스는『누구를 위하여 종은 울리나』를 헤밍웨이 소설에서 가장 덜 상징적인 소설로 간주한다.259) 이 작품은 헤밍웨이의 소설로서는 일반적으로 실패작으로 간주되고 있는데 그 이유는 빙산이론에 의한 압축과 단순 및 생략 기법을 구사하지 못한 데 있다. 이를 달리 표현하면 그의 특유의 구조기법적

---

257) Nahal, 27.
258) Baker, "The Spanish Tragedy," 127.
259) Williams, 146.

인 상징이 결여되어 이 작품은 실패했다고 말할 수 있다. 따라서 『누구를 위하여 종은 울리나』의 상징성의 빈약을 주장한 윌리엄스의 지적은 이 작품을 구조적 측면에서 접근하여 얻어진 견해로서 타당성이 있다고 말할 수 있다. 피터 리스카(Peter Lisca)는 『강을 건너 숲속으로』의 여주인공 레나타(Renata)는 이름 자체를 "재생자"(the reborn one)라고 풀이할 수 있으며 남주인공 캔트웰 대령에게 젊음의 상징역할을 한다고 말한다.260) 리스카와 비슷하게 칼로스 베이커도 레나타가 캔트웰의 과거 청춘의 상징이라고 주장한다.261) 더 나아가 리스카는 "sea," "wind," "darkness," 그리고 "cold"를 죽음(death)의 상징으로 해석한다.262) 그는 아울러 칼로스 베이커처럼 대조의 문제를 끄집어내면서 <Life vs. Death> <Youth vs. Age> <Past vs. Present> <Old World vs. New World> <Love vs. Hate> <War vs. Peace> <Male vs. Female> 그리고 <Destruction vs. Creation> 등의 대조가 『강을 건너 숲속으로』에 상징적 기법으로 장치되어 있다고 주장한다.263) 그러나 리스카의 견해에는 문체의 <서술구조의 맥락>에서 헤밍웨이 상징을 파악해야 된다는 입장의 언급이 없다. 리스카의 견해는 헤밍웨이 상징의 본래의 궤적에서 벗어나서 문학일반의 상징개념에서 나타난 발상이다. 이러한 상징적 시각은 헤밍웨이 상징의 본래의 틀에서 벗어난 것이며 헤밍웨이 고유의 상징을 직시한 것이라고 말할 수 없다.

  한 작가가 지니고 있는 어떤 문제를 분석하는 데는 그 조명방법에 있어서 여러 가지가 있을 수 있겠다. 그러나 <효과적인 방법>을 찾아내는 문제는 매우 중요하다. 또한 효과적인 조명방법은 작가의 관심 및 작품태도의 편력과 연관지어야 쉽게 도출될 수 있을 것이다. 헤밍웨이의 경우 그는 자신의

---

260) Lisca, 292.
261) Baker, *Ernest Hemingway: The Writer as Artist*, 283.
262) Lisca, 295.
263) *Ibid.*, 302.

작품이 상징주의로 논의되는 것 자체에 대해 심히 못마땅한 입장을 취했다. 다른 한편 그는 자신의 글의 특징이 직접적인 표현이 아니고 암시적이어서 독자가 상상력을 사용치 않을 경우 자신이 의도하는 깊은 의미들을 대부분 놓칠 것이라고 못박는다. 헤밍웨이의 언급, "나는 내 문체가 직접적 표현이기보다는 암시적이라고 가끔 생각한다. 독자는 때때로 상상력을 발휘해야 한다. 그렇지 않으면 내가 의도하는 생각의 가장 예민한 부분을 놓쳐버릴 것이다."(I sometimes think my style is suggestive rather than direct. The reader must often use his imagination or lose the most subtle part of my thought.)[264])에 이 점이 잘 나타나 있다. 그의 소설에는 문학일반의 상징주의 자체는 배제되었어도 그의 특유의 문체가 지니는 암시적이고 다의적인 특징 때문에 어쩔 수 없이 상징기법이 존재하고 있음을 인정하게 된다. 그렇다면 헤밍웨이의 상징기법은 그의 특유한 문체의 구조적 맥락에서 살필 수밖에 없게 되고, 이럴 경우 그의 문체의 특징인 객관상관물적인 표현과 빙산이론 더 나아가 빙산이론의 원천인 세잔 화법에 입각한 새로운 접근법으로 조명될 때보다 정확한 분석이 될 수 있으며, 그렇게 분석해 본 결과 생략, 단축, 단순, 침묵, 객관적 제시, 자연상징물어의 반복, 행동을 통한 반복, 응축, 그리고 문체상의 반복장치 등 다양하게 나타나고 있는 그의 상징기법들은 절약표현과 반복표현을 근원으로 하고 있다. 그래서 헤밍웨이의 문학에는 근본적으로 '상징주의'는 배제되었어도 헤밍웨이 고유의 문체가 갖는 기법상의 '상징'은 있다고 결론지을 수 있다.

---

264) Hemingway, "A Man's Credo," *Playboy*, 10, (January 1963), 124. Wagner, "The Poem of Santiago and Manolin," 517 재인용.

9. 헤밍웨이의 문체와 주제의 상관관계

헤밍웨이의 소설에서 주제와 문체는 어떤 관계에 있는가? 다시 말하면 주제와 문체 중 헤밍웨이는 어느 쪽에 더 비중을 두었는가? 이와 같은 질문은 그의 소설에 대한 효과적인 접근방법을 알아내는 단초가 되기 때문에 중요하다. 이 문제에 대한 답을 얻기 위해서 헤밍웨이의 의도를 파악할 필요가 있다. 그는 글을 쓰는 자신의 고뇌를 털어놓은 적이 있었다. 진실한 산문을 쓰는 데 작가에게 두 가지가 필요하다고 그는 생각했다. 첫째는 주제를 찾아내는 일이고 둘째는 그 주제로 작품을 쓰는 방법을 아는 일이다. 그런데 둘 다 배우는 데 평생을 걸리는 일이라고 헤밍웨이는 말한 적이 있다.265) 헤밍웨이의 이 고뇌를 분석해 보면 작가가 주제를 찾아내는 일과 그 주제를 표현하는 방법을 아는 일이 모두 중요하다.

그러나 실제 헤밍웨이의 전체 작품을 분석해 보면 그에게는 주제를 찾아내는 일보다 주제표현의 방법, 즉 기법 및 문체의 개발에 많은 노력을 기울였음을 발견할 수 있다. 헤밍웨이가 작품을 통하여 평생 다루었다고 판단되는 주제를 정리해 간추려 보면 전쟁(war), 남녀 간의 사랑(love), 죽음(death), 신(God), 종교관(religion), 금욕주의(Stoicism), 니힐리즘(Nihilism), 다다이즘(Dadaism), 허무사상(Nada), 우주관, 사회참여, 용기존중과 남성다움(manhood), 인간불패정신, 폭력(violence), 투우(bullfighting), 아프리카 사파리여행(African Safari), 어려움에 처한 인간의 처지와 이를 우아하게 극복하는 과정(Grace under Pressure), 한 인간의 개안과정 또는 입문과정(initiation process), 자연의

---

265) White, 183. "First you have to know the subject; then you have to know how to write. Both take a lifetime to learn." 구절 참조.

아름다움 등등을 꼽을 수 있다. 어느 것을 보아도 특이한 주제라고 말할 수 있는 것이 없다. 어느 작가에게나 제기될 수 있는 문제들이다. 또 한 인간의 입문과정에서 또는 인간사회에서 누구나 부딪칠 수 있는 친숙하고 평범한 상식적인 주제들이다. 고담준론도 아니고 거대담론도 아니다. 이는 헤밍웨이의 실용주의 철학에서 비롯되는 현상이지만 어쨌든 평범한 주제들이다. 그런데도 헤밍웨이는 성공한 작가가 되었다. 그렇다면 헤밍웨이는 특별한 주제를 다루어서 성공한 것은 아니라는 결론이 나온다.

상식적이고 평범한 주제와 성공한 작가, 왜 이런 현상이 나타나는가? 헤밍웨이는 인류에게 닥친 새롭고 특이한 주제를 찾기보다는 주어진 주제를 어떻게 효과적으로 표현하느냐하는 기법 및 문체의 문제에 심혈을 기울였다. 그래서 헤밍웨이의 경우, 주제와 문체의 상관관계가 거론되면 문체가 곧 주제이고 주제가 곧 문체라는 매우 특이한 결과가 나온다. 왜냐하면 문체가 주제가 되는 경우, 그 작품은 성공작이 되고, 내용이나 주제가 문체를 압도하는 경우, 그 작품은 곧바로 실패작이 되었기 때문이다. IV장에서 분석하게 될 『누구를 위하여 종은 울리나』의 경우도, 이전의 작품에서는 문체가 그 소설의 특징을 결정하는 면이 강했지만 이 작품에서는 이 소설의 내용이 문체를 압도했기 때문에 실패작이 되고 말았다. 이와 같은 실패현상은 기법이 주(主)가 되고 내용이 종(從)이 되는 헤밍웨이의 원래의 입장에서 주와 종이 뒤바뀌는 창작태도의 변화에서 나왔다고 볼 수 있고, 이 변화는 사회참여와 민주주의 설파 등 여러 가지 실험의 시도에서 기인되고 있다고 말할 수 있다. 윌리엄스도 『누구를 위하여 종은 울리나』를 논하는 과정에서 헤밍웨이의 경우 근본적으로 "문체가 내용이 되었고 내용은 곧 문체를 낳는다."(it became substance; in novel, substance begets style.)[266]라고 지적했다. 헤밍웨이의 문체와 내용의 상관관계를 정확히 진단한 지적이다.

---

266) Williams, 144.

그래서 헤밍웨이의 작품세계에서는 특이하게도 그의 문체가 곧 주제이자 그의 인생인식의 표현이라고 말할 수 있다. 그렇다면 헤밍웨이 문학에 대한 효과적인 연구는 주제적 측면보다는 기법적 측면으로 접근해야 한다. 그의 문학에서는 사랑, 죽음, 신, 금욕주의, 니힐리즘의 문제나 남녀 주인공들의 인물분석 등과 같이 단지 주제만을 다룰 때는 무미건조해진다. 이는 그가 기울인 표현형식의 오묘성을 도외시한 데서 나타난 당연한 결과이다. 헤밍웨이는 앞에 지적한 주제들 자체보다는 그 주제들을 경제적이고 효과적으로 표현하는 문체와 기법에 더 세심한 주의를 기울였던 것이다.

헤밍웨이 작품세계 전체를 일관하여 검토해 보면 초기작품들에서는 문체가 주가 되어 거의 모든 작품들이 성공작이 된다. 그러나 중기의 사회참여 작품들은 내용이 주가 되어 실패작이 되었다. 결국 헤밍웨이 문학의 생명은 문체 및 기법이라는 표현방식에 있다. 그래서 헤밍웨이 작품을 감상할 때 그가 전달하고자 하는 내용을 제대로 파악하려면 그의 문체에 특별히 주의해야 한다. 왜냐하면 그의 문체는 용의주도하게 단축된 문장들로 이루어져 있어서 예리하게 분석하지 않으면 대부분의 의미를 파악하지 못하고 잃어버리기 때문이다. 동시대 타 작가와는 다른 모습이다. 더 나아가 헤밍웨이의 빙산이론문체는 타 작가에 비교하여 특별하고 고유하다. 그래서 이 특별한 문체는 노벨문학상 수상의 주요 이유가 되었다. 헤밍웨이 문체는 20세기에 영어로 쓴 글 중 대중에게 가장 강한 호소력을 가진 전위언어라고 평가할 수 있다. 노먼 메일러(Norman Mailer)는 헤밍웨이를 20세기 당대의 모든 소설가들의 "문학적 아버지"(literary father)라고 규정했다. 이 규정에는 그만큼 감동적인 문체를 창조했다는 뜻이 숨어 있다. 짧은 평서 문장은 헤밍웨이를 따르는 거의 모든 작가들에게 이상적 글쓰기의 목표가 될 정도였다. 헤밍웨이 작품을 대할 때 내용보다는 문체에 더 많은 신경을 써야함은 확고 불변한 사실이라고 판단된다. 이는 이 책에서 지금까지 서술해 온 과정에서 입증되었다.

그래서 헤밍웨이 문학의 본령은 문체에 있고 그 문체는 주제를 담고 있는 특이한 구조라고 말할 수 있다.

헤밍웨이 소설의 이런 특성은 그의 문학이 터를 잡기 시작했던 당시 파리의 시대적 분위기에서 기인되는 바 크다.[267] 스타인, 파운드, 조이스, 피카소 등의 문학과 예술가들의 고뇌가 헤밍웨이 문학에 고스란히 스며들은 결과라고 말할 수 있다. 앞서 밝힌 대로 당시 그들의 관심사항은 주제보다는 문예 장르 간의 표현기법의 도입과 주제표현의 발전 그리고 표현기법의 전위적인 실험이었다. 이들의 실험과 예술담론은 헤밍웨이 문학에 그대로 녹아들어 작품생산의 토대가 되었다고 볼 수 있다. 결론적으로 헤밍웨이의 경우, 그는 주제보다는 20세기 문학의 표현방법에 심혈을 쏟았고 그래서 그의 주제는 곧 문체이고 문체는 곧 그의 주제라고 정리할 수 있다.

---

[267] II-2-3 "《셰익스피어 앤 컴퍼니》 서점과 문예가들과의 교유" 참조.

10. 스타인의 소설기법형성에 미친 피카소와 세잔 화법의 영향

헤밍웨이 소설의 문체와 기법에 도입된 현대회화기법은 회화기법의 문학에의 도입이라는 큰 흐름과 계보의 긴 역사를 가지고 있다. 헤밍웨이의 문체형성에 직접적인 영향을 미친 현대회화기법 도입의 계보를 거슬러 올라가 분석해 보면 그 원천에 거트루드 스타인(Gertrude Stein)이 있다. 그리고 스타인의 문체에 화법을 도입한 계기를 제공한 작가로는 프랑스 작가 구스타프 플로베르가 있다. 이들은 문학의 전달매체에 있어서 전위적인 실험작가로서 현대회화기법을 소설에 도입하여 표현매체를 현대화시킨 작가들이다. 그들이 직접적으로 도입한 현대회화기법의 화가는 피카소와 세잔이었다. 즉 피카소와 세잔은 플로베르, 스타인, 헤밍웨이 등에게 중대한 영향을 미쳤다. 헤밍웨이의 소설에 현대회화기법이 도입된 배경에 계보와 족보가 있음을 의미한다. 플로베르→스타인→헤밍웨이로 이어지는 족보이다. 따라서 헤밍웨이의 화법 도입의 이해를 돕기 위해서는 현대문학에 도입된 화법의 원천적인 배경의 일부를 살펴볼 필요가 있다. 그래서 본 장에서는 헤밍웨이의 화법 도입에 직접적인 영향을 미쳤던 스타인의 소설기법이 그 형성과정에서 피카소와 세잔 화법으로부터 어떤 영향을 받았는가를 분석하기로 한다.

스타인에 대한 여러 가지 평가 중 그녀를 전통적인 문학일반의 통념을 깨뜨린 이단자로 간주하려는 부정적 시각이 있다. 이런 시각을 가진 대표적 비평가로는 마이클 골드(Michael Gold)와 벤 리이드(Ben Reid)를 들 수 있다. 골드는 스타인을 "문학적인 바보"(Literary Idiot)라고까지 규정했다.[268] 스타인의 글에 전통적인 문법체계로는 납득이 가지 않는 문장이 많기 때문에 그렇게 규정했으리라 판단된다. 또 리이드는 스타인을 문학에서 영원히 추방해야 한다고 주장한다. 이유는 독자인 우리를 향하여 이야기하지 않고 <저속한> 자신에게만 말하고 있는 그녀는 예술가라고 말할 수 없으며 그녀의 글은 독자나 비평가들에게 극복할 수 없는 어려움을 안겨주고 있기 때문이라는 것이다.269) 폄훼이고 매우 혹독한 평가이다.

과연 골드나 리이드가 주장한 대로 스타인은 문학적인 바보이며 문학에서 영원히 추방해야 할 대상인가? 아니다. 스타인은 헤밍웨이를 비롯하여 걸출한 현대작가들을 지도한 20세기 초 파리의 중심작가였다는 것만으로도 그러한 평가를 내릴 수 없게 만들고 있다. 단, 그녀의 작품이 전통적인 문법체계나 통념적인 언어체계로는 쉽게 이해하기 어렵다는 것은 사실이다. 그녀의 문체나 기법에 대한 특별한 안목이 없이는 그녀의 작품을 정확히 이해하기 어려운 대목이 너무 많다. 이 어려움은 그녀가 전통적인 입장에서 작품을 구성하거나 문체를 구사했던 것이 아니고 타 예술의 표현매체를 도입하여 독특한 문체와 기법을 형성하였던 데에서 왔다. 따라서 스타인의 작품을 정확히 이해하기 위해서는 도입한 그 표현매체의 정체와 도입되어 문체화 및 기법화된 실상이 먼저 밝혀져야 할 필요성이 제기된다. 만일 스타인의 작품을 난해하게 만드는 그것을 밝혀낸다면 그 결과는 그녀의 언어와 기법의 비밀을 벗긴 것이 되어 그녀의 작품에 대한 이해를 용이하게 하는 방법을 제공함은 물론이고, 더 나아가 문학이 다른 예술의 표현매체를 도입하여 문학기법화한 20세기 문학의 한 특징을 아는 기회가 될 것이다. 본 장의 필요성과 목적은 여기에 있다.

저자는 스타인의 작품이 난해한 것은 그녀가 구사하는 문체와 기법이

---

268) Michael J. Hoffman, *Critical Essays on Gertrude Stei*n, 76.
269) Reid, *Art by Subtraction: A Dissenting Opinion of Gertrude Stein*, 170-171.

끊임없는 새로움에 대한 실험의 소산이었기 때문이며 많은 실험 중 그녀의 문체에 결정적인 영향을 미쳤고 그녀의 기법을 특징지었던 원천은 회화기법이었다고 본다. 스타인의 작가생활은 총 42년 동안이며 이를 작품의 특징과 경향에 따라 3기로 나눈다면 초기(1903-1912), 중기(1913-1932), 그리고 후기(1933-1944)로 나눌 수 있다. 이 기간 동안 스타인은 소설, 시, 그리고 극본 등을 포함하여 총 534편이나 되는 실험적인 다작을 열정적으로 창작해냈다. 그녀는 작가생활 내내 회화기법의 문체화 및 기법화 문제에 골몰했다고 말할 수 있을 정도이지만 특히 집중적인 치밀한 노력을 기울인 시기는 중기라고 볼 수 있다. 그래서 스타인은 자신의 작가생활의 중기를 "회화기"(Painting Period)라고 직접 이름을 붙였다.270) 이 기간에 그녀는 인상주의, 후기인상주의, 표현주의, 그리고 큐비즘 화법 등을 소설에 도입하려 골몰했다. 스타인은 자신의 방의 벽을 앙리 마티스(Henri Matisse), 폴 세잔, 조지스 브라크(Georges Braque), 그리고 파블로 피카소의 그림들로 가득 채웠다.271) 그리고 문인, 화가, 음악가 등 많은 예술인들을 그녀의 집에 초대하였다. 미국의 화가 메어리 카세트(Mary Cassett)는 1908년에 스타인의 집을 방문하고 나서 이렇게 밝혔다. "나는 평생에 그렇게 많은 그림들을 한 장소에서 본적이 없었다. 또 그렇게 많은 사람들[화가 및 예술인]이 모여드는 곳을 본적이 없었다."(I have never in my life seen so many dreadful paintings in one place. I have never seen so many dreadful people gathered together...).272) 이 감탄적인 소회의 피력은 스타인과 회화 및 화가의 밀접성을 잘 뒷받침하고 있다. 그런 환경과 분위기 속에서 스타인은 피카소를 비롯하여 제임스 조이스, 에즈라 파운드, 헤밍웨이 등과 함께 현대문학과 회화의 나아갈 방향과 화법을 문학에 도입하는 방법에 대해 시간가는 줄 모르고 논의를 계속했다. 스타인이 화

---

270) Stein, *Everybody's Autobiography*, 180.
271) Haight, vi.
272) *Ibid.*, xii.

법의 문체화를 위해 탐색한 회화는 근대와 현대를 불문하지만 그녀는 특히 큐비즘의 피카소 화법과 후기인상주의의 세잔 화법의 문체화에 집중적으로 집착하였다. 그 결과 스타인은 초기작품인 『세 여자』(Three Lives)에서 세잔 화법의 문체화를 성취해 냈다. 그리고 중기, 즉 회화기의 대표적 작품들, 예를 들어 『말랑말랑한 단추들』(Tender Buttons)에서 피카소 화법의 문체화를 이루어 냈다. 이 문제를 분석한다.

스타인의 소설기법에 세잔의 영향이 매우 컸음을 알 수 있는 단서들은 많다.273) 여러 단서 중에서 세잔으로부터 받은 영향의 내용을 분석할 수 있는 결정적인 준거는 스타인의 다음 구절에 나타난다. 스타인은 「트랜스어틀랜틱 인터뷰: 1946」에서 자신이 세잔으로부터 받은 영향의 내용을 다음과 같이 설명했다.

    내가 쓴 모든 글들은 플로베르와 세잔으로부터 영향을 받았는데 후자는 나에게 구성에 대한 새로운 느낌을 주었다. 이전까지 구성은 하나의 중심사상이 있고 모든 것은 그것에 부수물이 되었다....세잔은 구성에서 어느 하나도 다른 것들과 똑같이 중요하다는 생각을 갖고 있었다. 각각의 부분은 전체와 똑같이 중요하다는 그 생각은 나에게 엄청난 감명을 주었다. 그 생각은 나에게 너무도 강한 인상을 주었으며 나는 구성에 대한 이 생각으로 『세 여자』를 쓰기 시작했다....나는 구성에 대한 이 생각에 사로잡혀 있었으며 흑인여자의 이야기[『세 여자』의 「멜란크샤」("Melanctha")]는 그 구성기법으로 만들어진 정수이다.

    Everything I have done has been influenced by Flaubert and Cézanne, and this gave me a new feeling about composition. Up to that time composition had consisted of a central idea, to which everything else was an accompaniment....Cézanne conceived the idea that in composition one

---

273) Stein, *The Autobiography of Alice B. Toklas*, 34. Haas, "A Transatlantic Interview: 1946," 16.

thing was as important as another thing. Each part is as important as the whole, and that impressed me enormously, and it impressed me so much that I began to write Three Lives under this influence....I was obsessed by this idea of composition, and the Negro story("Melanctha" in *Three Lives*) was the quintessence of it.274)

스타인이 말한 위 구절을 접하면서 저자는 두 가지 점에 주목한다. 하나는 세잔보다 앞에 거명하면서 스타인 자신에게 영향을 미쳤다고 하는 플로베르의 영향은 무엇인가 하는 점이고 다른 하나는 위 구절에 제기되어 있는 세잔의 <구성개념>은 스타인의 문체와 기법에 어떤 영향을 미쳤는가 하는 점이다. 첫째의 플로베르의 영향문제는 본 장의 논지상 제외하기로 하나 단, 플로베르가 스타인이 세잔 화법을 도입하는 계기를 제공했다는 점만을 밝히면서 본 장에서는 둘째의 문제만을 분석하기로 한다.

세잔 화법의 구성이 스타인에 영향을 미쳐 나타난 주요기법들은 <기본적인 속성어기법>, <삽화적인 묘사기법>, <반복기법>, <전통적인 구문의 파괴기법>, 그리고 <불일치구절기법> 등이다. 그리고 여러 형태로 나타난 이 기법들의 심층을 자세히 들여다보면 하나의 궤적이 뚜렷이 포착되는데 그것은 과거의 전통문학기법을 파괴하고 그 자리에 새로운 <추상화>의 문체를 세우려는 실험의 과정이다. 이러한 과정은 20세기 초 당시의 파리 센강 레프트뱅크에서 성행한 문학과 예술이 지향했던 주요 방향이었다. 앞에 열거한 기법들 중 스타인이 세잔 화법의 영향을 받아 전통적인 문학기법을 파괴하고 추상화의 문체를 성립했다는 문제를 거증하는 데 가장 적절한 기법은 기본적인 속성어기법(basic attributes)이다. 이를 분석한다.

스타인은 어떤 객체(object)를 표현하는 데 있어서 가장 효과적이고 추상화되어 영원성을 확보할 수 있는 표현의 방편으로 기본적인 속성어기법

---

274) Haas, 15. Walker, 13 재인용.

(basic attributes)을 제시했다. 스타인이 제시한 이 기본적인 속성어기법은 세잔의 구성 화법 중 기본적인 기하학적 양식기법(basic geometric pattern)에서 영향을 받은 것이다. 세잔의 회화세계에서는 외면적인 실재(external reality)의 표현은 있는 그대로의 모든 자세한 것들의 총합에 의존하는 것이 아니라 여러 가지 요소들 중에 감각에 호소할 수 있는 영원히 남을 추상화된 요소들에 의하여 가능하다. 그래서 표현에 동원된 추상화된 요소들은 객체의 외면 구성에서 <필요불가결의 것>(sine qua non)들이다. 세잔은 이 필요불가결한 것을 사용하여 각각의 객체를 표현하는 <구조> 또는 <구성>으로서 기본적인 기하학적 양식이라는 공간처리화법을 설정하였다. 이 점과 관련하여 마이클 호프만은 이렇게 말한다. "세잔은 대상들을 외면적으로 정확히 모사(模寫)하는 것보다 대상들의 밑에 숨겨져 있는 기하학적 구조를 발견하는 것이 더 중요하다는 것을 화가들에게 보여주었다."(Cézanne had shown painters it was more important to discover the geometric structures underlying objects than to reproduce these objects exactly).[275] 세잔 회화세계의 정곡을 정확히 파악한 예리한 분석이고 진단이다. 그리고 그 기본적인 기하학적 양식의 핵심은 앞에서 이미 밝혔듯이 <원통>, <구체>, 그리고 <원추> 개념이다. 세잔은 자연을 이 세 가지 개념으로 단순화하여 기하학적으로 조명했다. 그 결과 대상을 정확하게 그리고 빠짐없이 그려내는 사진적인 사실주의의 관점에서 보면 이해하기 힘든 형태가 나타난다. 예를 들어 강조, 확대, 과장, 축소, 단축, 기괴함, 형태의 일그러짐, 응축, 또는 피라미드 윤곽 등의 화면이 나타난다. 이러한 입장은 사진적인 사실주의 개념을 이미 떠났으며 화면이 조형영역으로 들어선 상태라고 말할 수 있겠다. 또한 이런 화면은 전통적인 원근화법적인 화면구성의 개념에서 볼 때는 파괴적인 표현기법들이다.

    스타인의 기본적인 속성어기법은 위와 같은 세잔의 기본적인 기하학적

---

[275] Michael J. Hoffman, *Gertrude Stein*, 20.

양식기법과 결국 같은 원리라고 말할 수 있다. 앞에서 스타인이 밝힌, 세잔에게 영향을 받아 새롭게 창안했다고 하는 구성개념의 설명을 분석해 보면 여러 사상들(ideas)의 조직 속에 존재하는 중심사상이 해체되어 없어져 버렸으며 표현에 동원되는 모든 요소가 다 중요하다는 것이 그 핵심내용이다. 이는 바로 세잔 회화의 핵심기법인 기하학적 표현기법체계를 말하고 있는 것으로 저자는 판단한다. 전통적인 소설의 구성에는 중심사상이 있고 그 중심사상에 모든 요소는 부수물이 되어 전체를 구성하였다. 그러나 스타인의 새로운 구성에서는 각각의 부분은 전체에 대한 부속이 아니고 각각의 구성요소가 모두 중요하다. 이러한 기법은 사진적인 사실주의에서는 불가능하다. 왜냐하면 많은 요소를 모두 중요하게 강조할 수는 없기 때문이다. 그래서 하나의 객체를 표현함에 있어서 여러 가지 표현요소들 중에 그 객체의 <속성>, <정체> 또는 <성질>을 정확히 표현할 수 있는 기본적인 속성어를 찾아내어 제시만 한다. 이것이 스타인의 기본적인 속성어기법이다. 이는 세잔이 객체를 표현하는 데 기하학적으로 단순하게 구조화하여 처리하는 것과 같은 이치이다. 결론적으로 스타인의 기본적인 속성어기법은 전통적인 구성개념을 파괴한 수법이고, 이 기법은 세잔의 기본적인 기하학적 양식기법의 영향을 받아 탄생했다고 말할 수 있다.

그러면 어떻게 해서 스타인의 기본적인 속성어기법은 추상화되어 영원성을 띠는가? 스타인이 추출한 기본적인 속성어는 그녀의 사고에서 나온다. 그녀가 밝힌 구성의 원천인 "나의 생각에서 우러나오는 구성의 사실주의" (the realism of the composition of my thoughts)[276]는 이 점을 말하고 있는 것이다. 그러므로 자연현상의 모사, 재현, 또는 사실주의적 묘사가 문제가 아니고 주체의 <의식>이 늘 문제가 된다. 그래서 이렇게 작가의 의식에 의해서 빚어져 나온 문체는 <조형성>을 띨 여지를 갖는 것은 물론이고 자연스럽게

---

276) Haas, 16. Walker 13 재인용.

<추상화>로 이어진다. 이 문제를 입증하기 위해 기본적인 속성어기법의 <3단계의 예>를 제시하는데 스타인이 이 기법을 적용한 경우 중 인물의 성격창조의 경우를 도입한다.

첫째 번의 경우는 개성의 특징을 내면의식으로 조명하여 표현한 경우이다. 『세 여자』(특히 「멜란크샤」)에서 스타인은 인물표현의 추상적인 개념을 창조하기 위해 주의 깊고 의식적으로 가공한 문체, 즉 앞에서 분석한 기본적인 속성어기법을 용의주도하게 구사했는데 다음은 그 대표적인 예이다. 『세 여자』의 「선량한 안나」("The Good Anna")에서 렌트만 부인(Mrs. Lehntman)의 인물묘사는 이렇다.

> Mrs. Lehntman was a good looking woman. She had a plump well rounded body, clear olive skin, bright dark eyes and crisp black curling hair. She was pleasant, magnetic, efficient and good. She was very attractive, very generous and very amiable.277)

렌트만 부인은 아름다운 여자이다. 그녀는 다소 뚱뚱하지만 잘 생긴 몸에 선명한 올리브색 피부, 반짝반짝 빛나는 눈과 곱슬곱슬하고 검은 컬 머리칼 등을 지니고 있었다. 그녀는 유쾌하고 매력 있고 유능하고 착한 여자였다. 그녀는 매력 있고 매우 관대하고 매우 상냥했다.

위 구절은 렌트만 부인의 성격의 쾌활성(pleasantness), 매력(attractiveness), 너그러움(generosity), 그리고 상냥함(amiability)을 기술하고 있다. 렌트만 부인의 이런 성격을 표현하는 데 스타인은 사진적인 사실주의기법을 완전히 배제하며 어떤 설명도 덧붙이지 않았다. 오직 렌트만 부인의 그런 성격을 나타내는 데 필요한 <기본적인 속성어>를 제시하는 것만으로 끝냈다. 위 구절에서

---

277) Stein, "The Good Anna," *Three Lives*, 30.

"a good looking woman," "a plump...hair," "pleasant...good," 그리고 "attractive... amiable." 등이 기본적인 속성어에 해당한다. 이런 언어들은 기본적으로 골격만을 제시하는 언어들이라고 말할 수 있다. 이 점을 뒷받침하는 구절을 스타인의 초기작품에 대한 워커(Walker)의 분석에서 찾을 수 있다. 워커는 "스타인의 초기작품들에서, 그녀는 물질계의 구체적 일상생활에서 추상화된 기본적인 성격의 입장에서 인물들을 그렸다."(In her earlier works, Stein portrayed human beings in terms of essential character, abstracted from their concrete daily life in the physical world.)278)라고 지적했다. 정확한 지적이다. 이런 간단한 기술(stating)로서도 독자는 렌트만 부인의 모습을 영원히 잊지 못할 만큼 추상화시켜 머릿속에 간직하게 된다. 이 원리는 세잔의 초상화의 인물이 그러한 것과 마찬가지이다.

안나(Anna)의 인물을 묘사하는 구절, "안나는 중간사이즈의 크기에 여위고 일을 많이 하고 걱정이 많은 여자였다."(Anna was a medium sized, thin, hard working, worrying woman.)279)와 "노처녀의 야윈 몸과 강한 턱, 유머러스하게 빛나고 깨끗한 눈, 그리고 그녀의 주름지고 지치고 창백하게 노란 얼굴을 한 우리의 착한 안나."(Our good Anna with her spinster body, her firm jaw, her humorous, light, clean eyes and her lined, worn, thin, pale yellow face.)280)도 렌트만 부인의 묘사와 같은 원리의 인물창조라고 볼 수 있다. 그리고「점잖은 레나」("The Gentle Lena")의 첫쪽에 나와 있는 레나(Lena)의 인물묘사, "레나는 인내심이 강하고 점잖고 상냥하고 그리고 독일 사람이었다."(Lena was patient, gentle, sweet and german.)281)도 역시 같은 관점에서 설명할 수 있는데 레나의 특성인 <인내심 많고 점잖고 상냥함>을 창조하는 데 기본적인

---

278) Walker, 139.
279) Stein, "The Good Anna," *Three Lives*, 31.
280) *Ibid.*, 46.
281) Stein, "The Gentle Lena," *Three Lives*, 239.

속성어 외에 어떤 언급도 없다. 오직 기본적인 속성어만을 제시하여 인물을 창조한 경우이다. 이런 기본적인 언어에도 불구하고 많은 언어가 동원되는 자세한 설명보다도 더 강하게 레나의 심리인 단순한 마음을 이미지화하는 데 성공하고 있다. 이는 세잔 화법의 표현기술에서 감각에 호소할 수 있는 필요 불가결한 것들만을 선정하는 원리의 원용이며 추상화(抽象化)를 겨냥하는 기법이라고 말할 수 있다.

다음은 둘째 번의 경우이다. 레나를 묘사한 다음 구절은 기본적인 속성어기법이 추상화의 단계에 진입되고 있음을 보여주고 있다.

> Lena was a *brown* and pleasant creature, *brown* as blonde races often have them *brown*, *brown*, not with the yellow or the red or the chocolate *brown* of sun burned countries, but *brown* with the clear color laid flat on the light toned skin beneath, the plain, spare *brown* that makes it right to have been made with hazel eyes, and not too abundant straight, *brown* hair, hair that only later deepens itself into *brown* from the straw yellow of a german childhood.[282] (밑줄이탤릭체 저자)

위 구절은 레나의 외면에 대한 인물묘사를 한 문장으로 처리한 경우이다. 한 문장에 "brown"이 무려 아홉 번이나 반복되어 있다. 이렇게 함으로써 위 구절에서 "brown"은 레나의 외면을 특징짓는 기본적인 속성어가 된다. 원래 색깔의 하나인 이 언어를 적절한 지점에서 여러 번 반복함으로써 독자는 이제 "brown"이 외면으로 나타나는 색깔의 의미를 뛰어넘어서 Lena = Brown으로 인식하게 된다. 이 등식의 단계에 이르면 속성어의 반복이 추상화의 단계로 진입되었다고 말할 수 있다. 이러한 기법은 세잔이 강조나 확대를 통하여 우리의 기억에 영원히 남을 추상화된 불후의 형태를 화면에 담는 화법과 동일한 것이다. 세잔과 같이 스타인도 그녀의 인물형태를 추상화시켜 영원

---

[282] *Ibid.*, 240.

하고 변함없는 인물형으로 만드는 수법을 개발했다고 말할 수 있는 것이다. 이러한 표현기법으로 제시된 인물은 이미지화되어서 독자의 뇌리에 쉽게 기억되면서도 영원히 남게 된다. 그래서 호프만은 스타인의 이런 인물묘사기법으로 창조된 인물에 대하여, "각 인물은 자신들의 독특한 특성을 영원하고 변함없이 언제나 간직한다."(Each character at all times keeps certain characteristics permanent and unchanging.)283)라고 못박고 있다. 이는 이 기법의 효과를 말하고 있는 것으로서 추상화되어 영원성을 띠는 것을 진단한 구절이다.

마지막으로 셋째 번의 경우이다. 기본적인 속성어기법으로 인물을 묘사할 경우, 이 기법의 원천에 해당하는 곳까지 거슬러 올라가 분석해 보면 가장 바탕이 되는 성질은 그 인물이 가지는 유전적인 요소의 포착일 것이다. 그래서 스타인은 개성의 첫 번째 결정요인 중의 하나로 유전을 꼽았다.284) 그리고 유전요소를 더 확대시키면 종족적인 특질이 되고 종족적인 특질은 또한 그 인물의 개성결정의 주요한 요소가 될 수 있을 것이다. 스타인은 이를 멜란크샤에 적용시켜 다음과 같이 스케치하였다.

> Melanctha was pale yellow and mysterious and a little pleasant like her mother, but the real power in Melanctha's nature came through her robust and unpleasant and very unendurable black father.285)

> She[Melanctha] had not been raised like Rose by white folks but then she had been half made with real white blood.286)

---

283) Michael J. Hoffman, *The Development of Abstractionism in the Writings of Gertrude Stein*, 68.
284) *Ibid.*, 92.
285) Stein, "Melanctha," *Three Lives*, 90.
286) Ibid., 86.

멜란크샤의 종족적인 유전성질과 그녀의 부모에게서 받은 유전인자의 특성들이 멜란크샤라는 인물의 구성에서 주요한 요소가 되고 있음을 발견할 수 있다. 이러한 인물묘사는 빠른 시간 내에 확고부동하고 뚜렷하게 부각된 다음 영원한 인물형으로 우리의 기억에 남을 수 있다. 이러한 효과는 마치 세잔의 그림에서 기본적인 기하학적 양식 화법으로 창조된 인물이나 풍경이 추상화되어 영원성을 띠는 것과 같은 이치이다. 결론적으로 스타인은 세잔 화법의 영향으로 전통적인 문체 및 기법에서 이탈하여 추상화된 새로운 문체를 이루어 냈다고 말할 수 있다.

스타인의 화법의 문체화 실험은 그녀가 세잔 화법에 이어 피카소 화법을 도입함으로써 더욱 공고해지고 성공하게 된다. 그리고 그녀가 피카소 화법을 문체화 했다는 단서는 여러 곳에서 포착된다. "이 당시에 그[피카소]를 이해하는 데는 오직 나 홀로였다고 말할 수 있다. 이렇게 말할 수 있는 것은 아마도 나만이 (피카소의 표현기법과) 똑같은 것을 문학으로 표현하고 있는 중이었기 때문일 것이다."(I was alone at this time in understanding him, perhaps because I was expressing the same in literature.)[287]라는 스타인의 고백도 그런 단서들 중의 하나이다.

피카소 화법이 스타인의 소설화로 나타난 대표적인 기법들은 <어순조작기법>, <불일치구절기법>, <의미중시의 배제>, <상징의 배제>, 이야기라기보다 <초상화법>(portraiture), <의미의 추상화>, <조형의 문체>, <큐비즘 화법의 소설화>, 구성에 있어서 <동등의 원리>(equality), <일률성의 원리>(sameness), 그리고 <무초점의 작품구성> 등이다. 그런데 이 기법들은 서로 아무 연관이 없이 각각 별개의 것으로 독립되어 있는 것이 아니다. 하나의 논리적 틀 속에 넣어 분석해 보면 스타인의 기법은 세잔 화법의 영향으로 전통파괴와 추상화를 이룬 문체에 조형성을 실험했거나 큐비즘 화법 자체를 소설화했다는

---

287) Stein, *Picasso*, 16.

궤적으로 요약할 수 있다. 그렇다면 피카소 화법이 스타인에 미친 영향의 내용을 알기 위해서는 두 가지 문제의 분석이 요구된다. 첫째는 스타인이 창조한 앞의 기법들은 피카소 화법의 어떤 원리에 의해 영향을 받았는가이고 둘째는 앞의 <궤적>에 대한 스타인 작품에서의 거증이다. 이 두 가지 문제를 분석하는 데 있어서 문제의 성격상 첫째 문제에 대한 이해가 먼저 이루어져야 둘째 문제의 거증이 자연스러울 것으로 판단되므로 첫째의 문제를 먼저 다루기로 한다.

스타인이 창조한 기법들이 피카소 화법의 어떤 원리에 의해 영향을 받았는가의 문제를 분석하기 위해서는 피카소 화법에 대한 스타인의 인식 또는 이해를 파악하는 것이 중요하다. 따라서 이 문제에 진입하기 위한 출발점으로 피카소 회화에 대한 스타인의 관점이 무엇인가부터 고찰한다. 스타인은 피카소의 회화발전을 그의 혼신의 노력이 수반된 고심의 입장에서 파악했으며 그 고심을 유발시킨 핵심은 <보여지는 것과 보지 않은 것의 표현>의 문제였다. 즉 화가는 보지 않은 것은 표현하지 않아야 하며 보여지는 것만을 표현해야 한다는 것이었다. 피카소가 이런 고심 및 고민을 하게 된 배경은 그가 생각하기에 모든 사람들은 자신들이 보고 있다고 확신하고 있는 사물들을 사실은 <진짜로>는 보지 못하고 있다고 믿었기 때문이다.[288] 이것이 스타인이 본 피카소의 필생의 문제였다. 이 필생의 문제를 안고 있는 피카소는 다른 화가들과는 궁극적으로 그들이 사용하는 기법에서 확연히 다르다고 스타인은 판단했다. 예를 들어 사진적인 사실주의의 대표적 화가인 쿠르베(Courbet)와는 근본이 다르다고 보았으며 더 나아가 피카소와 함께 근대회화의 공동 창립자인 마티스(Matisse)와도 구별된다고 판단했다. 스타인이 밝힌 두 차이는 쿠르베나 마티스 등은 자연을 있는 그대로 모사하지만 피카소는 대상에 대하여 자신의 독특한 시야가 있다. 스타인이 파악한 대상에 대한 피

---

288) *Ibid.*, 19.

카소의 시각은 그녀의 다음 구절에 잘 나타나 있다.

실로 대부분의 경우 우리가 같이 있는 어떤 사람의 한 면을 보고 있을 때 다른 면들은 모자, 빛, 스포츠복장 등에 의해 감추어져 있다. 모든 사람들은 그 사람의 전체를 완전히 완성하는 데 자신들의 지식을 동원하는 것에 익숙해 있다. 그러나 피카소는 다르다. 그는 하나의 눈을 볼 때 다른 하나는 그에게는 존재하지 않는다. 단지 그가 본 것만이 그에게는 존재할 뿐이다. 화가로서 특히 스페인의 화가로서 그는 옳았다. 우리가 무엇을 볼 때 우리는 보이지 않은 나머지는 기억으로 재구성한다. 그러나 화가는 재구성이나 기억과는 아무런 관계가 없다. 화가는 오직 보이는 것에만 관심을 가질 뿐이다.

Really most of the time one sees only a feature of a person with whom one is, the other features are covered by a hat, by the light, by clothes for sport and everybody is accustomed to complete the whole entirely from their knowledge, but Picasso when he saw an eye, the other one did not exist for him and only the one he saw did exist for him and as a painter, and particularly as a Spanish painter, he was right, one sees what one sees, the rest is a reconstruction from memory and painters have nothing to do with reconstruction, nothing to do with memory, they concern themselves only with visible things.[289]

대부분의 사람들은 어떤 대상을 볼 때 일부만 보고 나머지는 그들의 <지식>으로 전체를 완성한다. 물론 이 지식은 기억으로 저장되어 있는 것이다. 그러므로 대상의 일면만을 보았을 뿐이며 나머지는 기억으로 재구성되는 것일 뿐이다. 지금 눈으로 본 것은 현재의 상태이며 기억은 과거의 것으로서 현재와는 다른, 변해있는 특질이다. 따라서 육신의 진짜의 눈이 아닌 <기억의 눈>으로 재구성된 그 대상은 진짜가 아니고 허위인 것이다. 스타인은 피카소의 그림을 이해하면서 이를 "기억된 것들은 눈으로 본 것들이 아니다.

---

289) *Ibid.*, 15.

그러므로 기억으로 표현된 것들은 알고 있는 것이 아니다."(...remembered things are not things seen, therefore they are not things known.)290)라고 진단했다. 기억된 지식으로 자신의 의식에 나타난 것과 대상을 직접 눈으로 본 것만을 표현한 것과는 별개의 것으로 스타인은 보았다.

    기억된 지식으로 그린다는 것은 화가가 지니고 있는 신념을 그림에 투입하는 문제로 이어진다. 신념은 개인의 생각 및 경험일 뿐이다. 피카소는 이를 거부했다고 스타인은 파악했다. 이는 "언제나 피카소는 느낀 것이 아닌 것, 기억된 것이 아닌 것...모든 그의 경험의 조합이 아닌 것을 표현하는 시도를 시작했다."(Picasso commenced his attempt to express not things felt, not things remembered,...not an assembling of all his experiences.)291)라는 스타인의 단언에 잘 나타나 있다. 피카소가 견지하는 시각은 어떤 대상에 대해서 현재 보고 있는 것일 뿐이다. 다시 말하면 경험의 조합이 아닌 것이다. 그래서 기억의 눈을 거부하고 있는 스타인은 피카소의 회화를 입체(cube)에서 평면표면(flat surface)으로 발전해간 것으로 보았다. 왜냐하면 입체라는 것은 보이지 않는 것을 그려내야 하기 때문이다. 입방체의 뒷면은 관찰자의 기억으로 재구성되어야 한다. 스타인의 이 생각은 "결국 우리는 우리가 보고 있는 것 이상을 알아야 한다. 우리는 한 입방체를 한눈에 전체로서 보지는 못한다." (After all one must know more than one sees and one does not see a cube in its entirety.)292)에 잘 나타나 있다.

    위와 같은 배경을 바탕으로 하여 스타인이 피카소의 그림을 보는 관점을 정리해 보면 다음 네 가지로 분류할 수 있다. 첫째, 3차원이 2차원으로 교체되었다. 둘째, 신념이 제거되어 있다. 셋째, 진짜 본 것만이 그려져 있다. 넷째, 큐비즘에서 평면표면적인 화법으로 발전하고 있다. 피카소에 대한 스

---

290) *Ibid.*, 35.
291) *Ibid.*
292) *Ibid.*

타인의 이런 관점은 스타인의 작품에 영향을 미쳐 세 가지 입장을 받아들였던 것으로 판단된다. 첫째, 구성에 있어서 큐비즘적인 접근, 둘째, 기억된 지식에 의한 것이 아니라 보여진 것에 의한 문체, 그리고 셋째, 중국의 서예기법(calligraphy) 도입으로 언어의 상징성 배제 등이다.293)

먼저 첫째의 문제, 즉 구성의 문제를 분석한다. 톨스토이(Tolstoy)에 의하면 <초점>(focus)은 모든 예술 작품이 갖추어야 하는 가장 중요한 필수요건이다. 그런데도 피카소의 큐비즘 화법 구성에서는 이전의 그림들과는 달리 초점이 없다. 그래서 그의 그림에서는 이전의 그림과는 달리 중심점이 없이 코너에서 코너에 이르기까지 모든 요소가 차별 없이 취급되는 동일성(sameness)을 띤다. 스타인의 작품에도 역시 초점이 없다. 이는 피카소 화법의 구성원리를 도입한 결과라고 추정된다. 이는 스타인의 다음 구절에서 시사 받는다. 스타인의 구절은 이렇다. "사실 1914-1918년 사이 제1차 세계대전 동안의 구성은 모든 이전의 전쟁 동안의 구성과는 다르다. 이 기간 동안의 구성은 중앙에 있는 한 사람이 다른 많은 사람들에 의해 둘러싸여 있는 그런 구성이 아니라 시작과 끝을 갖지 않는 구성이며 한쪽 구석이 다른 쪽 구석과 동일하게 중요성을 띠는 그런 구성인데, 사실 그것은 큐비즘의 구성이었다."(Really the composition of this war, 1914-1918, was not the composition of all previous wars, the composition was not a composition in which there was one man in the centre surrounded by a lot of other men but a composition that had neither a beginning nor an end, a composition of which one corner was as important as another corner, in fact the composition of cubism.).294) 큐비즘의 구성원리를 정확히 설명하고 있으며 결국은 이 원리가 자신의 작품기법으로 정착되었음을 인지하게 만든다.

---

293) Fits, 228.
294) Stein, *Picasso*, 11.

큐비즘에서처럼 스타인의 소설에서도 행동의 초점이 없다. 그래서 작품은 클라이맥스가 없다. 이런 연장선상에서 스타인의 작품에는 구성의 문제에서 일률성이 주도하고 있다. 그러므로 모든 페이지가 각각 다 중요하다. 이는 큐비즘에서 모든 부분이 각각 다 중요한 것과 같다. 그녀의 작품에서 다루고 있는 모든 대상들, 좀더 구체적으로 그녀의 집, 책들, 개들, 그림들, 가족, 친구들, 심지어 그녀가 즐기는 맛있는 음식 중에서 그 어느 것도 다른 것과 비교하여 두드러진 인상을 주지 못하고 있다는 것보다 더 두드러진 것이 없다.295) 그녀가 취급하는 그 어떤 것도 특별히 강조되거나 초점화되지 않는다. 왜냐하면 그저 모든 것이 다 같이 중요성을 띠고 있기 때문이다. 예를 들어 작품「멜란크샤」에는 일률성이 주도하다 보니 서스펜스(suspense)가 없다. 또한 진정으로 놀랄만한 사건(surprise)이 없다. 이렇게 초점화되지 못한 작품은 <이야기>(story)를 포기한 것이라고 볼 수 있다. 이 문제와 관련하여 스타인은 이렇게 말했다. "우리 모두가 알아야 하는 한 가지는 이 시대에 쓰여진 중요한 세 개의 작품들 중 그 어느 것도 이야기라고 말할 수는 없다는 것입니다.『미국인의 형성』이나『율리시스』에서 프루스트의 작품모습을 발견할 수는 없습니다."(A thing you all know is that in the three novels written in this generation that are the important things written in this generation, there is, in none of them a story.).296) 이 말은 그녀의 작품이 적어도 이야기에 얽매이지 않았음을 알리는 고백이다. 이야기의 포기는 곧바로 초상화로 이어진다. 즉 이야기가 포기되고 구성에서 일률성이 주도된 그녀의 소설은 전통적인 의미의 이야기라기보다는 초상화소설의 특색을 갖게 된다.297)

다음은 둘째의 문제, 즉 기억된 지식에 의한 것이 아니라 보여진 것에

---

295) *Time Literary Supplement*(April 4, 1952), 236.
296) Stein, "Portraits and Repetition," *Lectures in America*, 184.
297) *Ibid.*, 197.

의한 문체의 문제를 분석한다. 스타인의 견해로는 피카소는 단지 눈으로 보여지는 것만을 표현하려고 했으며 기억에 의해 재해석되는 것을 표현하지 않으려 노력했다. 그래서 피카소는 사물과 인물을 그릴 때 보여지는 표면에 의존한다고 말할 수 있다. 피카소에 대한 스타인의 다음 언급은 이 점을 적절히 요약하고 있다. "…사람들의 영혼들에 대한 것은 흥미가 없다. 즉 그에게는 인생의 실재(reality)라는 문제가 머릿속을 지배하고 있다. 사람의 얼굴이나 신체 등이 그에게는 너무도 중요하고 영속적이며 완전한 것이어서 다른 어떤 것에 대해서는 생각할 필요가 없다. 그리고 영혼은 별개의 문제이다."(…the souls of people do not interest him, that is to say for him the reality of life is in the head, the face and the body and this is for him so important, so persistent, so complete that it is not at all necessary to think of any other thing and the soul is another thing.).298) 피카소의 이런 기법은 스타인에 도입되어 그녀도 역시 어떤 대상이나 인물을 묘사할 때 단지 우리의 오관으로 확인되는 면만을 제시하려 노력했다. 스타인이 자신의 주관이 깃든 설명 및 평가 등의 문제를 배제하는 것은 이런 데서 연유한다. 우리가 어떤 사람에 대해서 말할 때 우리는 그 사람의 외모가 어떻게 생겼다거나 무엇을 말한다 등등을 말하지 그가 무엇을 생각하는가를 말하지 않는다고 스타인은 생각했던 것이다. 그래서 스타인은 회화에 있어서 3차원의 입체를 부수어 2차원의 평면으로 처리하는 것이 보다 솔직하다고 믿었다. 3차원의 사실주의는 우리를 속이는 그림이라고 그녀는 믿었던 것이다. 이에 대한 그녀의 생각은 다음 구절에 잘 함축되어 있다. 그녀의 구절은 이렇다. "…의도된 사물의 외면이든 실제의 모습이든 혹은 의도된 사물의 외면이 아니든 또 실제의 모습이 아니든 그것은 중요하지 않다. 나에게 있어서 중요한 것은 유화를 평면표면으로 처리해내는 데 있다…"(…whether it is intended to look like something and looks like

---

298) Stein, *Picasso*, 14.

it or whether it is intended to look like something and does not look like it it really makes no difference, the fact remains that for me it has achieved an existence in and for itself, it exists on as being an oil painting on a flat surface...).299)

　　셋째의 문제, 즉 서예기법의 문제를 분석한다. 언어사용을 서예로 생각하는 기법은 언어 자체를 중시하여 결국 언어유미주의의 극단에까지 온 데서 비롯된 것이다. 그래서 스타인과 피카소처럼 예술과 문학에서 대상의 평면표면을 제시하는 데 흥미가 있는 작가들은 <상징>을 배제한다. 왜냐하면 상징은 표면의 이면에 어떤 의미가 존재함을 암시하기 때문이다. 그러나 언어 자체는 어쩔 수 없이 상징이다. 예를 들어 <사과>란 언어는 사과라는 사물의 상징이다. 그런데도 스타인과 피카소는 감추어진 의미가 제거된 평면표면에만 관심을 갖고 있기 때문에 단어가 상징성을 띠는 전통적인 기법을 그들은 부정한다. 피카소는 자신의 그림에 러시아의 알파벳을 이용하는 등 장식적인 기법을 사용했다. 또 그의 「서예장식 두 여인」("Deux Femmes Calligraphiées")은 서예기법을 사용한 작품이다. 스타인은 이 작품을 보고 큰 감명을 받았다. 그녀는 이렇게 말했다. "동양에서는 서예와 회화예술, 그리고 조각이 항상 거의 밀접한 관련을 맺어왔다. 그것들은 서로 닮았고 서로 도와서 서로를 완전하게 해준다...중국에서 문자는 그 자체로서의 존재 의미를 가지고 있다. 그러나 유럽에서는 서예예술은 덜 중요한 예술이었다...그러나 스페인인 피카소에게는 글을 쓴다는 예술, 즉 서예기법은 하나의 (완전한) 예술이다."(In the Orient calligraphy and the art of painting and sculpture have always been very nearly related, they resemble each other, they help each other, they complete each other...in China the letters were something in themselves. But in Europe the art of calligraphy was always a minor art...But for Picasso, a

---

299) Stein, "Pictures," *Lectures in America*, 61.

Spaniard, the art of writing, that is say calligraphy, is an art.).300) 스타인은 피카소 그림의 특징을 큐비즘이 평면표면으로 바뀌고 서예기법적인 경향을 띠고 있다고 정의했다.301)

피카소의 화법에 대하여 위와 같은 인식을 한 스타인은 언어를 그 자체의 사물로 간주하는 데 이른다. 그래서 그녀는 언어의 의미보다는 <음>(sound)이나 <멜로디>(melody)를 즐겼다.302) 언어를 병치시키거나 반복기법으로 운율의 미를 살리는 것은 그런 데서 연유한 것이다. 또 스타인은 페이지에 인쇄된 글줄의 모양에 더 신경을 썼다. 이런 원칙 때문에 그녀의 소설에는 물음표, 느낌표, 인용표가 거의 제거되어 있다. 이 기호들에 대하여 스타인은 "...그것들은 보기 싫어요. 그것들은 글줄과 인쇄된 면을 망쳐 놓습니다..."(...they are ugly, they spoil the line of the writing...)303)라고 그 폐해를 설명했다. 또 더 구체적으로 그녀는 물음표에 대해 이렇게 말했다. "물음표는 그것 자체로 홀로 있을 때...또는 장식으로 사용될 수 있을 때 그것은 가치가 있다. 그러나 글의 의미와 연결되어 사용될 때 그것은 완전히, 전적으로 완전히 흥미 없는 존재가 되고 만다."(The question mark is alright when it is all alone...when it could be used in decoration but connected with writing it is completely entirely completely uninteresting.).304) 스타인에게 이런 기호들은 글에서 어떤 대상물에 대한 상징이나 의미로서가 아니라 장식 그 자체로서의 가치만을 가지고 있을 뿐이다. 그래서 그녀의 작품에는 이런 기호의 사용은 극도로 억제되거나 아예 제거시켜 버렸다. 이런 기법은 더 나아가 다른 구두점 자체마저도 제거시키는 기법으로 발전했다. 그 한 예로 소위 그녀의 "회

---

300) Stein, *Picasso*, 33-34.
301) *Ibid.*, 37, 39.
302) Stein, "Portraits and Repetition," *Lectures in America*, 196-197.
303) Stein, "Poetry and Grammar," *Lectures in America*, 215.
304) *Ibid.*, 214.

화기"에 실험했던 화법실험의 종합판이라고 말할 수 있는 『상냥한 루시 처치』(*Lucy Church Amiably*)에 나타나는 구절, "Lucy Church and her sister Frances Church and her mother and her brother she did not have a brother it is Helen who had a brother and three sisters and a father Lucy Church had two sisters and a father and a mother and of her it was said not Lucy."305)를 보면 구두점이 사라져 버렸음을 볼 수 있다. 이상의 분석이 옳다는 확증으로 스타인의 언급을 들 수 있는데, 그녀는 자신이 언어를 의미보다는 음이나 멜로디에 치중했던 목적이 피카소의 초상화를 언어화해 보려는 의도였음을 직설적으로 언급했다.306) 이상은 스타인이 창조한 기법들이 피카소 화법의 어떤 원리에 의해 영향을 받았는가하는 문제에 대한 분석이다.

다음으로 스타인 기법은 세잔 화법의 영향으로 전통파괴와 추상화를 이룬 문체에 조형성을 실험했거나 큐비즘 화법 자체를 소설화했다는 궤적의 문제를 거증한다. 이 궤적의 검증에서 피카소 그림의 추상성을 언어로 표현하려는 스타인의 의지는 "파블로는 추상적인 초상화를 그리고 있어요. 나는 내 표현수단, 즉 언어로 추상적인 초상화를 표현하려고 애를 쓰고 있어요." (Pablo is doing abstract portraits in painting. I am trying to do abstract portraits in *my* medium, *words*.)307)라는 구절에 잘 함축되어 있다. 추상화된 문제가 『말랑말랑한 단추들』 등에서 두드러지게 나타나고 있는 것은 사실이다. 스타인의 작품 중에서 피카소의 영향으로 쓰여진 대표적인 작품으로는 『말랑말랑한 단추들』, 「영국에서의 휴가」("Vacation in Britany"), 「일 마일 떨어져서」("Made A Mile Away"), 「J.H. 제인 히이프」("J.H. Jane Heap"), 그리고 『상냥한 루시 처치』 등이다. 본 장은 이중에서 『말랑말랑한 단추들』을 상기의

---

305) Stein, *Lucy Church Amiably*, 122.
306) Stein, "Portraits and Repetition," *Lectures in America*, 197.
307) Rönnebeck, 3. Schnitzer, 207 재인용.

궤적을 거증하는 대상으로 삼는다.

먼저 이 작품에 나타난 전통파괴와 조형문체의 실상을 분석한다. 전통파괴의 원칙하에 나타난 기법은 어순조작 및 불일치구절 등을 들 수 있다. 「컵들」("CUPS")에 나오는 "Why is a cup a stir and a behave."[308]라는 구절에 이 기법이 단적으로 잘 나타나 있다. 이 문장을 분석해 보면 전통적인 언어체계로는 도저히 이해가 되지 않는다. 이 문장의 앞부분을 전통적인 문법체계로 다시 쓴다면 "A cup can be stirred."라고 고쳐야 할 것이다. 또 뒷부분의 "a behave"도 "a behavior"라고 되어야 할 것이다. 당연히 동사 앞에 부정관사 "a"가 올 수 없기 때문이다. 스타인은 언어를 전통의 틀에서 이탈시켜 주무르고 있으며 이를 달리 표현하면 조형적인 실험을 하고 있다고 말할 수 있다. 큐비즘 자체가 전통파괴와 조형성의 회화이며 스타인 문장의 위와 같은 기법은 큐비즘과 같은 형상이라고 말할 수 있다. 이해를 확실히 하기 위해 예를 하나 더 든다. 「먹기」("EATING")에 나오는 "Is it so a noise to be is it a least remain to rest, is it a so old say to be is it a leading are been."[309]의 구절도 전통파괴와 조형문체의 전형적인 예이다. 이 문장도 전통적인 문법체계로는 도저히 이해하기 힘든 글이 되어 버렸다. 이 문장을 전통적인 문법체계로 고쳐 설명해 보겠다. 동사 "remain"은 "remainder"가 되어야 할 것이다. "a so old"는 "such an old"가 되어야 할 것이다. "say"는 "saying"이 되어야 한다. 그리고 "are"는 "is"가 되어야 한다. 위 문장에는 실명사가 들어가야 할 자리에 대신 동사를 사용했다. 현재분사, 단순현재시제, 그리고 과거분사가 동원되어 조형되어 있다. 명사와 동사의 수도 불일치되어 있다. 전반적으로 어휘체계가 어순조작 및 불일치 현상을 노정하면서 기존의 전통문법의 틀에서 벗어나 조형되어 있다. 이와 같은 현상은 전통적인 형태론의 부정이다.

---

308) Stein, *Tender Buttons, Selected Writings of Gertrude Stein*, 489.
309) *Ibid.*, 494.

그래서 자연히 전통적인 입장에서의 의미전달기능이 상실되었다고 말할 수 있다.

다음은 이 작품에 나타난 큐비즘 화법 자체의 소설화를 거증한다. 첫째 제목부터 분석한다.『Tender Buttons』라는 이 제목은 큐비즘과 관련하여 매우 시사적이다. 대부분의 사람들의 의식세계, 다시 말하면 전통적인 언어체계에서는 단추가 말랑말랑하지 않다. 기존 어휘에서는 부드러운 단추(soft button)는 있을 수 있다. 그러나 스타인은 "Tender"와 "Buttons"를 병치시켜 단추가 말랑말랑하다는 표현으로 상식의 범위를 벗어난 언어구사를 제시하면서 독자에게 언어의 가능성에 대한 새로운 인식을 강요하고 있다. 어느 누구도 단추를 먹을 수는 없다. 그러나 스타인은 "말랑말랑한"(tender)이라는 용어로써 음식(food)을 연상시키고 이를 먹을 수 없는 대상인 단추(button)를 수식하게 만들고 있다. 이는 기존의 어휘체계에서는 볼 수 없는 언어구사라고 말할 수 있다. 이는 스타인의 언어실험에 나타난 전통파괴현상이다. 이와 같은 전통파괴는 이를 뒤집어 보면 "기억의 포기"(forsaking memory)[310])에서 비롯되었으며 이는 피카소 회화에서 기억으로 재구성되는 부분은 철저히 배제되어 있다는 스타인의 인식에서 또한 비롯된 것이라고 말할 수 있다. 결국 이 작품의 제목은 상식세계를 벗어나서 <의미의 조형화> 현상을 보여주고 있다고 말할 수 있는데 이는 큐비즘 화법의 조형성과 상통한다고 말할 수 있다.

둘째,『말랑말랑한 단추들』에는 소제목으로「대상들」("OBJECTS"),「먹을 것」("FOOD"), 그리고「방들」("ROOMS")이 설정되어 있는데 이 제목들의 선정 역시 그 자체부터 회화의 대상들과 밀접한 관련이 있다. 이것들은 큐비즘을 포함하여 회화에서 정물들(still lifes)로 사용되는 대상들인 것이다. 이 점과 관련하여 작품구성의 대상들을 사람에서 사물로 이동시켰다는 점을 주

---

310) Michael J. Hoffman, *The Development of Abstractionism in the Writings of Gertrude Stein*, 181.

목할 필요가 있다. 또 이 작품에 전통적인 의미의 플롯이 없으며 등장인물도 없다는 사실도 큐비즘 화법과 밀접한 관련을 맺고 있는 점이라는 사실을 유념해야 한다.

셋째, 소제목으로 대별된 세 부분의 구체적인 구성을 분석한다. 「대상들」에는 「유리병 물병, 그것은 무투명체 유리잔이다」("A CARAFE, THAT IS A BLIND GLASS")에서 「이것이 이 옷이다, 에이더」("THIS IS THIS DRESS, AIDER")에 이르기까지 모두 58개의 세부제목이 붙어 있고, 「먹을 것」에는 「소고기 불고기」("ROASTBEEF")에서 「식탁의 중앙」("A CENTRE IN A TABLE")에 이르는 40개의 세부제목이 또한 붙어 있다. 그리고 마지막으로 「방들」에는 세부제목이 붙어 있지 않다. 「대상들」과 「먹을 것」에서 세부제목들로 이루어진 각각의 내용을 살펴보면 세부제목들 간에 서로 관련성이 없다. 각각의 대상을 임의로 선정하여 피카소가 그림으로 스케치하듯 언어화해 놓은 것에 불과하다. 세부제목이 붙어 있지 않은 「방들」도 표면상 서로 관련성이 없는 단락들이 연결된 12페이지로 되어 있다. 이 작품에는 구성의 중심이 없으며 또한 초점이 없다. 이러한 작품구성은 이 작품에서 다루고 있는 내용과 그 내용을 전달하는 구성기법이 피카소 회화의 그것과 동일한 것이기 때문에 나타난 현상이라고 말할 수 있다. 즉 큐비즘의 구성기법이 소설기법화된 현상이라고 말할 수 있다.

넷째, 각 세부제목을 스케치하기 위하여 동원된 어휘들을 분석한다. 위의 셋째의 문제는 내용이었다. 어휘는 그 내용을 전달하는 수단이라고 볼 수 있다. 이 작품에 사용된 언어들 자체가 회화적 의미를 전달하고 있다. 더 구체적으로 말해 큐비즘의 이미지언어라고 규정할 수 있는 어휘들이 52페이지 밖에 안 되는 짧은 이 작품의 요소요소에 배치되어 있다. 예를 들어 copper, plates, biting, pressing, cutting, blackening, needles, nigged, picking, oxides, mordants, beeswax, feathers, lines, paper, ink, drawing boards, coal, pencils, lead, erasers, wetting, pigments, powder, painting tubes, washes, drawing pins, dusting brushes, underpainting, canvas, stretchers, frames, seasoning, egg and oil glazes, glue, sand, sawdust, wood, tickets, stamps, oil cloth, glass, wire, labels, name plates, newspapers, wallpaper 등의 언어들이 그렇다.

『말랑말랑한 단추들』이 큐비즘 화법의 영향을 강하게 받았다는 사실을 세실리 맥워스(Cecily Mackworth)도 뒷받침하고 있는데 그는 『말랑말랑한 단추들』은 피카소의 「아비뇽의 아가씨들」과 동렬의 작품이라고 말했다.311) 그렇다면 위와 같은 분석을 통해 볼 때 스타인은 『말랑말랑한 단추들』에서 구체적으로 피카소의 어떤 화법을 문체화의 대상으로 삼았는가? 그것은 콜라주기법(collage)이었다. 서로 관련이 없는 구절들의 연결이라든가 초상화의 대상을 사람에서 사물로 대치시켰다는 점, 그리고 위의 예에 나타나 있듯이 빈도 높게 사용되고 있는 콜라주 이미지어휘 등만으로도 그런 확증을 가능케 한다. 시기적으로 볼 때도 이 작품이 쓰여질 무렵 피카소는 콜라주기법을 추구하고 있었다. 이 점은 호프만의 다음 구절에서도 뒷받침된다. 호프만의 구절은 이렇다. "아마도 만일 우리가 그림으로 유사한 것을 그려보기를 원한다면 『말랑말랑한 단추들』은 언어적 콜라주의 한 예라고 말할 수 있다...." (Perhaps if we want to draw an analogy with painting, we could call *Tender Buttons* an example of verbal collage....).312) 『말랑말랑한 단추들』의 회화적 성격을 정확히 진단하여 압축한 구절이라고 평가할 수 있다.

피카소 그림의 탄생을 추적해 올라가면 2대 원천이 나타난다. 그것은 아프리카 흑인조각과 세잔의 그림이다. 피카소는 흑인 조각에서 단순한 요소들로서 얼굴이나 대상을 구축할 수 있는 방법을 모색했다. 그리고 구, 원추,

---

311) Mackworth, 83.
312) Michael J. Hoffman, *The Development of Abstractionism in the Writings of Gertrude Stein*, 179.

원통의 3대 요소로 축약하여 자연을 기하학적으로 표현해야 한다는 세잔의 충고를 충실히 받아들여 큐비즘 화법을 개발하고 발전시켰다. 스타인은 세잔의 그림에 나타나는 <찌그림>(distortion) 등의 현상을 직접적인 시감각에서 나타나는 다양하고 조각적인 기호들의 충실한 모형으로 간주했다.313) 스타인의 이런 시각은 세잔 화법이 큐비즘으로 넘어가는 전 단계라는 사실을 정확히 보고 있었다는 것을 의미한다. 그리고 스타인은 세잔을 그녀에게 시적 영감을 준 스승으로, 피카소는 당대의 문예를 함께 풀어갈 동료로 생각하였다. 세잔과 피카소의 이런 연결 그리고 이들에 대한 스타인의 관점은, 본 장에서 분석한 바와 같이 스타인이 시도한 화법의 문체화 실험에서 후기인 상주의의 문체화와 큐비즘 화법의 문체화 및 기법화로 연결되어 나타나거나 혼효되어 반영되었다. 요약하면 스타인의 초기작품들, 그 한 예로『세 여자』에서 그녀는 세잔 화법의 영향으로 전통기법을 파괴하고 추상화된 새로운 문체를 성립하였고, 중기의 회화기의 작품들, 그 한 예를 들어『말랑말랑한 단추들』에서 추상화된 문체에 더하여 조형의 문체성립과 큐비즘 화법 자체의 문체화 및 기법화를 이루어 냈다고 말할 수 있다. 이것이 스타인의 문체 및 기법 형성에 미친 세잔과 피카소 영향의 핵심이며 그들의 화법이 그러하듯이 그녀의 문체가 난해한 배경이다. 그러나 그녀가 새로 성립한 문체 및 기법은 전통적인 것과는 달리 전위적이다. 이 전위성은 20세기 문학의 한 방향을 제시한 것이며 또한 이 전위성은 스타인이 현대문학의 발전에 기여한 업적이라고 평가할 수 있다. 그녀는 골드나 리이드가 평가했던 대로 결코 "문학적인 바보"나 문학에서 "추방의 대상"이 아니다.

그러면 스타인이 세잔이나 피카소의 그림으로부터 기법을 도입하게 된 철학적 동기는 무엇인가? 이 질문에 대한 해답은 20세기 초의 당시 파리의 전위적인 문예의 철학적 분위기에서 찾아야 한다. 즉 앞에서 밝힌 바와 같이

---

313) Walker, 9.

당시의 문예가들의 관심은 문예의 각 장르를 발전시키기 위하여 타 장르의 기법도입을 모색하고 있었는데314) 스타인은 이 돌파구를 후기인상주의의 세잔 화법과 큐비즘의 피카소 화법에서 찾았다. 스타인이 세잔과 피카소에 주목했던 것은 자연 및 대상을 보는 시각의 일치 때문이었다. 다시 말하면 세잔과 피카소는 대상표현의 영원성을 이루는 데 있어서 감각(sensation)의 실현(realization)을 핵심적인 사항으로 생각했으며 스타인 역시 같은 견해를 갖고 있었던 것이다. 이 시각의 일치는 스타인의 언급 여러 곳에서 발견되고 있는데 그 중 한 예를 들면 이렇다. 먼저 감각의 실현에 대한 세잔의 신조는 "자연을 그린다는 것은 객관적으로 주어진 것을 복사한다는 것이 아니다; 그것은 우리들의 감각을 실현하는 것이다."(To paint after nature is not to copy the objectively given; it is to realize one's sensation.)315)라는 구절에 잘 나타나 있다. 이 감각의 실현문제를 해결하는 구체적 방법으로 세잔은 앞에서 언급했던 대로 자연을 구, 원추, 원통의 3대 요소로 축약하여 기하학적으로 표현해야 한다는 주장을 제시했다. 이러한 세잔의 제시는 앞에서 밝힌 대로 피카소가 충실히 받아들였고 이는 피카소의 큐비즘 화법으로 발전되었다고 말할 수 있다. 다음으로 스타인은 1909년에 자신의 미공개 노트에서 세잔을 "대상 자체를 실현하는 위대한 스승"(great master of the realization of the object itself)으로, 피카소는 세잔의 예술적 프로그램을 성공적으로 따랐던 당대의 유일한 예술가316)로 평가하고 『미국인의 형성』의 여러 곳에서 자신의 인물묘사를 예로 들면서 감각의 실현을 위해서 많은 고심을 했다고 반복하여 밝히고 있다. 이는 스타인이 당시 세잔과 피카소의 예술철학 및 표현기법에 공감하면서 이를 자신의 작품에서 문체화하기 위해 얼마나 고심했는가를 알리

---

314) II-2-3 "《셰익스피어 앤 컴퍼니》 서점과 문예가들과의 교유" 참조.
315) Bernard, 23. Walker, 3 재인용.
316) Walker, 3.

는 단적인 증거이다. 감각을 실현하려는 세잔의 필생의 노력, 또 화가의 진 정한 목표는 주어진 대상을 외면적으로 모사하는 것이어서는 안 되며 무엇 인가를 구축하는 것이라는 믿음을 구체화해야 한다는 피카소의 회화철학, 이것들이 스타인에게 세잔과 피카소의 화법을 받아들이도록 만든 핵심이었 다.

헤밍웨이의 문체형성기에 파리에 모여들었던 작가들은 현대 문예에 대한 담론을 활발하게 펼쳤다. 담론의 중심에는 스타인이 있었고, 스타인은 위에서 살펴본 바와 같이 현대회화기법을 그녀의 소설에 도입한 표현매체의 실험작가요 전위작가였다. 그리고 이 실험성과 전위성은 헤밍웨이에게 영향을 미쳤고, 헤밍웨이는 현대회화 중 특히 세잔 화법을 도입하여 빙산이론문체라는 독특한 문체원리를 창조해 낼 수가 있었다. 그런데 헤밍웨이 문체를 획기적으로 발전시켰던 현대회화기법 도입의 계기를 제공했던 전위작가가 바로 스타인이었다. 이 점이 헤밍웨이를 연구하는 데 스타인, 세잔, 피카소에 대한 연구를 반드시 연결시켜야 하는 이유이다.

끝으로 한 가지 짚고 넘어가야 할 사항이 있다. 534편이나 되는 방대하고도 전위적인 작품을 탄생시켰던 '전위예술의 거장' 스타인과 '높은 대중적 인지도'의 헤밍웨이의 차이는 어디에서 오는가? 대중적 인지도에서 스타인과 헤밍웨이는 왜 다른가? 그 갈림길은 스타인의 전위적 언어실험일관의 길과 헤밍웨이의 전위언어실험을 기반으로 한 대중적 소설일반의 길로의 진입에 있었다는 것이 저자의 판단이다. 양 작가는 시작은 언어실험이라는 같은 길에서 만났지만 어느 시점 이후 그들은 각각 다른 길을 갔다고 볼 수 있다. 언어구사의 발전이란 측면에서 본다면 스타인의 길이 조명을 받아야 하고, 문학에는 대중들의 인간 영혼구제의 역할이 있다는 측면에서 본다면 헤밍웨이의 길이 또한 조명을 받아야 할 것으로 인정된다.

IV.
빙산이론의 적용과 일탈
작품성패의 기준

지금까지 살펴본 바를 토대로 헤밍웨이의 소설기법 발전사와 그 내용을 간추리면 다음과 같다.

기법상으로 헤밍웨이의 미시간 시절의 소설특징은 극사실주의적 기법이다. 미시간 시절 다음으로 헤밍웨이는 파리로 가서 문체와 기법의 완성을 기했다. 파리시절에 헤밍웨이가 습득한 주요기법들 중 핵심기법은 문체의 빙산이론기법이었다. 그래서 파리시절 이후 헤밍웨이 문체는 빙산이론기법이 주가 된다. 따라서 극사실주의적 기법은 헤밍웨이 문체의 고유기법인 빙산이론이 적용되지 못한 기법이다. 이런 까닭으로 헤밍웨이 작품들 중 빙산이론이 적용된 작품은 성공작이 되고 빙산이론이 적용되지 못한 작품은 실패작이 되고 만다. 미국시절에 쓰여진 대표적인 소설은 단편「미시간 북쪽에서」이다. 이 단편은 실패작이라고 규정할 수 있다. 그러나 헤밍웨이는 파리시절에「두 개의 심장을 가진 큰 강」을 통하여 빙산이론문체를 실험하여 성공했다. 확립된 빙산이론은『태양은 또다시 떠오른다』에 적용시켜 성공시켰고 헤밍웨이는 일약 세계적인 작가가 되었다. 이후 빙산이론이 적용된 작품들은 성공작이 되었다. 『무기여 잘 있거라』와「살인자」등의 성공적인 작품들은 예외 없이 빙산이론을 바탕으로 한 헤밍웨이 고유의 문체가 적용된 작품들이다. 그리고 빙산이론이 일탈된 작품들은 실패의 딱지를 다는데 대표적인 실패작품이『누구를 위하여 종은 울리나』,『강을 건너 숲속으로』, 그리고『가진 자와 못 가진 자』등이다. 헤밍웨이 본령의 일탈과 실패의 경우에 해당하는 소설들이고 사회참여 작품들이다. 이후 헤밍웨이는 다시 빙산이론을 적용시켜 성공을 거둔다. 그 작품은『노인과 바다』이다. 이 작품은 빙산이론의 적용은 물론이고 우화의 시학의 경지에까지 승화된 작품이다.

이제 본 장에서는 위의 문제를 예증하여 분석하기로 하는데 미시간 시절의 소설특징을 둘러보고 사회참여작품의 실패를 검토한 뒤 다시 그의 본령에 복귀하여 성공하는 과정을 추적하기로 한다.

1. 미시간 시절의 소설특징(극사실주의기법):
「미시간 북쪽에서」

헤밍웨이의 미시간 시절 소설기법의 특징은 앞서 말한 대로 극사실주의적 기법이다. 앞서 밝힌 대로 실패한 기법이다. 이 기법으로는 헤밍웨이가 세계적 작가가 될 수 없었다. 그 실패의 원인은 극사실주의(사진적인 사실주의)기법 때문이었다. 거트루드 스타인이 이 작품을 읽고 끝부분, 즉 남주인공 짐이 여주인공 리즈를 유혹하여 사랑나누기를 벌이는 장면의 묘사가 특히 잘못 되었다고 지적하면서 집중적인 묘사기법을 권고[1]한 것도 눈에 보이는 대로, 또한 생각되는 대로 빠짐없이 기술해 놓은 헤밍웨이의 극사실주의적 기법에서 그를 벗어나게 하기 위한 것이었다. 이는 그의 기법이 아직 대상을 솔직하고도 사실적으로만 묘사할 뿐이지 그 이상을 넘지 못하고 있음을 보여주고 있다 하겠다. 그래서 사진은 될지언정 그림처럼 한정된 공간에 응축된 의미를 담을 수 있는 작품은 되지 못하고 있다. 극사실주의 한계를 뛰어넘지 못하고 있다. 헤밍웨이의 이와 같은 한계에 대하여 잭슨 벤슨은 셔우드 앤더슨과 마크 트웨인의 영향에서 못 벗어난 것으로 전제한 뒤 그 예증으로 앤더슨의 「종이알들」("Paper Pills"), 「어머니」("Mother"), 그리고 「철학자」("The Philosopher") 등의 자세한 인물묘사 부분을 각각 들고 이 부분들이 「미시간 북쪽에서」의 빠짐없는 인물묘사 기법과 흡사하다고 설득력 있는 지적[2]을 하고 있는데, 회화기법 도입 이전의 헤밍웨이 소설기법이 극사실주의

---

1) Michael J. Hoffman, *The Development of Abstraction in the Writings of Gertrude Stein*, 201.
2) Benson, *The Short Stories of Ernest Hemingway: Critical Essays*, 282.

적 기법에 머물러 있음은 대체적으로 일치된 견해라고 말할 수 있다. 미시간 시절과 파리시절의 문체의 변화 문제를 알아보기 위해서 「미시간 북쪽에서」 와 「두 개의 심장을 가진 큰 강」을 비교하기로 한다.

사실 두 단편은 모두 미시간 북부를 배경으로 쓰여진 작품이다. 그러나 창작의 시기가 다르다. 헤밍웨이의 본격적인 파리시절은 1924년 1월부터라고 말할 수 있는데, 「미시간 북쪽에서」는 1919년 6-7월에 구상하여 1921년에 쓰여진 작품이어서 시기적으로 미국시절의 작품이다. 이에 비해 「두 개의 심장을 가진 큰 강」의 작품의 완성은 1924년 8월 중순이고 발표 연도는 1925년이다. 파리시절이 시작되고 새로운 기법을 시작했던 파리시절초기의 기간인 것이다. 이런 까닭에 두 작품은 기법상으로 큰 차이가 있다. 「미시간 북쪽에서」에 적용된 기법은 앞서 말한 대로 극사실주의기법이다. 이에 반해 「두 개의 심장을 가진 큰 강」은 파리시절에 새로운 기법의 창출을 위한 회화기법 실험이 최초로 이루어진 작품이다. 작품 기법상 세잔의 회화기법이 실험된 작품이다. 빙산이론 기법이다. 이 작품에 쓰여진 기법에 대해 헤밍웨이는 그의 의중을 드러낸 바가 있었다. 그는 1924년 8월 15일 거트루드 스타인에게 보내는 서신 속에서 「두 개의 심장을 가진 큰 강」을 세잔의 그림처럼 써 보려고 했다고 고백했다. 그의 고백은 이렇다. "나는 스페인에 가기 전에 내가 써왔던 긴 단편[「두 개의 심장을 가진 큰 강」]을 완성했어요. 이 작품에서 나는 세잔처럼 시골경치를 묘사해 보려고 노력했어요."(I have...finished the long one I worked on before I went to Spain ["Big Two-Hearted River"] where I'm trying to do the country like Cézanne.).[3] 「두 개의 심장을 가진 큰 강」의 작품 기법을 파악할 수 있는 중요한 단서가 되는 주목할 만한 구절이다.

그러면 두 단편에 나타나는 문체와 기법의 실상은 어떻게 다른가? 이를 알아보기 위해 두 작품을 비교하기로 하는데 대비의 기준은 첫째, 「미시간

---

3) Baker, *Ernest Hemingway: Selected Letters 1917-1961*, ed. 122.

북쪽에서」의 호튼즈 베이의 풍경과 「두 개의 심장을 가진 큰 강」의 세니 마을의 풍경묘사, 둘째, 「미시간 북쪽에서」에 나타나고 있는 사랑나누기 장면 묘사, 그리고 셋째, 양 작품의 주인공의 인물묘사를 채택하여 비교해 보기로 한다.

먼저 「미시간 북쪽에서」의 호튼즈 베이에 대한 풍경묘사를 보자.

> Hortons Bay, the town, was only five houses on the main road between Boyne City and Charlevoix. There was the general store and post-office with a high false front and maybe a wagon hitched out in front, Smith's house, Stroud's house, Dillworth's house, Horton's house, and Van Hoosen's house. The houses were in a big grove of elm trees and the road was very sandy. Up the road a ways was the Methodist church and down the road the other direction was the township school. The blacksmith shop was painted red and faced the school.
>
> A steep sandy road ran down the hill to the bay through the timber. From Smith's back door you could look out across the woods that ran down to the lake and across the bay. It was very beautiful in the spring and summer, the bay blue and bright and usually whitecaps on the lake out beyond the point from the breeze blowing from Charlevoix and Lake Michigan.[4]

> 그 마을, 즉 호튼즈 베이는 보인 시티와 샤를르보와 사이를 이은 주요거리에 불과 다섯 채의 집이 있을 뿐이었다. 잡화상 가게와 집 앞면만 높다랗고 대개 그 앞에 한대의 마차가 매여지고 있는 우체국과 스미스의 집, 수트라우드의 집, 딜워어스의 집, 호튼의 집, 그리고 밴 후우젠의 집이 있었다. 이 집들은 커다란 느티나무 숲속에 자리잡고 있었으며 길은 모래 투성이었다. 길 위쪽에는 메더디스트 교회가 있었고 길 아래 반대편 쪽에는 군학교가 있었다. 대장간 가게는 빨갛게 칠해져 있었고 그 학교 맞은편에 자리잡고 있었다.

---

4) Hemingway, "Up in Michigan," *The First Forty-Nine Stories*, 79-80.

가파른 모랫길 하나가 숲속을 지나서 언덕으로 내려 만에 이르고 있었다. 스미스네 뒷문에선 아래의 호수에까지 이르는 숲과 만을 바라다 볼 수 있었다. 봄과 여름의 경치는 매우 아름다웠다. 만은 파랗고 밝고 대개 갑 저쪽 호수에는 샤를르보와 미시간 호반에서 불어오는 산들바람에 하얀 물결이 일고 있는 것을 볼 수 있었다.

사진 같은 사실주의적인 묘사를 보여주고 있다. 이 풍경에 대한 정확성은 콘스탄스 케이플 몽고메리(Constance Capple Montgomery)에 의해서 확인되고 있다. 몽고메리는 헤밍웨이가 그린 이 장면을 사실과 대조 확인하기 위해 1960년 여름에 3개월 간을 미시간 북부에서 보냈다. 그는 거기에서 실지의 장소인 "the sandy road," "the five houses," "township school," 그리고 "the lake view" 등을 확인했다. 세월에 의해 손실된 것을 제외하고는 거의 묘사된 대로라고 몽고메리는 지적했다.5) 분명히 극사실주의기법이 적용된 작품이라고 판단된다.

이에 비해 「두 개의 심장을 가진 큰 강」에 나타나는 세니의 풍경묘사는 다음과 같다.

> The train went on up the track out of sight, around one of the hills of burnt timber. Nick sat down on the bundle of canvas and bedding the baggage man had pitched out of the door of the baggage car. There was no town, nothing but the rails and the burned-over country. The thirteen saloons that had lined the one street of Seney had not left a trace. The foundations of the Mansion House hotel stuck up above the ground. The stone was chipped and split by the fire. It was all that was left of the town of Seney. Even the surface had been burned off the ground.
> Nick looked at the burned-over stretch of hillside, where he had

---

5) Montgomery, 33 참조.

expected to find the scattered houses of the town and then walked down the railroad track to the bridge over the river. The river was there. It swirled against the log piles of the bridge. Nick looked down into the clear, brown water, coloured from the pebbly bottom, and watched the trout keeping themselves steady in the current with wavering fins. As he watched them they changed their positions by quick angles, only to hold steady in the fast water again. Nick watched them a long time.6)

 기차는 선로를 따라 위로 올라갔고 수목이 온통 다 타 버린 언덕 하나를 돌아서 가자 이제 기차는 보이지 않았다. 닉은 수화물 취급인이 수화물차 문밖으로 내던진 텐트와 침구 꾸러미 위에 걸터앉았다. 마을이라곤 흔적도 없었고 오직 눈에 보이는 것은 철로와 사방 타버린 시골풍경뿐이었다. 세니 마을 한 거리에 줄지어 서 있던 열세 개나 되는 술집들도 흔적조차 없이 모두 사라져 없었다. 맨션 하우스 호텔의 초석들만이 땅바닥 위로 불쑥 나와 있었다. 돌은 불에 타 조각이 나고 갈라져 있었다. 이것이 세니 마을에 남아 있는 흔적의 전부였다. 지면마저도 깨끗이 다 타 버렸다.
 닉은 마을의 집들이 띄엄띄엄 흩어져 있으리라고 기대했던 언덕중턱의 불타 버린 지대를 바라다보았다. 그리고 강위의 다리로 이어지는 철로 길을 따라 내려갔다. 강은 거기에 있었다. 강물은 통나무로 쌓아 올린 다리말뚝에 물결이 부딪쳐 소용돌이치고 있었다. 닉은 조약돌이 많은 강바닥이 갈색으로 비치고 있는 맑은 물속을 들여다보았다. 그리고 닉은 강물의 흐름 속에서도 지느러미를 움직이며 자신들을 정지시키고 있는 송어 떼를 지켜보았다. 닉이 송어 떼를 지켜보고 있는데 송어 떼는 재빨리 방향을 돌려 위치를 바꾸었지만 또다시 그 빠른 물결 속에서도 몸을 정지시켜 멈추고 있었다. 닉은 그런 송어 떼를 한참 동안이나 지켜보고 있었다.

 「미시간 북쪽에서」에 비해 대조적인 묘사라고 말할 수 있다. 두 장면의 묘사에서 나타나는 차이로는 「미시간 북쪽에서」의 묘사가 자세하고 섬세하며 사실적인데 비해 「두 개의 심장을 가진 큰 강」의 묘사는 군더더기가 없어

---

6) Hemingway, "Big Two-Hearted River: Part I," *The First Forty-Nine Stories*, 165-166.

단순한 느낌을 준다. 「두 개의 심장을 가진 큰 강」의 경우, 마을이라곤 흔적도 없는 정경을 제시하고 있을 뿐이다. 「미시간 북쪽에서」의 마을 묘사와는 전혀 다른 기법이다. 「두 개의 심장을 가진 큰 강」의 이와 같은 묘사는 외면상 매우 단순하다. 그림으로 그린다면 밋밋한 데생 정도이다. 소묘의 정도에 그치고 있다. <눈에 보이는 것은 철로와 사방에 타버린 풍경뿐이었다>고 묘사하고 있다. 이런 묘사는 주인공 닉의 눈에 비친 것만 묘사하고 나머지는 모두 <생략>되었음을 의미한다. 이는 세잔의 생략기법에서 영향을 받은 결과라고 말할 수 있다.

둘째 단락에 이르면 세잔 그림의 연상은 더욱 강해진다. 강을 묘사하는 기법에서부터 그림을 보는 듯한 회화적 문체가 등장한다. 풍경의 묘사에 사용되는 색깔도 'clear,' 'brown,' 'black' 등 단순한 몇 종류로 제한하였다. '굵은 선'으로 구성된 밑그림을 연상시키고 있으며 색깔사용과 그 구성이 곧바로 세잔 그림을 보는 듯한 느낌이 들도록 만들고 있다. 이는 단순성 및 생략에서 온 것으로서 회화기법이 문체로 표현된 현상이라고 말할 수 있다.7)

다음으로 「미시간 북쪽에서」에서 여주인공 리즈와 남주인공 짐 사이에 벌어지고 있는 사랑나누기의 장면묘사를 보자. 지극히 사실적이고 자세하게 처리되어 있음을 볼 수 있다. 리즈에 대한 짐의 손 처리, 리즈의 자세, 리즈의 심리상태 등 모든 것을 기록된 대로 그려 가면 정확히 연속동작으로 표현할 수 있게 기록하고 있다. 그러나 헤밍웨이가 세잔 등의 회화기법을 소화하고 난 후의 작품이라고 볼 수 있는『태양은 또다시 떠오른다』의 사랑나누기 장면의 묘사는 사실적이고 자세한 기술을 "Then"과 "Then later"로 극도의 압축표현으로 처리하고 있다.8) 응축, 절제, 단순, 생략의 깔끔한 표현이다. 이

---

7) III-1 "세잔 화법 도입과 빙산이론문체 탄생" 회화적 표상화 부분 참조.
8) Hemingway, *The Sun Also Rises*, 54. "What's the matter...him away?"와 55쪽, "Sent him for... any better" 부분참조.『태양은 또다시 떠오른다』의 본 장면을 도입하는 것은 「두 개의 심장을 가진 큰 강」에 사랑나누기 주제를 다룬 장면이 없어 비교의 기준상 동일한 주제

렇게 압축되어 표현되어 있지만 그 속뜻이 담고 있는 의미는 독자의 정서에 따라 다양한 의미전달이 가능한 다의적 표현이다. 이에 비해 「미시간 북쪽에서」의 경우는 묘사에 제한과 생략이 없다. 이는 헤밍웨이가 세잔을 비롯한 화가들의 생략기법을 터득하기 이전의 작품으로 사진적인 사실주의 경향에서 벗어나지 못했기 때문이라고 말할 수 있다. 존스톤의 구절, "그 단편[미시간 북쪽에서]은 헤밍웨이가 사진적인 사실주의(극사실주의)의 한계를 아직 발견하지 못했다는 사실을 분명히 하고 있다."(The story["Up in Michigan"] makes it quite clear that Hemingway had not yet discovered the limitations of photographic realism.)[9]는 이 점을 명징하게 직설적으로 뒷받침해 주는 지적이다.

마지막으로 양 작품의 인물묘사를 보자. 양 작품의 인물묘사도 같은 맥락의 차이를 보이고 있다. 먼저 「미시간 북쪽에서」의 남녀주인공 짐과 리즈의 묘사는 눈에 보이는 대로 빠짐없이 기술하는 사실주의적 묘사기법이라고 단언할 수 있다. 짐에 대한 묘사는 이렇다.

> Jim Gilmore came to Hortons Bay from Canada. He bought the blacksmith shop from old man Horton. Jim was short and dark with big moustaches and big hands. He was a good horseshoer and did not look much like a blacksmith even with his leather apron on. He lived upstairs above the blacksmith shop and took his meals at D. J. Smith's.[10]

짐 길모어는 캐나다에서 호튼즈 베이로 왔다. 그는 호튼 노인으로부터 대장간을 샀다. 짐은 키가 작고 거무스름한 데다 커다란 콧수염을 달고 큼직한

및 장면을 채택하기 위한 것이며 『태양은 또다시 떠오른다』도 파리시절 회화기법실험 직후 나온 작품으로서 시기상 비교가 적절하다고 판단되기 때문임.
9) Johnston, 34.
10) Hemingway, "Up In Michigan," *The First Forty-Nine Stories*, 79 첫 단락.

손을 가지고 있었다. 그는 편자 만드는 데에 솜씨가 좋았지만 가죽 앞치마를 걸치고 있어도 그다지 대장장이처럼 보이지는 않았다. 그는 대장간 가게 2층에 살고 있었으며 스미스 판사 집에서 식사를 하고 있었다.

여주인공 리즈에 대한 묘사는 이렇다.

> Liz Coates worked for Smith's. Mrs. Smith, who was a very large clean woman, said Liz Coates was the neatest girl she'd ever seen. Liz had good legs and always wore clean gingham aprons and Jim noticed that her hair was always neat behind. He liked her face because it was so jolly but he never thought about her.[11]

> 리즈 코우티즈는 스미스 집에서 일하고 있었다. 스미스 아내는 몸이 매우 크고도 깨끗한 여자였는데 그 아내는 리즈 코우티즈만큼 깔끔한 여자를 본적이 없다고 말했다. 리즈는 날씬한 두 다리를 가지고 있으며 언제나 깨끗한 깅감의 앞치마를 두르고 있었고 짐은 그녀의 머리칼이 언제 보아도 뒤로 잘 빗겨져 있는 것을 알아 차렸다. 그는 그녀의 얼굴을 좋아했는데 그것은 그녀의 얼굴이 그야말로 명랑했기 때문이었다. 그러나 그는 그녀에 대해서 한 번도 생각한 적이 없었다.

「미시간 북쪽에서」에 나타난 인물묘사는 위와 같다. 그러나 「두 개의 심장을 가진 큰 강」의 주인공 닉에 대한 인물묘사는 위와 같은 장면이 아예 없다. 「미시간 북쪽에서」에서처럼 밀집된 자세한 묘사가 없다. 닉에 적용된 인물묘사는 리즈와 짐의 경우와는 사뭇 다르다. 작품 전체를 통해서 묘사된 닉을 간추려 보면 한마디로 얼굴도 형체도 없는 닉이라고 말할 수 있다. 그렇지만 닉의 이미지는 선명하다. 외상을 입고 고향의 자연의 품으로 돌아온 주인공 닉! 그는 마음에 깊은 상처를 입었다. 그 상처는 삶의 <입문과정>에서

---

11) *Ibid.*, 79.

얻은 세월의 상처이다. 이 상처를 치료하기 위해 애처로운 모습으로 외롭게 강가를 거닐면서 송어 떼가 노니는 것을 바라보기도 한다. 어렸을 적에 자기가 놀았던 숲속에서 옛날을 회상하면서 상처 난 마음을 추스르러 노력하기도 한다. 닉에 대한 이미지는 이렇게 선명히 떠오른다. 회화기법으로 간단히 몇 가지 언어만을 사용하여 그런 강력한 의미구성이 가능한 것이다.

이상 살펴본 바와 같이 「미시간 북쪽에서」와 「두 개의 심장을 가진 큰 강」은 문체와 기법에 있어서 뚜렷한 차이를 보이고 있다. 전자가 사진적인 사실주의기법으로 묘사되었다면 후자에는 생략과 단순기법 등이 두드러지게 부각되어 있다. 전·후자의 이와 같은 차이는 세잔 등의 회화기법의 영향 때문이라고 말할 수 있겠다. 헤밍웨이는 「두 개의 심장을 가진 큰 강」에서 세잔 화법을 소설에 도입하는 실험을 성공적으로 마쳤고 이를 바탕으로 그의 빙산이론을 창출해 냈다. 빙산이론이 바탕이 된 헤밍웨이 문체에는 앞서 말한 대로 생략, 단순, 간결과 율동, 상징, 억제서법, 이미지기법, 전진운동과 후진운동 등의 다양한 기법들이 나타난다. 소위 헤밍웨이 고유문체이다. 그리고 그 기법들이 빚어져 나오는 원천에는 빙산이론의 문장철학이 있다.

2. 본령의 일탈과 실패(사회참여):
『누구를 위하여 종은 울리나』,『강을 건너 숲속으로』,『가진 자와 못 가진 자』

헤밍웨이 작품들은 빙산이론을 바탕으로 한 고유문체가 적용된 작품은 성공하고 일탈된 작품은 실패했다. 그의 고유문체가 적용되지 못한 대표적인 작품으로는『누구를 위하여 종은 울리나』(For Whom the Bell Tolls),『강을 건너 숲속으로』(Across the River and Into the Trees), 그리고『가진 자와 못 가진 자』(To Have and Have Not)를 들 수 있다. 이 세 소설들 중『누구를 위하여 종은 울리나』에 대한 평가는 비평가들 사이에 성공작과 실패작이라는 시각이 나뉘어져 있다. 그리고『강을 건너 숲속으로』와『가진 자와 못 가진 자』는 일반적으로 실패작이라는 평가를 받고 있다. 이들 작품을 실패작으로 평가하는 비평가 중 대표적인 사람이 프레더릭 호프만(Frederick J. Hoffman)이다. 프레더릭 호프만은『누구를 위하여 종은 울리나』,『강을 건너 숲속으로』, 그리고『가진 자와 못 가진 자』가 초기작품에 비해 한 차원 낮은 작품들이라고 평가하고『누구를 위하여 종은 울리나』의 실패 원인은 헤밍웨이 소설의 본래 입장을 떠나서 이데올로기의 전달수단으로 한 차원 내려앉은 사실에 있다고 주장했다.[12] 프레더릭 호프만의 주장에 의하면 이들 세 작품들은 초기작품에 비해 성공하지 못했으며 그 원인은 헤밍웨이가 초기작품들과는 달리 소설을 내용전달의 수단으로써 사용하는 데 치중하는 반면 미학적인 예술성을 소홀히 하고 있는 점에 있다고 진단할 수 있다.

---

12) Frederick J. Hoffman, *The Modern American Novel*, 110.

반면 이 작품을 성공작으로 간주하려는 비평가들 중 대표적인 비평가로 게리 브렌너(Gerry Brenner)13)와 칼로스 베이커를 들 수 있다. 이들은 이 작품을 비극적 서사시의 차원에까지 끌어올리고 있다. 칼로스 베이커는 이 작품을 호머(Homer)의 『일리아드』(Iliad)에 비유하여 스페인(Spain)을 일리엄(Ilium)에, 주인공 로버트 조단을 아킬레스(Achilles)에, 그리고 파블로(Pablo)를 에이잭(Ajax)에 비유시키면서 이 작품이 서사시적으로 성공하고 있으며 그 성공의 요인은 성공적인 제유(synecdoche)에서 나타나는 언어의 상징적 확장에 있다고 주장하고 있다.14) 그러면서 칼로스 베이커는 헤밍웨이가 그의 언어를 서사시에 적합하게 개발시키고 있음을 아울러 지적하기도 하고15) 이 작품을 헤밍웨이의 가장 훌륭한 소설이라고 천명하기도 했다.16) 그리고 로버트 리(A. Robert Lee)는 이 소설에 대해 논하고 난 뒤 이제 더 이상 이 소설이 결점이 많은 작품으로 간주되어서는 안 된다고 못박고 있다.17) 로버트 리는 또 이 소설을 분석하고 난 후 "모든 것이 완벽하게 결합되어 있다."(Everything completely knit up.)18)라고 결론짓고 있다. 아울러 앨프레드 카즌(Alfred Kazin)은 『누구를 위하여 종은 울리나』를 헤밍웨이 작품들 중 걸작들에 포함된다고 규정했다.19) 『누구를 위하여 종은 울리나』에 대하여 성공작과 실패작으로 평가가 엇갈리고 있음을 알 수 있다. 톨스토이가 말한 대로 모든 예술 작품이 갖추어야 할 가장 중요한 것이 초점이라면 『누구를 위하여 종은 울리나』는 이를 구비한 작품이라고 말할 수 있을 것이다. 그 초점은 폭파되어야 할 다리(bridge)이며 이 다리를 중심으로 이 소설의 모든 구조

---

13) Brenner, 493.
14) Baker, "The Spanish Tragedy," 122.
15) *Ibid.*, 123.
16) Baker, *Hemingway: The Writer as Artist*, 116.
17) Lee, "Everything Completely Knit Up: Seeing *For Whom the Bell Tolls*," 101.
18) *Ibid.*, 80.
19) Williams, 138n.

가 집중되어 있다. 앞의 로버트 리의 견해는 이 점을 염두에 둔 결론이라고 볼 수 있다. 이런 점을 감안했을 때『누구를 위하여 좋은 울리나』가 전통적인 소설관으로 볼 때는 성공적인 면이 있다는 사실 또한 부정하기 어렵다.

일반적인 평가가 이러하다면 『누구를 위하여 좋은 울리나』는 과연 성공작인가 실패작인가의 논란을 종식시켜야 될 필요성이 있다. 또『강을 건너 숲속으로』와『가진 자와 못 가진 자』는 참으로 실패작인가? 실패작이라면 왜 실패작인가? 그리고 만일 이들 세 작품들이 실패작이라면 그 원인은 무엇인가? 이러한 의문에 대해 명쾌한 답변이 필요하다. 이 필요성에 의해 이 문제를 분석한다.

위의 세 작품을 조명하는 기준은 무엇인가? 그것은 빙산이론이다. 이 빙산이론 기법에 의하여 생산된 작품은 성공작의 평가를 받게 되지만 만일 이 기법들이 적용되지 못하고 다른 영역으로 일탈했을 때는 실패작의 딱지를 달고 다닌다. 이 기준으로 먼저『누구를 위하여 좋은 울리나』를 고찰한다. 우선 이 작품에는 헤밍웨이 소설전개의 모태라고 말할 수 있는 빙산이론에 입각한 언어 및 기법이 실종되어 있다. 그래서 억제서법, 응축표현, 여백의 언어 또는 불표현의 표현 같은 매력적인 표현법이 자취를 감추어 버렸다. 또 헤밍웨이 문체의 양대 골격이라고 볼 수 있는 간결성과 율동이 맞물리지 못하고 탈구되거나 결여되었다. 따라서 이 작품은 헤밍웨이 본래의 문체에서 일탈되어 불균형을 이룬다고 단언할 수 있다. 작품에서 예증한다.

이 작품이 빙산이론에 의해서 서술되었다면 표현은 극도로 억제되었어야 했다. 그런데 앞서 지적한 대로 이 작품은 이와는 반대의 현상이 나타나 있다. 그 예로 주인공 조단의 경우를 들어본다. 그는 자신이 민주주의를 신봉하고 있음을 거침없이 직설적으로 표현하고 있다. 그리고 생명, 자유, 행복의 추구를 외치고 있다. 이러한 방식은 웅변가, 대중연설가, 또는 도덕가의 논법이지 헤밍웨이의 초기나 말기의 성공작품에서 볼 수 있었던 인물들의 내면 표현방법과는 사뭇 다른 것이다. 이는 정서의 과다표현을 억제하고 단순어 연속기법으로 이미지단어를 반복시키는 그의 미학을 포기해 버린 것이다. 헤밍웨이의 소설에서는 작중인물들의 내면의 세계나 정서는 함축적으로 절제되고 표현은 암시에 그쳐야 하는데 조단은 그의 내면의 생각을 거의 요설에 가깝게 지루한 설명조로 들어내고 있다. 다음 구절은 이러한 지루하고 요설적인 문체의 단적인 예이다.

    I have fought for what I believed in for a year now. If we win here we will win everywhere. The world is a fine place and worth the fighting for and I hate very much to leave it. And you had a lot of luck, he told himself, to have had such a good life. You've had just as good as a life as grandfather's though not as long. You've had as good a life as anyone because of these last days. You do not want to complain when you have been so lucky. I wish there was some way to pass on what I've learned, though. Christ, I was learning fast there at the end, I'd like to talk to Karkov.[20]

    나는 내가 믿고 있는 것을 위하여 이제 1년 동안 싸워왔다. 만일 여기서 우리가 승리하게 되면 우리는 모든 곳에서 승리를 거두게 될 것이다. 이 세상은 아름다운 곳이며 그 때문에 싸울 가치가 있고 그래서 나는 이 세상을 떠나는 것을 매우 싫어한다. 그리고 이렇게 훌륭한 생애를 보낼 수 있었으니까, 너는 행운아라고 그는 스스로에게 말했다. 할아버지의 일생처럼 그렇게 길지는 못했지만 할아버지에게 지지 않을 만큼 훌륭한 일생을 보냈다. 이 마지막 며칠 때문에 너는 누구에게도 지지 않을 훌륭한 생애를 보낼 수 있었다. 이러한 행운을 차지하고 있는데 불평을 차마 입 밖에 내놓고 싶진 않을 테지. 그렇지만 나는 내가 배운 것을 사람들에게 전할 수 있는 방법들이 있기를 바란다. 제기랄, 난 전쟁터에서 죽을 시점에 와서 너무 빠르게 그것을 배운 것이다. 카르코푸와 이야기를 해보고 싶다.

---

20) Hemingway, *For Whom the Bell Tolls*, 440.

조단은 자신이 왜 싸웠는가의 이유와 세상을 떠나고 싶지 않은 자신의 심경 등을 자세하게 늘어놓고 있다. 이와 같은 서술기법은 헤밍웨이가 파리 시절을 겪기 전에 지니고 있었던 기법과 같다. 소위 사진적인 사실주의기법적인 서술이라 말할 수 있다. 극사실주의기법으로 이루어진 「미시간 북쪽에서」와 크게 다를 바가 없다. 극사실주의기법에 의한 심경묘사라고 볼 수 있다. 이와 같은 기법은 독자에게 틈을 주지 않으며 발생한 행동만을 연속해서 제시한 단순어 연속기법과는 달리, 작가의 입장이나 주인공의 생각을 독자에 강요하는 결과를 낳는다. 이런 현상은 초기 성공작의 문체와는 달리 간결과 율동의 양대 기본 뼈대가 탈구되면서 불균형상태를 유발시키는 데서 빚어지는 결과라고 볼 수 있다.

『강을 건너 숲속으로』와 『가진 자와 못 가진 자』의 실패원인도 같은 맥락에서 파악할 수 있다. 빙산이론에 의해서 감정의 노출을 억제하고, 억제된 감정을 독자에게 유발시키는 이미지어휘나 행동만을 기술해야 되는데도 이 기법을 지키지 않고 있다. 두 작품 중 『강을 건너 숲속으로』에서 예를 들어 본다. 이 작품의 도처에서 흔히 볼 수 있는 구절들 중에서 임의로 선택한 "It's fine now, he thought. It has *merde*, money, blood; look how that grass grows; and the iron's in the earth along with Gino's leg, both of Randolfo's legs and my right knee-cap. It's an wonderful monument. It has everything. Fertility, money, blood and iron. Sounds like a nation. Where fertility, money, blood and iron is; there is the fatherland. We need coal though. We ought to get some coal."[21](이제 참 훌륭하다고 그는 생각했다. 분변과 돈과 피가 있다; 풀이 무성해 있는 것을 좀 봐라; 포탄은 지노의 한쪽 다리와 란돌포의 양쪽 다리와 그리고 내 무릎과 함께 땅속에 묻혀 있거든. 이건 정말 굉장한 기념비구나. 이곳에는 뭐고 죄다 있다. 비료, 돈, 피와 철이 있거든. 흡사 한 나라와 같구

---

21) Hemingway, *Across the River and Into the Trees*, 18.

나. 비료, 돈, 피와 철이 있는 곳; 그곳에 조국이 있다. 하긴 석탄도 필요하지. 석탄을 좀 구해 놓아야겠구나.)의 경우를 보자. 이 구절은 외면상으로 보면 문장의 길이가 짧고 단순하다고 말할 수 있다. 그러나 이 문장들은 감정표현의 억제를 위한 단순어 연속기법의 문장이 결코 아니다. 단순한 문장인데도 과다한 감정의 노출을 보이고 있다. "It's a wonderful monument"와 "Sounds like a nation"이라는 구절에서 감탄적인 감정을 찾아볼 수 있다. 그리고 다음 구절에 이르면 외면상 시각적인 단순함마저 사라지고 독자에게 대단히 지루한 느낌을 준다.

He knew how boring any man's war is to any other man, and he stopped talking about it. They always take it personally, he thought. No one is interested in it, absolutely, except soldiers and there are not many soldiers. You make them and the good ones are killed, and above they are always bucking for something so hard they never look or listen. They are always thinking of what they have seen and while you are talking they are thinking of what they will say and what it may lead to in their advancement or their privilege. There was no sense boring this boy, who, for all his combat infantryman badge, his Purple Heart and the other things he wore, was in no sense a soldier but only a man placed, against his will, in uniform, who had elected to remain in the army for his own ends.[22]

그는 남이 하는 전쟁 이야기가 얼마나 지루한 것인지를 알고 있었다. 그래서 그는 전쟁이야기를 뚝 멈춰버렸다. 사람들은 반드시 자기의 개인적인 차원에서 이야기를 듣기 마련이라고 그는 생각했다. 병사들을 제외하면 그 누구도 절대적으로 남의 전쟁 이야기에 흥미를 갖지 않는데 병사라는 것이 그리 많지도 않다. 병사들을 많이 만들어 내고는 있지만 좋은 병사들은 곧 전사당해 버리고 게다가 그들은 줄곧 뭣인가를 목표 삼아 열심히 경쟁을 하고

---

22) *Ibid.*, 20.

있기 때문에 절대로 보지도 듣지도 않는다. 그들은 항상 자기가 본 것만을 골몰히 생각하고 있고 누가 무슨 이야기를 해도 그들은 자기들이 앞으로 무슨 말을 할 것인가 그리고 무엇이 그들을 승진이나 특권으로의 길로 인도하는 것인지, 그런 것들만 생각하고 있거든. 이 젊은이를 구태여 지루하게 해 줄 필요는 없는 것이다. 왜냐하면 이 젊은이가 전투 보병의 배지를 달고 있건 전상 명예장이나 또는 그 밖의 무엇을 달고 있건 이 젊은이는 어떠한 의미에서도 절대로 병사는 아니며 단지 자기의 의사와는 반대로 본의 아닌 군복을 입고 있는 한 사람의 인간, 자기 자신의 개인적인 목적 때문에 군대에 머물러 있기를 선택한 한 사람의 인간에 지나지 않으니 말이다.

위 구절에서는 내용적으로 추상적인 전쟁 이야기를 중심으로 병사에 대한 생각들이 주관적으로 몹시 장황하게 설명되고 있다. 그리고 외면을 살펴보면 단순어 연속기법이 보이질 않고 매우 산만한 단락이 되고 있다. 위 단락은 여섯 개의 문장으로 되어 있는데 특히 마지막 문장은 51개의 단어에 형용사절이 무려 세 개나 되고 삽입구가 네 개나 된다. 단편「두 개의 심장을 가진 큰 강」에서는 한 문장이 평균 12개의 단어로 구성되고 있는데[23] 위 구절의 마지막 문장은 이의 네 배를 넘는 수치를 보이고 있다. 그리고 다음 단락을 보자.

"Vive la France et les pommes se terre frites. Liberté, Venalité, et Stupidité. The great clarté of the French military thinking."[24]

프랑스와 감자튀김 만세! 자유와 이권과 우열 만세! 프랑스 군인들의 놀라울 만한 명석한 생각 좀 봐라.

위 구절은 주인공 리처드 캔트웰 대령의 감정노출이 얼마나 심한가를

---

23) Wells, 131.
24) Hemingway, *Across the River and Into the Trees*, 24.

보여주고 있다. 위와 같은 문체는 인물들의 외면묘사에서도 마찬가지인데 여주인공 마리아와 남주인공 조단의 묘사에서 이를 잘 볼 수 있다. 다음은 마리아의 외면을 묘사한 구절이다.

> So he thought about the girl Maria, with her skin, the hair, and the eyes all the same golden tawny brown, the hair a little darker than the rest but it would be lighter as her skin tanned deeper, the smooth skin, pale gold on the surface with a darkness underneath. Smooth it would be, all of her body smooth, and she moved awkwardly as though there were something of her and about her that embarrassed her as though it were visible, thought it was not, but only in her mind. And she blushed when he looked at her, and she sitting, her hands clasped around her knees, and the shirt open at the throat, the cup of her breasts uptilted against the shirt.[25]

> 그래서 그는 마리아를 생각했다. 그녀의 살결, 머리카락, 그리고 그녀의 눈은 모두 똑같이 황금빛 어린 황갈색이었으며, 머리카락만은 다른 것보다 다소 검은 빛을 띠었으나 그것도 살결이 점점 햇볕에 타서 짙어 감에 따라 차차 연한 빛으로 되어간다. 매끄러운 살결 그것이 가무잡잡한 바탕을 에워싸고 연한 금빛으로 빛나고 있었다. 정말 매끄러운 살결이었다. 온몸이 어디고간에 보드라웠다. 그녀는 어색한 동작으로 움직이고 있었는데 마치 그녀를 괴롭히는 것이 그녀와 그녀 주위에 있는 것처럼, 그러나 그것은 실제로는 존재하지 않고 그저 자기 혼자서만 그렇게 생각하고 있을 뿐인데도 그것이 눈에 보여서 인듯한 그런 어색한 동작이었다. 그리고 그가 그녀를 바라보자 그녀는 낯을 붉혔으며, 그 다음 그녀는 땅에 앉아서 두 손으로 무릎을 안았다. 그러자 샤쓰의 목 언저리 부분이 열렸고 그 바람에 동그란 두 개의 유방이 샤쓰 안에서 볼록 솟아올랐다.

위 구절은 주관적인 생각을 유감없이 드러낸 구절이다. 억제된 표현으로 독자의 감정을 유발하는 구절은 아니다. 아울러 조단에 대한 묘사인 다음

---

25) Hemingway, *For Whom the Bell Tolls*, 45.

구절을 보자.

    Robert Jordan looked carefully at the other three men at the table. One had a large flat face, flat and brown as a Serrano ham with a nose flattened and broken, and the long thin Russian cigarette, projecting at an angle, made the face look even flatter. This man had short grey hair and a grey stubble of beard and wore the usual black smock buttoned at the neck. He looked down at the table when Robert Jordan looked at him but his eyes were steady and they did not blink. The other two were evidently brothers. They looked much alike and were both short, heavily built, dark-haired, their hair growing low on their foreheads, dark-eyed, and brown. One had a scar across his forehead above his left eye and as he looked at them, they looked back at him steadily. One looked to be about twenty-six or eight, the other perhaps two years older.26)

    로버트 조단은 테이블에 앉아 있는 다른 세 명의 사나이들을 주의 깊게 바라보았다. 한 녀석은 얼굴이 크고 납작하고 얼굴색은 세라노햄처럼 갈색이었고 거기에 코는 납작했고 망가져 있었다. 그리고 길고 갸름한 소련제 담배를 이상하게 가로 물고 있어 그것이 한층 더 그의 얼굴을 납작하게 보이게 한다. 이 사나이는 짧게 자른 회색 머리를 하고 있었고 더부룩한 회색 수염을 기르고 있었으며 목덜미에서 단추를 채우게 되어 있는 흔히 입는 검정 노동복을 입고 있다. 로버트 조단이 그에게 시선을 주자 그는 얼른 테이블 쪽으로 시선을 떨어뜨렸다. 그러나 그의 눈은 침착해 보이고 깜박거리지도 않는다. 나머지 두 명은 분명히 형제였다. 그들은 얼굴이 아주 많이 닮았다. 그리고 둘 다 키가 작고 탄탄한 체격으로 머리카락은 검었으며 앞이마 위론 머리숱이 적었고 까만 눈에 살빛은 갈색이었다. 그 중 하나는 왼쪽 눈 위 앞이마에 상처 자리가 가로로 나 있었다. 그가 이 두 사람을 보자 그들도 침착한 시선으로 그를 마주 본다. 하나는 스물 여섯이나 여덟, 또 하나는 아마 두 살쯤 손위인 듯싶었다.

---

26) *Ibid.*, 52.

아주 주관적인 서술이라고 말할 수 있다. 아울러 『강을 건너 숲속으로』의 여주인공 레나타에 대한 인물묘사[27]와 캔트웰에 대한 묘사[28]도 모두 이의 궤적을 벗어나지 못하고 있다. 작가의 설명이 장황하다. 매우 주관적인 설명들이라고 말할 수 있다. 객관적인 서술이 보이지 않는다.

위와 같은 기법은 확실히 헤밍웨이 궤도를 심하게 일탈한 경우라고 볼 수 있다. 칼로스 베이커가 『강을 건너 숲속으로』에서는 『태양은 또다시 떠오른다』가 지니고 있는 생생한 활기가 결여되어 있다.[29]고 말한 것은 이 작품이 빙산이론에 의한 간결과 율동의 미학을 저버리고 있음을 지적한 것이라고 볼 수 있다. 그리고 피터 리스카도 이 작품의 실패원인이 빙산이론의 기법이 적용되지 못한 데 있다고 역시 지적했다.[30] 결국 이 소설들은 헤밍웨이의 초기 성공작에서 볼 수 있었던 억제서법 등 빙산이론에 입각한 다양한 기법들이 적용될 수 있는 터전을 잃어버렸다고 볼 수 있다. 따라서 문체는 정교함을 잃고 거칠고 요설적으로 구사되었다. 표현된 많은 부분이 압축되거나 생략되어야만 성공할 수 있었다고 말할 수 있다.

이상은 빙산이론에 의해 감추어져야 할 부분, 즉 표현되지 말아야 할 부분의 과다노출로 인한 실패였다. 그러면 표현된 부분은 어떻게 처리되고 있는가? 이는 감추어진 부분과 자연히 맞물려 있기 때문에 이 부분에서도 역시 헤밍웨이는 실패할 수밖에 없고 또 실제로 실패하고 있다.

우선 성공적인 헤밍웨이 문체에 회화기법의 수용으로 나타나고 있는 회화적 표상의 미학이 결여되어 있다. 빙산이론에 의한 숨겨진 부분에서 내용을 찾아내 해석하는 것이 묘미이자 '감칠맛'이라면 사실 이 회화적 표상화기법은 헤밍웨이 문체의 아름다운 멋을 보여주는 외면적인 특색이다. 이런 문

---

[27] Hemingway, *Across the River and Into the Trees*, 64.
[28] Ibid., 10.
[29] Baker, *Ernest Hemingway: The Writer as Artist*, 264.
[30] Lisca, 289-290.

체가 출현하기 위해서는 주인공의 과다한 내면정서의 표출을 억제하며, 장면과 인물의 묘사 등이 엄격히 통제되고 조절되어 정서를 유발할 수 있는 이미지단어를 반복하는 서술기법이어야 하는데, 이들 작품에서는 그 점을 찾아볼 수 없다. 세잔 화법과 유사한 기법들이 아예 흔적을 감추어버렸다. 이 작품들을 쓸 때 헤밍웨이는 아예 그런 의식조차 하지 않았다는 인상이 짙다.

다음으로 용의주도한 언어선택과 반복기법에서 생성되는 압축되고 생기 넘치는 리듬에서 실패하고 있다. 『누구를 위하여 종은 울리나』의 다음 구절을 보자.

> But a snowstorm was the opposite of all of that. In the snowstorm you came close to wild animals and they were not afraid. They travelled across country not knowing where they were and the deer stood sometimes in the lee of the cabin. In a snowstorm you rode up to a moose and he mistook your house for another moose and trotted forward to meet you. In a snowstorm it always seemed, for a time, as though there were no enemies. In a snowstorm the wind could blow a gale; but it blew a white cleanness and the air was full of a driving whiteness and all things were changed and when the wind stopped there would be the stillness.[31]

> 그러나 눈보라는 그 모든 것과는 정 반대이다. 눈보라 속에서는 야수들에게 가까이 다가가도 그들은 무서워하지 않는다. 그들은 그들이 있는 곳도 모르고 들판을 쏘다니며 사슴은 때때로 오두막집 가려진 곳에 와서 서 있기도 한다. 눈보라 속에서는 말을 타고 큰사슴에게로 접근하면 큰사슴은 이쪽 말을 다른 큰사슴으로 알고 걸어 나와 맞아 준다. 눈보라 속에서는 늘 잠시 동안이긴 하지만 마치 적의는 사라지는 것만 같다. 눈보라에도 바람은 강풍일 때가 있다; 그러나 강풍이 불 때도 하얀 청결한 맛이 있고 공기는 휘몰아치는 하얀 색 한 색으로 충만되어 모든 것이 변한다. 그리고 바람이 자면 정적이 찾아온다.

---

31) Hemingway, *For Whom the Bell Tolls*, 176.

위 구절에는 헤밍웨이 문체의 성공적인 주요 기법 중의 하나인 반복기법을 사용하였다. 여러 단어들을 반복시키고 있으며 특히 눈에 띄는 구로서는 "In a snowstorm"을 들 수 있다. 그런데 이 구를 반복하여 읽었을 때 음(sound)들은 길게 늘어나면서 리듬이 없이 발성되고 있다. 즉 성경의 킹 제임스 판(King James Version)의 음으로서 헤밍웨이 본래의 문체에서 나오는 단음 연속기법, 즉 "staccato sequence"와는 거리가 멀다. 에드워드 페니모어(Edward Fenimore)가 『누구를 위하여 종은 울리나』의 구절과 문장에서 엘리자베스 시대의 어투(Elizabethan tone)를 발견한다고 말하고 있는데 이도 결국 단순어 연속기법 또는 단음 연속기법의 문체에서 멀어진 문체라는 것을 뜻한다고 말할 수 있다. 얼 로빗은 위 구절의 문체를 분석하면서 「이국에서」의 첫 단락과 인상주의적 효과에서 비슷하다고 전제하면서도 위 구절을 비롯하여 이 소설에서 자주 반복기법으로 쓰이고 있는 "pidgin-Spanish dialogue," "thee," 그리고 "thou"가 음성학적인 면에서 너무 긴 시간의 효과를 내고 있다고 비판적으로 지적했다.32) 이 지적은 단음 연속기법이나 단순어 연속기법이 이 작품에 결여되어 있다는 것을 의미한다. 「이국에서」의 문체와는 근본적으로 다르다는 것을 알 수 있다.

다음으로 서술의 압축과 확산에서 나타나는 전진과 후진운동의 리드미컬한 순환이 적절하게 이루어지지 않은 점도 실패의 원인으로 들 수 있다. 조단이나 캔트웰이 일단 내적 독백이나 회상에 들어가게 되면 이 독백이나 회상은 통제됨이 없이 계속된다. 이런 구조 때문에 양대 패턴의 순환은 균형을 잃고 만다. 전진과 후진운동의 활력 있는 순환이 적용되지 못하기는 세 작품이 동일하나 본 장에서는 『누구를 위하여 종은 울리나』만을 다루기로 한다. 이 작품의 양대 서술패턴의 존재와 그 양상을 확인하고 살피는 초점은 두 가지로 맞출 수 있다. 하나는 인물적 측면이고 다른 하나는 플롯이다. 전

---

32) Rovit, 141.

자는 첫째 조단과 마리아, 둘째 필라(Pilar)와 파블로(Pablo), 그리고 주요 인물들 사이에 순환되어 일어나는 이야기를 비롯하여 러시아인들 사이의 이야기 등에 초점을 맞출 수 있다. 그리고 후자, 즉 플롯은 다리(bridge), 동굴, 그리고 평원의 이야기 등에 초점을 맞출 수 있다. 앞의 문제를 분석하는데 전자에 초점을 맞추기로 한다. 그 이유는 양대 서술패턴의 본질은 원래 인물의 활동과 관련을 맺고 있기 때문이다. 압축하여 조단과 마리아의 관계만을 고찰한다.

『누구를 위하여 종은 울리나』의 주요 이야기 중 조단과 마리아 사이에 관한 것을 간추려 보자. 이들 사이에 벌어지는 장면들을 고찰해 보면 활동과 불활동의 전진운동과 후진운동이 순환하는 형식을 취하고 있다. 그런데 이 작품에서 전진운동과 후진운동은 다른 작품들과는 달리 외면적으로 인물이 어느 상황에 홀로 처해 있고 않고를 떠나 내면적으로 발생하는 긴장과 그것의 해소라는 패턴으로 변형되어 내재되어 있다. 먼저 조단은 그의 모든 행동을 그가 맡은 임무인 다리폭파에 맞추고 있다. 그리고 이 임무수행의 과정에서 발생하는 긴장으로 전진운동이 생성된다. 이러한 긴장이 지나치게 가속될 때는 회상 속에 몰입되어 그 강도를 완화시키거나 장면을 변화시킨다. 이 회상의 방법은 원래 전진운동을 마친 헤밍웨이 인물이 후진운동으로 들어가는 주요한 방법이지만 조단은 이 방법 외에 마리아와의 사랑에 빠지는 방법을 이용하고 있다. 이 점은 이 작품이 갖는 다소 특이한 긴장해소의 방법이라고 볼 수 있다. 그가 처음 마리아와 만나는 모습부터 살펴보자. 제2장의 중간 부분에서 조단이 처음으로 동굴에 도착했을 때의 장면인 "마리아는 그를 바라보았다. 그리고 웃었다. 그 다음 갑자기 얼굴을 붉혔으나 아직도 그를 계속 쳐다보고 있었다...'그냥 여기 있어요, 마리아.'"(Maria looked at him and laughed, then blushed suddenly but kept on looking at him ... 'Stay here, Maria.') 33)는 후진운동에 속한다고 말할 수 있다. 그런데 그 뒤 교체되어 이어지는 후속장면으로 전진운동이 나타나야 되는데 이것도 저것도 아닌 모호한 장면이 출현하다. 이 점이 성공적인 타 작품의 양대 서술패턴의 순환과 다른 점이다. 위의 장면 뒤에 이어지는 후속장면 "'두고 가,' 집시가 그녀에게 말했다....'가죽 포대엔 절반 이상이나 남아 있어요. 우리들이 말에다 싣고 온 거예요.'"('Leave them,' the gipsy said to her...'There is over half a skin. We packed it in on one of the horses.')34)는 마리아가 조단과 헤어져서 동굴로 들어가고 조단은 집시와 함께 대화를 나누는 국면으로 바뀐 상황이다. 그런데 이 상황을 양대 패턴의 어느 쪽으로 분류해야 할지 매우 어렵다.

조단과 마리아 사이의 대면 장면은 주로 사랑의 분위기에 처해 있는 경우가 많은데 그들 애정관계가 시간이 완전히 정지되고 둘이 하나를 이루는 차원으로 발전하기까지 대체적으로 변화 없고 지루한 후진운동으로 계속되고 있다. 구절, "다음 순간 두 사람은 한 몸뚱이가 되고 이젠 아무것도 보이지 않지만 시계 바늘이 움직여 감에 따라...그리고 다가올 내일 아침과 더불어 지금 결정적으로 현실로 되는 것."(Then they were together so that as the hand on the watch moved, unseen now...to earth conclusively now, and with the morning of the day to come.)35)도 이런 예의 하나이다. 이 장면에서는 두 사람 사이에 갈등이나 긴장의 발생이 전혀 없다. 모든 감정과 활동은 정지된 채 그 동안 다리폭파라는 지상명령에서 파생되는 모든 긴장들이 해소 또는 용해되어 버리는 순간이라고 말할 수 있다. 이러한 후진운동이 이 작품에는 지나치게 많다. 대신에 전진운동은 상대적으로 적다. 그 결과 양대 서술패턴은 성공적인 다른 작품에서처럼 그 순환이 짜임새 있게 이루어지고 있지 못

---

33) Hemingway, *For Whom the Bell Tolls*, 27. *이하 전진과 후진운동의 예증제시(『누구를 위하여 좋은 울리나』 27, 28, 358)는 지면관계상 인용구절 서두와 말미만을 본문형식으로 축약하여 처리키로 함(III-4-4 『누구를 위하여 좋은 울리나』 참조 요망).
34) *Ibid*., 28.
35) *Ibid*., 358.

하다. 이런 불균형적인 양대 서술패턴 순환의 원인은 명백히 조단의 지나치게 지루한 회상이나 조단과 마리아 사이의 사랑의 장면 같은 너무 긴 후진운동의 나열 때문이며 이런 현상은 헤밍웨이의 사상전달의 과욕에서 빚어진 결과이다. 그리고 이러한 사상전달의 과욕은 결국 주제에의 집착에서 온 것임을 꿰뚫어 보아야 한다.

그 외에도 이들 소설에는 헤밍웨이 문체의 특징들, 예를 들어 현실감의 표현, 객관적 표현, 또는 환상을 유발하는 표현기법, 동감의 원리 등이 자취를 감추었다. 이것들은 억제적인 언어사용에서 소설을 성공시키기 위해서는 반드시 필요한 기법들이었다. 그러나 장황하게 설명되는 문체에서는 그런 기법이 필요가 없었다고 말할 수 있다.

그렇다면 왜 헤밍웨이는 이들 작품에서 그의 소설을 성공작으로 이끌었던 빙산이론의 틀에서 벗어나, 고유한 그의 문체의 뼈대를 탈구시키고, 대신 다른 언어, 즉 불균형적이고 요설적인 문체를 구사하여 실패하고 있는가? 그 실패의 원인을 진단한다.

우선 주제의 전환을 들 수 있다.『우리들의 시대에』(*In Our Time*),『태양은 또다시 떠오른다』, 그리고『무기여 잘 있거라』등 성공작들에서 다루어진 공통된 주제는 인간생활에 부정적인 시각을 가진 채 사회에 등을 돌린 사람들의 생활이다. 그런데 이들 작품들은『가진 자와 못 가진 자』의 주인공 모건을 제외하고는 그렇지를 못하다. 우선『누구를 위하여 종은 울리나』의 경우, 조단은 의용병으로서 정부군에 참가하여 목숨을 바치면서까지 싸운다. 그는 프레더릭 헨리가 단독강화를 선언한 것과는 대조적으로 인생에 대한 긍정적인 안목과 적극적인 삶의 자세를 가지고 있다. 따라서 조단은 자신의 생각을 적극적으로 피력해야 되고 그러한 인물은 말이 길어져서 압축된 문체와 맞아떨어지지 않는다. 다음 구절에 이 점이 잘 나타나 있다.

그리고 그렇게 생각할 게 아니지 하고 그는 자신에게 말했다. 자기에게만 한한 일은 아니다. 누구나 반드시 무슨 일이든 당하고야 마는 것이다. 나도 이 노인도 실은 아무것도 아니다. 다만 임무를 완수하기 위한 도구에 지나지 않는다. 세상에는 꼭 내버려야만 할 명령이라는 것이 있는데 그것은 당신의 죄가 아니다. 그리고 하나의 다리가 있고 그 다리가 인류의 미래를 결정하는 분기점이 될 수도 있는 거다. 마치 이 전쟁에서 일어나는 모든 것이 그러한 것처럼. 내가 할 일이라곤 하나밖에 없고 나는 그것을 무슨 일이 있어도 해내야 된다. 오로지 하나뿐이다. 망할 놈의 것하고 그는 생각했다. 정말 하나뿐이라면 그건 쉬운 일이다. 걱정을 하지 말라. 이 입만 까놓은 녀석아 하고 그는 자신에게 말했다. 다른 것에 대해 생각해 보라.

And that is not the way to think, he told himself, and there is not you, and there are no people that things must not happen to. Neither you nor this old man is anything. You are instruments to do your duty. There are necessary orders that are no fault of yours and there is a bridge and that bridge can be the pont on which the future of the human race can turn. As it can turn on everything that happens in this war. You have only one thing to do and you must do it. Only one thing, hell, he thought. If it were one thing it was easy. Stop worrying, you windy bastard, he said to himself. Think about something else.[36]

조단의 내면세계를 무절제하게 드러내는 예이다. 조단의 복잡한 정신세계가 여과 없이 나열되어 있는 구절이다. 절제표현의 미학이 보이질 않는다. 『강을 건너 숲속으로』에서도 주인공 캔트웰은 초기 성공작의 주인공의 처지와는 달리, 비록 죽음을 앞두기는 했으나 행복한 입장에 있다. 따라서 그의 시각은 긍정적이어야 한다. 그가 표현하는 언어는 적극성을 띠어야 한다. 그래서 문체는 자연히 설명적이면서 장황하게 길어지게 된다.

다음은 내용에 있어서 유기성의 결여를 들 수 있다. 작품의 주제와 상관

---

36) *Ibid.*, 45.

없이 삽입된 내용을 표현하는 문체는 간결하고 율동적인 문체가 되지 못하고 내용에 걸맞은 문체로 변질되는 것이다.『누구를 위하여 종은 울리나』는 작품에 통일성은 있으나 쓸데없는 내용들이 삽입되어 유기적 구성을 이루지 못하고 있다. 조단은 내적 독백을 통해서 스페인의 수도 마드리드에서의 생활, 소년시절, 미국의 남북전쟁에 대한 할아버지 이야기, 역사, 정치, 문학, 그리고 예술 등 본 작품에 직접적으로 관련이 없는 문제들에 대한 설명을 많은 지면에 걸쳐서 지루하게 늘어놓고 있다. 또한 그 밖의 다른 등장인물들의 현재의 생각과 과거의 추억 등에 대해서도 작가는 지나치게 자세히 기술함으로써 장황한 묘사가 되고 있다. 결국 헤밍웨이 문체의 생명인 단순어 연속 기법을 잃게 되는 것이다. 더구나 정치적 행동에 대한 권고는 요설적일 뿐만 아니라 사뭇 교훈적이기까지 하다. 만일 헤밍웨이가 초기 성공작에서 구사했던 문체, 즉 압축, 생략 또는 이미지단어의 반복기법을 여기서도 구사했다면 이 소설은 길이를 훨씬 줄이면서 유기적인 구성을 성취할 수 있었을 것이고 이를 뒤집어 유기적인 구성을 살렸었다면 본래의 문체가 나타날 수 있었을 것이다.

『강을 건너 숲속으로』에도 유기적이지 못한 내용이 삽입되기는 마찬가지이다. 작품의 간단한 줄거리에 비해 너무 많은 회상이 나열되고 있다. 이 작품의 줄거리를 보면, 주인공 캔트웰은 50세의 미합중국 육군보병대령으로 추억의 땅 베니스에 와서 오리사냥을 나갔다. 그는 심장에 지병이 있어 죽음의 위협을 늘 느끼고 있다. 호텔 바(bar)의 친구의 소개로 이탈리아 처녀 레나타와 알게 된다. 오리사냥과 음주와 레나타와의 연애가 그의 행동의 전부이다. 헤밍웨이는 이 간단한 줄거리를 표현하는 방법으로 캔트웰 대령의 과거의 추억을 이용한 의식의 흐름 수법을 이용하고 있다. 그런데 이 작품에서 사용되고 있는 의식의 흐름은「킬리만자로의 눈」에서 해리의 절제된 회상과는 매우 다르다. 마치『누구를 위하여 종은 울리나』에서 조단이 종횡무진으로 회상하듯이 캔트웰은 전쟁과 군대생활에 대한 추억을 끝이 없다시피 의식의 흐름으로 전개시킨다. 그는 참회도 하고 자기가 어리석은 상관의 명령에 복종한 탓으로 1개 연대의 부하를 전멸시킨 이야기를 설명한다. 몽고메리(Montgomery) 원수나 월터 베델 스미스(Walter Bedell Smith) 장군 등이 전쟁의 실정을 전혀 알지 못하고 얼마나 나태, 우매, 잔학 등의 어리석음에 빠질 수밖에 없게 되었는가를 지루하게 상세히 이야기하고 있다. 또 전쟁으로 불구자가 된 인간에 대한 진정한 애정을 이야기하고 혹은 연합군이 인(燐)을 투하하여 불사른 도시에 방치된 독일병사의 불탄 시체를 고양이가 먹고 있는 모습 등과 같은 세세한 일들까지 회상한다. 캔트웰의 이와 같은 너무 많은 회상은 본 작품의 유기적인 균형과 더 나아가 압축된 간결문체의 성립에 장애요인이 되고 있다.

『가진 자와 못 가진 자』가 유기적이지 못한 근본원인은 주인공 모건의 처리에 있다. 모건은 헤밍웨이의 전형적인 부정적 인물인데 이 부정적인 인물에다 긍정적인 사회관의 틀을 씌우려 하는 데서 이 소설이 유기적이지 못하게 된다. 근본적으로 내용과 기법의 양자가 조화를 이룰 수 없게 되어 버렸다. 그리고 이 소설의 기법면에서 헤밍웨이가 복잡한 구성을 시도하듯이 내용적으로 여러 가지를 첨가하는 데서 구조의 통일성까지 잃고 말았다. 예를 들면, 용선(傭船)의 어부, 밀수업자, 은행갱을 돕는 일 등을 하는 주인공의 이야기에 너무 많은 사회적인 것을 이어 붙이고 있다. 주인공은 용선의 손님에게 낚시도구와 돈을 날리고 해상의 대 격투 끝에 쿠바인에게 피살되는데 이 줄거리에 앨버트(Albert)를 통해 경제적 불황의 묘사를 비롯하여 저주스런 정부 고관들의 모습, 사살을 생각하는 동성애의 기식자(寄食者), 바람이 나서 남편을 버린 여자, 주정쟁이, 건달 소설가, 그리고 실업의 복원군인들의 묘사를 곁들이고 있다. 그런데 이것들을 결집시킬 만한 통일된 초점을 찾지 못하여 구조의 통일성이 결여되고 말았다. 따라서 이런 산만한 내용을 표현해야 하는 문체는 간결하고 압축시킬 수가 없게 되는 것이다.

다음으로 이런 실패의 문체가 출현하게 된 원인으로는 이전의 작품에서는 문체가 그 소설의 특징을 결정하는 면이 강했지만 이 소설들은 내용이 문체를 압도했기 때문이라고 진단할 수 있다. 이 진단에 대한 단적인 예증을 든다면 앞에서 고찰한 바와 같이 『누구를 위하여 종은 울리나』에서 민주주의에 대한 신념을 장황하게 피력한 조단의 경우이다. 윌리엄스도 이 소설이 문체에서 내용이 빚어지지 못하고 내용에 따라 문체가 생성되고 있음을 지적했다.[37] 정확한 분석이다. 이와 같은 현상은 문체가 주(主)가 되고 내용이 종(從)이 되는 헤밍웨이의 원래의 입장에서 주와 종이 뒤바뀌는 창작태도의 변화에서 나왔다고 볼 수 있다.

그러면 이와 같은 태도변화는 어디에서 비롯되는 것인가? 이 변화는 여러 가지 실험의 시도에서 기인되고 있다고 말할 수 있다. 『누구를 위하여 종은 울리나』에서 시도하고 있는 시간의 형이상학의 실험을 예로 든다면 그 성공에의 집착이 결국 문체의 희생을 가져온 것이라 말할 수 있다. 로빗은 <시간의 정지>에 관한 관심을 제외하면 이 소설은 실제 일어난 역사적 사건에 대한 사실주의적 묘사에 불과하고, 주인공의 행동이 우주적 차원의 의미와 보편성을 띠지 못할 때 또한 이 작품은 별 의미를 갖지 못하는 낭만적 모험 이야기에 불과할 것이라고 말했다.[38] 이는 시간의 문제 때문에 문체를 희생시킨 사실에 대한 시사적인 지적이다.

『가진 자와 못 가진 자』에서도 여러 가지 실험이 시도되고 있다. 그 중의 하나가 서술의 시점변경이다. 제1부 "해리 모건(봄)"[Harry Morgan (Spring)]은 주인공인 해리 모건(Harry Morgan)의 1인칭 이야기이며 제2부 "해리 모건(가을)"[Harry Morgan(Fall)]은 3인칭의 시점이다. 마지막 제3부 "해리 모건(겨

---

37) Williams, 144.
38) Rovit, 137.

울)"[Harry Morgan(Winter)]은 제3의 1인칭 등장인물 앨버트 트레이시(Albert Tracy)의 입을 통해서 서술하다가 다시 3인칭으로 복귀한다. 곳곳에 모건의 사고를 삽입시키고 종장에서는 모건의 아내 매리의 의식의 흐름이 그대로 서술되어 있다. 과거를 이야기하는 장면은 「킬리만자로의 눈」에서처럼 플래시백의 기법을 사용하고 있는데 이 소설은 이러한 기법의 실험 때문에 복잡한 구성을 보이고 있다. 모건 중심의 주 플롯 사이에 직접적으로 아무런 상관이 없는 리처드 고든의 이야기와 새벽녘의 항구에 정박된 요트 속의 사람들의 묘사를 동시병렬 기법의 틀 속에 삽입하려 시도하고 있다. 그 결과 작품이 유기적이지 못하고 문체가 설명적이 되고 만다.

또한 『강을 건너 숲속으로』에서도 전반적으로 3인칭의 목소리로 말하여지지만 1장과 40-45장에서는 전지적 3인칭으로 서술이 시도되고 있다. 이는 화자(narrator)의 변경이다. 또 이것은 곧 시점의 이동이라고 말할 수 있다. 물론 이와 같은 화자의 정교한 이동은 일단 이 작품의 질을 높이는 긍정적인 역할을 한다고 말할 수 있다. 리스카도 이 작품에 존재하는 이 기법을 장점으로 간주하는 입장을 밝히고 있다.[39] 그러나 고유한 문체의 틀을 벗어나 서술의 시점변경기법의 성공에 고집스럽게 집착한다든가 또 의식의 흐름기법을 지나칠 정도로 부각시켜 너무 지루하게 구사한다든가 하는 문제 때문에 그의 고유한 문체는 손상을 입었으며 작품의 초점과 구조의 통일성 및 균형의 미를 잃고 결국 헤밍웨이 작품으로서는 실패한 경우가 되고 말았다고 평가할 수 있다.

이상 분석한 바에 의하면 『가진 자와 못 가진 자』, 『누구를 위하여 종은 울리나』, 그리고 『강을 건너 숲속으로』는 성공적인 헤밍웨이 작품에서 볼 수 있었던 그의 특유의 언어와 문체 및 작품구조를 보여주지 못하고 있다. 빙산이론에 의해 생성된 단순성과 리듬의 양대 골격이 맞물려 돌아가야 하는데

---

39) Lisca, 290-291.

이것들이 이완되어 있다. 소위 탈구현상을 보이면서 문체의 간결과 율동의 균형을 잃어 버렸다. 또 전진과 후진운동이 불균형적으로 순환되고 있다. 표현을 억제하는 문체는 자취를 감추어 버렸다. 사회적 이슈를 제기하는 데 치중한 나머지 작품의 기교에서 본래의 영역을 크게 일탈하고 있다. 에드먼드 윌슨도 『누구를 위하여 종은 울리나』의 압축성 및 단순어 연속기법의 결여를 지적했다.[40] 그리고 윌리엄스도 본 작품의 실패원인의 하나로 러브신 (love scene)이 지나치게 부풀려져서 감정이 절제되지 못한 점을 들고 있다.[41] 이들의 견해는 모두 빙산이론에 의한 응축 내지 압축성의 결여를 지적한 것이라고 볼 수 있다. 아울러 로빗이 『누구를 위하여 종은 울리나』의 문체는 그의 산문의 특징이었던 단음의 스타카토 문체가 아니라 자유로운 유려한 문체라고 지적[42]한 것도 응축 및 단축성이 결여된 요설적인 문체를 의미한다. 그리고 조단이 그의 내면의 세계를 요설적으로 피력한 예에서 본 바와 같이 복잡하고 억제되지 못한 문체는 자연히 성공적인 헤밍웨이 문체가 갖추어야 하는 간결하지만 다의성을 갖춘 문장이 될 수가 없다.

그러면 이와 같이 헤밍웨이 소설의 본래의 문체가 지켜지지 못한 세 소설들 중에서 『누구를 위하여 종은 울리나』에 대하여 칼로스 베이커를 비롯해 카즌, 리, 그리고 윌리엄스 등이 앞에서 언급한 것처럼 성공작이라고 평가하는 근거는 무엇인가? 이는 그들이 『누구를 위하여 종은 울리나』를 헤밍웨이 본래의 소설로서가 아니라 소설 일반론으로 조명하고 있기 때문이다. 이의 준거로는 칼로스 베이커가 이 소설을 "비극적 서사시"(tragic epic)로 보고 호머의 『일리아드』에 비유한 사실이나 윌리엄스의 "그러나 『누구를 위하여 종은 울리나』는 소설 일반의 전통에서 볼 때는 보다 좋은 소설이다."(But

---

40) Willson, "Return of Ernest Hemingway," 591-592.
41) Williams, 152-153 참조.
42) Rovit, 74-75.

it[*For Whom the Bell Tolls*] is more a novel in the grand tradition of the novel.) 43)라는 구절을 들 수 있다.

그렇다면 라이오넬 트릴링(Lionel Trilling)이 『누구를 위하여 좋은 울리나』의 힘과 매력은 작품의 통일된 구조에서가 아니라 문체에 있다44)고 말한 것은 확실히 납득키 어려운 견해라고 말할 수 있다. 트릴링의 견해와는 달리 마크 쇼러(Mark Schorer)는 『누구를 위하여 좋은 울리나』의 문체와 헤밍웨이의 이전의 성공작의 문체를 비교하여 "『누구를 위하여 좋은 울리나』에서 우리는 새로운 문체, 즉 덜 찬란하고 보다 유연성이 있는 문체를 목도한다."(In *For Whom the Bell Tolls* we may witness a new style, less brilliant but more flexible...)45)라는 말을 하고 있다. 이 지적은 『누구를 위하여 좋은 울리나』의 생기를 잃은 문체와 헤밍웨이 본래의 활기 넘치는 문체의 비교를 축약한 구절이다.

헤밍웨이는 그의 창작생활의 전환기에 작가로서 새로운 시도를 하였다. 본 장에서 분석한 앞의 세 작품에서 그러한 사실은 분명하게 입증되고 있다. 그의 새로운 시도는 주제 및 인물면에서는 부정에서 긍정으로, 언어 및 문체면에서는 응축 내지 압축된 표현에서 요설적인 기술로 창작태도가 바뀌었으며, 주인공의 내면의식을 샅샅이 탐색하는 언어구사시도, 소설의 서사시화(敍事詩化), 그리고 문체에 의한 시간의 형이상학의 구현 같은 고도의 문제에 집념을 보이고 있다. 이는 지금까지 그가 추구해왔던 영역을 벗어난 새로운 영역에의 도전이며 이러한 태도는 그의 언어 및 문체와 작품창작의 기법에 대한 끊임없는 실험정신에서 나온 것으로 창작가로서 높이 평가를 받을 만하다. 그리고 그러한 도전은 헤밍웨이가 의도한 바 나름대로는 성공하였다고 볼 수 있다.

---

43) Williams, 139.
44) Trilling, 79.
45) Schorer, 87.

그러나 새롭게 개척한 이 영역은 헤밍웨이 문학의 이전의 영역을 뛰어넘지 못하고 있다. 그래서 작가 헤밍웨이는 이후에 나온 『노인과 바다』에서 그의 고유한 영역을 되찾아 보다 원숙한 솜씨로 이전을 훨씬 능가하는 기법을 구사하고 있다. 이런 맥락에서 본다면 본 장에서 다루었던 세 작품들의 성공과 실패의 위상을 결정하기 위한 조명의 시각은 두 가지가 있을 수 있겠다. 하나는 헤밍웨이가 새롭게 변신하여 시도했던 의도인데 이는 소설 일반론의 시각으로 조명하면 그 수용이 가능하고 이 관점에서는 이 소설들이 비교적 성공하고 있으며, 특히 『누구를 위하여 종은 울리나』의 경우는 상당한 성공작이라 평가할 수 있다. 다른 하나는 헤밍웨이 특유의 문학성의 입장에서 조명하는 방법인데 이 관점에서는 실패작들이라고 단정지을 수 있다. 즉 이 세 소설들은 새로운 실험의 집착으로 헤밍웨이 문학 특유의 영역인 세잔 화법 도입으로 잉태한 빙산이론의 틀에서 완전히 벗어나 버렸다. 그래서 억제서법은 설자리를 잃어버렸으며 그의 문체를 끌고 가는 양대 수레바퀴인 간결과 리듬은 탈구되어 불균형을 이루고 문체는 산만하게 전개되고 있다. 주제의 전달에 치중한 나머지 작품구조가 소홀히 되어 그의 주요 기법들인 단순어 연속기법, 리듬어 연속기법, 단음 연속기법, 압축과 확대, 서술의 전진운동과 후진운동의 균형 있는 순환, 회화적 표상화기법 및 음악기법에 의한 산문시적 문체 등이 소멸되어 버렸다. 헤밍웨이 소설의 본래 매력을 잃어버렸다고 할 수 있다. 따라서 이 세 작품은 소설 일반론적 안목으로는 달리 평가될 수 있겠지만 <헤밍웨이 작품>으로서는 실패작이라고 결론지을 수 있다.

3. 본령에의 복귀와 우화의 시학(노벨문학상):
『노인과 바다』

『노인과 바다』에는 파리시절 이후 다양한 경험과 무르익은 인생경륜을 쌓은 후에 창작된 작품이다.46) 따라서 헤밍웨이의 원숙한 사상과 성공적인 기법들이 모두 적용되어 있다. 작가가 자신이 익숙한 플롯에 특유하고 독창적인 기법을 적용시켰을 때 그 작품이 성공한다고 볼 때『노인과 바다』에는 성공할 수 있는 요소가 모두 숨어 있는 셈이다.

『노인과 바다』의 줄거리는 간단하다. 그러나 이 작품의 주인공이 던지는 메시지는 의미심장하다. 한 늙은 어부가 적나라하게 보여주는 행위는 험난한 운명과 맞서 싸워나가는 인간 의지 그 자체이다. 노인은 패배를 모르는 인간불패의 전형으로 형상화된다. 산티아고는 멕시코만류에 조각배를 띄우고 혼자 고기를 잡으며 사는 노인이다. 그에게는 삶에서 온 힘든 자국들이 가득하다. 몸은 야위고 초췌하다. 목덜미에는 깊은 주름살이 있다. 열대의 바다가 반사하는 태양열 때문에 생긴 피부암을 연상하는 갈색기미(반점)가 볼의 위에서 아래까지 내리 번져 있다. 양손에는 밧줄을 다루면서 생긴 상처들을 가지고 있다. 그 어느 것도 새롭고 싱싱한 것은 없다. 단지 노인의 눈만이 바닷물 색깔처럼 푸르러 생기가 넘치고 빛나고 있다. 힘들고 지친 노인을 정성으로 보살피고 따르는 인물은 유일하게 마놀린이라는 소년뿐이다. 소년은 5세 때부터 산티아고 노인에게 낚시하는 법을 배웠다. 카나리아군도 란사로테에서 출생한 헤밍웨이의 낚싯배 친구 퓨엔테스가 선원이었던 부친과 쿠바

---

46) II-5-2 "『노인과 바다』" 참조.

로 여행하다 선상에서 부모를 잃고 6세에 고아가 된 것과 매우 흡사한 연령이고 상황이다. 노인은 84일간이나 고기 한 마리 잡지 못했다. 처음 40일은 소년과 같이 지냈다. 그러나 고기 한 마리 잡지 못하는 날이 40일이나 계속되자 소년의 아버지는 노인은 이제 '살라오'(최악의 불운상태)에 빠졌다고 소년을 다른 배로 옮기도록 했다. 소년은 부모의 말을 거역할 수 없어 다른 배로 옮겨 탔으나 소년은 늘 노인을 돕는다. 바다 멀리 나간 노인은 자신의 배보다 큰 길이 18피트에 무게 1500파운드나 되는 청새치를 잡았다. 엄청나게 큰 고기였다. 고기와의 사투시간은 48시간, 고기를 잡아 자신의 배에 나란히 묶어 돌아오는 길에 노인은 상어 떼를 만난다. 상어 떼와 또다시 12시간의 사투를 벌인다. 상어에게 살점을 다 뜯기고 말지만 끝까지 싸운다. 노인은 앙상하고 거대한 잔해의 가시만 가지고 귀가하지만 결코 포기하지 않고 싸웠다. 결과보다는 과정을 보여주는 인간행동의 승리의 모습이다. 인간의 삶 자체가 결과는 죽음이듯이 결과는 비극이지만 과정에서는 불퇴전의 강렬한 투지와 의지를 보여주는 인간상을 제시하는 데 노인은 성공했다.

그러면 헤밍웨이 소설 기법의 발전사에서『노인과 바다』는 어떤 위상과 가치를 갖는가? 그리고『노인과 바다』에는 헤밍웨이가 필생 동안 추구했던 회화기법의 소설화가 어떤 모습으로 자리잡고 있는가?『노인과 바다』의 위상과 가치는 초기작품들에서 성공했던 헤밍웨이가 사회참여소설로 실패한 뒤 다시 그의 본령이라고 볼 수 있는 고유문체로 복귀하여 화려하게 성공한 작품이라고 규정할 수 있다. 그래서 헤밍웨이의 소설세계에서『노인과 바다』가 갖는 위상은 기법적으로 그의 회화기법의 핵심인 빙산이론이 성공적으로 복귀 적용되어 문체가 시학적인 경지에까지 도달해 있으며 이 시학적인 문체는 내용적으로는 우화의 의미를 담고 있는 작품이라고 평가할 수 있다. 이 문제를 거증하기로 한다.

『노인과 바다』에는 이미지기법, 상징적 표현, 작품의 유기적 구성 및 통일성, 감정표현의 방법, 회화기법 자체의 문체화, 언어사용의 품사적 특징, 그리고 전진 및 후진운동의 양대 서술패턴의 순환 등이 두드러지게 혼효되어 하나의 아름다운 시학의 모습을 띠고 있다. 이 문제를 고찰하는 서단으로서 먼저 이미지기법의 분석부터 시작한다.『노인과 바다』에 나타난 문체를 면밀히 분석해 보면 헤밍웨이는 목표한 지점을 향해서 한 방향으로만 빠른 진행을 취한 글을 구사했다. 그래서 늘 새로움과 신선함을 제공하는 문체가 되고 있다. 전반적으로 이 작품의 글줄기의 진행에서는 곁들이는 이야기와 구조상의 복잡함이 가능한 한 배제되어 있다. 단문과 중문이 채택되고 복문이 배제되어 있다. 왜냐하면 복문 속의 종속절은 독자의 인식을 방해할지 모르기 때문이다. 말을 깎아내고 단축하여 속도 있는 움직임으로 된 문장과 적나라한 구어체가 함축하고 있는 <이미지>를 연속적으로 제시하고 있다. 이 연속적인 이미지 제시 방식은 마치 연속적인 긴 슬라이드와 같은 것으로서 독자로 하여금 순간순간 하나의 이미지마다에 전념하게 만든다. 이러한 현상은 자연히 순간의 강조를 유발하며 이 기법으로 창조된 문체는 생명력이 넘치는 생생함(vividness)을 생성시킨다. 그리고 헤밍웨이는 이 생생함의 요소에 언어의 율동성(rhythm) 및 유동성(fluidity)을 가미시켜 산문을 시적인 경지에까지 끌어 올려놓았다. 시학의 문체라고 말할 수 있다. 이 작품에서 임의로 선택한 다음 구절을 채택하여 분석한다.

> Just then the fish jumped making a great bursting of the ocean and then a heavy fall. Then he jumped again and again and the boat was going fast although line was still racing out and the old man was raising the strain to breaking point and raising it to breaking point again and again.[47]

바로 그때 고기가 바다를 크게 쪼개면서 위로 뛰어 올랐다가 철썩하고 다

---

47) Hemingway, *The Old Man and the Sea*, 73.

시 물위로 떨어졌다. 그러더니 연거푸 두 번 세 번 뛰어 올랐고, 줄은 아직도 풀려 나가고 있었지만 배는 마구 끌려나가고 있었다. 노인은 끊어질 정도까지 줄을 끌어당기었다가는 도로 놓아주고 또 당기었다가는 다시 놓아주곤 했다.

위 구절에서 독자는 이미지의 빠른 이어짐을 볼 수 있다. 하나의 이미지는 자신의 것을 순간적으로 제시했다가 다음 이미지에 의해 대체되고 물러난다. 그래서 전체적인 인상은 노인이 고기를 잡기 위해 사투하는 모습이 일련의 장면으로 생생하게 시각화되어 나타나는 듯하다. 문체의 시각영상화이다. 위 구절은 시각적인 면과 음성학적인 면에서 <단순어와 리듬어 연속기법>(simple and rhythmic sequence)이라는 헤밍웨이 문체의 고유한 특질이 잘 나타나 있다. 그리고 그의 문체의 또 다른 특징인 <단문 + and + 단문>과 <Then>의 구문이 구사되어 있다. 그런데 자세히 들여다보면 이들 구문들은 연속적인 이미지 제시의 한 방법으로 사용되고 있음을 알 수 있다. 다음 문장도 이와 같은 관점을 거증하기에 좋은 예문이다.

> He took all his pain and what was left of his strength and his long gone pride and he put it against the fish's agony and the fish came over onto his side and swam gently on his side, his bill almost touching the planking of the skiff and started to pass the boat, long, deep, wide, silver and barred with purple and interminable in the water.[48]

그는 그의 모든 고통과 남은 힘 전부와 먼 옛날에 가졌던 긍지를 통틀어 고기에게 고통을 주도록 내던졌다. 고기는 그의 곁으로 다가와서 유유히 그 곁을 헤엄쳐 가며 주둥이가 뱃전에 닿을 정도로 왔다가 스치고 배를 지나쳐 가기 시작했다. 몸집은 길고, 깊고, 넓고, 자색 줄무늬로 아롱진 은빛으로 빛나고, 그 크기가 끝없이 크게 보이는 놈이 배를 스쳐지나가려고 했다.

---

48) *Ibid.*, 83.

위 예문은 하나의 문장으로 되어 있다. 그런데 각각의 마디가 매우 압축되고 다듬어져 연속적으로 이어져가고 있다. 그러다가 끝부분에서는 점점 넓고 크게 <상승하는 감>(crescendo)을 준다. "long," "deep," "wide"의 형용사가 이 역할을 하고 있다. 그리고 마지막의 "in the water"는 시적인 운율을 나타내고 있다. 그러나 간결하고 율동적인 외면이지만 위 문장의 내면은 깊은 속뜻을 담고 있다. 고기와의 싸움에서 이기기 위해 산티아고는 남아 있는 모든 힘과 긍지를 가지고 자신의 고통을 고기에게 넘겨주도록 안간힘을 쓴다. 그러나 기진맥진한 산티아고와는 달리 고기는 유유히 헤엄을 치면서 주위를 맴돈다. 여기서 산티아고와 고기에 대한 묘사는 이미지상으로 서로 대조를 이루면서 산티아고의 기진맥진한 상태를 부각시켜 놓고 있다. 끝부분의 "long, deep, wide, silver and barred with purple and interminable in the water"라는 고기에 대한 수식의 구절이 탈진된 산티아고의 심리를 간접적으로 암시하고 있다. 그러나 그의 내면의 상태에 대한 직접적인 표현은 없다. 그러니까 힘들고 어려운 산티아고의 내면적 정서의 표현은 극도로 응축되거나 문장 너머의 깊은 곳에서 암시되고 있다고 말할 수 있다. 그래서 외면적으로는 간결하지만 내면적으로는 깊은 의미를 상징하는 문체이다. 이와 같은 문체를 겨냥하여 얼 로빗이 『노인과 바다』의 표면은 "단단하고 깔끔한"(tense and clean)한 문체이며 이 문체는 "수많은 의미의 층계들"(myriad layers of meaning)을 함축하고 있다고 다음과 같이 예리하게 지적하고 있다.

이 중편 소설은 아마도 헤밍웨이 소설 중에서 가장 많은 영감을 불러일으키는 작품인데 표면적으로는 문장이 무미건조한 것처럼 단단하고 깔끔하지만, 그 문장은 수면의 아래에서 여러 가지 단계의 수준으로 의미포착이 쉽지 않은 수많은 층계들의 의미들을 암시하고 있다. 나는 이 소설이 상징적인 소설이라는 것을 의심하지 않는다.

This *novella* is probably Hemingway's most evocative construction, tense and clean on the surface, but suggesting myriad layers of meaning just out of reach in the murky levels fathoms beneath. I think there can be little doubt that it is meant to be a symbolic fiction.[49]

그리고 와그너는 "헤밍웨이 글을 너무 단순하게 쉽게 해석하는 것은 때때로 오해하기 쉽다."(...so a simple distillation of Hemingway's writing is often misleading)[50]라고 경고한다. 정확한 충고라고 말할 수 있다.

결국 이 작품에 등장하는 단어 하나하나가 사려 깊게 선택되었으며 그 각각의 언어는 많은 의미를 함축하고 있다는 것을 알 수 있다. 그리고 적은 숫자의 어휘로 많은 의미를 전달하기 위해서는 선택된 언어가 이미지언어가 되어야 한다. 헤밍웨이는 선택한 단어가 이미지어가 되도록 만들고 그 이미지단어를 즐기고 있는 듯한 인상까지 주고 있다. 이와 같은 이미지단어에 의한 상징적 구절은 이 작품의 도처에 산재되어 있고 다음 구절들도 그런 예들이다.

> The sail was patched with flour sacks and, furled, it looked like the flag of permanent defeat.[51]

이 돛이라는 것이 밀가루 포대로 여기저기 누덕누덕 기운 것이어서, 둘둘 감아 놓은 꼴은 정녕 영원한 패배의 깃발로 밖에는 보이지 않았다.

> They were as old as erosions in a fishless desert.
> Everything about him was old except his eyes and they were the same colour as the sea and were cheerful and undefeated.[52]

---

49) Rovit, 87.
50) Wagner, "The Poem of Santiago and Manolin," 517.
51) Hemingway, *The Old Man and the Sea*, 5.

그 상처들은 고기 없는 사막의 부식지대처럼 낡고 오래 된 상처들이었다. 그에게 있는 모든 것은 다 낡아 보였지만 눈만은 그렇지 않았다. 그의 두 눈만은 바다와 같이 푸르고 명랑하며 패배를 몰랐다.

위 구절들에는 산티아고 노인이 불운하다는 사실, 가난에 찌들어 있다는 사실, 그리고 그가 타고 있는 배의 모습이 너무 초라하다는 사실 등을 의미하는 상징적인 말이 포함되어 있다. 밀가루 포대로 기운 돛이라는 언어이다. 이 사실적 표현을 가지고 <영원한 패배의 깃발>에까지 의미를 확대시키고 있다. 그리고 뒤 구절 중 "fishless desert"가 앞 문장의 이미지를 이어받고 있다. 그러나 바로 이어지는 "두 눈"("eyes")이 지금까지 독자에게 심어 주었던 패배감, 처량함, 그리고 쓸쓸함 같은 이미지를 반대개념으로 대체시켰다. 주위의 모든 것이 낡았어도 산티아고의 "eyes"만은 바다의 색깔처럼 푸르다. 그리고 그 눈동자는 기운찬 불패의 상(像)을 제시한다. 이미지언어들의 세심한 선정임을 알 수 있다. 이미지언어가 두드러진 경우라고 볼 수 있다. 그런데 왜 "sail," "fishless desert," 그리고 "eyes" 등과 같은 이미지언어들을 세심하게 선택하여야 하는가? 그것은 단순성을 바탕으로 하는 그의 문장에 어쩔 수 없이 따라야만 하는 다의적, 상징적 또는 암시적인 어휘의 선택 때문이라고 말할 수 있다. 와그너는 이 점을 다음과 같이 우회적으로 설명했다.

거의 시적인 압축에 몰두해 있던 헤밍웨이는 때때로 외면상 간단한 기술이지만 특별한 뜻을 의미하는 수사학적 기법에 눈을 돌리기도 하는데 이 기법은 종종 하나의 시리즈로 된 정형된 형태를 띤다.

Working in a nearly poetic condensation, Hemingway turns frequently to figures of speech—often patterned in a series—as a way of giving extra meaning to his seemingly simple descriptions.[53]

---

52) *Ibid.*, 5-6.

이렇게 헤밍웨이의 문체가 직접적이기보다는 암시적이라는 주장은 헤밍웨이도 밝힌 바 있다.54) 이 소설에서 사용되고 있는 단어 하나하나는 그냥 넘길 수 없는 깊은 의미를 띠고 있다. 이런 의미에서 이 작품에서는 겉으로 말하는 것보다 속뜻이 더 많다고 주장하는 칼로스 베이커의 구절, "『노인과 바다』가 주의 깊은 독자에게 제시하는 것은 이 소설이 겉으로 직접 표현하고 있는 글보다 훨씬 더 많은 내용을 함축하고 있다는 확신이며 이 확신은 (이 소설을 읽어 내려가는 동안) 수시로 새롭게 확인되곤 한다."(What The Old Man and the Sea carries for the close reader is the conviction, sporadically renewed, that this story means more than it directly says.)55)는 매우 타당한 분석이라고 볼 수 있다.

이상과 같이 단어에 이미지를 부여하여 사용하는 기법은 작품의 구조면에서 유기적인 통일 및 초점의 설정을 가능하게 해준다. 예를 들면 이 작품의 여기저기에서 소년, 야구, 해변에서 뛰노는 사자들에 대한 언급이 있는데 이것들은 모두 하나의 초점으로 향해 있다. 이것들은 정선되어진 상징적인 사물들로서 모두 하나의 목적을 위해 존재하는 통일성을 가지고 있다. 그 통일된 최후의 초점은 노인의 마음이다. 레이먼드 넬슨(Raymond S. Nelson)은 이 점을 다음과 같이 명쾌하게 지적했다.

> 헤밍웨이는 꽤 상징적인 연상들을 사용하여 작품 『노인과 바다』를 하나로 묶는 기법을 사용하고 있다...소년, 야구, 그리고 해변에서 뛰노는 사자들에 대한 언급 및 회상들은 모두 통일성을 창조하는 데 도움을 주고 있다. 사자들이 무엇을 의미하는가에 대해서는 비평가들 사이에 많은 의견들이 있어 왔으나 일치된 견해는 아직 없다. 그러나 최소한 일치된 견해가 하나 있는데 그것은 여섯 내지 일곱 번씩이나 여기저기 언급된 사자 이야기는 산티아고라는 인물

---

53) Wagner, "The Poem of Santiago and Manolin," 520.
54) *Playboy* 10 no. 1, 124.
55) Baker, *Ernest Hemingway: The Writer as Artist.* 322.

창조에서 통일된 요소가 되고 있다…그리고 헤밍웨이는 몇 가지 엄선된 것들에 대해 반복된 언급기법을 통하여 노인의 마음을 "진실로" 그려내고 있다.

> Hemingway uses comparable symbolic threads to tie *The Old Man and the Sea* together... References to the boy and to baseball and to the lions which play on the beaches all help to create unity. There has been a great deal of conjecture by critics as to what the lions may represent, without much agreement, but it can at least be said that the six or seven scattered references to them help to create a unifying element in the make-up of Santiago…and Hemingway is portraying an old man's mind "truly" by the very means of repeated references to a select few things.[56]

이와 같은 유기적인 통일성은 작품 전체적으로도 적용되고 있지만 작게는 한 단락 내에서도 찾아볼 수 있다. 작품의 다음 구절은 이 점을 잘 보여주고 있다.

> Once there had been a tinted photograph of his wife on the wall but he had taken it down because it made him too lonely to see it and it was on the shelf in the corner under his clean shirt.[57]

한때는 세상을 떠난 마누라의 색사진이 한 장 벽에 걸려 있었지만, 그것을 바라볼 때마다 너무도 울적한 생각이 들어 그만 떼어다가 지금은 방구석 선반 위 그의 깨끗한 셔츠 밑에다 넣어 두었다.

위 구절에서 초점이 되는 단어는 "shirt"이다. "shirt"는 산티아고의 아픈 마음이 머물러 있는 물건이다. 그는 지금은 고인이 된 사랑하는 아내의 사진을 보기가 너무 괴롭다. 그래서 사진을 벽에서 떼어 내어 깨끗한 "shirt"로 싸

---

56) Raymond S. Nelson, 68.
57) Hemingway, *The Old Man and the Sea*, 11.

서 선반 위에 얹어 두었었다. 아내가 죽은 뒤 달라진 물건이라고는 그 "shirt" 뿐이며 아내의 영혼은 "shirt"에 싸여 있다고 말할 수 있다. 따라서 산티아고의 마음은 "shirt"를 떠날 수 없게 되어 있다. 이는 하나의 <초점기법>이다. 이와 같은 초점기법은 더욱 체계화되어 동일 단락 내에서도 <(1)주제 (2)예증 (3)결론>의 틀을 가진 글을 생성시키는 기교로 발전되고 있다. 다음 구절은 이러한 패턴을 여실하게 보여준다.

(1) Before it was really light he had his baits out and was drifting with the current. (2) One bait was down forty fathoms. The second was at seventy-five and the third and fourth were down in the blue water at one hundred and one hundred and twenty-five fathoms. Each bait hung head down with the shank of the hook, inside the bait fish, tied and sewed solid, and all the projecting part of the hook, the curve and the point, was covered with fresh sardines. Each sardine was hooked through both eyes so that they made a halfgarland on the projecting steel. (3) There was no part of the hook that a great fish could feel which was not sweet-smelling and good-tasting.[58] (1, 2, 3 번호 저자)

(1) 날이 활짝 밝기 전에 그는 낚시를 드리우고, 조류가 흐르는 대로 배를 조류에 내맡기고 있었다. (2) 미끼 하나는 마흔 길 깊이에 넣었다. 둘째 것은 일흔 다섯 길, 셋째와 넷째는 백 길과 백 스물 다섯 길 되는 푸른 물에 넣었다. 낚싯바늘의 곧은 부분을 미끼 고기로 싸고, 잘 묶고, 꿰매고, 뾰죽이 내민 곳, 즉 굽은 곳과 낚시 끝을 싱싱한 정어리로 쌌기 때문에 미끼는 저마다 머리를 아래로 하고 물속에 가라앉아 있었다. 정어리들은 저마다 두 눈이 꿰어져 있어서 마치 불쑥 나온 쇠막대에 달려있는 반원형의 화환같이 보였다. (3) 큰 고기가 구수한 냄새나 맛을 느끼지 않을 데라고는 낚시의 어느 부분에도 없었다.

---

58) *Ibid.*, 24-25.

위와 같은 단락은 그 자체로 유기적인 완성을 기하는 것으로서 한편의 시에 가깝다고 말할 수 있겠다. 헤밍웨이 산문의 시성(詩性) 내지 운율화를 보여주는 예라고 말할 수 있겠다.

다음은 단순성의 문체 너머에 숨어 있는 감정(emotion) 표현에 대한 기법문제를 분석한다. 먼저 "The old man had taught the boy to fish and the boy loved him."59)(그 노인은 그 소년에게 고기 잡는 법을 가르쳤었고 그 소년은 그 노인을 사랑했다.)라는 문장을 검토한다. 이 문장에는 소년의 응축된 정서가 숨어 있다. 소년은 산티아고가 자기에게 고기 잡는 법을 가르쳐 주는 것을 비롯하여 크고 작은 많은 애정을 베풀어주었으며 이런저런 인연으로 노인에게 의지하며 그를 매우 사랑한다. 소년의 마음은 온통 노인에 대한 깊은 애정으로 가득 차 있다. 소년의 그 마음을 글로 모두 표현하자면 위 표현만으로는 안 될 것이다. 그러나 소년은 그런 감정을 일절 표현하지 않고 있다. 그의 감정은 위와 같은 매우 절제된 <객관적인 서술> 안에 응축되어 있다. 앞의 문장에서 첫째의 독립절과 둘째의 독립절이 "and"로 묶여져 있는데 그 사이에 소년의 감정을 표현하거나 노인을 사랑하게 된 이유 등을 기술할 수도 있었을 것이다. 그러나 억제서법으로 일체의 군말들이 생략되어 있다. 이와 같은 문장은 외면상 단순하면서도 객관적인 문체이다. 그러나 이 문체가 갖는 의미는 표층적으로 끝나지 않고 매우 심층적이다. 이러한 이유 때문에 칼로스 베이커는 이와 같은 헤밍웨이 문체의 특성을 외면적인 단순함과 내면적인 복잡함으로 규정지어 "문장 너머의 미학에 대해 말한다면 외면적으로는 단순하지만 속뜻은 복잡하다."(The esthetics behind it was outwardly simple and inwardly complex.)60)라고 압축했다. 표면적 단순함과 내용적 다의성의 문체미학을 부각시킨 지적이다.

---

59) *Ibid.*, 6.
60) Baker, *Ernest Hemingway: A Life Story*, 504.

위와 같은 등장인물에 대한 감정표현은 생략을 핵심기법으로 한다. 생략을 주요 특징으로 하는 기법이 인물의 내면의 문제에 초점이 맞추어지면 모호성을 불러일으키면서 다양하고 풍부한 묘사가 된다. 그리고 인물의 외면에 초점이 맞추어지면 회화의 표현주의적인 묘사가 된다. 다음 구절에는 전자의 특징이 잘 나타나 있다.

> They sat on the Terrace and many of the fishermen made fun of the old man and he was not angry. Others, of the older fishermen, looked at him and were sad.[61]

> 그들은 테라스로 가서 자리에 앉았다. 많은 어부들이 노인을 놀려대었지만 그는 조금도 화를 내지 않았다. 나이가 지긋한 다른 한 패의 어부들은 노인을 바라보고는 마음이 슬펐다.

위 구절은 소년 마놀린과 산티아고가 맥주를 마시기 위해 앉아 있는 어촌의 배경, 그 현장에 있는 두 사람, 그리고 그 밖의 어부들과의 관계 및 노인의 감정 상태를 단 두 문장으로 압축시킨 글이다. 첫째 문장은 그들이 테라스에 앉아 있다는 사실과 많은 어부들이 노인을 놀려대도 노인은 화를 내지 않았다는 것만을 기술하고 있다. 감정의 표현은 억제서법에 의해 처리되어 있다. 문장이 객관적으로 표현되었다고 볼 수 있다. 둘째 문장도 사람들이 노인을 바라보았다는 사실과 그 결과 슬펐다는 사실 정도만을 표현하고 있다. 위의 두 문장은 모두 다섯 개의 독립절로 이루어져 있는데, 마지막 절 "Others...were sad."를 제외하고는 감정표현이 속으로 내재된 채 발생한 사실 및 행동만이 서술되어 있다. 이는 "감정은 행동으로 창출되는 것이다."(The emotion was made with the action.)[62]라는 그의 소설 창작 이론에서 나온 것

---

61) Hemingway, *The Old Man and the Sea*, 7.
62) Baker, *Ernest Hemingway: A Life Story*, 504.

이라 볼 수 있다. 헤밍웨이가 구사하는 문장은 거의 위 구절과 같은 식이지만 "he was not angry."와 같은 문장은 특히 독자에게 여러 가지 상상을 불러일으킨다. 왜냐하면 그가 무관심해서 화를 내지 않은 것인가 혹은 이해력이 있어서인가 등이 확실하지 않기 때문이다. 따라서 이 독립절은 모호성을 동반하면서 보다 더 넓고 깊은 해독을 독자에게 요구하고 있다. 이는 문체의 단순한 외면과 내면의 뜻이 일대일의 대응관계가 아니라는 말이 된다.

다음은 인물의 외면묘사인 표현주의적 문체를 검토한다. 이 문제는 회화기법 자체의 문체화라는 입장에서 분석이 가능하다. 이 경우에도 물론 묘사는 꼭 필요한 것만을 제시할 뿐이다. 따라서 생략된 부분에 비해 표현된 부분은 그만큼 강조된다고 말할 수 있다. 묘사된 부분만을 따라서 사실적인 기법으로 그림을 그린다면 기괴한 모습을 보이는 표현주의적인 그림이 된다. 다음 구절은 이런 예에 해당한다.

> The old man was thin and gaunt with deep wrinkles in the back of his neck. The brown blotches of the benevolent skin cancer the sun brings from its reflection on the tropic sea were on his cheeks. The blotches ran well down the sides of his face and his hands had the deep-creased scars from handling heavy fish on the cords. But none of these scars were fresh. They were as old as erosions in a fishless desert.
>
> Everything about him was old except his eyes and they were the same color as the sea and were cheerful and undefeated.[63]

노인은 야위고 목덜미에 깊은 주름살이 잡힌 말라빠진 사람이었다. 그의 뺨에는 태양이 열대 지방의 바다에 반사되어 생기는 양성 피부암의 갈색 반점이 있었다. 이 반점은 얼굴 양편 훨씬 아래에까지 쭉 번져 있었고, 두 손에는 큰 고기를 밧줄로 다뤄서 생긴 깊은 상처 자국이 나 있었다. 그러나 이러

---

[63] Hemingway, *The Old Man and the Sea*, 5-6.

한 상처도 그 모두가 요새 새로 생긴 상처는 아니었다. 고기 없는 사막의 부식지대처럼 낡고 오래된 상처들이었다.
그에게 있는 모든 것은 다 낡아 보였지만 눈만은 그렇지 않았다. 그의 두 눈만은 바다와 같이 푸르고 명랑하며 패배를 몰랐다.

위 구절대로 산티아고를 그려 보면 완전한 형태의 인물상을 그릴 수가 없다. 우선 키와 체격이 표시되어 있지 않았다. 그는 손발이 가는가? 긴가? 짧은가? 주인공이 노인인데 수염의 상태는 어떠한가? 허리는 구부러졌는가? 얼굴은 날카로운가? 모자는 썼는가? 무슨 색깔의 머리인가? 그리고 머리칼은 직모인가? 곱슬인가? 이러한 것들이 위 구절 속에는 전혀 나타나 있지 않다. 만일 「미시간 북쪽에서」에서와 같은 극사실주의적 묘사기법이었다면 이렇게 모호하지는 않을 것이다. 왜 이렇게 모호한가? 표현주의적 회화기법에 의한 묘사이기 때문이라고 볼 수 있다. 단순성 및 생략기법이 적용되어 산티아고와 같은 그런 노인들을 대표할 수 있는 인물만 스케치하면 족한 것이다. 대표적 인물 창조에 필요한 최소한의 기본적인 특성어만을 동원한 결과이다. 이와 관련하여 넬슨의 구절, "『노인과 바다』는 눈에 띄는 작품이다. 또다시 그것은 흥미 있는 대표적 인물들에 대한 헤밍웨이의 선호이다...헤밍웨이는 그러한 대표적 인물의 인간경험은 모든 남녀의 인간경험과 공유한다는 것을 제시하고 있는 것이다."(The Old Man and the Sea is a notable exception. Again it is Hemingway's predilection for representative figures that is interesting... He suggests by such figures that human experience is broadly shared among men and women.)[64]는 앞의 논지를 적절히 뒷받침하는 정확한 분석이다. 이 구절은 특징을 부각시키는 언어를 찾아내 그 상황에 맞는 대표적 이미지인물을 창조하는 기술의 탁월성을 지적한 것이라고 볼 수 있다.

---

64) Raymond S. Nelson, 35.

이러한 기법은 <단순한 제시>(simple representation)라고도 말할 수 있다. 만일 그림으로 그린다면 완형을 갖추지 못한 매우 단순화되고 생략된 표현이다. 그런데도 이 묘사에서 독자는 어떤 감정(emotion)을 얻는가? 산티아고는 매우 야위고 몹시 수척하다. 피부는 갈색이며 피부에 반점이 있다. 그의 손은 일을 많이 해서 거칠고 닳아져 있으며 손바닥에는 깊은 상처가 있다. 그리고 아서 왈드혼의 지적대로 쥐가 난 그의 손은 거대하게 크고 유연한 청새치의 동작과 병치(juxtaposition)되어[65] 더욱 보잘 것 없는 인상을 준다. 그러나 몇 가지 안 되는 기술이지만 앞의 묘사는 잘 선정된 것들이기에 독자는 그가 강인한 불패정신의 소유자라는 것을 곧 알 수 있다. 많은 묘사들을 생략해 버리고 남은 몇 가지 안 되는 것을 가지고 노인의 진정한 모습을 창조해 내고 있다. 그 내면의 것들은 상징적으로 나타내고 있는데 그 중의 하나가 인간불패정신 속성의 암시이다. 이와 같은 문체는 결국 고리와 고리의 연결이며 그 사이는 <생략>되었다고 말할 수 있다. 그리고 그 사이의 의미는 독자의 상상력에 의해서 메워질 수밖에 없다.

다음은 언어사용의 품사적인 특징을 고찰한다. 이 작품에서 사용된 형용사는 감정을 억제시키는 평범한 어휘들에 한정되어 있다. 좀더 강한 감정표현을 해야 할 경우에도 사용되는 형용사를 "great"와 "heavy" 정도로 제한시키고 있다. 다음 예문에 이 점이 잘 나타나 있다.

    Just then the fish jumped making a great bursting of the ocean and then a heavy fall.[66]

    바로 그때 고기가 바다를 크게 쪼개면서 위로 뛰어 올랐다가 철썩하고 다시 물위로 떨어졌다.

---

65) Waldhorn, 194.
66) Hemingway, *The Old Man and the Sea*, 73.

위 구절에서 "great"와 "heavy"는 산티아고가 무려 84일간이나 기다렸다가 모처럼 낚은 대어 마알린을 본 순간 느낀 감정을 표시한 형용사이다. 산티아고의 감격적인 감정을 그대로 표시했었더라면 "magnificent," "terrifying," 혹은 "stupendous" 같은 형용사를 사용할 수 있었을 것이다. 위 구절에 사용된 형용사는 감정표현의 강도면에서 매우 평이한 어휘들이라고 말할 수 있다. 헤밍웨이의 억제서법의 원리에서 나온 현상이라고 볼 수 있다. 동사의 사용도 다음 구절에서 볼 수 있듯이 매우 단순하고 평범하다.

It is hard on the right hand. But he *is* used to punishment. Even if I sleep twenty minutes or half an hour it *is* good.67) (이탤릭체 저자)

오른손은 힘이 들 것이다. 그러나 그는 힘든 일에는 단련이 되어 있다. 나는 20분 동안 또는 반시간만 자도 기운이 날 것이다.

위 구절에서 사용된 동사는 "sleep"를 제외하고는 모두 "be" 동사이다. 그런데도 이 구절은 생동감이 넘치고 있다. 그런 힘이 나오는 것은 무슨 이유인가? <There is + 명사> 구문에서는 뜻이 선명한 명사를 "be" 동사 뒤에 놓음으로서 가능했지만 이 경우는 음성학적인 운율에 기인된다고 볼 수 있다. "be" 동사를 전후해서 강한 음인 파열음 /t/를 비롯해서 /d/의 음을 내는 단어를 배열시켜서 생동감을 보강한다. 그러니까 /t/와 /d/가 리듬어 연속기법에 의해서 반복되면서 "be" 동사를 보완시키고 조화를 이루면서 그 소리에서 문장의 활기와 힘을 얻고 있는 것이다. 이 작품에서 명사의 사용은 매우 두드러져 보인다. 이 명사는 등위접속사 "and"나 "but"으로 연결하는 구문 속에서 경험의 흐름(the flow of experience)을 형성해 낸다. 이때 "and"로 연결하는 기법은 이후에 항상 새로운 것을 계속 제시할 수 있는 구문이다. 그리

---

67) *Ibid.*, 71.

고 이와 같은 글의 흐름은 때때로 "then"이나 "so"로 변화를 가져온다. 모두 단순함과 리듬연속기법을 겨냥한 장치이다. 다음 예문에서 이 점을 볼 수 있다.

> The speed of the line was cutting his hands badly but he had always known this would happen and he tried to keep the cutting across the calloused parts and not let the line slip into the palm or cut the fingers.[68]
>
> 줄이 막 풀리어 나가는 바람에 손에 몹시 상처를 입었지만, 이런 일은 언제나 일어나는 일이라고 각오하고 있었기 때문에, 그는 되도록 상처가 손바닥의 못이 박힌(굳어진) 곳에 나도록 하고 딴 곳으로 줄이 가지 않도록, 또 손가락을 다치지 않도록 하려고 애를 썼다.

앞의 언어사용의 품사적 특징의 고찰에서도 알 수 있듯이 헤밍웨이가 사용하는 언어는 구상적이고 간단한 어휘들이라고 볼 수 있다. 그런데 그는 이러한 단어를 사용하면서도 시의 행(line)에서 파악될 수 있는 음성학적 리듬을 성공적으로 배열한다. 이는 앞서 "be" 동사 전후의 낱말들에 대한 음성학적 분석에서 여실하게 볼 수 있었다. 그리고 이 작품에서 가장 상징적인 문장이라고 볼 수 있는 "The sail was patched with flour sacks and, furled, it looked like the flag of permanent defeat."[69](돛은 밀가루 포대로 여기저기 누덕누덕 기워져 둘둘 감아놓은 모습이 마치 영원한 패배의 깃발처럼 보였다.)에서도 이미지기법으로 상징성을 최대로 살려야 하는 제약에도 불구하고 운율을 잘 구사하고 있다. 이 문장은 세 개의 /s/, 네 개의 /f/, 두 개의 /p/, 여섯 개의 /l/, 그리고 네 개의 /t/음이 리듬연속기법에 의해 반복되면서 시적인 문장이 되고 있다.

---

68) *Ibid.*, 73.
69) *Ibid.*, 5.

헤밍웨이는 위와 같은 시적인 문장의 운율을 더욱 고양시키기 위해 "you" 대신 "thee"를, 또는 *la mar, le mar, agua mala, tiburon* 등과 같은 스페인어를 사용하고 있다. 이러한 기법은 이 작품이 소설의 언어차원을 벗고 산문시의 경지에 도달케 하는 한 요인이 되고 있다. 그리고 이러한 문체는 앞서 말한 이미지기법, 상징적 표현, 작품의 유기적 구성 및 통일성 등에서 살펴본 바와 같이 빙산이론의 기법으로 구성된 문맥의 틀 속에서 구사되고 있기 때문에 시학적인 유기성을 효과적으로 발휘하고 있다. 그래서 와그너는 이 작품은 하나의 "서정적인 소설"(lyric novel)로서 구조(structure), 이미저리(imagery), 단어선택(word choice), 인물(characters), 플롯(plot) 등이 모두 합쳐져서 하나의 유기적인 전체를 이루고 있다고 지적한 뒤, 위대한 사랑과 진정으로 고상한 죽음이 들어 있는 『노인과 바다』는 분명히 위대한 시라는 것을 다음과 같이 뒤집어 표현하고 있다.

> 헤밍웨이는 시인으로 출발했고 또 그렇게 끝을 맺었다. 위대한 시들은 그 안에 사랑과 죽음을 담고 있어야 한다는 딜런 토마스의 말을 잘 인식하였던 헤밍웨이는 『노인과 바다』에서 몇 개의 위대한 사랑과 진정으로 고상한 죽음을 그려냈다.
>
> Hemingway began as a poet and he ended--and, well aware of Dylan Thomas' remark that the greatest poems have in them both love and death, he captured in *The Old Man and the Sea* several great loves, and a truly noble death.70)

칼로스 베이커도 이 소설을 사무엘 콜리지(Samuel Taylor Coleridge)의 『노수부의 노래』(*The Rime of Ancient Mariner*)에 견주었다. 칼로스 베이커는 노인이 마알린을 죽인 것을 노수부가 신천옹을 죽인 사실과 흡사한 것으로

---

70) Wagner, "The Poem of Santiago and Manolin," 518.

보았다.71) 이러한 칼로스 베이커의 견해는 와그너의 입장과 그 궤를 같이 한다고 말할 수 있다. 그리고 와그너와 칼로스 베이커의 이와 같은 견해는 결국 이 작품을 하나의 산문시라는 입장에서 분석한 데에서 비롯된 것이라고 말할 수 있다.

한편 위에서 고찰해 본 운율적인 문제는 더 나아가 성서적인 분위기를 조성함으로써 이 작품을 기독교적 우화로 해석하게 하는 주요한 근거 중의 하나가 되고 있다. 그리고 이 작품에 대한 우화의 문제를 제기하게 만드는 또 하나의 요소는 산티아고라는 인물이다. 산티아고는 헤밍웨이의 인물답게 단순한 성격에 생에 대한 부정적 시각을 갖는 것은 초기 인물들과 마찬가지이다. 그러나 산티아고의 부정은 원숙한 포용력을 겸비하고 있어서 그의 초기작품의 인물이 갖는 부정적 태도와는 다르다. 이 작품의 시적인 문체를 통하여 그려지는 산티아고는 단순한 성격이지만 오랜 인생경험으로 달관한 인생관을 소유하고 있다. 그리고 타인에 대해 너그럽게 용서하는 관용과 만물을 사랑할 줄 아는 범애정신을 가지고 있다. 또한 그는 겸손하지만 자존심이 매우 강하다. 이 자존심은 자신에 대한 사랑에서 나온다. 인내, 용기, 관용, 자신과 타인에 대한 사랑의 정신을 소유한 산티아고를 우리는 기독교 정신의 구현자라고 볼 수도 있다. 그는 자신이 종교인이 아니라고 밝히고 있지만 다음의 예문에서 보듯이 기독교적 믿음을 지향하고 있다.

'I'm not religious,' he said. 'But I will say ten Our Fathers and ten Hail Marys that I should catch this fish. and I promise to make a pilgrimage to the Virgin de Cobre if I catch him. That is a promise.'72)

나에게는 종교는 없지만, 그러나 이 고기를 잡게 해 주십사고 천주경 열

---

71) Baker, "Hemingway's Ancient Mariner," 162.
72) Hemingway, *The Old Man and the Sea*, 56.

번과 성모경을 열 번이라도 외겠고, 그놈을 잡기만 한다면 코브레 성당의 성모님한테 순례 갈 것을 약속하겠다. 진정으로 약속한다.

그리고 45시간이 지난 후에는 다음과 같이 독백한다.

'I could not fail myself and die on a fish like this,' he said. 'Now that I have him coming so beautifully, God help me endure. I'll say a hundred Our Fathers and a hundred Hail Marys.'[73]

'이런 고기를 못 잡고 제가 죽을 수는 없습니다,' 그는 말했다. '이제는 저렇게 예쁘게 끌려다가오니, 신이시여 제발 저를 도와 제가 견뎌내게 하여 주소서. 저는 천주경을 백 번이라도 그리고 성모경을 백 번이라도 외겠나이다.'

위 구절은 왈드혼이 주장하듯 이 작품을 "기독교적 우화"(Christian allegory)[74]로 해석할 수 있는 준거가 될 수 있다. 산티아고는 자신은 종교는 없지만 고기를 잡기 위해 천주경과 성모경을 기계적으로 외우고 코브레 성당의 성모님한테 순례 갈 약속까지 한다. 위 구절에는 자신이 지금 하는 일이 너무도 어렵고 힘이 들어서 신에게 의지해 보려는 의도가 담겨 있다. 그러나 작품이 진행되면서 산티아고는 상어가 마알린을 공격하자 괴로움의 표현인 "아이"(Ay)[75]라는 말을 두 번이나 신음하듯 소리치는데 이는 예수가 겪었던 고난의 경지에까지 그가 도달하고 있음을 암시해 주고 있다고 말할 수 있다. 물론 작품의 어느 곳에도 산티아고를 예수 그리스도(Jesus Christ)라고 직접적으로 지칭한 표현은 없다. 그러나 단지 "Ay"라는 말로서도 <산티아고 = 예수 그리스도>의 이미지 등식을 추출할 수 있는 암시를 받을 수 있다. 작가의 다음 설명을 보면 그와 같은 추정은 더욱 분명해진다.

---

73) *Ibid.*, 78.
74) Waldhorn, 195.
75) Hemingway, *The Old Man and the Sea*, 96, 97.

There is no translation for this word and perhaps it is just such a noise as a man might make, involuntarily, feeling the nail go through his hand and into the wood.76)

이 말[Ay]은 뭐라고 다른 말로 옮겨 놓을 수도 없고, 아마 못이 손바닥을 뚫고 나가 나무에 박힐 적에 저도 모르게 지르는 소리 같다고나 할까.

산티아고가 내는 "Ay"라는 소리는 예수의 손이 십자가에 못박힐 때 내는 처절한 신음소리임을 직접적으로 설명하고 있다. 그리고 노인이 3일간의 힘겨운 삶의 투쟁을 끝내고 오두막집에 돌아와 침대에 누워 잠을 자는 모습은 이렇다.

Then he lay down on the bed. He pulled the blanket over his shoulders and then over his back and legs and he slept face down on the newspapers with his arms out straight and the palms of his hands up.77)

그 다음에 노인은 침대에 드러눕고 말았다. 그는 담요를 끌어 당겨 어깨와 등과 다리를 덮고 두 팔을 쭉 벌려 손바닥을 위로 펴고 얼굴을 신문지에 묻은 채 엎드려 잠이 들었다.

"Ay"가 예수의 신음소리라면 침대에 누워 잠을 자는 산티아고의 위 모습은 바로 십자가에 못이 박힌 뒤의 예수의 형상을 상징하고 있다. 예수가 십자가를 메고 골고다 언덕을 오른 뒤 십자가에 못박혀 있는 모습과 산티아고가 어구를 메고 오두막집을 향해 오른 후 누워 있는 모습이 실로 엇비슷하다.

이러한 기독교적 해석을 돕고 있는 것은 이 작품에서 표면적으로는 단순하게 제시한 낱말이나 표현들이 심층적으로는 종교적인 깊은 의미를 상징

---

76) *Ibid.*, 96.
77) *Ibid.*, 110.

하도록 세심하게 설정되어 있는 구조이다. 그 한 예로 우선 숫자의 사용을 들 수 있다. 노인은 배고픔을 참고서 '44'일 동안 고기잡이를 했으며 소년과 함께 '40'일 동안 어려운 생활을 했다. 대어 마알린을 낚아 투쟁하는 일수가 정확히 '3'일이다. 그리고 마알린이 뱃전에 동여 매지기까지 '7'번의 시도 끝에 이루어졌으며 '7'마리의 상어와 상대를 했다. 여기서 제시된 '3,' '7,' 그리고 '40' 등은 주지하다시피 바로 성서에서 사용되고 있는 숫자들이다. 예수가 십자가를 메고 '3'번 쓰러지는데 비해 노인은 어구를 메고 오두막집을 향해 걷다가 '7'번 쉰다. 이때 노인이 어구를 메고 '7'번 쉬어가며 초라한 안식처를 향해 걷는 모습도 예수가 십자가를 지고 골고다 언덕을 오르는 장면을 연상케 한다. 또한 노인이 <바다>에서 소년과 함께 지냈던 '40'일의 <힘든 기간>은 예수가 <광야>에서 겪었던 <시련기간>과 일치한다. <바다>와 <광야>는 서로 대칭적으로 상관을 맺고 있다. 왈드혼도 이 점을 다음과 같이 지적했다.

이 소설[『노인과 바다』]은 자연적이고 범신론적인 유추물뿐만 아니라 종교적인 유추물이 너무나 풍부하여 몇몇 비평가들은 이 소설을 기독교적 우화로 해석하고 있다. 다음과 같은 여러 상징물들이 그 가설을 뒷받침하고 있다.:....노인이 겸손과 자존심 사이에서 고뇌하며 바다에 머무르고 있는 날짜 수는 예수가 광야에서 고통 받던 날짜 수와 같다.: 노인의 손은 상처나 있고, 그가 짊어지고 언덕을 오르는 마스트는 예수의 십자가를 닮았으며, 그의 잠자는 자세는 십자가에 못박힌 그리스도상의 자세를 취하고 있다.

Because the story abounds in religious as well as natural and pantheistic analogies, some critics have read the novel as a Christian allegory. A host of symbols lends support to the hypothesis:...the days he lingers at sea agonizing between humility and pride approximate in number those of Christ's sojourn in the desert: his hands are scarred, the mast he carries up the hill resembles the Cross, he assumes the posture(in sleep)of the Crucifixion....[78]

노인을 예수 그리스도의 경지에까지 도달한 인물로 보려는 견해는 스페인어인 <Santiago>라는 노인의 이름에서도 뒷받침된다. <Santiago>를 영어로 바꾸면 <Saint James>가 된다. 이름에 <성자>의 뜻인 <Saint>라는 단어가 이미 들어가 있다.

한편 산티아고가 외형상으로 예수 그리스도와 흡사하게 묘사되어 있다는 점을 염두에 두고서 그의 내면적 의식을 살펴보면 역시 세상의 범사에 달관한 원숙한 인물임을 알 수가 있다. 헤밍웨이 소설의 주인공이 보여주는 원숙미의 극치에 도달한 인물이라고 판단된다. 산티아고는 먹고살기 위하여 고기를 잡아야 하는 그런 인물이 결코 아니다. 그는 흔히 보통의 다른 어부들처럼 생계를 지탱하기 위해 필사적으로 고기잡이에 매달려야 하는 범속한 어부의 차원을 훨씬 초월하고 있다. 다음 구절에 이 점이 잘 나타나 있다.

> You are killing me, fish, the old man thought. But you have a right to. Never have I seen a greater, or more beautiful, or a calmer or more noble thing than you, brother. Come on and kill me. I do not care who kills who.[79]

> 네놈이 나를 죽이는구나, 고기야, 하고 노인은 생각했다. 그러나 너는 그럴 권리가 있다. 나는 지금껏 너보다 위대하고 더 아름답고 더 침착하고 더 고귀한 놈을 본 일이 없다, 형제여. 자, 자! 와서 나를 죽여라. 나는 누가 누구를 죽이든 개의치 않는다.

위 구절은 외면상으로는 꽤 서정적인 분위기를 주는 글이다. 산티아고가 뿜어내는 고기 마알린의 아름다움에 대한 감탄과 그 고기에 대한 깊은 애정의 감정이 운율적인 문장으로 응축되어 있다. 이 글을 산티아고의 득도와 관련하여 곰곰이 분석해 보면 기독교적 차원에 입각하여 모든 삼라만상에

---

78) Waldhorn, 195.
79) Hemingway, *The Old Man and the Sea*, 82.

대한 사랑이 그의 정신세계의 심연에 도사리고 있음을 간파할 수 있다. 노인은 그가 직업상 잡아야 하는 고기 마알린을 형제로 받아들이면서 범애정신을 발휘하고 있다. 위 구절 중 특히 "I do not care who kills who"에는 삶에 지친 모습, 낳고 죽는 우주의 필연적인 질서를 받아들이는 면, 그리고 범속한 차원을 초극하는 원숙한 범애정신의 모습 등이 한 줄의 문장에 담겨 있다. 음미할수록 깊은 의미가 우러나는 문장이다. 위 구절에서 파악될 수 있는 노인의 범애적인 마음은 간절하고도 애절하게 소년을 그리워하고 사랑하는 언사와 더불어 와블러 새(Warbler)에 대해 말하는 "'푹 쉬어라, 꼬마 새야' 하고 그는 중얼거렸다. '그 다음에 날아가서 사람이나 다른 새나 고기처럼 네 운수를 한번 잡아 봐라.'"('Take a good rest, small bird,' he said. 'Then go in and take your chance like any man or bird or fish.')80)라는 애정표현의 구절에서도 잘 나타난다. 이러한 사랑의 마음은 바다를 대결의 대상 내지는 적으로 간주하며 남성(le mar)으로 호칭하는 다른 젊은이들과는 달리 진정한 애정의 대상물로서 여성(la mar)으로 취급하고 있는 데에서도 엿볼 수 있다. 결국 이 작품에는 클린턴 버한스(Clinton S. Burhans, Jr.)의 구절, "내 생각에, 이 은유법[빙산이론]이 사용되고 있는 헤밍웨이의 모든 작품 중에서 산티아고 이야기[『노인과 바다』]보다 더 일관성 있고 더 철저한 작품은 없다."(Among all the works of Hemingway which illustrate this metaphor[iceberg theory], none, I think, does so more consistently or more thoroughly than the saga of Santiago.)81)라는 지적대로 빙산이론이 그 어느 작품에서보다도 잘 적용되어 있다고 말할 수 있다. 그래서 문체적으로는 시적인 문장이 되었고 이 문체는 곧 산티아고의 성품을 우화적 인물로 부각시키는 데 성공하고 있다고 말할 수 있다. 이런 의미에서 마크 쇼러가 이 작품의 진정한 우화요소는 우선 먼저 문체에

---

80) *Ibid.*, 47.
81) Burhans, "The Old Man and the Sea: Hemingway's Tragic Vision of Man," 150.

있다[82])고 말한 것은 타당한 지적이라고 볼 수 있다. 이는 곧 문체가 내용을 결정짓는 헤밍웨이의 창작원리를 여실히 보여주는 경우라고 말할 수 있다. 예수의 이미지로 부각된 산티아고의 삼라만상에 대한 범애적 사랑관, 그의 여러 가지 사고, 특히 "Everyday is a new day."[83](매일매일이 새로운 날이다.) 와 "The setting of the sun is a difficult time for all fish."[84](모든 고기는 해질 무렵이 다루기 힘든 법이다.) 등과 같은 구절들은 교훈적이거나 직업의 경륜에서 나오는 말들이다. 그런데 이러한 언어들이 시적인 구성 및 문체 속에서 구사되고 있기 때문에 더욱 그 의미가 살아나고 있다. 바로 이 점이 본 작품의 생명이라고 말할 수 있다.

　다음으로 이 작품에 나타나는 전진운동과 후진운동의 양대 서술패턴을 분석한다.『노인과 바다』에는 앞에서 말한 양대 서술패턴이 매우 균형 있게 순환되어 있다. 앞서 말한 대로 이 작품의 줄거리는 매우 간단하다. 활력, 생기 또는 흥미진진함 같은 박진감을 생성시키기에는 적절한 줄거리가 못된다. 그러나 간단한 줄거리에도 불구하고 산티아고의 생활에 양대 서술패턴을 적절히 순환시키고 앞서 분석한 다양한 기법들을 효과적으로 구사함으로써 이 지루함의 문제를 말끔히 해결했다. 산티아고의 생활은, 일어나고, 잠자고, 일하고, 휴식을 취하며, 낚싯줄을 당기고, 고기를 다루며, 식사를 하고, 일어서서 소변을 보고, 오물을 버리며, 84일 동안이나 고기 한 마리 잡지 못하면서, 처음 40일은 소년과 함께 지내고, 다음은 혼자 44일을 보내며, 잠을 자면서 꿈을 꾸고, 그리고 다시 꿈이 없는 잠을 자는 패턴으로 소설 전체에 걸쳐서 전개되고 있다. 이 간단한 생활을 전진과 후진운동의 틀을 도입하여 활동과 휴식의 리듬단위로 전개시켜 놓았다. 전진운동기간에 산티아고는 고기잡이

---

82) Schorer, "Grace Under Pressure," 134. 참조예문: "The true quality of fable is first of all in the style."
83) Hemingway, *The Old Man and the Sea*, 26.
84) *Ibid.*, 65.

에 여념이 없다. 그리고 후진운동기간에는 신체활동이 중지되고 그는 하나의 인간으로서 자신의 운명에 대한 숙고를 거듭한다. 양대 장면이 짜임새 있고 적절한 길이로 순환되면서 리듬을 생성해 내고 있다.

이 작품의 서두부터 양대 서술패턴 입장에서 검토해 보면 노인이 85일째의 고기잡이를 준비하는 기간의 중간쯤에서 "He was holding his glass and thinking of many years ago."[85](그는 이제 맥주잔을 손에 든 채 먼 과거를 회고하고 있는 중이었다.)라고 후진운동이 잠깐 나타나지만 전체적으로 볼 때 소년이 정어리를 구하러 가기까지 이 작품은 전진운동이 중심이 된다. 이 기간에 화자에 의해서 또는 소년과 노인의 대화를 통해서, 노인의 현재의 입장과 환경, 앞으로 전개될 중요한 상황, 그리고 야구 등과 같은 노인의 취미 등이 제시되고 있다. 전진운동으로 분류할 수 있다. 소년이 떠난 뒤 노인은 잠이 든다. 다시 후진운동으로 접어들었다고 말할 수 있다. 이 기간에는 본 작품의 최대 사건인 고기잡이와 노인의 걱정거리 등이 일체 삽입되지 않고 있다. 대신에 노인은 현재의 고통을 피하는 하나의 방법으로 소년시절에 가 보았던 아프리카와 황금빛이 감돌고 눈이 아플 정도로 하얀 기다란 해안선과 거대한 갈색산 등을 꿈속에서 보고 있다.

> He was asleep in a short time and he dreamed of Africa when he was a boy and the long, golden beaches and the white beaches, so white they hurt your eyes, and the high capes and the great brown mountains.[86]

노인은 이내 잠이 들었다. 그리고는 소년시절에 아프리카에 간 꿈을 꾸었다. 그 기다란 황금빛이 감도는 해안선과 눈이 아플 정도로 부시게 흰 해안선, 그리고 높이 솟은 갑과 거대한 갈색 산들이 꿈에 나타났다.

---

85) *Ibid.*, 7.
86) *Ibid.*, 19.

그리고 다음 구절은 위 진술의 연장선상에서 매우 의미 있는 구절이다.

> He no longer dreamed of storms, nor of women, nor of great occurrences, nor of great fish, nor fights, nor contests of strength, nor of his wife. He only dreamed of places now and of the lions on the beach. They played like young cats in the dusk and he loved them as he loved the boy.[87]

> 그의 꿈은 이제는 폭풍우나, 여자나, 큰 사건이나, 큰 고기나, 싸움이나, 힘내기나, 또는 자기 마누라의 꿈은 아니었다. 다만 이곳저곳의 풍경과 해변의 사자들의 꿈뿐이었다. 그 사자들은 황혼 속에서 마치 고양이 새끼들처럼 놀았고, 그는 그 사자들을 소년을 사랑하듯이 사랑했었다.

위 구절에서 폭풍우, 여자, 큰 사건, 큰 고기, 싸움, 힘 자랑 또는 자기 아내 등의 이미지가 제시하는 것은 전진운동에 등장할 수 있는 대표적인 것들이라고 말할 수 있다. 그러나 그는 이제 그런 것들에 대한 관심을 떠나 해안에서 뛰노는 사자에 대한 꿈을 꾼다. 이 작품에서 사자는 후진운동기간에 등장하는 이미지동물이다. 산티아고는 전진운동기간에 필요한 힘을 후진운동기간에 확보를 해야 하는데 사자는 노인에게 힘과 용기를 주는 역할을 하고 있다. 원래 전진운동적인 맹수를 후진운동으로 활용하는 것도 양대 서술 패턴의 구조 때문에 가능한 일이다.

다음 날 아침 노인은 소년을 깨우고, 고기잡이를 위해 바다로 나가고, 그리고 미끼를 던지는 활동을 한다. 이는 전진운동의 전개라고 볼 수 있다. 그러다가 다음과 같이 새에 대한 사색으로 다시 후진운동으로 접어드는 등 전진운동과 후진운동이 사이클을 그리면서 순환된다.

> The birds have a harder life than we do expect for the robber birds and

---

[87] *Ibid.*, 19-20.

the heavy strong ones. Why did they make birds so delicate and fine as those sea swallows when the ocean can be so cruel? She is kind and very beautiful. But she can be so cruel it comes so suddenly and such birds that fly, dipping and hunting, with their small sad voices are made too delicately for the sea.[88]

새들은 그 도둑새들과 몸이 크고 억센 새 말고는 우리보다도 더 고달픈 생활을 하고 있단 말이야. 바다는 그처럼 잔인해질 때가 있으면서 어쩌자고 제비갈매기처럼 연약하고 가냘픈 새들을 만들어 놓았단 말인가? 바다는 다정하고도 아름답다. 그러나 바다는 잔인해질 수도 있고 또 갑자기 잔인해지는데, 가냘프고 구슬픈 소리로 울고 날고 물에 주둥이를 처박고 먹을 것을 찾아다니는 새들은 바다에 살기에는 너무도 연약하게 태어나지 않았는가?

그 뒤 위 후진운동은 전진운동의 장면으로 바뀌었다가, 바다거북과 그 종족에 대한 숙고로 다시 후진운동으로 순환된 뒤, 또다시 전진운동으로 접어들어 노인은 힘차게 새의 움직임을 따라가면서 고기를 추적하고 날개다랑어를 잡는다. 활동의 장면이다. 또다시 노인은 후진운동에 빠지려 하다가 현재에 몰두하려 노력하면서 전진운동에 충실하려는 모습을 보여주고 있다.

Now is no time to think of baseball, he thought. Now is the time to think of only one thing. That which I was born for.[89]

지금이 어느 때라고 야구 시합 생각을 한단 말이냐? 꼭 한 가지만을 생각할 때다. 그것을 위해서 날 때부터 내가 타고난 그 일 말이다.

문제의 마알린이 나타나서 낚싯줄에 걸리기까지 잡으려는 노인과 잡히지 않으려는 고기와의 싸움이 진행되는 동안 노인의 고기와의 대화 또는 회

---

88) *Ibid.*, 23.
89) *Ibid.*, 33.

상 등을 순환시키고 있는데 이 순환은 양대 서술패턴의 기법에 의해서 이루어지고 있다. 그리고 현재의 고통이 심할 때 노인은 늘 소년을 생각하는데 이와 같은 생각 및 사고는 후진운동의 주요한 장면의 하나가 된다. 혼자 있을 때 소년에 대한 그의 생각은 다음과 같이 표현되고 있다.

> I wish I had the boy.[90]
> I wish the boy was here.[91]
> I wish the boy were here.[92]
>
> 그 애만 있었으면 참 좋을 텐데.

소년은 산티아고 노인에게는 거친 바다와의 투쟁에서 힘을 줄 수 있는 사람, 외로움을 달래줄 수 있는 대상, 그리고 지친 삶에서 인간적으로 의지할 수 있는 유일한 사람으로서 노인의 긴장된 생을 완화시키는 역할을 한다. 다음으로 헤밍웨이는 후진운동의 또 하나의 방법으로서 종교를 이용하기도 한다. 긴장을 완화시키고 현재의 고통을 피해보려고 노인은 종교인이 아니면서도 기도문을 외는데 이때는 후진운동기간이라고 말할 수 있다.

> 'Hail Mary full of grace the Lord is with thee. Blessed art thou among women and blessed is the fruit of thy womb, Jesus. Holy Mary, Mother of God, pray for us sinners now and at the hour of our death. Amen.' Then he added, 'Blessed Virgin, pray for the death of this fish. Wonderful though he is.'[93]

---

90) *Ibid.*, 38, 40, 44. 3회.
91) *Ibid.*, 42.
92) *Ibid.*, 49.
93) *Ibid.*, 56-57.

성총을 가득히 입으신 마리아여, 당신께 하례하나이다. 주 당신과 함께 계시니 여인 중에 당신 총복을 받으시며, 당신 복중에 계신 예수 또한 총복을 받아 계시도소이다. 천주의 성모 마리아는 이제와 우리 죽을 때에 우리 죄인을 위하여 빌으소서. 아멘.

이 기도로 그는 긴장이 풀리고 따라서 기분이 훨씬 나아진 것 같은 느낌을 갖는다. 후진운동에서만 일어날 수 있는 결과이다.

앞에서 후진운동기간은 창조적 수동의 장면으로서 전진운동에 대처하기 위한 에너지를 확보하는 기간이라고 밝혔다. 앞서의 사자에 대한 꿈의 장면이 이에 해당될 것이다. 사자는 힘의 상징으로 쓰이고 있기 때문이다. 이와 연관지어 다음과 같은 힘에 대한 추억의 장면이 또한 이에 해당될 것이다. 다음은 산티아고의 회상의 장면인데 처음과 끝을 동시에 고찰해 본다.

> As the sun set he remembered, to give himself more confidence, the time in the tavern at Casablanca when he had played the hand game with the great negro from Cienfuegos who was the strongest man on the docks...He had tried a few practice matches with his left hand. But his left hand had always been a traitor and would not do what he called on it to do and he did not trust it.[94]

해가 지자 그는 좀더 자신을 가져 보려고 카사블랑카의 술집에서 시엔푸에고우스에서 온, 부두에서도 가장 힘이 세다는, 몸집이 거대한 검둥이하고 팔씨름을 하던 생각을 했다...왼손으로 시합을 해본 일도 몇 번 있었다. 그러나 왼손은 언제나 반역자였고, 하라는 대로 말을 듣지 않았기 때문에 그는 왼손은 믿지 않았다.

산티아고는 부두에서 가장 힘이 세고 몸집이 거대한 검둥이하고 카사블

---

[94] *Ibid.*, 60-62.

랑카의 술집에서 팔씨름을 하던 생각을 했다. 이러한 힘의 장면에 대한 산티아고의 회상은 기진맥진 지쳐 있는 자신에게 어떻게든 힘을 불어넣어 보려는 노력에서 비롯된 것이라고 볼 수 있다. 그러나 마지막 구절의 "왼손이 언제나 반역자"라는 푸념에서처럼 현재의 고통은 좀처럼 해결되지 않고 다시 전진운동으로 이어지는 등 전진과 후진을 반복하다가 작품의 마지막에는 다음과 같은 전형적인 후진운동의 장면으로 끝을 맺고 있다. 노인의 활동은 없고 잠을 자면서 힘의 원천인 사자의 꿈을 꾸고 있는 장면이다.

> Up the road, in his shack, the old man was sleeping again. He was still sleeping on his face and the boy was sitting by him watching him. The old man was dreaming about the lions.[95]

> 길 저 위 노인이 사는 오두막집에서는 노인이 다시 잠을 자고 있었다. 여전히 엎드린 채 자고 있었다. 소년이 옆에서 그를 지켜보고 있었다. 노인은 사자의 꿈을 꾸고 있었다.

『노인과 바다』의 작품구조는 이상에서 살펴본 바와 같이 전진운동과 후진운동이 역동적으로 순환되고 있다. 그 스토리의 전개상 단조롭기 그지없는, 그래서 자칫하면 지루한 소설이 될 위험성이 다분한 이 작품을 독자는 이 양대 운동의 리듬기법 때문에 생명력과 역동성을 느끼면서 경쾌하게 읽어갈 수가 있다. 이상 분석한 바와 같이 이 작품에는 화법의 문체화 및 기법화의 핵심인 빙산이론과 이에서 비롯된 여러 기법들이 이전의 어느 작품에서보다도 성공적으로 사용되었다. 외면적으로는 간결과 율동의 문제를 넘어서 시적인 문장이 되고 내면적으로는 우화의 의미를 함축하고 있다. 회화기법의 문체화를 기반으로 하여 문체가 인생에 대한 고도의 의식표현과 우주

---

95) *Ibid.*, 마지막 단락.

표현의 서사시적 경지에까지 도달해 있다. 이 작품이 시학적이고 우화적 성격을 띠는 것은 주로 주인공 산티아고의 원숙한 포용력과 달관적 식견 및 인생관에서 비롯되는데 이것을 가능하게 만들어 주는 것은 역시 헤밍웨이의 회화적 문체이다. 또한 이 작품에는 그의 성공적인 초기의 작품에서처럼 문체가 내용을 결정짓는 생명력 있는 구성이 돋보인다. 이 작품에서 특히 주목해야 할 포인트는 내용적으로 인생에 대한 심오한 우화의 의미가 빚어져 나오는 원천이 그 주제에 대한 헤밍웨이의 직접적인 설명이 아니라 시학적이고 회화적인 문체를 제시하여 독자의 해석에 맡기는 수법의 사용에 있다는 점이다. 쉽게 포착할 수 없는 고도의 기법이다.

이 작품에 대한 결론이다. 『노인과 바다』에는 회화기법의 문체화 및 기법화가 다시 적용되었다. 이는 그의 문학여정에서 그의 고유문체가 일탈에서 다시 그의 본령으로 복귀된 것을 뜻한다. 이 작품은 그가 필생 동안 실험했던 기법들 중 성공적인 기법들이 모두 적용되어 문체, 기법, 작품의 구조가 산문시의 경지에 도달해 있다. 이는 복귀의 차원을 넘어 새로운 차원의 기법을 성공시킨 경우라는 것을 뜻한다. 그리고 이 작품에는 기독교적 차원의 우화가 담겨있다. 그래서 헤밍웨이 작품세계의 발전사에서 『노인과 바다』의 <위상>은 기법적으로는 빙산이론이 복귀되어 문체가 회화적인 것은 물론이고 시학적인 차원에까지 도달해 있으며 내용적으로는 기독교적 우화의 의미가 포함되어 인생의 득도에 대한 안내의 기능까지 겸비한 작품이라고 결론지을 수 있다.

V.
마무리

서설

헤밍웨이의 작품세계를 이해하는 데는 헤밍웨이 인생이 곧 그의 작품이라는 사실을 전제하고 이 책에서 제시한 비법에 의거하여 작품을 분석하면 기초적이고 일차적인 내용의 이해는 이루어진다. 여기에 이 책에서 다루었던 헤밍웨이 소설의 현대회화기법 도입과 본령을 분석하면 그의 소설의 심오한 깊이를 더 파악할 수 있게 된다. 그의 소설의 성공작과 실패작을 구분하는 기준은 그의 문체이론인 빙산이론이다. 빙산이론문체와 기법이 정확히 적용된 작품은 성공작이 되고 탈구된 작품은 실패작이 되었다. 그래서 현대회화의 표현기법이 녹아 있는 빙산이론문체와 기법, 그리고 그의 전기적 인생의 활동내용에 대한 세밀한 검토는 헤밍웨이 소설세계의 본령을 파악하는 지름길이자 핵심키워드라고 말할 수 있다. 이제 헤밍웨이에 대한 논저를 마무리하면서 이 책을 읽고 난 다음 제기될 수 있는 다음 몇 가지 문제를 정리해 보겠다.

먼저, 21세기를 살아가고 있는 우리는 헤밍웨이를 어떻게 평가해야 하며 그가 현대문학에 미친 공적은 무엇인가의 문제이다. 보잘 것 없는 어촌 키웨스트를 관광명소로 만들어놓은 것은 헤밍웨이였다. 출생지 오크 파크도 관광지가 되어 있다. 그는 또 스페인의 작은 도시 팜플로나의 산 페르민 축제를 세계적인 축제가 되도록 만드는 데 결정적 역할을 했다. 쿠바의 아바나도 헤밍웨이의 관광지가 두드러진다. 엘 플로리디따의 좌상 및 노벨상 기념동상, 코히마르의 흉상기념비, 라 핑카 비히아, 암보스 문도스 호텔 등에는 언제나 관광객들의 발길이 이어지고 있다. 케첨/선밸리도 헤밍웨이로 인해 관광명소가 되어 영원히 관광객들을 불러들이고 있다. 헤밍웨이가 거주했던 곳마다 그의 박물관, 흉상기념비, 그의 이름을 딴 학교 등이 세워져 그의 이름을 후세사람들에게 영원히 기억시키고 있다. 대중적이고 외양적인 평가와 업적의 압축이다. 후세 사람들의 관심을 영원히 불러모으는 성공적인 작가로 자리매김했다고 볼 수 있다. 헤밍웨이의 대중성을 가늠하는 현상들이다.

현대문학사에 남긴 헤밍웨이의 공적은 그의 표현기법이다. 빙산이론의 창조는 그의 20세기 영미문학의 서술기법예술의 방향을 바꾼 업적이자 고유한 표현철학이다. 이 표현철학에 의해 군더더기가 없고 아름답게 압축한 리듬이 내재된 간결문체는 21세기에 더욱 빛을 낼 것이다. 간결한 이미지어휘에서 나오는 다의적인 그의 문체는 실로 경제적이면서 강렬하고도 영원한 영상을 우리의 뇌리에 기억시키는 획기적인 표현기법이다. 나머지 그가 구사한 다양한 표현기법들도 이 빙산이론의 표현철학에서 빚어져 나온다. 모든 기법의 원리는 빙산의 1/8만이 물 위에 모습을 나타내고 나머지는 물속에 잠기듯이 작가는 최소한의 표현만을 해야 하고 나머지는 독자에게 맡기는 방식이다. 그렇게 함으로써 글이 주는 의미는 독자마다 다양하고 다의적이게 된다. 또 의미심장한 결과를 빚어내기도 한다. 대부분의 표현은 독자에게 맡기고 일부만 표현하는 그의 표현방식은 T.S. 엘리엇의 객관적 상관물(Objective Correlative)과 맥이 통하는 기법이다. 매우 경제적인 표현기법이라고 평가할 수 있다. 파리시절에 개척했던 이런 헤밍웨이의 독특한 문체는 단어의 선택과 배열에서 그가 구사하는 고도의 치밀성 때문에 20세기의 그 어떤 작가도 모방할 수 없는 독보적인 것이었다. 마네, 모네, 피사로가 중심이 된 인상주의와 세잔이 이끌었던 후기인상주의, 그리고 피카소의 큐비즘에 관심이 많았던 헤밍웨이는 결국 현대회화기법을 소설에 접목시켜 빙산이론을 개발했었다. 세계문학사에 끼친 그의 이런 공헌은 1954년의 노벨상으로 귀결되었다. 헤밍웨이의 문체는 단순함, 신선함, 정확한 리얼리즘, 그리고 활력과 생명력이 넘치는 문체이다. 이 특징들은 오늘날 좋은 문체가 갖추어야 할 요소들인데 헤밍웨이 소설은 이를 구비하고 있다. 20세기를 살았던 헤밍웨이는 이미 21세기에도 생명력이 있을 문체를 개발했었다고 말할 수 있고 이는 그의 미래에 대한 탁월한 예견능력을 가늠하는 대목이라고 말할 수 있다. 헤밍웨이의 표현방식은 분명히 21세기 이후에도 영원히 생명력을 가질 것으로 추정된다. 그의 걸작들에서 구사되고 있는 언어들을 분석해 보면 그를 가히 <전위언어예술의 챔피언, 헤밍웨이>라고 규정할만하다고 판단된다.

다음은 헤밍웨이와 헤밍웨이 주인공의 일치여부 문제이다. 본 저서의 타이틀, 『어니스트 헤밍웨이: 그의 인생과 작품세계』가 제시하는 의미 중에는 헤밍웨이의 인생이 그의 작품세계와 어떤 관련성을 맺고 있는가를 밝히겠다는 뜻이 포함되어 있다. 헤밍웨이 작품세계의 주인공과 작가 헤밍웨이의 상관관계, 그리고 그가 보여준 인생관 및 삶의 태도와 이것들을 어떻게 작품에 담아내는가 등의 문제를 정리한다. 헤밍웨이의 인생이 곧 그의 작품세계라고 말할 수 있다. 그래서 소설 속의 주인공은 곧 헤밍웨이 자신이라고 규정할 수 있는 대목이 많다. 이는 "헤밍웨이 소설의 주인공은 바로 헤밍웨이 자신이다."(The hero of a Hemingway novel is Hemingway.)[1]라고 단정하는 레오 라니아(Leo Lania)의 구절에서도 뒷받침되고 있다. 그리고 헤밍웨이의 속내 생각을 들으면 앞에서 내린 규정에 더욱 확신이 서게 된다. 헤밍웨이의 논픽션으로 그의 문학사상이 담겨져 있는 『오후의 죽음』에서 헤밍웨이는 작중인물과 작가와의 관계에 대해서 "소설 속의 인물들은 기술적으로 지어낸 인물이어서는 안 되며 작가의 소화된 경험, 지식, 두뇌, 마음, 그리고 작가가 소유하고 있는 모든 것들에서 우러나와 창조되어야 합니다."(People in a novel, not skillfully constructed *characters*, must be projected from the writer's assimilated experience, from his knowledge, from his head, from his heart and from all there is of him.)[2]라고 밝히고 있다. 작품 속의 주인공의 생각은 곧 헤밍웨이 자신의 생각이며 더 나아가 작중인물은 헤밍웨이의 분신이라는 결론에 자연스럽게 도달하게 된다.

그래서 헤밍웨이 주인공의 내면의식을 관찰하는 것은 곧 작가 헤밍웨이

---

1) Lania, 17.
2) Hemingway, *Death in the Afternoon*, 182-183.

의 인생, 삶의 철학, 그리고 사상을 아는 첩경이라고 말할 수 있다. 헤밍웨이의 작품세계를 초기부터 말기까지 전체적으로 조감해 보면 인생과 삶에 대한 철학의 기록이 작품의 발표 순서에 따라 변해간다. 그래서 주인공의 인식도 성장하면서 변해간다. 이는 실제 작가 헤밍웨이의 인생철학이 변해 가는 과정에 따라 주인공이 그 궤적을 같이 따라가기 때문이다. 반대로 헤밍웨이의 인생여행이 곧 주인공의 여행행로와 그 궤적을 같이 한다는 뜻이기도 하다.「인디언 캠프」를 비롯하여『우리들의 시대에』의 주인공 닉은 헤밍웨이의 어린 시절의 인생철학을 대변한다. 닉이 주인공으로 나온 작품은 24편이나 된다. 모두 헤밍웨이의 어린 시절의 세상사 입문과정을 다룬 작품들이라고 봐도 무방하다. 장편의 주인공으로『태양은 또다시 떠오른다』의 제이크 반즈와『무기여 잘 있거라』의 프레더릭 헨리는 헤밍웨이의 청년시절의 사상을 반영했다.『누구를 위하여 종은 울리나』의 로버트 조던,『가진 자와 못 가진 자』의 해리 모건,『강을 건너 숲속으로』의 리처드 캔트웰 대령 등은 세 사람 모두 중년과 인생의 후반기로 접어든 헤밍웨이의 사회참여 사상을 반영했다. 그리고『노인과 바다』의 산티아고는 헤밍웨이의 말년의 원숙하고 무르익은 인생철학을 압축하여 표현했다고 말할 수 있다.

그런데 헤밍웨이의 걸작에 등장하는 주인공은 예외 없이 현실적 이해의 측면에서는 실패한다. 그러나 자아완성과 정신적으로는 승리한다. 세부 각론에서는 실패하지만 전체적인 것, 즉 인생은 성공한다. 대표적인 예가 산티아고이다. 산티아고는 자신의 배보다도 큰 거대한 청새치를 잡고서도 상어 떼에게 고기를 모두 빼앗겨 고기 한 점 없는 앙상한 가시만을 가지고 귀항한다. 그러나 그는 성취감에 젖어 있다. 어부로서 그날의 고기와의 싸움에서 그는 승리했기 때문이다. 헤밍웨이의 인생철학도 그렇다. 헤밍웨이는 영원히 남을 작품을 얻기 위해 몸을 돌보지 않고 역경과 불의에 용기로 맞서는 모습을 보였다. 헤밍웨이의 이 모습을 산티아고는 재현하는 듯이 보인다. 망망대해에서 고기와의 사투를 벌이면서 던지는 단문의 언어는 헤밍웨이의 사상과 철학을 대변한다. "인간은 파괴될 수는 있어도 패배할 수는 없다."(A man can be destroyed but not defeated.)3)는 산티아고의 구절은 헤밍웨이의 인간불패정신을 압축하여 표현하는 예이다. 제이크 반즈도 현실적으로는 로메로나 로버트 콘에게 브렛 애쉴리를 빼앗기지만 애쉴리는 결국 제이크에게 돌아온다. 온갖 고통을 겪고 정신적으로 성숙한 제이크가 승리한 것이다. 산티아고나 제이크의 이와 같은 삶의 태도는 결국 헤밍웨이의 삶의 태도와 일치한다고 말할 수 있다. 이 문제는 인생의 성공과 실패의 개념문제로서 헤밍웨이의 경우 여느 사람들과는 삶이 다르고 독특했음을 알리는 대목이다.

그러면 헤밍웨이 삶의 내용은 어떠했는가? 헤밍웨이는 전쟁, 투우, 맹수 사냥 등 죽음을 불러오는 현장을 스스로 찾아 나섰고 생사가 결판나는 극한적인 상황을 용기로 맞닥뜨렸다. 도전과 모험의 치열한 삶이었다. 이 도전과 모험에서 그는 흥분과 자극을 즐겼다. 이런 인생으로 인해 그의 문학 주제는 전쟁이나 투우 같은 가식이 없는 현장 제시, 맹수사냥과 같이 야생의 현장에서 삶과 죽음의 극단적인 맞대결 상황 포착, 선천적으로 비극적인 인간운명의 제시, 그리고 장렬하게 맞서 싸우고 결과보다는 과정을 중시하는 승리와 패배 등이 주조를 이룬다. 그러나 생사가 갈리는 이 극단적 상황에서도 헤밍웨이는 그의 주인공처럼 인간의 위엄과 걸어야할 바른길을 택했다. 그래서 결과보다는 과정을 중시하는 인생태도가 나온다. 그는 곤경 속에서 우아함을 유지한다. 어떤 어려운 상황에 처해서도 그는 우아함을 잃지 않았다. 그래서 곤경 속에서의 우아함의 유지는 헤밍웨이의 인생철학의 하나가 되었다. 그리고 이런 인생태도를 표현했던 대표적인 주인공이 앞서 말한 산티아고 노인이다. 산티아고와 마찬가지로 프레더릭 헨리, 로버트 조단, 그리고 프랜시스 매코머 등도 운명적으로 죽음과 삶의 맞대결 장면에 놓인다. 이 극단적

---

3) Hemingway, *The Old Man and the Sea*, 93.

인 상황에서 주인공들은 궁극적으로 비극일 수밖에 없는 인간의 원천을 적나라하게 깨닫는다. 주인공의 이런 깨달음은 곧 헤밍웨이의 깨달음이었다. 그래서 치열하고 도전적이었던, 또 그래서 극단적인 어려움에 봉착하기도 했던 헤밍웨이의 삶은 그의 작품으로 고스란히 재현되고 있다고 말할 수 있다. 결국 헤밍웨이는 그의 인생주제와 철학을 작품의 주인공을 통해 전달하고 있다. 그의 주인공들은 작가 헤밍웨이의 인생태도와 삶의 철학을 충실하게 재현해 내고 있다. 그래서 헤밍웨이 작품의 주인공은 곧 헤밍웨이 자신이라는 명제가 성립된다. 아울러 작품 속의 인물들은 헤밍웨이의 실재의 인생여정에서 만났던 사람들이 가공되어 등장하고 있다는 점도 주목해야 한다. 헤밍웨이 소설연구에서 그의 인생연구가 먼저 이루어져야 하거나 최소한 병행되어야 하는 소이가 바로 여기에 있다.

다음은 헤밍웨이 작품의 리얼리즘의 문제를 정리한다. 헤밍웨이의 작품은 체험을 한 후에 창작된 것이어서 강력한 리얼리즘의 작품이 된다. 헤밍웨이의 소설이 그의 삶을 표현하다보니 자연히 그의 리얼리즘의 정체성 문제가 제기되고, 문학의 표현은 결국은 리얼리즘의 문제로 귀착된다고 볼 때, 헤밍웨이를 정리하면서 이 문제는 간과할 수 없는 문제가 된다. 헨리 제임스는 소설을 진지한 예술형식(serious art form)이라고 정의했다. 이 정의의 속뜻에는 실제의 우리 인생과 삶을 표현하는 소설의 리얼리즘을 겨냥한 말이 숨어 있다. 그렇다면 헤밍웨이 소설만큼 진지하고 강력한 리얼리즘도 없다고 볼 수 있다. 이유는? 헤밍웨이는 몸으로 직접 체험한 후 창작했기 때문이다. 아리스토텔레스(Aristotle)의 비극에서 현대소설에 이르기까지 세계문학의 거장들의 작품세계를 들여다보면 대체적으로, 결국 문학은 인생을 쓴 것이었다.

헤밍웨이 역시 인생의 기록에 충실한 작가였다. 그의 작품은 곧 그의 인생을 쓴 것이었다. 인생의 사실기록이라고 말할 수 있다. 그래서 그의 문학세계를 알기 위해서는 그의 인생을 먼저 알아야 한다. 오크 파크에서 출생하여 미시간 북부의 아름다운 자연 속에서 성장한 헤밍웨이, 어린 시절부터 그의 마음속 깊은 곳에는 자연이 자리잡았다. 마음속의 심어진 그의 자연은 초기 작품부터 말년의 작품에 이르기까지 그의 작품세계의 바탕을 이루고 있다. 유전으로 물려받은 열정적이고 용기 있는 그의 성격은 흥분과 자극의 삶을 설정하였고 이는 작품세계로 귀결되었다. 1차 세계대전의 북이탈리아전선에 뛰어 들었던 삶의 전환은 그의 인생의 색깔을 결정하는 중대사건이었다. 그가 참전하거나 참여한 다섯 개의 전쟁은 이탈리아전선 참전, 그리스-터키 전쟁 취재, 스페인내전 참전 및 취재, 2차 세계대전의 노르망디전투 취재, 그리고 중일전쟁 취재이다. 이 전쟁의 일부는 그의 작품세계로 재탄생되었다. 그리고 스페인의 투우축제와 맹수와 대결하는 현장인 아프리카 사파리여행 등은 모두 그의 흥분, 자극, 용기의 인생관에서 빚어진 것이고 이는 모두 작품으로 수렴되었다. 세계의 현장으로 여행을 가서 여러 인물들을 만나고, 작품배경을 선정하고, 소재를 직접 체험하고, 이런 과정을 통하여 생성된 철학의 작품화, 이것이 헤밍웨이 문학이다. 자연히 작품탄생의 구조상 그의 글은 강력한 리얼리즘 문학이 될 수밖에 없다. 그는 20세기 최고의 리얼리스트이다.

그렇다면 신비평(New Criticism)의 입장에서 헤밍웨이를 어떻게 조명해야 하는가? 헤밍웨이의 문체와 기법분석을 전제로 한다면 신비평의 기준으로 분석해야 올바른 평가를 할 수 있다. 그러나 그의 작품의 생성배경을 전제로 할 경우는 신비평의 분석기준의 정반대의 입장, 즉 작가의 인생과 작품의 연결고리라는 입장에서 분석해야 정확한 의미 파악이 가능하다. 이중적이고 양면성이 있는 특이한 경우라고 말할 수 있다.

다음은 헤밍웨이의 자살을 어떻게 볼 것인가의 문제를 정리한다. 용기를 존중했던 헤밍웨이의 실제의 치열한 삶과 자살! 언뜻 보면 이율배반적인 이 문제를 어떻게 해석해야 하는가? 헤밍웨이의 자살이 집안의 내력인 것은 분명하지만 그의 자살을 집안의 내력으로만 치부해 버릴 것인가? 삶에 대한 패배나 비겁한 행동이라고 봐야 할 것인가? 작품의 주인공이 곧 실제의 헤밍웨이라는 전제가 맞는다면 산티아고가 제시했던 인간불패정신을 비롯하여 주요 주인공들이 보여주는 삶에 대한 끈질긴 불패의 모습과 실제의 헤밍웨이의 자살행동을 어떻게 설명해야 하는가? 전 세계를 놀라게 했던 1961년의 헤밍웨이의 자살은 이율배반적인 것처럼 보이는 것이 사실이다. 이중성이다. 이 이중성을 어떻게 설명해야 하는가가 핵심 포인트이다. 저자의 견해로는 헤밍웨이 자살의 이중성은 작가의 소명(召命)이라는 관점에서 검토할 때 풀릴 수 있다고 본다. 그의 자살이 최소한 패배 또는 비겁한 행동은 아니라는 것이 저자의 판단이다. 이 이중적인 행동에 대한 답은 「킬리만자로의 눈」에서 정상을 향해 올라가다 죽은 표범이 잘 설명할 수 있다고 본다.

표범은 이상과 정상을 향해 올라가다 죽었다. 그러나 그 표범은 몸은 죽었으되 영원히 살아 있는 표범이 되었다. 살아 있으되 죽은 인생인 생중사(Death-in-Life)를 거부하고 표범처럼 죽되 영원히 사는 삶인 사중생(Life-in-Death)의 길을 헤밍웨이는 택한 것이다. 몸을 망가져도 결국 승리를 얻는 헤밍웨이 주인공이 보여준 길을 헤밍웨이는 직접 걸어갔다고 판단된다. 더 이상 글을 쓸 수 없다는 현실은 작가로서는 살아 있으되 죽은 삶인 것을 헤밍웨이는 너무나 뼈저리게 느꼈을 것이고 통절한 심정이었을 것이다. 눈을 뜰 수조차도 없이 자주 계속되는 심한 두통, 불면증, 고혈압, 눈병, 귓병, 당뇨병, 우울증, 그리고 편집증 등의 병을 몸에 지닌 채 불편한 몸으로 그의 창작력은 급격히 쇠퇴해갔다. 그는 이제 글을 쓸 수가 없다. 평생을 흥분과 자극의 생활을 바탕으로 글을 쓰며 창작의 인생을 살아온 헤밍웨이가 이제 그 생활이 불가능해졌다. 헤밍웨이는 그의 3남 그레고리가 회상한 대로 평생 작가로서, 한 남자로서, 그가 원했던 모든 것을 쟁취했다고 볼 수 있다. 헤밍웨이의 인생은 젊었을 때 영화계의 스타처럼 멋있게 행동했고, 여성들에게 아주 매력적인 남성이었고, 감각이 매우 예리하고, 체격이 잘 생겼으며, 정력적이고, 각종 외상에서 쉽게 회복될 만큼 신체적으로 정서적으로 탄력이 넘쳤으며, 창의력이 극히 뛰어났으며, 상식과 지식이 풍부하고, 운도 따랐고, 가정환경의 유전인자도 훌륭하게 내리받았으며, 그리고 세계대전의 중상에서도 살아남아 세계적인 유명작가로서 세상의 주목을 받았던 사람이었다.

그러나 이제 상황은 바뀌어졌다. 평생 몸을 돌보지 않고 작가의 길에 몰두했던 헤밍웨이의 인생행로의 결과로 이제 60세가 넘은 노인은 이 병들의 고통을 이겨내기도, 그 옛날의 화려한 생활을 영위하기도, 그리고 멋있는 작품을 창작하기도 불가능해졌다. 특히 평생 작가의 길을 치열하게 걸었던 문호로서 더 이상 글을 쓸 수 없는 상황에 처해 버렸을 때, 이때 선택은 무엇이었겠는가? 처연한 선택! 그래서 헤밍웨이는 죽되 삶의 길인 역설적인 길을 선택했고 이는 자살로 나타났다고 판단된다. 자살, 이는 헤밍웨이와 그의 주인공이 일관되게 보여주었듯이 용기가 있어야만 가능한 일이다. 그가 평생 몸소 실천했고 작품에서 재현시켰던 용기, 그래서 그의 트레이드마크가 되었던 남성다움과 용기가 주축이 된 마초 이미지의 헤밍웨이는 죽음에도 용기를 적용시켰다고 볼 수 있겠다. 이런 연유로 헤밍웨이의 3남 그레고리는 자신이 쓴 아버지의 전기인 *Papa: A Personal Memoir*(1976)에서 아버지는 "마지막 남은 유일한 선택, 즉 죽음을 받아들이는 데 용기를 보여주셨다" (...showed courage in accepting the only option left.)고 이를 뒷받침하듯 회고했다. 킬리만자로산의 정상에는 신의 집, 응가예 응가이가 있다. 이곳은 일종의 천국일 수도 있고 헤밍웨이가 그렸던 이상의 세계가 있을 수도 있다. 헤밍웨이는 그곳에 도달하기 위해 표범의 운명을 택한 것이라 보여진다.

1990년 보스턴에서 개최되었던 헤밍웨이 학술대회에서 노르만 메일러(Norman Mailer)는 헤밍웨이의 자살은 자살이 아니라고까지 항변했다. 보통 사람들의 자살과는 다르게 개념이 정리되어야 함을 말한 것일 것이다. 말년에 헤밍웨이가 겪었던 공포감은 정신적 우울증과 육체의 망가짐에서 비롯되었다. 특히 작가로서 자존심이 강했던 헤밍웨이는 글을 쓸 수 없다는 공포감이 가장 견딜 수 없는 것이었을 것이다. 매일 아침 약을 먹고 하루하루 견디어 내는 헤밍웨이, 그가 가지고 있었던 엽총은 글을 쓰지 못하는 이 공포감을 제거하는 또 하나의 약으로 사용되었다. 매일 아침 엽총의 방아쇠의 강도를 시험하는 생활에서 1961년 7월 2일의 방아쇠의 강도는 그의 조절력을 넘어서고 말았다고 말할 수 있다. 그렇다면 헤밍웨이의 자살은 글을 쓰지 못하는 공포감을 제거하는 하나의 해결책이었다. 문제를 해결한 한 방법이었을 뿐이다.

 헤밍웨이의 죽음은 이 세상 많은 자살자 중에 염세적인 자살과는 확실히 구별되어져야 한다는 것만은 분명한 듯하다. 창작이 멈추어졌을 때 헤밍웨이는 작가로서 심한 죄책감과 좌절감을 느꼈음에 틀림없다. 그는 젊은 시절부터 몸을 돌보지 않는 창작활동으로 일찍부터 우울증과 불면증을 앓고 있었다. 헤밍웨이가 자살문제를 언급하기 시작한 때는 1936년 1월부터이다. 당시 나이 37세의 젊은 나이였다. 이때도 그는 우울증과 불면증을 앓고 있었다. 이후 생사를 건 치열한 창작활동으로 얻어진 수많은 병들로 인해 결국 창작이 완전히 불가능하게 된 1961년, 그는 용기 있게 자살을 택했다. 헤밍웨이식의 용기가 없이는 결코 달성될 수 없었던 그의 자살행위는 평생에 걸친 작가정신의 결과로 불편해진 몸이 이제 더 이상 작가의 임무를 수행할 수 없기에 단행한 행동이었다. 이런 까닭에 그의 자살은 창작활동의 소산으로 나타난 부득이한 행동이었다고 정의할 수 있다. 이렇듯 헤밍웨이의 자살은 단순하게 그때 그 행위로만 보아서는 안 되고 그의 전체 인생행로에서 조감해야 그가 단행한 자살의 의미를 정확히 포착할 수 있다. 그 조감의 기준은 작가의 소명의식이다. 결론적으로 헤밍웨이 자살의 진실은? 그렇게 열정적으로 이탈리아전쟁과 스페인전쟁에 참여하고, 그렇게 열정적으로 멕시코만류를 타고, 그렇게 과감하게 아프리카 맹수사냥을 감행했던 그의 행동들을 설명해낼 수 있는 설득력 있는 답은? 창작불가능에서 오는 고통해결의 한 방편으로 자살선택! 그 자살행동의 유도는 강렬한 작가의 소명(calling) 의식! 이것이 헤밍웨이 자살의 본질이고 진실이라고 저자는 판단한다.

[그림 28] 헤밍웨이의 묘(중앙 왼쪽 평장묘석). 아이다호주 케첨공동묘지. 메어리는 양 옆의 두 그루 상록수가 싱싱하게 자라길 기원하면서 여러 해 동안 지극정성으로 물을 주고 가꾸었다. (Photo by Prof. Hong-Shil Jeon, Ph.D. Chungbuk National University, and used with his permission)

헤밍웨이는 유난히도 자연을 사랑했다. 그는 1939년 가을, 그를 감동시킨 아름다운 자연 케첨/선밸리와 인연을 맺은 이후 20년이 지난 뒤 그곳에 마지막 안식처를 잡았다. 케첨의 북쪽 얕은 언덕바지에 위치한 그의 집은 마을이 내려다보이고 주변의 아름다운 산들에 둘러싸여 있다. 헤밍웨이는 이 자택에서 스스로 생을 마감했고 케첨공동묘지(The Ketchum Cemetery)의 자연에 묻혔다. 미시간의 자연에서 태어나 전 세계를 무대로 화려한 인생을 살았던 헤밍웨이는 다시 자연으로 돌아왔다. 그가 탄생시킨 어린 닉은 미시간 북부의 자연에서 인생의 입문과정을 거치면서 성장했고 해외로 나가 파리의 제이크 반즈, 이탈리아전선의 프레더릭 헨리, 아프리카 원시자연의 프랜시스 마코머와 해리, 스페인전쟁의 로버트 조단 등으로 이름을 바꾸어 가면서 세계적 견문을 넓힌 뒤 멕시코만류에서 원숙한 산티아고 노인으로 완성되었다. 그 주인공의 일대기와 너무나도 비슷한 생애를 살았던 헤밍웨이, 오크 파크에서 태어나 미시간 북부에서 성장했고 성인이 되어 세계를 돌고 돌아 인생의 임무를 마치고 귀향하여 이제 영원히 불멸의 주인공으로 케첨/선밸리의 자연에서 안식을 취하고 있다. 그의 주인공들이 그랬던 것처럼 평생 자연의 품을 그리워했던 헤밍웨이는 결국 수목장으로 자연의 일부가 되었다. 인생의 목적이 좋은 사람이 되어 좋은 유산을 인류에 남기는 것, 그리고 인생은 무엇인가와 싸워 이기는 것이며 그 다음은 자연으로 돌아가는 것이라고 볼 때 헤밍웨이의 경우, 풍부한 유산과 영원한 승리, 그리고 행복하고 아름다운 자연에의 귀의라고 정의할 수 있다. 분명히 돋보이는 인생의 마무리이다.

그의 비문은 1939년에 사냥사고로 사망했던 사냥친구 길더(Gene Van Guilder)의 장례식에 헌정하기 위해 헤밍웨이 그가 직접 썼던 시(詩)이다. 길더를 위해 썼던 장례 헌정시는 결국 자신의 비문이 되었다. 헤밍웨이 흉상 기념비 아래 명판(plaque)에 그의 비문이 새겨져 있다. 가을, 미루나무, 잎사귀들, 낙엽, 송어, 하늘, 그리고 바람 등 자연을 평생 사랑했고 이제 그 자연의 일부가 된 헤밍웨이를 압축하여 표현한 그의 비문은 이렇다.

<헤밍웨이 기념비(The Hemingway Memorial) 흉상의 비문>
Bust of Ernest Hemingway in Ketchum, Idaho. The inscription reads:

Best of all he loved the fall
The leaves yellow on the cottonwoods
Leaves floating on the trout streams
And above the hills
The high blue windless skies
Now he will be a part of them forever.[4]

그는 유난히도 가을을 사랑했네.
미루나무 위 잎새들 노랗게 물들고
송어 뛰노는 시냇물엔 그 낙엽들 둥실둥실 떠다니네.
그리고 저 언덕들 위로
높고 푸르고 바람 한 점 없는 하늘이 있네.
이제 그는 영원히 자연의 일부가 되었네.

위 기념비는 케첨/선밸리의 Trail Creek Road 옆에 서 있다. 아스펜과 버드나무 우거진 곳, 살아생전 정들었던 선밸리 리조트에서 2.4km 떨어진 가까운 곳, 그리고 오고 가는 여행자들이 잘 보이는 곳에 기념비는 서 있다.[5] 헤밍웨이 살아생전 13년 간 문학친구로 지냈던 홀츠너가 제안했고, 로버트 벅스(Robert Berks)가 조각했으며, 그리고 부지는 선밸리 회사가 제공했다. 이 기념비는 그의 탄생 67주년인 1966년 7월 21일 제막되었다. 제막식에 아이다호주 주시사가 참석했고 모차르트 음악이 연주되었으며 헤밍웨이의 주치의

---

4) Oliver, 185.
5) *Ibid.*, 186 참조.

조지 세이비어스가 참석했다. 그리고 *Atlantic Monthly*의 편집자 로버트 맨닝(Robert Manning)은 참석 청중들에게 연설했다. 제막식이 끝나고 메어리는 Trail Creek Cabin에서 파티를 열었다. 헤밍웨이로 인해 현재 케첨/선밸리는 관광명소가 되어 있다. 헤밍웨이가 묶었었던 선밸리여관, 헤밍웨이 비문이 적혀 있는 흉상기념비, 헤밍웨이가 살았었던 자택(The Hemingway House), 헤밍웨이가 묻힌 케첨공동묘지, 헤밍웨이 이름을 딴 초등학교(The Ernest Hemingway Elementary School) 등이 헤밍웨이와 직접적인 관련이 있는 케첨/선밸리의 대표적 명소들이다.

이 책은 지금까지 서문에서 제기한 주목사항 3에서 출발하여 헤밍웨이에 대한 여러 가지 세부사항들을 분석하고 결론을 지었다. 그런데 헤밍웨이를 이해하는 이 세부사항들 중에 독자들이 가장 관심 있게 생각할 키워드는 무엇인가? 문학의 본래 기능을 감안해 볼 때 그것은 헤밍웨이 작품세계의 내용적인 측면이 될 것이다. 또 이 책의 타이틀이 헤밍웨이의 인생과 작품세계를 다루겠다고 했는데 그의 인생과 작품세계의 상관관계에 대한 압축된 결론을 얻기를 원할 것이다. 이에 대한 답이다. 헤밍웨이의 인생은 여행이었다. 그는 여행하면서 행동과 사색을 가졌다. 그리고 그의 글은 그의 여행인생의 행동과 사색을 고유한 표현기법으로 쓴 것이었다. 따라서 헤밍웨이 작품세계의 내용을 이해하려면 그의 인생이야기와 함께 다루어야 그의 문학세계의 정수를 정확히 포착할 수 있다는 것이 저자의 판단이다. 그래서 헤밍웨이의 인생과 작품세계의 내용을 압축하여 정리한다면, 내용적으로는 그의 행동과 철학에 대한 리얼하고 예술적인 기록, 그 내용의 표현은 세잔의 그림처럼 단단하고 아름다운 압축의 언어예술, 그리고 그 내용을 정확히 포착하기 위해서는 언어구사의 기법을 볼 줄 아는 안목이 선행되어야 하는 문학, 그리고 불필요한 무용지식이 없이 삶의 방법론과 인생을 제시한 문학, 이것이 헤밍웨이 문학의 정체(正體)라는 것이 저자의 결론이다.

끝으로 이 책을 마감하면서 덧붙이고 싶은 말이 있다. 서정(抒情)을 잃어버린 이 시대, 그리고 극성스런 상업주의와 실용주의 만능시대에 문학은 지속될 것인가? 지속될 것이다. 인류가 존재하는 한 문학은 생명력을 지닌 채 지속될 것이다. 왜? 문학은 인류의 영혼구제와 인간 삶의 방법 자체를 다루는, 역설적이게도 근본적인 실용학문이기 때문이다. 문학은 인생의 성공과 실패의 길을 제시하는 학문이기도 하다. 지나친 상업주의나 얕은 사고로는 결국은 실패의 인생궤적을 그릴 수밖에 없고 원숙한 사고와 풍부한 정신세계가 성공적인 인생의 기초라고 볼 때 문학은 성공적인 인생으로의 유도역할을 할 수 있다. 지친 영혼에 활기와 생명력을 불어넣는 청량제 같은 역할을 하기도 한다. 문학은 상처받은 영혼과 심성을 치유하고 감싸 안기도 한다. 압축하면 문학에는 철학, 윤리, 역사, 도덕, 낭만, 사랑, 성공적인 삶의 방법론 등이 있다. 모두 인간이 살아가는 데 반드시 필요한 필수항목들이다. 그리고 문학이 제공하는 인문정신이 인류사회에서 참으로 완전히 소진되고 고갈된다면 과학은 더 이상 유익하게 발전할 수 없다. 문학은 생명의 물이 흐르는 "수원지"이다. 그리고 널리 흐르는 그 물은 눈에 보이지 않는 "지하수"이다. 그래서 문학은 과학이 바람직하게 발전할 수 있도록 "생명수"와 귀중한 상상력을 제공한다. 문학이 갖는 이 모든 거대한 역할과 기능은 볼 수 있는 자만이 알 수 있는 숨은 생명력이요 힘이다. 이 생명력과 힘 때문에 암흑의 중세시대에도, 검열과 광란의 혁명기에도, 문학은 살아남았고 오늘에 이르렀다. 문학은 이 생명력과 힘으로 서정을 잃어버리고 인생살이 삭풍에 메말라 가는 우리들의 심성을 회복시키는 도구가 될 것이다. 문학은 예술 및 사회과학과 만날 때 더욱 큰 생명력과 힘을 낼 수 있다는 것이 저자의 견해이다. 역기능 필멸, 순기능 불멸이 인류문화사 도태역사의 과정이었고 또 세상사 자연이치라고 볼 때 이처럼 순기능 다분한 문학이, 사백(詞伯)을 최우선시하는 경지까지는 아니더라도, 지속 불가능할 까닭이 없다고 주장한다면 나만의 관견(管見)인가!

그리고 헤밍웨이의 인생여정의 도전정신과 그의 주인공들의 불패의 행적을 보면서 우리가 그런 정신으로 살아간다면 오늘의 세상에 난관이 아무리 많다 해도 극복하지 못할 것은 없으리라는 느낌을 받는다. 이 시대와 앞으로도 꼭 필요한 인간상을 헤밍웨이는 제시했다고 판단된다. 21세기를 살아가는 현대의 젊은이들이 만일 헤밍웨이와 그 주인공들이 가졌던 용기와 진취적인 도전정신을 가진다면, 『노인과 바다』의 주인공 산타아고처럼 절체절명의 위기에서도 의연함, 우아함, 침착함을 잃지 않고 인간불패정신으로 고난을 극복하는 최선의 노력을 다한다면, 아울러 삶을 소중히 여긴다면, 그리고 헤밍웨이처럼 인생을 걸만한 중요하고도 뚜렷한 인생목표를 찾아 세우고 그 목표를 달성하기 위해 목숨을 바칠 각오와 열정으로 인생을 탐험하고 개척한다면, 인생에 무슨 두려울 것이 있겠으며 인생을 성공시키지 못할 자가 있겠는가! 그런 삶의 태도로 인생을 성공시킨다면 그는 비록 몸은 언젠가는 죽어도 영원히 살게 되는 불멸의 주인공이 될 것이다. 어니스트 헤밍웨이처럼!

부록

헤밍웨이 연보/ 인용문헌/ 찾아보기

헤밍웨이 연보*

1899년(이하 "년" 생략): 어니스트 헤밍웨이(Ernest Miller Hemingway) 탄생(7월 21일). 6남매 중 두 번째이며 장남.

참고사항:
1. 헤밍웨이 탄생지 주소: 439(현재는 339번지) North Oak Park Avenue, Oak Park, Illinois, USA. [헤밍웨이의 외조부모가 건물신축, 헤밍웨이 부모 1896년 결혼 후 이곳으로 입주, 이곳에서 헤밍웨이 탄생(생가), 현재 헤밍웨이 재단 소유].
2. 헤밍웨이가의 중간이사 주소: 161 North Grove Avenue Oak Park Illinois. (1905년 9월-1906년 10월 거주, 현재 Oak Park Public Library 소유).
3. 헤밍웨이가의 신축건물 주소: 600 North Kenilworth Avenue Oak Park, Illinois. [어머니 그레이스(Grace)가 건물디자인, 1906-1951년 그레이스의 사망 시까지 헤밍웨이가(家)가 소유 및 거주, 현재 사유재산].

---

* 헤밍웨이 연보의 연월일과 그 전기적 사실들은 Charles M. Oliver의 *Ernest Hemingway A To Z: The Essential Reference to the Life and Work*(1999)를 기준(인용)으로 하여 작성하고 Jeffrey Meyers의 *Hemingway: A Biography*(1985), 기타 자료, 그리고 저자의 판단 등에 의거 일부사항을 가감·보완·수정하였음.

4. 6남매 출생년도: 1898년 마셀린(Marcelline)(장녀), 1899년 어니스트(Ernest)(장남, 본인), 1902년 어슐러(Ursula)(차녀), 1904년 마델레인(Madelaine)(Sunny)(3녀), 1911년 캐롤(Carol)(4녀), 1915년 라이체스터(Leicester)(차남).
5. 헤밍웨이 가족은 미시간 북부(northern Michigan)의 월룬호(Walloon Lake)에 여름별장인 윈디미어 별장(Windemere Cottage)을 갖고 있었는데 이해 9월에 헤밍웨이는 최초로 가족과 함께 이곳에 간다. 이후 헤밍웨이는 미군적십자요원으로 북이탈리아전선에 투입될 때까지(1918년 5월) 매년 여름마다 가족과 함께 이곳에 오며 이때의 경험이 그의 자연동경의 정서로 나타난다. 이 정서는 그의 인생관과 철학의 밑바탕의 한 부분이 되고, 이는 작품으로 나타난다. 「미시간 북쪽에서」와 「두 개의 심장을 가진 큰 강」은 미시간 북부의 체험이 직접 배경이 된 작품들이다.

1901(2세) 아버지로부터 낚싯대를, 어머니로부터 첼로를 선물 받음. *이 상징적 선물들은 향후 헤밍웨이 인생을 결정하는 데 많은 영향을 미쳤다.
1902(3세) 천재성 발휘, 생물학의 라틴어학명을 250개 이상 암기할 만큼 두뇌의 명석함이 드러남.
1905(6세) 누나 마셀린과 함께 오크 파크에서 초등학교 입학, 누나와 같은 학급에 배정됨.
1909(10세) 조부로부터 10세 생일선물로 엽총을 받음. 아버지를 따라 오지브웨이 인디언 캠프(Ojibway Indian Camp) 방문. *엽총 선물과 인디언 캠프 방문은 향후 그의 인생과 작품세계를 결정하는 데 적지 않은 영향을 미쳤다.
1913(14세) 누나 마셀린과 함께 오크 파크 앤 리버 포리스트 고등학교(Oak Park and River Forest High School) 입학.
1914(15세)

제1차 세계대전: 1914-1918

1915(16세) 고교신문 ≪트래피즈≫(The Trapeze)에 글쓰기 시작. 축구예비선수로 활동.
1916(17세) 고교 문예지 ≪태뷸러≫(Tabula)에 글 게재 시작. 학교 정식축구대표 선수로 발탁되어 활동. 첫 기사 "Concert a Success"를 ≪트래피즈≫에 발표(1월 20일). 첫 단편소설「혼령의 심판」("Judgement of Manitou")을 ≪태뷸러≫에 발표(2월호). 이어 ≪태뷸러≫에 "A Matter of Color"(단편소설, 4월호), "Sepi Jingan"(단편소설, 11월호) 발표. 고교시절에 영어교사인 마거릿 딕슨(Margaret Dixon)과 패니 빅스(Fannie Biggs)

로부터 2년 간 집중적인 글쓰기 지도를 받았다.

1917(18세) 고교 연극반 <보 브럼멜>(*Beau Brummel*)에서 활동. 고교 졸업(6월). 축구대표 등 다양한 활동에도 불구하고 성적 상위(A). ≪트래피즈≫에 18편의 글, 3편의 시 발표. ≪태뷸러≫에 "Class in Prophecy" 발표. 고교 때 발표된 작품 수: 기사; 19편, 단편소설; 3편, 시; 3편, 총합계: 25편. 캔자스 시티 스타사에 견습기자로 입사, 캔자스로 이사(10월).

*1차 세계대전에 참전하기 위해 지원했으나 왼쪽 눈의 시력이 나빠 불합격, 시력이 나빠진 이유: 1913년 14세 때 시카고의 권투연습장에서 맹렬한 권투연습결과임. 그는 이때 군입대의 목적으로 그의 출생연도를 1898년생으로 한 살 높여 기재했다.

1918(19세) 캔자스 시티 스타사 퇴사(4월 30일, 약 7개월 근무). 제1차 세계대전 참전. 미군 적십자부대에 소속되어(5월) 이탈리아로 떠남. 배편 시카고(*Chicago*)호를 타고 프랑스로 항해 출발(5월 23일), 이탈리아 도착(6월 4일). 야전병원 4소대(Ambulance Section 4)에 소속되어 북 이탈리아 스키오(Schio)에 배치. 자진하여 초콜릿과 담배를 싣고 최전선으로 진출(6월 22일), 전투지: 이탈리아의 북쪽 피아브강(Piave)가 포살타(Fossalta) 전선. 박격포탄낙하와 기관총 피습에 의하여 다리부상, 중상자 1명을 업고 돌아오던 중 중기 피습으로 다리에 227개의 파편 박힘(7월 8일). 제1차 세계대전 중 최초의 미군부상자 기록. 이해 내내 밀라노(Milan) 적십자병원에 입원. 입원 중 간호사 애그니스 반 크라우스키(Agnes von Kurowsky)와 사랑에 빠짐. 애그니, 트레비소(Treviso)로 전출. 헤밍웨이, 트레비소 방문(12월 9일), 이 방문이 그들이 만난 마지막 만남이었다. 이탈리아육군 제2훈장 Medaglia al Valore Militare(연금 약 50달러)와 훈장 Croce al Merito di Guerra 3 상신제청 받음(그 후 시카고에서 수여 받음)(1921년 11월 20일).

1919(20세) 전상 때문에 의병제대(1월 4일, 이탈리아로 떠난 지 8개월이 못된 기간). 제노바(Genoa) 출발(1월 4일) → 뉴욕으로 항해 귀국(1월 21일 도착). 오크 파크에서 너무 어리다는 이유로 애그니스로부터 절교편지 받음(3월). 미시간 북부 별장에 도착(5월), 오크 파크로 돌아옴(12월).

1920(21세) 토론토 데일리 스타사에 취업(필자계약), ≪토론토 스타≫지의 프리랜서작가(1-4월). 토론토로 이사(1월 8일). 첫 기사 "New Ether to Credit of Toronto Surgeon" 게재(1월 27일). 여름을 월룬레이크(Wallon Lake)와 호튼 베이(Horton Bay)에서 보냄. 시카고로 돌아와(10월) 해들리 리처드슨(Hadley Richardson)[(29세, 1891년 11월 9일생, 세인트루이스(St. Louis) 출신, 1979년 1월 23일 플로리다 레이크랜드(Florida Lakeland)

에서 사망]을 만나 이듬해까지 서신교제. 중서부농민들을 위한 잡지인 시카고 소재 농민소비조합기관지 ≪협동나라≫(Cooperative Commonwealth)에 작가 겸 편집활동.

1921(22세) 8년 연상인 해들리 리처드슨과 결혼(9월 3일). ≪토론토 데일리 스타≫지의 유럽특파원(특집기사작가)으로 해들리와 함께 파리행[뉴욕 출국(12월 8일) → 파리도착(12월 20일), 배편: 레오폴디나(Leopoldina)호](이탈리아 육군 제2훈장을 시카고에서 수여 받음)(1921년 11월 20일)(1918년 연보 참조).

1922(23세) 2회에 걸쳐 스위스 챔비(Chamby)로 여행(1월, 5월), ≪토론토 스타≫지에 "여행객 한산한 스위스 리조트"("Tourists Scarce at Swiss Resorts")를 발표(2월 4일). 거트루드 스타인 방문(3월 8일). 제노바경제회의(Genoa Economic Conference) 취재활동(4월 6일). 포살타를 비롯한 북이탈리아 여행(5-6월). 단편「나의 부친」완성(9월 2일). ≪토론토 데일리 스타≫지에 그리스-터키 전쟁기사 보도를 위해 터키의 콘스탄티노플(Constantinople) 방문(9월 25일). 그리스군의 퇴각모습 취재(10월 14일). 로잔 평화회의(Peace Conference, Lausanne Conference) 취재를 위해 스위스 로잔으로 출발(11월 21일). 로잔 근처에서 스키여행(12월).

*아내 해들리의 헤밍웨이슈트케이스(Hemingway's Suitcase) 분실사건 발생(12월 2일): 헤밍웨이가 그 동안 썼던 거의 모든 단편소설원고와 한 권의 장편소설 시작부분이 들어 있는 가방을 해들리가 분실한 사건이 발생했다. 당시 스위스 로잔에서 열린 그리스-터키 전쟁 전후처리 평화회의를 취재하고 있었던 헤밍웨이를 만나기 위해 길을 나섰던 해들리가 리용역에서 문제의 가방을 분실했다.

1923(24세) Poetry에 여섯 개의 시 게재(1월). 스위스로 스키휴가(1월). 북이탈리아 여행(1월). 이탈리아 라팔로로 시인 에즈라 파운드 방문(2월 7일). 이탈리아 코르티나에서『우리들의 시대에』(파리판)(1924)에 나오는 첫 6편의 스케치완성(3월 10일). 독일 루르밸리(Ruhr Valley) 방문(3월 30일). 코르티나에서 스키여행(3-4월). 스페인 아랑후에즈에서 생애 최초로 투우 구경하고(5월 30일) 이후 일생 동안 투우에 매료됨. 팜플로나로 가서(7월 6일) 최초로 산 페르민 투우축제 관광. 토론토 데일리 스타사에 풀타임 근무 직장을 얻음. 프랑스 출발(8월 17일) → 퀘벡(또는 몬트리올)으로 항해(8월 27일 도착).『3편의 단편과 10편의 시』출간(첫 번째 책)(7월 하순-8월 초순경). 장남 존(John) 출산(10월 10일). 파리에 가서 소설을 쓰기 위해 ≪토론토 데일리 스타≫지에서 사직(12월 하순).

1924(25세) 뉴욕에서 출국(1월 19일) → 셔보그(Cherbourg)로 항해(1월 29일 또는 30일 도

착).「비에 젖은 고양이」와「어떤 일의 끝」완성(2월 20일).「인디언 캠프」집필 시작. 『우리들의 시대에』파리판(두 번째 책) 출간(3월 중순).「의사와 그의 아내」,「사병의 고향」,「엘리엇 부부」,「끝없는 눈」완성(4월 25일). 스페인 버게트로 이동하여(7월 13일) 이래티강에서 낚시여행.「두 개의 심장을 가진 큰 강」완성(8월 중순).「의사와 그의 아내」발표(11월).「끝없는 눈」발표(12월). 해들리와 함께 오스트리아 쉬룬쯔로 겨울휴가(12월 20일).

1925(26세) 오스트리아의 쉬룬쯔(Schruns)에서 1주일간의 스키여행(2월 중순). 두 번째 아내가 될 폴린 파이퍼 만남. 피츠제럴드 만나 친구가 됨(5월).「두 개의 심장을 가진 큰 강」발표(잡지 This Quarter 5월호). 피츠제럴드와 리용으로 여행(7월).「패배를 모르는 사나이」(독일어번역판) 발표(6월). 존 미로(Joan Miró)의 그림 "The Farm"을 3,500프랑에 구입(6월 12일).「엘리엇 부부」발표(가을-겨울호).「패배를 모르는 사나이」발표. 『우리들의 시대에』(미국판)(세 번째 책) 출간(10월 5일). 해들리와 함께 오스트리아 쉬룬쯔로 휴가(12월 11일), 쉬룬쯔로 폴린 합류(12월 25일).『봄의 계류』가 보니 앤 리버라이트사(Boni & Liveright)로부터 출판 거절당함. 보니 앤 리버라이트사는 헤밍웨이에게 자사와의 출판계약해지와 스크리브너출판사와의 계약허용(12월 30일).

1926(27세) 프랑스 출발(2월 3일) → 뉴욕으로 항해 귀국(2월 9일 도착). 호보켄(Hoboken) 출발(2월 19일) → 셔보그로 항해(2월 28일 도착). 폴린과 파리에서 같이 체류(3월 2-3일).『봄의 계류』(네 번째 책) 출간(5월 28일). 해들리 이혼동의(9월 24일).『태양은 또다시 떠오른다』(다섯 번째 책)가 출간되어 성공(10월 22일). 해들리, 헤밍웨이와 폴린의 100일 별거형 해제(11월 16일). 해들리와의 이혼서류 제출(12월 8일). 파리의 서점 ≪셰익스피어 앤 컴퍼니≫를 근거지로 제임스 조이스 등 문인들과 교유. 피츠제럴드의 소개로 스크리브너 출판사의 편집자 맥스웰 퍼킨스를 만나 스크리브너사와 인연 시작. (이후 작품들은 뉴욕의 스크리브너사에서 출판된다. 아울러 단편은 ≪스크리브너 매거진≫(Scribner's Magazine)에 발표된다.)「싱거운 이야기」발표.「오늘은 금요일」(단막극) 발표. 폴린, 뉴 암스테르담(New Amsterdam)호를 타고 프랑스를 향해 뉴욕 출발(12월 30일).

1927(28세) 폴린, 셔보그 도착(1월 8일). 해들리와 이혼(1월 27일).「살인자」,「딸을 위한 카나리아」,「이국에서」발표(4월). 폴린과 재혼(5월 10일). 폴린과 함께『에덴동산』의 배경이 될 지중해 르 그로 뒤 르와로 신혼여행. 베를린을 방문하여 싱클레어 루이스

만남.「이탈리아-1927년」("Italy-1927") 발표[『뉴리퍼블릭』(The New Republic)지](5월 18일).「5만 달러」 발표(7월).「흰 코끼리 같은 산」 발표(8월).『여자 없는 세계』(여섯 번째 책) 출간(10월 14일). 6일간의 자전거 경기를 위해 베를린(Berlin) 방문(11월 3일).

1928(29세)『무기여 잘 있거라』 집필 시작(3월), 초고 완성(8월 20-22일). 폴린과의 첫아이며 차남인 패트릭(Patrick) 출생(6월 28일). 아버지 클레어런스 E. 헤밍웨이 권총자살(12월 6일). 키웨스트 거주 시작(12월 7일).

1929(30세) 아바나 출발(4월 5일) → 불로네(Boulogne)로 항해(4월 21일 도착), 폴린과 폴린의 아버지 폴(Paul Mark Pffeiffer), 거스(Gus), 그리고 처제 지니(Jinny)와 함께 팜플로나로 가서 산 페르민 축제 관광. 해들리의 선물용으로 고야(Goya)의 석판화 3점 구입(9월 16일).『무기여 잘 있거라』(일곱 번째 책) 출간되어 성공(9월 27일).

1930(31세) 프랑스 출발(1월 10일) → 뉴욕과 아바나로 항해. 도스 패소스와 사냥여행 중(11월) 팔이 부러져 세 번의 수술.「와이오밍의 포도주」 발표(8월).

1931(32세) 폴린과 함께 키웨스트로 귀환. Whitehead Street 907번지에 주택 마련(1월 3일, 현재 키웨스트 헤밍웨이 하우스로 관광명소). 아바나 출발(5월 4일) → 비고(Vigo)로 항해(5월 16일 도착). 프랑스 출발(9월) → 뉴욕으로 항해 귀국(9월 29일)(선편 일드프랑스호에서 그랜트 메이슨과 제인 메이슨 만남). 폴린과의 둘째 아들이자 3남인 그레고리(Gregory)를 제왕절개로 출산(11월 12일).「바다의 변화」 발표(12월).

1932(33세) 아바나로 낚시여행을 가서(4월 20일) 그곳에 두 달간 체류하면서 청새치 낚시와 함께 제인 메이슨 만남.「폭풍 후」 발표(5월). 제인, 아바나 방문(6월 11일).『오후의 죽음』(여덟 번째 책) 출간(9월 23일).

1933(34세)「정결하고 조명이 잘된 장소」 발표(3월).「스위스 찬가」 발표(≪스크리브너 매거진≫ 4월호).「신이여 신사 제현에게 즐거운 휴식을 주소서」 발표(4월 중순). 제인, 자동차 사고(5월 27일). 아바나 출발(8월 7일) → 산탠더(Santander)로 항해. ≪에스콰이어≫ 창간호에 "Marlin off the Morro: A Cuban Letter"(≪에스콰이어≫지 1933년 가을호 Vol. 1 No. 1) 게재.『승자에게는 아무것도 주지 마라』(아홉 번째 책) 출간(10월 27일). 마르세유 출발(11월 22일) → 몸바사항으로 항해(12월 8일 도착), 뉴 스탠리 호텔(New Stanley Hotel) 도착(12월 10일), 아프리카 세렌게티평원에서 두 달간 사파리여행을 위해 출발, 제1차 아프리카 사파리여행: 1933년 12월 20일-1934년 2월 28일 또는 3월 초.

1934(35세) 아메바성 이질에 걸려 비행기로 후송되어 나이로비 병원에 입원(1월 14일). 다

시 사파리여행 합류(1월 22일). 몸바사항 출발(3월초) → 빌리프란체(Villefranche)로 항해(3월 18일 도착). 프랑스 출발(3월 27일) → 뉴욕으로 항해 귀국(4월 2일경 도착). 브룩클린에 있는 휠러조선소에 낚싯배 주문(4월 4일). 낚싯배를 마이애미에서 인수(5월 11일)하여 필라호라 명명하고 키웨스트로 처녀항해(5월 11일).『아프리카의 푸른 언덕』의 집필 시작. 아바나로 항해(7월 8일).

1935(36세) 양다리에 .22구경 권총으로 총상사고(4월 7일, 송어낚시를 위해 비미니섬으로 가는 도중 배에 태운 상어에 권총을 발사하던 중 실수로 저지른 사건).『아프리카의 푸른 언덕』이 스크리브너사 잡지에 게재(5, 6, 7, 8, 9, 10, 11월호), 스크리브너사에서 출간(10월 25일)(열 번째 책). 뉴욕에서 조 루이스 대 맥스 쉬멜링 권투경기 취재(9월 24일)[≪에스콰이어≫(Esquire)지].

1936(37세) 우울증, 불면증, 그리고 자살에 대해 언급한 시기(1월). 아바나를 근거지로 필라호를 타고 한 달 동안 낚시여행(4월 24일). "On the Blue Water: A Gulf Stream Letter" 발표(4월)(『노인과 바다』의 기본구상작품). 「킬리만자로의 눈」 발표(≪에스콰이어≫ 지 8월호).「프랜시스 매코머의 짧고 행복한 생애」 발표(≪코스모폴리탄≫ 지 9월호). 세 번째 아내가 될 저널리스트 마사 겔혼을 키웨스트의 슬로피조바(Sloppy Joe's Bar)에서 만남(12월말).

스페인전쟁: 1936. 7. 18-1939. 3. 27

1937(38세) 스페인전쟁에 대한 급보기사를 ≪북아메리카 신문연합≫(NANA)에 제공하기로 뉴욕에서 계약 체결(1월 13일)하고 보도활동. 뉴욕 출국(2월 하순) → 프랑스로 항해. 스페인 입국(2월 27일), 전황급보기사 제1신 "Passport of Franklin"을 NANA에 발송(3월 12일), 마드리드의 호텔 플로리다(Hotel Florida)에 마사와 함께 체류(3월 말), 스페인 종군기 및 기록영화인『스페인의 대지』의 영화대본작업(4월). 프랑스 출발(5월 13일) → 뉴욕으로 항해 귀국(5월 18일 도착). 뉴욕에서 열렸던 미국작가회의에서 "파시즘은 거짓말(사기)이다."(Fascism is a Lie)라는 제목으로 연설(6월 4일), 연설문 출간(≪뉴 매시즈≫(New Masses), 6월 22일). 에반스와 함께 할리우드 방문(7월 10일). 뉴욕 출국(8월 14일) → 프랑스로 항해. 파리에서 마사와 함께 체류(8월 말). 스페인의 호텔 플로리다에서 취재활동을 하면서 마사와 서로를 익혀감(가을 대부분).『가진 자와 못 가진 자』(11번째 책) 출간(10월 15일). 희곡『제5열』집필 시작(10월 15일).

1938(39세) 1월 12일: 프랑스 출발 → 뉴욕으로 항해 귀국. 뉴욕 출국 → 프랑스로 항해(3월 15일).「다리 위의 노인」발표(5월 19일). 프랑스 출발(5월) → 뉴욕으로 항해(5월 31일 도착)『스페인의 대지』(12번째 책) 출간(6월 15일). 조 루이스 대 맥스 베어의 권투시합경기의 참관 차 뉴욕방문(6월 22일). 8월 31일: 뉴욕 출국 → 프랑스로 항해. 파리에서 마사와 함께 체류(9월 초순-10월 대부분).『제5열과 최초의 49단편들』(13번째 책) 출간(10월 14일). 11월 하순: 프랑스 출발 → 뉴욕으로 귀국.

1939(40세) 프랑스와 영국, 스페인 프랑코 정부인정(2월), 발렌시아(Valencia)가 프랑코에게 함락(3월). 프랑코, 마드리드 입성과 스페인전쟁 종전(3월 27일). 독일, 체코점령(3월). 이탈리아, 알바니아(Albania) 침공(4월). 마사와 아바나에서 합류(4월 10일). 마사, 아바나 교외 농가인 라 핑카 비히아를 임차하고(4월), 헤밍웨이는 그곳으로 이사하여 그녀와 함께 합류. 폴린, 유럽여행길(6월 12일).「다리 위의 노인」("Old Man at the Bridge," 원제목: "The Old Man at the Bridge") 발표(5월 19일). 마사와 함께 서부로 자동차 여행. 마사와 함께 아이다호주 선밸리여관에서 무료손님(nonpaying guests)으로 함께 체재(9월 20일-12월). 2차 세계대전 발발(9월 1일). 독일, 폴란드 침공. 프랑스와 영국, 전쟁선언(9월 3일). 소련, 핀란드 침공(11월 30일). 키웨스트의 세간을 핑카 비히아로 옮기고 이사 완료(12월).

제2차 세계대전: 1939-1945

1940(41세) 마사, 취재여행길에서 아바나로 귀환(1월 중순). 3막극『제5열』이 뉴욕공연(3월 7일) 이후 87회 공연기록. 폴린, 이혼신청(5월).『제5열』출간(6월 3일). 마사와 함께 세인트루이스와 선밸리 둥지로 여행(9월 1일).『누구를 위하여 종은 울리나』(14번째 책) 출간(10월 21일).『누구를 위하여 종은 울리나』의 영화제작권료로 파라마운트 사에서 10만달 제안(10월 25일). 폴린과 이혼(11월 4일). 세 번째 아내 마사 겔혼과 재혼(11월 21일). 마사와 함께 12,500달러에 라 핑카 비히아 매입(12월 28일).

1941(42세) 뉴욕 출발(1월 27일) → 로스앤젤레스로 비행기여행. 샌프란시스코 출발(2월 1일) → 하와이로 항해. 비행기로 홍콩 → 중경 → 랭군으로 여행(2월 중순). 마사와 함께 광둥(Canton) 전선과 장개석(Chiang Kai-shek)군대와 기타 전선 취재(중일전쟁, *Picture Magazine* 특파원)(3월 24일). 비행기로 랭군 출발(5월) → 홍콩 → 마닐라 → 괌 → 미드웨이 → 호놀룰루 → 로스앤젤레스 → 뉴욕으로 여행. 마사와 함께 선밸

리 방문(9월 15일). 『누구를 위하여 종은 울리나』로 Limited Editions Club으로부터 금메달 수상(11월 26일).

1942(43세) 쿠바 체류(이해 대부분). 미국대사와 쿠바수상, 헤밍웨이가 제안한 대적첩보활동안(案)에 동의함(5월 중순, 헤밍웨이는 자신의 배 필라호를 Q-보트로 개조하여 독일잠수함을 격침시키는 데 사용토록 제안했었음). 독일잠수함 순찰 시작(6월 12일). 마사, 카리브해의 생활에 미친 독일잠수함의 영향에 대하여 ≪콜리어스≫지에 기사보도(7월 중순). 독일잠수함 순찰임무를 타인에게 넘겨주고 과음(11-12월).

1943(44세) 마사와의 결혼생활 악화. 필라호를 타고 두 달 기간으로 독일잠수함 순찰 재개(5월 21일). 패트릭과 그레고리, 아바나 도착(6월 7일), 두 아들과 독일잠수함 순찰(7월 18일). 마사의 전쟁기사 취재 특파업무에 질투심과 과음.

1944(45세) ≪콜리어스≫지에 전쟁기사 취재 보도하기로 합의(3월). 마사의 기사보다 더 인기가 있음. 저널리스트 메어리를 만남(5월 중순). 5월 17일: 비행기로 뉴욕 출국 → 런던으로 여행. 자동차사고로 두 번째 뇌진탕(5월 24일). 노르망디 해안 상륙작전 취재(≪콜리어스≫지)(6월 6일). 해안상륙 D-Day를 보기 위해 특파원수송선 드로시아 L. 딕스(Drothea L. Dix)에 승선(1944년 6월 6일), 마사도 비밀리에 승선했다가 발각되어 후송. 토니 아일런드(Thorney Island) 영국공군(RAF) 본부 방문(6월 28일), 영국공군 폭격임무 비행기에 탑승하여 독일군 로켓을 요격하기 위해 2회에 걸쳐 출격(1944년 6월 29일)(RAF 폭격임무 탑승허락: 6월 19-20일). 제4보병사단으로 전출(7월 24일). 찰스 벅 랜험 대령의 22연대에 입대(7월 28일)한 후 이해 나머지 기간 동안 이 부대에 잔류. 지프차 사고(8월 5일)로 세 번째 뇌진탕과 물체가 두 개로 보이는 복시 현상(double vision) 발생. 파리에 들어간(8월 25일) 후 친구들과 Traveller's Club, Café de la Paix, Negre de Toulouse, Lipp's Brasserie, 그리고 실비어 비치(Sylvia Beach)의 ≪셰익스피어 앤 컴퍼니≫ 서점 등을 드나들며 자유만끽(8월 26일). 미국탱크 독일진격목격(9월 12일). 「미군병사와 장군」("The G.I. and the General")을 ≪콜리어스≫지에 게재(11월 4일). 폐렴 및 각혈(12월). Saturday Review of Literature가 실시한 여론조사에서 미국의 일류소설가로 선정.

1945(46세) 「살인자」의 영화제작권을 유니버설 스튜디오사(Universal Studio)에 판매. 비행기로 파리 출발(3월 6일) → 런던 → 뉴욕 → 아바나로 여행. 마사와의 이혼수속 시작. 메어리, 아바나 방문(5월 2일). 메어리를 공항으로 드라이브하다가 자동차 전복사고를 당해 늑골 네 개 부러지고 메어리는 얼굴이 찢어지는 상처 입음, 무릎부상(6월

20일). 메어리, 시카고로 날라가서(8월 31일) 이혼완료.「프랜시스 매코머의 짧고 행복한 생애」의 영화제작권을 파라마운트사에 판매(11월). 마사와 이혼(12월 21일).

1946(47세)『에덴동산』집필 시작(1월). 네 번째 아내 메어리와 재혼(3월 14일). 메어리 위급상황에 직면(8월 19일). 케첨에 보금자리 물색하여 이사(9월 13일).

1947(48세) 1944년에 프랑스에서의 모범적인 군복무 성적으로 Bronze Star상 수상(6월 13일). 고혈압(8월 이후).

1948(49세)『멕시코만류의 섬들』집필 시작(봄). 9월: 아바나 출발 → 제노바로 항해. 이탈리아의 러시아 이민가문의 미모의 아가씨 아드리아나 이반이츠를 만남(12월초).「나의 부친」의 20세기 폭스사(Twentieth Century Fox)에 45,000달러에 판매(12월).

1949(50세)『강을 건너 숲속으로』집필 시작(4월). 제노바 출발(4월 30일) → 파나마 운하지대(5월 22일) → 아바나로 항해. 11월 19일: 뉴욕 출국 → 프랑스 르 아브르(Le Havre)로 항해. 문학친구 홀츠너와 함께 남프랑스와 이탈리아로 여행 떠남(12월 24일).

1950(51세)『강을 건너 숲속으로』가 ≪코스모폴리탄≫(Cosmopolitan)지에 시리즈로 게재(2, 3, 4, 5, 6월호). 메어리와 함께 이탈리아 코르티나에서 스키여행(2월 초순), 아드리아나 이반이츠가 그곳으로 방문함. 르 아브르에서 뉴욕으로 항해 귀국(3월 22일). 네 번째 뇌진탕(7월). 1차 세계대전 부상 때 박힌 파편으로 인해 다리 통증(9월).『강을 건너 숲속으로』(15번째 책) 출간(9월 7일). 아드리아나 이반이츠와 그녀의 어머니, 핑카 비히아 방문(10월 28일).『멕시코만류의 섬들』완성(12월 24일).

1951(52세) 모친 그레이스 사망(6월 28일). 폴린 사망(10월 1일).

1952(53세)『노인과 바다』가 ≪라이프≫지에 게재(9월 1일호).『노인과 바다』(16번째 책) 출간(9월 8일). 메어리, 스크리브너출판사가 주최하는『노인과 바다』성공 축하 행사차 뉴욕 행(9월 25일). 헤밍웨이는 불참. 또 다른 아프리카 사파리여행 구상(10월).

1953(54세) 찰스 스크리브너사와 아프리카 사파리여행에 대한 일련의 기사를 쓰기로 합의(4월 4일).『노인과 바다』로 퓰리처상 수상(5월 4일). 뉴욕 출발(6월 24일) → 르 아브르로 항해(6월 30일 도착). 8월 6일: 마르세유 출발 → 몸바사로 항해. 제2차 아프리카 사파리여행: 1953년 9월 1일-1954년 1월 21일).

1954(55세) 메어리와 함께 벨기에령 콩고(Belgian Congo)로 비행기 여행. 두 번의 비행기사고(1월 23일, 24일). 머치슨 폭포(Murchison Falls)로 가던 중 전신줄을 들이받아 비행기 추락사고 발생(1월 23일). 신문들, 헤밍웨이 사망기사보도. Butiaba에서 Entebbe로 빠져나오던 다른 비행기 화재발생(1월 24일).「사파리」("Safari")가 헤밍웨이를 책표지

로 하여 ≪룩≫(Look)지에 게재(1월 24일). 머리로 조종석 유리를 깨고 탈출기도. 신문들, 또 한 번 헤밍웨이 사망기사보도. 3월: 몸바사항 출발 → 베니스로 항해(베니스로 후송되어 4월-5월 6일까지 회복기간 가짐). 5월 하순-6월 초순: 제노바 출발 → 아바나로 항해(7월 도착). 미국 아카데미상 수상. 노벨문학상을 수상했다는 소식 접수(10월 28일)(노벨상 수상). 「한 미국인의 소설작가」("An American Storyteller")가 헤밍웨이를 책표지로 한 ≪타임≫(Time)지에 게재(12월 13일).

  *아프리카에서 두 번의 비행기사고 발생: 다섯 번째 뇌진탕, 두개골이 깨지고, 내출혈, 괄약근 마비, 두 개의 척추디스크 파열, 간장과 오른쪽 신장 및 비장 파열, 오른쪽 팔과 어깨 탈구, 1도 화상(사고와 병) 낚시여행 중 덤불산불을 만나 끄다 심각한 화상(2도 화상)(2월 2일). 헤밍웨이는 창작활동에 심대한 지장을 받는 부상을 입었다.

1955(56세) 메어리와 함께 쿠바 바다여행(4월, 여행목적의 반은 기자들을 피하기 위한 것이고 반은 그의 건강회복). 핑카 비히아로 귀환(5월 4일). Cuban Order of San Cristobal 수상(9월 17일). 발이 다시 부풀어 오르고 신장 감염(9월 19일). 1월 둘째 주까지 핑카 비히아에 체류.

1956(57세) 4월: 비행기로 아바나 출발 → 페루 카보 블란코(Cabo Blanco)로 여행. 5월 하순: 비행기로 카보 블란코 출발 → 아바나로 여행. 뉴욕 성 엘리자베스 병원에 정신병환자처리로 입원되어 있는 에즈라 파운드에게 1,000달러 수표 송금(7월). 8월 하순: 뉴욕 출국 → 르 아브르로 항해. 고혈압, 고콜레스테롤, 동맥경화증, 엄한 다이어트, 금주, 금욕(11월). 성 엘리자베스 병원에 감금되어 있는 파운드의 석방을 촉구하는 탄원서에 서명(12월 21일).

1957(58세) 1월 하순: 르 아브르 출발 → 뉴욕 → 쿠바의 마탄자스(Matanzas)로 항해. 파리 회고록 집필(9월). 성 엘리자베스 병원으로부터 에즈라 파운드를 석방하기 위해 설립된 기금에 1,500달러 송금(6월). 『움직이는 축제일』(가을)과 『에덴동산』(12월) 집필 계속. 메어리의 어머니 사망(12월 31일).

1958(59세) 10월까지 쿠바체류, 이 기간에 카스트로(Castro)혁명 발발. 메어리와 함께 케첨으로 떠남(10월 초). 홀츠너와 게리 쿠퍼(Gary Cooper), 케첨 방문(11월).

1959(60세) 메어리와 함께 케첨에 주택구입(1959년 초). 4월 하순경: 뉴욕 출국 → 스페인 앨지시라스(Algeciras)로 항해. 스페인 투우순회축제를 관광하며 이해 여름을 스페인에서 보냄. 『위험한 여름』 집필 시작. 라 컨슐러에서 60회 생일 파티(7월 21-22일). 르 아브르 출발(10월 하순) → 뉴욕으로 항해 귀국(10월 31일경 도착). 케첨의 새집에 안

착(12월 말).

*1959년 7월-1961년 7월: 피부발진, 알콜중독, 눈병, 당뇨병, 헤모크로마토시스의심, 신염, 간염, 고혈압, 성생활불능, 정신쇠약, 전기충격요법, 몸무게감소, 기억상실, 심각한 우울증. 헤밍웨이는 점점 더 창작활동을 지속할 수 없게 되어갔다.

1960(61세) 고혈압과 불면증으로 고생(1월 12일),『움직이는 축제일』완성(봄). 홀츠너, 핑카 비히아에 도착하여 ≪라이프≫지에 게재할『위험한 여름』의 군더더기를 쳐내는데 도움(6월 21일). 8월 4일: 비행기로 뉴욕 출국 → 마드리드로 여행.『위험한 여름』이 ≪라이프≫지에 3개의 시리즈로 게재됨(9월 5, 12, 19일호). 심각한 우울증에 시달림. 스페인 말라가 근처 소재 빌 데이비스의 별장(라 컨슐러)에서 신경쇠약증세와 엉뚱한 행동을 보임(9월 초), 통제불능의 화를 내며 편집증 증상을 보임(10월 초), 비행기로 스페인 마드리드 출발(10월 8일) → 뉴욕 행, 기차로 케첨행(10월 22일). MN주 로체스터에 있는 메이요 클리닉에 대외노출을 피하기 위해 자신의 주치의 조지 세이비어스의 이름으로 가명 입원(11월 30일), 고혈압, 확대된 간장, 오르내리는 혈압, 편집증, 우울증 등의 치료에 들어갔으며 우울증치료를 위해 전기쇼크요법이 실시됨(12월 1월).

1961(62세) 존 F. 케네디(John F. Kennedy) 대통령취임식에 연설하도록 초대받았으나(1월 12일) 병 때문에 참석 사절. 메이요 클리닉에서 케첨으로 돌아옴(1월 22일).『킬리만자로의 눈과 기타 단편들』출간(1월). 권총자살을 시도했으나 메어리가 중지시킴(4월 21일). 엽총 자살을 재시도했으나 방아쇠를 당길 수 있기 전 총이 치워져 미수(4월 23일). 메이요 클리닉에 재입원하여 추가 전기쇼크요법실시(4월 25일), 메이요 클리닉에서 퇴원(6월 26일)하여 케첨 자택에 도착(6월 30일). **엽총자살(7월 2일 아침 7시 30분).**

1964(사후 3년) 사후 출판,『움직이는 축제일』(17번째 책) 출간(5월 5일), ≪라이프≫지에 일부게재(4월 10일).

1969(사후 8년) 사후 출판,『제5열과 스페인전쟁에 관한 4편의 소설들』출간(8월 13일).

1970(사후 9년) 사후 출판,『멕시코만류의 섬들』(18번째 책) 출간(10월 6일).

1971(사후 10년)『여명의 진실』의 발췌본이 「아프리칸 저널」("African Journal")로 ≪스포츠 일러스트레이티드≫(Sports Illustrated)지에 3회에 걸쳐 게재(1971년 12월 20일, 1972년 1월 3일, 10일).

1972(사후 11년) 사후 출판,『닉 아담스 스토리』가 필립 영의 편집으로 출간(4월 17일).

1974(사후 13년) 사후 출판, *The Enduring Hemingway*(모음집)가 찰스 스크리브너 2세의 편집으로 출간.

1981(사후 20년) 사후 출판, 『어니스트 헤밍웨이: 1917-1961년 간추린 서한집』이 칼로스 베이커의 발췌와 편집으로 출간.

1985(사후 24년) 사후 출판, 『위험한 여름』(19번째 책) 출간. 『어니스트 헤밍웨이의 ≪토론토스타≫ 신문기사 모음집』(*Ernest Hemingway: Dateline Toronto*)(헤밍웨이가 ≪토론토스타≫ 신문에 기고했던 172개의 기사 모음집)이 윌리엄 화이트(William White)의 편집으로 출간.

1986(사후 25년) 사후 출판, 『에덴동산』(20번째 책) 출간(5월). 「아프리카 이야기」, ≪스포츠 일러스트레이티드≫ 지에 발표(5월 5일).

1987(사후 26년) 사후 출판, 『어니스트 헤밍웨이 단편전집』 출간(12월 2일).

1999(사후 38년) 사후 출판, 『여명의 진실』이 차남 패트릭의 편집으로 헤밍웨이 탄생 100주년기념으로 출간(7월).

인용문헌

1. 헤밍웨이 저작물

Hemingway, Ernest. *Across the River and Into the Trees*. Penguin Books, 1972.

_____. *A Farewell to Arms*. Penguin Books, 1969.

_____. "A Man's Credo." *Playboy* 10 (January 1963): 120-124. Linda W. Wagner, "The Poem of Santiago and Manolin." *Modern Fiction Studies* Vol. 19. No. 4 (Winter): 517. Purdue University Press, 1973-1974.

_____. *A Moveable Feast*. New York: Charles Scribner's Sons, 1964.

_____. *Death in the Afternoon*. London: Jonathan Cape 30 Bedford Square, 1955.

_____. *88Poems*. ed. Nicholas Gerogiannis, New York and London: Harcourt Brace Jovanovich/ Bruccoli Clark, 1979.

_____. *Ernest Hemingway: Selected Letters 1917-1961*. ed. Carlos Baker, New York: Charles Scribner's Sons, 1981.

_____. *For Whom the Bell Tolls*. Penguin Books, 1969.

_____. *Green Hills of Africa*. New York: Charles Scribner's Sons, 1935.

_____. *Islands in the Stream*. New York: Charles Scribner's Sons, 1935.
_____. *The Dangerous Summer*. New York: Charles Scribner's Sons, 1985.
_____. *The Essential Hemingway*. Penguin Books, 1973.
_____. *The Fifth Column and four unpublished stories of the Spanish Civil War*. New York: Charles Scribner's Sons, 1969.
_____. *The First Forty-Nine Stories*. London: Janathan Cape Thirty Bedford Square, 1964.
_____. *The Garden of Eden*. New York: Charles Scribner's Sons, 1986.
_____. *The Nick Adams Stories*. New York: Charles Scribner's Sons, 1972.
_____. *The Old Man and the Sea*. Penguin Books, 1968.
_____. *The Snows of Kilimanjaro and Other Stories*. New York: Charles Scribner's Sons, 1961.
_____. *The Sun Also Rises*. New York: Charles Scribner's Sons, 1945.
_____. *The Torrents of Spring*. New York: Charles Scribner's Sons, 1926.
_____. *To Have and Have Not*. New York: Charles Scribner's Sons, 1970.

2. 헤밍웨이 연구서

Baker, Carlos. *Ernest Hemingway: A Life Story*. New York: Charles Scribner's Sons, 1969.
_____. *Ernest Hemingway: Critiques of Four Major Novels*. ed. New York: Charles Scribner's Sons, 1962.
_____. *Ernest Hemingway: Selected Letters 1917-1961*. ed. New York: Scribners, 1981.
_____. *Ernest Hemingway: The Writer as Artist*. Princeton: Princeton University Press, 1972.
_____. *Hemingway and His Critics: An International Anthology*. New York: Hill and Wang, 1961.
_____. *Hemingway: The Writer as Artist*. Princeton: Princeton University Press, 1972.
_____. "Hemingway's Ancient Mariner." *Ernest Hemingway: Critiques of Four Major Novels*. ed. Carlos Baker. New York: Charles Scribner's Sons, 1962.
_____. "The Spanish Tragedy." *Ernest Hemingway: Critiques of Four Major Novels*. ed. Carlos Baker. New York: Charles Scribner's Sons, 1962.
Benson, Jackson J. "Ernest Hemingway as Short Story Writer." *The Short Stories of Ernest*

Hemingway: Critical Essays. ed. Durham, North Carolina: Duke University Press, 1975.

_____. *The Short Stories of Ernest Hemingway: Critical Essays*. ed. Durham, North Carolina: Duke University Press, 1975.

Bernard, Emile. "Paul Cézanne." *L'Occident* 6, July, 1904.

Brenner, Gerry. "Epic Machinery in Hemingway's For Whom the Bell Tolls." *Modern Fiction Studies* Vol. 16 No. 1-4 (Winter): 491-504. Purdue University Press, 1970-1971.

Brooks, Cleanth & Warren, Robert Penn. *Understanding Fiction*. New Jersey: Prentice-Hall, Inc., 1979.

Burhans, Clinton S. Jr. "Hemingway and Vonnegut: Diminishing Vision in a Dying Age." *Modern Fiction Studies* Vol. 21 No. 2 (Summer): 173-192. Purdue University Press, 1975.

_____. "The Complex Unity of In Our Time." *Modern Fiction Studies* Vol. XIV No. 3 (Autumn): 313-328. Purdue University Press, 1968.

_____. "The Old Man and the Sea: Hemingway's Tragic Vision of Man." *Ernest Hemingway: Critiques of Four Major Novels*. ed. Carlos Baker. New York: Charles Scribner's Sons, 1962.

Burwell, Rose Marie. *Hemingway: The Postwar Years and the Posthumous Novels*. Cambridge University Press, 1996.

Carpenter, Frederick I. "Hemingway Achieves the Fifth Dimension." *Ernest Hemingway: Five Decades of Criticism*. ed. Linda Welshimer Wagner. Michigan State University Press, 1974.

Cheney, Sheldon. *Expressionism in Art*. New York: Tudor Publishing Company, 1948.

Cowley, Malcolm. *The Portable Hemingway*. New York: Viking Press, 1945.

_____. "Nightmare and Ritual in Hemingway." *Hemingway: A Collection of Critical Essays*. ed. Robert P. Weeks. New Jersey: Prentice Hall, Inc., Englewood Cliffs, 1962.

Cummings, Michael & Simmons, Robert. *The Language of Literature: A Stylistic Introduction to the Study of Literature*. Oxford: Pergamon Press, 1983.

Defalco, Joseph. *The Hero in Hemingway's Short Stories*. University of Pittsburgh Press, 1963.

Denis, Maurice. "De Gauguin et de Van Gogh au classicisme." *Théories 1890-1910: Du symbolisme et Gauguin vers un nouvel ordre classique* (Paris, 1920; orig. ed., 1912).

_____. "De la gaucherie des primitifs." *Theories.*

Fenton, Charles A. *The Apprenticeship of Ernest Hemingway: The Early Years.* New York: Mentor Books, 1954.

Fits, L. T. "Gertrude Stein and Picasso: The Language of Surfaces." *American Literature* 45. 228-237. 1973.

Flora, Joseph M. *Hemingway's Nick Adams.* Baton Rouge and London: Louisiana State University Press, 1982.

Freund, Philip. *The Art of Reading the Novel.* New York: Collier Books, 1966.

Gold, Michael. "Gertrude Stein: A Literary Idiot." *Critical Essays on Gertrude Stein.* ed. Michael J. Hoffman. Boston: G. K. Hall & Co., 1986.

Gordon, Caroline. "Notes on Hemingway and Kafka." *Sewane Review LVII.* (Spring) 1949. ed E. M. Halliday. "Hemingway's Ambiguity: Symbolism and Irony." *Hemingway: A Collection of Critical Essays.* ed. Robert P. Weeks. New Jersey: Prentice-Hall, Inc., 1962.

Haas, Robert Bartlett. "Transatlantic Interview: 1946." *A Primer for the Gradual Understanding of Gertrude Stein.* Los Angeles: Black Sparrow Press, 1971.

Haight, Mary Ellen Jordan. *Walks in Gertrude Stein's Paris.* Peregrine Smith Books, Salt Lake City: Gibbs M. Smith, Inc., 1988.

Halliday, E. M. "Hemingway's Ambiguity: Symbolism and Irony." *Ernest Hemingway: A Collection of Critical Essays.* ed. Robert P. Weeks. New Jersey: Prentice-Hall, Inc., 1962.

Hassan, Ibab. *Radical Innocence: Studies In the Contemporary American Novel.* New Jersey: Princeton University Press, 1961.

Hemingway, Mary Welsh. *How It Was.* New York: Alfred A. Knopf, 1976.

Hoffman, Frederick J. *The Modern American Novel.* Chicago: Henry Regnery Co., 1963.

Hoffman, Michael J. *Critical Essays on Gertrude Stein.* ed. Boston: G. K. Hall & Co., 1986.

_____. *Gertrude Stein.* Boston: Twayne Publishers, 1976.

_____. *The Development of Abstractionism in the Writings of Gertrude Stein.* Philadelphia: University of Pennsylvania Press, 1965.

Hook, Andrew. "Art and Life in *The Sun Also Rises.*" *Ernest Hemingway: New Critical Essays.*

ed. A. Robert Lee. London and New Jersey: Vision and Barnes & Noble Books, 1983.

Hotchner, A. E. *Papa Hemingway: A Personal Memoir.* New York: Bantam Books, 1966.

Hurwitz, Harold M. "Hemingway's Tutor, Ezra Pound." *Modern Fiction Studies* Vol. XVII No. 4 (Winter): 469-482. Purdue University Press, 1971-1972.

Johnston, Kenneth G. "Hemingway and Cezanne: Doing the Country." *American Literature* Vol. 56. Duke University Press, 1984.

Kazin, Alfred. *An American Procession.* New York: Alfred. A. Knopf, 1984.

Lania, Leo. *Hemingway: A Pictorial Biography.* New York: Viking Press, 1961.

Lee, A. Robert. *Ernest Hemingway: New Critical Essays.* ed. London and New Jersey: Vision and Barnes & Noble Books, 1983.

_____. "Everything Completely Knit UP: Seeing *For Whom the Bell Tolls.*" *Ernest Hemingway: New Critical Essays.* ed. A. Robert Lee. New Jersey: Barnes & Noble Books, 1983.

Levin, Harry. "Observation on the Style of Ernest Hemingway." *Hemingway: A Collection of Critical Essays.* ed. Robert P. Weeks. New Jersey: Prentice-Hall, Inc. Englewood Cliff, 1962.

Lisca, Peter. "The Structure of Hemingway's *Across the River and Into the Trees.*" *Ernest Hemingway: Five Decades of Criticism* ed. Linda Welshimer Wagner. Michigan: Michigan State University Press, 1974.

Lodge, David. 'A Pluralistic Approach To Ernest Hemingway's "Cat in the Rain."' *Poetics Today* Vol. 1 No. 4 (Summer): 5-22. Tel Aviv University Press, 1980.

_____. *The Modes of Modern Writing: Metaphor, Metonymy and the Typology of Modern Literature.* London: Edward Arnold, 1977.

Loeb, Harold. *The Way It Was.* 250. Jeffrey Meyers. *Hemingway: A Biography.* New York: Harper & Row, Publishers, 1985. 156.

Mackworth, Cecily. *Guillaume Apollinarie and the Cubist Life.* New York: Horizon Press, 1963.

Meyers, Jeffrey. *Hemingway: A Biography.* New York: Harper & Row, Publishers, 1985.

Montgomery, Constance Cappel. *Hemingway in Michigan.* New York: Fleet Publishing Corporation, 1966.

Murphy, Richard W. *The World of Cézanne.* Amsterdam: Time-Life Books, 1968.

Nagel, James. *Ernest Hemingway: the Writer in Context*. ed. Wisconsin: The University of Wisconsin Press, 1984.

Nahal, Chaman. *The Narrative Pattern in Ernest Hemingway's Fiction*. Fairleigh Dickinson University Press, 1971.

Nelson, G. B & Jones, Glory. *Hemingway: Life and Works*. New York: Facts on File Publications, 1984.

Nelson, Raymond S. *Hemingway: Expressionist Artist*. The Iowa State University Press/Ames, 1979.

O'Faolain, Sean. *The Vanishing Hero*. Boston: Little, Brown and Company, 1956.

Oldsey, Bernard. *Hemingway's Hidden Craft: The Writing of A Farewell to Arms*. University Park and London: The Pennsylvania State University Press, 1979.

Oliver, Charles M. *Ernest Hemingway A To Z: The Essential Reference to the Life and Work*. New York: Checkmark Books, Facts On File, Inc., 1999.

Phillips, Larry W. *Ernest Hemingway On Writing*. ed. New York: Charles Scribner's Sons, 1984.

Playboy 10, No. 1.

Plimpton, George. "An Interview with Ernest Hemingway." *Hemingway and His Critics: An International Anthology*. ed. Carlos Baker. New York: Hill and Wang, 1961.

Pound, Ezra. "A Few Dont's by an Imagiste." *Poetry* 2(1913). Harold M. Hurwitz. "Hemingway's Tutor, Ezra Pound." *Ernest Hemingway: Five Decades of Criticism*. ed. Linda Welshimer Wagner. Michigan: Michigan State University Press, 1974. 14.

Reid, Ben. *Art by Subtraction: A Dissenting Opinion of Gertrude Stein*. Norman, Okla, 1958.

Rönnebeck, Arnold. "Gertrude Was Always Giggling." *Books Abroad*. vol. 18, no. 4 (October). 1944. 3-7.

Ross, Lillian. "How Do You Like It Now, Gentleman?" *Hemingway: A Collection of Critical Essays*. ed. Robert P. Weeks. New Jersey: Prentice-Hall, Inc, Englewood Cliffs, 1962. 17-39.

Rovit, Earl. *Ernest Hemingway*. Boston: Twayne Publishers, 1963.

Schneider, Daniel J. "Hemingway's *A Farewell to Arms*: The Novel As Pure Poetry." *Ernest Hemingway: Five Decades of Criticism*. ed. Linda Welshimer Wagner. Michigan: Michigan State University Press, 1974.

Schnitzer, Deborah. *The Pictorial in Modernist Fiction: from Stephen Crane to Ernest Hemingway*. Ann Arbor/London: U.M.I Research Press, 1988.

Schorer, Mark. "Grace Under Pressure." *Ernest Hemingway: Critiques of Four Major Novels*. ed. Carlos Baker. New York: Charles Scribner's Sons, 1962.

_____. "The Background of a Style." *Ernest Hemingway: Critiques of Four Major Novels*. ed. Carlos Baker. New York: Charles Scribner's Sons, 1962.

Shiff, Richard. *Cézanne and the End of Impressionism*. Chicago: The University of Chicago Press, 1984.

Shipley, Joseph T. *Dictionary of World Literary Terms*. ed. Boston: The Writer, Inc., 1970.

Spilks, Mark. *Towards a Poetics of Fiction*. ed. Bloomington: Indiana University Press, 1977.

Sprigge, Elizabeth. *Gertrude Stein: Her Life and Work*. New York: Harper Brothers Publishers, 1957.

Stein, Gertrude. *Everybody's Autobiography*. New York: Random House, 1937.

_____. *Lucy Church Amiably*. Paris: Plain Edition, 1930.

_____. *Matisse Picasso and Gertrude Stein with two shorter stories*. Barton: Something Else Press, Inc., 1972.

_____. *Picasso*. Boston: Beacon Press/Beacon Hill, 1959.

_____. "Pictures." *Lectures in America*. Boston: Beacon Press, 1935.

_____. "Poetry and Grammar." *Lectures in America*. Boston: Beacon Press, 1935.

_____. "Portraits and Repetition." *Lectures in America*. Boston: Beacon Press, 1935.

_____. *Selected Writings of Gertrude Stein*. Edited by Carl Van Vechten, New York: A Division of Random House (Vintage Books), 1972.

_____. *The Autobiography of Alice B. Toklas*. New York: Harcourt Brace, 1933.

_____. *Three Lives*. New York: A Division of Random House (Vintage Books), 1936.

Svoboda, Frederic J. *Hemingway & The Sun Also Rise: The Crafting of a Style*. Kansas: University Press of Kansas, 1983.

Tavernier-Courbin, Jacqueline. "Ernest Hemingway and Ezra Pound." *Ernest Hemingway: The Writer in Context*. ed. James Nagel. Wisconsin: The University of Wisconsin Press, 1984.

Time. 64. (Dec. 13, 1954).

Times Literary Supplement. (April 4, 1952).

Tindall, William. *The Literary Symbol*. New York: Columbia University Press, 1955.

Trilling, Lionel. "An American in Spain." *Ernest Hemingway: Critiques of Four Major Novels*. ed. Carlos Baker. New York: Charles Scribner's Sons, 1962.

Vechten, Carl V. *The Autobiography of Alice B. Toklas. Selected Writings of Gertrude Stein*. ed. New York: Random House, Inc., (Vintage Books) 1962.

Venturi, Lionello. *Impressionists and Symbolists: Manet, Degas, Monet, Pissarro, Sisley, Renoir, Cezanne, Seurat, Gauguin, van Gogh, Toulouse-Latrec*. Trans. Francis Steeguller, New York: Charles Scribner's Sons, 1945.

Wagner, Linda Welshimer. *Ernest Hemingway: Five Decades of Criticism*. ed. Michigan: Michigan State University Press, 1974.

_____. *Hemingway and Faulkner: inventors/masters*. New Jersey: The Scarecrow Press, Inc., 1975.

_____. "The Poem of Santiago and Manolin." *Modern Fiction Studies* Vol. 19 No. 4 (Winter): 517-530. Purdue University Press, 1973-1974.

Waldhorn, Arthur. *A Reader's Guide to Ernest Hemingway*. New York: Farrar, Straus and Giroux, 1972.

Walker, L. Jayne. *The Making of a Modernist: Gertrude Stein from Three Lives to Tender Buttons*. Amherst: The University of Massachusetts Press, 1984.

Way, Brian. "Hemingway The Intellectual: A Version of Modernism." *Ernest Hemingway: New Critical Essays*. ed. A Robert Lee. New Jersey: Prentice-Hall, Inc., 1962.

Weeks, Robert P. *Hemingway: A Collection of Critical Essays*. ed. New Jersey: Prentice-Hall, Inc., 1962.

Welleck, René & Warren, Austin. *Theory of Literature*. Penguin Books, 1970.

Wells, Elizabeth J. 'A Statistical Analysis of the Prose Style of Ernest Hemingway: "Big Two-Hearted River."' *The Short Stories of Ernest Hemingway: Critical Essay*. ed. Jackson J. Benson. Durham, North Carolina: Duke University Press, 1975.

White, William. *By-Line: Ernest Hemingway*. ed. Bantam Books, 1967.

Williams, Wirt. *The Tragic Art of Ernest Hemingway*. Baton Rouge and London: Louisiana State University Press, 1981.

Wilson, Edmund. *Axel's Castle: A Study in the Imaginative Literature of 1890-1930*. New York: Charles Scribner's Sons, 1969.

Wyatt, David. *Prodigal Sons: A Study in Authorship and Authority*. Baltimore and London: The Johns Hopkins University Press, 1980.

Young, Philip. *Ernest Hemingway*. New York: Rinehart & Company, Inc., 1952.

찾아보기

ㄱ

『가진 자와 못 가진 자』(*To Have and Have Not*) … 36, 46, 77, 156, 157, 165, 185, 205, 218, 243, 487, 497, 499, 501, 511, 514, 515, 516, 556, 577

『강을 건너 숲속으로』(*Across the River and Into the Tree*s) … 36, 37, 40, 41, 46, 62, 83, 88, 89, 183, 185, 197, 206, 207, 215, 217, 284, 451, 487, 497, 499, 501, 506, 512, 513, 516, 558, 582

객관적 상관물(Objective Correlative) … 257, 327, 363, 364, 428, 429, 441, 447, 448, 556

객관적 제시(objective representation) … 390, 429, 437, 438, 452

거스타부스(Gustavus) … 76

『거트루드 스타인의 파리보행』(*Walks in Gertrude Stein's Paris*) … 589

고난 속에서의 우아함 (Grace under Pressure) … 19, 190, 195

골드, 마이클(Gold, Michael) … 457

공간환상(spatial illusion) … 296, 324

공화파(Republican) … 161, 162, 164, 165, 173, 174

구체(sphere) … 295, 328, 365, 462

「권투선수」("The Battler") … 34, 47, 250

그레고리(Gregory) … 35, 63, 75, 77, 562, 563, 578

그레이스 홀 헤밍웨이(Hemingway, Grace Hall) … 57~59

그로 뒤 르와, 르(Le Grau du Roi) … 13, 150, 154, 577
그리스-터키 전쟁 … 31~33, 73, 109, 215, 227, 230, 239, 242, 284, 285, 561, 576
극사실주의(적)기법 … 113, 128, 301, 303, 321, 487~489, 491, 501
「끝없는 눈」("Cross-Country Snow") … 257, 258, 577
기괴함(grotesque) … 328, 462
기하학적 모형(geometric pattern) … 328
길 잃은 세대 … 28, 115, 127, 134, 135, 140, 143, 144
깊이환상(depth illusion) … 311~314, 316, 324, 325

ㄴ

「나의 부친」("My Old Man") … 48, 118, 184, 247, 270, 276, 576, 582
나이로비(Nairobi) … 220, 222, 223, 225, 230, 578
나할, 차만(Nahal, Chaman) … 107, 335, 336, 338, 347, 371, 433, 449
내쉬, 데이비드(Nash, David) … 398
『내 자신과 다른 사람과 함께 한 여행들』(Travels With Myself and Another) … 80
넬슨, 레이먼드 S.(Nelson, Raymond S.) … 527
노르망디(Normandy) … 31, 81, 561, 581
노벨문학상(Nobel Prize) … 19, 43, 54, 184, 186, 455, 520, 583
노스웨스턴대학(Northwestern University) … 84
『노인과 바다』(The Old Man and the Sea) … 19, 27, 29, 30, 35, 37, 41, 43, 47, 58, 59, 66, 89, 91, 129, 157, 178, 179, 182~190, 194, 196~198, 203~205, 221, 236, 333, 334, 355, 396, 417, 424~426, 441, 443, 487, 519~522, 524, 527, 533, 537, 541, 543, 544, 550, 551, 558, 570, 579, 582
논픽션(nonfiction) … 43, 46, 47, 115, 128, 141, 168, 177, 222, 234, 239, 271, 280, 286, 557
뇌진탕 … 26, 183, 213, 214, 221, 581~583
『누구를 위하여 종은 울리나』(For Whom the Bell Tolls) … 31, 36, 37, 40, 41, 46, 59, 61, 66, 77, 82, 156, 166, 172, 173, 175, 180, 182~185, 194, 214, 243, 245, 252, 351, 410, 424, 441, 450, 451, 454, 487, 497~499, 507~511, 513, 515, 516~519, 558, 580, 581
닉 아담스(Nick Adams), 니콜라스 애덤스 … 118, 250, 257, 281, 282

ㄷ

「다리 위의 노인」("Old Man at the Bridge") … 49, 156, 165, 268, 580

다섯 개의 전쟁 … 31, 32, 62, 273, 561
단순어 연속기법(simple sequence) … 324, 377, 500~503, 508, 513, 517, 519
단순어와 리듬어 연속기법(simple and rhythmic sequence) … 523
「단순한 심문」("A Simple Inquiry") … 48, 280
「딸을 위한 카나리아」("A Canary for One") … 48, 261, 577
대적첩보활동안(案)(counterintelligence scheme) … 35, 201, 581
『댈러웨이 부인』(Mrs. Dalloway) … 356
더프(Twysden, Mary Duff) … 38, 73, 75, 92, 93, 94, 133, 135, 140
데이비스, 빌(Davis, Bill) … 25, 171
데팔코, 조셉(DeFalco, Joseph) … 36, 360
도밍귄, 루이스 미규엘(Domingín, Luis Miguel) … 178
「도박사와 수녀와 라디오」("The Gambler, the Nun, and the Radio") … 49, 252
『돈키오테』(Don Quixote) … 356
동감의 원리(dynamic principle) … 316, 318, 325, 332, 511
동등의 원리(equality) … 468
동성애 … 280, 514
「두 개의 심장을 가진 큰 강」 … 37, 98, 100, 111~113, 115, 128, 129, 141, 204, 248, 269, 306, 307, 309, 317, 319, 330, 487, 490~493, 495, 496, 503, 574, 577
「두 개의 심장을 가진 큰 강: I부」("Big Two-Hearted River: Part I") … 48, 67
「두 개의 심장을 가진 큰 강: II부」("Big Two-Hearted River: Part II") … 48, 67, 407
딕슨, 마거릿(Dixon, Margaret) … 102, 103, 574

ㄹ

라드너, 링(Lardner, Ring) … 102, 103
《라이프》(Life)지 … 27, 28, 30, 52, 84, 142, 178, 181, 183, 185, 230, 245, 582, 584
라이체스터(Leicester) … 62, 574
레나타(Renata) … 40, 62, 88, 89, 215~217, 451, 506, 513
레빈, 해리(Levin, Harry) … 102, 393, 394, 414, 428
로렌스, D.H(Lawrence, D.H) … 146, 355
로빗, 얼(Rovit, Earl) … 370, 399, 413, 434, 508, 515, 517, 524
로스, 릴리언(Ross, Lillian) … 44
로스트 제너레이션(the Lost Generation) … 28, 133, 134
로잔(Lausanne) … 25, 33, 73, 109, 213, 214, 239, 285, 576
루브르(Louvre) … 123
리, 로버트(Lee, A. Robert) … 498, 499
리듬어 연속기법(rhythmic sequence) … 324, 519, 523, 535

리스카, 피터(Lisca, Peter) … 451, 506, 516

ㅁ

마거트(Margot) … 91, 92, 232, 233
마고(Margot, Margaux) … 62, 63
마네(Manet) … 19, 124, 289~291, 329, 430, 556
마놀린(Manolin) … 190, 191, 520, 531
마드리드(Madrid) … 23, 45, 80, 119, 140, 141, 152, 159, 161, 162, 172, 176, 177, 263~268, 351, 513, 579, 580, 584
마르세유(Marseilles) … 220, 261, 578, 582
마사(Gellhorn, Martha Ellis) … 35, 41, 70, 78~82, 84~86, 156, 181, 183, 241, 243, 579~582
마셀린(Marcelline) … 62, 100, 574
마우러, 폴 스콧(Mowrer, Paul Scott) … 75, 84
마이애미(Miami) … 34, 192, 579
마이어스, 제프리(Meyers, Jeffrey) … 376
「마지막 좋은 고장」("The Last Good Country") … 40
마초(macho) … 30, 60, 190, 563
마크 트웨인(Mark Twain) … 55, 56, 107, 224, 357, 488
말라가(Málaga) … 26, 41, 171, 178, 584
『말랑말랑한 단추들』(Tender Buttons) … 126, 460, 477, 479, 481, 482

「매우 짧은 이야기」("A Very Short Story") … 47, 272
매코머, 프랜시스(Francis macomber) … 68, 232, 233, 559
메어리(Monks, Mary Welsh) … 44, 45, 70, 83~86, 89, 181, 183, 202, 207, 217, 220, 234~236, 243, 244, 459, 565, 568, 581~584
메이요 클리닉(Mayo Clinic) … 244, 584
『멕시코만류의 섬들』(Islands in the Stream) … 37, 47, 50, 53, 91, 132, 183, 184, 198, 199, 202, 204, 221, 252, 582, 584
「멜란크샤」("Melanctha") … 405, 460, 464, 473
멜빌, 허먼(Melville, Herman) … 55, 56, 352, 353, 357, 358, 422, 449, 450
모건, 해리(Morgan, Harry) … 157, 511, 514 ~516, 558
모네(Monet) … 19, 124, 289~291, 329, 430, 556
몬테스판, 마누엘 울리바리(Montespan, Manuel Ulibarri) … 189, 190
몸바사(Mombasa) … 217, 220, 223, 578, 579, 582, 583
몽고메리, 콘스탄스 케이플(Montgomery, Constance Capple) … 491, 514
『무기여 잘 있거라』(A Farewell to Arms) … 31, 32, 37, 38, 41, 46, 58, 66, 68, 77, 87, 88, 129, 136, 140, 156, 175, 206, 207, 213, 214, 217, 239, 258, 271, 272, 276,

278, 280, 309, 330, 333, 350, 369, 392~396, 407, 415, 416, 441~443, 445, 446, 487, 511, 558, 578
『미국인의 형성』(The Making of Americans) … 126, 148, 293, 386, 400, 473, 483
「미군병사와 장군」("The G.I. and the General") … 43, 581
미로(Miró) … 289, 366, 577
「미시간 북쪽에서」("Up in Michigan") … 37, 49, 67, 99, 100, 111~113, 123, 128, 247, 248, 293, 299, 321, 407, 487~490, 492, 496, 501, 533, 574
≪문체작성요령집≫ … 325
미주리대학(University of Missouri) … 75
미피포폴로 백작(Count Mippipopolous) … 136, 139, 344, 433, 448

ㅂ

「바다의 변화」("The Sea Change") … 49, 578
바흐, 요한 세바스천 (Bach, Johann Sebastian) … 58, 124, 396, 397, 415, 416
발렌시아(Valencia) … 119, 162, 580
밸러리(Valéry) … 420
밸런스기법(balance) … 325, 342, 375
버게트(Burguete) … 119, 138, 314, 577
범비(Bumby) … 71, 74, 91, 127, 128, 146, 155, 220, 239 → 장남 존

베니스(Venice) … 24, 41, 83, 87, 89, 206, 215~217, 221, 513, 583
베르그송, 앙리(Bergson, Henri) … 300, 400, 413, 418
베이커, 셰리던(Baker, Sheridan) … 356
베이커, 칼로스(Baker, Carlos) … 44, 51, 68, 367, 421, 423, 444, 445, 450, 451, 498, 507, 517, 527, 530, 537, 538, 585
벤슨, 잭슨 J.(Benson, Jackson J.) … 303, 308, 367, 381, 391, 447, 488
벨 에스프리(Bel Esprit) … 131, 145
벨로우, 솔(Bellow, Saul) … 56
≪보그≫(Vogue)지 … 75, 80
보들레르(Baudelaire) … 420, 427, 449
복합성격병(multiple-personality disorder) … 150, 152
본, 데이비드(Bourne, David) … 115, 149, 150, 247
『봄의 계류』(The Torrents of Spring) … 46, 116, 146~149, 577
「부엌의 탁자」(La Table de Cuisine) … 365
≪북아메리카 신문연합≫(NANA, North American Newspaper Alliance) … 28, 29, 30, 31, 43, 164, 579
불표현의 표현(unsaid sayings) … 323, 327, 329, 499
불활동(inertia) … 377, 373, 509
브렌너, 게리(Brenner, Gerry) … 498
브룩스, 클리언스(Brooks, Cleanth) … 360, 436

브리인 마우어 대학(Bryn Mawr College) … 71, 79
비미니(Bimini) … 45, 53, 188, 199, 200, 201, 579
「비에 젖은 고양이」("Cat in the Rain") … 47, 256, 577
비치, 실비어(Beach, Sylvia) … 117, 120, 121, 144, 292, 581
비튼, 칼 반(Vechten, Carl Van) … 382, 592
빅스, 패니(Biggs, Fannie) … 102, 574
빙산이론문체(Iceberg Theory Style) … 19, 27, 28, 58, 59, 114, 115, 123, 124, 125, 147, 158, 185, 289, 455, 484, 487, 493, 555

ㅅ

「사병의 고향」("Soldier's Home") … 40, 47, 108, 272, 577
사진적인 사실주의 … 128, 462, 463, 469, 488, 494, 496, 501
사파리 … 19, 20, 25, 35~37, 41, 60, 66, 68, 77, 78, 157, 197, 219~222, 224, 225, 230, 232, 234, 36, 244, 284, 453, 561, 578, 579, 582
사회유기체 이론(social organism) … 353
「사흘간의 폭풍」("The Three-Day Blow") … 47, 250
산 대(對) 평원(The Mountain vs. The Plain) … 68

산 페르민 축제(Fiesta San Fermín) … 30, 36, 41, 114, 116, 119, 138, 160, 163, 166~168, 170, 171, 555, 578
「산마루 아래에서」("Under the Ridge") … 268
산티아고(Santiago) … 66, 188~194, 196~198, 200, 205, 221, 349, 350, 355, 424, 520, 524, 526~531, 533~535, 538~540, 542~544, 546, 548~551, 558, 559, 562, 566
살라오(Salao) … 190, 521
「살인자」("The Killers") … 34, 43, 48, 59, 129, 184, 250, 251, 333, 360, 370, 372, 424, 446, 487, 577, 581
『3편의 단편과 10편의 시』(Three Stories & Ten Poems) … 43, 50~52, 116, 247, 255, 576
상징기법 … 324, 420, 421, 422, 429, 439, 440, 441, 444~446, 449, 452
생략기법(omission) … 298, 301~303, 324, 327, 360, 363, 375, 429, 450, 493, 494, 533
서니(Sunny) … 40
「선량한 안나」("The Good Anna") … 464
설화수기(Narrative) … 153
『성배』(The Sacred Wood) … 428
성 엘리자베스 병원(St. Elizabeth's Hospital) … 130, 131, 583
「세계의 서울」("The Capital of the World") … 49, 267

세니(Seney) ··· 37, 99, 112, 330, 490~492
세렝게티평원(Serengeti Plains) ··· 30, 157, 220, 222, 223, 230, 578
「세 명의 악사」(Les Trois Musiciens) ··· 366
『세 여자』(Three Lives) ··· 124, 126, 384, 460, 464, 482
세잔(Cézanne, Paul) ··· 19, 28, 123~125, 128, 141, 147, 289~292, 294~299, 301~306, 309~321, 323, 325, 327~329, 332, 359, 365, 366, 375, 396, 415, 427~430, 438, 446, 452, 457, 459~463, 465~466, 468, 477, 481~484, 489, 493, 494, 496, 507, 519, 556, 568
세잔 기하학의 3대 요소 ··· 365
≪셰익스피어 앤 컴퍼니≫(Shakespeare and Company) ··· 119~121, 144, 290, 292, 483, 577, 581
속성어기법(basic attributes) ··· 461~464, 466, 467
쇼러, 마크(Schorer, Mark) ··· 518, 543
수축작용(systolic action) ··· 339
쉬나이더, 다니엘 J.(Schneider, Daniel J.) ··· 416, 443, 444
쉬룬쯔(Schruns) ··· 45, 119, 146, 258, 577
「스머너의 부두에서」("On the Quai at Smyrna") ··· 33, 50, 284
스미스, 폴(Smith, Paul) ··· 44
스보보다, 프레더릭 조셉(Svoboda, Frederic Joseph) ··· 328, 430, 439

「스위스 찬가」("Homage to Switzerland") ··· 49, 156, 239, 240, 258, 260, 261, 578
스칼라, 라(La Scala) ··· 271, 276
스타인, 거트루드(Stein, Gertrude) ··· 39, 117, 119, 122, 125, 126, 130, 134, 141, 143, 145, 146, 148, 400, 402, 414, 457, 488, 489, 576
『스타인 선집』(Selected Writings of Gertrude Stein) ··· 478, 592
≪스타일북≫ ··· 105~108
스타카토기법(staccato) ··· 413
스페인(Spain) ··· 19, 23, 25~27, 30, 35, 37, 40, 41, 45, 61, 67, 68, 77, 80, 85, 94, 97, 110, 114, 116, 119, 133, 135, 137, 138~141, 149, 152, 154, 156, 157, 159~172, 175~180, 190, 196, 198, 204, 222, 235, 240, 244, 263~268, 348, 470, 475, 489, 498, 513, 537, 555, 561, 576, 577, 579, 580, 583, 584
스페인내전, 스페인전쟁(Spanish Civil War) ··· 30, 31, 37, 61, 62, 80, 82, 156, 157, 160, 162~166, 173, 175, 176, 179, 201, 268, 269, 561, 564, 566, 579, 580, 584
슬로피조바(Sloppy Joe's Bar) ··· 80, 156, 579
『승자에게는 아무것도 주지 마라』(Winner Take Nothing) ··· 49, 52, 156, 248, 578
시몬스, 로버트(Simmons, Robert) ··· 381, 384
「시체의 박물관」("A Natural History of the

찾아보기 601

Dead") … 49
시카고(Chicago) … 33, 85, 155, 225, 251, 272, 280~282, 341, 395, 575, 576, 582
시플리, 조셉 T.(Shipley, Joseph T.) … 421
「신이여 신사 제현에게 즐거운 휴식을 주소서」("God Rest You Merry, Gentlemen") … 49, 156, 251, 253, 578
「싱거운 이야기」("Banal Story") … 48, 266, 577

ㅇ

아드리아나(Ivancich, Adriana) … 37, 40, 62, 70, 88~90, 207, 217, 582
아바나(Havana) … 23, 25, 34, 35, 69, 81, 85, 86, 89~91, 97, 178, 181, 182, 184, 187, 193, 198~201, 204, 205, 252, 289, 555, 578~583
「아버지와 아들」("Fathers and Sons") … 38, 40, 49, 249
「아비뇽의 처녀들」
  (Les Demoiselles d'Avignon) … 366
「당신은 그럴 수 없어」("A Way You'll Never Be") … 49, 282
아인슈타인, 앨버트(Einstein, Albert) … 417, 418
『아프리카의 푸른 언덕』(Green Hills of Africa) … 37, 47, 68, 78, 156, 219, 220, 222, 231, 300, 579

「아프리카 이야기」("African story") … 149, 153, 247, 284, 585
『악의 꽃』(Fleurs de Mal) … 420, 427, 449
악한소설(picaresque novel) … 356
「알프스의 목가」("An Alpine Idyll") … 48, 261
압축(contraction) … 22, 44, 75, 107, 108, 123, 128, 136, 150, 154, 158, 160, 161, 170, 171, 187, 198, 236, 325, 328, 330, 332, 330, 333, 352, 362, 364, 365, 375, 382, 388, 389, 396, 398, 400, 402, 410, 415, 419, 22, 423, 30, 431, 436, 439, 446, 450, 481, 493, 494, 506~509, 511, 513~515, 518, 519, 524, 526, 530, 531, 555, 556, 558, 559, 567~569
압축문체(compression style) … 323, 375
「앞지르기 경주」("A Pursuit Race") … 48, 252
애그니스(Kurowsky, Agnes von) … 24, 38, 70, 72, 86, 87, 88, 93, 111, 140, 212, 213, 272, 575
애쉴리, 브렛(Ashley, Brett) … 38, 73, 92~94, 133, 135~138, 140, 170, 342, 559
앤더슨, 셔우드(Anderson, Sherwood) … 55, 117, 118, 125, 146, 418, 488
앤드레슨, 오울(Andreson, Ole) … 34, 250, 251, 363~365, 373, 446
앤슨 타일러 헤밍웨이
  (Anson Tyler Hemingway) … 57, 61
양성교(bisexuality) … 153

『에덴동산』(The Garden of Eden) ⋯ 37, 47, 50, 53, 115, 149, 154, 179, 183, 221, 239, 247, 577, 582, 583, 585

『어니스트 헤밍웨이 단편전집』 (The Complete Short Stories of Ernest Hemingway) ⋯ 52, 247, 585

어니스트 헤밍웨이 재단(The Ernest Hemingway Foundation) ⋯ 44

『어니스트 헤밍웨이: 1917-1961년 간추린 서한집』(Ernest Hemingway: Selected Letters 1917-1961) ⋯ 43, 51, 585

『어니스트 헤밍웨이: 인생이야기』(Ernest Hemingway: A Life Story) ⋯ 44

어니스트 홀(Ernest Hall) ⋯ 57, 61

「어떤 일의 끝」("The End of Something") ⋯ 47, 250, 577

어슐러(Ursular) ⋯ 62, 574

억제서법(understatement) ⋯ 123, 323, 365, 375, 429, 436, 496, 499, 506, 519, 530, 531, 535

에드워드, 조나단(Edwards, Jonathan) ⋯ 54 ~56, 357

에브로(Ebro)강 ⋯ 264, 265, 268, 269

≪에스콰이어≫(Esquire)지 ⋯ 28, 29, 34, 53, 92, 185, 232, 578, 579

「엘리엇 부부」("Mr. and Mrs. Elliot") ⋯ 47, 115, 253, 255, 577

엘리엇, T.S.(Eliot, T.S.) ⋯ 55, 131, 145, 357, 420, 428, 449, 556

『여명의 진실』(True at First Light) ⋯ 37, 43, 47, 50, 63, 68, 86, 219, 221, 234~236, 584, 585

여백의 언어(space language) ⋯ 323, 327, 329~331, 375, 436, 447, 499

「여왕의 모친」("The Mother of a Queen") ⋯ 49, 267

『여자 없는 세계』(Men Without Women) ⋯ 48, 52, 116, 280, 578

여행기법(Journey Artifice) ⋯ 36

역동의 원리 ⋯ 332, 375

「열 명의 인디언」("Ten Indians") ⋯ 48, 147, 249

영원의 시간 ⋯ 403, 404, 419

영, 필립(Young, Philip) ⋯ 421, 423, 584

예이츠, W.B.(Yeats, William Butler) ⋯ 420, 449

「오늘은 금요일」("To-day is Friday") ⋯ 48, 577

「5만 달러」("Fifty Grand") ⋯ 34, 48, 102, 251, 578

오벌린 대학(Oberlin College) ⋯ 59

오지브웨이(Ojibway) ⋯ 248~250, 574

오크 파크(Oak Park) ⋯ 24, 25, 45, 46, 57, 59, 88, 99, 100, 111, 155, 213, 274, 555, 560, 566, 574, 575

오크 파크 앤 리버 포리스트 고등학교(Oak Park and River Forest High School) ⋯ 100, 574

『오후의 죽음』(Death in the Afternoon) ⋯ 41, 47, 156, 167, 168, 170, 176~178,

222, 303, 376, 387, 388, 390, 557, 578
올드시, 버나드(Oldsey, Bernard) … 416
올리버, 찰스 M.(Oliver, Charles M.) … 587
와그너, 린다 W.(Wagner, Linda W.) … 330, 391, 439, 525, 26, 537, 538
「와이오밍의 포도주」("Wine of Wyoming") … 49, 252, 578
왈드혼, 아서(Waldhorn, Arthur) … 346, 347, 434, 534, 539, 541
『우리들의 시대에』(In Our Time)(미국판) … 52, 116, 577
『우리들의 시대에』(In Our Time)(파리판) … 52, 116, 576, 577
우스펜스키, P.D.(Ouspensky, P.D.) … 300, 400, 413, 418
울프, 버지니아(Woolf, Virginia) … 355, 356, 424
『움직이는 축제일』(A Moveable Feast) … 37~39, 43, 47, 50, 52, 75, 115, 121, 123, 128, 131, 132, 134, 135, 141, 183, 221, 230, 239, 271, 299, 583, 584
워렌, 로버트 펜(Warren, Robert Penn) … 360
원시주의(primitivism) … 68, 69
원추(cone) … 295, 314, 328, 365, 462, 481, 483
원통(cylinder) … 295, 328, 365, 462, 482, 483
월룬레이크(Walloon Lake), 월룬호 … 37, 65, 98, 99, 112, 574, 575

웰스, 엘리자베스 J.(Wells, Elizabeth J.) … 593
『위험한 여름』(The Dangerous Summer) … 27, 30, 37, 47, 50, 169~170, 177, 178, 181, 183, 221, 245, 583~585
윈디미어 별장(Windemere Cottage) … 23, 99, 100, 112, 147, 574
윌리엄스, 워트(Williams, Wirt) … 351
윌슨, 에드먼드(Wilson, Edmund) … 420, 517
『율리시스』(Ulysses) … 121, 135, 473
응가예 응가이(Ngàje Ngài) … 231, 563
「의사와 그의 아내」("The Doctor and the Doctor's Wife") … 47, 249, 577
의식의 흐름(stream of consciousness) … 356, 513, 514, 516
「이국에서」("In Another Country") … 48, 275, 508, 577
이래티(Irati)강 … 68, 119, 141, 204, 265, 577
이미지기법(image) … 58, 123, 198, 325, 375, 391, 429, 440, 441, 496, 521, 522, 536, 537
이미지스트(Imagist) … 389
『이방인』(L'Étranger) … 356
227개의 파편 … 24, 26, 87, 213, 214, 575
「이 세상의 광명」("The Light of the World") … 49, 250
이완작용(diastolic action) … 339
「이제 몸을 누이고」("Now I Lay Me") …

48, 280
2차 세계대전(World War II) ⋯ 29, 31, 35, 37, 88, 120, 129, 161, 165, 199, 213, 216, 217, 241, 561, 580
「이탈리아 기행」("Che Ti Dice La Patria?") ⋯ 48, 278
이탈리아전투 ⋯ 31, 281
인간불패정신 ⋯ 19, 195, 197, 453, 534, 559, 562
「인디언 캠프」("Indian Camp") ⋯ 47, 248, 249, 558, 577
인상주의(Impressionism) ⋯ 19, 58, 124, 289, 290, 291, 296, 382, 387, 406, 412, 413, 419, 459, 508, 556
≪인터내셔널 후즈후≫(*International Who's Who*) ⋯ 21, 54
일드프랑스(Ile de France)호 ⋯ 90, 200, 578
『일리아드』(*Iliad*) ⋯ 498
1차 세계대전(World War I) ⋯ 24, 29, 31, 32, 33, 37, 38, 61, 115, 116, 133~136, 147, 175, 206, 207, 212, 213, 217, 227, 228, 272, 274, 275, 278~282, 284, 423, 472, 561, 574, 575, 582

ㅈ

장남 존(John Hadley Nicanor Hemingway), 존 해들리 니카노 ⋯ 33, 63, 71, 74, 576
잭(Jack) ⋯71, 201, 203, 242 → 장남 존

전진운동(forward movement) ⋯ 59, 318, 325, 332, 333, 336, 338, 340~348, 350, 352, 355, 357, 358, 369~373, 375, 398, 415, 419, 496, 509, 510, 519, 544, 545~547, 549, 550
전위언어(예술) ⋯ 19, 455, 484, 557
「점잖은 레나」("The Gentle Lena") ⋯ 465
「정결하고 조명이 잘된 장소」("A Clean, Well-Lighted Place") ⋯ 49, 156, 266, 365~377, 434, 578
제이크(Barns, Jake) ⋯ 32, 65, 93, 135~140, 170, 197, 280, 15, 330, 339~342, 344, 345, 350~352, 354, 355, 432, 433, 438, 439, 448, 558, 559, 566
『제5열』(*The Fifth Column*) ⋯ 31, 40, 43, 50, 77, 156, 166, 175, 176, 183, 184, 579, 580
『제5열과 스페인전쟁에 관한 4편의 소설들』(*The Fifth Column and Four Stories of the Spanish Civil War*) ⋯ 52
『제5열과 최초의 49단편들』(*The Fifth Column and the First Forty-nine Stories*) ⋯ 52, 156, 580
제인(Mason, Jane) ⋯ 38, 62, 70, 90~92, 234, 578
제임스, 윌리엄(James, William) ⋯ 300, 400, 413, 418
제임스, 헨리(James, Henry) ⋯ 55, 225, 355, 560
조단, 로버트(Jordan, Robert) ⋯ 61, 66, 173,

194, 351, 410, 498, 505, 559, 566
조이스, 제임스(Joyce, James) ⋯ 121~123, 130, 135, 146, 291, 356, 389, 459, 577
조절된 생략기법(controlled omission) ⋯ 324, 375
존스톤(Johnston) ⋯ 494
중일전쟁 ⋯ 31, 241, 561, 580
지금(now) ⋯ 404, 408, 409
진솔한 산문(straight honest prose) ⋯ 427
진실의 순간(a moment of truth) ⋯ 37, 65, 66, 167, 404
집중론(concentration) ⋯ 128, 382, 441

ㅊ

1920년대 초 파리 문예가들의 분위기 ⋯ 122
청새치(marlin) ⋯ 91, 186, 188~190, 192, 193, 425, 521, 534, 558, 578
초상화법(portraiture) ⋯ 468
초점(focus) ⋯ 174, 312, 318, 365, 366, 390, 394, 406, 408, 468, 472, 473, 480, 498, 508, 509, 514, 516, 527~529, 531
침묵기법(silence) ⋯ 123, 323, 327, 329, 367, 375, 429, 433, 434, 436, 437
침묵의 언어(silent language) ⋯ 323, 329~331

ㅋ

카뮈, 앨버트(Camus, Albert) ⋯ 124, 356

카울리, 말캄(Cowley, Malcom) ⋯ 414, 421, 422
카즌, 앨프레드(Kazin, Alfred) ⋯ 498
캐롤라인, 고든(Gordon, Caroline) ⋯ 421
캐서린(Barkley, Catherine) ⋯ 38, 87, 88, 140, 207~209, 211~215, 239, 258, 271, 338, 350
≪캔자스 시티 스타 스타일북≫ (*The Kansas City Star Stylebook*) ⋯ 105
≪캔자스 시티 스타≫(*The Kansas City Star*)지 ⋯ 28, 43, 53, 100, 104, 105, 107, 108, 273, 274, 325
캔트웰, 리처드(Cantwell, Richard) ⋯ 88, 197, 215~217, 284, 451, 503, 506, 508, 512~514, 558
커밍스, 마이클(Cummings, Michael) ⋯ 381, 384
컨슐러, 라(Consula, La) ⋯ 25, 26, 171, 172, 178, 583
케첨/선밸리(Ketchum/Sun Valley) ⋯ 23, 45, 241, 243, 245, 246, 555, 566~568
코(고)히마르(Cojimar) ⋯ 187, 198, 205, 555
콘, 로버트(Cohn, Robert) ⋯ 34, 135, 136, 170, 339, 559
콘스탄티노플(Constantinople) ⋯ 31, 32, 109, 227, 230, 242, 285, 576
≪콜리어스≫(*Collier's*)지 ⋯ 28, 29, 31, 35, 37, 43, 581
콜라주기법(*collage*) ⋯ 481

쿠바(Cuba) … 23, 25, 27, 35, 37, 45, 62, 67, 69, 70, 78, 85, 90, 97, 178, 179, 181, 182, 184~190, 196, 199~202, 204, 205, 240, 252, 520, 555, 581, 583
큐-보트(Q-Boat) … 35
큐비즘(Cubism) … 19, 58, 289, 459, 460, 468, 471~473, 476~483, 556
크레인, 스티븐(Crane, Stephen) … 55
클레(Klee) … 366
키웨스트(Key West) … 23, 25, 34, 37, 46, 67, 68, 70, 77, 78, 80, 81, 90, 92, 97, 117, 142, 155~157, 179, 181, 183, 185, 203, 555, 578~580
키플링, 루드야드(Kipling, Rudyard) … 107, 124, 224
킬리만자로(Kilimanjaro)산 … 68, 222, 223, 229~232, 236, 370, 372, 563
「킬리만자로의 눈」("The Snows of Kilimanjaro") … 29, 30, 33, 37, 49, 77, 156, 216, 219, 221, 225, 230, 231, 242, 284, 285, 333, 370, 441, 513, 516, 562, 579

ㅌ)

≪타임≫(Time)지 … 30, 82, 84, 141, 185, 426, 583
태글리어멘토(Tagliamento)강 … 206, 210 ~212, 216, 217, 446
≪태뷸러≫(Tabula) … 101, 574, 575

『태양은 또다시 떠오른다』(The Sun Also Rises) … 28, 32, 34, 37, 38, 46, 65, 73, 74, 92~94, 114~116, 127, 129, 132~135, 139, 141, 144, 147, 149, 155, 168, 169, 170, 197, 271, 280, 315, 333, 339, 346, 351, 354, 439, 440, 447, 487, 493, 506, 511, 558, 577
≪토론토 데일리 스타≫(The Toronto Daily Star)지 … 28, 31, 43, 104, 109, 111, 144, 214, 230, 239, 242, 285, 576
≪토론토 스타≫(The Toronto Star)지 … 25, 32, 37, 99, 109, 111, 575, 576
≪토론토 스타 위클리≫(The Toronto Star Weekly)지 … 43, 109, 110, 111
톨스토이(Tolstoy) … 146, 472, 498
투우(bullfight) … 19, 20, 25, 30, 35~37, 41, 57, 60, 66, 68, 94, 110, 116, 133, 137 ~140, 160, 163, 166~172, 177~179, 222, 240, 263, 264, 266~268, 347, 368, 453, 559, 561, 576, 583
≪트래피즈≫(The Trapeze) … 100~102, 574, 575
트릴링, 라이오넬(Trilling, Lionel) … 518
틴달(Tindall) … 421

ㅍ)

파리(Paris) … 21, 23, 25~28, 37, 39, 45, 69, 71, 72, 74~76, 80, 81, 84, 93, 94, 97, 99, 109~144, 146~151, 161, 163, 169,

198, 206, 220, 221, 226~228, 230, 235, 239, 240, 253~255, 259, 261, 270, 271, 286, 289, 291, 292, 300, 321, 325, 355, 370~372, 418, 428, 449, 456, 458, 461, 482, 484, 487, 489, 494, 501, 520, 556, 566, 576~581, 583

파운드, 에즈라(Pound, Ezra) ··· 58, 117, 119, 122, 124, 129, 130, 131, 145, 197, 198, 207, 291, 387, 396, 438, 449, 459, 576, 583

팔랑헤(Palange) ··· 161, 173

『88편의 헤밍웨이 시집』
(*Ernest Hemingway: 88 Poems*) ··· 51

팜플로나(Pamplona) ··· 45, 110, 119, 133, 137~140, 159, 163, 166, 167, 169~172, 315, 555, 576, 578

「패배를 모르는 사나이」("The Undefeated") ··· 48, 263, 368, 577

패소스, 존 도스(Passos, John Doss) ··· 124, 135, 146, 291, 578

패트릭(Patrick) ··· 35, 45, 63, 64, 75, 77, 91, 220, 235, 236, 578, 581, 585

퍼시벌, 필립(Percival, Philip) ··· 220, 236

페니모어, 에드워드(Fenimore, Edward) ··· 508

펜톤, 찰스 A(Fenton, Charles A.) ··· 383

평화회의(Peace Conference) ··· 25, 73, 109, 215, 239, 285, 576

포, 에드거 앨런(Poe, Edgar Allan) ··· 55

포드, 포드 매독스(Ford, Ford Madox) ··· 124, 144, 292

포살타(Fossalta)전투 ··· 24, 61, 206, 207, 212~214, 575

포크너, 윌리엄(Faulkner, William) ··· 55, 420

「폭풍 후」("After the Storm") ··· 49, 247, 252, 578

폴린(Pfeiffer, Pauline) ··· 70, 73~78, 81, 90, 93, 115, 117, 142, 150, 154~156, 168, 220, 236, 239, 577, 578, 580, 582

표현주의(Expressionism) ··· 58, 365, 366, 459, 531~533

퓨엔테스, 그레고리오(Fuentes, Gregorio) ··· 184, 187~190, 197, 263, 520

퓰리처상(Pulitzer Prize) ··· 19, 43, 54, 184, 185, 189, 582

「프랜시스 매코머의 짧고 행복한 생애」 ("The Short Happy Life of Francis Macomber") ··· 37, 38, 49, 156, 184, 219, 221, 232, 284, 579

프랑스전투 ··· 31

프랭클린, 벤저민(Franklin, Benjamin) ··· 55, 56, 357

프레더릭 헨리(Henry, Frederic) ··· 66, 175, 208, 225, 239, 258, 271, 276, 281, 330, 338, 350, 442, 443, 511, 558, 559, 566

플래시백(flashback)(회상) ··· 33, 148, 227, 228, 230, 233, 285, 516

플로베르, 구스타프(Flaubert, Gustave) ··· 124, 224, 292, 457

피가트(Piggott) … 74, 76
피라미드(pyramid) … 314, 315, 462
피아브(Piave)강 … 24, 87, 206, 209, 212, 217, 575
피츠제럴드, 스콧(Fitzgerald, Scott) … 69, 120, 124, 132, 135, 146, 291, 577
피카소, 파블로(Picasso, Pablo) … 19, 21, 120, 122, 124, 130, 161, 266, 289, 92, 366, 456, 457, 459, 460, 468~472, 474~477, 479~484, 556
필라(The Pilar)호 … 23, 30, 34, 35, 91, 184, 187~189, 197, 199~201, 203, 204, 579, 581
필요불가결한 것(sin qua non) … 329, 462
핑카 비히아, 라(Finca Vigía, La) … 25, 45, 52, 68~70, 78, 81, 82, 86, 89, 177, 178, 181~188, 196, 198~200, 202, 204, 205, 245, 289, 555, 580, 582~584

ㅎ

「하루 동안의 고통스런 기다림」("A Day's Wait") … 49
핫산, 아이햅(Hassan, Ihap) … 330, 433
하이트(Haight) … 292
「한 독자의 편지」("One Reader Writes") … 49
항상의 시간 … 399, 403, 404, 419
해들리(Richardson, Elizabeth Hadley) … 25, 38, 62, 70~75, 78, 79, 84, 88, 92, 93, 99, 109, 112, 114, 116~118, 121, 135, 143, 144, 146, 155, 215, 239, 255, 258, 270, 271, 575~578
해리(Harry) … 68, 225~231, 284, 285, 370~372, 393, 414, 428, 513
해마니타스(Jaimanitas) … 62, 90, 91
핼리데이(Halliday) … 421, 423, 424, 428, 445
≪헤밍웨이 뉴스레터≫ (The Hemingway Newsletter) … 45
≪헤밍웨이 리뷰≫ (The Hemingway Review) … 45
헤밍웨이 6남매 … 57, 573, 574
헤밍웨이 묘비 비문 … 566~568
헤밍웨이 조부·외조부·부모 … 57, 60~62, 234, 573, 574
헤밍웨이 집안의 자살내력 … 62
헤밍웨이슈트케이스(Hemingway's Suitcase) 분실사건 … 73, 144, 576
헤밍웨이의 남자주인공 … 88, 135, 272
헤밍웨이의 병 → 뇌진탕
헤밍웨이재단/펜 상 … 46 (Hemingway Foundation/PEN Award)
헤밍웨이 학회(The Ernest Hemingway Society) … 44~46
헬렌(Helen) … 40, 211, 225, 226, 229, 257, 274, 370~372
「혁명가」("The Revolutionist") … 47, 274
≪협동나라≫(Cooperative Commonwealth)지 … 28, 29, 576

호머(Homer) … 498, 517
호손, 너새니얼(Hawthorne, Nathaniel) … 55, 56, 352, 353, 357, 358, 422, 449, 450
호튼만, 호튼 베이(Horton Bay) … 25, 37, 71, 112, 248, 575
호튼즈 베이(Hortons Bay) … 248, 490, 494
호프만, 마이클 J.(Hoffman, Michael J.) … 382, 385, 400, 402, 462
호프만, 프레더릭 J.(Hoffman, Frederick J.) … 497
홋츠너, A. E.(Hotchner, A. E.) … 142, 172, 178, 181, 207, 245, 334, 567, 582~584
확대(expansion) … 111, 328, 333, 335, 349, 356, 360, 365, 366, 381, 399, 411, 412, 415, 421, 444, 450, 462, 466, 467, 519, 526, 584
『황무지』(*The Waste Land*) … 131

회화기법 … 19, 21, 58, 59, 123~125, 141, 198, 289, 290, 293, 294, 300, 321, 327, 367, 375, 427, 457, 459, 484, 488, 489, 493, 496, 506, 521, 522, 532, 533, 550, 551, 555, 556
후기인상주의(Post-Impressionism) … 19, 58, 124, 289, 290, 321, 375, 459, 460, 482, 483, 556
후진운동(backward movement) … 56, 59, 318, 325, 332~334, 336, 338~346, 348, 350, 352~358, 369~373, 375, 398, 415, 419, 496, 508~511, 517, 519, 522, 544~550
휠러 조선소(Wheeler Shipyard) … 34
「흰 코끼리 같은 산」("Hills Like White Elephants") … 48, 264, 269, 578

저자약력

著者 소수만(蘇洙萬)(문학박사)

- 공군사관학교 영어교관(교수부)
- 공군 72기 장교후보생 회장(명예위원장)(공군대위전역)
- 동국대학교 대학원 영문학과 졸업(문학박사학위취득)
- 미국 하버드대학교 영문학과 방문교수
- 우석대학교 기획실장
- 우석대학교 도서관장
- 우석대학교 대학원장 · 교육대학원장 · 경영행정대학원장
- 우석대학교 대학종합평가 상황실장
- 우석대학교 입학처장
- 대한영어영문학회 회장
- 한국헤밍웨이학회 부회장
- 미국소설학회 헤밍웨이분과 위원장(현재)
- 한국헤밍웨이연구소(The Korean Institute of the Study of Ernest Hemingway) 설립
- 한국헤밍웨이연구소 소장(현재)
- 헤밍웨이와 세계어문학회 회장(현재)
- 세계헤밍웨이연구 현장답사여행: 연구자료 수집을 위해 미국, 캐나다, 프랑스, 이탈리아, 스위스, 영국, 독일, 오스트리아, 네덜란드 등 현장답사활동
- 연구실적: 논문「헤밍웨이의 언어: 형식과 효과」외 40여 편이 있음
- 1982-현재 우석대학교 교수

연락처: 011-655-6686 / 063-290-1330(연구실)
E-mail Address: smsoh@woosuk.ac.kr

어니스트 헤밍웨이: 그의 인생과 작품세계

초판 2쇄 발행일 2007. 10. 10

지은이	소수만
펴낸곳	도서출판 동인
펴낸이	이성모
주 소	서울시 종로구 명륜동 아남주상복합빌딩 118호
전 화	(02)765-7145, 55
팩 스	(02)765-7165
HomePage	www.donginbook.co.kr
E-mail	dongin60@chol.com
등록번호	제 1-1599호
ISBN	89-5506-307-5
정 가	28,000원

※ 잘못 만들어진 책은 바꾸어 드립니다.